J.B.METZLER

Wissen und Bildung in der antiken Philosophie

Herausgegeben von
Christof Rapp und Tim Wagner

Verlag J. B. Metzler
Stuttgart Weimar

Bibliografische Information der Deutschen Bibliothek
Die Deutsche Bibliothek verzeichnet diese Publikation in der Deutschen Nationalbibliografie;
detaillierte bibliografische Daten sind im Internet über ⟨http://dnb.ddb.de⟩ abrufbar.

ISBN 978-3-476-02147-2
ISBN 978-3-476-00194-8 (eBook)
DOI 10.1007/978-3-476-00194-8

© 2006 Springer-Verlag GmbH Deutschland
Ursprünglich erschienen bei J. B. Metzlersche Verlagsbuchhandlung
und Carl Ernst Poeschel Verlag GmbH in Stuttgart 2006

www.metzlerverlag.de
info@metzlerverlag.de

Inhalt

V. Akademie und Peripatos

VI. Platonismus und Aristotelismus

VII. Hellenismus

Anhang

Vorwort

Der vorliegende Band ist aus den Akten des ersten Kongresses der Gesellschaft für antike Philosophie e. V. (GANPH) entstanden, der vom 4. bis zum 7. Oktober 2004 an der Humboldt-Universität zu Berlin stattfand. Das Thema ›Wissen und Bildung in der antiken Philosophie‹ wurde ausgewählt, weil die antike Philosophie nicht nur wichtige Beiträge zur Klärung des Wissensbegriffes, sondern vor allem auch verschiedene Modelle zum Verhältnis von epistemologischen und ethischen Fragen erbracht hat; aus dieser Schnittmenge von Wissenserwerb und Charakterbildung entwickelten antike Philosophen Ziele und Ausbildungsprogramme, die in mehrfacher Hinsicht Ähnlichkeit mit dem ambitionierten Begriff der Bildung aufweisen und die die moderne Diskussion um Theorie und Praxis der Bildung in jedem Fall bereichern können.

Der Kongress wurde von der Deutschen Forschungsgemeinschaft (DFG), der Humboldt-Universität, dem Institut für Philosophie der Humboldt-Universität und von der Gesellschaft für antike Philosophie e. V. großzügig unterstützt. Für die Durchführung und Organisation des Kongresses waren die Mitglieder der Planungsgruppe Alpha Elatton verantwortlich. Ihnen und allen anderen, die zum Gelingen des Kongresses beigetragen haben, vor allem aber auch allen Sprechern und Teilnehmern sei an dieser Stelle nochmals herzlich gedankt.

Nicht alle beim Kongress vorgetragenen Texte konnten im vorliegenden Band berücksichtigt werden; außerdem zogen es einige Sprecher vor, für die Publikation des Bandes andere oder veränderte Texte zur Verfügung zu stellen. Dadurch hat sich die Struktur des Ganzen verändert, so dass die Gliederung des Bandes nicht mehr der Sektionsstruktur des Kongresses entspricht. Allen Autorinnen und Autoren möchte ich für ihre Bereitschaft und ihre geduldige Mitwirkung danken.

Die editorische Betreuung des Bandes hat Tim Wagner übernommen. Ihm gebührt mein ganz besonderer Dank.

Für die Unterstützung bei der Redaktion und der Fertigstellung des Bandes möchte ich meinen Mitarbeiterinnen und Mitarbeitern herzlich danken. Katharina Fischer sei für die Erstellung des Quellenverzeichnisses gedankt, Philipp Brüllmann, Klaus Corcilius, Benjamin Kiesewetter und Jakub Krajczynski für die Arbeit an den Übersetzungen. Für die aufmerksame Lektüre der Beiträge und für die Erstellung des Namenregisters gebührt Janine Gühler, Annika von Lüpke, Friederike Schröter und Frau Ursula Rehs ein besonderer Dank.

Berlin, Mai 2006   Christof Rapp

Hinweise zur Benutzung des Bandes

Zitierweise. Neuere Forschungsliteratur wird nach dem System Autor (Jahreszahl, Seitenzahl) zitiert, die vollständige bibliographische Angabe findet sich jeweils am Ende des Beitrags. Ausgaben und Übersetzungen der Primärliteratur werden am Ende des Bandes im Quellenverzeichnis angegeben.

Abkürzungen. Für oft zitierte Ausgaben und Werke werden folgende Abkürzungen verwendet (vollständige Angaben im Quellenverzeichnis):

Arist, *An. post.*	Aristoteles, Analytica posteriora / Zweite Analytiken
Arist., *An. pr.*	Aristoteles, Analytica priora / Erste Analytiken
Arist., *De an.*	Aristoteles, De anima / Über die Seele
Arist., *De cael.*	Aristoteles, De caelo / Über den Himmel
Arist., *EE*	Aristoteles, Eudemische Ethik
Arist., *EN*	Aristoteles, Ethica Nicomachea / Nikomachische Ethik
Arist., *Metaph.*	Aristoteles, Metaphysik
Arist., *Phys.*	Aristoteles, Physik
Arist., *Top.*	Aristoteles, Topik
DK	Diels/Kranz, Die Fragmente der Vorsokratiker, 6. Auflage
Platon, *Gorg.*	Platon, Gorgias
Platon, *Leg.*	Platon, *Nomoi* / Leges / Die Gesetze
Platon, *Men.*	Platon, Menon
Platon, *Phdn.*	Platon, Phaidon / Phaedon
Platon, *Phdr.*	Platon, Phaidros / Phaedrus
Platon, *Prot.*	Platon, Protagoras
Platon, *Rep.*	Platon, *Politeia* / De re publica / Der Staat
Platon, *Symp.*	Platon, *Symposion* / Symposium / Das Gastmahl
Platon, *Soph.*	Platon, *Sophistês* / Der Sophist
Platon, *Tht.*	Platon, *Theaitetos* / Theätet
SVF	Stoicorum Veterum Fragmenta

Umschrift. Im Haupttext werden griechische Ausdrücke in der Regel nur in Klammern hinter den deutschen Übersetzungen angegeben. In manchen Fällen erscheinen griechische Termini in lateinischer Umschrift, dabei steht *ê* für den griechischen Buchstaben *Êta* (η), *ô* für *Ômega* (ω); das bei langen Vokalen gelegentlich auftretende *Iôta* subscriptum wird durch i in derselben Zeile wiedergegeben, z.B. steht *ôi* für φ. Behauchungszeichen werden in der Umschrift durch *h* dargestellt, Akzente erscheinen in der Umschrift nicht.

Einleitung: Wissen und Bildung in der antiken Philosophie

Christof Rapp / Tim Wagner

Von der frühen griechischen Philosophie bis zur Spätantike stehen die verschiedenen Formen, aber auch die Grenzen von Wissen und Wissenserwerb immer wieder im Zentrum der Theoriebildung. Anders als die moderne, für den Wissensbegriff zuständige Teildisziplin der Philosophie, die Erkenntnistheorie oder Epistemologie, betrachtet die antike Philosophie den Wissensbegriff aber nur selten isoliert, sondern behandelt ihn in der Regel im Zusammenhang mit einigen anderen Begriffen und Grundfragen. Insbesondere ist in der antiken Philosophie der Wissensbegriff mit Fragen der Ethik verknüpft: Verschiedene Schulen betonen auf unterschiedliche Weise den Gedanken, dass ein im ethischen Sinne gutes Handeln und ein guter Charakter notwendig mit einer besonderen Form des Wissens verknüpft sind; und umgekehrt wird oft auch die Möglichkeit des Wissens von bestimmten Voraussetzungen in der Person und Lebensführung des Wissenden abhängig gemacht. In dieser Schnittmenge von Fragen nach dem Wissen, nach der einer Wissensform angemessenen Art der Weitergabe und Vermittlung von Wissen und nach der Lebensführung hat auch die philosophische Auseinandersetzung mit Erziehung und Bildung ihren Ort.

Der deutsche Begriff der Bildung hat eine sehr spezielle Prägung erfahren, die sich in anderen Sprachen nicht genau wiedergeben lässt. Im Griechischen deckt der Begriff der *paideia* (παιδεία) wichtige Aspekte des Bildungsbegriffs ab, umfasst zusätzlich aber auch – ähnlich wie die Begriffe ›educatio‹, ›education‹ oder ›éducation‹ – den gesamten Bereich der Erziehung. Der Bildungsbegriff ist mit dem Wissenserwerb und der Wissensvermittlung eng verknüpft, wird aber in der Regel nicht mit der Anhäufung von Wissensinhalten gleichgesetzt: Vom ›Gebildeten‹ wird zwar durchaus erwartet, dass er viele Dinge weiß, jedoch muss dieses Wissen durch bestimmte Grundkompetenzen und Fähigkeiten ergänzt werden und darf nicht nur auf einen Fachbereich begrenzt sein; vielmehr muss sich dieses Wissen aus unterschiedlichen Bereichen speisen, muss zum Teil von der Art eines Überblickswissens sein und muss eine gewisse Vertrautheit mit den jeweils als wichtig eingeschätzten kulturellen Errungenschaften implizieren. Der emphatische Bildungsbegriff beschreibt außer den rein kognitiven Fähigkeiten das Ziel einer Persönlichkeitsentwicklung, welches Momente sozialer, emotionaler, ästhetisch-geschmacklicher und lebenspraktischer Kompetenz sowie eine gut ausgeprägte Urteilsfähigkeit enthält. Daher schließt das Ideal der gebildeten Persönlichkeit zwar durchaus eine moralische Komponente mit ein – insofern nämlich die wahre

Bildung günstige Auswirkungen auf den Umgang mit anderen sowie für das Gelingen des eigenen Lebens im Ganzen haben soll –, allerdings bleibt diese moralische Dimension weitgehend neutral gegenüber der Verschiedenheit von Religionen und Weltanschauungen und kann Verbindungen mit unterschiedlichen ethischen Systemen eingehen. Wissensvermittlung und Wissenserwerb stellen daher nur *einen* Aspekt der Bildung dar, während der ambitionierte Bildungsbegriff die Aneignung von Wissen immer in den Rahmen einer allgemeinen Persönlichkeitsentwicklung stellt. Hier ergibt sich nun eine wichtige Brücke zum Diskussionsstand in der antiken Philosophie, da dort zum Beispiel der Wissensbegriff in der Regel so behandelt wurde, dass das Wissen in enger Verbindung mit der Person und der Persönlichkeit des Wissenden gesehen und die ethische Dimension des zu erwerbenden Wissens in vielfacher Weise thematisiert wird.

1. Wissen

Die Fragen, worin Wissen eigentlich besteht und wie wir zuverlässiges Wissen erreichen können, haben die Entwicklung der abendländischen Philosophie von ihren Anfängen an begleitet und beschäftigen sie auch heute noch. Die antike Philosophie hat einerseits sehr ehrgeizige Wissenskonzeptionen hervorgebracht, hat auf der anderen Seite aber auch den Angriff auf das Ideal eines unerschütterlichen Wissens in Form von Skeptizismus und Relativismus formuliert. Vor allem aber hat sie wichtige Beiträge zur begrifflichen Abgrenzung und Klärung des Wissens geleistet. Eine Auswahl solcher Beiträge sei hier kurz skizziert.

Wissen und Nicht-Wissen: Die Suche nach Kriterien für wirkliches Wissen beginnt bei der Überzeugung, dass es wichtige und klar benennbare Unterschiede zwischen dem Wissenden und dem Nicht-Wissenden geben muss. Für diese Unterschiede gibt es ganz verschiedene aus der Alltagserfahrung bekannte Vorbilder, wie zum Beispiel das Kompetenzgefälle zwischen dem Arzt oder Handwerker und dem Laien: Wir suchen den Arzt, den Handwerker und überhaupt jeden Fachmann auf, weil wir annehmen, dass diese Personen etwas wissen oder können, was andere oder wir selbst nicht wissen oder nicht können. In Platons Dialogen wird immer wieder an diese Erfahrung appelliert, um zu zeigen, dass wir alle in irgendeiner Weise den Unterschied zwischen Fachmann und Nicht-Fachmann anerkennen: Besonders wenn es um unser eigenes Wohlergehen oder das schiere Überleben geht, wie etwa im Fall von Krankheit, bei einem Feldzug oder bei einem Unwetter auf hoher See (vgl. Platon, *Tht.* 170b), zögern wir nicht, uns dem Rat dessen, den wir als Fachmann anerkennen, anzuvertrauen. Was den Fachmann aber vom Laien unterscheidet, muss darin zu suchen sein, dass der erstere weiß, wie etwas geht, oder darin, dass er im Unterschied zum Laien in einem bestimmten Bereich das Richtige oder Wahre trifft. Damit haben wir einen ersten Anhaltspunkt dafür, dass die Suche nach den Kriterien, die den Wissenden gegenüber dem Nicht-Wissenden auszeichnen, nicht ins Leere laufen wird. Es gibt aber noch weitere Vorbilder im alltäglichen Leben für diesen Unterschied: Der Augenzeuge zum Beispiel weiß etwas, was niemand wissen kann, der dem betreffenden Vorgang nicht selbst beigewohnt hat. Auch der Richter, der sich von allen Zeugen den Vorgang bis ins kleinste Detail hat schildern lassen und den Fall dadurch aus verschiedenen Perspektiven kennengelernt hat, wird dennoch in einer bestimmten Hinsicht hinter dem Wissen des Augenzeugen notwendig zurückbleiben (vgl. *Tht.* 201b-c). Ähnlich verhält es sich mit dem Ortskundigen, weil dieser prinzipiell gegenüber demjenigen im Vorteil ist, der sich den Weg hat nur beschreiben lassen. Zwar wird, wie Platon im *Menon* (97a–c) betont, auch letzterer uns gut zum Ziel führen können, jedoch würde der Vorteil des Ortskundigen zumindest dann sichtbar, wenn etwas Unerwartetes eintreten würde und wir den Weg nicht wie beschrieben vorfinden würden oder wenn wir unterwegs beschlössen, einen anderen, zuvor nicht beschriebenen Weg zu nehmen. Schließlich dient auch das Verhältnis von Lehrern zu ihren Schülern als eines der Vorbilder für das Verhältnis von Wissen und Nicht-Wissen: Zwar ist es eine von der antiken Philosophie sehr ernst genommene Frage, welche Dinge gelehrt werden und welche nicht, aber dass einige Dinge von Lehrern gelehrt und – im gelingenden Fall – von Schülern gelernt werden, steht außer Frage; ebenso wie außer Frage steht, dass dabei in gewissem Sinn ein Wissen hervorgebracht wird, das zuvor nur auf Seiten des Lehrers, nicht aber auf Seiten des Schülers bestanden hatte.

Merkmale des Wissens – Gewissheit und Wahrheitsbezug: Wie unterscheidet sich nun der Wissende vom Nicht-Wissenden? Dass man sich seiner Sache sicher oder gewiss ist, kann ein solches Merkmal unter anderen sein, jedoch bestehen hinsichtlich der Zuschreibung von Wissen bisweilen nicht unerhebliche Differenzen zwischen der Selbst- und der Fremdeinschätzung; dies ist typischerweise auch bei dem der Fall, der nach eigener Einschätzung zwar etwas zu wissen meint, es aber nicht wirklich weiß. Hinsichtlich der eigenen Gewissheit oder des subjektiven Grades an Überzeugung unterscheidet er sich nicht notwendig von dem, der wirkliches Wissen hat und der es auch nach Einschätzung anderer hat (vgl. Aristoteles, *EN* VII 5, 1146b29–31). Da der Begriff des Wissens aber an ein Erfolgskriterium geknüpft ist, kann die bloße Behauptung oder die subjektive Gewissheit, etwas zu wissen, noch nicht mit dem tatsächlichen Wissen identisch sein. Und der Erfolg, an den das tatsächliche Wissen im Unterschied zum bloßen Glauben, etwas zu wissen, geknüpft ist, besteht darin, dass man das Richtige oder Wahre trifft, weil es gewissermaßen zur Grammatik des Worts ›wissen‹ gehört, dass man nichts Falsches wissen kann: Stellt sich ein vermeintlich Gewusstes als unzutreffend oder falsch heraus, dann spricht man von Täuschung, falscher Meinung, Fehleinschätzung usw., aber nicht mehr von ›Wissen‹. Vermutlich wollte auch Platon nicht mehr als dies behaupten, als er vom Wissen (ἐπιστήμη) sagte, dass es sich immer auf etwas, das wahr oder der Fall ist (τὸ ὄν), bezieht und untrüglich (ἀψευδές) sei (*Tht.* 152c). Damit scheinen Wahrheit und auch der Ausschluss von Täuschung und Falschheit ein basales Merkmal von Wissen zu sein, jedoch ist Wahrheit allein nicht genug: Wer das Wahre nur errät, wer es nur von anderen erfährt und übernimmt und wer es zwar kennt, aber nicht versteht, dem wird man unter bestimmten Umständen noch kein wirkliches Wissen zuschreiben. Aufgrund solcher und ähnlicher Überlegungen bestand zumindest seit Platon ein weit verbreiteter Konsens darüber, dass wahre Meinung (ἀληθῆς δόξα) allein noch nicht mit Wissen gleichzusetzen sei (vgl. *Tht.* 201b–c).

Merkmale des Wissens – Begründung und Beständigkeit: Ein weiteres in der antiken Philosophie prominentes Merkmal für Wissen besteht darin, dass der

Wissende über das bloße Treffen und Erfassen des Richtigen hinaus einen Grund, eine Erklärung oder eine Rechtfertigung (λόγος) angeben können muss. Dass jemand in der Lage ist, einen solchen Grund anzugeben beziehungsweise Rechenschaft für eine Behauptung abzulegen (λόγον διδόναι), wurde daher verschiedentlich als eine zumindest notwendige Bedingung dafür angesehen, ihm Wissen zuschreiben zu können (vgl. Platon, *Tht.* 202d; *Rep.* 531e). Die für das eigentliche Wissen geforderte Begründung oder Rechtfertigung kann ganz unterschiedliche Formen und Funktionen annehmen: Sie kann als für das Wissen konstitutiv oder nur als Indikation für vorhandenes Wissen angesehen werden; sie kann den Grund angeben, den der Wissende für seine Überzeugung hat, seine Meinung sei richtig, kann aber auch die Ursache oder Erklärung für den gewussten Sachverhalt zum Inhalt haben, sie kann eine kausale oder eine begriffliche (definitorische) Erklärung enthalten oder nur die Konsistenz mit anderen Überzeugungen behaupten. Platon sagt dazu einmal (*Men.* 97e–98a), im Unterschied zum Wissen liefen einem die wahren Meinungen leicht wieder davon und müssten daher durch den Nachweis einer solchen Begründung oder Rechtfertigung ›festgebunden‹ werden. Indem Platon von der Flüchtigkeit der wahren Meinungen spricht, nennt er indirekt ein weiteres Merkmal des Wissens, nämlich dass es eine gewisse Beständigkeit aufweist. Sicherheit und Beständigkeit gehören zum Beispiel auch in der stoischen Philosophie zu den definitorischen Merkmalen des Wissens (vgl. 41 C 2 Long/Sedley). Inwiefern kann die geforderte Begründung oder Rechtfertigung eine solche Beständigkeit herstellen? Auch hier kann ganz Unterschiedliches gemeint sein: Zum einen dokumentiert derjenige, der eine Rechtfertigung für die vorgetragene Wahrheitsbehauptung geben kann, dass er nicht zufällig, sondern durch eigene Anstrengungen zu der betreffenden Meinung gelangt ist, dass er gegebenenfalls imstande wäre, erneut zum selben Resultat zu gelangen, oder dass er auch unter veränderten Umständen sein Wissen unter Beweis stellen könnte (all dies sind übrigens Merkmale, die man auch sonst zu Kriterien wirklichen Wissens erheben könnte). Zum anderen wird durch eine solche Begründung die einzelne Behauptung in ein ganzes Netzwerk von Überzeugungen eingebunden, so dass die Beständigkeit des betreffenden Wissens aus dem inferentiellen Zusammenhang mit anderen gewussten Inhalten herrührt.

Am Ende desjenigen Dialogs *Theaitetos*, der ganz dem Wissensbegriff gewidmet ist, lässt Platon den Versuch, Wissen als wahre Meinung plus Erklärung, Begründung oder Rechtfertigung (λόγος) zu definieren, effektvoll scheitern (*Tht.* 210a–b). Was die Gründe für dieses Scheitern angeht, so besteht unter den Interpreten Platons zwar seit jeher Uneinigkeit, es hat aber nicht den Anschein, als wolle Platon die Bedeutung einer das Wissen rechtfertigenden Begründung selbst in Frage stellen (dafür ist die Forderung nach einer Begründung oder Rechtfertigung von erhobenen Wissensansprüchen viel zu eng mit der philosophischen Methode verbunden, die bei Platon als ›Dialektik‹ bezeichnet wird); eher möchte er darauf hinweisen, dass nur eine bestimmte Art von *logos* die erforderliche Rechtfertigung liefern kann, dass auch eine solche Begründung noch keine hinreichende Bedingung für wirkliches Wissen ist oder dass auch eine solche begründete oder gerechtfertigte wahre Meinung andere Wissensobjekte oder Wissensformen voraussetzt.

Nicht-propositionale Wissensformen: Aus dem Umstand, dass Platon zögert, das Wissen als wahre Meinung mit Begründung oder Rechtfertigung zu definieren, folgern manche Interpreten, dass eigentliches Wissen in gar keiner Form von Meinung, auch in keiner noch so qualifizierten Meinung bestehen könne, weil Meinungen grundsätzlich bivalent, also wahr oder falsch, sind, während Wissen, wie wir gesehen haben, grundsätzlich wahr und untrüglich sein soll. Ob dieser Schluss tatsächlich gezogen werden muss, können wir hier zunächst zurückstellen, richtig ist aber an diesem Hinweis in jedem Fall, dass in der antiken Philosophie insgesamt, nicht nur bei Platon, auch solche Formen von Wissen eine wichtige Rolle spielen, die sich nicht auf ein propositionales Wissen, also ein Wissen davon, *dass* etwas der Fall ist oder nicht, reduzieren lassen. Mindestens zwei vom propositionalen Wissen strukturell verschiedene Formen von Wissen sind oft im Spiel: Erstens wird das zu untersuchende Wissen oft mit dem griechischen Wort *eidenai* (εἰδέναι) beschrieben und dieses Wort kann wie das deutsche ›kennen‹ mit einem direkten Objekt, das den Gegenstand des Wissens bezeichnet, gebraucht werden: ›Ich kenne Theodoros‹, ›Theodoros kennt Theaitetos‹. Die unterstellte Wissensform ist hier eher die der persönlichen Bekanntschaft (knowledge by acquaintance); hinsichtlich Falschheit und Täuschung verhält sich die Bekanntschaft anders als die Meinung: Wenn es den betreffenden Gegenstand nicht gibt, dann kennt man nicht auf die falsche Weise, sondern man kennt ihn gar nicht. Nach einer verbreiteten Auffassung ist dies auch die Logik hinter dem einflussreichen Argument des Parmenides, dass es kein Wissen von dem gibt, was nicht ist. Zweitens wird das Wissen in vielen für die philosophische Diskussion des Wissensbegriffs relevanten Kontexten eher im Sinne eines ›Wissens *wie*‹ als im Sinne des ›Wissens *dass*‹ aufgefasst. Der Tugendhafte zum Beispiel wird von verschiedenen Philosophen als jemand dargestellt, der in jeder Situation versteht, das Richtige zu tun. Dabei handelt es sich zweifellos um eine Form von Wissen (›wissen, *wie* man handelt‹), aber nicht unbedingt um ein Wissen, das sich primär oder vollständig als das Wissen bestimmter Propositionen ausdrücken lässt.

Wenn wir nun bei Platon Hinweise auf die Bedeutung solcher nicht-propositionaler Wissensformen finden, dann heißt das noch keineswegs, dass Platon diese *auf Kosten* des propositionalen Wissens hochhalten oder die Möglichkeit, die höchsten Wissensgehalte in Propositionen auszudrücken, in Frage stellen würde. Es versteht sich, dass die verschiedenen Wissensformen in der Praxis oft miteinander einhergehen: Wer sich zum Beispiel in einer Sache wirklich auskennt, der verhält sich gegenüber dieser Sache so, wie man sich im Falle einer persönlichen Bekanntschaft verhält, und das schließt unter Umständen mit ein, dass man unterschiedliche – wahre – Propositionen über die betreffende Sache oder über die bekannte Person formulieren kann. Ebenso können Know-how und propositionales Wissen miteinander verknüpft sein: Von demjenigen, der über ein propositionales Wissen zu verfügen behauptet, wird man auch die Fähigkeit erwarten, zu wissen, *wie* diese Behauptung zu verteidigen ist. Und umgekehrt drücken sich manche Fähigkeiten, vor allem aber intellektuelle oder wissenschaftliche Fähigkeiten in den Propositionen aus, die der Betreffende von sich gibt.

Bewiesenes und unbeweisbares Wissen: Der Gedanke, dass Wissen irgendwie in einer begründeten Meinung bestehen muss, wird auch von Aristoteles wieder aufgegriffen, doch macht Aristoteles auch darauf aufmerksam, dass nicht alle Arten von Wissen auf dieselbe Weise begründet sein können. In seiner Schrift *Zweite Analytiken* unternimmt er es, einen den Wissenschaften entsprechenden Wissensbegriff darzulegen. Ein solches Wissen von einem einzelnen wissenschaftlich erklärbaren Sachverhalt findet seinen Ausdruck in einem wissenschaftlichen Beweis (ἀπόδειξις); darin wird der zu wissende Sachverhalt auf seine Gründe oder eine Erklärung zurückgeführt, welche in den Prämissen des entsprechenden Beweises gegeben sind. Im Prinzip ist es möglich, auch die Prämissen eines solchen Beweises durch einen Beweis einzuführen und die Prämissen dieses Beweises ebenfalls zu beweisen und so fort. Wenn jedoch auf diese Weise ein unendlicher Beweis-Regress entstünde, dann spräche das gegen die Möglichkeit, dass wir je zu echtem Wissen gelangen. Aristoteles nimmt daher an, dass es in jeder Wissenschaft Prinzipien gibt, mit deren Hilfe die anderen Phänomene in diesem Wissensbereich bewiesen werden, die jedoch selbst innerhalb dieser Wissenschaft nicht bewiesen werden können. Mit Blick auf solche allgemeinen ersten Prinzipien kommt das Modell vom bewiesenen Wissen an seine Grenzen. Was wir in solchen Beweisen hingegen schon voraussetzen, ist die Kenntnis der einfachen, elementaren Begriffsgehalte einer Wissenschaft, die wir Aristoteles zufolge durch wiederholte Wahrnehmung verschiedener gleichartiger Einzeldinge erlangen, und das Erfassen solcher elementarer Begriffe schreibt Aristoteles einer als Vernunft oder Einsicht (νοῦς) bezeichneten Fähigkeit zu. Das Erfassen der Prinzipien bildet somit die Voraussetzung für das bewiesene Wissen, das sich in einem wissenschaftlichen Beweis ausdrückt. Obwohl es nicht selbst bewiesen werden kann, verdankt es sich keiner obskuren Begabung, sondern besteht in einem Erfassen der wesentlichen Gemeinsamkeit zwischen den relevanten Einzelfällen. Ganz ähnliche Beschreibungen gibt an manchen Stellen auch Platon vom Erfassen der Ideen (vgl. *Phdr.* 265d), welches natürlich nicht unabhängig von den Einzelfällen, deren Gemeinsamkeiten die Ideen darstellen sollen, sondern durch die Beschäftigung mit diesen Einzelfällen und letztlich durch deren ›Zusammenschau‹ zustandekommt.

Wissensbegriff und Wissensideal: Von der Bestimmung des Wissensbegriffs zur Formulierung eines Wissen*ideals* ist es oft nur ein kleiner Schritt, und oftmals ist gar nicht klar, ob eine bestimmte Aussage zum Wissen dem einen oder anderen Projekt gewidmet ist. So wird zum Beispiel aus dem relativ unkontroversen Merkmal des Wahrheitsbezugs schnell die Forderung, dass eigentliches Wissen *immer* wahr sein muss, was wiederum leicht zu der Auffassung führen kann, dass es eigentliches Wissen nur von solchen Dingen geben kann, die selbst invariabel sind, weil alles, was wir von veränderlichen Dingen heute zu wissen meinen, morgen schon wieder falsch sein kann. Diese Tendenz führt zur epistemischen Bevorzugung von allgemeinen und atemporalen Wissensgehalten, wie sie sich etwa in Platons Lehre von den ewigen und invariablen Ideen oder auch in Aristoteles' Auszeichnung des Definitionswissens ausdrückt. Ähnlich geht Aristoteles' Definition des Wissens in den *Zweiten Analytiken* von dem allgemeinen Merkmal aus, dass Wissen in einer noch näher zu bestimmenden Weise auf eine Begründung rekurrieren muss, formuliert dabei jedoch das Ideal eines uneingeschränkten Wissens: »Wir meinen dann etwas *im eigentlichen Sinn* (ἁπλῶς) zu wissen [...], wenn wir zweierlei zu erfassen meinen, nämlich dass die Ursache, aufgrund welcher der betreffende Sachverhalt besteht, die Ursache davon ist, und dass sich dieser Sachverhalt nicht anders verhalten kann.« (71b9–12) Nach dieser Definition bezieht sich das eigentliche, das heißt uneingeschränkte Wissen auf solche Sachverhalte, die aufgrund einer bestimmten Ursache, die der Wissende kennen muss, notwendig der Fall sind. Demnach wäre ein eigentliches Wissen von einzelnen und kontingenten Dingen ausgeschlossen. Und dies hat wiederum zur Folge, dass dieses Ideal eine Wissenskonzeption umreißt, die sehr viel exklusiver als unser alltägliches Wissensverständnis ist, das heißt erstens, dass sehr viel weniger Dinge gewusst werden, als wir das für gewöhnlich annehmen; zweitens bedeutet dies aber auch, dass nur ausgesuchte Personen an diesem eigentlichen Wissen teilhaben können, wie zum Beispiel nur die Philosophen in Platons *Politeia* oder die Wissenschaftler nach Aristoteles' *Zweiten Analytiken* oder der Weise nach der Erkenntnistheorie der Stoiker (vgl. 41 A Long/Sedley).

Abstriche vom Ideal und epistemischer Pluralismus: Dass die Frage nach einer angemessenen Bestimmung des Wissens die weitergehende Frage nach dem Ideal eines unumstößlichen Wissens aufwirft, ist nachvollziehbar, jedoch wäre es enttäuschend, wenn sich die philosophische Diskussion nur auf dieses Ideal konzentrieren und andere Formen des Wissens, die für die wissenschaftliche und auch alltägliche Praxis eine weit größere Bedeutung haben, ausblenden würde. Es gibt jedoch zahlreiche Ansätze, die belegen, dass die Beschäftigung mit einem idealen Wissen nicht unbedingt den Blick für die Pluralität von Wissensformen trüben muss. Im Falle von Aristoteles verhält es sich sogar so, dass er in ein und derselben Schrift das Ideal des wissenschaftlichen und auf Notwendigkeit beruhenden Wissens skizziert und zugleich Formen des wissenschaftlichen Beweises beschreibt, die dieses Ideal nicht erreichen, aber eine gleichwohl wichtige Funktion erfüllen. Obwohl zum Beispiel nach der gleichsam ›offiziellen‹ Theorie des wissenschaftlichen Beweises (ἀπόδειξις) dieser immer allgemeine Konklusionen haben muss, räumt Aristoteles ausdrücklich auch eine gewisse Bedeutung von Beweisen mit partikulären oder singulären Konklusionen ein (*An. post.* I 24). Und obwohl eigentliches, uneingeschränktes Wissen als ein Wissen von notwendigen Sachverhalten definiert wird, vertritt Aristoteles auch die großzügigere Auffassung, dass sich wissenschaftliche Erkenntnis entweder auf solche Dinge richtet, die immer der Fall sind, oder auf solche, die in der Regel gelten (*Metaph.* VI 2, 1027a20 f.). Noch deutlicher wird dies im Verhältnis von theoretischer und praktischer Philosophie: Während Philosophie und Wissenschaft grundsätzlich Erkenntnisse von allgemeinem Status anstreben, komme es der Ethik oder praktischen Philosophie, die es mit den Handlungen der Menschen, mit dem Guten und Schlechten sowie mit dem Glück zu tun habe, nicht zu, allgemeine oder notwendige Aussagen zu bilden; weil es in diesem Bereich immer eine gewisse Unbeständigkeit gibt, könne man bestenfalls Aussagen bilden, die ›in der Regel (ὡς ἐπὶ τὸ πολύ)‹, aber nicht immer gelten, und weil man auch das Einzelne nicht bestimmen könne, müsse man sich damit begnügen, die Dinge im Umriss (τύπῳ) auszuführen. Diese Einschätzung des Gegenstands ethischer Forschung begründet nun aber keine grundsätzliche Entwertung des entsprechenden Wissens, vielmehr betont Aristoteles, dass nicht alle Gegenstände mit demselben Grad an Genauigkeit behandelt werden können, sondern dass verschiedenartige Gegenstände wissenschaftlicher Behandlung je eigene Standards an Präzision haben (*EN* I 7, 1098a26–29); daher kennzeichne es gerade den Gebildeten, immer nur soviel Genauigkeit anzustreben, wie es die Natur der Sache eben zulässt (*EN* I 1, 1094b23–25).

2. Wissen und Charakterbildung

Der Wissensbegriff ist, wie gesagt, in der Antike auch dadurch geprägt, dass er innerhalb bestimmter Kontexte behandelt wird, die über die reine Epistemologie oder Erkenntnistheorie weit hinausgehen. Der vielleicht wichtigste dieser Kontexte ist die Frage nach der Entwicklung der gesamten Persönlichkeit und des gesamten Charakters einer Person. Dieser Aspekt stellt wiederum die Verbindung mit Fragen der Lebensführung im allgemeinen und der Ethik her. In dem Bezug zum Ziel der Persönlichkeitsformung besteht, wie bereits angedeutet, eine gewisse Parallele zu einem anspruchsvollen Bildungsbegriff. Die Verknüpfung von Wissen und Charakterbildung eröffnet gewissermaßen zwei Forschungsperspektiven: Die erste Perspektive richtet sich auf den Beitrag des Wissens zur Persönlichkeits- und Charakterentwicklung sowie zu Fragen der Lebensgestaltung überhaupt. Die zweite Perspektive fragt umgekehrt nach der Abhängigkeit des Wissens von verschiedenen Voraussetzungen im Charakter und in der Person des Wissenden.

Wissen und Weisheit: Der Bildungsbegriff umreißt ein Ideal, das von der bloßen Anhäufung von Wissen allein strikt verschieden ist. Dass das Viel-Wissen allein nicht das eigentlich erstrebenswerte Ziel sein kann, wurde in der griechischen Philosophie schon früh betont: Heraklit warf unter anderen Hesiod und Pythagoras ›Vielwisserei‹ (πολυμαθία) vor und stellte diese dem Weisen und der vernünftigen Einsicht gegenüber (DK 22 B 40; B 129), von der er sagt, sie sei nur *eine*. Viel-Wissen allein stellt demnach nicht das eigentliche Ziel intellektueller Bemühung dar, wenn es nicht zur Weisheit führt, und dies ist der Fall, solange es nicht den Schlüssel zum Verständnis der Welt liefert, solange die einzelnen Wissensinhalte nicht sinnvoll miteinander verbunden sind und solange sie nicht auf die geeigneten Seelen treffen. Mindestens ebenso eindrucksvoll hat Sokrates vorgeführt, dass Weisheit nicht von der Menge des Gewussten abhängig ist, als er die Auskunft des Orakels, niemand sei weiser als er, dahingehend interpretierte, dass er im Unterschied zu anderen das, was er nicht weiß, auch nicht zu wissen meine. Auch wenn er sonst nichts zu wissen beanspruchte, kam Sokrates der traditionellen Erwartung gegenüber dem Weisen dennoch in gewisser Weise nach, indem er es nämlich gerade durch den Verzicht auf konkrete Wissensansprüche verstand, sich in Gesprächen nicht in die Enge treiben zu lassen. Entsprechend haben auch zahlreiche Passagen der bei Platon inszenierten Dialoge das Ziel, die Dialogpartner zu der Einsicht zu führen, dass sie etwas, was sie zu wissen meinten, nicht tatsächlich oder nicht auf eine Weise wissen, die sie in die Lage versetzen würde, die geforderte Rechenschaft über das Gewusste abzulegen. Jedoch hat hier die durch dialektische Technik herbeigeführte Einsicht in die Unzulänglichkeit des bisherigen eigenen Wissens nicht den Sinn, vor Wissensansprüchen überhaupt zu warnen; vielmehr wird dadurch eine Einstellung oder Haltung vorbereitet, die bei Platon als notwendige Voraussetzung für den Erwerb von eigentlichem Wissen gilt. Diese Haltung ist durch die grundsätzliche Unterstellung der epistemischen Unzulänglichkeit von allen Inhalten geprägt, die nur von anderen übernommen und nicht im philosophischen Gespräch geprüft worden sind. Dies wiederum führt zu einer aktiven Wahrheitssuche, die sich nicht mit einfachen Lösungsangeboten zufrieden gibt und bei der Suche sowohl eine gewisse Ordnung einhält als auch die Abhängigkeit einzelner Auskünfte von größeren Wissenskontexten angemessen berücksichtigt. Die Weisheit, die der philosophisch Suchende selbst nicht hat, jedoch wegen der Einsicht in die Unzulänglichkeit seines Wissens ständig anstrebt, wird zum Ideal, und das erzielte Wissen wird dadurch mehr und mehr durch die Form der Wissensprüfung und Wissensaneignung sowie der korrespondierenden Fähigkeit zur Verteidigung des jeweiligen Wissens bewertet.

Die Sokratische Prüfung: Wie die Prüfung von Wissensansprüchen auf eine naheliegende Weise mit der Prüfung der betreffenden Person verknüpft sein kann, zeigen die Sokratischen Dialoge. Zu Beginn stellen die Gesprächspartner entweder von selbst oder von Sokrates veranlasst Behauptungen auf und werden dann von Sokrates aufgefordert, Rechenschaft über diese Behauptungen abzulegen (λόγον διδόναι). Im Laufe der sich daran anschließenden Prüfung stellt sich in der Regel heraus, dass die Gesprächspartner nicht hinreichend in der Lage sind, diese Rechtfertigung zu geben, wodurch zum einen die ursprüngliche Behauptung modifiziert oder zurückgenommen werden muss. Zum anderen aber wirft dies zugleich ein bezeichnendes Licht auf die geprüfte Person, insofern sie unbegründete Wissensansprüche aufgestellt hat und persönlich nicht über die Fähigkeit verfügt, die Ansprüche zu verteidigen. Später wird daher die Peirastik (πειραστι-κή) als eine eigene Diskursform hervorgehoben, nämlich als diejenige, die letztlich der Prüfung der Person gilt, die eine Behauptung zu verteidigen versucht. Das Versagen bei dieser Prüfung scheint um so tadelnswerter, je unverfrorener der entsprechende Wissensanspruch erhoben wurde und je wichtiger das zur Diskussion stehende Thema ist. Zu den persönlichen Eigenschaften, die bei einer solchen Diskussion überprüft werden, gehören zunächst natürlich Charakterzüge, die für den Verlauf einer Diskussion und für die gemeinsame Bemühung um die Wahrheitsfindung von Belang sind: Wer sich besserwisserisch, starrköpfig, voreingenommen, unbelehrbar, dumm, borniert usw. verhält, hat keine Chance, wirkliches Wissen im Zuge eines solchen Gesprächs zu erreichen. Zu den Voraussetzungen für ein gelingendes Gespräch hingegen gehören unter anderem die Eigenschaften des Wohlwollens (gegenüber dem Gesprächspartner) und der ›Freimütigkeit‹ genannten Bereitschaft, aufrichtig zu sagen, was man denkt (Platon, *Gorg.* 487a).

Bei der Sokratischen Prüfung geht es stets um ethisch relevante Begriffe und Fragen, besonders um die Tugenden und das gute Leben. Und so ist das Versagen der Gesprächspartner besonders tadelnswert, weil ihnen vorgeworfen werden kann, sich mit den entsprechenden Themen, die für die Lebensführung zentral seien, nicht genügend beschäftigt zu haben. Für einen Menschen, der auch nur über ein klein wenig Vernunft verfügt, könne es jedoch keine wichtigere und ernsthaftere Frage geben als die, wie er leben soll (*Gorg.* 500c); weshalb jemand, der in Diskussionen über die Lebensführung, die Tugend oder das Gute versagt, nicht nur eine begrifflich-diskursive Schwäche, sondern zugleich auch etwas darüber offenbart, wie er lebt und welche Güter er mehr oder weniger schätzt. Daher schätzt Sokrates Gespräche über solche Themen ohne Umschweife auch als eine Prüfung der Seele ein. Und wenn er umgekehrt von sich selbst sagt, er prüfe die Seelen seiner Athener Mitbürger, auf dass sie möglichst gut werden (*Apol.* 29e, 30b u. a.), dann besteht diese Prüfung in nichts anderem als in Dialogen der besagten Art. In diesem Sinn sind die Sokratischen Fragen nach ethischen Grundbegriffen niemals nur theoretisch, sondern sind wesentlich mit der Absicht einer Verbesserung der Seele und der Lebensführung verknüpft; in einem gewissen Sinn ist die Überprüfung nicht nur Vorbedingung für ein gutes Leben, sondern ist die Aktivität des Überprüfens, Diskutierens und Philosophierens selbst sogar konstitutiver Bestandteil des guten Lebens. Daher profitiert nicht nur der Adressat einer solchen Überprüfung von dieser Art von Praxis, sondern auch Sokrates selbst: Er sagt, dass die Unterredung über solcherlei Dinge das größte Gut für den Menschen sei und dass er selbst ein ungeprüftes Lebens als nicht lebenswert ansehen würde (*Apol.* 38a).

Nutzen des Wissens und Philosophie als Lebenskunst: Die eben skizzierte Verbindung von philosophischem Diskurs und praktizierter Sorge um die Seele ist der vielleicht wichtigste Ausgangspunkt für eine Tradition innerhalb der antiken Philosophie, die das Philosophieren weniger als einen Beitrag zur Theoriebildung, sondern als eine Form zu leben verstand. In neuerer Zeit hat diese Tradition unter dem Stichwort der ›Philosophie als Lebenskunst‹ erhebliche Beachtung gefunden. Demnach war der Philosoph in der Antike nicht nur ein Gelehrter und Fachmann, sondern wurde idealerweise als jemand angesehen, der in der Lage ist, das Leben auf besonders vorbildliche Weise zu ›meistern‹ und dadurch eher oder in höherem Maße das glückliche Leben zu erlangen. Dazu wurde er befähigt, indem er bestimmte Fähigkeiten und Praktiken eingeübt und Wissen darüber erworben hatte, welchen Bedingungen ein gutes und glückliches Leben unterliegt. Wenn dies ein Ziel oder wenigstens ein Effekt der philosophischen Ausbildung ist, dann lässt sich dadurch auch die Frage nach dem Nutzen der philosophischen Bildung, welcher zeitweise von konkurrierenden Schulen, wie der Rhetorikschule des Isokrates, offensiv in Zweifel gezogen wurde, einfach und radikal beantworten. Denn das Ziel des guten oder gelungenen Lebens wird als der Horizont festgelegt, vor dem sich alle anderen möglichen Ziele der Bildung und Ausbildung als nützlich erweisen lassen müssen.

Im Hinblick auf die These, Philosophie sei Lebenskunst, gehen manche moderne Autoren so weit zu behaupten, dass in der Antike die Philosophie insgesamt und ausschließlich als eine solche Lebensform verstanden wurde, während sich die Aufteilung in theoretische und praktische Aspekte des Philosophierens sowie der Verlust der lebenspraktischen Dimension erst als das Ergebnis einer späteren Entwicklung eingestellt habe. Mit Blick auf einige Schulen der antiken Philosophie lässt sich eine solche These sicherlich rechtfertigen; zum Beispiel scheinen die Kyniker das Vorbild des Sokrates in einer Weise zu interpretieren, bei der es vor allem darauf ankommt, die Bedeutungslosigkeit aller Güter mit Ausnahme der Tugend beziehungsweise der tugendhaften Seele durch eine besondere Lebensführung zur Schau zu stellen; Erkenntnisinteressen oder Forschungsprogramme, die von diesem Ziel unabhängig sind, lassen sich dagegen nicht nachweisen. Als globale Aussage über die antike Philosophie wäre die genannte Lebenskunst-

These wahrscheinlich zu stark, da sie eine Unterordnung aller anderen Interessen unter die Frage der Lebensführung zur Folge hätte. Der praktische Nutzen des philosophischen Wissens zeigt sich vielmehr in unterschiedlichen Weisen, die sich durch die folgenden vier, nach zunehmender Stärke geordneten Thesen sortieren lassen: (i.) Nach antiker Auffassung gehört es zu den Aufgaben der Philosophie, Empfehlungen zu entwickeln, durch die einzelne, geeignete Personen tatsächlich eine bessere Lebensführung erlangen; das heißt, dass sie entweder eher ein glückliches Leben oder zumindest ein in höherem Maße glückliches Leben führen werden. (ii.) Anders als in der neuzeitlich-modernen Ethik kommt es in der antiken Ethik primär darauf an, Empfehlungen für eine glückstaugliche Lebensführung zu entwickeln. (iii.) Nach antiker Auffassung ist auch die Philosophie selbst beziehungsweise sind Teilbereiche der Philosophie selbst als eine Lebensform anzusehen und zwar als eine Lebensform, die mehr als andere Lebensformen für die Erlangung eines glücklichen Lebens geeignet scheint. (iv.) Nach antiker Auffassung ist die Philosophie nichts anderes als eine Lebensform; wer sie betreibt, tut das, um ein glücklicheres Leben zu erlangen.

These (i.) lässt sich in der Tat mit Blick auf so gut wie alle Schulen der antiken Philosophie vertreten. Zwar sagt man von der vorsokratischen Philosophie im allgemeinen, sie habe noch über keine systematische Ethik verfügt, was aber, wenn es richtig wäre, noch nicht bedeuten würde, dass aus den Lehren der vorsokratischen Philosophie keine praktischen Folgerungen für die Lebensführung gezogen werden könnten. Zwar ist es nicht bei allen Vorsokratikern möglich, solche praktischen Konsequenzen zu ermitteln; aber es ist klar, dass es bei einigen vorsokratischen Philosophen üblich ist, solche praktischen Empfehlungen auszusprechen, und bei manchen, wie zum Beispiel bei Heraklit, scheint es auch klar, dass diese Empfehlungen als Konsequenzen aus dem eher naturphilosophischen Teil ihrer Überlegung resultieren. These (ii.) lässt sich für alle antiken Philosophen behaupten, die explizit eine Ethik vertreten haben, insbesondere dann, wenn man, wie in neuerer Zeit oft hervorgehoben, davon ausgeht, dass die Grundfrage der antiken Ethik eine andere war als die der neuzeitlichen und modernen Ethik: Der antiken Ethik komme es nach dieser verbreiteten und durchaus plausiblen Auffassung weniger darauf an, ein deduktives System von Handlungsanweisungen zu entwickeln, als vielmehr darauf, ausgehend von einer Güterlehre oder von einem Begriff des guten Lebens darzustellen, wie man leben muss, um ein möglichst gutes Leben zu führen. Im Hinblick auf die Rede von einer ›antiken Ethik‹ bedeutet es außerdem einen nicht unerheblichen Unterschied, ob man die Ethik als ein relativ selbständiges Projekt und als eine eigene philosophische Teildisziplin mit eigenen Regeln und Standards oder nur als Teilaspekt einer als Einheitswissenschaft verstandenen Philosophie begreift. Im ersten Fall wäre klar, dass es neben der Ethik und den Fragen nach der guten Lebensführung noch andere unabhängige philosophische Projekte gibt, deren Wert nicht von ihrem praktischen Nutzen abhängt. Wenn Aristoteles zum Beispiel mit Blick auf den Gegenstand seiner Metaphysik das höchste Wissen als eines definiert, das nur um seiner selbst willen und um keiner anderen Zwecke willen angestrebt wird, dann könnte man das als Gegenmodell zu der Auffassung lesen, dass sich philosophisches Wissen in der Antike insgesamt durch seinen lebenspraktischen Nutzen rechtfertigen lassen muss.

Deutlich stärker ist These (iii.), weil darin die philosophische Betätigung als jene Praxis angesehen wird, welche für das gute Leben konstitutiv oder unersetzlich ist. Wie Philosophieren zugleich eine Praxis mit Auswirkungen auf den Zustand der Seele sein kann, haben wir bereits an der Tätigkeit des Sokratischen Gesprächs gesehen. Nun kann aber die einzige und letzte Antwort auf die Frage, wie man leben soll, sicherlich nicht die sein, dass man immerzu philosophische Gespräche nach dem Vorbild des Sokrates führt. Inwiefern kann man dann die Behauptung aufrecht erhalten, dass die philosophische Aktivität wesentlichen Anteil für das gute Leben hat? Grundsätzlich gibt es hierfür zwei Strategien. Die erste Strategie besteht darin, dass man den Begriff des Philosophierens auf die bewusste und reflektierte Lebensführung ausdehnt: Der stoische Philosoph beispielsweise, der sich bei jeder Tätigkeit genau überlegt, ob darin ein wirkliches Gut auf dem Spiel steht und wie der Weise dabei seine Haltung bewahren kann, nähert sich den Dingen philosophisch und betreibt daher in gewisser Weise Philosophie, auch wenn er dabei keine Thesen allgemeiner Art aufstellt und überprüft. Überhaupt stellt das Ziel, das den meisten hellenistischen Philosophen gemeinsam ist, nämlich die Seelenruhe (ἀταραξία), das Resultat einer ständigen Bemühung dar, die selbst als ›Philosophie‹ bezeichnet zu werden verdient: Insbesondere geht es stets darum, unsere Meinungen über die Welt und die daraus resultierenden Einstellungen zu verschiedenen Vorgängen in der uns umgebenden Welt zu kontrollieren, und diese Kontrolle setzt oft spezifisch philosophische Techniken und Überlegungen voraus. Die zweite Strategie besteht darin, dass man die Episoden philosophischer Betätigung, die in einem menschlichen Leben nicht permanent, sondern eben nur innerhalb bestimmter zeitlicher Grenzen auftreten können, als einen Anteil an der bestmöglichen Lebensform begreift, durch den das Leben zu einem guten wird, auch wenn man nicht erwartet, dass das ganze Leben aus einer permanenten Abfolge solcher Episoden bestehen könnte. Von einer solchen Art scheint zum Beispiel die *theôria* (θεωρία), also die Betrachtung der höchsten Wissensgegenstände, bei Aristoteles zu sein, insofern Aristoteles der Auffassung ist, dass es für einen Menschen nichts Besseres geben könne, wenn er auch betont, dass uns die Teilnahme an dieser Aktivität nur für einzelne Episoden des Lebens offen steht. Nach These (iv.) schließlich wäre alle Philosophie der besseren Lebensführung verpflichtet. Würde das bedeuten, dass es für solche Philosophen nur noch praktische Philosophie, aber keine theoretischen Forschungsprogramme mehr geben kann? Bei einigen Philosophen und einzelnen Schulen wäre diese stärkste Form der Lebenskunst-These sicherlich problematisch: Welchen greifbaren Beitrag sollten zum Beispiel die Entwicklung der Aristotelischen Logik oder die wissenschaftsgeschichtlichen Projekte der peripatetischen Schule für die verbesserte Lebensführung leisten? Bei einigen anderen Schulen besteht aber durchaus die Tendenz, alle theoretischen Projekte als Beitrag für die Frage des guten Lebens anzusehen. Ein gutes Beispiel ist die Naturphilosophie der Epikureer: Obwohl die Epikureer detaillierte Erklärungen für die verschiedensten Naturphänomene geben und ausführliche Betrachtungen über die Natur des Kosmos im Ganzen anstellen, finden sich Stellen, wo es scheint, als stehe all dies im Dienste eines praktischen Anliegens, nämlich der Vermeidung von Furcht, speziell der Furcht vor dem Tod und dem, was danach kommen könnte, welche bei den Epikureern als eines der wichtigsten Hindernisse für das gute Leben gilt.

Wissen und Tugend: Trotz unterschiedlicher Gewichtungen in den verschiedenen philosophischen Schulen trägt das Wissen, das man sich im Zuge einer philosophischen Ausbildung erwirbt, in jedem Fall dazu bei, dass man die Kontingenzen des Lebens besser meistern und ein insgesamt besseres Leben führen kann. Die dauerhaften Eigenschaften, die man im Interesse eines guten und gelingenden Lebens erwerben muss, sind – unabhängig von der Konzeption des guten Lebens, die eine philosophische Schule vertritt – unter dem Obergriff der ›Tugenden‹ (ἀρεταί) bekannt. Die meisten Schulen würden außerdem darin übereinstimmen, dass es bei der Frage nach dem guten Leben speziell um die Tugend der Seele geht, im Unterschied zu körperlichen oder heroischen Vorzügen, die ebenfalls als Tugend (ἀρετή) bezeichnet werden können. Von welcher Art der Beitrag der Tugend für das gute Leben ist, kann je nach Kontext und Schule ganz unterschiedlich beschrieben werden: Allgemein wird eine Tugend als das verstanden, dessen Vorliegen eine jede Sache, die über die Tugend verfügt, gut macht, oder als das, kraft dessen wir alles auf gute Weise tun, was wir tun, ohne es nur zufällig auf gute Weise zu tun. Seit Platon und Aristoteles werden Tugenden auch als Merkmale der guten und vortrefflichen Seele aufgefasst. Insoweit der vortreffliche Zustand der Seele zugleich die Voraussetzung für ein gutes Leben darstellt oder sogar mit dem guten, glücklichen Leben zusammenfällt, können die Tugenden oder die tugendhafte Handlungen auch als konstitutive Bestandteile des glücklichen Lebens erwiesen werden. Andere Philosophen geben sich dagegen mit einem bescheideneren Beitrag der Tugenden zufrieden und sehen sie zum Beispiel als Mittel an, die zur Erlangung des guten oder zur Vermeidung eines unglücklichen Lebens beitragen. Außerdem unterscheiden sich verschiedene antike Philosophen darin, ob sie den Besitz oder die Ausübung von Tugenden als hinreichend für das glückliche Leben ansehen oder ob sie außer den Tugenden noch andere Güter für das Glück erforderlich halten.

Auch die Verbindung von Tugend und Wissen ist in verschiedenen philosophischen Schulen unterschiedlich stark ausgeprägt. Bekannt für einen starken Wissensbezug der Tugenden sind Platon und die Stoiker, aber auch Aristoteles. Allgemein ist ein gewisser Bezug von Tugend und Wissen schon dadurch gegeben, dass das philosophische Wissen, das – wie wir im vorigen Abschnitt gesehen haben – für die gute Lebensführung nützlich ist, auf beständige Weise vorhanden und zumindest zeitweilig handlungsleitend ist, denn auch vom Wissen selbst werden Beständigkeit und zum Teil Handlungswirksamkeit erwartet, was, wenn es sich um ein Wissen vom Guten oder vom guten Leben handelt, zugleich als Merkmal der Tugend gilt. In Platons frühen Dialogen ist die Frage, ob Tugenden Wissen sind, ständig präsent, denn wenn sie Wissen wären, so die Unterstellung, würde das zum einen eine positive Antwort auf die Frage nach ihrer Lehrbarkeit mit sich bringen und zum anderen hätte das die Einheit oder zumindest die Untrennbarkeit der verschiedenen Einzeltugenden zur Folge. Eine wichtige begriffliche Brücke zwischen Tugend und Wissen eröffnet das Argument von der Nicht-Ambivalenz der Tugend: Nach diesem Argument können andere Güter gut oder schlecht, nützlich oder schädlich verwendet werden, während allein die Tugend immer und überall gut und nützlich ist, da sie anderenfalls keine Tugend wäre (vgl. Demokrit DK 68 B 173; Aristoteles, *Rhet.* I 1, 1355b1, u.v.a.). Wenn dies der Fall sein soll, dann kann man zum Beispiel nach Platons *Menon* (vgl. 87c–89c) wie folgt argumentieren: Wenn andere Güter gut oder schlecht, nützlich oder schädlich gebraucht werden können, was ist es dann, was einen bestimmten Gebrauch gut oder schlecht macht? Da sich die Dinge oft schlecht entwickeln, wenn sie ohne Vernunft, Überlegung oder Maß ausgeführt werden, ist der nicht-zufällige richtige Gebrauch umgekehrt dadurch geprägt, dass er mit Vernunft oder Überlegung erfolgt. Vernunft oder Überlegung, die zum guten, gedeihlichen Gebrauch führen, setzen aber ein Wissen vom Guten voraus. Daher wird Wissen vom Guten zum Merkmal und zur Bedingung des richtigen Gebrauchs, und da der richtige, nicht-ambivalente Gebrauch zum Begriff der Tugend gehört, kann Tugend nicht ohne ein entsprechendes Wissen auskommen; da aber umgekehrt auch das entsprechende Wissen genau dadurch bestimmt ist, dass es dem Tugendhaften zum richtigen Handeln und zur richtigen Anwendung der relevanten Güter verhilft, scheinen Tugend und eine bestimmte Art von Wissen so eng miteinander verbunden, dass einer Gleichsetzung nichts mehr im Wege steht.

Auch die stoische Ethik definiert daher die verschiedenen Tugenden als Wissensformen: Tapferkeit sei das Wissen um das, was furchterregend ist und was nicht furchterregend ist. Besonnenheit sei das Wissen um das, was zu wählen und was zu meiden ist, usw. (vgl. 61 H Long/Sedley). Aus dem Wissenscharakter der Tugend scheinen einige Stoiker auch den Schluss zu ziehen, dass Tugend nicht in graduellen Schritten kommt: Man hat sie oder man hat sie nicht, ebenso wie man etwas weiß oder nicht weiß, es aber nicht ›ein wenig‹, ›mehr‹ oder ›weniger‹ wissen kann. Wie schon angedeutet, stärkt die Bestimmung der Tugend als Wissen zugleich die These von der Einheit oder Nicht-Separierbarkeit aller Tugenden: Ein Gesprächspartner des Sokrates im Platonischen Dialog *Laches* möchte die Tugend der Tapferkeit als das Wissen davon definieren, was Furcht und Zuversicht bewirkt (196d); da sich aber Furcht und Zuversicht auf das Gute und das Schlechte in der Zukunft beziehen und ein und dieselbe Wissenschaft als zuständig für alle Zeitstufen des Guten oder Schlechten erklärt wird, muss derselbe Gesprächspartner bald zugestehen, dass Tapferkeit ein Wissen vom Guten und Schlechten zu jeder Zeit, in jedem Zustand und in jeder Hinsicht voraussetzt; und dies wiederum sei die Definition der Tugend insgesamt und nicht nur der Tapferkeit.

Aristoteles' Tugendbegriff wird oft so eingeschätzt, dass er weniger als Platon und die Stoa auf den Wissens- und Einheitsaspekt der Tugenden Wert lege. Jedoch ist auch für Aristoteles zweierlei zu bedenken: Zum einen kennt er neben den Charaktertugenden Gerechtigkeit, Besonnenheit, Großzügigkeit usw., auch die sogenannten intellektuellen oder ›dianoetischen‹ Tugenden; letztere können direkt mit bestimmten Formen des Wissens identifiziert werden, eine mit einer besonderen Art des Prinzipienwissens, eine mit dem wissenschaftlichen Wissen, wieder eine andere mit dem praktischen Wissen, der *phronêsis* ($\phi\rho\acute{o}\nu\eta\sigma\iota\varsigma$). Zum anderen scheint Aristoteles die Auffassung zu vertreten, dass das tugendhafte Handeln im Sinne der Charaktertugenden immer zusammen mit jener intellektuellen Tugend der *phronêsis* zustandekommt; nach einer berühmten Stelle (*EN* VI 13, 1144a7–9) sieht er die Arbeitsteilung zwischen der tugendhaften Einstellung und der *phronêsis* darin, dass die Tugend das Ziel vorgibt und die *phronêsis*, die praktische Vernünftigkeit, den Weg dorthin richtig auswählt. Wie die *phronêsis* dies bewerkstelligt, ist eine gerade in der neueren Forschung vieldiskutierte

Frage; die darin enthaltene Wissensform ist jedenfalls auf das Einzelne, das heißt auf die einzelnen Handlungsoptionen, bezogen, die durch die Erfahrung der betreffenden Person mit Handlungen ähnlicher Art zustandekommen, und scheint nicht in der Anwendung allgemeiner Regeln oder Pflichten zu bestehen. Außerdem wird in der neueren Forschung hervorgehoben, dass es bei der Aristotelischen *phronêsis* auf eine Form von Aufmerksamkeit für die in einer bestimmten Situation relevanten Faktoren ankomme.

Tugend und Charakterbildung: Was die moderne Bewegung der so genannten ›virtue-ethics‹ an der Antike fasziniert, das ist der Umstand, dass die antike Philosophie den Schwerpunkt auf die Entwicklung von Persönlichkeitsmerkmalen und nicht so sehr auf die Bestimmung der Richtigkeit einzelner Handlungen legt. Wenn wir nämlich den Fokus auf die Charakterzüge und das Persönlichkeitsprofil einer Person richten, dann ist zum Beispiel klar, dass eine Person mit einem großzügigen Charakter auch gerne und mit den richtigen Motiven großzügig handelt, es ist auch klar, dass ein solcher Charakterzug als etwas verstanden werden kann, was positiv zur Gesamtpersönlichkeit und damit zum gelingenden Leben der betreffenden Person beitragen kann, und es liegt außerdem nahe, dass wir uns bei Fragen um die jeweils richtige Handlungsweise auf die personale Kompetenz dessen berufen können, der über die entsprechenden Charakterzüge verfügt. In diesem Sinn ist auch das Erziehungsziel, das in den unterschiedlichen Erziehungsentwürfen antiker Philosophen zum Ausdruck kommt, von dem Erwerb und der Ausbildung entsprechender Charakterzüge geprägt –, und dies ganz ungeachtet der Frage, ob man für verschiedene Rollen und Begabungen unterschiedliche oder für alle dieselben Charakterzüge für wünschenswert hält. Da nun das, was wir hier als Charakterzug oder Persönlichkeitsmerkmal bezeichnet haben, im Wesentlichen im Begriff der Tugend enthalten ist, kann man auch sagen, es komme allgemein darauf an, solche Tugenden zu entwickeln, um schwierige Situationen zu meistern, um einen angemessenen Umgang mit Mitbürgern und Freunden zu pflegen, um die übernommenen Aufgaben gut zu bewältigen und um überhaupt ein gutes Leben zu führen. Da die Tugenden mit unterschiedlichen Formen von Wissen in Beziehung stehen, ist die Formung von solchen tugendhaften Charakterzügen eng an den Erwerb und die Einübung des relevanten Wissens geknüpft. Und da umgekehrt zumindest auch einige Formen von Wissen nur im Zusammenhang mit tugendhafter Praxis erworben werden können – die Aristotelische Schlüsseltugend der *phronêsis* zum Beispiel kann nur der haben, der entsprechende eigene Erfahrung im Handeln und mit Bezug auf seine Emotionen gesammelt hat – scheinen Charakterformung und Wissenserwerb sich über eine bestimmte Strecke hin gegenseitig zu bedingen. Ohnehin vereint die Ausbildung, die zumeist als die höchste und erstrebenswerteste galt, nämlich die zum Philosophen, zugleich intellektuelle und charakterliche Fortschritte.

Diese enge Verbindung von Wissenserwerb und Charakterformung bedeutet jedoch nicht, dass die Charakterbildung als ein *rein* kognitiver Prozess angesehen würde. In dieser Frage gibt es allerdings erhebliche Unterschiede zwischen den verschiedenen philosophischen Schulen in Abhängigkeit von der Art der zugrunde gelegten Seelentheorie. Geht man wie Platons *Politeia* von einer dreigeteilten Seele aus, dann liegt im Prinzip auch der Gedanke nahe, dass die verschiedenen Seelenteile einer unterschiedlichen Behandlung bedürfen und dass insbesondere die nicht-vernünftigen Seelenteile nicht in gleicher Weise für Belehrung und kognitive Instruktion offen sind. Grundsätzlich kann man zwar, wie Platon und Aristoteles, auch fordern, dass der vernünftige Seelenteil, wenn er gut entwickelt ist, imstande sein muss, die nicht-vernünftigen Seelenteile zu kontrollieren, dennoch gibt es gute Gründe dafür, dass eine solche allein durch die Vernunft gesteuerte Erziehung nicht ausreicht. Zunächst geht es etwa bei Platons mehrteiligem Seelenmodell stets auch um die Idee einer harmonisch geordneten Seele und diese wiederum setzt voraus, dass die nicht-vernünftigen Seelenteile nicht nur von der Vernunft beherrscht und gleichsam ›unterworfen‹ werden, sondern dass sich die nicht-vernünftigen Seelenteile auch ungezwungen in eine Richtung entwickeln, die mit Zielen der vernünftigen Seele nicht unvereinbar ist. Es gibt noch weitere Gründe, warum der Erzieher bei Annahme mehrerer Seelenteile nicht allein auf die kognitive Erziehung bauen sollte: Geht man zum Beispiel, wie Platon, Aristoteles und andere, davon aus, dass nicht alle, die im Prinzip über einen vernunftbegabten Seelenteil verfügen, diesen auch voll ausbilden und ihn zum beherrschenden Teil ihrer Seele machen werden, dann kommt die Erziehung nicht umhin, auch direkt auf die nicht-vernünftigen Teile der Seele Einfluss zu nehmen. Ein weiterer Grund ergibt sich einfach aus dem Entwicklungsgedanken: Aristoteles weist immer wieder darauf hin, dass sich die nicht-vernünftigen, emotionalen Antriebe bei Kindern sehr früh, zum Teil gleich nach der Geburt, einstellen, während Überlegung und Vernunft erst später dazu kommen (zum Beispiel *Pol.* VII 15, 1334b22–25), so dass, wenn man schon zu einem früheren Zeitpunkt erzieherischen Einfluss nehmen will, eine Ergänzung der Erziehung durch nicht-kognitive Methoden angezeigt ist. Will man daher die Entwicklung der nicht-vernünftigen Antriebe steuern, dann ist eine Beobachtung wichtig, die auch für Platons Erziehungskonzept von größter Bedeutung ist, nämlich dass zum Beispiel unsere Stimmungen und Emotionen direkt auf bestimmte Melodien und Rhythmen reagieren, so dass auch eine direkte Beeinflussung unserer nicht-vernünftigen Seelenteile durch die Mittel der Musik oder der Kunst im Allgemeinen möglich wird – ohne dafür den Umweg über die Vernunft und das vernünftige Lernen zu gehen.

Für Aristoteles geht das Projekt der Charakterformung in mehrerer Hinsicht über eine rein kognitive Behandlung hinaus. Zunächst geht er davon aus, dass für das Projekt der Charakterformung viel von der Einübung und Gewöhnung abhängt. Weil die Charakterzüge, die man ausbildet, von der Art der Handlungen abhängen, die man in der Eingewöhnungsphase ausübt – handelt man zügellos und gewöhnt man sich daran, bekommt man einen zügellosen Charakter, handelt man feige und setzt sich nie einer Gefahr aus, wird man feige, usw. -, ist es wichtig, dass man zu tugendanalogen Handlungen veranlasst wird, noch bevor man selbst wirklich tugendhaft ist. Durch Lob und Tadel, Belohnung und Strafe gewöhnt man sich daran, bestimmte Handlungsweisen mit Lust und andere mit Unlust zu verknüpfen, bis man schließlich gar nichts anderes mehr erstrebt, als tugendhaft zu handeln, und deshalb die tugendhaften Handlungen gerne, d.h. mit Lust, und abweichende Handlungen nur ungern, also unter Unlust oder Schmerz durchführt. Erst dann kann man von einem Charakterzug sprechen und erst dann wird man beginnen, die tugendhafte Handlung um ihrer selbst willen – und nicht um eines Lobes oder der Vermeidung eines Tadels willen – zu wählen. Wenn der Charakterzug und die entsprechende Lust- oder Schmerzempfindung gegeben sind, besteht eine Übereinstimmung zwischen dem, was der nicht-vernünftige Seelenteil erstrebt, und dem, was die Vernunft anordnet. Das eigentlich kognitive Moment beim tugendhaften Handeln, die Fähigkeit, die jeweils richtige Handlungsweise mithilfe der *phronêsis* zu bestimmen, zehrt unter anderem von der Erfahrung, die die betreffende Person während des Gewöhnungsprozesses gesammelt hat. Eine rein intellektuelle Änderung der Einstellung zu einer Handlungsweise bleibt relativ ineffektiv, wenn sie erst beim erwachsenen Menschen erfolgt, der bereits entgegengesetzte Charakterzüge ausgebildet hat. Darum hängt nach Aristoteles viel von der Erziehung während der Jugend ab, und diese hat dann größere Erfolgsaussichten, wenn sie sich in einem Gemeinwesen, einer Polis, abspielt, in der der Gesetzgeber die Voraussetzungen für eine gute Erziehung geschaffen hat.

3. Wissensvermittlung

Ein wichtiger Aspekt der Bildung ist der der Weitergabe und Vermittlung von Wissen. Wird dieses Thema als etwas dem Wissen selbst Äußerliches und als etwas wesentlich Nachträgliches behandelt, hat das Thema freilich nur eine mäßig philosophische Ausstrahlung. Sobald man aber die Vermittlung als etwas ansieht, was weder gegenüber der Form und dem Inhalt des Wissens noch gegenüber den intellektuellen und charakterlichen Voraussetzungen der zu belehrenden Person neutral sein kann, rückt das Thema der Wissensvermittlung in den Kernbereich der philosophischen Auseinandersetzung mit Wissen. Dass nun zahlreiche Zusammenhänge zwischen dem Erwerb von Wissen und der Persönlichkeit des Wissenden in der antiken Philosophie hergestellt werden und dass deshalb auch die Wissensvermittlung die besonderen Bedingungen des Adressaten mit in den Blick nehmen muss, ist bereits deutlich geworden. Des weiteren begegnet uns auch immer wieder die Vorstellung einer festen Erkenntnisordnung, welche die Aufgabe der Vermittlung von Wissen zu einem integralen Bestandteil des Wissensbegriffs selbst macht.

Wissensvermittlung und Erkenntnisordnung: Die Komposition der Platonischen Dialoge inszeniert immer die Einsicht, dass unterschiedliche Adressaten ein unterschiedliches Argumentationsniveau und auch den Einsatz unterschiedlicher Medien, das heißt bei Platon vor allem den Einsatz von Gleichnissen und Mythen, erforderlich machen. Außerdem gibt Platon immer wieder eindrucksvolle Beispiele dafür, dass bestimmte Wissensinhalte nicht unabhängig von einer bestimmten Wissensordnung und nicht ohne das Durchlaufen bestimmter vorbereitender Schritte vermittelt werden können. Am bekanntesten hierfür ist die in der *Politeia* skizzierte Ausbildung der Philosophenherrscher, die erst, nachdem sie zehn Jahre lang Arithmetik, Geometrie, Astronomie und Harmonik studiert haben, zum eigentlich philosophischen Studium, der Dialektik, zugelassen werden, welches sie dann in weiteren fünf Jahren auf die Erkenntnis des höchsten Wissensgegenstandes vorbereitet. Dieser höchstmögliche Gegenstand des Wissens wird in der *Politeia* als die Idee des Guten bezeichnet, und es ist klar, dass, was auch immer man als Interpret von dieser Idee halten mag, für jeden einzelnen, der diese Idee erfasst, das entsprechende Wissen die auf den vorausgegangenen Stufen erworbenen Fähigkeiten und Erkenntnisse notwendig mit einschließt.

Prominent ist der Gedanke einer Erkenntnisordnung, die eingehalten werden muss, um zu den höchsten Wissensgegenständen vorzudringen, auch in der Aristotelischen Unterscheidung zwischen dem, was dem Wissen, und dem, was der Sache nach früher ist. Dem liegt die Auffassung zugrunde, dass die Dinge, die von uns am einfachsten erkannt werden können, in der ontologischen Ordnung der Welt eher nachrangig sind, während die Wissensobjekte, die weit oben in dieser Ordnung anzusiedeln sind, schwieriger zu erkennen und daher am weitesten von der Sinneswahrnehmung entfernt sind. Auch in diesem Modell setzt das Erkennen dieser höchsten Prinzipien voraus, dass man einen bestimmten Prozess durchlaufen hat, der irgendwann mit dem Erfassen der für die Erkenntnis früheren und der Sinneswahrnehmung näher liegenden Dinge begonnen hat. Das Modell scheint bedingt auch für das Verhältnis verschiedener Wissenschaften untereinander zu gelten: Wer die höchsten und am schwersten zu erkennenden Prinzipien, die in der Metaphysik untersucht werden, erkennen will, sollte sich zuvor mit der Physik, die es mit veränderlichen und daher der Sinneswahrnehmung näher stehenden Dingen zu tun hat, beschäftigt haben.

Vertiefung und Differenzierung von Vorwissen: Die von Platon geprägte und von Aristoteles weiterentwickelte Methode der Dialektik hat es – ungeachtet der verschiedenartigen Methoden, die dieser Begriff umfasst – immer mit den Meinungen und Behauptungen eines tatsächlichen oder eines fiktiven Gesprächspartners zu tun und stellt daher ein wichtiges Beispiel für eine adressatenrelative Argumentation dar, die gleichwohl ein ernsthaftes Erkenntnisinteresse verfolgen kann. Die Anknüpfung an das echte oder vermeintliche Vorwissen eines Gesprächspartners in einer dialektischen Prüfung kann unterschiedliche Absichten verfolgen: Es ist möglich, den Kontrahenten einfach zu widerlegen oder ihn auf eine Inkonsistenz hinzuweisen. Ein dialektisches Gespräch kann aber auch zu der Feststellung kommen, dass eine bestehende oder akzeptierte Meinung vertieft, differenziert oder eindeutiger formuliert werden muss, um der Wahrheit näher zu kommen. Ein solches Verfahren, das von akzeptierten Ansichten seinen Ausgang nimmt, passt zu der Auffassung, dass Erkenntnisfortschritt immer von einem Vorwissen ausgeht und dass der Fortschritt nicht immer darin besteht, etwas Neues zu finden oder zu behaupten, sondern auch darin bestehen kann, eine bestehende Auffassung besser zu begründen und ihre Konsistenz mit anderen bestehenden Ansichten zu erweisen.

Eine Methode, die wie die Dialektik von den Meinungen des anderen ausgeht, kann aber auch in verschiedenen Weisen zur Vermittlung von Wissen dienen. Zu Beginn der Schrift *Topik* sagt Aristoteles, dass eine Argumentationstechnik, die sich darauf verstehe, Argumente zu beliebigen akzeptierten Ansichten zu bilden, unter anderem für die Begegnung mit der Menge genutzt werden könne (I 2, 101a30–34), indem man nämlich nicht auf der Grundlage von eigenen Meinungen, sondern auf der Grundlage von deren Meinungen argumentiere, und sie, wenn nötig, Schritt für Schritt verbessern könne. Ein solches Verfahren, das Überzeugung und Belehrung herbeiführt, indem es auf der Grundlage von Meinungen argumentiert, die vom jeweiligen Adressaten bereits akzeptiert worden sind, ist vielfältig einsetzbar; sowohl Platon als auch Aristoteles sehen eine so verstandene Dialektik als die Grundlage einer philosophischen Rhetorik an; dasselbe Verfahren kann aber auch für die Wissensvermittlung genutzt werden: Zwar deduziert der Lehrende nicht aus den vom Schüler zufällig geteilten Meinungen, sondern aus den eigentümlichen Prinzipien des unterrichteten Gegenstandes, jedoch muss der Lernende das jeweilige Prinzip kennen und von seiner Richtigkeit überzeugt sein, um das verstehen zu können, was der Lehrende aus dem Prinzip herleiten will (*Soph. el.* 2, 165b1–3).

Ordnung von Wissen in der Wissenschaft: Zur Zeit der klassischen griechischen Philosophie entwickelten sich verschiedene Wissenschaften weitgehend unabhängig von der Philosophie. Verschiedene Philosophen nahmen sich unterschiedliche wissenschaftliche Methoden zum Vorbild ihres Wissenschaftsverständnisses. Platon und seine direkten Nachfolger in der Akademie waren bekanntermaßen beeindruckt von den mathematischen Wissenschaften und ihren Anwendungen. Zahlreiche Philosophen benutzen Beispiele aus der Medizin, und Aristoteles scheint auch immer wieder wissenschaftstheoretische Reflexionen zum Status medizinischer Aussagen aufzugreifen. Vor allem aber scheint Aristoteles vom geometrischen Beweis beeindruckt gewesen zu sein, und seine Überlegungen in den *Zweiten Analytiken*, die die erste systematische Theorie der Einzelwissenschaften überhaupt formulieren, scheinen zahlreiche Anleihen beim mathematischen Beweis zu nehmen. Aristoteles geht es dabei vor allem darum, die Voraussetzungen und die Kriterien für einen wissenschaftlichen Beweis abzuklären: Dieser Beweis beruht auf der logischen Form eines Syllogismus mit zwei Prämissen und einer Konklusion, und eine Wissenschaft setzt sich, kurz gesagt, aus solchen Beweisen, aus Prinzipien und aus zu beweisenden Sachverhalten zusammen. Aus moderner Sicht hat dies alles nicht viel mit Wissenschaft zu tun; von Entdeckungen und Forschung ist eigentlich gar keine Rede. Allerdings scheint dies kein Zufall zu sein, denn für Aristoteles scheint der wissenschaftliche Fortschritt, der sich in einem solchen Beweis ausdrückt, gerade darin zu bestehen, dass verschiedene Wissensinhalte in eine derartige Ordnung gebracht werden, dass man sehen kann, wie sich das eine auf das andere bezieht, und dass das eine genau deshalb der Fall sein muss, weil das andere die Ursache dafür darstellt. Die Anordnung und Präsentation der verschiedenen Wissensstücke in eine Form, die auch dem Lernenden die Zusammenhänge klar werden lässt, gehört bei einem solchen Wissenschaftsverständnis nicht nur zur nachträglichen Vermittlung, sondern zum Begriff des Wissens selbst.

4. Zum Inhalt des vorliegenden Bandes

Albrecht Dihle eröffnet den Band mit einer Betrachtung des Verhältnisses von »Lebenskunst und Wissenschaft«. Während in der vorplatonischen Philosophie und in den von Platon und Aristoteles gegründeten Schulen die enge Verbindung zwischen philosophischem Nachdenken und wissenschaftlicher Forschung gesehen wurde, treten diese Formen des Erkenntnisstrebens im Lauf der folgenden Jahrhunderte immer weiter auseinander. Philosophie, nun verstanden als lehrbare und wissensgestützte Kunst des rechten Lebens, wird wissenschaftlichen Kenntnissen im hellenistisch-römischen Bildungssystem übergeordnet, zugleich aber auch in ihren Fragestellungen eingeschränkt und festgelegt.

Peter Scholz beschreibt die sozialen Bedingungen und institutionellen Voraussetzungen des Philosophierens in klassischer und hellenistischer Zeit. Die philosophische Lebensform, der »Bios philosophikos«, lässt sich vor dem Hintergrund der athenischen Argumentationskultur und der aus ihr hervorgegangenen professionellen Rednerschulen verstehen als eine Emanzipation vom allmächtigen Anspruch der politischen Lebensform. Philosophen machen ihre intellektuelle Tätigkeit zum Selbstzweck und begeben sich damit in ein Spannungsverhältnis zur athenischen Öffentlichkeit. Diese Außenseiterrolle wird in hellenistischer Zeit aufgegeben zugunsten einer Integration der Philosophie in die höhere Jugendbildung.

André Laks widmet sich einem charakteristischen Kapitel der Rezeptionsgeschichte vorsokratischer Philosophie. Er untersucht die Konstellation, in der »Gadamer, Parmenides und die Vorsokratiker« zueinander stehen. Gadamer führt eine zu Beginn des letzten Jahrhunderts einsetzende Tradition fort, die die beiden Teile des Parmenideischen Lehrgedichts als eine Einheit lesen möchte, deren Diskontinuität lediglich auf der epistemologischen Ebene verschiedener Perspektiven liegt.

Thomas Buchheim diskutiert Ideen zur Erziehung, die von den als »Händler des guten Lebens« auftretenden Sophisten propagiert wurden: die Lehrbarkeit der Tugend, der pädagogische Wert des Wettstreits, die Priorität des allgemeinen Urteilsanspruchs gegenüber der spezialisierten Wissenschaft und die These, dass die Diskontinuität zwischen Natur und Gesetz die Erziehung profitabel mache.

Franz von Kutschera stellt in seinem Beitrag »Der Wissensbegriff bei Platon und heute« das Platonische Wissensideal und die Veränderungen dar, die es von der *Apologie* bis zum *Theaitetos* erfahren hat. Aus moderner Perspektive erscheinen manche Elemente der Platonischen Konzeption, etwa der zugrunde gelegte statische Seinsbegriff als inadäquat, der von Platon eingeführte Begriff eines perfekten Wissens, seines Gegenstandsbereichs und seiner Voraussetzungen jedoch als wichtiger Bezugspunkt der aktuellen Diskussion.

Wolfgang-Rainer Mann fragt: »Was kann man von Euthydemos und seinem Bruder lernen?« Die vielen Trugschlüsse, die in Platons Dialog *Euthydemos* vorgeführt werden, sind dabei nicht in erster Linie als kontrastierende Folie zur Sokratischen Dialektik zu verstehen, sondern zeigen, dass für die Frage, ob man ein Argument ernstnehmen soll, nicht formale Merkmale oder die Art des Vortrags entscheidend sind, sondern es darauf ankommt, ob es als ernstgemeint aufgenommen wurde.

Dorothea Frede behandelt »Platons mathematisches Curriculum«, also die im Dialog *Politeia* entwickelte Idee, dass das Studium der Disziplinen Arithmetik, Geometrie, Astronomie und Harmonik eine unverzichtbare Vorstufe der Philosophie sei. Ihre propädeutische Funktion kommt den mathematischen Wissenschaften insofern zu, als sie sich auf unveränderliche und uniforme Gegenstände beziehen und methodisch das Vorbild systematischer Forschung darstellen.

Michael Bordt untersucht in seinem Beitrag »Verstehen, wie die Götter sind«, welches Verhältnis zwischen der im Dialog *Politeia* erhobenen Forderung, Gott stets als gut und als Ursache des Guten darzustellen, und der Idee des Guten besteht. Der Unterschied zwischen der theologischen Rede von Gott und den Göttern und der philosophischen oder metaphysischen Konzeption einer Idee des Guten wird dabei als graduelle Differenz des Verstehens analysiert.

Theodor Ebert diskutiert unter dem Titel »Platon über den Wert der Wahrnehmung« zwei unverträglich wirkende Stellen im Dialog *Phaidon*. Einerseits wird der Leib dort als ein Hindernis auf dem Weg zu wirklicher Erkenntnis bezeichnet, andererseits setzt aber die Konzeption von Wissen als Wiedererinnerung sinnliche Wahrnehmung voraus. Diese Spannung lässt sich zugunsten der zweiten Aussage auflösen, indem die erste als Darstellung einer fremden Position gewertet und die Rolle der Wahrnehmung bei der Erkenntnis des Begriffs der Gleichheit geklärt wird.

Victor Caston behandelt ein zentrales Element der Konzeption von Wahrnehmung, Vorstellung und Denken bei Aristoteles: »Was es heißt, die Form ohne die Materie aufzunehmen«. Diese in der Schrift *Über die Seele* für den Wahrnehmungsvorgang verwendete Formulierung lässt sich als Beschreibung eines Prozesses verstehen, bei dem Proportionen in veränderter Dimensionalität vom wahrnehmbaren Gegenstand auf das Organ übertragen werden.

Anselm Winfried Müller schlägt in seinem Beitrag »Zur Teleologie der aristotelischen Phronêsis« vor, die mit der Konzeption der praktischen Klugheit verbundenen Schwierigkeiten durch eine Differenzierung des Zweckbegriffs zu lösen. Als eigentliche Leistung der *phronêsis* erweist sich die Wahl auf der Grundlage tugendgemäßer Motivation.

M. F. Burnyeat rekonstruiert in seinem Aufsatz »Lernen, ein guter Mensch zu sein«, »Aristotle on Learning to Be Good«, die Stufen, in denen sich nach der in der *Nikomachischen Ethik* enthaltenen Theorie die Entwicklung eines Menschen vollzieht, der seine Handlungen am Edlen und Gerechten orientiert. Diese Entwicklung wird als ein Prozess verstanden, bei dem der Mensch daran gewöhnt wird, das Richtige zu tun, bis diese Haltung ihm zur zweiten Natur geworden ist.

Eckart Schütrumpf untersucht die von Aristoteles mit Blick auf einen Idealstaat entfaltete Konzeption einer einheitlichen »Erziehung durch den Staat« und der damit verbundenen Frage nach den Möglichkeiten einer von dieser Erziehung abweichenden Entfaltung des Individuums. Der autoritäre Zugriff auf das Individuum hat insofern eine Grenze, als die Verpflichtungen, denen es unterworfen ist, nur Durchgangsstadien auf dem Weg zur Muße als dem Ziel des Lebens darstellen.

István M. Bodnár betrachtet in seinem Beitrag »Wissenschaft und Philosophie in der Akademie« die Rolle der mathematischen Wissenschaften in der Akademie Platons und im Peripatos. Dabei argumentiert er gegen die verbreitete These, die theoretischen Unternehmungen der Akademie hätten zur mathematischen Forschung im engeren Sinn wenig beigetragen, indem er den Zusammenhang zwischen den philosophischen Reflexionen zu Fragen der Methode und der Ontologie mit den einzelwissenschaftlichen Forschungen darstellt.

Georg Wöhrle wendet sich in seinem Beitrag »Vom Nutzen der Pflanzen für den Menschen« den botanischen Schriften des Aristoteles-Schülers Theophrast zu. Pflanzen werden von Theophrast nicht nur eingeteilt, systematisiert und physiologisch analysiert, sondern auch daraufhin betrachtet, welche Bedeutung sie für die menschliche Nutzung haben. Wissenschaftsgeschichtlich und systematisch besonders interessant ist dabei die Frage, wie sich innerbotanische und anthropo-zentrische Perspektive zueinander verhalten.

Arbogast Schmitt spricht sich in seinem, mit dem Titel »Konkretes Denken« versehenen Beitrag dafür aus, bei der Interpretation der philosophischen Schulen, die sich an Platon und Aristoteles anschließen, auf Gegensätze wie den zwischen Rationalem und Irrationalem oder Bewusstem und Unbewussten zu verzichten. Wenn man, wie Platon und Aristoteles, das Unterscheiden als den Grundakt des Denkens verstehe, dann können derartige Oppositionen zugunsten eines in sich differenzierten Zusammenhangs aller Formen des Erkennens, Fühlens und Wollens überwunden werden.

Wolfgang Detel untersucht in seinem Beitrag »Wissenskultur bei Platon und Aristoteles«, durch welche Merkmale sich die auf Wissenserwerb, -organisation und -vermittlung bezogenen Praktiken der antiken Philosophen kennzeichnen und etwa von der ebenfalls als Wissenskultur verstandenen Rhetorik unterscheiden lassen. Entscheidend ist, dass die philosophische Wissenskultur ihre wesentlichen Hintergrundüberzeugungen explizit artikuliert, zwischen Begründungen und Natureinflüssen differenziert und so die Voraussetzungen für einen methodologisch angeleiteten Wissensfortschritt schafft.

Katja Maria Vogt zeigt in ihrem Beitrag »Skeptische Suche und das Verstehen von Begriffen«, wie ein Skeptiker nach Sextus Empiricus seine Fähigkeit, Untersuchungen zu führen, gegen den anti-skeptischen Einwand verteidigen kann, jede Untersuchung setze substantielle Annahmen voraus. Eine argumentative Möglichkeit, diesen Einwand zu entkräften, besteht darin, dialektisch mit der These zu arbeiten, Annahmen, die mit vagen Begriffen einhergehen, würden durch die Leitung der Natur erworben.

Christoph Horn stellt die Frage: »Was weiß der stoische Weise?«, auf die die Stoiker selbst die Antwort »alles« gegeben zu haben scheinen. Die mit einer solchen Maximalkonzeption verbundenen Schwierigkeiten lassen sich umgehen, wenn auch der Kosmos als ein Lebewesen verstanden wird, das über Wissen verfügt und dem der Weise als Weiser in hohem Grade ähnlich ist.

I. Wissen und Bildung in der Antike

Lebenskunst und Wissenschaft*

Albrecht Dihle, Köln

Unser heutiger Sprachgebrauch gibt dem Wort ›Philosophie‹ ein großes Bedeu-tungsfeld. Es reicht von der »Verkaufsphilosophie« des REWE-Konzerns über die bewusste Lebens- und Weltanschauung eines Menschen bis zur Philosophie als akademischer Disziplin. Diese lässt sich wiederum unterteilen: Wir sprechen von Geschichts-, Kunst- oder Naturphilosophie und rechnen das alles zur Wissen-schaft. Wir erwarten also, philosophisch über Sinn und Grenzen der einzelnen Wissenschaften Klarheit zu gewinnen. So betrachtet ist dann die Philosophie insgesamt eine Art von Grundwissenschaft.

Diese Auffassung hat eine gewisse Ähnlichkeit mit der Bedeutung des Wortes im Peripatos, worüber noch zu reden sein wird. Der Philosophentitel[1], den so-wohl Philosophen als auch Fachwissenschaftler am Museion von Alexandria trugen, bezeugt diese Tradition, denn im Peripatos betrieb man wie in der frühen Akademie Fachwissenschaft im Rahmen der Philosophie.

Ein ganz anderes Philosophieverständnis herrschte in der nachklassischen An-tike. Die Philosophie befasst sich mit dem rechten Leben – und mit nichts sonst, erklärt der Stoiker Musonios. Dasselbe meinte Epiktet, ähnliches sagte lange vorher der Peripatetiker Dikaiarch und viel später noch Boethius.[2] Ohne im gelebten Leben in Erscheinung zu treten, taugt nach dieser Auffassung die Philo-sophie zu gar nichts. Antigonos von Karystos beschrieb im 3. Jahrhundert v. Chr. die in Athen lehrenden Philosophen. Nicht an ihren Lehren, wohl aber an ihrer Lebensführung war er interessiert. Lukians Spott bezieht sich auf die Lebensweise der Philosophen, die er aus ihren Lehren herleitet.[3] Seneca be-schreibt das verschiedene Interesse an der Lektüre eines philosophischen Textes: Der Grammatiker sucht nach seltenen Wortformen, der Philologe oder Gelehrte

---

*   In den folgenden Ausführungen schließe ich mich an vieles von dem an, was Harald Fuchs, Ilsetraut und Pierre Hadot, Lucio Russo, Willy Theiler, Ian Kidd und auch ich selbst zu dem vorgegebenen Thema publiziert haben (vgl. Fuchs 1962; I. Hadot 1984; P. Hadot 1995; 2001; Kidd 1978; Russo 2004; Dihle 1986).
1   Vgl. Dihle 1986, 202 ff.
2   Musonios, *Reliquiae* 9, 14 f.; 76, 14 f. (Hense); Epictetus, *Dissertationes* 1, 15, 2 u.ö.; Boethius, *De consolatione philosophiae* 1, 4, 4. Dikaiarchos, *Frgm.* 29 (Wehrli).
3   Fragmente des Antigonos bei Dorandi 1999; Lucianus, *Vitarum auctio*, passim; *Bis accus.* 34 u.ö. Zur Bedeutung des Sokrates für diese Auffassung der Philosophie Döring 1979.

nach Zeugnissen aus der Vergangenheit, und der Philosoph will das Wesen der Gerechtigkeit kennen lernen.[4]

Zu solchen Aussagen tritt die Überzeugung, die Philosophie stehe als lehrbare, dem Verstand einsichtige Lebenskunst über allen Wissenschaften, ob sie um neuer Erkenntnis willen betrieben werden oder ein Bildungswissen vermitteln. Sofern man ihnen nicht wie Epikur jede Bedeutung für das rechte Leben abspricht[5], können sie eine propädeutische Rolle spielen. Chrysipp, Poseidonios oder Philon von Alexandrien und Seneca haben sich so geäußert. Die Wissenschaften sind demnach etwas, was man gelernt haben, aber nicht lebenslang lernen oder betreiben soll.[6] Sie liefern nützliches Wissen, werden aber vom Philosophen nicht als eigene Formen lebensgestaltender Wahrheitssuche wahrgenommen. Die Stoiker sprechen darum von den Wissenschaften ($\mu\alpha\theta\acute\eta\mu\alpha\tau\alpha$) zwar als ›Beschäftigungen‹ ($\dot\epsilon\pi\iota\tau\eta\delta\epsilon\acute\upsilon\mu\alpha\tau\alpha$) und ›bevorzugten Dingen‹ ($\pi\rho\omicron\eta\gamma\mu\acute\epsilon\nu\alpha$), nicht aber als ›richtigen Handlungen‹ ($\kappa\alpha\theta\omicron\rho\theta\acute\omega\mu\alpha\tau\alpha$), rechnen sie also zu den indifferenten Gütern ($\dot\alpha\delta\iota\acute\alpha\phi\omicron\rho\alpha$).[7] Ein Dictum, das man dem Kyrenaiker Aristipp, Bion von Borysthenes und anderen zuschrieb, vergleicht den, der sich ihnen statt der Philosophie zuwendet, mit den Freiern, die den Mägden nachstellten, statt Penelope den Hof zu machen.[8]

Die Trennung der Philosophie von den Wissenschaften liegt auch der dogmatischen Fixierung ihrer drei Teilgebiete: Logik, Physik und Ethik zugrunde. Die Philosophie wird derart zur autonomen Spezialwissenschaft. Ihr System umfasst alles, was zum rechten Leben nötig ist. Der Stoiker Ariston hielt sogar die Naturlehre für überflüssig[9], und die Kyniker wollten die von allen erstrebte Naturgemäßheit nur auf dem Wege der Lebenspraxis erreichen und verwarfen jede theoretische Unterweisung, also auch die Wissenschaften[10]. Ähnliches gilt für Pyrrhon und seine Anhänger mit ihrer Leugnung der Möglichkeit sicheren Wissens.[11] Zutreffend notiert Cicero diese Abgrenzung von den Wissenschaften, wo er unerfahrenen Lesern Ursprung, Wesen und Ziel der Philosophie erläutert.[12]

Das Werturteil, das die Philosophie über alle Gelehrsamkeit und Wissenschaft stellte, bestimmte in der nachklassischen Antike auch das dreigliedrige Erziehungssystem, wo sie gleichsam die Oberstufe besetzte (Fuchs 1962). Einzige Konkurrentin, mit der es aber auch zum friedlichen Nebeneinander kommen konnte, war die Rhetorik. Aber wie schon Isokrates und in seiner Tradition erwarteten etwa Lukian oder Aelius Aristides und andere Autoren hellenistisch-römischer Zeit eben auch von ihr die Anweisung zum rechten, gelungenen Leben.[13]

---

4 Seneca, *Epistulae* 108, 30.
5 Epicurus, *Frgm.* 227–229 (Usener).
6 SVF 3, 738/739; Seneca, *Epistulae* 88, 2; Posidonios, *Frgm.* 90 (Edelstein/Kidd).
7 SVF 3, 294; 128; 136.
8 Bion, *Frgm.* 3 (Kindstrand).
9 Die Dreiteilung Logik (Dialektik)/Physik/Ethik zuerst bei Xenokrates, *Frgm.* 1 (Heinze);
   zu Ariston: Ioppolo 1980, 56 ff.
10 Z.B. Antisthenes, *Frgm.* 66; 70 (Decleva Caizzi).
11 Z.B. Pyrrhon, *Test.* 25 (Decleva Caizzi).
12 Cicero, *De oratore* 1, 68; 3, 56 f. ; vor allem 1, 217.
13 Z.B. Isokrates, *Orationes* 15, 261 ff.; vgl. Thraede 1998, 1050.

Trotz dieses Sachverhaltes leisteten indessen gerade professionelle Philosophen nicht selten Beiträge zur fachwissenschaftlichen Forschung. Umgekehrt ist auch das philosophische Engagement professioneller Wissenschaftler bezeugt, zum Beispiel für Krates von Mallos und Strabon. Chrysipp, der Neubegründer der Stoa, war auch ein produktiver Gelehrter – was ihm freilich den Tadel einzelner Schulgenossen eintrug.[14] Den Stoiker Boethos zitiert die astronomische Fachliteratur ohne Erwähnung seiner Schulzugehörigkeit. Peripatetiker wie Straton und Dikaiarch trugen zur fachwissenschaftlichen Forschung bei, und der Akademiker Arkesilaos hatte eine mathematische Ausbildung genossen. Schließlich Poseidonios: Er war nicht nur der angesehenste Stoiker seiner Zeit, sondern vielleicht auch ihr produktivster Forscher.

Unter den Fachwissenschaftlern mit philosophischer Überzeugung sei vor allem der vielseitige Eratosthenes genannt. Er hatte in Athen in mehreren Philosophenzirkeln, auch bei dem radikalen Stoiker Ariston, hospitiert und verfasste außer wissenschaftlichen auch philosophische Werke. Aus seinem »Platonikos« stammt die Geschichte vom Apollon-Altar in Delos[15]: Die Delier befragten das delphische Orakel, um sich von einer Seuche zu befreien, und der Gott wies sie an, seinen kubischen Altar auf die doppelte Größe zu bringen. Angeblich erst Platon konnte ihnen den Spruch deuten: Die unlösbare Aufgabe zeige an, dass sie sich ernstlich und dauerhaft mit Geometrie beschäftigen müssten. Das werde sie moralisch bessern und fortan den Gott von jeder Strafe abhalten. Hier wird also die ethische Wirkung einer nur um der Erkenntnis willen betriebenen Wissenschaft vorausgesetzt. Eratosthenes hat schwerlich wie die Pythagoreer die Geometrie der philosophischen Prinzipienlehre gleichgesetzt. Wohl aber bezeugt die Anekdote einen Rückgriff auf Platon, nicht so sehr wegen dessen Hochschätzung der Geometrie als deshalb, weil sie dem Erkenntnisstreben schlechthin moralische Bedeutung zuspricht. Wissenschaft ist hier also mehr als philosophische Propädeutik.

Heraklit und Herodot betonen im Sinn des älteren, umfassenderen Wortgebrauches gerade die Vielseitigkeit des Wissens, das den Philosophen auszeichnet (Riedweg 2004). Verse des Euripides, die man auf Anaxagoras bezog[16], sprechen von der sittlichen Wirkung auf ein Leben, das der Erkenntnis schlechthin gewidmet ist. Platon übertrug das schon Herodot geläufige Schema der drei Lebensformen, in dessen Rahmen solche Äußerungen fallen, auf die Seelenlehre und lässt keinen Zweifel am ersten Rang der kontemplativen Lebensweise. In anderem Zusammenhang spricht er von dem über viele Erkenntnisstufen sich dialogisch vollziehenden Aufstieg zur Ideenwelt, der das gelungene Leben des Philosophen kennzeichnet. Dabei spielt aber der später so wichtige Unterschied zwischen Wissenschaft und Philosophie keine Rolle, unerachtet der wachsenden Würde einander folgender Erkenntnisziele. Das zeigen die Beschreibungen dieses Weges, etwa im *Symposion* oder im *Phaidros*, aber auch der von Dialog zu Dialog verschiedene Ansatzpunkt einer philosophischen Erörterung.

14 SVF 2, 800; 883.
15 Texte bei Dörrie 1987, 116 ff.
16 Euripides, *Frgm.* 910 (Nauck, 2. Aufl.).

Gewiss konzentrierte Sokrates den Erkenntnisprozess auf ethische Themen und scheint den damaligen Wissenschaften, jedenfalls in späteren Lebensjahren, keine besondere Bedeutung zugemessen zu haben. Hier liegt der Grund für die Abneigung der meisten so genannten Kleinen Sokratiker gegenüber der Wissenschaft. Im Grundsatz jedoch, dass sich das Erkenntnisstreben im rechten Leben bewähren müsse, war man sich gemäß dem *exemplum Socratis* in allen philosophischen Traditionen einig, unabhängig von der Einschätzung der Mathemata. Pierre Hadot (1995) hat diesem Characteristicum antiker Philosophie eine Studie gewidmet. Aber Platon und Aristoteles mit ihren frühen Anhängern zeigten ein umfassendes Interesse an den Wissenschaften, und zwar im Zusammenhang philosophischer Lebensgestaltung, die sich auch in fachwissenschaftlicher Betätigung zeigen konnte. Die Komödie hat sich darüber lustig gemacht.[17] In der berühmten Kontroverse um die Lebensformen im Peripatos bezieht sich der Vorrang der kontemplativen nicht nur auf die Philosophie im engeren, späteren Sinn. Auch die von Herakleides Pontikos berichtete Pythagoras-Anekdote, die das kontemplative Leben mit dem Verhalten des Zuschauers bei den Olympischen Spielen vergleicht, setzt noch den weiten Philosophie-Begriff der älteren Zeit voraus, ähnlich wie der Vergleich des Philosophen mit einem Fünfkämpfer in einem um 300 v. Chr. verfassten pseudo-platonischen Dialog.[18]

Das alles stimmt zu Christoph Riedwegs Untersuchung der Geschichte des Wortes ›Philosophie‹, das lange Zeit ein auf verschiedene Gegenstände gerichtetes Erkenntnisstreben bezeichnete. Was sich später zu Philosophie und Wissenschaften (μαθήματα) differenzierte, wurde zunächst bei allem Bemühen um thematische und methodologische Differenzierung als Einheit aufgefasst. Die unbestrittene ethische Zielsetzung behinderte dabei weder den Erkenntnisfortschritt noch das wachsende Methodenbewusstsein.

Aristoteles untersuchte wohl als erster das Verhältnis der Einzelwissenschaften zu seiner die ethische Zielsetzung einschließenden Konzeption der Philosophie. In der *Metaphysik* sieht er den Unterschied in den jeweiligen Gegenständen begründet, wobei einzelne Probleme auf beiden Seiten anfallen können.[19] Der Philosophie ist das Seiende als Seindes ($\ddot{o}\nu \ \ddot{\eta} \ \ddot{o}\nu$), also die Wirklichkeit in ihrer Gesamtheit, das Universum, vorgegeben. Ihre Untersuchung ergibt sich aus Fragen nach Zustand, Bewegung, Entstehung und Vergehen ($\ddot{\epsilon}\xi\iota\varsigma$, $\kappa\acute{\iota}\nu\eta\sigma\iota\varsigma$, $\gamma\acute{\epsilon}\nu\nu\eta\sigma\iota\varsigma$, $\phi\theta o\rho\acute{a}$) oder dergleichen, die jedes Seiende betreffen. Thema der Wissenschaften dagegen ist jeweils ein Teil des Ganzen, und sie sind darum nur mit dessen Eigenschaften und Erscheinungen befasst. Aus diesem Unterschied können sich verschiedene Methoden ergeben, was Aristoteles an der oben genannten Stelle der *Physik* am Beispiel des Unterschiedes zwischen physikalischer, das heißt philosophischer, und mathematischer Astronomie erläutert. Eine beobachtete Einzelheit kann zwar durch eine auf dem Weg der Induktion ($\dot{\epsilon}\pi\alpha\gamma\omega\gamma\acute{\eta}$) gewonnene Hypothese zuläng-

17 Epikrates, *Frgm*. 10; Amphis, *Frgm*. 13; Ephippos, *Frgm*. 14; Antiphanes, *Frgm*. 33 (Kassel/Austin).

18 Riedweg 2004; zum pseudo-platonischen Dialog *Amatores* 136 a: Müller 1975; vgl. Suidae Lexicon, Artikel ›Eratosthenes‹.

19 Aristoteles, *Metaph*. IV 3, 1003a21 ff.; vgl. *Metaph*. I 2, 982a20 ff.; XI 3, 1060b31 ff.; Aristoteles, *Phys*. II 2, 193b23.

lich erklärt werden. Aber dieser Beweis ist nur eine *pistis* (πίστις), fachsprachlich sonst ein gerichtlich verwertbarer Beweis, der gewiss damals wie heute nicht immer die absolute Wahrheit enthielt. Ein allgemein- und endgültiger Beweis hingegen, eine *apodeixis* (ἀπόδειξις), wird nur möglich, wenn die Induktion, mit deren Hilfe die Wahrnehmung Einsicht in das Allgemeine schafft (*An. post.* II 19, 100b3), bis zum Allgemeinen (καθόλου) führt (*Top.* I 12, 105a13)[20] oder die Frage vom Allgemeinen her beantwortet wird (*An. post.* I 18, 81b1). Die *apodeixis*, die korrekte Schlussfolgerung aus wahren Prämissen, was wissenschaftliche wie philosophische Untersuchung gleichermaßen erstreben, muss also dem Allgemeinen Rechnung tragen (*An. post.* I 11, 77a8 ff.; *Metaph.* VII 15, 1039b23 ff.). Damit setzt die dafür zuständige Philosophie einen Rahmen für alle Wissenschaften. Alexander von Aphrodisias hat diese Konzeption als Subsumption aller Wissenschaften unter die Philosophie interpretiert.[21] Die Wissenschaften (ἐπιστῆμαι), die aus einem Habitus des Beweisens (ἀποδεικτικὴ ἕξις) entstehen, bilden in Alexanders Kommentar zur *Metaphysik* Teile der sich aus der Ersten Philosophie (πρώτη φιλοσοφία) herleitenden Philosophie.

Die oben erwähnte Dogmatisierung philosophischer Traditionen hatte verschiedene Gründe, zum Beispiel den Wunsch, die Lehre vom rechten Leben dem Publikum systematisch-didaktisch aufzubereiten. Auch bildete die klar begrenzte Thematik eine der Voraussetzungen für die Professionalisierung der Philosophie, und zwar nach dem Muster der Fachwissenschaften. Dabei bewährten sich aristotelische Distinktionen. Um in nachprüfbarer Sprache und Argumentation Anweisungen für ein am Ganzen der Natur orientiertes Leben zu geben, muss man ein Bild dieses Ganzen haben. Das leistet schon bei Aristoteles die Philosophie beziehungsweise die philosophische Physik, auf der, anders als bei ihm, die hellenistische Ethik unmittelbar aufruht. Dem hellenistischen Schulphilosophen liegt, wiederum anders als Aristoteles, die wissenschaftliche, detaillierte Erschließung der Natur fern. Stoikern und Epikureern geht es nur um die Tragfähigkeit der physikalisch-ontologischen Grundlage ihrer Ethik. So lässt Epikur einander widersprechende Hypothesen zur Erklärung eines Einzelphänomens gelten, solange sie nicht den Grundsätzen der Atomtheorie widersprechen.[22] Auch zeigen Auseinandersetzungen zwischen Philosophen und Fachwissenschaftlern, von denen noch die Rede sein wird, wie jene sich berechtigt sahen, Ergebnisse wissenschaftlicher Forschung beiseite zu schieben. Die Grundsätze ihrer auf das Ganze bezogenen Physik werden durch Resultate der Einzelforschung nicht in Frage gestellt. Auf der Deutung des Universums, nicht der wissenschaftlichen Erklärung einzelner Phänomene beruht ihre Ethik, die allen Bedürfnissen des Lebens genügt.

In den so genannten zetetischen, antidogmatischen Traditionen sieht es nicht anders aus. Die Leugnung der Möglichkeit beweisbaren Wissens als Grundsatz rechter Lebensführung richtet sich nicht nur gegen die dogmatische Philosophie, sondern auch gegen den Habitus des Beweisens (ἀποδεικτικὴ ἕξις), der der Wis-

---

20 Vgl. Aristoteles, *Phys.* V 1, 224b30; v. Fritz 1971, 628.
21 Alexander von Aphrodisias im Kommentar zu Aristoteles, *Metaph.* IV 3, 1003a21 ff. (Hayduck 1891); Bonelli 2001, 39 ff.
22 Z.B. Epicurus, *Ad Pythoclem* 87 (Bollack/Laks).

senschaft zugrunde liegt. Dieser Grundsatz war ein handfestes Dogma – so sehr das die Skeptiker leugneten.[23] Zwar beschreibt schon Platon im *Phaidros*[24] die prinzipielle Unabgeschlossenheit des Erkenntnisprozesses als Bedingung der Möglichkeit seiner lebensgestaltenden Wirkung. Dem aber entspricht die Erwartung, stufenweise sicheres Wissen als Basis für den nächsten Schritt im Aufstieg zur Ideenwelt zu gewinnen. Darauf konnten Skeptiker nicht zurückgreifen, denen es nicht um die Vorläufigkeit menschlichen Wissens ging, sondern um den Erweis seiner Unmöglichkeit.[25] So suchten sie die logischen Inkonsistenzen in den von ihnen bekämpften Beweisen aufzudecken. Die Beschränkung auf solche Argumente rügte schon Aristoteles, und er ließ die Leugner der Möglichkeit sicheren Wissens darum nicht als Philosophen gelten (Arist. *Metaph.* IV 2, 1004b22 ff.). So wenig wie in der Philosophie wollten die Skeptiker in den Wissenschaften ein Kriterium zur Beurteilung der Sinneswahrnehmung und damit ein beweisbares Wissen anerkennen.[26]

Wie schon erwähnt, betrieben Einzelne trotz der Trennung der Philosophie von den Wissenschaften immer wieder beides, und gelegentlich wurden sogar aus der Fachwissenschaft bezogene Argumente in philosophisch-physikalischen Grundsatzdebatten vorgebracht. Dafür gibt es mehrere Ursachen. Die Wissenschaft spielte vor allem im hellenistischen Zeitalter eine bedeutsame Rolle und zeitigte eindrucksvolle Ergebnisse. Schon das konnte der professionelle Philosoph im Konkurrenzkampf der Schulen nicht einfach ignorieren. Die Fortsetzung wissenschaftlicher Tätigkeit im Peripatos freilich bedeutete eine Besonderheit, die sich sogar im allgemeinen Sprachgebrauch spiegelt.[27] Wichtiger ist, dass die Erfolge und vor allem das Methodenbewusstsein in den Fachwissenschaften die Frage aufkommen ließen, ob man denn auch im Verfolg der epagogisch-hypothetischen Erklärung der Phänomene zu Einsichten von absolutem Wahrheitsgehalt kommen könne, und zwar ohne den Rückgriff auf die Prinzipien philosophischer Physik. Ein von Galen überliefertes Herophilos-Zitat (*Frgm.* 58 v. Staden) deutet das ebenso an wie diesbezügliche Kontroversen im späten Hellenismus.

Unter den Philosophen zeichnete sich besonders Poseidonios in den Wissenschaften aus. Die Arbeit an den verstreuten Nachrichten über ihn und seine Wirkung – Max Pohlenz, Karl Reinhardt, Willy Theiler, Ludwig Edelstein, Marie Laffranque sind hier zu nennen – ließ das Bild eines Mannes entstehen, der es an wissenschaftlichem Interesse mit Aristoteles aufnehmen konnte. Man schloss daraus sogar, dass sein schon in der Antike zuweilen getadeltes ›Aristotelisieren‹ (ἀριστοτελίζειν) ihn der Stoa entfremdet habe.

---

23 Sextus Empiricus, *Pyrrh. Hyp.* 1, 13–1 (Mutschmann/Mau).
24 Plat. *Phdr.* 276e–277a.
25 Zur skeptischen Überzeugung, dass weder induktive noch deduktive Beweise zum sicheren Wissen führen, etwa Sextus Empiricus, *Pyrrh. Hyp.* 2, 144 ff. u. 204. Das gilt für Philosophie und Einzelwissenschaft, zum Beispiel Sextus Empiricus, *Adv. Math.* 3, 6 ff.; vgl. *Adv. Math.* 1, 9.
26 Sextus Empiricus, *Pyrrh. Hyp.* 1, 26.
27 Z.B. heißen der Kallimacheer Hermippos und Agatharchides von Knidos gelegentlich Peripatetiker, ohne dass ihre Schulzugehörigkeit gesichert ist.

Der 88. Brief Senecas und das bei Simplikios erhaltene Zitat aus Geminos' Kommentar zu Poseidonios' *Meteorologika* unterrichten über seine Meinung vom Verhältnis zwischen Philosophie und Einzelwissenschaft[28], freilich unter verschiedenen Gesichtspunkten.

Im erstgenannten Text stellt Poseidonios Philosophie und Wissenschaften (μαθήματα) in eine aufsteigende Reihe der *artes* (›Künste‹) – so der von Seneca gewählte Terminus: Den manuellen ›niederen Künsten‹ (*artes sordidae*) folgen die ›der Erheiterung gewidmeten Künste‹ (*artes ludicrae*), die wie etwa das Theater der Unterhaltung dienen. Dann kommen die ›für die Jugend bestimmten Künste‹ (*artes pueriles*), die Seneca mit den sonst ›allgemeinbildend‹ (ἐγκύκλιαι) beziehungsweise ›eines freien Mannes würdig‹ (*liberales*) genannten identifiziert. Sie betreffen das von der Wissenschaft gelieferte Bildungswissen, nicht die um der Erkenntnis willen betriebene Forschung. Nur die höchsten *artes*, die zur Tugend (*virtus*) leiten, die philosophischen Disziplinen, will Seneca ›eines freien Mannes würdig, ja sogar wahrhaft frei‹ (*liberales*, *immo vero liberae*) nennen. Die Wissenschaften dienen hier wie in der übrigen stoischen Tradition einer auf die Philosophie vorbereitenden Erziehung. Man soll sie gelernt haben, aber nicht bei ihnen verharren. Sie gelten Poseidonios nicht nur als nützlich, sondern für die Propädeutik unentbehrlich. Doch allein die Philosophie, nicht die Wissenschaften, führt zur *virtus*.

Das ausführliche Geminos-Zitat hat Simplikios in seine Erläuterung der Aussagen des Aristoteles über physikalische und mathematische Astronomie eingefügt. Es betrifft den Unterschied zwischen den Methoden wissenschaftlicher und philosophischer Untersuchung. Poseidonios stimmt mit Aristoteles darin überein, dass auf beiden Feldern dieselben Probleme auftauchen können und dass die philosophische Physik als Lehre von der Natur als ganzer, von Aristoteles oft einfach Philosophie genannt, der fachwissenschaftlich-mathematischen übergeordnet sei. Aristoteles hatte in der *Metaphysik* den Vorrang der Philosophie aus ihrem Gegenstand begründet und den Unterschied in der Methode, der sich daraus ergibt, nicht eigens betont. In der *Physik* erläutert er, wie oben erwähnt, dass beide Betrachtungsweisen den Beweis (ἀπόδειξις) zum Ziel haben. Auch das induktive (epagogische) Verfahren der Einzelwissenschaft soll an die Prinzipien heranführen, damit aus dem nur überzeugenden Beweis (πίστις) ein wissenschaftlich gültiger Beweis (ἀπόδειξις) werde. Für Aristoteles wie für Poseidonios gibt die philosophische Physik den Rahmen für die Hypothesen, mit denen die Wissenschaft die Phänomene erklärt und »rettet«, wie Poseidonios formuliert. Ein Resultat wissenschaftlicher Forschung darf eben der Seinsordnung nicht widersprechen. Ausführlicher als Aristoteles geht Poseidonios in Fragment 18 auf den methodischen Unterschied ein: Der Philosoph leitet seine Einsicht aus axiomatisch verstandenen Prinzipien ab, aus einer umfassenden Bestimmung der Natur oder des Seins. Der andere gelangt von den beobachteten Phänomenen zur erklärenden Hypothese, möglicherweise in einer Kette von Schlussfolgerungen oder Zwischenannahmen. Das widerspricht nicht der Position des Aristoteles, doch lässt der Nachdruck der methodologischen Aussage an eine Kontroverse denken.

---

28 Poseidonios, *Frgm.* 18 (Edelstein/Kidd); Seneca, *Epistulae* 88, 21 ff. (Stückelberger).

Ian Kidd (1978, 11 f.) hat auf mehrere Stellen verwiesen, die wahrscheinlich auf Poseidonios oder doch auf eine von ihm angestoßene Debatte zurückgehen. Dort wird der Astronom Hipparch getadelt, weil er versuchte, eine Grundsatzfrage der Naturordnung mit einer aus der Beobachtung von Einzelphänomenen abgeleiteten Hypothese zu beantworten, was auch Herophilos nach dem oben genannten Fragment 58 offenbar als zwar schwierig, aber möglich erschien. In den Augen des Philosophen verkannte Hipparch damit den Unterschied zwischen Philosophie und Einzelwissenschaft. Die Angabe von Gründen, die sich auf das Ganze der Natur beziehen und damit einen absoluten Wahrheitsanspruch erheben, ist nur in der philosophischen Naturlehre zulässig, die Fachwissenschaft liefert lediglich die mögliche Erklärung eines Phänomens. Offenbar waren Hipparch und Herophilos anderer Ansicht.

Derselbe Gegensatz zeigt sich in Poseidonios' Streit mit dem epikureischen Mathematiker Zenon (Kidd 1978, 12 f.). Dieser hatte zu zeigen versucht, dass man auf die Axiome der Geometrie Euklids verzichten und die nötigen Beweise ohne axiomatische Grundlage liefern könne. Das forderte Poseidonios' Widerspruch heraus. Als Stoiker musste er Einspruch erheben, wenn der Unterschied zwischen philosophischer und wissenschaftlicher Begründung vernachlässigt wurde.

Freilich beeinträchtigte das stoische Credo weder Poseidonios' Freude an genauer Beobachtung noch seinen Eifer bei der wissenschaftlichen Forschung und Hypothesenbildung. Seine Kritik an der Affektenlehre Chrysipps etwa, bei Galen erhalten, macht auf weite Strecken von wissenschaftlichen, aus der Einzelbeobachtung gewonnenen Argumenten Gebrauch. »Wissenschaftlichkeit«, das *mathêmatikon* (μαθηματικόν), verlangte er auch vom Philosophen. Strabon beschwert sich in seiner Auseinandersetzung mit Poseidonios über beides, über die argumentative Dichte und den Reichtum an Naturbeobachtungen (μαθηματικώτερον καὶ φυσικώτερον) der poseidonianischen Naturerklärung.[29] Natürlich konnte Poseidonios, wo es ihm einleuchtete, auch ein Einzelphänomen unmittelbar mit einem Grundsatz philosophischer Physik herleiten, etwa den Gezeitenwechsel durch das Prinzip der kosmischen Sympathie.[30] Hieran und an der Kontroverse mit Zenon wird aber deutlich, dass man auf Grund seines wissenschaftlichen Eifers nicht erwarten darf, dass Poseidonios diese Tätigkeit über ihre propädeutische Funktion hinaus als Medium der Einführung in das rechte Leben hätte betrachten können. Die Lösung dieser Aufgabe auf der Grundlage eines rechten Verständnisses der Natur blieb für ihn wie für alle Stoiker der Philosophie vorbehalten. Senecas Referat bezeugt das ausdrücklich. Diese Auffassung war in der Kaiserzeit selbstverständlich. So behauptet Ptolemaios, Hipparch habe keine generelle Theorie der Planetenbewegung vorgelegt, sondern nur Einzelbeobachtungen richtiger angeordnet. Das beruht, wie Lucio Russo vermutet, auf einem Missverständnis (Russo 2004, 318 f.). Im 2. Jahrhundert n. Chr. war aber eine das Universum betreffende Theorie, wie sie Hipparch wohl vor Augen hatte, ohne den Rekurs auf eine philosophische Prinzipienlehre undenkbar.

---

29 Strabon, *Geographika* I, 1, 5–8 enthält eine lange Auseinandersetzung mit Poseidonios.
30 Posidonios, *Frgm.* 106; 219 (Edelstein/Kidd).

Seit dem späten Hellenismus findet man Vertreter einzelner Wissenschaften, die ihr Metier ausdrücklich zur Philosophie erklärten oder wie später Alexander von Aphrodisias als deren Teil definierten. Damit beanspruchten sie stillschweigend das aus ihrer moralischen Zielsetzung hergeleitete Prestige der Philosophie. Das gilt zum Beispiel für den Geographen Strabon oder den Architekten Vitruv.[31] Besonders häufig begegnet uns diese Erscheinung bei Mathematikern, Astronomen und Medizinern. Dafür gibt es Erklärungen auch abgesehen davon, dass Gelehrte wie Galen oder Ptolemaios sich auf beiden Feldern betätigten. Der Geometrie, deren Gegenstand auf der Grenze zwischen empirischer und intelligibler Welt liegt, hatte schon Platon eine besondere Bedeutung zugewiesen, und Poseidonios rechnete offenbar die Axiomatik Euklids zur Philosophie. Aber erst unter pythagoreischem Einfluss übernahm die Geometrie die Rolle einer Prinzipienlehre und nur in Teilen des kaiserzeitlichen Platonismus, bei Nikomachos und Numenios. Schon Aristoteles hatte auf dieselbe Besonderheit im älteren Pythagoreismus verwiesen.[32] Von der Parallele zwischen der Medizin zur Heilung des Körpers und der Weisheit ($\sigma o\phi\acute{\iota}\eta$) zur Heilung der Seele sprach bereits Demokrit (B 31), und Celsus betrachtete die Medizin als einen Teil der Philosophie[33]. Besonders Galen betonte die Nähe der beiden Disziplinen. Der gute Arzt müsse stets ein Philosoph sein, so Galen, der von der Übereinstimmung hippokratischer und platonischer Lehren überzeugt war.[34] Natürlich gehört auch für ihn der Praxisbezug zur Philosophie. In den Diätvorschriften für einen Epileptiker setzt eine beiläufige Äußerung voraus, dass selbst die Ernährungsweise eines Philosophen sich von der normalen unterscheide.[35]

Seit dem mittleren 1. Jahrhundert v. Chr. näherte sich der Philosoph dem Gelehrten, dem Philologen in der Terminologie jener Zeit, trotz ihrer verschiedenen Bewertung. Die systematische Interpretation älterer philosophischer Texte rückte zunehmend statt der Diskussion inhaltlicher Probleme ins Zentrum philosophischer Forschung und Unterweisung.[36] Porphyrios schildert in der Plotin-Biographie, wie ein Neuankömmling in den Schülerkreis tritt, wo der Meister gerade eine Frage vom Vortag erörtert. Nach einer Weile fragt er ungeduldig, wann man denn zur Sache komme – gemeint ist zur Interpretation eines auf dem Programm stehenden Textes.[37] Der Umgang mit Texten erfordert die Fähigkeiten und Neigungen des Gelehrten, und darum gibt es besonders in der Spätantike den Typus des »gelehrten« Philosophen. Für Porphyrios stand zwar genuine Philosophie im Mittelpunkt seines Denkens, aber sein umfangreiches philologisches Werk spricht für sich. Daraus ergab sich die Gefahr, dass das im Lebensvollzug liegende Ziel des Philosophieren aus dem Blick geriet. Nicht nur Seneca erkannte

---

31 Vgl. Dihle 1986, 209 ff.
32 Nicomachus, *Arithmetica*, 1, 2–3; Numenios, *Frgm.* 2 (des Places); Aristoteles, *Metaph.* I 5, 985b23 ff.
33 Celsus, *Med. prooem.* 8.
34 Vgl. Dihle 1986, 197.
35 Galenus, *De epilept.* 4 (Kühn 1826, 371); Dihle 1986, 189.
36 Vgl. I. Hadot 2003.
37 Porphyrios, *Vita Plotini* 13.

das, fand aber den prägnantesten, oft zitierten Ausdruck dafür[38]: »Und so ist das, was Philosophie war, Philologie geworden« (*Itaque quae philosophia fuit facta philologia est*). Eben dieses machte Porphyrios seinem Lehrer Longin zum Vorwurf und nannte ihn herablassend einen Philologen.[39] Longinos, obgleich zeitweise Schulhaupt der Athener Akademie, wurde berühmt durch sein gelehrtes Werk zu Homer, zur Lexikographie, zur philologischen Platon-Exegese, aber auch zur Rhetorik. Seine 21 Bücher *Philologoi homiliai* sind gewiss aus dem Unterricht hervorgegangen. Ist es denkbar, dass er, der ›Konservative‹ (φιλάρχαῖος), der sich den Neuerungen Plotins nicht anschloss, die philologische, der Vergangenheit gewidmete Forschung der philosophischen als gleichwertig erachtete? Die Wirkung auf das Leben hätte er dann wie die Alten vom Bemühen um Erkenntnis schlechthin erwartet.

Gibt es Vergleichbares aus älterer Zeit? Die Philosophie als Lebenskunst (τέχνη περὶ τὸν βίον) hielt am *exemplum Socratis*, der »die Philosophie aus dem Himmel auf den Marktplatz geholt hatte«, fest und damit am Unterschied zur Wissenschaft. Diese aber verzeichnete im Hellenismus nicht nur Erfolge, sondern auch hohes Sozialprestige. Auch konnte man sich auf Vorbilder klassischer Zeit berufen, um sittlichen Wert für die Wissenschaft in Anspruch zu nehmen, gerade auch in einer zunehmend an der Vergangenheit orientierten Kultur.

Von Seneca, der frei mit verschiedenen Traditionen umging, könnte man die Antwort auf unsere Frage erwarten.[40] Die Prooemien seiner *Naturales Quaestiones* lassen aber keinen Zweifel daran, dass er die allgemeine Kenntnis der Natur, nicht ihre Erforschung, als wichtig für die Ethik ansah. Den Unterschied zwischen heliozentrischem und geozentrischem Weltbild etwa muss man kennen, um zu wissen, ob sich der Mensch in ständiger Kreisbewegung befindet oder nicht. Zudem warnt gerade er vor unnützer Polymathie und betont, dass Naturerkenntnis allein den Menschen nicht bessere. Die fortschreitende Naturforschung bewertet er zwar positiv, denn, so sagt er gegen die Lehre seiner Schule, Gott hat nicht alles für den Menschen gemacht. Gott aber kommt man näher, wenn man ehrfurchtsvoll, wie beim Besuch eines Tempels, die Geheimnisse der Natur ergründet. Es ist die religiöse Erhebung, nicht den Masstab des sittlichen Verhaltens, was die Naturbetrachtung gewährt.[41] Eine religiöse Verehrung der Natur war zwar jedem kaiserzeitlichen Stoiker vertraut. Aber nach anderen Seneca-Stellen, bei Marc Aurel oder Epiktet macht die philosophische Naturlehre die sittlichen Normen unmittelbar einsichtig, ohne das Medium einer religiösen Erhebung, und das entsprechende Verhalten gegenüber Menschen und Göttern gilt erst dann auch als Frömmigkeit.[42]

Die anfangs zitierte Anekdote aus Eratosthenes' *Platonikos* deutet demgegenüber auf den moralischen Effekt einer nur um der Erkenntnis willen betriebenen, nicht wie die Philosophie strikt auf den Menschen bezogenen Wissenschaft.

---

38 Seneca, *Epistulae* 108, 24.
39 Porphyrios, *Vita Plotini* 14.
40 Ausführlich: Dihle 1991.
41 Seneca, *Naturales quaestiones* 1 praefatio 2; 7, 1, 6; 7, 30; *Epistulae* 65, 18.
42 Epictetus, *Dissertationes* 2, 20, 21 ff.; Marc Aurel, *Selbstbetrachtungen*, 9, 1; P. Hadot 1992, 251 ff.

Eratosthenes lehnte den Philosophentitel ab und wollte als Philologe, als Gelehrter, gelten. Das bedeutete die ausdrückliche Ablehnung seiner Amtsbezeichnung.
Man darf daraus vielleicht schließen, dass er die Philosophie von der Wissenschaft trennte, diese aber auch als einen Weg zum rechten Leben verstand. Das
unlösbare Problem, mit dem nach Eratosthenes der Gott die dauernde Beschäftigung mit der Geometrie zur moralischen Erziehung empfahl, unterstützt diese
Deutung.

Noch ein anderer Gelehrter jener Zeit hat vielleicht in der Wissenschaft eine
der Philosophie ebenbürtige *magistra vitae* gesehen, und damit will ich zum Ende
kommen. Die Marcellus-Vita Plutarchs[43] berichtet im Zusammenhang der Bela-
gerung von Syrakus auch davon, wie die genial konstruierten Maschinen des
Archimedes den Römern ihren Erfolg schwer machten. Leider kennen wir nicht
die Quelle des darin verwobenen biographischen Exkurses, der wie ein Fremd-
körper in der Erzählung wirkt. Archimedes verachtete, so heißt es da, jede Anwendung wissenschaftlicher Resultate als banausisch und erwähnte sie darum nie
in seinen Schriften, auch wenn er Maschinen auf Bitten Hierons konstruiert hatte.
Er wollte ein Theoretiker sein, der sich an das ›mit dem Lebensnotwendigen
unvermischte Gute und Herausragende‹ (τὸ καλὸν καὶ περιττὸν ἀμιγὲς τοῦ ἀναγ-
καίου), also an den reinen Denkgegenstand (νοητόν) hält. Der unbekannte Autor
berichtet dazu eine Platon-Anekdote, die zugleich die Trennung der Mechanik
von der Geometrie begründen sollte: Platon habe die Verwendung anschaulicher
Modelle bei den »Leuten um Eudoxos und Archytas« als banausisch gerügt. Mit
dem Übergang von den Denkgegenständen (νοητά) zu den Gegenständen der
Wahrnehmung (αἰσθητά) im Beweisverfahren werde der Wert (τὸ ἀγαθόν) der
Geometrie verfehlt. Die von Archimedes berichtete Einstellung führt über das
etwa bei Apollonios von Perge bezeugte Bewusstsein vom Unterschied zwischen
reiner und angewandter Wissenschaft hinaus (Con. 4 praef.) und lässt an die
philosophisch begründete Wahl einer Lebensform denken. Der Exkurs verbindet
dann diese Option mit Verhaltensweisen des Archimedes, wie sie gerade das
literarische Bild des Philosophen kennzeichnen, vom Sokrates des Aristophanes
über den Thales Platons, die Platon-Jünger der Mittleren Komödie bis zum Dia-
logos Lukians, der Karikatur eines Platonikers. Archimedes habe von den äußeren Lebensumständen keine Notiz genommen, auf Kleidung und Nahrung kaum
geachtet und sei wie ein Musenbesessener (μουσόληπτος) völlig von wissenschaftlichen Problemen und ihrer Lösung beansprucht gewesen. Verbirgt sich hinter der
jedoch insgesamt keineswegs abfälligen Charakterisierung die Absicht, ein Ge-
lehrtenleben als ein philosophisches zu deuten? Darin läge derselbe Anspruch wie
in der Definition eines wissenschaftlichen Faches als Philosophie. Wenn Archimedes seine Verachtung technischer Praxis zum Ausdruck brachte, konnte man
das im Sinn der eben erwähnten Platon-Anekdote verstehen und biographisch-
anekdotisch illustrieren. Damit aber wurde, vielleicht zu Recht, dem großen Gelehrten die Meinung zugeschrieben, die rein theoretisch betriebene Wissenschaft
habe dieselbe lebensgestaltende Wirkung wie die Philosophie. Aber wie so oft
gestattet die fragmentarische Überlieferung auch hier nur eine Vermutung.

---

43 Plutarchus, *Marcellus* 14.

Literatur

Bonelli, M. 2001: Alessandro di Afrodisia e la metafisica come la scienza dimostrativa, Rom.

Dihle, A. 1986: »Philosophie – Fachwissenschaft – Allgemeinbildung«, in: Aspects de la philosophie hellenistique = Entretiens Fondation Hardt 32, 185–232.

Dihle, A. 1991: »Natur und Mensch bei Seneca«, in: Antike u. Abendland 36, 82–92.

Döring, K. 1979: Exemplum Socratis (Hermes Einzelschriften 42).

Dörrie, H. 1987: Der Platonismus in der Antike, Bd. 1, Stuttgart.

Edelstein, L./Kidd, I. G. 1972: Posidonius, 2 Bde. (The Fragments; Commentary), Cambridge.

Fritz, K. v. 1979: Grundprobleme der Geschichte der antiken Wissenschaft, Berlin.

Fuchs, H. 1962: Enkyklios Paideia, in: Reallexikon f. Antike u. Christentum 5, 366–398.

Hadot, I. 1984: Arts liberaux et philosophie dans la pensee antique, Paris.

Hadot, I. 2003: »Der philosophische Unterrichtsbetrieb in der römischen Kaiserzeit«, in: Rhein. Museum 146, 44–71.

Hadot, P. 1992: La citadelle interieure, Paris.

Hadot, P. 1995 : Qu'est-ce que la philosophie antique?, Paris.

Hadot, P. 2001: La philosophie comme maniere de vivre, Paris.

Ioppolo, A. M. 1980: Aristone di Chio, Rom.

Kidd, I. G. 1978: »Philosophy and Science in Posidonius«, in: Antike u. Abendland 24, 7–15.

Laffranque, M. 1964: Poseidonios d' Apamée, Paris.

Müller, C. W. 1975: Die Kurzdialoge der Appendix Platonica, München.

Pohlenz, M. 1898: »De Posidonii libris *peri pathôn*«, in: Fleckeisens Jahrbuch, Suppl. 24, 537 ff.

Reinhardt, K. 1953: Poseidonios von Apameia (Sonderpublikation aus Pauly-Wissowa, Realencyclopädie), Stuttgart.

Riedweg, Ch. 2002: Pythagoras, München.

Riedweg, Ch. 2004: »Zum Ursprung des Wortes Philosophie«, in: Bierl, A. u.a. (Hrsg.), Antike Literatur in neuer Deutung, München/Leipzig, 144–177.

Russo, L. 2004: The Forgotten Revolution, Heidelberg.

Theiler, W. 1982: Poseidonios. Die Fragmente, 2 Bde. (Text und Erklärungen), Berlin.

Thraede, K. 1996: »Isokrates«, in: Reallexikon für Antike und Christentum 18, 1027–1048.

Bios philosophikos

Soziale Bedingungen und institutionelle Voraussetzungen des Philosophierens in klassischer und hellenistischer Zeit

Peter Scholz, Frankfurt am Main

Im vorliegenden Beitrag soll die Entwicklung der äußeren Bedingungen und institutionellen Voraussetzungen des Philosophierens, jedoch vor allem der historische Wandel des öffentlichen Ansehens des Philosophen und seiner Betätigung grob umrissen werden. Dabei wende ich mich ausdrücklich gegen Versuche in der modernen Forschung, die Verbindung zwischen Philosophen und Politikern beziehungsweise zwischen Philosophie und Polis eng zu führen. Ausgangspunkt und leitendes Interesse vieler Untersuchungen, die das Verhältnis von Philosophie und Politik erörtern, ist die große politische Relevanz philosophischer Theorie. Von dieser Warte aus gesehen stellt sich das große öffentliche Ansehen der Philosophen seit Gründung der Akademie als eine ausgemachte Sache dar, die politische Wirksamkeit philosophischer Einsichten wird zu einer Selbstverständlichkeit[1]. Demgegenüber möchte ich vor allem die ideelle wie praktische Autonomie der philosophischen Lebensform betonen und im Folgenden die verschiedenen Ent-

---

1 Siehe meine Kritik an den neueren Untersuchungen zu dieser Thematik, die, wenn sie nicht bereits *a priori* von engen Verbindungen und Wechselwirkungen zwischen Philosophie und Politik ausgehen – etwa in den Arbeiten von Wörle 1981, Vatai 1984, Sonnabend 1996 – so doch zumindest solche suggerieren, die hellenistische Philosophie als statische Größe behandeln und nicht hinreichend zwischen den einzelnen inneren und äußeren Entwicklungsstufen der Institutionalisierung und Etablierung der Philosophenschulen als Bildungsinstitutionen differenzieren (z.B. Habicht 1994): Scholz 1998, 5–7. Zu Recht beurteilt das politische Wirken der Schüler Platons weitaus zurückhaltender als die eben genannten: Trampedach 1994. Die Teilnahme von Philosophen an städtischen Gesandtschaften, wie sie etwa für Xenokrates, Chamaileon, Krates von Athen, Arkesilaos und Menedemos bezeugt sind, begründete jedoch für sich genommen noch kein hohes öffentliches Ansehen: Ein gelegentliches politisches Engagement mochte zwar gewiss das Prestige der Philosophen erhöhen, jedoch bedeutete dies noch keine generelle Aufwertung und Anerkennung der philosophischen Lebensform durch die politische Gemeinschaft. Die Philosophie vermochte sich erst ab der Mitte des 3. Jahrhunderts v. Chr. – und hierbei in langsamen Schritten – als anerkanntes Bildungsfach zu etablieren. Bis dahin blieben ihre Vertreter in Athen weitgehend Außenseiter; vgl. meine zusammenfassenden Überlegungen (Scholz 1998, 361–375) gegen Ferguson 1911, 105; Christes 1975, 62; Lynch 1972, 129; Habicht 1994, 232.

wicklungsstufen im Sinne einer Sozialgeschichte der klassischen und hellenistischen Philosophie skizzieren.

Die Skizze gliedert sich in vier Teile: Nach einigen einleitenden Bemerkungen zur Entstehung der griechischen Kultur des Debattierens und Argumentierens erörtere ich die praktische und institutionelle Ausbildung der philosophischen Lebensform und deren Folgen. Im dritten Teil beschreibe ich das 3. Jahrhundert v. Chr. als eine Phase der sich schrittweise vollziehenden Etablierung philosophischer Betätigung und Wissensformen und gebe schließlich im vierten einen kurzen Ausblick auf die Periode des 2. und 1. Jahrhundert v. Chr., in der philosophisches Wissen zum unverzichtbaren Bestandteil hellenistischer Bildung (παιδεία) wurde.

1. Die Entstehung der athenischen Argumentationskultur im 5. Jahrhundert v. Chr.

Es besteht Einigkeit darüber, dass die Entstehung der griechischen Argumentationskultur, zu der die Ausbildung der professionellen Rhetorik und die Neuausrichtung der Philosophie auf die Bereiche von Ethik und Politik gehören, auf die durch die demokratischen Verfassungen neu geschaffenen Rahmenbedingungen des politischen Handelns zurückzuführen ist[2]. In diesem Zusammenhang ist vor allem an die besonderen Bedingungen des öffentlichen Argumentierens beziehungsweise Debattierens vor Gericht und in den politischen Versammlungen zu erinnern[3]. Hierzu liegen Untersuchungen in hinreichender Zahl und analytischer Tiefe vor, so dass an dieser Stelle nicht erneut darauf eingegangen werden muss.

Das »Philosophieren« als solches, verstanden als die kritisch-autonome Reflexion über Tradition und Transzendenz, war natürlich schon längst »erfunden«, denn von jeher fehlte es den griechischen Städten an staatlichen und religiösen Autoritäten und Institutionen, die stark genug gewesen wären, dauerhaft die partikularen Interessen und Deutungsansprüche zu integrieren und den Eigenwillen Einzelner an sich zu binden. Dieser Mangel an institutioneller und personeller staatlicher und religiöser Kontrolle des Einzelnen war zugleich die Bedingung dafür, dass Adlige in verschiedenen Städten der griechischen Welt damit begannen, eigene Deutungen zu formulieren und zu propagieren. Bekanntermaßen traten vor allem im reichen Ionien diese Naturphilosophen hervor. Kennzeichnend für sie war, dass sie in der Regel ortsansässig waren und über ein Vermögen verfügten, das es ihnen erlaubte, ihren »philosophischen« Neigungen gleichsam nebenbei nachzugehen. Sie waren im Gegensatz zu der Gruppe wandernder »Geistesarbeiter« wie Rhapsoden, Dichtern[4] und Ärzten[5] nicht darauf angewiesen,

---

2   Zum Zusammenhang der Etablierung demokratischer Herrschaften und dem Auftreten von Redelehrern grundlegend: Martin 1976, bes. 157 f.; Lloyd 1987, 78–83.

3   Vgl. etwa Yunis 1998, 229–231.

4   Gomperz 1922, 331 f. Anschauliche Beispiele aus späterer Zeit bieten etwa: Ziebarth 1914, 122 f.; Guarducci 1927/29. Weitere Hinweise bei: Scholz 2004a, 128 Anm. 28.

5   Wandernde Ärzte sind schon bei Homer, *Odyssee*, 17, 384 bezeugt. Die Asklepiaden von Kos waren Wanderärzte, die ihre Künste gegen Entgelt ausübten und darin einführten. Siehe hierzu allgemein: Krug 1993, 190 ff.; Stückelberger 1988, 39 f.; vgl. auch Sherwin-White 1978, 264.

überhaupt ein Publikum zu haben. Ein solches stand ihnen natürlich jederzeit durch das Institut des Symposions zur Verfügung, das den zentralen Rahmen und Raum für die adlige Kommunikation, Sozialisation und Selbstdarstellung abgab[6]. Die Zahl der Zuhörer wie auch die Fernwirkung blieb freilich gering[7].

Mit der Etablierung demokratischer Verfassungen in mehreren großen Städten der griechischen Welt (Syrakus, Athen) und der damit verbundenen Praxis des öffentlichen Debattierens war eine neue Situation eingetreten: Für jeden, der die Geschicke der Stadt gestalten wollte, wurde es notwendig, dies mittels überlegener Argumentationskraft ($\pi\epsilon\iota\theta\omega$) und militärischer wie politischer Sachkompetenz und Klugheit ($\sigma o\phi\iota\alpha$) zu tun. Zugleich wurde dadurch zwangsläufig das Selbstverständnis der politischen und sozialen Eliten entscheidend geprägt. Die intellektuelle Leistungsfähigkeit und die Teilhabe an zeitgenössischen »müßigen« Diskussionen wurden zu einem wesentlichen Kriterium für die Zugehörigkeit zu den »Guten« oder »Schlechten« (der bekannte Gegensatz zwischen $\chi\rho\eta\sigma\tau o\iota$, $\dot\alpha\gamma\alpha\theta o\iota$ und $\kappa\alpha\kappa o\iota$, $\pi o\nu\eta\rho o\iota$). Aus der intellektuellen Überlegenheit wurde zugleich eine soziale Vorrangstellung abgeleitet. Insbesondere Männer oligarchischer Gesinnung, die aufgrund ihrer Herkunft in der Argumentation und im systematischen Denken geschult waren, grenzten sich von einer aus ihrer Sicht gedankenlosen, unverständigen, von Affekten geleiteten Menge ab. Der Weisheit, Bildung, Philosophie, Kenntnis oder Vielwisserei ($\sigma o\phi\iota\alpha$, $\pi\alpha\iota\delta\epsilon\iota\alpha$, $\phi\iota\lambda o\sigma o\phi\iota\alpha$, $\gamma\nu\omega\mu\eta$ oder $\pi o\lambda\upsilon\mu\alpha\theta\iota\alpha$) der Elite wurde gerne die Unwissenheit und Unvernunft ($\dot\alpha\mu\alpha\theta\iota\alpha$ und $\dot\alpha\lambda o\gamma\iota\alpha$) des Volkes entgegengesetzt, wie dies anschaulich die um 425 v. Chr. entstandene anonyme Schrift »Über den Staat der Athener« illustriert.

Doch wer befriedigte diese neuen intellektuellen Bedürfnisse der städtischen Eliten? Es war keine einheitliche Gruppe, auch gab es zunächst keine einheitliche Bezeichnung für diese Lehrer ganz unterschiedlicher Wissensformen und -inhalte. Die einen nannten sich »Sophisten«, andere »Philosophen«, die Öffentlichkeit fühlte sich offenkundig (noch) nicht veranlasst, die beiden Gruppen auseinanderzuhalten, wie etwa die »Wolken« des Aristophanes belegen[8]. Allerdings scheint seit der Mitte des 5. Jahrhunderts nicht der Philosoph, sondern der Sophist die gebräuchlichere Bezeichnung gewesen zu sein. Der schwierigen Überlieferungslage lässt sich immerhin entnehmen, dass es zumindest zwei Grundtypen von Sophisten gab: Zum einen die *vor Ort wirkenden* Redelehrer, Männer wie beispielsweise der Vater Antiphons, Polykrates von Athen oder der berühmte Isokrates, die ihre vornehmen und reichen Schüler in die Kunst der Rede einführten und eher spezielle Fachlehrer im Rahmen einer gehobenen Bürgers-Erziehung waren, zum anderen die großen und kleinen *wandernden* Sophisten (Protagoras von Abdera, Gorgias von Leontinoi, Polos von Akragas, Thrasymachos von Chalkedon, Prodikos von Keos. Hippias von Elis, Euenos von Paros), die in der gesam-

---

6 Siehe Näheres bei: Stein-Hölkeskamp 1989; Murray 1990.
7 Zu den verschiedenen Gründen für die Ausbildung einer autonomen Intelligenz in Griechenland: Lloyd 1970, 1–15; Lloyd 1991, 128–140, vgl. Meier 1989, 89–127.
8 Zur Problematik der begrifflichen Abgrenzung: Stanton 1973, 350–364.

ten griechischen Welt umherreisten[9]. Ihre Profession brachte es mit sich, dass sie einerseits gerne ihr oft enzyklopädisches Wissen und ihre intellektuellen Fähigkeiten zur Schau stellten und darin sogar häufig in einen regelrechten Wettbewerb mit anderen Sophisten eintraten und andererseits das Ideal des guten Redens (εὖ λέγειν) propagierten und sich die Vermittlung entsprechender Techniken teuer entgelten ließen[10].

Das intellektuelle Virtuosentum der großen »Star-Sophisten« beziehungsweise ihr Hang zu bisweilen maßloser Selbstdarstellung brachte es zwangsläufig mit sich, dass diese auf inhaltlicher Ebene durchaus auf philosophische Felder vordrangen, ohne sich jedoch dauerhaft darin zu vertiefen[11]. Vom ganzen Habitus her waren die berühmten Sophisten weder Fachlehrer noch Fachgelehrte, vielmehr intellektuelle Techniten, die gewandt und weltmännisch auftraten und daher durchaus dazu bereit waren, auch politische Missionen zu übernehmen. Grundsätzlich jedoch agierten sie weitgehend unabhängig, waren sie ruhe-, ziel- und ortlos und nicht wirklich an eine kleinere oder größere politische Gemeinschaft gebunden, so dass die Bürger aller griechischen Städte ihr potentielles Publikum darstellten. Entsprechend verkörperten sie und traten auch tatsächlich als unabhängige Freigeister und Abenteurer, als Hasardeure und Avantgarde des Geistes auf, die nach Ruhm und Reichtum durch ihre intellektuelle Belehrung strebten[12]. Es verwundert nicht, dass, sofern sie sich in der Stadt aufhielten, die athenische *jeunesse dorée* ihnen in Scharen zuströmte[13].

Der große Erfolg der Sophisten blieb bekanntlich nicht ohne Rückwirkung auf das »Philosophieren«, das bis dahin vornehmlich in der exklusiven Sphäre aristo-

---

9 Siehe hierzu allgemein: Poulakos 1995, 11–52; Müller 1994, 47–57; Romilly 1988, 24–26; Kerferd 1991, 15–23; Adkins 1973; Morrison 1941. Speziell zu den ersten rhetorischen Lehrbüchern: Cole 1991, 71–94.

10 Platon setzt ganz selbstverständlich voraus, dass sich Hippokrates die Weitergabe seines Wissens entlohnen lässt: Plat. *Prot.* 311bc. Zur Bezahlung siehe umfassend: Blank 1985; vgl. jetzt auch Schlange-Schöningen 2002.

11 Zur Kritik der althergebrachten νόμοι und Umdeutung des Begriffs: Hoffmann 1997); vgl. neuerdings auch Scholten 2003.

12 Es ist vielsagend, dass Gorgias das eigene Bildnis, von Gold verkleidet, in Delphi aus eigener Initiative weihte, um den eigenen Ruhm zu verewigen, und dass sich seine Schüler nicht dazu entschlossen, ihm zu Ehren eine Statue zu stiften – hierfür waren offenkundig die emotionalen Bindungen an den großen intellektuellen Virtuosen zu gering. Demgegenüber pflegte Gorgias' Schüler Isokrates weitaus engere Kontakte zu seinen (ehemaligen) Schülern. Nicht von ungefähr erhielt er deshalb auch öffentliche Ehren in Athen. Damit stellt er eine neue und erfolgreiche Variante des Sophistentums dar: aufgrund seiner Sesshaftigkeit, seiner Spezialisierung und seiner freundschaftlichen Beziehungen zu einem Teil seiner Schüler.

13 Siehe hier nur das Beispiel des Isokrates, der bereits als Kind Prodikos, Gorgias, Teisias und Theramenes, den Rhetor, hörte. Er selbst avancierte zum großen Erzieher Griechenlands, aus dessen Schule »wie aus einem trojanischen Pferd« viele Literaten und Redner hervorgingen (Cicero, *De oratore* 2, 94). Stolz verweist er auf diejenigen unter seinen etwa 100 Schülern, die von der athenischen Bürgerschaft goldene Kränze aufgrund ihrer außerordentlichen Verdienste um die Stadt erhalten hatten (Isokrates, Antid. 87 f.): Eunomos, Lysitheides, Kallippos, Oneter, Antikles, Philonides, Charmantides, Timotheos, Hypereides, Isaios und Lykurgos.

kratischer Lebensformen kultiviert worden war. Von den Sophisten wurde es gewissermaßen an das Licht der Öffentlichkeit gezerrt und allgemein zur Debatte gestellt. Die nun allerorts auftretenden professionellen Vermittler intellektueller Bildung unterzogen die argumentativen Grundlagen des traditionellen Philosophierens einer ebenso intensiven wie fundamentalen Kritik, was in eine lange theoretische Auseinandersetzung zwischen Philosophie und Rhetorik mündete[14]. Zu Beginn werden dies sicherlich nur die prominenten Vertreter getan haben, später, an der Wende zum 4. Jahrhundert, war es geradezu Mode geworden, die Argumentation bekannter philosophischer Theoreme auseinanderzunehmen. Es dürfte kein Zufall sein, dass gerade dort, wo die Herrschaft des Demos am radikalsten umgesetzt wurde, nämlich in Athen, die Auseinandersetzung zwischen Philosophen und Sophisten um Moral und Erkenntnis am nachdrücklichsten geführt wurde[15].

Historisch glaubwürdige Zeugnisse, die darüber Auskunft geben, in welcher Weise die gewöhnlichen Sophisten in den Städten auftraten und ihr Wissen an den Mann zu bringen suchten, gibt es nur sehr wenige. Einen instruktiven Einblick in die damaligen Verhältnisse, wie nämlich verschiedene Sophisten regelrecht in einen intellektuellen Wettstreit traten und »um den Sieg« beim Publikum kämpften[16], gewährt der um 410/400 v. Chr. entstandene Traktat »Über die Natur des Menschen«. Zu Beginn dieser Schrift des hippokratischen Corpus[17] heißt es:

»Wer gewohnt ist, verschiedene Leute Reden über die menschliche Natur halten zu hören, die weit über den medizinischen Bereich hinausgehen, der wird nichts davon haben, diese Rede zu hören. [...] Am besten kann das derjenige erkennen, der ihnen beiwohnt, wenn sie gegeneinander Reden halten (ἀντιλέγειν)[18]: Wenn nämlich dieselben Männer vor denselben Zuhörern gegeneinander Reden halten, trägt niemals derselbe dreimal in Folge den Sieg in der Rede davon, sondern bald behält der eine, bald der andere die Oberhand, und dann

---

14 Siehe hierzu immer noch das grundlegende Werk von: Gomperz 1912. Zur Auseinandersetzung des Isokrates mit den Philosophen: Eucken 1983.

15 Allgemein hierzu: Romilly 1988; Kerferd 1991; Capizzi 1990. Zu der Fernwirkung sophistischer Gedanken und Diskussionen siehe beispielhaft: Dihle 1962; Pasorek 1967.

16 Siehe hierzu besonders: Froleyks 1972, 264–294. Künstlerische Nachahmungen solcher Rededuelle finden sich in den Tragödien, siehe beispielsweise: Sophokles, *Aias*, 1047 ff.; Sophokles, *Philoktetes* 1222 ff.

17 Die Abhandlung stammt vermutlich von Polybos, Schulnachfolger und Schwiegersohn des Hippokrates: Grensemann 1968. Bei den im Zitat erwähnten Gegnern handelt es sich nicht etwa um ionische Naturphilosophen des 6. Jahrhunderts v. Chr., sondern um zeitgenössische Gegner, Naturforscher sophistischer Prägung wie Diogenes von Apollonia und Hippon aus Samos, die alte kosmologische Theorien durch Übertragung auf biologisch-medizinische Phänomene wiederzubeleben suchten. Zum Verhältnis der hippokratischen Schriften zur Sophistik und Philosophie siehe z.B.: Althoff 1993.

18 Polybos unterscheidet zwischen dem Lehrvortrag eines Einzelnen, der seine Thesen vor einer größeren Öffentlichkeit alleine vorträgt und einem Streitgespräch, einem öffentlichen Rededuell mehrerer Redner, unter denen das Volk den ihm als besten erscheinenden Redner durch bloßen Zuruf oder Applaus bestimmt: Lloyd 1987, 94 f.; 118–120; Thomas 2000, bes. Kapitel 8; Thomas 1993, 228–230. Nicht zufällig wird der Begriff des ›gegeneinander Redens‹ (ἀντιλέγειν) von Autoren der zweiten Hälfte des 5. Jahrhunderts v. Chr., also etwa von Herodot, Aristophanes, Thukydides, Xenophon, die allesamt eine mehr oder weniger sophistische Ausbildung durchlaufen hatten, häufig gebraucht.

wieder der, dem es am besten gelingt, einschmeichelnde Worte vor der Menge zu finden. Dabei wäre es doch nur recht und billig, dass derjenige, der behauptet, dass er die richtige Kenntnis der Dinge besitze, seine These immer siegreich durchsetzen kann, wenn er das Seiende genau kennt und richtig aufzeigt«.[19]

Ein weiterer Beleg dafür, dass die Unterscheidung zwischen einem »Sophisten«, der die Kunst der Rede zum Zweck seines Lebensunterhalts lehrt, und einem »Philosophen«, der unentgeltlich und frei von allen äußeren Zwecken im platonischen Sinne nach Wahrheit und Erkenntnis sucht, gegen Ende des 5. Jahrhunderts v. Chr. noch keineswegs geläufig war[20], findet sich in der *Helena-Rede* des Gorgias. In der betreffenden Passage unterscheidet der große Sophist zwischen drei Personengruppen, die jeweils unterschiedliche Arten der *argumentierenden Rede* hervorgebracht hätten: die Himmelskundigen mit ihren aus mathematischen Prinzipien gewonnenen Vorstellungen über die Bahnen der Sterne (μετεωρολόγων λόγοι), die Rhetoren und Politiker mit ihren Rededuellen (λόγων ἀγῶνες) vor den politischen Gremien der Stadt, und schließlich die »Philosophen«, die im öffentlichen Austausch der Argumente nicht zuletzt auch ihre unterschiedliche »Wendigkeit des Intellekts« (γνώμης τάχος) unter Beweis stellen.[21] Bei den letzteren spricht Gorgias von »Wortgefechten« (φιλοσόφων λόγων ἁμίλλαι). Als typisch für das öffentliche Auftretens dieser »Philosophen« sieht er demnach nicht die philosophische Erörterung, sondern das Streitgespräch mit anderen »Philosophen« an. Es fällt schwer, diese »Wortgefechte« auf philosophische Streitgespräche in kleinen Zirkeln zu beziehen. Es erscheint weitaus plausibler, diese vielmehr als sophistische Schauwettkämpfe zu deuten, in denen mehrere gelehrte Meister des Wissens und der Worte vor einem größeren Publikum in den städtischen Gymnasien oder sogar auf den Marktplätzen über einzelne Gegenstände ihrer Profession oder über beliebige andere Themen debattierten[22] – ganz in der Art, wie es in der eben vorgestellten Passage aus dem *Corpus Hippocraticum* zum Ausdruck kam[23].

---

19 Hippokrates, *De natura hominis*, 1, 1.3: ὅστις μὲν οὖν εἴωθεν ἀκούειν λεγόντων ἀμφὶ τῆς φύσιος τῆς ἀνθρωπείης προσωτέρω ἢ ὅσον αὐτῆς ἐς ἰητρικὴν ἀφήκει, τούτῳ μὲν οὐκ ἐπιτήδειος ὅδε ὁ λόγος ἀκούειν […] (3) γνοίη δ᾽ ἂν τόδε τις μάλιστα παραγενόμενος αὐτοῖσιν ἀντιλέγουσιν· πρὸς γὰρ ἀλλήλους ἀντιλέγοντες οἱ αὐτοὶ ἄνδρες τῶν αὐτῶν ἐναντίον ἀκροατέων οὐδέποτε τρὶς ἐφεξῆς ὁ αὐτὸς περιγίνεται ἐν τῷ λόγῳ, ἀλλὰ ποτὲ μὲν οὗτος ἐπικρατεῖ, ποτὲ δὲ οὗτος, ποτὲ δὲ ᾧ ἂν τύχῃ μάλιστα ἡ γλῶσσα ἐπιρρυεῖσα πρὸς τὸν ὄχλον. καίτοι δίκαιόν ἐστι τὸν φάντα ὀρθῶς γινώσκειν ἀμφὶ τῶν πρηγμάτων παρέχειν αἰεὶ ἐπικρατέοντα τὸν λόγον τὸν ἑωυτοῦ, εἴπερ ἐόντα γινώσκειν καὶ ὀρθῶς ἀποφαίνεται. Zur öffentlichen Rolle des Arztes: Jouanna 1999, 80–85.
20 Ganz ähnlich wird Sokrates bei Aristophanes den großen Sophisten zugerechnet. Als solcher tritt er in den 423 v. Chr. aufgeführten *Wolken* auf: Da der einfältige Strepsiades bereit ist, dem Sophisten Sokrates das gesamte Honorar zu zahlen, beginnt dieser sogleich mit dem Unterricht.
21 Gorgias, *Helena-Rede* (DK II, 82 B 13) – dt. Übersetzung bei: Bringmann 2000, 494. Dass der Ausdruck ›Rededuelle‹ (λόγων ἀγῶνες) auf alle öffentlichen Reden zu beziehen ist, hat Thomas Buchheim (1989, 169) wahrscheinlich gemacht.
22 Gorgias kennt also noch nicht die strenge terminologische Unterscheidung zwischen Philosophen und Sophisten, was die Kommentatoren zur Stelle nicht erkannt haben. So zeigt sich etwa Donald MacDowell (1982, 40) darüber verwundert, dass ›rasche Auffassungsgabe‹ (γνώμης τάχος) hier paradoxerweise als ein Charakteristikum philosophi-

In einem dritten Zeugnis jedoch, das hier verdient angeführt zu werden, nämlich in den zeitlich nur wenig später anzusetzenden *Dissoi Logoi*, wird bereits
begrifflich und sachlich zwischen Philosophie (φιλοσοφία) und Weisheit (σοφία)
beziehungsweise zwischen Philosophen und Sophisten unterschieden.[24] Im sechsten Kapitel der *Dissoi Logoi* treten die Sophisten als durchaus angesehene Lehrer von Weisheit und Tüchtigkeit auf (6,7). Nach Aussage der Schrift versprachen
sich die jungen Männer von dieser »Studienzeit« vor allem zwei Dinge: dass sie
daraus zum einen einen unmittelbaren Nutzen und Vorteil hatten (6,5: ὀφέληθεν),
zum anderen dass sie durch die Sophisten Fähigkeiten und Kenntnisse erwarben,
die es ihnen ermöglichte, zu »bedeutenden« Personen des öffentlichen Lebens
(6,6: ἄξιοι λόγω) heranzureifen. Es spricht somit einiges dafür, dass der hier beiläufig erwähnte sophistische Unterricht ganz darauf angelegt und ganz davon
bestimmt war, der Schülerschaft vor allem Fertigkeiten zu vermitteln, die für die
politische und soziale Praxis unmittelbar verwertbar waren[25]. Diese starke Orientierung des sophistischen Unterrichts an die praktischen Bedürfnisse des Publi-
kums ließ in der Folgezeit eine Reaktion seitens der Philosophen notwendig werden: nämlich eine noch schärfere theoretische wie auch praktische Abgrenzung
von allen Spielarten intellektueller Techniten.

2. Die Ausbildung des bios philosophikos im 4. Jahrhundert v. Chr.: Die Abgrenzung von der sophistischen Praxis, die Abkehr von der Politik und die Institutionalisierung der philosophischen Muße

Der Peloponnesische Krieg trug wesentlich zur »Beschleunigung« der Institutionalisierung, und zur weiteren Ausdifferenzierung und Professionalisierung der

scher Tätigkeit genannt wird. Zu der öffentlichen Inszenierung und Tradierung des
Fachwissens: Demont 1993; Lloyd 1987, 96–102.

23 Ein weiteres Beispiel für diese Indifferenz gegenüber einer Unterscheidung zwischen
Rhetorik und Philosophie stellt bekanntlich die Auffassung des Isokrates dar, der nach
seiner Logographentätigkeit gegen Honorar Unterricht erteilte. Ein drei- oder vierjähriger Redekurs kostete beispielsweise 1000 Drachmen (Isokrates, *Antidosis*, 87). Isokrates lebte jedoch vor allem von den großzügigen Geschenken seiner etwa einhundert
dankbaren Schüler aus der ganzen griechischen Welt (Isokrates, *Antidosis*, 224, 226).
Seine Lehrtätigkeit verstand er ausdrücklich als ›Philosophieren‹ im Sinne der Vermittlung einer höheren, geistigen Allgemeinbildung, wie sie etwa in der Epitaphios-Rede des
Perikles propagiert wird. Siehe zum Gebrauch dieses Begriffs die Stellenbelege bei:
Preuss 1904, 104. Siehe aber besonders: Isokrates, *Panathenaikos*, 26–29; *Antidosis*
268. Zu den Auseinandersetzungen der Rhetoren in Athen um 390 v. Chr. siehe jetzt:
Mariß 2003, 15–55.

24 Seit dieser Zeit erfährt der Begriff *sophia* (σοφία: Klugheit, Geschicklichkeit, Weisheit)
eine Bedeutungserweiterung in die intellektuelle Sphäre, ohne noch einen ethischen Beiklang zu erhalten. Damit löst sich die *sophia* begrifflich von der *technê* (τέχνη: praktisches Können, Kundig-Sein), doch bleibt der Begriff von der Sache her auch weiterhin
eng mit ihr verknüpft, wie es etwa in dem Grabepigramm auf den Sophisten Thrasymachos in Chalkedon zum Ausdruck kommt: *Athen.* 10, 454 f. = DK II 85 A 8. Siehe hierzu: Kerferd 1991, 24–41; Guthrie 1971, 27–34.

25 Näheres hierzu: Becker/Scholz 2004, 31 f.

griechischen Kultur des Disputierens bei – ganz besonders in Athen[26]: An die Stelle wandernder Sophisten traten zunehmend Redelehrer, Philosophen und andere Arten von »Intellektuellen«, die nun dauerhaft vor allem in den städtischen Gymnasien ihren Unterricht anboten. Mit der Gründung von Redner- und Philosophenschulen und den damit verbundenen gegenseitigen begrifflichen und inhaltlichen Abgrenzungskämpfen traten zu Beginn des 4. Jahrhunderts v. Chr. die Sphären der philosophischen und der rhetorisch-politischen Praxis auseinander. Einen instruktiven Einblick in die damalige sophistische Unterrichtspraxis und in die Vermittlung verschiedener Argumentationstechniken gewähren die bereits angeführten *Dissoi Logoi*. In Reaktion darauf gingen Philosophen wie Sokrates und seine Schüler, etwa Antisthenes und Platon, eigene Wege und emanzipierten sich in Athen – und auch andernorts – von der politischen Lebensform und deren Bevormundung, indem sie ihre intellektuelle Betätigung zum Selbstzweck machten, Anhänger um sich scharten und theoretisch wie praktisch einen alternative Lebensform entwickelten: den βίος θεωρητικός/φιλοσοφικός. Diese Lebensform praktizierten die Philosophen in der Regel nicht als Monaden, sondern wesentlich in einer Lebensgemeinschaft, das heißt in einem festen Kreis zumeist älterer Schüler, die ihre Mußezeit gemeinsam in Erörterung, Übungen und Vorträgen an einem festen Ort verbrachten – nämlich gemäß der Terminologie der Testamente der peripatetischen Schulvorsteher als ›Studiengenossen‹ (συσχολάζοντες[27]), die gemeinsam *theôria* pflegten, die Kunst wohlbegründeten Argumentierens übten und den Dingen auf den Grund gingen beziehungsweise nach wahrhaft sicherem Wissen und nach dem wahrhaft guten Leben suchten.

Ein bedeutsamer Unterschied zwischen den Philosophen und den berühmten wandernden Sophisten bestand darin, dass die Unterrichtstätigkeit der Sophisten und Rhetoren sich im Allgemeinen auf einen Zeitraum von wenigen Wochen, allenfalls von einigen Monaten beschränkte, die Philosophen sich jedoch dauerhaft an einem Ort niederließen, der für die Öffentlichkeit zwar jederzeit einsichtbar und zugänglich und damit auch leicht zu kontrollieren war, der aber überhaupt erst eine radikale Umkehr, einen Ausstieg aus dem und Rückzug vom politischen Leben ermöglichte: nämlich eine alternative Lebensart in einer philosophischen Gemeinschaft von Lehrer und Schülern mit eigenen Statuten und Ritualen und eigenem Festkalender zu praktizieren[28]. Bereits in dieser Hinsicht teilt sich das Bestreben der griechischen Philosophen mit, in die Öffentlichkeit hinein wirken zu wollen. Ihr Anders-Sein sollte wahrgenommen werden, sollte offenkundig befremden und neugierig machen. In gewisser Weise stellten sie ihre philosophische Lebensweise auch aus. Eine gewisse Einsichtnahme in ihr Leben seitens der Öffentlichkeit war durchaus beabsichtigt. Durch ihr Erkenntnis-

---

26 Vgl. die Skizze bei Becker/Scholz 2004, 36–38; 40–42 (mit einem tabellarischen Überblick über die Sophisten, Rhetoren und Philosophen, die vor und nach dem Peloponnesischen Krieg in Athen lehrten und Schulen begründeten).

27 Zu diesem Begriff: Diogenes Laertius, *Vitae* 5, 2; 5, 52; vgl. 10, 16–21; IG XII 6, 1 Nr. 128, Z. 17. Die einzige Darstellung eines philosophischen Gesprächs aus hellenistischer Zeit (Pfuhl/Möbius II 500 f. Nr. 2085, Tf. 300) diskutiert ausführlich: Scholz 2004a, 336–339.

28 So bereits Hadot 1991, 13–47.

interesse waren die »Geistesarbeiter« daran interessiert, ihre Art der Mußegestaltung in eine feste Institution zu überführen und damit diese spezifische *scholê* dauerhaft zu erhalten.

Mit dieser frei gewählten Selbstisolierung in eine exklusive Gemeinschaft, mit der Errichtung einer autonomen Lebenswelt gerieten die Philosophen zwangsläufig in ein starkes Spannungs- und Oppositionsverhältnis zur athenischen Öffentlichkeit. Dass sie fortan vielfältigen Vorurteilen, Diffamierungen und auch Verfolgungen ausgesetzt waren und die Zeitgenossen deren »Wunderlichkeit« (ἀτοπία) als wesentliches Merkmal wahrnahmen, lag wesentlich daran, dass zumindest die Scholarchen und die älteren Mitglieder der verschiedenen philosophischen Zirkel durch eine Vielzahl von Faktoren sozial auffällig waren.

Die öffentliche Wahrnehmung der Philosophen als »Außenseiter« wurde noch dadurch verstärkt, dass die Lehrtätigkeit sich im Allgemeinen keiner hohen öffentlichen Wertschätzung erfreute[29]. In einigen Fällen kam es offenkundig sogar zu Konflikten mit städtischen Magistraten: Da die Philosophen eine neuartige Lebensweise nicht nur propagierten, sondern sogar *praktizierten*, trug ihnen das rasch den Ruf von »Jugendverderbern« ein, was im Extremfall zu Asebieklagen führen konnte[30]. Die Entscheidung zu einer philosophischen Lebensführung (βίος θεωρητικός/φιλοσοφικός), zu einem Leben ohne öffentliches Ansehen, Achtung und Ehre (ἀδοξία) war daher aus Sicht der Masse der Athener unbegreiflich[31].

Die zeitgenössische Praxis und Idealvorstellung vom Bürger-Sein entsprach der neu begründeten philosophischen Lebensform ganz und gar nicht: Auch in hellenistischer Zeit wurden die jungen Männer in der häuslichen und gymnasialen Erziehung vor allem auf ihre künftigen Aufgaben als Bürger vorbereitet, nämlich entsprechend den individuellen Anlagen und Möglichkeiten sich als Krieger, Politiker und Euerget auszuzeichnen, sich in Wort und Tat für das Wohl der Heimat einzusetzen und sich so als wahrhaft große und gute Bürger zu erweisen, wie es Aischines (1, 11) und viele hellenistische Inschriften eindrucksvoll beschreiben: Auf militärischem Gebiet sollte der gute Bürger bei der Verteidigung der Heimatstadt gegen Überfälle von Räubern und Piraten etwa oder bei der Übernahme militärischer Hilfsaufgaben im städtischen Aufgebot für einen der Diadochen mitwirken können, sodann sollte er als wort- und ideenreicher Politiker in Rat und Volksversammlung auftreten, gegebenenfalls auch diplomatische Missionen übernehmen, und schließlich sollte er bei der Übernahme bestimmter städtischer Ämter wie der Agonothesie oder der Gymnasiarchie keine finanziellen Anstrengungen scheuen und bei eventuellen Engpässen in der Nahrungsversorgung und anderen Notlagen der Bürgerschaft stets hilfreich zur Seite stehen[32]. Dementsprechend war die Haltung der Oberschicht gegenüber der intellektuellen Bildung unverändert zwiespältig: Grundsätzlich akzeptierte man Philosophie und Rhetorik; man schätzte den Unterricht und die epideiktischen Vorträge der Leh-

---

29 Zum durchaus prekären Status der professionellen Vermittler intellektueller Bildung: Scholz 1998, 37–45.
30 Siehe hierzu die knappe Skizze bei: Scholz 1998, 62–68 (mit weiterer Literatur).
31 Siehe nur die Rechtfertigung des Sokrates für seinen Rückzug aus dem politischen Leben: Platon, *Apol.* 31d–32a.
32 Zum hellenistischen Bürgerideal siehe eingehend: Wörrle 1995.

rer und hielt diese Form intellektueller Bildung in ihrer propädeutischen Funktion für notwendig, jedoch war man nicht bereit, die Söhne an sie dauerhaft zu verlieren. Jede professionelle Ausübung dieser Tätigkeit lehnte man für sich selbst und seine Söhne nachdrücklich ab[33]. Das Wort Platons, das er Kallikles im *Gorgias* sprechen lässt und die Ansicht der Öffentlichkeit charakterisierte[34], kann wohl auch noch auf das 3. Jahrhundert v. Chr. bezogen werden: »Die Philosophie ist eine hübsche Sache, wenn jemand ihr in der Jugend in maßvoller Weise anhängt. Sobald man aber länger als notwendig bei ihr verweilt, wird sie zum Verderben der Menschen[35]. Denn wenn jemand sehr begabt ist und über die Jugend hinaus philosophiert, muss er notwendigerweise in all den Dingen unerfahren bleiben, wo es unbedingt erforderlich ist, Erfahrung zu besitzen, wer ein angesehener, guter Mann werden will [...]«[36].

Wer dem Schülerkreis eines Philosophen über das übliche Maß hinaus angehörte, galt als jemand, der die »Brauchbarkeit und die Zugehörigkeit zu seinen Freunden« (χρεία und ἑταιρία) eingebüßt hatte[37]. Er versäumte nach allgemeinem Urteil wichtige Erfahrungen männlicher Sozialisation, mit der die »Mußezeit« wohlhabender Bürger für gewöhnlich ausgefüllt war. Das Philosophieren sollte die jungen Männer nicht fernhalten von den Notwendigkeiten der politischen Welt: von den sozialen Praktiken des Symposions, vom sportlichen Kräftemessen mit den Freunden im Gymnasion, vom Umgang mit den Waffen, von

33 Lloyd 1991, 136 f.
34 Für die Söhne der reichen und vornehmen Athener schlechterdings unvorstellbar, sich einer »Handarbeit« zu unterziehen, einer Lohnarbeit nachzugehen oder sogar selbst Sophist zu werden: Plat. *Prot.* 311b–312a.
35 Ein kostspieliger drei- oder vierjähriger Unterricht bei einem Redelehrer wie Isokrates erregte grundsätzlich keinen Anstoß. Schwerer wog der Umstand, dass durch die tägliche Unterweisung in einem Kreis von sechs bis neun Lernenden sich ein freundschaftliches Verhältnis zwischen manchen Schülern und ihrem Lehrer einstellte. In manchen Fällen war dies so eng, dass es den Schülern schwerfiel, den Unterricht zu verlassen (Isokrates, *Antidosis* 87 f.). Timotheos etwa weihte Isokrates eine Statue im Heiligtum von Eleusis und unterschrieb diese mit den Worten, »Timotheos weiht dieses Bild des Isokrates, ein Werk des Leochares, aus Freundschaft und in Ehrung von dessen Verstand den Göttinnen«. Sein lebenslanger Einfluss auf zahlreiche bedeutende Politiker seiner Zeit, die in derartigen Freundschaftsbeweisen zutage trat, trugen auch dem bekannten Redelehrer den Vorwurf ein, die Jugend zu verderben (Isokrates, *Antidosis*, 30).
36 Plat. *Gorg.* 484d–485d; vgl. *Tht.* 172d–177b. Zur Notwendigkeit des episodenhaften Charakters des philosophisch-eristischen Unterrichts: Isokrates, *Panathenaikos*, 27 f.; *Antidosis*, 265–267. In diesem Sinne ist auch das bekannte Lob des Thukydides im »Epitaphios« (2, 41) auf die athenische Freude an intellektueller Kultur zu verstehen, das er allerdings bezeichnenderweise mit einer Einschränkung und warnendem Hinweis versieht: Seine Mitbürger sollen daran festhalten, jedoch »ohne zu übertreiben«, da daraus »Weichheit« hervorgehen könne.
37 Dem von Sokrates entworfenen Ideal des Philosophen, der »gern von jedem Gegenstand des Wissens kostet, mit Freuden lernt und nicht satt werden kann«, hält Adeimantos im Staat (*Rep.* VI 487c–d) seine Lebenserfahrung entgegen: »Die Tatsachen beweisen, dass Leute, die sich mit Philosophie abgeben, zum größten Teil recht wunderliche, um nicht zu sagen, völlig unbrauchbare Menschen werden, dass die wenigsten allenfalls Tüchtigen aber durch ihr Philosophieren, das Du empfiehlst, dem Staat verlorengehen«.

den militärischen Übungen oder von den Freuden der Jagd. Wer sich dennoch für eine philosophische Lebensform entschied und sich einem Philosophen dauerhaft anschloss, musste einerseits mit dem Spott seiner Altersgenossen und andererseits mit kopfschüttelndem Unverständnis der Familie rechnen und deren offene oder heimliche Verachtung ertragen[38]. Eben diese gesellschaftliche Ablehnung der professionellen Ausübung der Philosophie ist vorausgesetzt, wenn etwa noch im 3. Jahrhundert Kleanthes seine Schüler eindringlich ermahnte: »Wenn du rasch ein Weiser werden willst, achte nicht auf (deinen) Ruf und fürchte nicht das Wort der Menge, das urteilslos und unverschämt ist«[39]. In diesem Diktum weist der Stoiker seine Anhänger nachdrücklich darauf hin, dass der Weg bis zur Erlangung einer festen philosophischen Lebensform lang und steinig ist und viele Entbehrungen abverlangt – gerade weil das Philosophieren bedeutet, sein Leben von anderen Prinzipien als den traditionellen Poliswerten beherrschen zu lassen: Der Preis für das philosophische Leben bestand im 4. Jahrhundert – und durchaus auch noch im 3. Jahrhundert – in der sozialen Missachtung (ἀδοξία).

Der philosophische Lebensstil trat, wie sich leider ausschließlich an den athenischen Philosophenschulen studieren lässt, zunächst in der bewußten Abwendung von der Alltagswelt zutage, also in der räumlichen und ideellen Distanzierung von der politischen Wirklichkeit. Das konnte so weit gehen, dass ein Schulvorstand und dessen engerer Schülerkreis nahezu ihr gesamtes Leben in der philosophischen Lebens- und Lehrgemeinschaft verbrachten, wie es insbesondere den Vorstehern der Akademie, Platon, Xenokrates, Polemon und Arkesilaos, nachgesagt wurde[40]. Der Entschluss, sein Leben der Philosophie zu widmen, hatte durchaus weitere praktische Konsequenzen, die bis ins 3. Jahrhundert v. Chr. hinein von der athenischen Öffentlichkeit als Eigenheiten philosophischer Lebensführung wahrgenommen wurden. Die »Merkwürdigkeit« (ἀτοπία) der Philosophen wurde sprichwörtlich[41] und verfestigte sich rasch zum Klischee. Hierzu gehörte:

– der bewusste Verzicht auf politische Ämter und Ehren,
– der nicht minder ungewöhnliche Verzicht auf Ehe und Familie,
– die demonstrative sexuelle Enthaltsamkeit oder auch das offene exzessive Ausleben von Sexualität, die körperlichen und psychischen Askeseübungen und

---

38 Siehe etwa den Fall des Theages, der zwar aus einer ebenso reichen wie vornehmen Familie stammte und über alle notwendigen Voraussetzungen verfügte, um sich einem politischen Leben zu verschreiben, den aber seine schwächliche Konstitution davon abhielt, so dass er sich der Philosophie zuwandte.

39 Clem. Alex. strom. 5, 3, 17 p. 655 P = SVF 1, 559: μὴ πρὸς δόξαν ὅρα, ἐθέλων σοφὸς αἶψα γενέσθαι, μηδὲ φοβοῦ πολλῶν ἄκριτον καὶ ἀναιδέα βάξιν. Vgl. SVF 1, 560 f. Siehe auch den Fall des Menedemos, von dem es heißt, dass er, obwohl er später zahlreiche politische Missionen für seine Heimatstadt unternahm und darin einen Ausnahmefall unter den Philosophen darstellte, »zunächst verachtet und ein Hund und Schwätzer beschimpft wurde« (Diogenes Laertius, Vitae 2, 140: τὰ μὲν οὖν πρῶτα κατεφρονεῖτο, κύων καὶ λῆρος ὑπὸ τῶν Ἐρετριέων ἀκούων).

40 Diogenes Laertius, Vitae 3, 41 (Platon); 4, 6.11. (Xenokrates); 4,19. (Polemon); 4,39 (Arkesilaos). Siehe ausführlich hierzu: Scholz 21–25, bes. 21 f. Anm. 35.

41 Dies ist seit Aristophanes belegt: Weiher 1913, 5–37; Scholz 2004a, 320 Anm. 14 (mit weiterer Literatur).

– die oft rigorose Ablehnung aller sinnlichen Genüsse,
– die Zugehörigkeit nichtprivilegierter Gruppen wie Sklaven oder Frauen zu den philosophischen Gemeinschaften,
– eine ostentative Extravaganz im Auftreten und in der Kleidung, die entweder demonstrativ luxuriös oder provokativ ärmlich sein konnte (darunter ist auch das betont langsame und würdevolle Schreiten der Philosophen zu zählen oder eine ernste Mimik bis hin zu den »hochgezogenen Augenbrauen«, die der Komödie bemerkenswert erschien)[42].

All diese Auffälligkeiten schlossen ein normales bürgerliches Leben, das nach äußerer Anerkennung und Ruhm strebte, weitgehend aus: so die Teilnahme an militärischen und sportlichen Übungen im Gymnasion, das Engagement in Rat und Volksversammlung oder die Bekleidung eines städtischen Amtes, und ließ die Philosophen in den Augen der Mehrheit der Bürger zu Außenseitern werden, da sie eben die Ziele allgemeinen Strebens, nämlich Ansehen (δόξα) und Anerkennung und Ehre (τιμή) nicht teilten. Der in dieser Weise autonom gestaltete, eigenwillige, in vielerlei Hinsicht – wenn man es überspitzt ausdrücken mag – ›antipolitische‹ Lebensstil[43] der Mehrzahl von ihnen war für die theoretische wie auch praktische Abgrenzung der Philosophen von den Sophisten und Rhetoren geradezu konstitutiv.

Der Umstand, dass die meisten von ihnen Fremde und somit grundsätzlich von allen politischen Aktivrechten ausgeschlossen waren, trug nur zur weiteren Verfestigung ihres Außenseiterstatus bei[44]: Man erwartete – und in der Regel war das auch der Fall –, dass ein Fremder sich nur zeitweilig in einer Stadt aufhielt und diese wieder verließ, wenn der Zweck seines Aufenthalts erfüllt war – der Schüler, wenn er einen Kurs im Gymnasion bei einem Rhetor oder Philosophen abgeschlossen hatte, der Gelehrte, wenn er einen solchen oder eine Vortragsreihe mehrere Male gehalten hatte. In diesem Zusammenhang ist daran zu erinnern, dass es Platon und Epikur nur aufgrund ihres Bürgerstatus möglich gewesen war, ein privates Grundstück für Schulzwecke zu erwerben. Der Peripatos, der in seiner Gründungsphase keinen Athener als Schulvorstand besaß, verdankte das Grundstück, das Eigentum der Schule war, wie die Testamente der Vorsteher zeigen, der Hilfe des Demetrios von Phaleron, der dieses als ehemaliger Schüler des Aristoteles seinem Nachfolger Theophrast geschenkt hatte. Diese rechtliche Absicherung der Philosophenschulen als Privatbesitz[45] war zugleich eine der Voraussetzungen für die schrittweise erfolgende Etablierung der Philosophie als anerkannte Bildungsinstitution.

---

42 Zu all diesen Merkmalen der philosophischen Lebensform siehe ausführlich (mit Quellenbelegen): Scholz 1998, 14–37.
43 So zumindest bei der Generation der Gründer der Philosophenschulen sowie der nachfolgenden. Hierzu und zu dem mit diesem Begriff verbundenen Konzeption: Scholz 1998, 253–256.
44 Die Mentalität der hellenistischen Bürger spiegelt sich in den Fragmenten des kynischen Wanderpredigers und Diatribenschreibers Teles, der in seinen Vorträgen populäre Vorstellungen philosophisch zu entkräften suchte: Fuentes González 1998; Scholz 2003.
45 Ansonsten stellte eine Philosophenschule rechtlich durchaus eine religiöse Vereinigung, einen θίασος für den Kult der Musen dar, organisiert nach dem Vorbild der pythagoreischen Sekte, so bereits: Wilamowitz-Moellendorf 1881, 264, 279; Ziebarth 1914, 72 f.

3. Der Prozess der Etablierung der Philosophie als Teil der höheren Bildung im 3. Jahrhundert v. Chr.

307/306 v. Chr. wurde in Athen mit dem Gesetz des Sophokles, eines Parteigängers des patriotischen Demochares, zum letzten Mal der Versuch unternommen, Philosophen mit politischen und rechtlichen Mitteln zu verfolgen. Das Gesetz besagte, dass »niemand eine Philosophenschule leiten solle, ohne dass Rat und Volk es beschlossen hätten; anderenfalls drohe die Todesstrafe«[46]. Den Philosophen warfen Männer wie Sophokles, die dem Kreis des Demochares angehörten, der nicht minder patriotisch wie sein Onkel Demosthenes auftrat, vor allem vor, dass sie sich der athenischen Bürgerschaft gegenüber illoyal verhielten. Die Fragmente der von Demochares verfassten Verteidigungsrede »Für Sophokles« beziehungsweise »Gegen die Philosophen« geben einen kleinen Einblick in die politisch begründete Polemik gegen diese vermeintlichen Feinde der demokratischen Ordnung[47]. Angesichts der erneuten politischen Krise waren die in Athen lebenden Philosophen gezwungen, die Stadt – wie bereits in den Jahren 348, 322 (Aristoteles) und 318/317 v. Chr. (Theophrast) zuvor – abermals zu verlassen. Mit der Aufhebung des Gesetzes im darauffolgenden Jahr auf Antrag Philons, eines ehemaligen Hörers des Aristoteles, und der Rückkehr der Mitglieder des Peripatos endete die Periode des Vorgehens gegen missliebige Geistesarbeiter aus politischen Motiven. Sofern man von der formellen Überprüfung des Lebensunterhalts durch den Areopag absieht, blieben seit dieser Zeit Philosophen in Athen von den politischen Gremien der Stadt unbehelligt[48].

Versucht man eine knappe Skizze der weiteren Entwicklung des sozialen Status des Philosophierens zu geben, so wird man das 3. Jahrhundert v. Chr. – mit aller gebotenen Vorsicht – als eine Übergangsperiode ansehen dürfen: In diesem Zeitraum konnte die soziale Geringschätzung philosophischer Praxis durchaus mit einer Bewunderung für einige charismatische Repräsentanten der Philosophie einhergehen. Die Philosophen blieben nun zwar von Asebieklagen und Gerichtsprozessen verschont, doch endeten damit nicht zwangsläufig auch alle öffentlichen Diffamierungen und Vorbehalte gegen sie. Nach wie vor wurden Philosophen als Sonderlinge oder zumindest als Leute angesehen, die eine reichlich exotische Tätigkeit zu ihrem einzigen Lebensinhalt machten. Sie waren auch jetzt noch nicht restlos anerkannt, geschweige denn allgemein angesehen und geachtet.

Als Belege für die vermeintliche Popularität der Philosophen im 4. und 3. Jahrhundert v. Chr. wurde und wird immer wieder auf die inschriftlich und literarisch

---

Diese These hat Lynch (1972, 112 f.) zu widerlegen versucht. Er verkennt jedoch die hohe Bedeutung des Musenkults für Akademie und Peripatos, die meines Erachtens eine unerlässliche Voraussetzung für die Ausübung einer dauerhaften Lehrtätigkeit auf dem Territorium einer Gymnasionsanlage war. Ihm ist eine Reihe von Forschern gefolgt, so u.a. Habicht 1995, 112. Quellenbelege und eine Kritik dieser Position bei: Scholz 1998, 16–18 mit den Anm. 17–20.

46 Diogenes Laertius, *Vitae* 5,48.
47 Demochares, *Fragmente*, 1–3b (Marasco).
48 Eine nähere Begründung für diese Periodisierung der Sozialgeschichte der hellenistischen Philosophie findet sich bei: Scholz 2004a, 315–319.

bezeugten Dekrete zu Ehren verschiedener Philosophen verwiesen. Dabei dient insbesondere die Ehrung Zenons als »Kronzeuge« für diese These[49]: Nach dem Zeugnis des Diogenes Laertius soll der stoische Schulgründer im Oktober 261 v. Chr. nicht nur einen goldenen Kranz, sondern darüber hinaus sogar eine Ehrenstatue erhalten haben: Erscheint es schon verwunderlich genug, dass damals gerade einem Philosophen die allerhöchsten städtischen Ehrungen verliehen worden sein sollen, so lässt der Umstand, dass die Überlieferung von keinerlei herausragenden Verdiensten und Leistungen Zenons zugunsten der athenischen Bürgerschaft zu berichten weiß, es vollends unglaubhaft werden, dass diese Ehrung dem mehrheitlichen Willen der Bürgerschaft entsprochen haben soll. Es ist vielmehr zu vermuten, dass er diese außerordentlichen Ehrungen seinem königlichen Bewunderer Antigonos Gonatas zu verdanken hatte. Darauf weist insbesondere der Umstand hin, dass dessen athenischer Vertrauensmann Thrason aus Anakaia die Ehrungen beantragt hatte[50]. Der Fall Zenons illustriert somit nicht, wie in der Forschung oft angenommen wird, die Regel, sondern stellt zu diesem Zeitpunkt einen *Sonderfall* dar, der keinesfalls dazu taugt, eine angebliche große öffentliche Beliebtheit des Stoikers in Athen zu belegen.

Andere Fälle von Ehrungen für Philosophen des 4. und 3. Jahrhunderts v. Chr. bestätigen dieses Bild: Weder Aristoteles, Kallisthenes, Herakleides (Pontikos), Menedemos, Klearchos, Praxiphanes, Lykon noch Prytanis wurden in Delphi, Herakleia, Eretria, Ai-Khanoum, Delos oder in Athen für ihre philosophischen Vorträge oder ethischen Unterweisungen mit öffentlichen Ehren bedacht[51]. Mit Ausnahme des Herakleides, Menedemos und Prytanis wurden sie ausschließlich in der Fremde, vor allem von den Priesterschaften großer Heiligtümer, und nicht in ihren Heimatstädten beziehungsweise ›Wahlheimaten‹, in deren Mitte sie lebten, geehrt. Als Anlass der Ehrungen wird in den Dekreten die erfolgreiche Archivarbeit, allgemeine Verdienste um das delphische oder delische Heiligtum angeführt – oder auch die Übernahme diplomatischer Missionen: Seit der Teilnahme des Xenokrates an den Verhandlungen mit Kassander tauchen Philosophen hin und wieder als Gesandtschaftsteilnehmer und Unterhändler auf. Ihre persönlichen Verbindungen zu manchem hellenistischen Herrscher und dessen Hofstaat, ihr guter Ruf im exklusiven Kreis der Gebildeten, ihre Übung im Vortrag und Diskussion und ihre Gewandtheit im Argumentieren ließen sie geeignet erscheinen, mit derart heiklen Aufgaben betraut zu werden und die Interessen der betreffenden Städte angemessen zu vertreten.

Das insgesamt seltene Auftreten der Philosophen als politische Unterhändler kann somit keineswegs als Beleg für deren allgemeine Akzeptanz und Popularität

---

49 Zu diesem Dekret siehe jetzt ausführlich: Haake (im Erscheinen).
50 Scholz 1998, 320–322 (im Anschluss an Habicht 1995, 158 f.; Ferguson 1911, 187.
51 *Sylloge*³ (Dittenberger) 252, 42 (Aristoteles und Kallisthenes 327/326 v. Chr. in Delphi), vgl. Scholz 1998, 178 f.; Diogenes Laertius, *Vitae* 5, 91 = Herakleides, *Fragmente*, 14a (Wehrli), vgl. Scholz 1998, 194 f. Anm. 37; Diogenes Laertius, *Vitae* 2, 141 f. (Menedemos), vgl. Sonnabend 1996, 293–305; Robert 1973, 211, 225–230 (Klearchos 300 v. Chr. in Ai-Khanoum); *Inscriptiones Graecae* XI 4, 613 = Fragm. 4, Wehrli (Praxiphanes, um 260/250 v. Chr. in Delos), Scholz 1998, 190 Anm. 19; *Sylloge*³ 461 (Lykon, zwischen 249–239 v. Chr. in Delphi); *Iscrizioni storiche ellenistiche* (Moretti) 28 (Prytanis 226/225 v. Chr. in Athen), vgl. Sonnabend 1996, 247–249; 280–283.

dienen – zumindest in dem Sinne, dass jedermann ihre Talente kannte und zu schätzen wusste. Das galt meines Erachtens nur für den Kreis der führenden Gesellschaft – die öffentliche Meinung beurteilte die Philosophen im 4. und 3. Jahrhundert v. Chr. anders: Die Masse der Bürger nahm Anstoß an ihrer Lebensweise und beschimpfte sie als Leute, die sich »weder um Götter, Sitten noch um das Urteil ihrer Mitmenschen bekümmerten« (indem sie ›auf unfromme und unehrenhafte Weise lebten‹: ἀνοσίως καὶ ἀδόξως βιοῦντες), so Theopomp in einem Fragment über die Akademiker[52]. Es verwundert daher nicht, dass in einigen Anekdoten die philosophischen Zusammenkünfte mit Besuchen bei Hetären verglichen und beide gleichermaßen als verderblich für die Jugend angesehen wurden: So wie die Hetären den jungen Männern nur »Erotik« lehrten, so würden ihnen die Philosophen ganz und gar »unnütze eristische Weisheiten« beibringen.

Von diesem Blickwinkel aus betrachtet, wird die Popularität einiger Philosophen, die Diogenes Laertius beispielsweise Theophrast oder den beiden Akademievorständen Arkesilaos und Lakydes nachsagt[53], äußerst fragwürdig. Ebensowenig können meines Erachtens all die Notizen in den Philosophenviten Glaubwürdigkeit für sich beanspruchen, die verdächtig knapp und unbestimmt politische Aktivitäten oder auch städtische Ehrungen für Philosophen wie für Diogenes, den Kyniker, Epikur und Pyrrhon[54] behaupten. Sie scheinen mir biographische Konstrukte nostalgischer Philosopenliebhaber wie Diogenes Laertius zu sein, die solange in den biographischen Überlieferungen zu den von ihnen hochverehrten philosophischen Heroen ›wühlten‹, bis sie diese endlich vom Makel der politischen Tatenlosigkeit befreien konnten[55].

Daher verwundert es nicht, dass die Philosophen, ob nun als Wandergelehrte oder als Begründer eigener Schulen, im allgemeinen größere Städte als Aufenthaltsorte bevorzugten. Athen und Rhodos waren demzufolge geradezu ideale Plätze für das philosophische Wirken: Als ebenso reiche wie große See- und Handelsmetropolen boten sie in vielerlei Hinsicht günstige Rahmenbedingungen, die philosophische Wandergelehrte in kleineren Städten nicht vorfinden konnten[56]. Hier machten viele hellenistische Reisende länger Station, hier konnte man auf berühmte Gelehrte treffen und junge Zuhörer finden, hier hatten sich besondere rechtliche und politische Formen des Zusammenlebens zwischen Bürgern und

---

52 *Athen.* 11, 509a.
53 Diogenes Laertius, *Vitae* 5, 37 (Theophrast); 4, 44 (Arkesilaos und Lakydes) mit Scholz 1998, 366 f. Anm. 4.
54 Diogenes Laertius, *Vitae* 6, 78 (Diogenes); Pausanias 6, 24, 5 (Pyrrhon); Diogenes Laertius 5, 83 f.; 10, 9 (Epikur); 5, 66 (Lykon).
55 Es verdiente eine eigene Untersuchung, die Zeugnisse für die von den antiken Biographen so oft behauptete öffentliche Beliebtheit zahlreicher Philosophen des 4. und 3. Jahrhunderts v. Chr. zusammenzustellen und im Abgleich mit den sonstigen Nachrichten über ihr öffentliches Auftreten und Wirken auf ihre Plausibilität hin zu befragen.
56 Siehe hierzu: Bringmann 2002; Fittschen 1995.

Fremden ausgebildet und nur hier gab es oft mehrere prachtvoll ausgestaltete Gymnasionsanlagen[57].

Gleichwohl kam es offenbar im 3. Jahrhundert v. Chr. nur selten vor, dass die Vermittlung intellektueller Bildung auf breiter Basis, und sei es auch nur der Elementarunterricht, mit öffentlichen Mitteln seitens der Bürgerschaften nachhaltig unterstützt und gefördert wurde. Athen und Rhodos unternahmen aus verständlichen Gründen keinerlei diesbezügliche Anstrengungen: Es bedurfte schlichtweg keiner besonderen Anreize, um genügend Lehrer und Rhetoren aller Art in diese Zentren des kulturellen Lebens zu ziehen. Belege für eine öffentliche Förderung lassen sich, wenn überhaupt, nur für kleinere Städte wie etwa Lampsakos finden. Deren Bürgerschaft beschloss im Laufe des 3. Jahrhunderts v. Chr., allen »Lehrern« (διδάσκαλοι) und ihren »Schülern« (μαθηταί), die sich in der Stadt aus Gründen der Erziehung längere Zeit aufhielten, Steuerfreiheit zu gewähren[58].

Diese nach wie vor geringe Wertschätzung intellektueller Bildung im öffentlichen Leben spiegelt sich auch darin, dass im 3. Jahrhundert v. Chr. allem Anschein nach *noch keine öffentlichen Bibliotheken* existierten, also noch nicht einmal kleine Sammlungen von Buchrollen, auf die die im Gymnasion lehrenden Philosophen und Rhetoren hätten zurückgreifen können. Daran wird deutlich, dass die Schulung des Intellekts und der Erwerb rhetorisch-philosophischen Wissens nach wie vor eine exklusive Privatangelegenheit der reichen Bürger war[59].

Dieses Bild wird bestätigt im Blick auf die Schulstiftungen, für die sich bezeichnenderweise erst im 2. Jahrhundert v. Chr. Zeugnisse[60] anführen lassen – es sei hier nur an die Stiftung des Eudemos in Milet oder die des Polythrus in Teos erinnert – und die, selbst wenn man einmal alle bezeugten zusammen in den Blick nimmt, nicht hinreichen, um davon sprechen zu können, dass mit ihnen ein öffentliches Elementarschulwesen oder gar ein hellenistisches Bildungssystem institutionell begründet worden wäre. Sie sind vielmehr als sporadische Einzelinitiativen zu werten, die, wenn nicht schon früher, so doch spätestens mit den Mithradatischen Kriegen in Kleinasien und Griechenland zum Erliegen kamen und da-

---

57 Siehe die prägnante Schilderung Athens (I 1) in der um 230 v. Chr. abgefassten Schrift des Periegeten Herakleides »Über die Städte Griechenlands«: Pfister 1951.

58 *Inschriften von Lampsakos* (Fritsch) 8 Z. 1–4. Hier ist bewusst der allgemeine Begriff »Lehrer« gewählt, er dürfte auch Philosophen eingeschlossen haben, da kaum daran zu denken ist, dass Elementarschüler aus fremden Städten nach Lampsakos reisen. Vgl. damit die Bemerkung des Aeneas Tacticus 10, 10. Die Maßnahme ist allerdings kaum, wie der Vergleich mit ähnlichen Privilegien zeigt, als ›Kulturpolitik‹ zum Zweck der Verbesserung des ›Image‹ der eigenen Stadt zu werten, eher wird die Maßnahme dazu gedient haben, die Zahl der vor Ort verfügbaren Lehrer zu erhöhen – wohl nicht einmal für öffentliche Unterrichts- als vielmehr für private Erziehungszwecke –, indem man den ohnehin schon knappen Lebensunterhalt der reisenden Lehrer durch die Steuerbefreiung entlastete. Siehe hierzu bereits die Ausführungen von: Ziebarth 1914, 30–36.

59 Siehe hierzu die vorläufige Skizze bei: Scholz 2004b, 125–127.

60 *Sylloge³* (Dittenberger) 577 (Eudemos, 200/199 v. Chr.); 578 (Polythrus, um 200 v. Chr.); Polyb. 31, 31, 1–3 (Eumenes II. für Rhodos, 161/160 v. Chr.); *Sylloge³* 672 (Attalos II. für Delphi, 160/159 v. Chr.).

nach keine wirkliche Fortsetzung fanden[61]. Dieser Eindruck erfährt zusätzliche Bestätigung, wenn man sich vor Augen führt, dass die Aufenthalte von Rhetoren, Historikern, Philosophen und sonstigen Gelehrten in den griechischen Städten vergleichsweise selten waren und sich in der Regel der Initiative beziehungsweise dem persönlichen Bildungseifer der jeweiligen Gymnasiarchen verdankten.

4. Die Integration der Philosophie in die hellenistische Bildungskonzeption: Ein Ausblick auf das 2. und 1. Jahrhundert v. Chr.

Was die soziale Akzeptanz des Philosophierens und ihrer professionellen Vertreter betraf, so scheinen sich im 2. Jahrhundert v. Chr. die Verhältnisse grundlegend verändert zu haben: Philosophische Bildung wurde in ihrem persönlichkeitsbildenden Wert ebenso anerkannt wie der Unterricht bei einem Lehrer der Rhetorik. Die philosophische Lehr- und Lebensgemeinschaft verwandelte sich in einen philosophischen Unterricht für eine periodisch wechselnde Schülerschaft – aus den Philosophen wurden Gelehrte und Professoren, aus den Philosophenschulen in der ganzen griechischen Welt anerkannte Bildungsinstitutionen. So verwundert es nicht, dass gewiss nicht für alle, jedoch zumindest für einen großen Teil der Angehörigen der städtischen Eliten es im 2. Jahrhundert üblich wurde, in den kulturellen Zentren der hellenistischen Welt, in Athen oder Rhodos, »bei den besten Philosophen und Rednern« zu studieren, wie es besonders eindrücklich in den Ehrendekreten von Menippos und Polemaios von Kolophon heißt[62].

In Athen ist die neugewonnene Verehrung der Philosophie etwas früher bezeugt. In extremer Form zeigt sich diese neuartige ›Bildungsbegeisterung‹ beispielsweise darin, dass ein athenischer Bürger einige Jahre vor 200 v. Chr. seine beiden Söhne Speusippos und Platon benannte und mit dieser ausgefallenen Namenswahl – denn er war mit der Familie Platons nachweislich nicht verwandt – den eigenen Bildungsanspruch wie auch seine philosophische Überzeugung über die eigene Lebenszeit hinaus dokumentieren wollte[63]. Es entspricht dieser gewandelten Einstellung gegenüber der intellektuellen Bildung, dass erst 208 oder 204 v. Chr. zum ersten Mal ein Philosoph, Chrysipp, der langjährige Vorsteher der Stoa, von der athenischen Bürgerschaft – öffentlich und aus freien Stücken – mit

---

61 Harris 1998, 146.
62 Robert 1989, 11 (Polemaios); 63 (Menippos); Lehmann 1998. Ein weiteres Beispiel ist ein junger Rhodier, der 146/145 v. Chr. nach Athen kam, um sieben Jahre dem Unterricht des Karneades beizuwohnen: *Philodemos Index Academicorum* 31,34–32,10 Dorandi = *Fragmente der griechischen Historiker* (Jacoby) Apollodoros 244 F 59.
63 Es handelt sich um die Söhne des Alexion II. von Azenia und der Lysippe, wie Christian Habicht (1982, 187 f.) glänzend erwiesen hat. Zudem hat Matthias Haake (im Erscheinen) in seiner demnächst erscheinenden Münsteraner Dissertation überzeugend herausgearbeitet, dass sich Athen in seinen offiziellen (inschriftlichen) Dokumenten erst seit dem späten 2. Jahrhundert v. Chr. zur Heimstätte von Lehrern und Philosophen zu stilisieren begann, während in der Fremdwahrnehmung der griechischen Welt die Stadt zu dieser Zeit schon längst als der bedeutsamste Ort für die Vermittlung von rhetorisch-philosophischer *paideia* galt und bereits zur Metapher und Chiffre hierfür geworden war.

einer Statuenaufstellung und der Verleihung des Bürgerrechts geehrt wurde. Die bis dahin bekannten Philosophenstatuen waren bis auf zwei Ausnahmen (Sokrates Typus B und Zenon von Kition) private Stiftungen dankbarer Schüler gewesen[64]. Darüber hinaus scheint es nicht zufällig zu sein, dass eben jetzt die Bildnisse der berühmtesten Vertreter der athenischen Philosophenschulen nun auch überregional rezipiert wurden. Vor allem in den kleinasiatischen Städten dienten die durch Studienaufenthalte vertraut gewordenen Statuen der athenischen Denker als Vorbilder für eine angemessene bürgerliche Repräsentation. Als Beispiel können die Grabreliefs aus Smyrna dienen[65]. Deren Ikonographie greift die aus Athen bekannten Bildformeln auf und entwickelt sie weiter: Viele wohlhabende Bürger präsentierten sich auf den Reliefplatten ihrer Grabdenkmäler als Denker und Gelehrte – etwa mittels Gesten der Nachdenklichkeit oder mittels verschiedener Bildungsattribute wie Buchrollen, Büchertruhen oder Himmelsgloben. In Stein gehauen, präsentierten sich die städtischen Eliten des 2. und 1. Jahrhunderts v. Chr. der Nachwelt nicht mehr nur als »schöne und moralisch vorbildliche«, sondern nun zusätzlich auch als »gebildete« Bürger ($\pi\epsilon\pi\alpha\iota\delta\epsilon\upsilon\mu\acute{\epsilon}\nu\omega$) und damit als Teilhaber eines exklusiven kosmopolitischen Wissens, das nur in einem Gymnasion erworben werden konnte[66]. Auf visueller Ebene bedeutete das: An die Stelle makelloser körperlicher Schönheit und Stärke traten Denkerfalten, ein krummer Rücken oder eine eingefallene Brust, die den Betrachter eindringlich auf die Anstrengungen des Denkens hinwiesen – all das nahm man jedoch offenkundig um des neuen »Intellektuellen-Image« willen gerne in Kauf [67].

Überhaupt lässt sich erst im 2. Jahrhundert v. Chr. – und nach Ausweis der epigraphischen und literarischen Zeugnisse wohl eher um die Mitte als zu Beginn des Jahrhunderts – auch in anderen Quellengattungen eine verstärkte allgemeine Wertschätzung von Wissen und Bildungsgütern und zugleich der Wunsch, die Öffentlichkeit daran teilhaben zu lassen, beobachten: Der Bildungseifer der städtischen Eliten lässt sich im späten Hellenismus nicht nur an der privaten wie öffentlichen Repräsentation der eigenen Person, nicht nur an Grabreliefs und Grabstatuen, an Ehrenbildern und städtischen Dekreten, an Steinepigrammen

---

64 Siehe die chronologisch geordnete Liste von Statuen von Philosophen, Sophisten und Rhetoren bei: Scholz 2004a, 351–353. Selten wird darauf hingewiesen, dass die Statuen des Gorgias, des Sokrates (Typus A), des Isokrates, Platons, des Speusippos, des Theodektes, des Aristoteles, des Lykon, des Chrysippos (2. Statue), des Metrodoros, Epikurs und des Hermarchos keine Ehrenstatuen, sondern in der Regel von Schülern gestiftet und geweiht worden waren. Somit taugen auch die Bildnisse nicht als Beleg für die vielfach behauptete Popularität der athenischen Philosophen in der ersten Hälfte des 3. Jahrhunderts v. Chr.

65 Zanker 1993, bes. 218–220 (mit Beispielen).

66 Z.B. *Inschriften von Iasos* (Blümel) 98 (Melanion) = GIBM IV 925; REG 19 (1906), 117 f., Nr. 39 (Artemon von Aphrodisias). Scholz 2000, 110–118 (mit weiteren Quellenbelegen). Zur Abgrenzung der Gebildeten von den Barbaren siehe nur: Diodor 1, 2, 5 f. Allgemein zum hellenistischen Gymnasion als einer Institution zur Vermittlung einer umfassenden körperlichen und geistigen (Aus-) Bildung siehe die Beiträge in: Kah/Scholz 2004.

67 Beispiele für diese neue Variante der bürgerlichen Selbstdarstellung: Pfuhl/Möbius 1977/79, Nr. 70; 232; 569; 831; 855; 861.

oder Gemmen ablesen[68]. Eine bis dahin nicht gekannte Hinwendung und Bekenntnis zu intellektueller Bildung dokumentiert sich darüber hinaus auch in der weiteren Ausdifferenzierung und Ausweitung der Fachschriftstellerei. So erwächst – und das ist wiederum nur ein Symptom neben vielen anderen – aus der verstärkten Beschäftigung mit der Lokalgeschichte ein neues, historisches Bewusstsein[69].

Der beschriebene Wandel war zugleich die entscheidende Voraussetzung dafür, dass nun erstmals, etwa seit der Mitte des 2. Jahrhunderts v. Chr., öffentliche, das heißt für jeden Bürger frei zugängliche, aus städtischen Mitteln finanzierte Bibliotheken in den Gymnasien eingerichtet wurden. Seine logische Fortführung fand diese Entwicklung darin, dass ungefähr zur gleichen Zeit in mehreren kleinasiatischen Städten durch großzügige private Stiftungen erstmals ein öffentlicher Elementarunterricht eingeführt wurde[70]. Darin manifestierte sich zweifellos der Wille, dass nicht nur ein kleiner Teil, sondern nunmehr nach Möglichkeit alle Bürger an der Ausbildung zum »gebildeten Bürger« teilhaben sollten. Diese im 3. Jahrhundert v. Chr. noch weitgehend exklusiv gehaltene Idee war damit im 2. Jahrhundert v. Chr. endgültig zum Allgemeingut und zu einem Teil griechischer Polisidentität geworden. Entsprechend heißt es in der abschließenden Begründungsformel eines Ehrendekrets, das die Samier dem Philosophen Epikrates verliehen: Die Bürgerschaft ehrt den Peripatetiker um 200 v. Chr., weil er in der Lage gewesen sei, »allen wissensbegierigen (φιλομαθοῦντες) jungen Männern zu nützen, und zwar nicht nur denjenigen, die durch [ihren Reichtum] hervorstehen, sondern auch denjenigen, denen der Lebensunterhalt fehlt«[71]. Das Philosophieren war spätestens zu diesem Zeitpunkt ein wesentlicher Bestandteil der allgemeinen höheren Bildung geworden.

68 Schmidt 1991, 125–127; vgl. Kleijwegt 1991, 84–86.
69 Chaniotis 1988, 368 f.
70 Siehe Anm. 60 dieses Beitrags; vgl. Harris 1998, 130–133.
71 *Inscriptiones Graecae* XII 6, 128. 25–28: ὠφελεῖν τῶν νέων / [τοὺς] φιλομαθοῦντας, προεστηκότα[ς] / [...]ου. καὶ βίου δέοντας. Die Bedeutsamkeit dieses Dekrets für die sozialgeschichtliche Entwicklung der Philosophie erläutert: Scholz 2004a, 332–336. Entsprechend dieser Erweiterung erscheint im 1. Jahrhundert v. Chr. das Ideal des guten Bürgers häufig mit intellektueller Bildung verknüpft; siehe beispielhaft hierfür das Ehrendekret für Herakleitos von Priene: *Inschriften von Priene* (Hiller) 117. 56–58: [ἄμεμπτον] τὸν βίον τετήρηκεν καὶ / [οὐδενὶ] κακῶν αἴτιος γέγονεν οὐδέποτε, πολλοῖς δὲ τῶν μεγί[στων ἀγαθῶν παραίτιος, πολί]του καλὸν ὑπόδειγμα / [παραστήσας ὡς] ἐκ παιδε(ί)ας τὸ εἰκὸς τοῖς νέοις τὸν ἴδιον βίον. Zur ablehnenden Haltung der Römer gegenüber philosophischen Lehren und deren Vermittlern siehe eingehend: Rawson 1989.

Literatur

Adkins, A. W. H. 1973: »*aretê, technê*, Democracy and Sophists: Protagoras 316b–328d«, in: Journal of Hellenic Studies 93, 3–12.

Althoff, J. 1993: »Formen der Wissensvermittlung in der frühgriechischen Medizin«, in: Ders./Kullmann, W. (Hrsg.), Vermittlung und Tradierung von Wissen in der griechischen Kultur, Tübingen, 211–223.

Becker, A./Scholz, P. 2004: Dissoi Logoi – Zweierlei Ansichten. Ein sophistischer Traktat, Berlin.

Blank, D. L. 1985: »Socratics on Payment for Teaching«, in: Classical Antiquity 4, 1–49.

Bringmann, K. 2000: »Rhetorik, Philosophie und Politik um 400 v. Chr.: Gorgias, Antiphon und die Dissoi Logoi«, in: Chiron 30, 489–503.

Bringmann, K. 2002: »Rhodos als Bildungszentrum der hellenistischen Welt«, in: Chiron 32, 65–81.

Buchheim, T. 1989: Gorgias von Leontinoi. Reden, Fragmente und Testimonien, Hamburg.

Capizzi, A. 1990: I sofisti ad Atene. L'uscita retorica dal dilemma tragico, Bari.

Chaniotis, A. 1988: Historie und Historiker in den griechischen Inschriften, Stuttgart.

Christes, J. 1975: Bildung und Gesellschaft. Die Einschätzung der Bildung und ihrer Vermittler in der griechisch-römischen Antike, Darmstadt.

Cole, T. 1991: The Origins of Rhetoric in Ancient Greece, Baltimore/London.

Demont, P. 1993: »Die Epideixis über die Techne im V. und IV. Jahrhundert«, in: Kullmann, W./Althoff, J. (Hrsg.), Vermittlung und Tradierung von Wissen in der griechischen Kultur, Tübingen, 181–209.

Dihle, A. 1962: »Herodot und die Sophistik«, in: Philologus 106, 207–220.

Dorandi, T. (Hrsg.) 1994: Storia dei filosofi. La Stoà da Zenone a Panezio: PHerc. 1018. Filodemo. Edizione, traduzione e commento, Leiden [*Philodemos Index Academicorum*]

Eucken, Ch. 1983: Isokrates. Seine Position in der Auseinandersetzung mit den zeitgenössischen Philosophen, Berlin.

Ferguson, W. S. 1911: Hellenistic Athens. An Historical Essay, London.

Fittschen, K. 1995: »Eine Stadt für Schaulustige und Müßiggänger: Athen im 3. und 2. Jahrhundert v. Chr.«, in: Wörrle, M./Zanker, P. (Hrsg.), Stadtbild und Bürgerbild im Hellenismus, München, 55–60.

Fritsch, P. (Hrsg.) 1978: Die Inschriften von Lampsakos, Bonn.

Froleyks, W. J. 1972: Der *agôn logôn* in der antiken Literatur, Diss. Bonn.

Fuentes González, P.P. 1998: Les diatribes de Télès, Paris.

Gomperz, H. 1912: Sophistik und Rhetorik. Das Bildungsideal des *eu legein* in seinem Verhältnis zur Philosophie des V. Jahrhunderts, Wien 1912 [ND Darmstadt 1965].

Gomperz, Th. 1922: Griechische Denker I, Berlin/Leipzig.

Grensemann, H. 1968: Der Arzt Polybos als Verfasser hippokratischer Schriften, Wiesbaden.

Guarducci, M. 1927/29: »Poeti vaganti e conferenzieri dell'età ellenistica«, in: Memorie dell' Accademia die Lincei, Classe di scienze morali e storiche 6.2, 627–665.

Guthrie, W. K. C. 1971: A History of Greek Philosophy III. The Fifth-Century Enlightenment, Cambridge .

Haake, M. 2004: »Documentary Evidence, Literary Forgery, or Manipulation of Historical Documents? Diogenes Laertius and an Athenian Honorary Decree for Zeno of Citium«, in: Classical Quarterly 54, 470–483.

Haake, M. [im Erscheinen]: Der Philosoph in der Stadt. Untersuchungen zur öffentlichen Rede über Philosophen und Philosophie in den hellenistischen *poleis*, München.

Habicht, Ch. 1982: Studien zur Geschichte Athens in hellenistischer Zeit, Göttingen.

Habicht, Ch. 1994: »Hellenistic Athens and Her Philosophers«, in: Ders., Athen in hellenistischer Zeit. Gesammelte Aufsätze, München, 231–247 (Originalpublikation: Princeton 1988).

Habicht, Ch. 1995: Athen. Die Geschichte der Stadt in hellenistischer Zeit, München.

Hadot, P. 1991: Philosophie als Lebensform. Geistige Übungen in der Antike, Berlin.

Harris, W. V. 1998: Ancient Literacy, Cambridge (Mass.).

Hoffmann, K. F. 1997: Das Recht im Denken der Sophistik, Stuttgart.

Jacoby, F. (Hrsg.) 1950: Die Fragmente der griechischen Historiker, Leiden ([1]Berlin).

Jouanna, J. 1999: Hippocrates, Baltimore/London.

Kah, D./Scholz, P. (Hrsg.) 2004: Das hellenistische Gymnasion, Berlin.

Kerferd, G. B. 1991: The Sophistic Movement, Cambridge.

Kleijwegt, M. 1991: Ancient Youth, Leiden.

Krug, A. [2]1993: Heilkunst und Heilkult. Medizin in der Antike, München.

Lehmann, G. A. 1998: Römischer Tod in Kolophon. Neue Quellen zum Status der ›freien‹ Polisstaaten an der Westküste Kleinasiens im späten zweiten Jahrhundert v. Chr., Göttingen.

Lloyd, G. E. R. 1970: Early Greek Science – Thales to Aristotle, London.

Lloyd, G. E. R. 1987: The Revolutions of Wisdom – Studies in the Claims and Practice of Ancient Greek Science, Berkeley.

Lloyd, G. E. R. 1991: »The Social Background of Early Greek Philosophy and Science«, in: Ders., Methods and Problems in Greek Science, Cambridge, 128–140.

Lynch, J. P. 1972: Aristotle's School. Study of a Greek Educational Institution, Berkeley u. a.

MacDowell, D. 1982: Gorgias. Encomium of Helen, Bristol.

Mariß, R. 2003: Alkidamas: Über diejenigen, die schriftliche Reden schreiben, oder über die Sophisten. Eine Sophistenrede aus dem 4. Jahrhundert v. Chr., eingeleitet und kommentiert, Münster.

Martin, J. 1976: »Zur Entstehung der Sophistik«, in: Saeculum 27, 143–164.

Meier, Ch. 1989: »Die Entstehung einer autonomen Intelligenz bei den Griechen«, in: Ders., Die Welt der Geschichte und die Provinz des Historikers. Drei Überlegungen, Berlin, 70–100.

Morrison, J. S. 1941: »The Place of Protagoras in Athenian Public Life (460–415 B. C.)«, in: Classical Quarterly 35, 1–16.

Müller, R. 1994: »Philosophie und literarische Kommunikation in Griechenland im 5. Jahrhundert v. Chr.«, in: Acta Antiqua Academiae Scientarum Hungaricae 35, 25–60.

Murray, O. 1990 (Hrsg.): Sympotica. A Symposium on the Symposion, Oxford.

Pasorek, G. 1967: Die frühe Sophistik im Chorlied des Sophokles, Salzburg.

Pfister, F. 1951: Die Reisebilder des Herakleides, Wien.

Pfuhl, E./Möbius, H. 1977/79: Die ostgriechischen Grabreliefs, Mainz.

Poulakos, J. 1995: Sophistical Rhetoric in Classical Greece, Columbia (South Carolina).

Preuss, S. 1904: Index Isocrateus, Leipzig.

Rawson, E. 1989: »Roman Rulers and their Philosophic Advisers« in: Griffin, M. (Hrsg.), Philosophia togata, Oxford, 233–257.

Robert, J. u. L. 1989: Claros. Décrets hellénistiques I, Paris.

Robert, L. 1973: »Les inscriptions de Ai Khanoum«, in: Bernard, P. (Hrsg.), Fouilles d' Ai-Khanoum I (Campagnes 1965–1968), Paris, 207–237.

Romilly, J. de 1988: Les grandes sophistes dans l' Athènes de Périclès, Paris.

Schlange-Schöningen, H. 2002: Reiche Sophisten – arme Philosophen? Zur Sozialgeschichte der frühen Gelehrten, in: Ders. u.a. (Hrsg.), Gelehrte in der Antike, Köln, 17–39.

Schmidt, S. 1991: Hellenistische Grabreliefs. Typologische und chronologische Betrachtungen, Köln/Wien.

Scholten, H. 2003: Die Sophistik – Eine Bedrohung für die Religion und Politik der Polis? Berlin.

58	Peter Scholz

Scholz, P. 1998: Der Philosoph und die Politik. Die Ausbildung der philosophischen Lebensform und die Entwicklung des Verhältnisses von Philosophie und Politik, Stuttgart.

Scholz, P. 2000: »Zur Bedeutung von Rede und Rhetorik in der hellenistischen Paideia und
Politik«, in: Neumeister, Ch./Raeck, W. (Hrsg.), Rede und Redner – Bewertung und Darstellung in den antiken Kulturen, Möhnesee, 95–118.

Scholz, P. 2003: »Popularisierung philosophischen Wissens am Beispiel des Kynikers Teles«, in: Kretschmann, C. (Hrsg.), Wissenspopularisierung: Konzepte der Wissensverbrei-
tung im Wandel, Berlin, 23–45.

Scholz, P. 2004a: »Peripatetic Philosophers as Wandering Scholars: Some Remarks on the
Socio-Political Conditions of Philosophizing in the Third Century BCE«, in: Forten-
baugh, W. W./White, S. A. (Hrsg.), Lyco of Troas and Hieronymus of Rhodes – Text,
Translation and Discussion, New Brunswick/London, 315–353.

Scholz, P. 2004b: »Elementarunterricht und intellektuelle Bildung im hellenistischen Gymnasion«, in: Kah/Scholz 2004, 103–128.

Sherwin-White, S. M. 1978: Ancient Cos. An Historical Study from the Dorian Settlement
to the Imperial Period, Göttingen.

Sonnabend, H. 1996: Die Freundschaften der Gelehrten und die zwischenstaatliche Politik
im klassischen und hellenistischen Griechenland, Hildesheim u.a.

Stanton, G. R. 1973: »Sophists and Philosophers. Problems of Classification«, in: American
Journal of Philology 94, 350–364.

Stein-Hölkeskamp, E. 1989: Adelskultur und Polisgesellschaft. Studien zum griechischen
Adel in archaischer und klassischer Zeit, Stuttgart.

Stückelberger, A. 1988: Einführung in die antiken Naturwissenschaften, Darmstadt.

Thomas, R. 1993: »Performance and Written Publication in Herodotus and the Sophistic
Generation«, in: Althoff, J./Kullmann, W. (Hrsg.), Vermittlung und Tradierung von Wissen in der griechischen Kultur, Tübingen, 228–230.

Thomas, R. 2000: Herodotus in Context: Ethnography, Science and the Art of Persuasion,
Cambridge.

Trampedach, K. 1994: Platon, die Akademie und die zeitgenössische Politik, Stuttgart.

Vatai, F. L. 1984: Intellectuals in Politics in the Greek World. From Early Times to the
Hellenistic Age, London/New York.

Weiher, A. 1913: Philosophen und Philosophenspott in der attischen Komödie, Diss. München.

Wilamowitz-Moellendorf, U. v. 1881: Antigonos von Karystos, Berlin.

Wörle, A. 1981: Die politische Tätigkeit der Schüler Platons, Lauterburg.

Wörrle, M. 1995: »Vom tugendsamen Jüngling zum ›gestressten‹ Euergeten. Überlegungen
zum Bürgerbild hellenistischer Ehrendekrete«, in: Wörrle/Zanker 1995, 241–250.

Wörrle, M./Zanker, P. (Hrsg.) 1995: Stadtbild und Bürgerbild im Hellenismus, München.

Yunis, H. 1998: »The Constraints of Democracy and the Rise of the Art of Rhetoric«, in:
Boedecker, D./Raaflaub, K. (Hrsg.), Democracy, Empire, and the Arts in Fifth-Century
Athens, Cambridge (Mass.)/London, 233–240.

Zanker, P. 1993: »The Hellenistic Grave Stelai from Smyrna: Identity and Self-Image in the
Polis«, in: Buloch, A. u.a. (Hrsg.), Images and Ideologies. Self-Definition in the Hellenistic World, Berkeley u.a.

Ziebarth, E. ²1914: Aus dem griechischen Schulwesen. Eudemos von Milet und Verwand-
tes, Berlin/Leipzig.

II. Vorsokratiker und Sophistik

Gadamer, Parmenides und die Vorsokratiker

Eine kritische Würdigung*

André Laks, Lille

>»Aber im Zentrum meiner Studien blieb Plato«[1]

In der 1975 abgeschlossenen Darstellung seines Werdegangs nennt Hans-Georg Gadamer ganz selbstverständlich die griechische Philosophie als zweiten Schwerpunkt seines Interesses: »Hermeneutik und griechische Philosophie blieben die beiden Schwerpunkte meiner Arbeit ...«. (GW 2, 494) Dass Platon im Zentrum dieses zweiten ›Schwerpunkts‹ steht, ist kein Zufall; denn zwischen Platon und der Hermeneutik bestehen traditionell starke Verbindungen. Fragen des Verstehens und des Dialogs führen automatisch zu einer Auseinandersetzung mit den platonischen Dialogen, wie bereits aus dem Werk Schleiermachers hervorgeht, der zugleich Vertreter einer anderen Hermeneutik und Begründer der modernen Platon-Forschung war. Andererseits handelt es sich zweifellos um eine Akzentverschiebung gegenüber Heidegger und dem Vorrang, den dieser dem Denken der Vorsokratiker einräumte. Daher ist es nicht uninteressant, sich zu fragen, wie Gadamer zu den Vorsokratikern steht: Vollzieht sich die Rückkehr zu Platon in einer Abwendung von den Vorsokratikern, angesichts deren Überbewertung durch Heidegger? Grob gesprochen könnte man dies zunächst meinen. Umso erstaunlicher ist es, festzustellen, dass Gadamers Vorsokratiker-Bild – trotz unbestreitbar eigener Akzente, zu denen auch die Urbanität des Tons zu zählen ist – grundsätzlich durch den Zugang Heideggers geprägt ist. Vielleicht könnte man sogar sagen, dass Gadamer – paradoxerweise – Platon vor dem Hintergrund einer bestimmten Auslegung der Vorsokratiker liest. Aufschlussreich ist in dieser Beziehung der fast melancholische Schluss der »Heraklit Studien« (1990): »Aber hat nicht auch Heidegger Recht, wenn er hinter die Metaphysik zurückfragend Heraklit entdeckt, in dem alles noch ineinanderspielt? Hätte er nicht auch Platos Dialektik entdecken können, in der das Spiel dieses Gedankens weitergespielt

* Ich danke Philipp Brüllmann für seine Übersetzung aus dem Französischen sowie Jean Bollack und Enno Rudolph für ihre Bemerkungen und Verbesserungen.
1 »Selbstdarstellung«, in: Gesammelte Werke [in Folgenden: GW] 2, 487.

wird?« (*GW* 7, 82) Tatsächlich besteht bei Gadamer, trotz der so genannten »Resokratisierung Platos« (Renaud 1999), überhaupt keine Spannung zwischen dem ›homogenisierenden‹, dezidiert *historialen* Ansatz gegenüber den Vorsokratikern und der ›platonischen‹ Betonung des Dialogs – in der Tat ließe sich zeigen, dass der Dialog für Gadamer in Wirklichkeit nur der Königsweg ist, in die Tradition einzutauchen.[2]

Verhältnismäßig wenige Texte Gadamers sind den Vorsokratikern gewidmet. Sie finden sich größtenteils in den drei Bänden der *Gesammelten Werke*, die seine Schriften zur griechischen Philosophie enthalten (Bde. 5, 6 und 7). Hinzu kommen die ursprünglich 1988 in Neapel gehaltenen Vorlesungen, deren deutsche Übersetzung Gadamer revidiert und 1996 unter dem Titel *Der Anfang der Philosophie* veröffentlicht hat.[3] Dank dieses Textes – der zwar vom behandelten Material her den veröffentlichten Arbeiten nichts hinzufügt, aber den Vorteil einer Zusammenfassung hat – kann man sich leicht ein Bild von Gadamers Ansatz machen.

Die zehn Kapitel (sie entsprechen wahrscheinlich ebenso vielen Vorlesungen) können in drei Gruppen eingeteilt werden:

(1) Drei methodologische Kapitel: Die ersten beiden sind dem Begriff des »Anfangs« gewidmet; im dritten rechtfertigt Gadamer, was er als neu an seinem Ansatz betrachtet: dass man erst seit Platon und Aristoteles von Vorsokratikern sprechen kann (*Anfang*, 14).

(2) Fünf Kapitel, in deren Zentrum dementsprechend Platon (drei Kapitel: zwei zum *Phaidon* und eines zu *Theaitetos* und *Sophistes*) und Aristoteles stehen (zwei Kapitel: eines zum doxographischen Verfahren der *Physik* und eines zur ionischen Philosophie, das von derselben Schrift ausgeht).

(3) Zwei Kapitel zu Parmenides, genauer: je eines zu jedem der beiden Teile seines Gedichts, wobei die Reihenfolge gegenüber der des Gedichtes umgekehrt ist (zuerst die Meinungen der Sterblichen, dann das Sein). Auf die Bedeutung dieser Reihenfolge, deren Übernahme eine Hommage an Karl Reinhardt darstellt, werde ich später zurückkommen.

Zwei Grundüberzeugungen bestimmen Gadamers Ansatz:

Die eine führt zu der Behauptung, dass unter den vorsokratischen Philosophen eigentlich nur Parmenides zählt. (Dies ist offenkundig eine altehrwürdige These: Schon Platons *Sophistes* spricht Parmenides die Rolle eines ›Vaters‹ zu, und zwar mit der Behauptung, dass die versuchte Rechtfertigung des Nicht-Seienden als ›Vatermord‹ bezeichnet werden könnte: 241d). Die anderen Philosophen seien nur mit Bezug auf Parmenides überhaupt zu verstehen, sogar Heraklit.[4]

Die zweite Überzeugung betont zwei heterogene, aber gleichermaßen interessante Merkmale der Vorsokratiker. Erstens befinden sie sich an einem Anfang –

---

2   Diese Spannung tritt auch in Gadamers Behandlung der Beziehung zwischen Platon und Aristoteles zutage, die oft uneins sind, auch wenn sie ebenso oft das Gleiche sagen.

3   Gadamer: Der Anfang der Philosophie, 1996 [in Folgenden: *Anfang*]. Bedauerlicherweise fehlen in der Ausgabe die bibliographischen Angaben zu den zitierten Werken.

4   Allerdings sollte man auf die »Heraklit-Studien« (*GW* 7, 43–82) näher eingehen; sie widersprechen zumindest in einigen Aspekten dem, was Gadamer sonst zur Beziehung zwischen Parmenides und Heraklit sagt.

im vorliegenden Fall am Anfang der griechischen Philosophie (der Untertitel der Vorlesungen ist weniger restriktiv: er spricht vom Anfang der Philosophie überhaupt). Zweitens sind ihre Werke nur indirekt, durch Zusammenfassungen und Zitate, überliefert, und das bestenfalls fragmentarisch. Diese beiden Merkmale erlauben es Gadamer, seine Vorsokratiker-Lektüre auf zwei Geschichtstheorien zu beziehen, die scheinbar entgegengesetzt sind, zwischen denen er aber eine grundlegende Übereinstimmung sieht: die Geschichtstheorie Hegels (die als Beispiel einer historischen Teleologie betrachtet wird) und die des wissenschaftlichen Historizismus (vor allem vertreten durch Hermann Diels, den Vater der modernen Vorsokratiker-Forschung). Die beiden formalen Bestimmungen – Anfang und Fragmentierung – führen wieder auf Parmenides als zentrale Figur der vorsokratischen Philosophie, insofern Parmenides sowohl den ›wahren Anfang‹ vertritt als auch der einzige ist, der (anders als Heraklit) über weite Strecken ›im Original‹ gelesen werden kann, und zwar in einem Text, der zumindest teilweise vollständig ist, wenn mir dieses Oxymoron erlaubt ist. Tatsächlich ist uns der gesamte Prolog des Parmenides, der Großteil des ersten Teils (die Wahrheit des Seins) und der Übergang zum zweiten Teil (die kosmologischen Ansichten) überliefert[5].

Ich wende mich nun den beiden methodologischen Aspekten zu und komme dann zu inhaltlichen Fragen.

Gegen die Teleologie richtet Gadamer ein einfaches Argument, dem nur schwer zu widersprechen ist und das den Begriff des Anfangs von jedem entwicklungsgeschichtlichen Kontext befreit. Der Begriff der ›Entwicklung‹ impliziert, dass alle Entwicklungsstufen bis zur letzten bereits im Ursprung enthalten sind, so wie der Samen bereits sein *telos* enthält. Gadamer ersetzt nun die Metaphern von Potentialität und Entwicklung aus dem Samen durch eine andere Metapher aus demselben Bereich: Anstatt die Vorsokratiker als den ›Samen‹ der Philosophie zu bezeichnen, spricht er von der *Jugend* der Philosophie; dabei steht ›Jugend‹ für eine Zeit, die wenn auch nicht alle, so doch eine Vielzahl von Möglichkeiten enthält (*Anfang*, 23).

Gegen den Vergleich, mit seiner Vorstellung einer ›Eröffnung‹, gibt es an sich nichts einzuwenden. Allerdings ist er so, wie Gadamer ihn gebraucht, auch problematisch. Erstens fragt sich, ob Gadamer der Dialektik des Begriffspaares Anfang/Ende tatsächlich entkommt. Und angesichts seiner eigenen hermeneutischen Prinzipien, insbesondere der Theorie der Horizontverschmelzung, fragt sich sogar, ob Gadamer dieser Dialektik überhaupt entkommen *wollen* kann. Er selbst bemerkt schließlich: »Anfang meint immer das Ende mit« (*Anfang*, 16). Tatsächlich hat man, wenn Gadamer von der *Vorgeschichte* der Metaphysik spricht, mehr als einmal das Gefühl, dass Platon vollendet, was Parmenides begann; dies wird auch durch den Titel bestätigt, den er einem Abschnitt des siebten Bandes der *Gesammelten Werke* gibt: *Auf dem Wege zu Platon*.

Zweitens und vor allem fragt sich, ob nicht die Durchführung hinter dem Anspruch zurückbleibt, d.h. ob es den Ausführungen des Textes gelingt, ein konkre-

---

5   Die Reste des letzteren sind eher spärlich, aber die doxographischen Auskünfte bieten uns ein einigermaßen präzises Bild. Das Ganze dürfte nicht länger als ein kurzer homerischer Gesang gewesen sein, höchstens 300 Verse.

tes Bild dieser »Jugend« zu vermitteln. Meiner Ansicht nach beraubt Gadamers Vorsokratiker-Bild den Begriff der Jugend eher seiner Substanz. Denn es enthält eine Art von Einheitlichkeit und Geschlossenheit, die – so möchte man meinen oder zumindest hoffen – der Jugend kaum entspricht.

Eines der offensichtlichsten Charakteristika an Gadamers Ansatz besteht darin, die Bedeutung von Diskussion, Kritik und Polemik bei den Vorsokratikern herunterzuspielen oder gar zu leugnen. Gestützt wird diese wesentliche – und bestreitbare – These durch eine neue Sicht auf die Verbindung zwischen Parmenides und Heraklit, die traditionell als ›zusammengehörig‹ angesehen werden. Nach dieser ›neuen Sicht‹ reagiert keiner von beiden auf den anderen, wie es ja das grundlegende Modell der Hegelschen Dialektik annehmen würde – sei es nun, dass Heraklit auf Parmenides reagiert (wenn bei Hegel das Denken des Werdens dem Denken des Seins folgt) oder (nach einer seit J. Bernays häufig vertretenen Meinung) Parmenides auf Heraklit. Die beiden Denker seien vielmehr voneinander unabhängig. Gadamer hat oft betont, dass in dieser Hinsicht wie in anderen das 1916 erschienene Buch *Parmenides und die Geschichte der Philosophie* von Karl Reinhardt als eine Art Befreiung gewirkt hat. In der Tat bezieht er sich mit der These, dass sich das sechste Fragment des Parmenides (die Kritik an den »doppelköpfigen« Sterblichen, bei denen Sein und Nichtsein als dasselbe gilt) nicht gegen Heraklit, sondern gegen die Menschen im allgemeinen richtet, auf Reinhardt.[6] Allerdings ist das Argument gegen die Gleichsetzung der ›Sterblichen‹ mit Heraklit (bzw. mit anderen Philosophen oder gar und mehr plausibel der Gesamtheit derselben) nicht wirklich beweiskräftig, denn die »Meinungen der Sterblichen« dürften sich wohl, von Parmenides und seiner Göttin her gesehen, auf philosophische Meinungen *beziehen* (diese Frage ist aus hermeneutischer Sicht interessant und wäre einer eingehenden Betrachtung wert).[7] Aber selbst wenn man Reinhardt in diesem Punkt Recht geben möchte, bleibt bei Gadamer zu kritisieren, dass er einen Einzelfall verallgemeinert, oder genauer: dass er diesen Einzelfall als Beispiel eines allgemeinen Prinzips betrachtet[8]. Wenn sich Parmenides' Kritik nicht gegen Heraklit richtet, bedeute das, dass die Vorsokratiker insgesamt nicht aufeinander reagieren. Gadamer wendet sich damit gegen die von ihm so genannte *interpretatio hegeliana* – eine Formulierung, die nicht nur den ›offiziellen‹ Hegelianismus der Geschichtsphilosophie Hegels abdeckt, sondern auch den ›verborgenen‹ Hegelianismus, den Gadamer bei der großen Mehrheit

---

6   Reinhardt (1916, 64 ff.) plädiert allerdings auch für eine bestimmte chronologische Reihe (Parmenides bezieht sich zwar nicht auf Heraklit, aber wohl Heraklit auf Parmenides). *Frgm.* 6, 5 ff. lautet: »Dann aber auch vor dem [Weg], auf dem die Sterblichen einherstraucheln, des Wissens bar, die Doppelköpfe. Denn Hilflosigkeit richtet aus in ihrer Brust einen schwankenden Sinn. So werden sie dahingetrieben, taub zugleich und blind, vor den Kopf geschlagen, Geschlechter, die nicht zu entscheiden vermögen, bei denen Sein und Nichtsein als dasselbe gilt …«.

7   Übrigens sieht Gadamer bei seiner Interpretation der Position der Sterblichen im zweiten Teil des Gedichts (*Frgm.* 8, 53 ff.) dort durchaus eine Darstellung des ionischen Denkens (*Anfang*, 125). S. auch das Zitat in Anm. 9.

8   Vgl. *GW* 6, 34 : »Man kann wohl den Satz aufstellen: nur dann kann eine Lehre als gegen eine andere aufgerichtet werden, wenn diese andere zur Philosophie der ›Vielen‹ geworden ist«.

der weniger ›hegelschen‹ Philosophiehistoriker am Werk sieht (ganz zu schweigen von Zeller, den Begründer der modernen philosophischen Geschichtsschreibung, der lange Zeit in wichtigen Hinsichten unterm Einfluss Hegels blieb[9]). Kritisch zu sehen sei

die interpretatio, die das gesamte historische und philologische Denken der Moderne beherrscht – allem Antihegelianismus der historischen Schule zum Trotz, und die ich die interpretatio hegeliana nennen möchte. Ihre selbstverständliche Voraussetzung ist zwar nicht wie bei Hegel die totale Begreifbarkeit der Geschichte aus ihrer inneren ›Logik‹ – aber so viel steht auch für sie fest, dass die einzelnen Denker und ihre Lehren aufeinander Bezug haben, einander ›überholen‹, kritisieren, bekämpfen, so dass ein logisch verständlicher Zusammenhang das Gespräch der Überlieferung ordnet. (GW 6, 59)

Wir haben es also mit einer Interpretation der vorsokratischen Philosophie zu tun, die man nicht nur als ›anti-dialektisch‹, sondern sogar als ›anti-relationell‹ bezeichnen könnte. Das positive Gegenstück dieser anti-relationellen Interpretation ist allerdings nicht wie bei Nietzsche eine Theorie der herausragenden Persönlichkeiten oder »Tyrannen des Geistes«. (»Diese Philosophen hatten einen handfesten Glauben an sich und ihre ›Wahrheit‹ und warfen mit ihr alle ihre Nachbarn und Vorgänger nieder«.[10]) Das Gegenstück ist vielmehr ein homogenisierender Ansatz, nach dem die Vorsokratiker trotz offensichtlicher Unterschiede einen regelrechte ›Einheit‹ bilden. Anstatt einzelne Positionen zu rekonstruieren, geht es also zunächst darum, die Konturen dieser Einheit zu umreißen:

so ergibt sich eine erstaunliche Einheitlichkeit des Grundmotivs für die gesamte vorsokratische Philosophie des ersten Zeitraums. Die Milesier, Parmenides und Heraklit geben der gleichen Grundanschauung von der Einheit des Unterschiedes Ausdruck. Ich sehe in diesem Ergebnis nichts Sonderbares. Im Gegenteil: wir müssen lernen, uns nicht nur von der aristotelischen, sondern von der hegelischen und modernen Vorstellung vom Folgezusammenhang dieser Denker freizumachen. Sie philosophieren nicht gegeneinander, sondern als Philosophen stets gegen die Unphilosophie der Sterblichen.[11]

Zwar besteht ein Unterschied zwischen den ionischen Philosophen und Parmenides. Erstere sind Denker der *physis*, letzterer ist (nach einer erstaunlichen *interpretatio phaenomenologica*) Denker des unmittelbaren Erfassens dessen, was ist.[12] Aber es besteht keine wirkliche Diskontinuität zwischen ihnen: in hegelscher Sprache ausgedrückt, ist Parmenides die ›Wahrheit‹ der ionischen Philosophie im Sinne ihre Aufhebung.

---

9 Über Zeller und die Entwicklung seiner Ansichten, s. Scholtz, 1995.

10 S. Nietzsche, *Menschliches, Allzumenschliches*, § 261 (»Die Tyrannen des Geistes«).

11 GW 6, 34. Die Beispiele ließen sich beliebig fortsetzen. Z.B.: »So bleibt am Ende wahr, dass die große Intuition des Parmenides die ionische Gegensatzlehre in der Richtung weiterführt, dass die Einheit der Gegensätze als Wahrheit erscheint« (GW 6, 57). Oder: »die gemeinsamen, alle einenden Motive und Probleme versprechen allein einen Zugang zu diesen Anfängen, der ihre Wirklichkeit trifft« (GW 6, 60).

12 Diese phänomenologische Interpretation geht Hand in Hand mit einer Neubewertung der Beziehung zwischen den beiden Teilen des Gedichts, auf die ich weiter unten zurückkommen werde. Sie stützt sich weitgehend auf die Semantik des Wortes *noein*, was oft als »denken« übersetzt wird, aber tatsächlich ein direktes Ergreifen bezeichnet, das Aristotelische »Erfassen« (vgl. *Anfang*, 137).

Im übrigen könne sich die Überwindung des Historizismus mit Bezug auf die Vorsokratiker ganz auf Platon stützen. Ihm kommt die Aufgabe zu, die Einheit des ionischen Denkens, ja sogar des vorsokratischen Denkens überhaupt, in ihren Konturen zu umreißen. Tatsächlich geht Gadamer – geschickt, wenn auch etwas künstlich – davon aus, dass der Gegensatz, den Platon im *Theaitetos* zwischen ›Herakliteern‹ und Eleaten aufbaut, auf seinem eigenen Interesse an der eleatischen Theorie des Seins beruhe. Die tiefer gehende Einheit des vorsokratischen Denkens werde dadurch nicht berührt:

> Dieser Aufgabe kommt vor allem die Art, wie Plato seine ›Vorgänger‹ sieht, entgegen. Denn er hat sie alle – mit alleiniger Ausnahme der Eleaten – als eine Einheit gesehen und auf einen einzigen Namen getauft, indem er sie ›Herakliteer‹ nennt. Dass diese Auffassungsform der Überlieferung eine antithetische Bildung ist, dass ihr eigentliches Motiv die positive Aufnahme des eleatischen Seinsgedankens ist, liegt auf der Hand. So wird die Wirkungsgeschichte des eleatischen Gedankens immer ein wesentlicher Zugang zu der eleatischen Lehre sein, und Plato steht an der Spitze derselben. (*GW* 6, 60)

Man stellt fest, dass sich Gadamer in seiner Konzentration auf Platon als »unvergleichlichen Zeugen der Anfänge der Philosophie« (ebd.) ironischerweise – *mutatis mutandis* – Hegel anschließt, der seinerseits Aristoteles als völlig ausreichende Quelle für die Kenntnis der Anfänge der Philosophie würdigt.[13] Interessanterweise muss Gadamer zudem die Rolle des ersten Buches der aristotelischen Metaphysik herunterspielen; denn dort stehen im Zentrum einer deutlich teleologisch geprägten Darstellung Diskussion, Polemik, Argumentation und Entwicklung – kurz: alles, was Gadamer als *interpretatio hegeliana* bezeichnet (die sich damit als nicht ausschließlich modern erweist).[14] Im Gegenzug wird die *Physik* aufgewertet, deren Zugang als eher platonisch (unitarisch) und insofern als eher richtig wahrgenommen wird. Mit einem gewissen Unbehagen bemerkt man außerdem, dass sich das hermeneutische Prinzip der *Wirkungsgeschichte*, das hier offensichtlich am Werk ist, anscheinend ganz gut mit dem Verlust der Originalwerke verträgt. Diese hätten, so der Eindruck, den Ausführungen Platons ohnehin nichts hinzuzufügen – und das trotz des von Gadamer häufig betonten Prinzips, dass man eigentlich nur *Werke* interpretieren kann, d.h. vollständige Texteinheiten (*Anfang*, 29 f.).

Was also hat es mit Gadamers Parmenides-Interpretation auf sich, die aus den skizzierten Gründen zweifellos den Kern seiner Interpretation der Vorsokratiker bildet? Für ein tiefgreifendes und detailliertes Verständnis wäre es nützlich, über eine Gesamtuntersuchung der phänomenologischen Parmenides-Interpretation zu verfügen, die mir auch ein Forschungsdesiderat zu sein scheint. Ich werde mich hier damit begnügen, einige Hinweise zu geben, denen eine spätere Arbeit nachgehen sollte.

Kommen wir dafür zu dem Buch von K. Reinhardt zurück. In der Neuauflage von 1959 zitiert der Klappentext, neben der Würdigung durch Gadamer (»ein Buch, das unter dem Titel ›Parmenides‹ in Wirklichkeit unsere gesamte Vorstel-

---

13 Hegel, *Vorlesungen über die Geschichte der Philosophie*, 190.
14 In den »Heraklit-Studien« wird Hegel als »der große Aristoteliker der Neuzeit« bezeichnet (*GW* 7, 82).

lung der großen Denker des Tragischen Zeitalters der Griechen verändert hat«),
eine Fußnote aus Heideggers *Sein und Zeit* (1927):

> *Karl Reinhardt* hat [...] zum erstenmal das vielverhandelte Problem des Zusammenhangs
> der beiden Teile des parmenideischen Lehrgedichts begriffen und gelöst, obwohl er das
> ontologische Fundament für den Zusammenhang von *alêtheia* und *doxa* und seine Not-
> wendigkeit nicht ausdrücklich aufweist.[15]

Reinhardts Grundgedanke ist folgender: Der zweite Teil des parmenideischen
Gedichts, der bereits eine ›klassische‹ (allerdings in der weiteren Ausarbeitung
deutlich umgestaltete) Kosmogonie enthält, kann weder ein bloßer Kompromiss
zwischen dem Denken und den Erscheinungen sein (wie es Aristoteles darstellt)[16],
noch eine bloße Hypothese aus rein dialektischer Perspektive, so die Interpretation von Diels (1887, 253). »Seitdem«, schreibt Gadamer,

> kommt jede Interpretation nicht mehr in Betracht, die die *doxai brotôn* nicht in einer den
> Sinn dieser ganzen Philosophie bestimmenden Weise mit der verkündeten *alêtheia* ver-
> knüpft, sondern in ihr Darstellung, Hypothese, Kritik und Polemik oder sonst etwas Zweit-
> rangiges und Nachtraghaftes erblickt.[17]

Die traditionellen Interpretationen – und die Probleme, die sie widerspiegeln –
basieren darauf, dass die kosmologische Erzählung des zweiten Teils (nach Auskunft der Göttin Ausdruck sterblicher Meinungen und »ohne Verlass«: *Frgm.*
1, 30) mit den ontologischen Prinzipien des ersten Teils (die wahr und überzeugend sind) anscheinend nicht kompatibel ist. Insbesondere schließt der erste Teil
alles Denken des Nichtseins (und damit des Werdens) aus, während der zweite
Teil diesem Prinzip, so scheint es, zuwiderhandelt: schließlich schildert er die
Entstehung dessen, was jetzt ist (der Welt und ihrer konstitutiven Bestandteile),
und zieht zumindest dessen Verschwinden in Betracht.[18] Reinhardt wendet sich
insofern gegen diese Interpretation, als seiner Meinung nach die Welt und ihr
Werden keine Vorstellung des Nichtseins implizieren. Im Gegenteil: Alles ist mit
Sein (in der Erscheinungsform von Feuer und Nacht) erfüllt. Genau genommen
rechtfertigt diese Feststellung aber nicht, was sie zu stützen vorgibt, nämlich die
Abwesenheit von allem Denken des Nichtseins im zweiten Teil des Gedichts;
denn auch der Begriff der Bewegung‹ impliziert ein Denken des Nichtseins (ich
werde später darauf zurückkommen). Entscheidend für eine Geschichte der phänomenologischen Parmenides-Rezeption ist allerdings etwas anderes: Wenngleich
Reinhardt die ontologische Diskontinuität zwischen den Teilen des Gedichts

---

15 *Sein und Zeit*, 16. Auflage, 223. Der Bezug auf Parmenides geschieht in dem Abschnitt
   »Das ursprüngliche Phänomen der Wahrheit und die Abkünftigkeit des traditionellen
   Wahrheitsbegriffs«. Der zweifache Weg »bedeutet nichts anderes als: das Dasein ist je
   schon in der Wahrheit und Unwahrheit« (222). Heidegger fährt fort: »Die existenzial-
   ontologische Bedingung dafür, daß das In-der-Welt-Sein durch ›Wahrheit‹ und ›Unwahrheit‹ bestimmt ist, liegt in *der* Seinsverfassung des Daseins, die wir als *geworfenen
   Entwurf* kennzeichneten. Sie ist ein Konstitutivum für die Struktur der Sorge« (223).
16 Aristoteles, *Metaph.* I 5, 986b27 ff.
17 *GW* 6, 30; wieder aufgenommen in den »Retraktationen«(*GW* 6, 39) und, zusammen
   mit dem gesamten ersten Absatz der Riezler-Rezension, im »Nachwort« (*GW* 6, 49).
18 *Frgm.* 19. Zur Asymmetrie zwischen Kosmogonie und Kosmophthorie bei Parmenides
   s. Laks 2004, 26, vgl. 3 f.

zurückweist, so besteht er doch gleichzeitig auf ihrer epistemologischen Diskontinuität. Die Sterblichen befinden sich *in einem Irrtum*. Dieser ist nicht zufällig; er basiert z.b. nicht auf einer falschen Hypothese, die diskutiert oder sogar berichtigt werden könnte. Der Irrtum ist im Gegenteil wesentlich; er hängt mit der *condition humaine* zusammen und ist somit notwendig: »Eine Art Sündenfall der Erkenntnis« nach Reinhardts bekannten Formulierung.[19] Der Irrtum besteht nicht darin, das Nichtseiende anzusetzen, sondern zwei Seiende, deren Trennung ihre Einheit (als Seiende, um es so auszudrücken) verbirgt. Reinhardt betont – gegenüber den ›handfesten‹ Gegenständen, die die ›radikalen‹ Naturforscher Anaximander und Anaximenes ansetzen – den »rein phänomenologischen« Charakter, die Quasi-Immaterialität der beiden Prinzipien in der Kosmologie des Parmenides. (Reinhardt 1916, 19)

Die (im technischen Sinn des Ausdrucks) phänomenologische Tradition radikalisiert Reinhardts Interpretation. Sie neigt dazu, den ontologischen Status dieser »Phänomene« selbst umzugestalten, um eine noch engere Verbindung zwischen den beiden Teilen des Gedichts zu erreichen. Dieser Ansatz findet in Frankreich seinen Höhepunkt bei J. Beaufret, der dafür bekannt ist, Parmenides' ›Meinungen‹ (τὰ δοκοῦντα) als Erscheinungsformen zu begreifen – er geht so weit, sie als »die Dinge selbst« zu bezeichnen. (Beaufret 1996, 33) Allerdings wurde ein ähnlicher Weg schon 1936 von K. Riezler beschritten – neben K. Reinhardt der zweite Autor, der für Gadamer mit Bezug auf die Vorsokratiker, und insbesondere Parmenides, zählt[20]. Der Grund dafür ist, dass – wie Gadamer die Sache sieht – Riezler Reinhardts Ansatz nicht nur vertieft, sondern auch überwindet. Neu an Riezler ist, dass er eine rein philosophische Interpretation vertritt: eine Interpretation, die – ganz nach Heideggers Vorstellung – versucht, Reinhardts Ansatz fortzuführen, indem sie auf das ontologische Fundament zurückgeht. Für Riezler geht es in keinem der beiden Teile des Gedichts um das, was ist (τὰ ὄντα, das Seiende), sondern um das Sein (τὸ ἔον, das Seiend-sein), das sich in gewissen ›Mächten‹, die die Welt beherrschen, entfaltet.

Dieses Ganze [das Sein des Seienden] aber ist [...] nicht das Ganze der seienden Dinge, sondern ein Ganzes von Mächten, Seinsweisen, Zuständlichkeiten; sie, nicht die Gegenstände, sind derart ineinandergefügt, dass in dem je Anwesenden das Abwesende, als das Eine seines Anderen mitgegenwärtig ist: in Elea ist nicht Syrakus, im Elephanten nicht der Esel, wohl aber im Dunkeln das Helle, im Warmen das Kalte, im Reden das Schweigen, in der Liebe der Hass. Diesem Gefüge der Mächte, nicht der Ordnung der Gegenstände, gilt Parmenides' Lehre: der Faltung des Seins also und nicht der Ordnung des Seienden.[21]

In seiner Rezension von Riezlers Buch aus dem Jahr 1936 fasst Gadamer zusammen: »Das Sein ist als Ganzes nicht das All der Seienden Dinge, sondern ein Ganzes ineinandergefügter Mächte.« (*GW* 6, 32)

1936 versucht Riezler in einem Brief an Gadamer, der die Frage nach diesen ›Mächten‹ und ihrer Verbindung aufgeworfen hatte, den eingestandenermaßen

---

19 Reinhardt 1916, 26. Die Formulierung bezieht sich auf ein nicht minder berühmtes »müssen« (χρῆν), *Frgm.* 1, 32.
20 Heidegger klammere ich hier ganz bewusst aus.
21 Riezler 1933, 47 (vgl. 51). Der ›heraklitische‹ Charakter der Erklärung im Überleitungssatz überrascht freilich.

vagen Ausdruck zu explizieren: »Sein philosophischer Sinn ist das ›Moment‹, die Wesenheit als Moment, nicht als Ding. Also gegen die Verdinglichung gemeint«.[22] Auch wenn die Ausdrucksweise dunkel bleibt, wird deutlich, worum es geht: Die Entdinglichung von Licht und Nacht (sie wird aus einer von Reinhardt bereits als ›phänomenologisch‹ bezeichneten Perspektive vorgenommen) geschieht zugunsten des ›existentiellen‹ Moments, das den Mächten des Werdens nicht etwa entgegengesetzt, sondern im Gegenteil für diese bestimmend ist. Entsprechend Riezler: »Was von diesem Sein ausgesagt und bewiesen wird, gilt vom Werden und Vergehen selbst: das Werden wird nicht, das Vergehen vergeht nicht. Es ist das Sein auch des Werdens und Vergehens.« (Riezler 1933, 58) Die verdinglichende, kosmologische Interpretation des Gedichts, die den ersten und zweiten Teil vermischt, sei dagegen das Werk einer späteren Tradition – angefangen bei Melissos und Zenon, die Parmenides' Ansatz verändert und missbraucht hätten.

Angesichts der Verbannung von Entstehen und Werden aus dem Bereich des Seins im ersten Teil des Gedichts (*Frgm.* 1, 27), erscheinen diese Aussagen als ebenso paradox wie problematisch. Was Gadamer aber vor allem an Riezlers Interpretation ablehnt, ist die Vorstellung, dass die Frage nach dem Sein des Seienden *keine* kosmologische Bedeutung und mit der Welt nichts zu tun habe. Dies träfe, so Gadamer, weder auf Parmenides noch auf die griechische Philosophie überhaupt zu. Anders gesagt, liegt die Schwäche Riezlers darin, eine allzu existentielle Interpretation von Parmenides zu liefern:

Die Mythologie der Seele bei Plato wie die kosmologisch-theologische Orientierung der aristotelischen Ontologie beweisen es, dass die Frage der griechischen Ontologie nach dem Sein den Übergang zu der ›veränderten Frage‹ nach der Welt nicht erst zu suchen hat, *wie die Metaphysik der modernen Existenzproblematik* [meine Hervorhebung, A.L.], sondern diese Frage immer schon mitfragt. (*GW* 6, 38)

Andererseits denkt Gadamer, dass Riezler mit seiner Radikalisierung der nur begrenzt einheitlichen Lesart von Reinhardt Recht hat:

Man wird zustimmen müssen, dass der *sogenannte* zweite Teil des Gedichts [meine Hervorhebung, A.L.], der ein von diesem Ungedanken [d.h. vom Nichts] gereinigtes, aber im übrigen ausdrücklich die gewöhnlichen Ansichten der Sterblichen erklärendes Weltbild vorträgt, *insofern einen zur Wahrheit selbst gehörenden Schein* meint [meine Hervorhebung, A.L.] [...] Aber heißt das, dass Parmenides über die Auseinanderhaltung der beiden Teile wirklich hinausgeht und die Welt des Werdens und ihre vielfältigen Erscheinungen in die Lehre von der Wahrheit so *hinausnimmt*, wie Riezler will? (*GW* 6, 34)

Gadamer verneint diese Frage und bezeichnet es (mit vollem Recht) als ›ganz unmöglich scheinend‹ (aus dem Kontext geht hervor, dass die Formulierung ›scheinend‹ aus Höflichkeit gewählt ist und dass er es tatsächlich für unmöglich hält). Allerdings liegt die von Gadamer verteidigte Konzeption sehr nahe bei der von Riezler, wie er später anerkennt: »Zwar ist das nicht die Wahrheit des Seins selbst, wie sie die Göttin im ersten Teil des Gedichts lehrt, wohl aber ist es die Wahrheit des Scheins, *den* die Göttin *glaubhaft darzustellen* ebenfalls verprochen hatte. Das aber kommt Riezlers Anliegen in der Sache *ganz nahe*, und wir haben

---

22 Von Gadamer in seinem »Nachwort« zitiert (*GW* 6, 52 f.).

ihm die erste Antizipation dieser Einsicht zu verdanken, wie ich heute klarer sehe als vor dreißig Jahren.«[23]

Tatsächlich ist der Unterschied zwischen den Interpretationen von Riezler und Gadamer geringer, als es zunächst den Anschein hat. Beide stützen sich auf die Idee, dass die Weltordnung des Parmenides *die Wahrheit des Scheins* vermittelt. »Die Welt der Aletheia und die Welt der Doxa sind nicht zwei Welten, sondern zwei Weisen des Schauens. Die Wahrheit ist überwundener Schein, der Schein verfallene Wahrheit« – so Gadamer zu Beginn seiner Riezler-Rezension (*GW* 6, 32). Der Unterschied liegt im Modus: ›ganz und gar‹ bei Riezler, ›in gewisser Weise‹ (*insofern*) bei Gadamer. Es ist allerdings kein Zufall, dass der Ausdruck »insofern« aus dem Zitat stammt, in dem Gadamer versucht, sich von Riezler abzusetzen, während er im anderen Zitat, in dem er sich Riezler annähert, fehlt. So wie Gadamer also (insgesamt und in einzelnen Interpretationen) gegen Riezler zweifellos recht hat, hat er auch gegen sich selbst recht – vorausgesetzt, man gibt der Einschränkung *insofern* das Gewicht, das ihr zukommt.

Alles hängt von dem Ausdruck *die Wahrheit des Scheins* ab. Man könnte sagen, dass dieser Ausdruck – so wie es Gadamer vom radikalen Unitarismus Riezlers behauptet – ›ganz unmöglich scheint‹, wenn es um Parmenides geht. Gadamer berücksichtigt natürlich, dass die Göttin nicht versprochen hat, die Wahrheit des Scheins zu zeigen, sondern lediglich den Schein auf zulässige Weise. Dennoch bleibt das Problem, dass der Ausdruck einen begrifflichen Widerspruch enthält. Es kann keine Wahrheit *des* Scheins geben; es gibt Wahrheit *und* Schein (was freilich nicht ausschließt, dass es wichtige Verbindungen zwischen den beiden geben kann, z.B. durch Ähnlichkeit oder Annäherung). Die Ausführungen der Göttin sind glaubhaft oder plausibel; dennoch sind die Meinungen der Sterblichen als solche nichts, dem man vertrauen kann (ταῖς οὐκ ἔνι πίστις ἀληθής, *Frgm.* 1 Z. 30). Dass Gadamer trotz der deutlichen Zweiteilung des Gedichts so etwas wie eine Wahrheit des Scheins annimmt, hat folgenden Grund: Nach seiner Auffassung bietet der zweite Teil des Gedichts ein Weltbild, das *völlig* vom Denken des Nichtseins befreit ist und insofern mit der Wahrheit übereinstimmen kann (irrtümliche Entzweiung von Tag und Nacht einmal beiseite gelassen). Aber diese These, die der von Reinhardt entspricht, ist unzulässig, wie ich bereits angedeutet habe. Wahr ist, dass das Nichtsein aus dem zweiten Teil des Gedichts *soweit möglich* – in einem starken Sinn von *insofern*, wenn man so will – ausgeschlossen ist. Dies lässt aber die Möglichkeit offen, dass es *soweit nötig* eingeschlossen ist. Selbst wenn man also zugestehen würde, dass das Sein für Parmenides nicht notwendigerweise eines ist und dass die Annahme zweier Elemente mit dem ersten Teil des Gedichts kompatibel ist, bliebe folgendes Problem: Aus eben diesem ersten Teil des Gedichts geht hervor, dass auch die Bewegung das Denken des Nichtseins erfordert – trotz des kürzlich von P. Curd unternommenen Versuchs zu zeigen, dass es sich nicht so verhält.[24] Insofern (und ohne auch nur im

---

23 *GW* 6, 57. Gadamer bezieht sich in diesem Text von 1970 auf die Rezension von 1936.
24 Curd 1997, 84 ff.; ›unveränderlich‹ (ἀκίνητον) wäre das, was sich nicht substantiell verändert (um es so zu sagen), was mit der Ortsbewegung kompatibel wäre. Aber »Ortswechsel« gehört zu dem, was von den Sterblichen willkürlich gesetzt wird (*Frgm.* 1, 41).

Entferntesten eine Auflösung der Diskontinuität zu bieten, wie sie die starke phänomenologische Interpretation Riezlers versucht) ist die bestehende Diskontinuität sehr wohl ontologischer Natur und – anders als Reinhardt denkt – nicht bloß epistemologisch. Wenn aber das Verhältnis zwischen den beiden Teilen des Gedichts eine grundlegende ontologische Differenz spiegelt, dann ist der Versuch, diese Spannung zu reduzieren und die beiden Teile einander anzunähern, wenig aussichtsreich. Der phänomenologische Ansatz, der bereits Reinhardts vereinheitlichende Lesart kennzeichnet, gewinnt auch in der Radikalisierung durch Riezler und in dem von Gadamer unternommenen Rettungsversuch nicht gerade an Plausibilität.[25]

Übersetzung: Philipp Brüllmann

Literatur

Beaufret, J. 1955: Parménide. Le poème, Paris 1996 ([1]1955).

Curd, P. 1997: The Legacy of Parmenides Legacy. Eleatic Monism and Later Presocratic Thought, Princeton.

Diels, H. 1887: »Über die ältesten Philosophenschulen der Griechen«, in: Ders., Philosophische Aufsätze. Eduard Zeller zu seinem fünfzigjährigen Doctor-Jubiläum gewidmet, Leipzig.

Gadamer, H.-G. 1985–1995: Gesammelte Werke. 10 Bde. Tübingen [= GW].

– Bd. 2: Hermeneutik: Wahrheit und Methode, Ergänzungen, 1986 (21993); darin: »Selbstdarstellung: Hans-Georg Gadamer *11.2.1900 (abgeschlossen 1975)«, 479–508.

– Bd. 5: Griechische Philosophie I, 1985; darin: »Antike Atomtheorie (1935)«, 263–279.

– Bd. 6: Griechische Philosophie II, 1985; darin: ›Kurt Riezlers Parmenidesdeutung (1936)‹, 30–38; »Retraktionen (1952)«, 38–49; »Nachwort zu Riezlers Deutung (1970)«, 49–57.

– Bd. 7: Griechische Philosophie III (Plato im Dialog), 1991; darin: »Heraklit-Studien (1990)«, 43–82.

Gadamer, H.-G. 1996: Der Anfang der Philosophie, Stuttgart [= *Anfang*].

Hegel, G.W.F.: Vorlesungen über die Geschichte der Philosophie. Werke in zwanzig Bänden, Bd. 18, Frankfurt 1971.

Heidegger, M.: Sein und Zeit, 16. Auflage, Tübingen 1986 (zuerst erschienen 1927).

25 Ich habe hier den ersten Artikel Gadamers zu den Vorsokratikern aus dem Jahre 1935, »Antike Atomtheorie« (GW 5, 263–279), beiseite gelassen. Gadamer hat sich später nicht mehr mit dem antiken Atomismus befasst, und so stellt dieser Text unter seinen Schriften zum antiken Denken eine gewisse Ausnahme dar. Andererseits liefert die Studie eine interessante Folie zum Späteren. Demokrit ist weniger ein Vorsokratiker als ein moderner Denker, der sich in die Antike verirrt hat, auch wenn er nicht *der* moderne Denker ist, den die Moderne oft in ihm gesehen hat (er ist Ontologe, kein Wissenschaftler). Er ist ein Anti-Platon und Anti-Parmenides: ein Außenseiter und im Grunde genommen kein ›echter‹ Grieche. Davon gibt es auch andere, die weniger radikal sind als er. »So ist das Weltbild eines Empedokles oder Anaxagoras weniger eine vermittelnde Vorstufe zur Atomtheorie Leukipps und Demokrits, als vielmehr trübere Spielarten des aufklärerischen Wissens der Zeit.« (GW 5, 268). Dieser Satz, geschrieben 1935, besitzt einen beunruhigenden Unterton. Über die politische Dimension von Gadamers Schriften, vgl. die Debatte, die in der Lieferung 2001/02 der *Internationalen Zeitschrift für Philosophie* dargestellt wird: »Hermeneutik und Politik in Deutschland vor und nach 1933«.

Laks, A. 2004: Le Vide et la Haine. Eléments pour une histoire archaïque de la négativité, Paris.

Nietzsche, F.: Menschliches, Allzumenschliches I und II. Kritische Studienausgabe. Bd. 2, hrsg. von G. Colli und M. Montinari, München u.a. ²1988.

Reinhardt, K. 1916: Parmenides und die Geschichte der griechischen Philosophie, 3. Aufl., Frankfurt/M. 1977 (Erstausgabe: Bonn 1916).

Renaud, F. 1999: Die Resokratisierung Platos. Die platonische Hermeneutik Hans-Georg Gadamers, Sankt-Augustin.

Riezler, K. 1933: Parmenides, Frankfurt/M.

Scholtz, G. 1979: »Das Griechentum im Spätidealismus. Zur Darstellung der griechischen Philosophie bei den Schülern Hegels und Schleiermachers« (1979), in: Ders., Ethik und Hermeneutik. Schleiermachers Grundlegung der Geisteswissenschaften, Frankfurt/Main 1995.

Händler des guten Lebens
Sophistische Erziehungsideen

Thomas Buchheim, München

Einige wichtige Ideen zu der Frage, was Erziehung ist und wie sie funktioniert, stammen nach allem, was wir beurteilen können, aus der Sophistik. Nicht dass Erziehung zuvor niemals nach ähnlichen Ideen praktiziert worden wäre; doch wurden sie, wie es scheint, erst von Sophisten als Ideen in Zusammenhang mit dem Erziehungsproblem und dem Erziehungsanspruch formuliert und bewusstgemacht. Dabei scheint mir zudem recht deutlich zu sein, dass man ziemlich rasch vergessen oder unsichtbar gemacht hat, dass diese Ideen zuerst von einigen Sophisten vorgebracht und bewusst angewendet wurden, obwohl die Ideen selbst weiterhin hoch im Kurs standen und ihre Kraft behielten oder sogar noch vermehrten als welche, die später auch andere Denker oder Philosophen hatten oder über die mindestens diejenigen, die für Erziehung zuständig waren oder sie sich zum Beruf machten, einfach verfügen konnten. Manche dieser sophistischen Ideen sind heute in der Forschung als Ideen aus sophistischem Umkreis wohlbekannt und viel hin und hergewendet worden; andere sind verborgener und nicht klar als eine gedankliche Leistung der Sophisten oder aber als wichtig für den Erziehungsgedanken kenntlich gemacht worden.

Ich möchte im Folgenden insgesamt vier solcher wichtigen Ideen über Erziehung nennen. Die ersten drei sind weidlich bekannt und viel diskutiert, und ich werde es daher bei einer kurzen Erinnerung bewenden lassen. Die vierte müsste eigentlich besonders prominent sein, sie ist es aber erstaunlicherweise gar nicht, jedenfalls nicht als eine Idee über Erziehung. Prominent ist sie vielmehr in anderer Hinsicht.

1. Drei bekannte sophistische Ideen zum Erziehungsproblem

(1) Die am weitesten verbreitete und dank Platon am meisten als solche bewusste sophistische Idee zur Erziehung besteht darin, dass die Tugend oder die menschliche Vortrefflichkeit und damit das gute und zugleich richtig geführte Leben des Menschen eine Sache des *Lehrens* und *Lernens* sein könne, also nicht allein auf familiäres Herkommen, natürliche Begabung und günstige Umstände (Glück) gegründet sei. Dass die Tugend im Prinzip von jedermann gegen Geld und Geduld *erworben* werden könne und zwar eben durch Einschreibung bei den Sophisten, den Professoren der Tugend und Wohlberatenheit in ökonomischer wie

politischer Hinsicht, war eine Neuigkeit, die Aufsehen erregte. Dem Gorgias z.B. wurde durch einen seiner Zöglinge – einem ihm freundschaftlich verbundenen Großneffen – ein Denkmal in Olympia gesetzt, auf dem er als Professor der ›Tugend‹ oder moderner gesprochen: der menschlichen Vortrefflichkeit öffentlich geehrt und verewigt wurde:

> errichtet aus zweierlei Gründen: der genossenen Erziehung und Freundschaft wegen. Die Seele zu üben in Wettkämpfen der Tugend erfand nie ein Sterblicher eine schönere Technik als Gorgias (*Test.* DK 82 A 8a3–b2).

Ob das stimmt oder nicht, können wir dahingestellt sein lassen. Als öffentliche Bekundung am Ort der olympischen Spiele war es gewiss Programm und Zeichen gegenüber dem verbreiteten Kult am *sportlichen* Erfolg und rein körperlicher Ertüchtigung des Menschen. Nicht zufällig hat der prominenteste Schüler des Gorgias, nämlich Isokrates, in gleicher gedanklicher Stoßrichtung am Anfang seines *Panegyrikos* geschrieben:

> Schon oft habe ich mich gewundert über die Initiatoren panhellenischer Spiele und sportlicher Wettkämpfe, dass sie zwar die Glücksfälle begnadeter Körper so großer Preise für wert erachten, aber denen, die sich für das Gemeinwohl auf eigene Rechnung anstrengen und ihre Seele so einrichten, dass auch andere einen Nutzen davon haben, keine Ehre zuteil werden lassen; obwohl darum viel mehr Aufhebens zu machen, naheliegend wäre. Denn von Athleten, die zweimal so stark wären, kommt doch nichts für die anderen Leute, während von einem wohldenkenden Menschen alle die Nutznießer sind, die sich seiner Einsicht anschließen möchten. (Paneg. [IV], 1)

Die Sophisten haben die intellektuelle Vortrefflichkeit und Tugend des Menschen zum Gegenstand methodischer Erziehung und Lehre gemacht. Das ist die erste hier zu erinnernde bedeutende Idee.
(2) Die zweite Idee, die ich in Erinnerung bringen möchte, steht mit der ersten in unmittelbarer Verbindung, indem eben die für den Erwerb der Tugend in Vorschlag gebrachte Methode der *Wettstreit* in intelligenter und deliberativer Produktion und Performance unter Gleichgesinnten und Gleichrangigen war in Analogie zum lange praktizierten agonalen Verfahren im sportlichen Wettkampf und immerhin auch dem poetischen Wettbewerb. Dass *gegenseitiges Messen* im Wettkampf (ἀγών) das Bessere vom Schlechteren unterscheidbar macht und in gewissen Grenzen die Position prätendierter Maßstäblichkeit für eine Entscheidung überflüssig werden lässt, ist eine gute Idee (vgl. Buchheim 1986, 12–18). Wenn sie und das ›agonale Prinzip‹ auch insgesamt natürlich nicht neu ist unter Griechen, so ist ihre Übertragung in den Bereich des Politischen und der praktischen wie theoretischen Intelligenz doch ein guter Griff und fördert die Entwicklung dialektischer, logischer und ethischer Fähigkeiten nachweislich gerade in dieser, der sophistischen Periode. Selbst Platon kann es nicht ganz vermeiden, sophistischer Antilogik, Eristik und Eklenktik – alles Fähigkeiten unter dem Dach der Gattung des Wettkampfs (ἀγωνιστικὸν γένος, vgl. *Soph.* 226a; 231e) – einen gewissen Respekt zu zollen. Der agonale Impetus und Eifer der Sophisten und ihre agonalen Erfindungen und Methoden (δισσοὶ λόγοι, Kritik und Überführung,

Redewettkämpfe, antilogische und dialektische Argumentation,[1] δίκαιος und ἄδικος λόγος) durchsetzen die gesamte Überlieferung zur Sophistik und brauchen nicht im Einzelnen belegt zu werden.

(3) Die dritte Idee der Sophisten zur Erziehung, die ich wenigstens erwähnen möchte, ist die Idee einer *allgemeinen* und nicht-spezialistischen Wissenschaft und Urteilsfähigkeit des Menschen, welche die Sophisten als zentrales Ziel ihrer Erziehungstätigkeit immer vor Augen hatten. Dieses Erziehungsziel kombinierten sie mit einer entsprechend allgemeinen Methode, besser gesagt einem allgemeinen *Medium* des Wissens, durch dessen Training sie dies Allgemeinwissen und Urteilenkönnen zu realisieren versuchten, nämlich die Rede und sprachliche Darstellungsfähigkeit und, bereits etwas spezifischer, die Rhetorik.

Sophistische Erziehung, das ließe sich in jedem Punkt an einer Fülle von Belegen demonstrieren, ist also gekennzeichnet durch die drei sehr bekannten, zentralen Ideen:

– Lehrbarkeit der Tugend und des richtigen Lebens,
– Erweis des besseren Gedankens im Wettstreit,
– allgemeines Urteil und rhetorische Darstellungsfähigkeit sind wichtiger als Spezialistentum.

2. Vermögen und Fertigkeit. Aristotelische Unterscheidungen

Nach diesen freilich allzu kurz ausgefallenen Erinnerungen möchte ich eine vierte, eher unscheinbar gebliebene Idee nennen und etwas genauer darlegen. Sie ist uns zwar in gewisser Hinsicht sogar geläufiger als die anderen drei, aber geläufig nicht in ihrem Bezug auf Erziehung, sondern als Titel für eine berüchtigte sophistische Kontroverse, nämlich die Kontroverse um Natur (φύσις) und Gesetz (νόμος). Die entscheidende Wendung dieser kontroversen Konzeption in Beziehung auf Bildung und Erziehung besteht meines Erachtens in der Entdeckung und Ausbeutung der *Diskontinuität* zwischen Natur und Gesetz oder zwischen natürlicher Anlage und erworbenem Verhalten, das heißt Streben nach Glück und Vortrefflichkeit oder mit einem anderen schon gebrauchten Terminus: nach Tugend.

Erst mit Aristoteles hat sich geistesgeschichtlich die Idee eingebürgert, dass menschliche Tugend (ἀρετή) und überhaupt das Lob und Tadel auf sich ziehende Verhalten des Menschen *erworben*, aber nicht natürlich oder einfach eine sie amplifizierende Ausbildung natürlicher Anlagen ist. Der aristotelische Begriff des *Habitus* (der Fertigkeit) im Unterschied zum *Vermögen* ist dafür ausschlaggebend.

Platon fehlt diese Unterscheidung, jedenfalls in Fragen der praktischen Lebensführung. Vielmehr laboriert Platon lebenslänglich mit dem sokratischen Grundsatz ›niemand handelt freiwillig schlecht‹, so dass der Tadel eigentlich eine ›Krankheit‹ des Menschen betrifft, und die Krankheit Ergebnis einer verfehlten Eingliederung in und Orientierung des menschlichen Lebens an dem Kosmos der

---

1   Vgl. etwa Gorgias, *Frgm.* 11, 13: φιλοσόφων λόγων ἁμίλλας, ἐν αἷς δείκνυται καὶ γνώμης τάχος ὡς εὐμετάβολον ποιοῦν τὴν τῆς δόξης πίστιν.

Dinge ist. Man muss diese Eingliederung korrigieren nach Maßstäben der Vernunft und Wissenschaft, aber nicht den einzelnen Menschen. Der Kosmos steht insgesamt unter Vernunftgesetzen und die Natur ist ein Erfüllungsgehilfe dieser Gesetzmäßigkeit. Das ist die platonische Linie des Denkens in Sachen der Erziehung.[2]

Während Verhaltensreaktionen und Empfindungen (πάθη) des Menschen nach Aristoteles auf Vermögen und Vermögen auf Natur beruhen, beruht der Habitus und zumal der ethisch relevante Habitus auf *tatsächlicher Tätigkeit* des einzelnen Menschen und seiner Gewohnheit, die auf Basis der natürlichen Vermögen höchst unterschiedlich so oder anders eingerichtet werden kann. Der wichtigste Punkt bei der Einführung des Tugendbegriffes im II. Buch der *Nikomachischen Ethik* ist die Absetzung menschlicher Tätigkeit und aller darauf aufbauenden Habitus von der Natur und den natürlichen Vermögen, obwohl das Gute und Schlechte dieser Habitus und damit das Lobens- und Tadelnswerte des menschlichen Lebens mit der Natur des Menschen auf eine gewisse Weise eng zusammenhängt.

Jeder Habitus der Seele hat im Verhältnis zu *den* Dingen seine Natur, von denen aus er natürlicherweise schlechter und besser wird, (*EN* II 2, 1104b 19–21)

so heißt es wörtlich bei Aristoteles und weiter:

durch Lüste und Schmerzen aber wird man verdorben, dadurch dass man sie verfolgt und meidet, oder die, die man soll oder nicht soll oder wann man nicht soll oder wie man nicht soll oder auf wieviel andere Art und Weise von der Vernunft (λόγος) dergleichen bestimmt wird. (21–23)

Wir haben also eine höchst komplizierte Einschaltung der Vernunft (λόγος) in den von Lust und Schmerz gesteuerten Vollzug der Tätigkeiten, die wiederum durch ihre gewohnheitsmäßige Einrichtung im menschlichen Leben den entsprechenden Habitus in seiner Natur begründen und zugleich gut oder schlecht werden lassen. ›Gut‹ und ›schlecht‹ sind vernunftbestimmt, aber zugleich naturbasiert. In die Mitte zwischen beide treten Lüste und Schmerzen bei der Tätigkeit.

Sehr interessant ist im selben Zusammenhang bei Aristoteles folgende abschließende Zusammenfassung dieser Gedankenentwicklung im vierten Kapitel von Buch II:

Vermögen nennen wir diejenigen Züge, gemäß derer wir für derlei empfänglich sind, wie Zornesempfindung, Schmerz und Erbarmen, *Habitus* dagegen die, zufolge derer wir uns zu den Empfindungen gut oder schlecht verhalten [...] und während wir bezüglich der Empfindungen weder loben noch tadeln [...] machen wir in Anbetracht von Tugend und Verdorbenheit Gebrauch von Lob und Tadel. Zudem empfinden wir Zorn und Furcht ohne Vorsätzlichkeit, während die Tugenden gewisse Vorsätze sind oder nicht ohne Vorsatz. Außerdem sprechen wir mit Bezug auf Empfindungen davon, *bewegt* zu werden, während wir in Beziehung auf Vortrefflichkeiten und Verdorbenheiten nicht von Bewegtsein, sondern von *bestimmter Verfassung* (διακεῖσθαι πώς) sprechen. Deswegen sind sie auch keine Vermögen. [...] Derlei Vermögen haben wir also durch Natur, gute und schlechte aber werden wir nicht durch Natur. (*EN* II 4, 1105b23–1106a10)

---

2 Dargelegt z.B. im X. Buch der *Nomoi*.

Die Grenze oder eine (wesentliche) Grenze zwischen Natur und erworbener Fertigkeit des Menschen besteht somit nach Aristoteles in dem Unterschied zwischen Bewegung und Verfassung (κίνησις-πάθος und διάθεσις-λόγος). Wo kommt dieser Unterschied her? Ist er zur Gänze eine Entdeckung des Aristoteles? Das glaube ich nicht.

3. Die Entdeckung der Diskontinuität von Natur und Nomos

Die Vorsokratiker hatten ebenfalls (wie Platon) keine entschiedene Diskontinuität zwischen Natur und Einrichtung des menschlichen Lebens gedacht, sondern im Gegenteil, die Kontinuität und platonisch-kosmische Umfassung des einen durch das andere gedanklich in immer neuen Versionen exponiert. Ich möchte kurz drei typische Beispiele dafür anführen. Das erste ist Heraklit und sein kosmisches Feuer, das alles in allem steuert – eben auch das menschliche Leben, wenn richtig, das heißt im Sinne der *aretê* gelebt wird:

Besonnensein ist größte Tugend und Weisheit das Wahre sagen und tun, indem man auf die Natur hört. (DK 22 B 112)

Oder noch deutlicher:

Die mit Vernunft begreifen, müssen sich stark machen durch das allem Gemeinsame, wie durch das Gesetz die Stadt, sogar viel stärker. Denn alle menschlichen Gesetze werden genährt von einem göttlichen; denn das herrscht so weit, so weit es will, genügt für alles und bleibt bestehen. (DK 22 B 114)

Diese Haltung, dass das menschliche Leben insgesamt dann am besten ist, wenn es bruchlos in die Natur und kosmische Ordnung sich einfügt, hat früh zeitgenössische Kritik und Spott herausgefordert, ohne dass die ›Denker‹ darauf reagiert hätten. Einen solchen Spott finden wir bei Epicharm in einem seiner meines Erachtens guten, das heißt echten Fragmente:

Eumaios, das Weise ist nicht bloß in einem, sondern was immer lebt, hat alles auch Denkkraft (γνώμη). Denn sogar die Glucke aus der Hühner Gattung, wenn du es aufmerksam studierst, gebiert nicht Kinder, die schon leben, sondern brütet Eier aus und macht sie Seele haben. Das Weise aber, wie es zugeht, kennt allein die Natur; denn sie ist von sich selbst aufgezogen worden. (DK 23 B 4)

Hier scheint das Wort *pepaideutai* (πεπαίδευται: sie ist aufgezogen worden) mit vollem Bedacht in den Horizont der Natur gesetzt und auf diese Weise auszudrücken, dass Erziehung und Wissen immer eine innere Fortsetzung und Verlängerung natürlicher Anlagen sei – nach Meinung derer, auf die dieses Zitat gemünzt ist.

Mit derselben Pointe ließen sich auch Parmenides und Empedokles und Anaxagoras und überhaupt die ganze vorsokratische Mannschaft zitieren, doch will ich nur noch ein überdeutliches und für unser Thema besonders einschlägiges Beispiel anführen, nämlich aus Demokrit, für den die Natur und natürliche Bewegung der Dinge ihr gesamtes Dasein bestimmen:

Die Natur (φύσις) und die Lehre (διδαχή) sind nächstverwandt. Denn auch die Lehre gestaltet den Menschen um, indem sie ihn aber umgestaltet, schafft sie Natur (DK 68 B 33).

Jede Bewegung und Veränderung durch Faktoren welcher Art auch immer muss ja nach Demokrits These natürlich sein und Natur fortbilden. Alles andere ist nämlich, wie Demokrit sagt, nur von Menschen gesetzt, *nomôi* (νόμῳ).

Das meinten nun zwar auch die Sophisten, dass alles das, was nicht Natur oder natürlich (φύσις oder φύσει) sei, eben Gesetz oder von Menschen gesetzt (νόμος oder νόμῳ) sei. Jedoch sind die Sophisten offenbar zuversichtlicher in Bezug auf die Frage, dass und wie der *nomos* etwas Besonderes und Neuartiges gegenüber der Natur sei und zu ihr hinzubrächte, das eben deswegen auch *gegen* die Natur oder ihr feindlich sein könne.

Aristoteles hatte dies immer als ein wichtiges Argument gegen die Vorsokratiker und Naturphilosophen genommen, dass es schließlich offensichtlich auch das »gegen die Natur« Bewegte oder Gebildete gebe (zum Beispiel *GC* II 6, 333b 26 ff.); folglich auch umgekehrt dasjenige, was emphatisch im Sinne und gemäß der Natur sei. Die kontroverse Stellung von *physis* und *nomos* bringt ihm entscheidende Gewinne für einen angemessenen Begriff der ersteren ein. *Gegen* Platon, der immer meinte, das nicht-Natürliche sei letzten Endes auch das nicht-Vernünftige und das wider-Kosmische, was – mit Verlaub – ganz vorsokratisch gedacht war, aber eben nicht sophistisch.

Überblicken wir nun, zunächst schweifend und grob, die Sophisten (von denen wir kaum Texte besitzen), so sticht sogleich Protagoras in die Augen mit seinem zunächst wenig aussagekräftig erscheinenden Diktum aus der *Großen Rede*:

Der Natur *und* der Übung bedarf die Lehre. (φύσεως καὶ ἀσκήσεως διδασκαλία δεῖται)

Also offenbar *zweier* Dinge, die nicht einfach auf dasselbe hinauslaufen. Was ist eigentlich ›Übung‹ (ἄσκησις) in die Terminologie des Aristoteles übersetzt? – So etwas wie Habitus oder Gewöhnung (ἔθος).

Und wenn wir auch nur wenig geben würden auf die Authentizität der protagoreischen Rede im *Protagoras* von Platon, dann würde als erstes hervorstechen, dass Protagoras eine *Diskontinuität* zu betonen wünscht zwischen natürlichen Anlagen und Vermögen einerseits und der Potentialität eines guten und tugendgeprägten Lebens andererseits durch die nicht-natürlichen Dreingaben der technischen Intelligenz sowie den Nuclei der Klugheit: Scham (αἰδώς) und Recht (δίκη).

Andere Sophisten hatten ebenfalls entdeckt, dass der entscheidende Unterschied zwischen dem Natürlichen und dem durch Setzung Hinzukommenden darin besteht, dass nur Letzteres Gesichtspunkte des Gemeinsamen für viele Personen aufzunehmen vermag, während ersteres allein die Beschaffenheit des jeweiligen Individuums ausmacht. Der sogenannte Anonymos *Über Gesetze* (Περὶ νόμων) – wenn überhaupt, gewiss ein mäßiger und späterer Epigone sophistischen Gedankenguts – resümiert:

Das gesamte Leben der Menschen, ihr Männer von Athen, ob sie in einer großen oder kleinen Stadt wohnen mögen, ist durch Natur und Gesetze strukturiert. Davon ist die Natur ungeregelt und etwas Eigenes in jedem Individuum, während die Gesetze gemeinsam und geregelt als dasselbe für alle da sind. (Ps.-Demosthenes, *Gegen Aristogeitôn* I, 15)

Nicht immer ist dies sogleich als theoretisch explizite Erkenntnis ausgesprochen worden, sondern mehr oder weniger implizit die Überzeugung der Sophisten gewesen. Zum Beispiel wenn Gorgias am Anfang des *Palamedes* sagt:

Anklage und Verteidigung betreffen nicht die Entscheidung über den Tod. Denn den Tod beschied die Natur in offener Abstimmung für alle Sterblichen am Tag ihrer Entstehung. Jedoch auf Unehre und Ehre geht die Gefahr, ob ich gerecht sterben oder unter größten Vorwürfen und schändlichster Beschuldigung gewaltsam zu Tode kommen muss (DK 82 B 11a,1).

Und ähnlich in der *Helena* Gorgias' etwas übertrieben wirkender Ausbruch:

Verdient hat mithin der Barbar, der Hand anlegte zu diesem barbarischen Unterfangen, dass man ihn durchs Wort sowohl wie durch Gesetz und Tat, und zwar kraft des ersten mit Schuld, kraft des zweiten mit Unehre und kraft des dritten mit Strafe belädt. (DK 82 B 11,7)

Ehre und Unehre, die sich die Menschen wechselseitig zollen, ist die primäre Angelegenheit und macht das Gewicht des *nomos* aus; das Leben hingegen ist Sache der *physis*. Ehre und Unehre aber sind nichts anderes als Lob und Tadel, etabliert als bleibende Doxa.

4. Antiphons nützliche Fesseln der Natur

Deshalb ist es nach Antiphon, dem Sophist, von dem als einzigem (außer Gorgias) wir einiges lesen können, das Allervernünftigste, wenn man die Gesetze unter Zeugen, ohne die Zeugenschaft anderer aber die Nutzenfunktionen der Natur (ob sie den Gesetzen entsprechen mögen oder nicht) befolgt.

Denn das der Gesetze ist draufgesetzt ($\epsilon\pi i\theta\epsilon\tau\alpha$), das der Natur hingegen zwingend; und das der Gesetze ist aus Übereinstimmung, nicht gewachsen ($\phi\upsilon\nu\tau\alpha$); das der Natur aber gewachsen, nicht aus Übereinstimmung (Antiphon *Frgm.* 44a I, 22–II, 1 Pendrick)

Denn ohne Zeugen erreicht der *nomos* nicht das, was ihn wichtig macht: Ehre und Unehre und die Meinung der anderen über einen selbst. Während eben das von und für sich selbst ›Wachsen‹ Sache der *physis* ist, wie es an anderer Stelle bei Antiphon (ganz ähnlich wie bei Gorgias) heißt:

In keiner Weise ist, wovon uns die Gesetze abwenden, freundlicher oder einheimischer für die Natur als das, dem sie uns zuwenden. Sache der Natur ist das Leben und das Sterben; wobei das Leben ihr vom Nützlichen herkommt, das Sterben aber vom nicht-Nützlichen. Nützlichkeiten, die von Gesetzen festgelegt werden, sind jedoch Fesseln der Natur, die von der Natur dagegen sind frei. (*Frgm.* 44a III, 17–IV, 6 Pendrick)

Will man also untersuchen und herausfinden, wie naturfreundlich oder naturwidrig ein Gesetz ist, dann darf man nicht auf den Unterschied zwischen Verbot und Gebot sehen, sondern dann muss man zusehen, ob irgendwelche Gesetze und in welchem Grade sie nützlich oder schädlich sind – über das hinaus freilich, was sie selber als nützlich festlegen. So erhebt sich für Antiphon die Frage, wie sich beurteilen lässt, ob ein Gesetz (sei es verbietend oder gebietend) in der Tat nützlich oder schädlich ist. Das kann man dem Gesetz und dem damit immer verbundenen Loben und Tadeln und Ehren und Entehren ja nicht ansehen!

Die einzige Antwort, die Antiphon auf diese seine Frage nach unserem Text zu geben weiß, ist die, dass Lust und Schmerz ein Indiz (aber nicht Beweis) wahren Nutzens und wahrer Schädlichkeit sei. So dass jedenfalls *nicht umgekehrt* gesagt werden kann – wie manche griechischen Erzieher bis dato wohl gedacht hatten – dass das Schmerzbereitende dem wahren Nutzen der Natur mehr entgegenkomme als das Lustmachende.

Es entspricht folglich nicht der rechten Vernunft, dass das Schmerzvolle mehr Förderung der Natur bedingt, als das Erfreuliche. (*Frgm.* 44a, IV,7–13 Pendrick)

Erziehung also, soll sie etwas hinzubringen zu dem, was die Natur von selber macht (ein *epitheton* zur Natur sein), muss so veranstaltet werden, dass auf lange Sicht die Bilanz des wahren Vorteils und somit der Lust zugunsten desjenigen Verhaltens und Handelns spricht, zu dem man erzogen wird. Dies hat Antiphon in allen Stücken ausgesprochen: Entweder das gesetzestreue Verhalten ist per se nutzenmaximal oder aber wird systematisch belohnt und nicht bestraft von den Gesetzen, denen es folgt: »Dann wäre es nicht unvorteilhaft, den Gesetzen zu gehorchen« (*Frgm.* 44a VI, 1–3), und solche Gesetze wären »freundlicher« zur Natur als die meisten, die jetzt in Kraft sind. Andernfalls aber ist Gesetzesgehorsam schlicht irrational und eine entsprechend eingerichtete Erziehung kontraproduktiv für das Leben und daher nicht nachhaltig.

Ich wüsste nicht, welche systematisch bedeutsamen Schritte dieser Gedankenführung des Antiphon fehlen, um die oben kurz vorgestellte Auffassung des Aristoteles zu antizipieren. Die Lust ist einerseits das Indiz einer freien, der Natur nicht zuwiderlaufenden Betätigung menschlicher Vermögen; andererseits ist sie das Kriterium und zugleich implementierende Momentum eines nicht von der Natur realisierten, aber dennoch vorzüglichen Guts des Menschen, das durch Erziehung und Gewöhnung im Einklang mit und nach Maßgabe *vernünftiger* Nomoi erreichbar ist. Der Mensch darf sich nicht von der Natur allein zum Handeln bewegen lassen, weil die Natur keinen *bestimmten* Gebrauch ihrer Vermögen vorschreibt, sondern *nomoi* dies so oder so regeln (wie Antiphon lang und breit ausführt – s. 44a II, 31–III, 19; vgl. 44b II, 30–III, 12); aber zugleich darf er sich auch nicht von den nun einmal bestehenden Gesetzen gängeln lassen, weil er so an seinem vernünftigen Vorteil vorbei und unnötig feindlich zur Natur lebt. Was er versuchen muss, ist vielmehr, die Diskontinuität zwischen individueller Natur und gemeinsam gestaltetem Leben mit Vernunft zu überbrücken und ihre verschiedenen Vorzüge in ein Maximum zu verbinden.

5. Einrichtungen zur Tugend. Die Erziehung des Menschen

Antiphon hat als einer der ersten zu explizieren versucht, was die Natur nicht von sich aus im Menschen tut noch tun kann; wie dafür aber wiederum die Natur als Beschleuniger und Festiger entdeckt und funktionalisiert werden kann. Eines dieser nicht natürlichen Elemente des menschlichen Lebens ist die Erziehung. Das Fragment 60 aus der *Homonoia* spricht dies aus:

Erste Priorität unter den Angelegenheiten der Menschen hat meines Erachtens die Erziehung; denn wenn man von irgendeiner Sache den Anfang richtig bewerkstelligt, ist es wahrscheinlich, dass das Ende ebenfalls richtig sich entwickelt. Denn auch was für einen Samen jemand der Erde einsäht, dergleichen darf er als Ernte erwarten. Ebenso wenn einer in dem jungen Körper eine vorzügliche Erziehung einsäht, dann bleibt dies lebendig und blüht durch das ganze Leben hindurch, und es wird nicht aufgehoben weder durch Schatten noch sengende Hitze. (DK 87 B 60)

Das ist keineswegs nur ein Gemeinplatz über Erziehung. Sondern es sind entscheidende Einsichten Antiphons darin kondensiert: Dass es überhaupt einen

»Anfang« oder ein »Prinzip« ($\dot{\alpha}\rho\chi\dot{\eta}$) menschlichen Lebens jenseits seiner physischen Existenz gibt; dass man diesen Anfang richtig und unrichtig zu entwickeln
vermag; dass man ihn dann richtig entwickelt, wenn man die ungeregelten Kräfte
der Natur in Übereinstimmung mit ihren eigenen Trieben und Tendenzen nutzbar
macht; dass man dann und nur dann zu nachhaltiger, nicht leicht verlierbarer
Vortrefflichkeit gelangt.

Wie nun muss *Erziehung* veranstaltet und organisiert werden, um das zu erreichen? Offenbar nicht so wie ein Bett, das, wie Aristoteles von Antiphon berichtet,
ebenfalls *gegenüber* seiner Holz-Natur eine »Verfassung nach dem *nomos*« be-
sitzt ($\tau\dot{\eta}\nu$ $\kappa\alpha\tau\dot{\alpha}$ $\nu\acute{o}\mu o\nu$ $\delta\iota\acute{a}\theta\epsilon\sigma\iota\varsigma$, Aristoteles, *Phys.* II 1, 193a15), die aber durch
den Naturprozess nicht bestätigt oder gefördert, sondern vielmehr zerstört wird.
Die Erziehung sollte nicht sein wie ein solches Bett. Vielmehr sollte man – so
verstehe ich Antiphon – bei allem, was durch den *nomos* eingerichtet wird, den
›Ausgangspunkt‹ oder die ›ursprüngliche Tendenz‹ ($\dot{\alpha}\phi o\rho\mu\dot{\eta}$) der beteiligten Dinge
und Menschen wahren, und nicht nur wahren, sondern zum Gedeihen der Sache
nützen. Es kommt darauf an, die Tendenzen des Natürlichen zu beachten und,
wenn möglich, zu nutzen, dann kommt zu einer haltbaren Verfassung nach dem
nomos ($\delta\iota\acute{a}\theta\epsilon\sigma\iota\varsigma$ $\kappa\alpha\tau\dot{\alpha}$ $\nu\acute{o}\mu o\nu$). Antiphon schreibt – und leider haben wir nur dieses Stück seines Satzes ohne Subjekt:

entblößt von der ursprünglichen Tendenz ($\dot{\alpha}\phi o\rho\mu\dot{\eta}\varsigma$) würde sie vieles, was schön ist, in
schlechte Verfassung gebracht haben. (DK 87 B 14)

Die ›ursprüngliche Tendenz‹ ($\dot{\alpha}\phi o\rho\mu\dot{\eta}$) hier ist so etwas wie der ›Anfang‹ oder das
›Prinzip‹ ($\dot{\alpha}\phi\chi\dot{\eta}$) der Erziehung in Fragment 60. Ohne dieses Prinzip und das
richtige Verfahren mit ihm, kommen wir nicht an ein Ende oder an ein schlech-
tes, das heißt eine »schlechte Verfassung«, des zustandegebrachten Ergebnisses.
Die »Verfassung« ($\delta\iota\acute{a}\theta\epsilon\sigma\iota\varsigma$, $\delta\iota\alpha\tau\acute{\iota}\theta\epsilon\sigma\theta\alpha\iota$) war sichtlich ein Lieblingsausdruck des
Antiphon. Er gebraucht ihn in mindestens drei, vielleicht vier für uns lesbaren
Fragmenten oder Zeugnissen (14; 15; 24a; 63). Wie es in der Suida unter dem
Stichwort *diathesis* ($\delta\iota\acute{a}\theta\epsilon\sigma\iota\varsigma$) heißt,

gebrauchte Antiphon dieses Wort in Bezug auf die Denkungsart oder das Denkvermögen
($\gamma\nu\acute{\omega}\mu\eta$ und $\delta\iota\acute{a}\nu o\iota\alpha$, und ebenso) für den Stil ($\dot{\epsilon}\xi\alpha\gamma\gamma\epsilon\hat{\iota}\lambda\alpha\iota$) einer Rede. (DK 87 B 24a)

Woanders wird berichtet, Antiphon benutze das Wort anstelle von »Einrichtung«
($\delta\iota o\acute{\iota}\kappa\eta\sigma\iota\varsigma$):

in *Über die Eintracht* schreibt er: ›doch indem sie die Verfassung/Einrichtung ($\delta\iota o\acute{\iota}\kappa\eta\sigma\iota\varsigma$)
kennen, hören sie‹. (DK 87 B 63)

Wer hört und worauf gehört wird, wissen wir wiederum leider nicht. Das alles
sind nur lexikalische Anmerkungen einiger Fetischisten der griechischen Sprache.
Jedoch hätten sie wahrscheinlich nicht Antiphon zum Belegautor gewählt, wenn
nicht bei ihm die Verfassung ($\delta\iota\acute{a}\theta\epsilon\sigma\iota\varsigma$) derart im Vordergrund gestanden hätte.
Meines Erachtens behauptete sie ihre Wichtigkeit im antiphontischen Denken als
etwas, das *über Natur hinaus* eine dem Leben (Natur) *nützliche* oder *schädliche*
Einrichtung des menschlichen Daseins ist. Die Denkungsart ($\gamma\nu\acute{\omega}\mu\eta$) oder das
Denkvermögen ($\delta\iota\acute{a}\nu o\iota\alpha$) der Menschen hat eine Verfassung oder bestimmte Weise
der Einrichtung, die nicht natürlich, aber auch nicht künstlich oder widernatürlich,

sondern *Natur besser oder schlechter nutzend* für das menschliche Leben ist. Aristoteles nannte dies in der *Nikomachischen Ethik* einen Habitus:

»[...] wir sagen, dass wir durch die Affekte bewegt werden, bei den Tugenden und Schlechtigkeiten reden wir aber nicht von Bewegung, sondern von einer bestimmten Verfassung (διακεῖσθαί πως). Darum sind sie auch keine Fähigkeiten. Denn wir werden nicht ›gut‹ und auch nicht ›schlecht‹ genannt, weil wir zu bestimmten Affekten fähig sind, und empfangen auch nicht deswegen Lob und Tadel. Ferner sind wir von Natur aus zu etwas fähig, edel oder schlecht werden wir dagegen nicht von Natur aus.«[3]

Ich will eine direkte Beziehung des Aristoteles auf Antiphon hier nicht behaupten. Was ich behaupten will, ist, dass Antiphon mit dem von ihm favorisierten Konzept der Verfassung (διάθεσις) eine *nicht-natürliche*, sondern auf natürlicher Grundlage durch *rationalen* Umgang und Verfahren zum *Guten oder Schlechten modifizierte* und daher *erworbene* Beschaffenheit der Dinge bezeichnet hat.

Das ist also das *eine* nicht-natürliche, sondern hinzukommende Element im menschlichen Leben, das Antiphon interessierte und das für die Erziehung eine große, wenn nicht die entscheidende Rolle zu spielen hat.

Ein *anderes* solches Element, das wir ebenfalls in Fragmenten Antiphons greifen, ist der *Gebrauch* (χρῆσις) einer Sache im Unterschied zu ihrer bloßen Existenz oder Gegebenheit im Zusammenhang des Lebens, das heißt der Natur des Menschen. Antiphon (DK 87 B 54) erzählt die Fabel vom Geizigen, der sein Geld lieber vergrub, als es jemandem zu leihen, der darum nachsuchte und sogar Zinsen zu zahlen versprach. Doch jemand anderes beobachtete ihn dabei und nahm das Geld fort. Darob zutiefst betrübt trifft der Mensch jenen Bittsteller wieder und klagt ihm sein doppeltes Leid: erstens habe er sein Geld verloren und zweitens auch noch die Einbuße an möglichen Zinsen erlitten, die eine Verleihung des Geldes eingebracht hätte. Der andere aber tröstet ihn höhnisch und meint, er solle sich keine Sorgen machen, sondern einfach so tun, als sei das Geld noch an seinem Ort.

Denn als es dir gehörte, machtest du keinerlei Gebrauch davon, so glaube auch jetzt nicht, dass dir etwas fehlt. Was einer nicht gebrauchte noch gebrauchen wird, das wird dadurch, dass es zu ihm gehört oder nicht, nicht mehr und nicht weniger schädlich sein. Denn welchem Menschen Gott nicht vollkommen Gutes schenken will, dem gewährt er Reichtum an Geld, aber macht ihn arm in rechtem Denken; so das eine weglassend, beraubt er ihn beider Dinge. (DK 87 B 54)

Die Fabel ist alt und vermittelt eine sicher oft wiederholte Einsicht gegen den Geiz und für die Unentbehrlichkeit des *Gebrauchs* einer nützlichen Sache. Warum erzählt Antiphon sie von neuem? Darüber können wir nur spekulieren. Wir sehen jedoch (wie ebenfalls im *Alêtheia*-Papyrus) von Antiphon den Gesichtspunkt des *Schadens* und *Nutzens* von gegebenen Dingen und Verhältnissen in den Vordergrund gerückt: Ein Ding, das es gibt und das zu mir gehört, ist ohne den Gebrauch im Leben, ohne jede Nutzen- bzw. Schadensfunktion, ein bloßes Neutrum.

---

3   *EN* II 4, 1106a4–10: [...] κατὰ μὲν τὰ πάθη κινεῖσθαι λεγόμεθα, κατὰ δὲ τὰς ἀρετὰς καὶ τὰς κακίας οὐ κινεῖσθαι ἀλλὰ διακεῖσθαί πως. διὰ ταῦτα δὲ οὐδὲ δυνάμεις εἰσίν· οὔτε γὰρ ἀγαθοὶ λεγόμεθα τῷ δύνασθαι πάσχειν ἁπλῶς οὔτε κακοί, οὔτ᾽ ἐπαινούμεθα οὔτε ψεγόμεθα· ἔτι δυνατοὶ μέν ἐσμεν φύσει, ἀγαθοὶ δὲ ἢ κακοὶ οὐ γινόμεθα φύσει·

Das Schlimme und Peinliche daran ist aber, dass, wie Antiphon in der *Alêtheia* feststellte, das Leben aus dem Nützlichen zu Stande kommt, durch nicht-Nützliches aber Tod (auch ein Neutrum ist nicht Nützliches). So auch hier: Der Gott beraubt den Menschen nicht nur derjenigen Dinge, die er nicht hat, weil er nicht nutzt, was er hat, sondern auch der Dinge, die er hat, aber aus denen er nichts für das Leben zu machen versteht. Das »richtige Denken« ($\tau\grave{o}$ $\kappa\alpha\lambda\hat{\omega}\varsigma$ $\phi\rho o\nu\epsilon\hat{\iota}\nu$) ist nicht von Natur, sondern, wie gesehen, durch richtige Verfassung und Einrichtung im Verhältnis zu nomologischen Ergänzungen und Überschreitungen der Natur. Aber dennoch ist das richtige Denken einziges oder jedenfalls wichtigstes Mittel des Menschen denjenigen Nutzen aus seinem naturgegebenen Dasein und seinen Vermögen zu schöpfen, der allein es am Leben erhält. Der Mensch kann sich nach Antiphon offenbar *nicht* der Natur überlassen und dabei hoffen, am Leben zu bleiben als das, was er von Natur aus ist. Sondern der Mensch muss Nutzen *schöpfen* durch nicht-natürlichen Gebrauch seiner Intelligenz. Die Diskontinuität zur Natur ist im Menschen das Mittel ihrer Erhaltung und Förderung. Das schiene mir eine wichtige Einsicht zur Erziehung auch für die heutigen Verhältnisse zu sein. Es ist falsch so tun, als brächte man Rousseauistisch den Kindern nur das bei, was in ihrer Natur schon beschlossen liegt. Vielmehr ist es der Stolz des Geistes und der Intelligenz, sich unabhängig von natürlichen Vorgaben zu machen. Aber was uns langfristig nützt und was vielmehr schadet, das finden wir nur heraus, wenn wir unsere Natur und ihre ursprünglichen Tendenzen beachten. Finden wir es heraus, so hat es wenig Sinn, unsere natur-unabhängigen Fertigkeiten nicht so zu gebrauchen, dass wir langfristig maximalen Nutzen davontragen können. – Dazu erziehen wir.

Literatur

Buchheim, Th. 1986: Die Sophistik als Avantgarde normalen Lebens, Hamburg.
Burnyeat, M. F. 1980: »Aristotle on Learning to Be Good«, in: Rorty, A.O. (Hrsg.), Essays on Aristotle's Ethics, Oxford, 69–92; dt. in diesem Band, s.u. 215–237.
Dihle, A. 1995: »Der Begriff des Nomos in der griechischen Philosophie«, in: Behrend, O./Selleck, W. (Hrsg.), Nomos und Gesetz, Göttingen, 117–134.
Ford, A. 2001: »Sophists Without Rhetoric: the Art of Speech in Fifth-Century Athens«, in: Too 2001, 85–110.
Jarrett, J. L. 1969: The Educational Theories of the Sophists, New York.
Ober, J. 2001: »The Debate Over Civic Education in Classical Athens«, in: Too 2001, 175–207.
Pendrick, G. (Hrsg.) 2002: Antiphon the Sophist. The Fragments. With Introd., Translation, and Commentary, Cambridge.
Too, Yun Lee (Hrsg.) 2001: Education in Greek and Roman Antiquity, Leiden/Boston/Köln.
Too, Yun Lee 2001a: »Legal Instructions in Classical Athens«, in: Too 2001, 111–132.
Wilms, H. 1995: *Technê* und *Paideia* bei Xenophon und Isokrates, Stuttgart/Leipzig.

III. Platon

Der Wissensbegriff bei Platon und heute

Franz von Kutschera, Regensburg

1. Die Rolle des Wissensbegriffs bei Platon

In Platons Dialogen spielt der Begriff des Wissens eine herausragende Rolle. Sie ergibt sich schon daraus, dass er in der *Apologie* seinen Mentor Sokrates erklären lässt, der Spruch des delphischen Orakels, niemand sei so weise wie Sokrates – dieser Spruch ist wohl historisch –, sei so zu deuten, dass allein er sich bewusst sei, nichts zu wissen. (Vgl. *Apol.* 21a–d.) Da jedermann im landläufigen Sinn offenbar vieles weiß – wie er heißt, z.B., oder dass die Sonne im Osten aufgeht –, lässt sich diese Behauptung eines generellen Nichtwissens nur dann vertreten, wenn man einen anspruchsvolleren Wissensbegriff zugrunde legt als den normalen. Schon zur Zeit der Abfassung der *Apologie* hatte Platon also vermutlich einen solchen Wissensbegriff vor Augen und eine Vorstellung vom höheren Wert solchen Wissens. Jedenfalls kann man im Blick auf die späteren Dialoge sagen: Platon hat die große antike Philosophie mit der Verkündung eines neuen Wissensideals eröffnet, ebenso wie das Descartes für die neuzeitliche Philosophie getan hat. In beiden Fällen verbindet sich damit die Vision einer neuen Qualität, eines neuen Horizonts und einer neuen Fortschrittsdynamik menschlicher Erkenntnis.

Um das Wissen des Wissens bzw. des Nichtwissens geht es dann im *Charmides*. Im Mittelpunkt des *Menon* steht apriorische Erkenntnis, und davon ist auch im *Phaidon* die Rede. In den Büchern VI und VII des *Staates* werden Grade der Erkenntnis erörtert, und im *Theaitetos* noch einmal der allgemeine Begriff des Wissens. Wissen ist also eines der großen Themen der platonischen Dialoge. Daher werde ich dieses Thema hier nur sehr unvollständig behandeln können. Das gilt auch deswegen, weil der Wissensbegriff bei Platon eng mit seiner Ontologie, seiner Theorie der geistigen und der physischen Welt verknüpft ist. In der Hauptsache geht es mir darum, einige Überlegungen Platons zum Wissensbegriff so zu rekonstruieren, dass sie sich mit modernen Diskussionen vergleichen lassen. Anschließend werde ich noch einige Bemerkungen zu Platons Überlegungen zum Horizont menschlicher Erkenntnis, zu gegenstandsadäquaten Erkenntnisformen und zu apriorischer Erkenntnis machen.

2. Wissen als wahre Überzeugung mit Logos

Platons Überlegungen zum allgemeinen Wissensbegriff stehen vor allem im *Theaitetos*. Vor diesem Dialog finden sich u.a. folgende Aussagen zum Wissensbegriff:
(1) Wissen impliziert Wahrheit. Geglaubtes kann hingegen wahr wie falsch sein. Glauben ist daher noch kein Wissen (*Gorg.* 454d).
(2) Wissen impliziert Überzeugtsein (*Gorg.* 454e). Zum Wissen gehört, dass man sich sicher ist.
(3) Wissen ist nicht bloß wahre Überzeugung, sondern wahre und *begründete* Überzeugung (*Men.* 97a–98b, *Symp.* 202a). Wissen zeichnet sich gegenüber bloßem Glauben durch Stabilität gegenüber Kritik aus, die durch Begründung (λόγος) bewirkt wird. Es liegt vor, wenn man von seiner Überzeugung Rechenschaft geben kann (λόγον διδόναι) – im geometrischen Beispiel des *Menon*: durch einen Beweis, in den frühen Dialogen oft: mit der Fähigkeit, die Überzeugung im elenktischen Spiel erfolgreich zu verteidigen.[1] Das ist wohl auch jener Wissensbegriff, den Platon in der *Apologie* vor Augen hat.
(4) Überredung (πείθω) bewirkt daher nur Glauben (πίστις), nicht aber Wissen. Wissen wird durch Belehrung erzeugt (*Gorg.* 454a – 455a).

Im *Staat* verwendet Platon das Wort »Wissen« (ἐπιστήμη) in einem engeren Sinn, in dem nur Ideen und ihre Attribute Gegenstände wahren Wissens sein können, sonst aber, je nach dem Kontext, auch im weiteren Sinn, in dem man z.B. auch den Weg nach Larisa (*Men.* 97a–b) »wissen«, das heißt kennen kann – *eidenai* (εἰδέναι) bedeutet wie das englische *know* ja ebenso »wissen« wie »kennen«.

Im *Theaitetos* geht es zunächst um den allgemeinen, den weiteren Wissensbegriff. Warum kommt Platon hier noch einmal darauf zurück, obwohl er doch bereits im *Menon* gesagt hatte, worin Wissen besteht, und wieso wird dieser frühere Begriff im *Theaitetos* nicht einmal erwähnt? Sokrates gibt zwar zu verstehen, dass er eine Definition von Wissen als wahre Überzeugung mit Logos für die richtige hält (202d6–7), und da der Sinn von λόγος als Begründung nicht diskutiert wird, sondern nur drei andere Bedeutungen, könnte man das als Hinweis darauf ansehen, dass Platon den Leser zu seiner Definition im *Menon* zurückführen will. Es ist aber doch wenig wahrscheinlich, dass Platon in einer so außerordentlich fruchtbaren Schaffensperiode einen Dialog über eine für ihn bereits lange geklärte Frage geschrieben hat.

Sehen wir von den Exkursen über die Kunst des Sokrates und die wahren Philosophen, über den Satz des Protagoras und die heraklitische Ontologie ab – das sind allerdings sehr umfangreiche Partien –, so ist der *Theaitetos* wie folgt aufgebaut: Thema des Dialogs ist die Frage: »Was ist Wissen?« (145e, 148d) Dazu werden drei Vorschläge gemacht: *Wissen ist Wahrnehmung* (151d–186c), *Wissen ist richtige Überzeugung* (187a–201c), *Wissen ist richtige Überzeugung mit Logos* (201c–210b). Die ersten beiden Vorschläge werden widerlegt, beim dritten

---

1   Vgl. auch *Gorg.* 465a2–6; *Phdn.* 76b5; *Symp.* 202a2–9; *Rep.* 506c6–9; 534b3–6; *Tim.* 51d3–e6; *Leg.* 653b2–8.

Vorschlag findet man keine passende Bestimmung von »Logos«, so dass der Dialog aporetisch endet.

Als ersten Vorschlag hätte man erwartet »Wissen ist Überzeugung«; das hätte besser in das Schema der sukzessiven Einengung des Definiens gepasst. Vielleicht war Platon der Vorschlag zu offensichtlich falsch, vermutlich ging es ihm aber darum, die Suche nach Wissen auf der untersten kognitiven Stufe zu beginnen, bei den sinnlichen Eindrücken. Er fasst nämlich Wahrnehmung (αἴσθησις) im Sinn von Eindruck auf und setzt »wahrgenommen werden« (αἰσθάνεσθαι) mit »erscheinen« (φαίνεσθαι) gleich. Es kommt ihm darauf an, dass Meinungen (δόξαι) schon dem Bereich des Begreifens und Urteilens angehören, und es ist eine seiner zentralen Thesen, dass Begriffe bzw. Ideen zu den allerersten Voraussetzungen des Erkennens zählen.[2] Auf diese These komme ich später noch zurück. Der erste Vorschlag, Wissen sei Wahrnehmung, wird dann so widerlegt, dass Eindrücke erst durch den Verstand in Meinungen transformiert und auf die Wirklichkeit bezogen werden müssen, um wahr oder falsch zu sein (157b–c). Eindrücke allein sind also nicht wahrheitsfähig, aus ihnen folgt insbesondere nicht die Wahrheit ihres Inhalts wie im Fall des Wissens.

Die Widerlegung des ersten Vorschlages beruht also darauf, dass Platon nicht den normalen Begriff der Wahrnehmung verwendet, zu dem die begriffliche Interpretation bereits gehört. Wir sagen ja z.B., jemand nehme wahr, dass ein Hase auf der Wiese sitzt, und dabei deuten wir den Eindruck von etwas Braunem, den er hat, schon als Eindruck von einem Hasen und den Eindruck von etwas Grünem als Eindruck einer Wiese. Gegenstand der Wahrnehmung im normalen Sinn sind also begrifflich bestimmte Propositionen. In diesem normalen Sinn galt Wahrnehmung gerade als der Standardfall des Erkennens, des Wissenserwerbs. Bei Homer und Hesiod weiß man vor allem das, was man selbst gesehen und erlebt hat. Die Wörter *idein* (ἰδεῖν: sehen) und *eidenai* (εἰδέναι: wissen, kennen) haben dieselbe Wurzel. In der Wahrnehmung, das ist die übliche Vorstellung, zeigt sich die Wirklichkeit und man ist ihrer unmittelbar gewiss.

Hier sind ein paar Worte zur *Evidenz* am Platz: Wahrnehmung ist sinnliche Evidenz, und im Wort »evident« verbindet sich auch für uns noch ein subjektiver Sinn mit einem objektiven: Was evident ist, leuchtet einerseits ein und es ist andererseits auch tatsächlich so, wie es zu sein scheint. Für unser Verständnis stehen diese beiden Komponenten in Spannung zueinander. Da es mir unproblematisch ist, ob mir (jetzt) etwas einleuchtet oder nicht, kann ich mich über das Vorliegen einer Evidenz im subjektiven Sinn nicht irren. Wenn jedoch Evidenz auch Wahrheit implizieren würde, könnte ich mich auch bzgl. dessen, was mir evident ist, nicht irren. Wir könnten also insbesondere aus dem Einleuchten eines physikalischen Sachverhalts auf sein Bestehen schließen, und das widerspricht unserer realistischen Konzeption der physischen Welt als einer objektiven Realität, deren Sachverhalte unabhängig von unseren Eindrücken und Überzeugungen bestehen. Dieser strikt objektiven Auffassung begegnen wir jedoch erst bei Xenophanes; vorher konnten sich beide Komponenten durchaus miteinander verbinden. Das zeigt sich auch noch im Wort *alêtheia* (ἀλήθεια), das wir meist mit »Wahrheit«

---

2   Vgl. z.B. *Crat.* 439b–440d; *Parm.* 135b–c.

übersetzen. Wahr sind Urteile, Vorstellungen, Meinungen, Aussagen und dergleichen, also Subjektives, das sich auf Reales bezieht. In Kontexten wie *alêtheia tôn ontôn* (τῶν ὄντων: der Seienden) drückt das Wort hingegen eine Eigenschaft objektiver Dinge aus. *Alêthês* (ἀληθής) heißt dann seiner Herkunft entsprechend etwa soviel wie »unverborgen«. Auch in diesem Wort verbinden sich, wie in »evident«, also subjektive und objektive Komponenten.[3]

Zurück zu Platon. Der zweite Vorschlag, die Definition von Wissen als wahrer Überzeugung, wird im Dialog mit Hinweis auf den Fall eines Richters widerlegt, der nur die Zeugen der Anklage hört und dennoch zu einer richtigen Überzeugung von der Schuld des Angeklagten kommt. In diesem Fall würden wir nicht sagen, der Richter wisse, dass der Angeklagte schuldig ist; er kann das nach Lage des Falles vielmehr gar nicht wissen, weil er nicht alle Zeugen gehört hat. Wissen ist immer auch eine richtige Überzeugung, nicht jede richtige Überzeugung stellt aber schon ein Wissen dar; die Überzeugung muss auch gut begründet oder gerechtfertigt sein. Heute sagt man oft, die Überzeugung müsse *fundiert* sein. Im *Theaitetos* redet Platon von »Überzeugung mit Logos« (ἡ μετὰ λόγου ἀληθὴς δόξα, 201c9–d1), und das ist sein dritter Vorschlag: Wissen ist wahre Überzeugung mit Logos.

3. Probleme dieser Definition

Von den drei Deutungen, die Sokrates im Dialog in Betracht zieht,[4] interessiert uns hier nur eine: *Logos als Begründung oder Erklärung des Zusammengesetzten durch seine Teile* (201d–206b). Dagegen wird im Dialog eingewendet, nach dieser Deutung gebe es kein Wissen vom Einfachen, nicht Zusammengesetzten. Gibt es aber kein Wissen von den einfachen Teilen, so auch kein Wissen vom Ganzen. Denn ist das Ganze nichts anderes als die Summe seiner Teile, so kann man es nur erkennen, wenn man diese erkennt, ist das Ganze aber etwas anderes als die Summe seiner Teile, ihnen gegenüber also etwas Neues, so ist dieses Neue wiederum etwas Einfaches, für das es keinen Logos im angegebenen Sinn gibt.[5]

Die Rede von Teilen passt auf Erklärungen sicher besser als auf Begründungen. Begründet werden Sätze, und ein komplexer Satz kann zwar, wie z.B. eine Konjunktion, so aus seinen Teilsätzen zusammengefügt sein, dass er über seine Teilsätze zu begründen ist. Das gilt aber nicht für alle Sätze, z.B. nicht für Konditionale. Aus dem Einwand im Dialog ergibt sich jedoch auch ein wichtiges Argument gegen die Deutung von Wissen als begründeter wahrer Überzeugung: Man kann die *stoicheia* (στοιχεῖα), die einfachen Teile, als erste Prämissen einer Begründung ansehen – *stoicheia* können auch Grundprinzipien sein. Dann lautet

---

3   Vgl. dazu Heitsch 1979, Kap. II.
4   Die beiden anderen sind: *Logos* als sprachliche Formulierung und als Angabe eines unterscheidenden Merkmals.
5   Die längere Diskussion (204a–206b) um die Frage, ob das Ganze identisch ist mit der Gesamtheit seiner Teile (τὰ πάντα μέρη, 204a7) ist recht undurchsichtig. Im *Parmenides* wurde gesagt, das gelte nicht immer. Hier geht es nicht um die Klärung dieser Frage, sondern allein um den Gedanken: So oder so ist das Zusammengesetzte nicht erkennbar, wenn das Einfache nicht erkennbar ist.

der Einwand gegen die Deutung so: Jede Begründung muss von ersten Prämissen ausgehen, die im Argument nicht mehr begründet werden, die also nach der Deutung kein Wissen darstellen. Sie lassen sich zwar mit anderen Argumenten begründen, Begründungen haben aber ein Ende. Zuletzt bleiben Prämissen stehen, die keine Erkenntnisse sind. Sind aber die ersten Prämissen keine Erkenntnisse, so vermitteln sie auch keine Erkenntnis der Konklusion; die Kette der Sätze in einem Argument ist nicht stärker als ihr schwächstes Glied.[6] Würde man hingegen festlegen, dass ein Wissen nur dann vorliegt, wenn auch die begründenden Sätze ein Wissen darstellen, so wäre das offenkundig zirkulär.[7] Der Einwand von Sokrates enthält also auch eine Kritik an der Konzeption des Wissens im *Menon*. Spätestens im *Staat* ist sich Platon bewusst, dass man Wissen nicht einfach als richtige und begründete Überzeugung definieren kann.

Der Trend der Überlegungen von Sokrates zur Deutung von Logos als Begründung oder Erklärung geht aber in eine andere Richtung. Er zielt auf ein Wissen von Ideen, nicht von Propositionen ab. Ein Logos besteht dann nicht in einer Begründung, sondern in einer Erklärung. Wenn man nun unter einer Erklärung eines Attributs eine Definition versteht, wie das zunächst nahe liegt, so lautet der Einwand: Grundbegriffe oder einfache Attribute lassen sich nicht definieren, von ihnen gäbe es nach dem Vorschlag daher keine Erkenntnis. Eine Definition kann aber nur dann eine Erkenntnis des definierten Begriffs vermitteln, wenn die dabei verwendeten Grundbegriffe erkannt bzw. bekannt sind. Auch eine Erklärungskette ist so schwach wie ihr schwächstes Glied. Auch dieser Gedanke spielt schon im *Staat* eine wichtige Rolle, denn der Mathematik wurde dort ein Wissen im vollen Sinn abgesprochen, weil sie gewisse Begriffe oder Arten von abstrakten Objekten wie Geraden und Zahlen voraussetzt, ohne sie zu erklären.

Platon zielt im *Theaitetos* vermutlich darauf ab, dass allein dialektisches Wissen wahres Wissen ist. Dialektische Argumente gehen zunächst von Voraussetzungen aus, die werden dann aber schrittweise aufgehoben, indem sie aus allgemeineren Voraussetzungen abgeleitet werden, bis man endlich zum Ursprung aller Erkenntnis gelangt, den Platon in der Idee des Guten sah.[8] Gegenstände wahren Wissens waren für ihn primär Ideen. Er war sich darüber im Klaren, dass ein Logos für eine Idee nicht immer in einer Definition bestehen kann. Der wichtige Fortschritt gegenüber dem *Staat* liegt wohl in der Einsicht, dass eine Idee sich auch durch ihre Beziehung zu anderen Ideen erklären lässt. Das Problem bei der Deutung von Logos als Erklärung ist nicht so sehr, dass man in einem Begriffssystem die Grundbegriffe nicht zirkelfrei definieren kann, sondern jene Theorie, die

---

6 Das steht schon im *Staat*: »Denn wovon der Anfang etwas ist, was man nicht weiß, das Ende und die Mitte also aus dem, was man nicht weiß, zusammengeflochten sind, wie soll eine solche Kette jemals ein Wissen hervorbringen?« (*Rep.* 533b–c)

7 Vgl. den entsprechenden Gedanken zum vierten Vorschlag, 210a.

8 Vgl. *Rep.* 510b ff. mit *Rep.* 532a–b: »Der dialektische Weg ist, durch Untersuchung ohne Wahrnehmung (Anschauung), nur vermittels Argumenten, auf das zu zielen, was etwas seinem Wesen nach ist, und nichts auszulassen, bis man das Gute selbst erkannt hat. Dann ist man am Ziel allen Erkennens.«

Sokrates in seinem »Traum« (201e8–202c5) referiert.[9] Nach ihr lassen sich über einfache, nicht zusammengesetzte und daher undefinierbare Ideen nur tautologische Aussagen machen. Sie sind einartig und teillos ($\mu o\nu o\epsilon\iota\delta\grave{\epsilon}s$ $\kappa\alpha\grave{\iota}$ $\mathring{\alpha}\mu\acute{\epsilon}\rho\iota\sigma\tau o\nu$, 205c2, d1–2) und daher kann man von ihnen nichts prädizieren, was auch auf anderes zutrifft (202a). Wäre z.B. Gerechtigkeit ein Grundbegriff, so könnte man nach der Theorie von ihr nur sagen, sie sei gerecht, aber nicht, sie sei eine Tugend, sie existiere, usf. Wie diese »geträumte« Theorie begründet wurde, erfahren wir nicht, wir wissen nur, dass Platon sie schon im *Parmenides* wie später im *Sophistes* strikt ablehnt. Im *Parmenides* unterscheidet Platon zwischen der Betrachtung der Ideen für sich und ihrer Betrachtung in Beziehung auf anderes. Für sich ist eine Idee – dort vor allem das Eine – einartig und teillos, in Beziehung auf andere hingegen nicht. Die Einfachheit einer Idee besagt also nicht, dass man über sie nur identische Aussagen machen könnte. Das Eine lässt sich sicher nicht definieren, ebenso wenig so fundamentale Ideen wie Sein und Identität. Man kann aber etwas über ihre Beziehungen zu anderen Ideen aussagen, wie das im *Sophistes* an den »obersten Arten« vorgeführt wird. Diese Einsicht, dass Ideenerkenntnis nicht nur durch Definitionen vermittelt wird, hat Platon aus einer echten Schwierigkeit seiner Konzeption vom Wissen als begründeter wahrer Meinung befreit.

Das Neue, was Platon dem kritischen Leser im *Theaitetos* zum Wissensbegriff vermitteln wollte, sehe ich also darin, dass Logos in der hier erörterten Deutung nicht im engen Sinn einer Definition zu verstehen ist, sondern im weiteren Sinn der Analyse eines Attributs durch Angabe seiner Beziehungen zu anderen Attributen. Eine solche Untersuchung von Begriffsverhältnissen ist ein zentrales Thema des *Parmenides* wie des *Sophistes*, zwischen denen der *Theaitetos* steht.[10]

Auch diese Deutung von Logos bzw. Fundiertheit entgeht freilich nicht der Schwierigkeit, die im Dialog (209e6–210a5) aufgewiesen wird: Fordert man zum Wissen von einer Idee nur, dass eine richtige Meinung von ihren Verhältnissen zu anderen Ideen vorliegt, so ist nicht einzusehen, wieso sich aus richtigen Meinungen ein Wissen ergeben soll. Fordert man jedoch ein Wissen von den Beziehungen der Idee zu anderen, so wird die Erklärung von »Wissen« zirkulär. Platon hat wohl angenommen, es gebe eine Erkenntnis von Ideen und ihren Beziehungen, in der Aussagen über sie unmittelbar evident werden, so dass sich kein weiteres Erkenntnisproblem stellt.[11] Ginge es um Begriffe, so könnten wir sagen: Begriffswahrheiten sind analytische Wahrheiten, und die sind unproblematisch. Für

---

9   Man sieht darin vielfach – so z.B. McDowell 1973, 234 ff. und Guthrie 1962, Bd. V, 114 ff. – eine These von Antisthenes. Nach Aristoteles, *Metaph.* V 29, 1024b32, hat Antisthenes generell nur identische Aussagen wie »Das Gute ist gut«, »Das Schöne ist schön« etc. als wahr angesehen. Im *Theaitetos* wird das auf einfache Ideen beschränkt.

10   Sie lässt sich im Übrigen auch auf Propositionen übertragen: Ich weiß, was eine Proposition besagt, wenn ich weiß, woraus sie folgt und was aus ihr folgt.

11   Ich habe schon betont, dass Evidenz keine Wahrheitsgarantie enthält, sie versichert uns aber unmittelbar der Wahrheit und wird daher auch oft so verstanden, dass sich uns darin die Wirklichkeit selbst offenbart und dass sie untrüglich ist. Jedenfalls ist Evidenz der Punkt, an dem die Erkenntnisbemühung zunächst zur Ruhe kommt, weil kein Zweifel bleibt, der noch auszuräumen wäre.

Platon waren Ideen jedoch keine Begriffe, sondern etwas Objektives, und das Objektive zeichnet sich gerade dadurch aus, dass wir uns darüber täuschen können.

Heute reden wir nicht von einer Erkenntnis von Begriffen. Erkenntnis und Wissen beziehen sich für uns auf Sachverhalte. Man kann natürlich sagen, jemand kenne einen Begriff, wenn er weiß, welche Merkmale der Begriff hat, Begriffe sind für uns aber doch weniger Gegenstände als Instrumente der Erkenntnis. Wir wollen nicht Begriffe erkennen, sondern mit ihrer Hilfe die Welt. Begriffe sind für uns mentale Konstrukte, Werkzeuge des Begreifens. Daher haben wir mit Platons Fokussierung des Erkenntnisbegriffs auf Ideen oder Attribute ein Problem. Anders als uns ging es Platon aber nicht um empirische Erkenntnis und die Frage, welche konkreten Dinge welche Eigenschaften haben. Seine Erkenntnisbemühung richtete sich vielmehr auf das Reich der Ideen, in dem allein er definitive Erkenntnis für möglich hielt.

4. Moderne Definitionen

Statt auf die beiden anderen Vorschläge von Theaitetos zur Deutung von »Überzeugung mit Logos« einzugehen will ich hier auf eine moderne Bestimmung der Fundiertheit hinweisen:

*)*Eine Überzeugung ist fundiert, wenn sie nach intersubjektiven Standards der Rationalität gewonnen wurde.*

Wahrnehmung, Akzeptanz von allgemein als wahr Anerkanntem, Begründung mit allgemein anerkannten Theorien usf. ergibt dann ein Wissen. Dabei muss eine fundierte Überzeugung nicht schon wahr sein. Dieser Vorschlag entspricht wohl am besten dem normalen Wissensbegriff. Philosophisch ist freilich auch er unbefriedigend, denn was heute als richtig oder rational anerkannt ist, kann sich später als falsch bzw. irrational erweisen. Früher glaubte man z.B. an Hexen und Dämonen und stützte Begründungen auf Theorien, die wir heute verwerfen. Das allgemein als rational oder wahr Anerkannte sind nur kollektive Überzeugungen. Sie sind nicht grundsätzlich von höherer Dignität als individuelle Überzeugungen, sondern nur leichter vermittelbar.

Die platonische Frage einer befriedigenden Definition von Wissen bewegt die Erkenntnistheoretiker bis heute. Die moderne Diskussion begann 1963 mit einem Aufsatz von E. Gettier *Is justified true belief knowledge?* Darin wandte er sich gegen die Definition des Wissens als begründeter, wahrer Überzeugung mit dem Hinweis, auch die Gründe müssten wahr und ihrerseits begründet sein. Es gibt tatsächlich viele Beispiele richtiger, subjektiv gerechtfertigter und auch begründeter Überzeugungen, die wir nicht als Wissen ansehen würden. Ein typischer Fall ist folgender: Max ist nach Norwegen gefahren, hat Hans aber gesagt, er fahre nach Schweden. Daher nimmt Hans an, Max sei in Skandinavien. Er hat damit Recht und seine Überzeugung ist auch begründet. Da er jedoch durch eine falsche Information zu seiner Überzeugung gekommen ist, würden wir nicht sagen, er wisse, dass Max in Skandinavien ist. Man hat versucht, solchen Fällen durch eine »kausale Theorie des Wissens« beizukommen, nach der ein Wissen, dass ein bestimmter Sachverhalt besteht, eine richtige Überzeugung davon ist, die durch diesen Sachverhalt bewirkt ist. Dieser Vorschlag ist aber unbrauchbar, denn erstens ist er viel zu eng – Wie soll z.B. eine arithmetische Tatsache eine Überzeugung bewirken? – und zweitens werden Überzeugungen nicht von unserer Umwelt bewirkt, sondern von uns selbst gebildet. Richtig ist jedoch: Wissen muss irgendwie in Evidenz verankert sein, die das Paradigma der Erkenntnis bildet im Sinne der *alêtheia* (ἀλήθεια), der gegenseitigen Offenheit von Sein und Bewusstsein.

Seit dem Aufsatz von Gettier ist die Suche nach einer rundherum befriedigenden Explikation des Wissensbegriffs erfolglos geblieben. Man kann auch nicht erwarten, dass der Gebrauch des Wortes »wissen« im Alltag festen, kohärenten und kontextunabhängigen Regeln folgt. Selbst wenn das der Fall wäre, wäre nicht gesagt, dass diese Regeln eine für erkenntnistheoretische Zwecke passende Explikation des Wortes ergeben. Für diese Zwecke kommt man oft mit der schlichten Definition des, wie man heute sagt, *epistemischen Minimalismus* aus: *Wissen ist wahre Überzeugung*. Sie ergibt zwar einen sehr weiten Wissensbegriff, er enthält aber jedenfalls die beiden zentralen Komponenten: Wahrheit und Überzeugung. Keine der beiden Komponenten ist steigerungsfähig, weder Wahrheit als objektive, noch Überzeugung als subjektive Komponente. Wahrer als wahr geht es nicht, und sicherer als ganz sicher kann man sich auch nicht sein. Alle Zusatzbedingungen haben sich als problematisch erwiesen. Die Wege, auf denen wir zu einer Überzeugung gelangen, sind oft verschlungen. Für andere sind sie meist nicht kontrollierbar, und auch wir selbst können darüber vielfach keine Rechenschaft geben. Das entscheidende Kriterium für die Beurteilung von Wissensansprüchen ist für uns daher Wahrheit. Die Fragen »Warum glaubst du das?« oder »Woher weißt du das?« stellen wir in der Regel nicht, wenn wir kontrollieren wollen, ob die Überzeugung des anderen eine bestimmte, wissensadäquate Qualität hat – das interessiert vor allem Prüfer oder Psychologen –, sondern wenn uns selbst das Bestehen des fraglichen Sachverhalts zweifelhaft ist und wir erfahren wollen, ob der andere Gründe hat, die auch uns überzeugen. Es geht dabei also um Informationen, die uns helfen, die Wahrheit einer Behauptung zu beurteilen. Daher kann man von »Wissen« oft im schlichten Sinn des minimalistischen Vorschlags reden. Der Vorschlag (*), Wissen sei wahre und nach intersubjektiven Rationalitätsstandards gebildete Überzeugung, entspricht zwar dem normalen Sprachgebrauch besser, sein Zusatz ist aber erkenntnistheoretisch wenig relevant. Mit dem epistemischen Minimalismus entfernt man sich freilich vom sokratisch-platonischen Ideal anspruchsvolleren Wissens. Das Ziel eines perfekten Wissens, über dessen Vorliegen man sich nicht irren kann, ist aber überall dort unerreichbar, wo es sich auf eine Realität beziehen soll, die im oben angegebenen Sinn von unserem Fürwahrhalten unabhängig sein soll.

5. Der Horizont menschlicher Erkenntnis

Gibt es für uns überhaupt echtes Wissen und wie weit reicht sein Horizont? Die Möglichkeit von Erkenntnis wird zwar erst in der Neuzeit zu einem zentralen philosophischen Problem, sie wird aber schon bei Xenophanes thematisiert. Im *Frgm.* 34 sagt er, wir könnten nie sicher sein, dass unsere Überzeugungen richtig sind, da wir sie nicht mir der Realität selbst vergleichen können, sondern immer nur mit der Realität, wie sie uns zu sein scheint, also mit anderen Überzeugungen: »Meinung haftet an allem (δόκος δ' ἐπὶ πᾶσι τέτυκται)«. Es ist, mit anderen Worten, gut möglich, dass wir mit unseren Überzeugungen gelegentlich das Richtige treffen, dass sie also jedenfalls im minimalistischen Sinn ein Wissen darstellen, wir können unsere Wissensansprüche aber nicht rechtfertigen; wir können nie sicher sein, dass wir Recht haben.

Diese Skepsis ist eine Konsequenz einer realistischen Auffassung der Außenwelt – der Einfachheit halber rede ich nur von der physischen Außenwelt. Eine realistische Konzeption der physischen Natur drückt sich in der Annahme aus:
R1) Aus mentalen Tatsachen (Eindrücken und Überzeugungen) kann man nicht deduktiv auf physikalische Tatsachen schließen.
Wenn man noch stärker annimmt:
R2) Aus mentalen Tatsachen kann man auch induktiv nicht auf physikalische Tatsachen schließen,
dann lässt sich aus unseren Erfahrungen, die ja unseren einzigen Zugang zur Außenwelt bilden, gar nichts mehr über diese Welt entnehmen. Dann kann es im Sinn von Xenophanes zwar sein, dass manche unserer Überzeugungen richtig sind, solche Annahmen können wir aber nicht rechtfertigen. Wir können uns insbesondere nicht auf empirische, naturgesetzliche Zusammenhänge zwischen physikalischen und mentalen Sachverhalten stützen, zwischen äußeren Vorgängen und unseren Eindrücken von ihnen, denn die lassen sich erst angeben, wenn wir schon physikalische Feststellungen machen können, und darin besteht ja gerade das Problem.

Das skeptische Problem ist also die Folge eines, wie man in Anlehnung an Platon sagen kann, *Chôrismos* (χωρισμός: Trennung), den wir zwischen physischer und mentaler Realität annehmen. Wenn man *R2*, die stärkere Unabhängigkeitsthese, verwirft und damit die Möglichkeit induktiver Schlüsse von Eindrücken auf physikalische Tatsachen annimmt, wofür einiges spricht (vgl. Kutschera 1989), vertritt man keinen radikalen *Chôrismos* mehr, sondern nimmt analytische, also sinngemäße Zusammenhänge zwischen unserem Bewusstsein und der physischen Realität an, die sich dadurch als ihrem Wesen nach auf menschliches Bewusstsein bezogen darstellt, als eine Welt nicht an sich, sondern für uns; als jene Welt, die so ist, wie sie sich uns in unseren Erfahrungen zeigt.[12] Der Preis dieser Überwindung der Skepsis ist also eine Abschwächung des Realismus, bei der zwar *R1* noch gilt, die physische Welt sich aber nicht als etwas begreifen lässt, das ihrem Wesen nach von der Existenz menschlichen Bewusstseins unabhängig ist, sondern als Gegenstand unserer Erfahrung. Mit Johann Gottlieb Fichte, dem ersten Rektor dieser Berliner Universität, muss man sagen: »Man wird immer vergeblich nach einem Bande zwischen dem Subjekte und Objekte suchen,

---

12 Unter Bezugnahme auf die Quantentheorie, nach der sich – wie ich zu zeigen versucht habe – alle empirischen Eigenschaften als sekundär erweisen, lässt sich die Behauptung von (analytischen) Wahrscheinlichkeitskorrelationen zwischen mentalen und physikalischen Sachverhalten verallgemeinern. Vgl. Kutschera 2004a.

wenn man sie nicht gleich ursprünglich in ihrer Vereinigung aufgefasst hat.«[13] Nach so einem »Bande zwischen dem Subjekte und Objekte« sucht man auch bei der Definition des Wissensbegriffs. Das wurde am Ansatz der »kausalen Theorie des Wissens« deutlich, die einen kausalen Nexus zwischen einem Ereignis und der Überzeugung davon annimmt.

Ein *Chôrismos* zwischen Denken und physischer Realität tut sich erst bei Platon auf. Ich habe schon darauf hingewiesen, dass die Natur ursprünglich als offen für menschliche Erkenntnis angesehen wurde und menschliches Bewusstsein als offen für die Realität. Ich habe auf das Wort *alêtheia* hingewiesen, in dem sich noch subjektive mit objektiven Bedeutungskomponenten verbinden. Rückschauend empfinden wir diese Sicht als naiv, eine nicht naive Rekonstruktion des Erkenntnisphänomens ist aber bisher nicht gelungen, und sie kann auch nur gelingen, wenn der *Chôrismos* zwischen Denken und Sein überwunden wird.

Für Platon besteht ein »ursprüngliches Band zwischen dem Subjekte und Objekte« nur mehr im Bereich apriorischer Erkenntnis. Das geistige Sein ist für den Geist vollständig und sicher erkennbar. Wären Ideen mentale Konstrukte, wie es für unser Verständnis Begriffe sind, so wäre diese Position unproblematisch. Für Platon stellen sie jedoch eine objektive Realität dar. Trotzdem soll es von ihnen ein perfektes Wissen geben, d.h. ein Wissen von der Art, dass wir uns mit Überzeugungen, etwas zu wissen, nicht irren können. Diese seine Grundüberzeugung begründet Platon nicht näher. Im mythischen Bild des *Phaidros* kann die körperlose Seele die Ideen schauen und hat dabei eine Evidenz, die ebenso unproblematisch wie zuverlässig ist. Es gibt also noch *alêtheia*, aber nur im geistigen Bereich.

Bezüglich empirischer Erkenntnis vertrat Platon hingegen eine Skepsis. Die materielle Welt war für ihn ihrer Natur nach dem Geist fremd. Dabei lässt sich freilich eine Entwicklung seiner Gedanken vom *Phaidon* bis zum *Timaios* beobachten. Während im *Phaidon* die physische Welt eine heraklitische Welt ständigen Werdens, Vergehens und Veränderns ist, in der es nichts Festes und Genaues gibt, über das sich Eindeutiges aussagen ließe, und zu deren Beschreibung sich die unveränderlichen und eindeutigen Ideen höchstens näherungsweise eignen, ist die körperliche Welt im *Timaios* eine »Mischung« aus unintelligibler Materie und geistig bestimmter Form. Intelligible Formen gestalten die körperliche Welt bis in ihre kleinsten Dimensionen hinab, bis in die Atome, die für Platon die Gestalt regulärer Polyeder haben. Auch im *Timaios* bleibt es aber bei der Aussage des *Staates*, die empirische Realität sei kein Gegenstand von Wissen im anspruchsvollen Sinn, sondern von Meinung, und mehr als richtige Überzeugung sei hier nicht zu erreichen; über Wahrscheinlichkeiten kämen wir nicht hinaus.[14] Damit bleibt es beim *Chôrismos* zwischen Geist und Materie. Sie sind grundverschieden, und Platon war der Überzeugung, dass wir nur das uns als Geisteswesen Verwandte wirklich erkennen können. Dieser Gedanke hätte ihn eigentlich in Richtung eines Idealismus führen müssen. Den vermeidet er aber durch seine Lehre von den Seinsgraden: Für ihn sind die Dinge nur in dem Maße wirklich, in dem sie geistig

13 J. G. Fichte, »Versuch einer neuen Darstellung der Wissenschaftslehre«, 1797/98, 11. (= *Werke* I 528).
14 Vgl. *Tim.* 29c.

geprägt sind. Daher kann er sagen: Alles ist erkennbar, im Maße es wirklich ist.[15] So ergibt sich aus dem *Chôrismos* zwischen Geist und Materie für ihn keine echte Begrenzung unseres Erkenntnishorizonts. Die Wirklichkeit bleibt erkennbar, wenn der physischen Welt auch nun die volle Wirklichkeit abgesprochen wird.

6. Die Entsprechung von Sein und Erkennen

Platon hat eine Korrespondenz von Stufen der Wirklichkeit und Stufen der Erkenntnis angenommen. Wissen im vollen Sinn gibt es für ihn nur vom Ewigen und Unwandelbaren. Platon geht von der Unterscheidung der Ideen von ihren empirischen Instanzen aus. Die Ideen gehören dem Bereich des Ewigen und Unwandelbaren an, dem geistigen Bereich, ihre physischen Instanzen hingegen dem Bereich des Werdens und Vergehens, des Wandels.[16] Es ist nun ein Grundgedanke Platons, dass verschiedenartigen Gegenstandsbereichen auch verschiedenartige Kognitionsarten entsprechen, und umgekehrt. Dieses Prinzip ist nicht ganz unplausibel, denn mathematische Erkenntnis z.B. ist von anderer Art als empirische, physikalische von anderer Art als psychologische. Erkenntnis im engeren Sinn ($\gamma\nu\omega\mu\eta$, $\epsilon\pi\iota\sigma\tau\eta\mu\eta$) soll nun die höchste Kognitionsform sein. Sie ist untrüglich ($\alpha\nu\alpha\mu\alpha\rho\tau\eta\tau\sigma\nu$, 477e6). Ihr ist daher auch der höchste Grad des Seins zugeordnet: Das im höchsten Grade Seiende ist im höchsten Grade erkennbar ($\pi\alpha\nu\tau\epsilon\lambda\hat{\omega}\varsigma$ $\dot{\delta}\nu$ $\pi\alpha\nu\tau\epsilon\lambda\hat{\omega}\varsigma$ $\gamma\nu\omega\sigma\tau\acute{\sigma}\nu$).[17] Dem untersten »Kognitionsmodus«, dem Nichtwissen, entspricht das Nichtseiende ($\mu\grave{\eta}$ $\dot{\delta}\nu$ $\mu\eta\delta\alpha\mu\hat{\eta}$ $\pi\acute{\alpha}\nu\tau\eta$ $\ddot{\alpha}\gamma\nu\omega\sigma\tau\sigma\nu$, 477a2–4). Der Meinung oder Vorstellung ($\delta\acute{\sigma}\xi\alpha$), die zwischen Wissen und Nichtwissen steht, entspricht endlich etwas zwischen Sein und Nichtsein: die empirische Welt.[18]

Platon lässt Sokrates die Parallelität von Seins- und Erkenntnismodus ausführlich begründen. Sokrates sagt, Vorstellung und Erkenntnis seien zwei Vermögen ($\delta\upsilon\nu\acute{\alpha}\mu\epsilon\iota\varsigma$), und Vermögen unterschieden sich nur nach ihrem Bereich – der Art von Gegenständen, auf die sie sich beziehen – und ihrer Leistung ($\ddot{\epsilon}\rho\gamma\sigma\nu$, 477d). Er verkürzt das dann allerdings ohne weiteres zu der Behauptung, verschiedene Vermögen hätten immer verschiedene Bereiche (478a).[19] Da nun Erkenntnis- und

---

15 Vgl. den *Staat*, Bücher V und VI, insbes. 476c–485b und das Liniengleichnis 509d–511e; 533e–534a.

16 Vgl. *Phdn.* 103a–c.

17 Wissen ist insofern untrüglich, als man nur wissen kann, was wahr ist; niemand kann wissen, dass Regensburg an der Isar liegt. Daraus folgt aber nicht, dass wir uns nicht irren können, wenn wir glauben, etwas zu wissen. Vgl. dazu z.B. Kutschera 1998, Kap. 2.1. Das aber meint man meist, wenn man von »untrüglichem Wissen« redet, und das meint auch Platon. – Das wahre Sein, das für Platon am besten und genauesten erkennbar ist, ist für Kant gerade völlig unerkennbar; für ihn ist das subjektiv Geistige der Bereich zuverlässigster Erkenntnis. Auch als Konzeptualist würde man sagen: Die perfekte Erkennbarkeit abstrakter Objekte ergibt sich daraus, dass sie Konstrukte unseres eigenen Denkens sind. Vgl. dazu a.a.O., Kap. 4.

18 Die Parallelität von Erkennen und Sein wird im Liniengleichnis ausführlicher entwickelt (*Rep.* 509d–511e; 533e–534a), in dem vier Seinsbereichen vier Erkenntnisformen zugeordnet werden. Darauf kann ich hier aber nicht eingehen.

19 Im *Menon* war das noch nicht so. Dort war Wissen eine klare Vorstellung von dem, wovon Meinung nur eine dunkle Vorstellung ist. Dort (97a) wie im *Theaitetos* (200d

Vorstellungsvermögen verschiedenes leisten – das eine liefert eben Wissen, das andere nur Vorstellungen –, also verschieden sind, müssen sie auch verschiedene Bereiche haben. Vorstellungen können sich also nicht auf das im vollen Sinn Seiende beziehen. Nachdem feststeht, dass der Bereich der Vorstellungen die Welt der empirischen Dinge ist, argumentiert Platon auch so: Vorstellungen beziehen sich auf Objekte, die nie eindeutig eine Eigenschaft F haben, sondern immer zugleich auch mehr oder weniger die Eigenschaft $nicht$-F,[20] die, wie er sonst auch sagt, nur mehr oder weniger F sind.[21] Da sich die Eigenschaften physischer Dinge zudem ständig ändern, gibt es im empirischen Bereich keine eindeutigen und dauerhaft wahren Urteile, also keine Erkenntnis. Die Instabilität der Dinge bewirkt eine Instabilität der Vorstellungen von ihnen, instabile Meinungen sind aber kein Wissen (485a–b). Die empirische Welt ist also kein Gegenstand von Erkenntnis, sondern nur von Meinung.

Heute halten wir diese Ansichten Platons für falsch: Vorstellungen und Erkenntnisse können dieselben Gegenstände haben; man kann über Ameisen wie über Primzahlverteilungen sowohl bloße Meinungen haben wie Erkenntnisse.[22] Der Wandel in der empirischen Welt ist kein Hindernis für eindeutige und zeitlos wahre Aussagen über sie. Es ist unsinnig zu sagen, Sokrates sei ein Mensch, zugleich sei er aber in gewissem Sinn auch kein Mensch, weil er nicht alle menschlichen Vollkommenheiten auf sich vereinigt. Und wenn sich auch der Wahrheitswert der Aussage »Glaukon ist jung« ändert, wenn die Jahre fortschreiten, so ändert sich der Wahrheitswert des Satzes »Im Jahr 410 v. Chr. ist Glaukon jung« in alle Ewigkeit nicht. Für Platon, den schon in seiner Jugend die heraklitische Lehre vom Fluss aller Dinge nachhaltig beeindruckt hat,[23] war die empirische Welt jedoch kein Gegenstand sicherer Erkenntnis. Das behauptet Sokrates schon im *Phaidon* (65b). Platon ging von einem statischen Seinsbegriff aus, der nicht zu einer Welt ständigen Wandels passt, und Erkenntnis war für ihn nur dort möglich, wo sich klare und eindeutige Aussagen machen lassen, Aussagen der Form »Dies ist so«, die zeitlos gelten. Quantitativ exakt über Veränderungen zu sprechen, daran sollte man sich erinnern, ist ja auch erst im Rahmen der neuzeitlichen Infinitesimalrechnung möglich geworden.

7. Apriorische Erkenntnis

Abschließend noch einige Bemerkungen zur apriorischen Erkenntnis. Dabei will ich nicht nur auf die Frage eingehen, wie sich Platon die Erkenntnis der trans-

---

ff.) gibt es auch empirische Erkenntnis. Ganz konsequent ist Platon mit der Bereichsunterscheidung auch im *Staat* nicht, denn die Wächter, die nach bloßer Meinung leben, müssen zur Erkenntnis geführt werden (430b), und die bezieht sich teilweise – z.B. was das wahrhaft zu Fürchtende angeht – auf denselben Gegenstand.

20 Vgl. *Rep.* 479a, c–d; 523e–524b; 525a.
21 Vgl. dazu die Bemerkungen zur imperfekten Teilhabe im *Phaidon* (74a–75c).
22 Man könnte höchstens sagen: Diese Gegenstandsbereiche unterscheiden sich nach der Stufe *möglicher* Erkenntnisse; die empirische Welt unterscheidet sich etwa von einer Realität, für die es apriorische Erkenntnis gibt.
23 Vgl. Aristoteles, *Metaph.* I 6; XII 4.

empirischen Ideen vorstellt, ich will vielmehr auch etwas zur Rolle der Ideen in Platons Theorie empirischer Erkenntnis sagen, also zu den apriorischen Elementen empirischer Erkenntnis.

Zunächst zur ersten Frage. Im gleichnamigen Dialog konfrontiert Menon Sokrates mit der Paradoxie, man könne nichts erkennen, denn wer schon weiß, ob ein Sachverhalt besteht, erkennt das nicht, wer das aber noch nicht weiß, kann nicht beurteilen, ob eine Antwort auf die Frage, ob er besteht, richtig ist. Diese Paradoxie ließe sich zwar einfach durch den Hinweis auflösen, dass Erkennen ein Übergang vom Nichtwissen zum Wissen ist, Sokrates löst sie im Dialog aber durch die These von der Erkenntnis als Wiedererinnerung. »Forschen und Lernen«, sagt er, »ist ganz Erinnerung« (τὸ γὰρ ζητεῖν ἄρα καὶ τὸ μανθάνειν ἀνάμνησις ὅλον ἐστίν, *Men.* 81d4–5). Erkennen ist also ein Wiedererwecken von Wissen, das wir latent schon haben. Er demonstriert das am Beispiel eines geometrischen Satzes, den ein junger Sklave, der bisher noch nie etwas von Geometrie gehört hat, als wahr erkennt. Diese Lehre von Erkenntnis als Wiedererinnerung dient Platon im *Menon* wie im *Phaidon* als Grundlage für einen Beweisversuch für die Unsterblichkeit der Seele, das eigentliche Problem, das Platon damit lösen will, ist jedoch das der Erkennbarkeit der Ideen. Ideen waren für ihn, wie gesagt, keine Begriffe, keine Konstrukte menschlichen Denkens, sondern etwas, das ebenso unabhängig von unserem Denken existiert wie die physische Welt. Empirische Erkenntnis beruht letztlich auf Wahrnehmung als unserem Zugang zur physischen Welt. In der Wahrnehmung zeigt sich, was wahr ist, und daraus können wir dann auf anderes schließen, das wir nicht direkt wahrnehmen. Nach diesem Modell fasst Platon auch apriorische Erkenntnis auf. Nun haben wir in unserer gegenwärtigen körperlichen Existenz nicht die Möglichkeit, Ideen und ihre Beziehungen untereinander direkt wahrzunehmen. Der verkörperte Geist kann nur Körperliches wahrnehmen. Ewiges, rein Geistiges kann nur die körperlose Seele schauen, wie das im Mythos des *Phaidros* (246a ff.) geschildert wird. Wir können daher eine Erkenntnis der Ideen nur in Form einer Wiedererinnerung an das haben, was wir im körperlosen Zustand einst geschaut haben.

Um die Wiedererinnerungslehre nicht vorschnell als absurd abzutun, muss man erstens sehen, dass das erkenntnistheoretische Problem, das Platon mit ihr lösen will, das Problem, wie eine Erkenntnis einer als objektiv verstandenen Welt abstrakter Objekte möglich ist, tatsächlich äußerst schwierig ist. Die Annahme, abstrakte Objekte gehörten einer von unserem Denken unabhängigen, objektiven Realität an, bezeichnet man als *Universalienrealismus* oder *Platonismus*. Diese Position ist heute keineswegs überholt, vielmehr sind wohl die meisten lebenden Mathematiker Platonisten. Sie sind es, ohne eine Wiedererinnerungslehre zu vertreten, Besseres haben aber auch sie nicht zu bieten. Der heutige Platonismus lebt zumeist davon, dass er seine erkenntnistheoretischen Schwierigkeiten ignoriert.[24] Je weniger man sie ignoriert, desto stärker neigt man einem Konzeptualismus zu, nach dem abstrakte Objekte Konstrukte unseres Denkens sind.[25]

---

24 Zu den Problemen des Platonismus oder Universalienrealismus vgl. z.B. Hale 1987.
25 Vgl. dazu auch Kutschera 1998, Kap. 4.

Nun wird man zur Lösung einer Frage nicht Annahmen machen wollen, die eine Menge neuer und noch schwierigerer Fragen aufwerfen. Man darf daher Platons Wiedererinnerungslehre zweitens nicht nur als Konstruktion zur Erklärung apriorischer Erkenntnis ansehen. Sie fügt sich vielmehr in seine dualistische Metaphysik ein, zu der ihn auch ganz andere Überlegungen geführt haben. Man sollte über die Wiedererinnerungslehre also nur vor dem Hintergrund der gesamten Metaphysik Platons urteilen und der Gründe, die ihn dazu geführt haben. Drittens ist die Deutung der Evidenz als Erinnerung phänomenologisch gar nicht unplausibel. Eine plötzliche Einsicht »So ist es!« hat doch einen ganz ähnlichen Charakter wie eine plötzlich wiederkehrende Erinnerung »So war das doch!«[26]

Auf apriorische Elemente empirischer Erkenntnis kommt Platon im *Phaidon* und im *Theaitetos* zu sprechen. Im *Phaidon* (72e ff.) begründet Sokrates die These, unser Erkennen sei Wiedererinnerung, auf einem neuen Weg. Erinnerung, sagt er, liegt vor, wenn wir bei der Wahrnehmung eines Gegenstands etwas anderes mitdenken, was wir nicht wahrnehmen, so wie wir etwa vor dem Portrait eines Menschen an das Original denken (73e). Dabei wird uns dann auch bewusst, wie ähnlich oder unähnlich das Wahrgenommene dem ist, dessen wir uns dabei erinnern. Nun gibt es das Gleiche selbst ($\alpha\mathring{\upsilon}\tau\grave{o}$ $\tau\grave{o}$ $\mathring{\iota}\sigma o\nu$, 74a11–12), das von den gleichen Dingen, gleichen Steinen oder Hölzern, die wir wahrnehmen, verschieden ist.[27] Die sind insofern nur unvollkommen gleich, als sie uns, obwohl sie dieselben bleiben, manchmal auch ungleich erscheinen (74b7–9), während die Gleichheit selbst nie anders erscheint, nie als Ungleichheit – exakte Gleichheit, könnte man sagen, lässt sich empirisch nicht feststellen, auch nicht durch noch so genaue Messungen. Wenn wir nun gleiche Dinge sehen, erinnern wir uns der Gleichheit und sehen, dass die gleichen Steine oder Hölzer nur unvollkommen gleich sind. Die Gleichheit selbst wird hingegen nicht wahrgenommen, sondern sie ist uns als Maß des Gleichseins gegenwärtig – Kenntnis der Gleichheit selbst ist, kantisch gesprochen, die Bedingung der Möglichkeit der Erfahrung von gleichen Dingen.[28] Ohne Kenntnis der Begriffe, könnte man auch sagen, keine Wahrnehmung der entsprechenden Eigenschaften der Dinge. Wenn die Kenntnis der Begriffe – oder besser: der Ideen, die ganz realistisch gedacht werden – aber nicht aus der Erfahrung stammt, ist sie apriori, und das heißt für Platon: Sie ist Erinnerung an früher, unabhängig von leiblicher Wahrnehmung Erkanntes. Für einen Konzeptualisten, für den Begriffe unsere eigenen Konstrukte sind, kennen wir sie als unsere eigenen Produkte, für den Realisten Platon kann dagegen eine Kenntnis der Begriffe nur in einer Bekanntschaft mit ihnen bestehen, die nach Analogie der

---

26 Stemmer (1992, § 14) deutet die platonische Anamnêsislehre als einen Mythos, dessen einzige Funktion es sei, Mut zu machen bei der Suche nach Erkenntnis. Das greift aber viel zu kurz und übersieht die epistemologischen Probleme völlig, welche die Lehre lösen soll. Im Übrigen erkennen nur intelligente Leute etwas, und die werden sich nicht gerade durch eine durchsichtige Fiktion Mut machen lassen.

27 Zum Gleichen selbst ($\alpha\mathring{\upsilon}\tau\grave{\alpha}$ $\tau\grave{\alpha}$ $\mathring{\iota}\sigma\alpha$; 74c1) vgl. Kutschera 2002, Bd. II, Kap. 1.5.

28 Das gilt bei Kant für apriorische Begriffe, die in der Organisation unseres Verstandes angelegt sind. Daneben kennt er auch empirische, aus Erfahrungen abstrahierte Begriffe. – Der Vergleich zwischen Portrait und Original für das Verhältnis von empirischen Dingen zu Ideen liegt für Platon nahe, weil er die Dinge als Abbilder der Ideen auffasst.

Wahrnehmung zu denken ist; man kennt sie, weil man sie einmal gesehen hat. Weil wir aber in dieser Welt keine Ideen schauen können, kennen wir sie aus einem früheren Leben. Wir haben also unabhängig von unseren Erfahrung ein Wissen von Ideen oder wir erinnern uns anlässlich von Erfahrungen an sie. Nun weiß man nur, wovon man Rechenschaft geben kann. Da den meisten von uns ein derartiges Wissen von den Ideen fehlt, handelt es sich also um Erinnerungen, und zwar um Erinnerungen aus einer früheren Existenz. Denn Wahrnehmung beginnt mit der Geburt, setzt aber schon eine Kenntnis der Ideen voraus.[29]

Im *Theaitetos* (184b4–186e12) skizziert Platon eine Theorie der Erfahrungserkenntnis, für die folgende zwei Punkte entscheidend sind:

1) Es wird zwischen dem Haben von Eindrücken (φαίνεσθαι) und Meinen (δοξάζειν) unterschieden (187a8) – davon war schon oben die Rede. Annahmen drücken sich in Urteilen aus. Wir bilden sie uns; sie sind das Resultat von Überlegungen. Man kann sehr klare und lebendige Eindrücke haben und sie dennoch als unzuverlässig ansehen. Ein Eindruck allein erzeugt noch kein Urteil. Urteilen ist ein Akt des Verstandes und in diesem Akt sind wir gegenüber unseren Eindrükken frei. Die Stoiker sprachen von einem Akt der Zustimmung (συνκατάθεσις, *adsensio*), der vom Eindruck »So erscheint es mir« zum Urteil »So ist es« führt. Wir deuten unsere sinnlichen Eindrücke als Eindrücke von einer objektiven Wirklichkeit. Daher stimmen wir einem Eindruck nur zu, wenn er in das System unserer sonstigen Annahmen über diese Wirklichkeit passt, und erklären abweichende Eindrücke mit Hilfe von Hypothesen über Störungen durch subjektive Faktoren.[30]

2) Ein Urteil entsteht erst durch die begriffliche Bestimmung des Inhalts der Eindrücke. Diese Interpretationsleistung ist Sache des Verstandes, oder, wie Sokrates sagt: der Seele. Platon hebt insbesondere auf Begriffe ab, die von den Eindrücken der einzelnen Sinne unabhängig sind, weil sie auf Daten aus verschiedenen Sinnesgebieten anwendbar sind. Diese Begriffe sind für ihn Voraussetzungen, nicht Resultate der Erfahrungserkenntnis. Der Verstand bestimmt durch seine Schlüsse (ἀναλογίσματα, συλλογισμοί, 186c2–3, 186d3) – oder allgemeiner: durch seine Akte – Eindrücke als Eindrücke vom selben Objekt oder von verschiedenen Objekten. Er fällt Urteile über Identität und Verschiedenheit, Ähnlichkeit und Unähnlichkeit, Zahl und Maß. Das, was die verschiedenen Sinnesgebiete übergreift, die Gemeinbegriffe (κοινά, 185e1), lassen sich nur mit der Seele

---

29 Auch wir gehen heute nicht davon aus, dass sich alle Begriffe aus der Erfahrung abstrahieren lassen. Denn um klassifizierende Begriffe einzuführen, braucht man oft schon einen Begriff der Ähnlichkeit in gewisser Hinsicht. Man kann z.B. mit Hilfe einer komparativen Relation der Farbähnlichkeit *X ist dem Y farbähnlicher als V dem Z* und Objekten oder Gruppen unter einander stark farbähnlicher Objekte Farbbegriffe wie Rot und Blau bilden. Der Begriff der Farbähnlichkeit lässt sich so aber nicht gewinnen. Vgl. dazu Kutschera 2004b.

30 Diese Unterscheidung von Eindruck und Urteil widerlegt im Grunde schon die antike wie moderne »kausale Erkenntnistheorie«. Die Wirklichkeit bildet sich nicht ins Bewusstsein ab, sondern wir machen uns ein Bild der Wirklichkeit. Das ist eine erkenntnistheoretisch sehr wichtige Einsicht, die sich bei Platon zum ersten Mal findet.

selbst erfassen.[31] Sinnliche Eindrücke haben Menschen wie Tiere von Geburt an, zu begrifflichen Bestimmungen, Urteilen und Schlüssen sind aber nur Menschen in der Lage, und die müssen das erst lernen (186b–c). Sein und Nichtsein sind Gemeinbegriffe, nicht Inhalte von Sinneseindrücken. Nur der Verstand, der die Eindrücke als Eindrücke von Seiendem deutet – oder aber als Sinnestäuschungen, denen nichts Reales entspricht – , reicht bis zum Sein. Nur er reicht also auch bis zur Wahrheit, denn die Wahrheit eines Urteils besteht darin, dass es vom Seienden sagt, es sei, vom Nichtseienden aber, es sei nicht.[32]

Literatur

Fichte, J. G.: »Versuch einer neuen Darstellung der Wissenschaftslehre«, in: Philosophisches Journal VII (1797/98) 1–20; auch in: Fichtes Werke, 11 Bde., Nachdruck der Ausgabe von I. H. Fichte 1834/35 und 1845/46, Berlin 1971, Bd. I.

Gettier, E. 1963: »Is Justified True Belief Knowledge?«, in: Analysis 23, 121–23.

Guthrie, W. K. 1962: A History of Greek Philosophy, 6 Bde., Cambridge.

Hale, B. 1987: Abstract Objects, Oxford.

Heitsch, E. 1979: Parmenides und die Anfänge der Erkenntniskritik und Logik, Donauwörth.

Kutschera, F. v. 1989: »Bemerkungen zur gegenwärtigen Realismusdiskussion«, in: Traditionen und Perspektiven der analytischen Philosophie, Festschrift für Rudolf Haller, hrsg. von W. L. Gombocz, H. Rutte, W. Sauer, Wien, 490–521.

Kutschera, F. v. 1998: Die Teile der Philosophie und das Ganze der Wirklichkeit, Berlin.

Kutschera, F. v. 2002: Platons Philosophie, 3 Bde., Paderborn.

Kutschera, F. v. 2004: Ausgewählte Aufsätze, Paderborn.

Kutschera, F. v. 2004a:»Intervenierende Beobachtungen und die Quantenmechanik« in: Kutschera 2004, 303–322.

Kutschera, F. v. 2004b: »Eine logische Analyse des sprachwissenschaftlichen Feldbegriffs,« in: Kutschera 2004, 63–74.

McDowell, J. 1973: Plato. Theaetetus, Oxford.

Runciman, W. C. 1962: Plato's Later Epistemology, Cambridge.

Stemmer, P. 1992: Platons Dialektik. Die frühen und mittleren Dialoge, Berlin.

Vlastos, G. 1965: »Degrees of Reality in Plato«, abgedr. in: Ders., Platonic Studies, Princeton (²1981).

31 Zur Behauptung von Theaitetos (186a–b), die Seele urteile auch über zeitliche Verhältnisse, äußert sich Sokrates nicht. Auch bei Locke sind nur die *koina* (κοινά), d.h. Begriffe, die in verschiedenen Sinnesgebieten anwendbar sind wie Ort, Zeit, Bewegung und Zahl, primäre Qualitäten.

32 Vgl. die Wahrheitsdefinition im *Kratylos* (385b).

Was kann man von Euthydemos und seinem Bruder lernen?

Wolfgang-Rainer Mann, New York

Schon angesichts der verhältnismäßig geringen Anzahl von Arbeiten, die sich mit dem *Euthydemos* befassen, gewinnt man leicht den Eindruck, dieser Dialog sei gewissermaßen ein Stiefkind der Platonforschung. Und wenn man sich dem Werk selbst zuwendet, scheint es nicht an guten Gründen für solche Vernachlässigung zu fehlen, denn im Hauptteil des Dialogs bringen Euthydemos und sein Bruder, Dionysodoros, eine Fülle von Argumenten vor, die scheinbar *nur* auf Haarspalterei und substanzloser Spitzfindigkeit beruhen; obendrein springen die beiden Brüder mit ihren Fragen rasch und ohne ersichtlichen Zusammenhang von einem *sophisma* zum anderen, so dass man zweifeln muss, ob dem Dialog überhaupt *ein* einheitliches Thema zugrunde liegt. So mag es schließlich nicht gar zu sehr verwundern, dass selbst ein so vortrefflicher Kenner der platonischen Schriften wie Friedrich Ast sich genötigt sah, den Dialog für unecht zu erklären. »Eitle Mühe« sei es – so Ast – hier nach wirklicher philosophischer Bedeutung »zu forschen«, da das Gespräch »nichts als sophistische Klopffechtereien« enthalte.[1] Wenige Seiten später schreibt er:

> [...] was den Inhalt und die Tendenz [...] betrifft, so weicht er [d.h. der Dialog *Euthydemos* – W.M.] nicht nur von *der hohen und wissenschaftlichen Absicht* der Platonischen Compositionen durchaus ab, da das Ganze nur leere Verspottung eines an sich *leeren Gegenstandes*, der Eristik, ist, sondern erscheint auch als *des Platonischen Geistes ganz unwürdig.* (Ast 1816, 416; Hervorhebung – W. M.)

Nun hat freilich das 19. Jahrhundert bereits gezögert, Ast in diesem radikalen Schritt zu folgen. Nichtsdestoweniger ist sein Urteil bezeichnend für die Probleme, die gerade dieser Dialog der Interpretation bereitet. Denn obzwar die Platonforschung den *Euthydemos* jetzt schon seit langem einstimmig als echt betrachtet, bleibt gleichwohl ein Hauptmoment aus Asts Auslegung weiterhin bestehen: Der Vorwurf der Wertlosigkeit, den Ast pauschal gegen den ganzen Dialog erhoben hatte, wird als solcher zurückgezogen und nur auf die Teile bezogen, in denen die beiden Brüder das Gespräch führen. Mit anderen Worten, *ihre* Aktivität sei »leer«, aber Platon sei bemüht, dieses auf eine bestimmte

---

1 Ast 1816, 414. Bezeichnenderweise führt dieses Buch folgenden Untertitel: »Ein Versuch, im Leben wie in den Schriften des Plato das Wahre und Aechte vom Erdichteten und Untergeschobenen zu scheiden, und die Zeitfolge der ächten Gespräche zu bestimmen«.

Weise zu veranschaulichen, nämlich dadurch, dass er seinen Lesern einen Kontrast vorführen wolle zwischen der Praxis der beiden Brüder und der des Sokrates. Und in der Tat weist der Hauptteil strukturelle Merkmale auf, die in bestem Einklang mit so einer Auffassung stehen.

Spätestens seit Karl Steinharts Einleitung aus dem Jahre 1851 und einer neun Jahre danach erschienenen Abhandlung von Hermann Bonitz haben Kommentatoren darauf hingewiesen, dass auf jede der Szenen im Hauptteil des Dialogs, in denen entweder Euthydemos oder sein Bruder das Gespräch leiten, eine Szene folgt, in der Sokrates das Gespräch leitet.[2] Diese Einteilung ist völlig evident. Bonitz schreibt: »Die allgemeine Gliederung in bestimmte Hauptabschnitte ist kaum in einem andern Platonischen Dialoge deutlicher bezeichnet als im Euthydemos«.[3] Dieser Teil des Dialogs ist seinerseits von einem Rahmengespräch zwischen Sokrates und Kriton eingeschlossen, welches den Anlass und den Kontext für das Nacherzählen des Hauptteils bildet. Und das Rahmengespräch spielt hier auch wirklich die Rolle eines *Rahmens* für den Hauptteil, da Sokrates, nachdem er seinen Bericht beendet hat, die vorherige Diskussion mit Kriton wieder aufnimmt. (Es gibt außerdem eine wichtige Stelle innerhalb des Hauptteils [290e ff.] – die ich später noch kurz besprechen werde – an der Kriton plötzlich Sokrates unterbricht, um ihn über das, was er gerade gesagt hat, zu befragen.)

Wenn sich auch eine ganz allgemein formulierte Frage nach der Funktion und der Bedeutung solcher (des öfteren vorkommenden) Rahmengespräche für die platonischen Dialoge nicht beantworten lässt, so scheint doch *eine* Rolle, die das Rahmengespräch im *Euthydemos* spielt, schon aus dem Aufbau des Dialogs klar ersichtlich: Als eine Diskussion auf sozusagen zweiter Ebene gibt es Platon die Möglichkeit, in einer natürlichen und ungezwungenen Weise über das Gespräch auf erster Ebene (also: die Begegnung zwischen Sokrates, Kleinias und Ktesippos auf der einen Seite, und Euthydemos, Dionysodoros und ihrem Gefolge auf der anderen) zu kommentieren. Man wird also vermuten dürfen, dass dem, was in dieser Diskussion ausgesprochen wird, eine besondere Bedeutung zukommt.

Aus dem Rahmengespräch gewinnen wir nun auch wirklich ein erstes Indiz dafür, wie der Kontrast (zwischen Sokrates und den Sophisten) vielleicht zu verstehen ist. Denn gerade bevor der Hauptteil beginnt, sagt Sokrates, dass jetzt niemand mehr fähig ist, den beiden Brüdern mit Erfolg zu begegnen, da sie so schrecklich clever geworden sind »in Gefechten mit Worten und im Widerlegen von was jeweils gesagt wird, ganz gleich ob es wahr oder falsch ist« (272a4–b1).[4] Wenige Sätze danach identifiziert er diese Fertigkeit mit eristischer Weisheit (σοφία ἐριστική, 272b8–10); die spezielle Kunst, die Euthydemos und Dionysodoros beherrschen, ist also die Eristik.[5] Und da die Argumente (wie

---

2   Steinhart 1851; Bonitz 1860.
3   Bonitz 1860, 105.
4   Zeilenzahlen sind nach Burnets OCT Ausgabe angegeben; die Übersetzungen sind Schleiermachers (manchmal von mir leicht abgeändert).
5   Eine Frage, die hier erwähnt und wenigstens kurz angesprochen werden sollte: Entscheidet Sokrates nicht alles schon im voraus zu seinen eigenen Gunsten, wenn er die Weisheit (σοφία) der beiden Brüder einfach mit eristischer Weisheit (σοφία ἐριστική) gleichsetzt, wo sie doch selbst behaupteten, dass das, was sie unterrichten, die Tugend

Sokrates gleich berichten wird), die von den beiden Brüdern tatsächlich vorgetragen werden, solche sind, die auf Tricks, Mehrdeutigkeiten und Trugschlüssen beruhen, wird man meinen, der Ausdruck ›Eristik‹ sei ein gut gewählter, um
ihre Tätigkeit zu bezeichnen und zugleich zu beschreiben. Dementsprechend
könnte man denken, die Frage nach dem Kontrast zwischen den Sophisten und
Sokrates lasse sich auf folgende Fragen reduzieren: Wie ist Sokrates' *eigene*
Praxis zu beschreiben? Worin besteht *seine* spezielle Kunst? Und hier wird man
glauben, dass wir ja alle schon längst wüssten, wie die Antwort laute, nämlich
die Dialektik sei die spezielle Kunst des Sokrates. So wird man schließlich meinen, Platon versuche in diesem Dialog die Eristik und die Dialektik einander
gegenüberzustellen, um einen Vergleich zwischen ihnen und ein Urteil über
ihren jeweiligen Wert zu erzwingen. Ganz in diesem Sinne schreibt Rosamund
Kent Sprague:

Plato's purpose in the *Euthydemos* is to champion the Socratic dialectic as against its false
imitation, eristic, or contentious reasoning. The structure of the dialogue is intimately
connected with this purpose, for each of the Socratic scenes is sandwiched between two of
the scenes in which the sophists are shown displaying their eristic skill. When Socrates is in
command, a young man, Cleinias, makes steady and even astonishing progress toward the
conclusion that the choice of wisdom is a necessary means to happiness; the logical antics
of the sophists, however, are represented as being of no educational value whatsoever. By
the way in which he has juxtaposed the two methods, Plato has forced a comparison between them. (Sprague 1993, viii)

Mit diesen Bemerkungen fasst Sprague eine Auslegung des Dialogs perfekt zusammen, die mir sowohl in ihrer Grundrichtung wie in einigen Einzelheiten verfehlt erscheint. Ihrer Meinung zufolge wäre die Antwort auf meine Titelfrage
also: Nichts! – Das ist alles, was man von Euthydemos und seinem Bruder lernen
kann. Im Folgenden werde ich gegen Spragues Lesart im besonderen, doch auch
gegen eine Reihe von Voraussetzungen, die dieser Interpretations-Richtung ganz
allgemein zugrunde liegen, argumentieren: Dementsprechend geht es mir auch

---

($\dot{\alpha}\rho\epsilon\tau\acute{\eta}$) sei? (Vgl. 273d8–9.) Anders ausgedrückt, was befugt Sokrates dazu, stillschweigend ihre Annonce, sie träten als Lehrer der Tugend auf, so weitreichend umzu-
deuten? Innerhalb des Dialogs wird diese Frage *expressis verbis* weder gestellt noch beantwortet. Man könnte aber folgende Überlegung heranziehen: Wenn die Tugend die
Weisheit ($\sigma o\phi\acute{\iota}\alpha$) erforderte (oder sogar mit ihr identisch wäre), und wenn die Weisheit
ihrerseits auf dem effektiven Handhaben von Argumenten beruhte, dann wäre der Ge-
danke, dass jemand, der lernen will gut zu sein, sich in Argumenten der Art, die Euthydemos und sein Bruder vortragen, auskennen müsse, nicht ein ganz so abwegiger, wie
es zuerst erscheinen mag. Man sollte sich außerdem daran erinnern, dass Euthydemos
und Dionysodoros sich selbst entschließen, ihre Annonce ($\dot{\epsilon}\pi\acute{\alpha}\gamma\gamma\epsilon\lambda\mu\alpha$), sie seien mittlerweile Experten in der Sache (der Tugend) geworden, dadurch zu verdeutlichen und
zu unterstützen, dass sie Kleinias als gewissermaßen einen ›Probefall‹ für ihre Lehrkunst
behandeln und ihn *daraufhin* einer Reihe von problematischen Argumenten aussetzten.
Und diese Argumente liefern den Beleg, auf den Sokrates sich dann (implizit) beruft, um
ihre Kunst oder Fertigkeit als Eristik zu bezeichnen. Wenn Sokrates also jetzt (das heißt,
nachdem das Gespräch mit den beiden Sophisten abgeschlossen ist) Kriton das sagt,
was er sagt, ist dies nicht an den Haaren herbeigezogen, sondern basiert auf der Aktivität und den Behauptungen der Sophisten-Brüder selbst.

nicht so sehr um Spragues Auffassung selbst, als um die Tatsache, dass sie eine immer noch weitverbreitete Vorstellung der Dialektik und Eristik geradezu beispielhaft zum Ausdruck bringt.

*

Vorher sollten allerdings noch vier spezifische Punkte erwähnt werden, auf die es in meiner Diskussion ankommen wird.

(i) Die sokratische Lehre, um die es sich in dem relevanten Textabschnitt (278e3–282d2) handelt, ist: Die *sophia* zu besitzen und über sie zu verfügen ist mehr als nur eine notwendige Bedingung für das Erlangen der *eudaimonia*, da die *sophia* zumindest ein konstitutiver Bestandteil der *eudaimonia* ist, und sich vielleicht sogar ganz mit ihr deckt.[6] Auf jeden Fall geht es Sokrates um eine wesentlich

---

6   Zwei kurze ergänzende Bemerkungen. (i) Mit der etwas unbeholfen wirkenden Formulierung »die *sophia* zu besitzen und über sie zu verfügen« soll folgender Aspekt der sokratischen Position zum Ausdruck gebracht werden: Sokrates unterscheidet zwischen dem bloßen Besitzen von etwas (vermeintlich) Gutem, und dem aktiven Gebrauch von dem, was man besitzt (vgl. 280d7 ff.). Im Kontext der Argumentation benutzt er diese Unterscheidung, um zu betonen, dass die (vermeintlich) guten Dinge und Sachen nur dann wirklich Güter sind (und seien können), wenn sie in einer guten (es stellt sich heraus: in einer vernünftigen und weisen) Weise verwendet werden. Daraus schließt Sokrates, dass diese Dinge und Sachen, da sie nicht von sich selbst aus gut sind, einfach nicht wirklich gut sind (vgl. 281d2–e1). Die *sophia*, im Gegensatz zu all den anderen vermeintlichen Gütern, ist wirklich gut, da sie (laut Sokrates) von sich selbst aus ist (vgl. 281e2–5). Aber das bedeutet, dass man nicht die *sophia* nur ›besitzen‹ könnte, ohne diesen ›Besitz‹ auf die richtige Weise zu ›verwenden‹; m. a. W., die *sophia* zu besitzen schließt schon mit ein, richtig über sie zu verfügen – es ist inkonsistent mit der Natur der *sophia*, dass man sie ›besitzen‹ aber dennoch nicht richtig ›verwenden‹ könnte. – Dieser Kontrast zwischen dem Besitzen und dem Gebrauchen des so Besessenen wird dann von Aristoteles in den Kontrast von Fähigkeit und Gebrauch ($\delta\acute{\upsilon}\nu\alpha\mu\iota\varsigma$ – $\chi\rho\tilde{\eta}\sigma\iota\varsigma$) beziehungsweise von Fähigkeit und Verwirklichung ($\delta\acute{\upsilon}\nu\alpha\mu\iota\varsigma$ – $\dot{\epsilon}\nu\acute{\epsilon}\rho\gamma\epsilon\iota\alpha$) ausgebaut; vgl. Cooper 1975, 72 f., Anm. 99. Und der Kontrast zwischen Dingen, die von sich aus weder gut noch schlecht sind – die aber auf gute oder auf schlechte Weisen verwendet werden können –, und Dingen, die von sich aus gut sind und daraufhin ihre gute (richtige) Verwendung garantieren, bildet die Basis der stoischen Lehre von den indifferenten Dingen ($\dot{\alpha}\delta\iota\acute{\alpha}\phi o\rho\alpha$), vgl. Long 1996, s. bes. 23–31, wo er sich explizit auf *Euthyd.* 278e–281e beruft; vgl. Striker 1994, 244–46, die dies dort dementiert (allerdings ohne sich auf Long zu beziehen) und dementsprechend Sokrates hier im *Euthydemos* eine etwas schwächere Position zuschreibt. (ii) Mit dem Ausdruck »konstitutiver Bestandteil« soll hervorgehoben werden, dass das Verhältnis zwischen der *sophia* und der *eudaimonia* nicht als bloß das Verhältnis von einem Mittel zu einem Zweck verstanden werden darf. (Ich denke hier auch an die Diskussion der aristotelischen Ethik, und an die Frage, wie dort der Ausdruck ›die auf die Ziele bezogenen Dinge‹ ($\tau\grave{\alpha}$ $\pi\rho\grave{o}\varsigma$ $\tau\grave{\alpha}$ $\tau\acute{\epsilon}\lambda\eta$) zu verstehen ist. Siehe z.B.: Wiggins 1980, bes. 222–227.) Die *sophia* hat also nicht einen rein instrumentalen Wert, etwa dadurch, dass sie es einem Menschen ermöglichen würde, ein glückliches und befriedigendes Leben zu führen, sondern ein Leben wird ein glückliches und befriedigendes sein, genau dann, wenn es aus den Dingen und Sachen besteht, die wirklich wertvoll sind. Unter diesen Dingen und Sachen nimmt die *sophia* eine herausragende Stellung ein (vielleicht ist sie sogar das einzig Wertvolle). Spragues »a necessary means« ist m.E. auf alle Fälle zu schwach.

stärkere – und kontroversere – Behauptung, als die, die Sprague ihm zuschreibt. (Diesen ersten Punkt werde ich in Folgenden nur beiläufig besprechen.)

(ii) Die Eristik ist *nicht* als eine Perversion der Dialektik zu betrachten.

(iii) Da Platon innerhalb des Dialogs ganz bewusst Sokrates *nicht* die sokratische Dialektik ausüben lässt, kann der Kontrast, der aufgestellt wird, *nicht* ein Kontrast zwischen der Eristik und der sokratischen Dialektik sein. Man wird natürlich fragen wollen: Wenn nicht mit der Dialektik, womit dann wird die Eristik kontrastiert?

(iv) Platon benutzt das Rahmengespräch, um sich ausdrücklich von dem Gedanken zu distanzieren, die kasuistische Wortspielerei der Sophisten sei ohne jeglichen pädagogischen Wert. Und so wird man auch fragen müssen: Worin besteht denn der Wert ihrer Aktivität?

*

Schließlich sei noch eine einleitende Vorbemerkung gestattet. Es wird natürlich nicht möglich sein, alle wichtigen Aspekte des Dialogs zu besprechen, welche in einer wirklich ausgewogenen und sachgerechten Interpretation berücksichtigt werden müssten, dafür ist der *Euthydemos* ein viel zu komplexes Gebilde. Doch zwei Einzelheiten sollten anfangs wenigstens erwähnt werden. Der Dialog unterscheidet sich von einer Reihe anderer bereits durch ein markantes Detail: Als Gegner des Sokrates treten gleich zwei Sophisten auf (nicht nur einer); und die beiden Brüder nehmen an der Auseinandersetzung *alternando* teil – an einer Stelle heißt es sogar, Dionysodoros habe das Argument auf Kleinias gezielt, als sei es »ein Ball« [sc. den Euthydemos sozusagen seinem Bruder gerade zugespielt hätte] (277b3–5). Und so kann man durchaus fragen, was es mit diesem dramaturgischen Merkmal auf sich hat; anders ausgedrückt, wie würde der Dialog wirken, wenn nur Euthydemos oder nur Dionysodoros die sophistische Argumentation führten?[7] Zweitens befinden sich auch zwei Figuren auf der ›Seite‹ des Sokrates, nämlich Kleinias und Ktesippos, die ihrerseits sehr verschieden auf die Sophisten und ihre Argumente reagieren. Da es sich in diesem Dialog unter anderem um das Lernen und das Lehren von einer Art oder Methode des Argumentierens handelt, wäre es durchaus angebracht, auf diese unterschiedlichen Reaktionen und auf die Frage, ob und wie sie mit den charakterologischen Unterschieden, die Platon den beiden Freunden des Sokrates zukommen lässt, zusammenhängen, näher einzugehen: Denn in dem gleichen Maß, in dem Euthydemos und sein Bruder als einfach miteinander austauschbar wirken, scheinen Kleinias und Ktesippos völlig unverwechselbar. Dies wird man wohl kaum als einen bloßen Zufall betrachten dürfen.

1.

Aber beginnen wir damit, uns nochmal kurz mit dem Wort ›Eristik‹ zu befassen. Denn es ist nicht von sich aus klar, was mit diesem Ausdruck eigentlich gemeint ist.

7 Zu diesem Thema vgl. Jackson 1990 und Hüffmeier 2000.

Man wird an die Streitsüchtigkeit ihrer selbst willen, oder an eine Vorliebe für extrem paradox, sogar sophistisch anmutende Argumente denken. Doch aus dem Hauptteil des Dialogs geht hervor, dass Platon – wenigstens hier – etwas wesentlich präziseres vor Augen hat. Für ihn handelt es sich bei der Eristik nämlich nicht einfach um sophistische Argumente oder um Trugschlüsse, sondern nur um solche, die in einem gewissen Argumentationskontext und in einer gewissen Form vorgebracht werden. Diesen Kontext und diese Form gilt es zu beschreiben und zu verstehen.

*

Nennen wir Folgendes die *Methode von Frage und Antwort*. Ein Frage-und-Antwort *Spiel* besteht aus mindestens einer *Runde*, an der zwei Parteien als *Gegner* teilnehmen. Eine Partei spielt die Rolle des *Fragenden*, die andere die Rolle des *Antwortenden*. Jede einzelne Runde beginnt damit, dass der Fragende dem Antwortenden eine Frage der Form ›Ist X Y oder nicht?‹ stellt. (z.B.: ›Ist die *sophia* lehrbar oder nicht?‹) D.h., der Fragende fordert den Antwortenden mit seiner *Ausgangsfrage* auf, zwischen zwei Alternativen zu wählen – und der Antwortende muss sich auf entweder ›X ist Y‹ oder ›X ist nicht Y‹ als seine Antwort festlegen; so bleibt dann für die Dauer der Runde die Antwort, die er tatsächlich wählt, seine *These* (θέσις) – seine Stellung zu der Ausgangsfrage. Und mit seiner Wahl der These übernimmt der Antwortende auch die Aufgabe, diese *These zu verteidigen* (θέσιν διαφυλάττειν). Nach der Ausgangsfrage und nach der Wahl der These vom Antwortenden, fragt der Fragende eine Reihe *weiterer* Fragen. Diese unterscheiden sich von der ersten dadurch, dass sie alle als Ja/Nein-Fragen formuliert sind. (So wäre das Pendant zu der eben erwähnten Frage bloß, ›Ist die *sophia* lehrbar?‹) Die Form dieser weiteren Fragen ist also nur ›Ist X Y?‹; und das entscheidende Merkmal, welches es uns ermöglicht, diese Fragen in einer rein syntaktischen Weise zu beschreiben, ist dass sie einfach mit ›Ja‹ oder mit ›Nein‹ beantwortet werden können; und in der Tat darf der Antwortende innerhalb dieser Spiele nur ›Ja‹ oder ›Nein‹ jeweils als seine Antwort geben. Das *Ziel* des Fragenden ist, den Antwortenden dazu zu bringen, etwas zu *bejahen*, das seiner These (oder irgend eine der Antworten, die er auf vorherige Ja/Nein-Fragen gegeben hat) *widerspricht*, oder etwas zu *verneinen*, das aus seiner These (oder aus anderen Antworten, die er bereits gegeben hat) *folgt*. Wenn der Fragende sein Ziel erreicht hat, so hat er die Runde (und, im Grenzfall, das ganze Spiel) *gewonnen*. Wenn dagegen der Antwortende es vermeidet, sich in solch einen Widerspruch zu verwickeln, so hat *er* gewonnen und seine These erfolgreich verteidigt.

(Hinzuzufügen wäre noch dieses: Man muss annehmen, dass jede Runde eines Frage-und-Antwort-Spiels und die Spiele überhaupt von *begrenzter Dauer* sind, und dass, wenn der Fragende sein Ziel nicht innerhalb der ausgemachten Zeit erreicht, der Antwortende dann gewissermaßen automatisch gewinnt, denn ohne irgendeine Regel dieser Art wäre es im Prinzip möglich, eine einzelne Frage-und-Antwort-Auseinandersetzung *ad infinitum* weiterzuführen – eine Möglichkeit, der es offensichtlich vorzubeugen gilt. Und man muss auch annehmen, dass die beiden Gegner vor dem Beginn so eines Spiels ein Vorverständnis über das, was denn als Widerspruch zählt, wenigstens bis zu einem gewissen Grade teilen.)

Das eben Gesagte ist natürlich stark vereinfacht; außerdem habe ich es mir erlaubt – ohne weiteren Kommentar –, für meine Beschreibung Terminologie aus der aristotelischen *Topik* zu verwenden.[8] Komplikationen, die eventuell aus diesen Schritten folgen könnten, können wir auf sich beruhen lassen. Denn das, was jetzt von besonderer Bedeutung ist, sind zwei andere Punkte.

Erstens dieser: Wenn man fragt, ob es einen Unterschied gibt zwischen der Frage-und-Antwort-Runde, die zustandekommt, wenn der Antwortende sich für ›X ist Y‹ als seine These entscheidet, und der, die resultiert, wenn er sich für die entgegengesetzte Antwort, ›X ist nicht Y‹, entscheidet, scheint es, dass kein Unterschied vorliegt, wenigstens nicht in formaler Hinsicht. (Natürlich mag es in einem gegebenen Fall so sein, dass die eine Alternative sehr viel schwieriger zu verteidigen [bzw. leichter anzugreifen] ist als die andere. Aber wenn dem so ist, dann beruht diese Tatsache auf substantiellen – also: inhaltlichen – Unterschieden zwischen den beiden Behauptungen, sowie darauf, wie diese sich zu anderen Meinungen verhalten, welche der Fragende und der Antwortende jeweils auch akzeptieren, oder aber auch auf anderen, ähnlichen sachlichen Faktoren, doch nicht auf den formalen Schritten, die erforderlich sind, um die entsprechende Behauptung entweder zu verteidigen oder zu attackieren.)

Zu beachten ist: (a) In solchen Spielen können die Spieler in verschiedenen Runden die Rollen des Fragenden und des Antwortenden untereinander *austauschen*. (b) Außerdem – und dieses ist noch wichtiger – kann der Antwortende *selbst* seine Antwort auf die Ausgangsfrage in der ersten Runde mit der entgegengesetzten Antwort in einer späteren Runde *umtauschen*. In so einem Fall verläuft *mutatis mutandis* die spätere Runde in genau derselben Weise wie die erste.

Vor allem ist festzuhalten: *Der Antwortende ist keineswegs verpflichtet, seine eigene aufrichtige Meinung als Antwort auf die Ausgangsfrage zu geben.* So kann er die eine Alternative wählen, weil er glaubt, sie sei leichter zu verteidigen als die andere, und er daraufhin leichter siegen könne; andererseits kann er die entgegengesetzte Alternative wählen, gerade weil sie so schwierig zu verteidigen ist und damit eine ausgezeichnete Gelegenheit bietet, seine eigene argumentative Virtuosität vorzuführen. (In diesem letzteren Sinn ist Aristoteles' Bemerkung zu verstehen, dass niemand gewisse völlig unplausible Behauptungen aufstellen würde, es sei denn, um sie als Thesen in Frage-und-Antwort-Spielen zu verteidigen.[9] Er führt Heraklits Behauptung, Gut und Schlecht seien dasselbe, als Beispiel an. [Man könnte auch an Zenons Behauptung, die Bewegung sei unmöglich, denken.] Und damit will Aristoteles wohl sagen, dass, da solche Behauptungen so paradox und

---

8 Ich habe diese Terminologie anderenorts kurz diskutiert (s. Mann 1992; 1998; 2003). Zur dialektischen Terminologie vgl. auch Reinhardt 2000, 61–67. Grundlegend für das Verständnis der Methode von Frage und Antwort sind nach wie vor: Brunschwig 1968; sowie Moraux 1968 und Ryle 1968; vgl. auch Ryle 1965 – N. B. Die beiden Artikel von Ryle sind verschieden, trotz des gleichlautenden Titels! –, und Brunschwig 1984/85.

9 Siehe Aristoteles, *Top.* VIII 5, 159b27–35; vgl. *EN* I 5, 1096a1–2 u. *Phys.* I 2, 185a5–12. Vgl. auch Throm 1932, 35 Anm. 2.

unakzeptabel erscheinen, ein Antwortender sie nur als Thesen wählen wird, wenn er zeigen will, wie geschickt er im Antworten ist, so dass er selbst eine scheinbar hoffnungslose These erfolgreich aufrechterhalten kann, oder wenn er, z.B. in einem Unterrichtskontext, gezwungen wird – vielleicht um seine logische Fertigkeit zu üben – so eine Behauptung als eine These zu verteidigen.) In genau derselben Weise kann der Antwortende auch die Ja/Nein-Fragen beantworten, d.h., er kann entweder seine eigene Meinung ausdrücken, oder er kann sich für seine Antworten, mit *nur* dem Ziel im Sinn, sich *nicht* in einen Widerspruch mit seiner These zu verwickeln, entscheiden – aber weder die eine noch die andere Taktik wird von der Methode selbst vorgeschrieben.

Für den Fragenden trifft Ähnliches zu: Er kann eine These angreifen, weil er selbst von ihrer Falschheit überzeugt ist, oder aber auch einfach weil er demonstrieren will, dass der Antwortende nicht in der Lage ist, diese These innerhalb des Rahmens der Methode von Frage und Antwort effektiv zu verteidigen. Ein Extremfall dieser letzteren Möglichkeit wäre ein Spiel, in dem der Antwortende eine evident wahre These vertritt – dass Gut und Schlecht verschieden sind, oder dass (manche) Dinge sich (manchmal) bewegen, sind vielleicht Beispiele für Thesen dieser Art. Und hier mag der Fragende ebenso von ihrer Richtigkeit überzeugt sein wie der Antwortende – aber gerade darauf kommt es ihm nicht an – denn das, was er zeigen will, ist, wie geschickt *er* im Fragen ist, so dass sein Gegner, selbst wenn er sich mit einer anscheinend unwiderlegbaren These ausgerüstet hat, als Antwortender versagen muss.

Hieraus ergibt sich, dass wenn ein Fragender sein Ziel erreicht und den Antwortenden dazu zwingt, seiner These zu widersprechen, dies nicht besagen muss, die These sei falsch oder unhaltbar. Denn es besteht wenigstens im Prinzip die Möglichkeit, dass der Antwortende einfach im Antworten versagt hätte, und deshalb seine Niederlage ihm, und nicht seiner These anzulasten wäre.[10] Ebenso ergibt es sich, dass wenn ein Fragender sein Ziel *nicht* erreicht – also wenn es dem Antwortenden innerhalb der erlaubten Zeit gelingt, Widersprüche mit seiner These zu vermeiden – dies nicht notwendigerweise bedeutet, die These sei wahr oder auch nur wirklich vertretbar, denn es ist genauso gut möglich (wiederum: wenigstens im Prinzip), dass der Fragende im Fragen nicht besonders geschickt gewesen und ihm daraufhin die Widerlegung des Antwortenden nicht gelungen ist. Hier beruht der Erfolg des Antwortenden natürlich nicht auf der Wahrheit oder der Stärke seiner These, sondern nur auf der Schwäche seines Gegners.

Kurz gefasst: In erster Linie hängen der Sieg sowohl wie die Niederlage von dem erfolgreichen (bzw. erfolglosen) *Handeln* der beiden Kontrahenten ab. So ließe sich aus den Ergebnissen der Spiele bestenfalls nur *indirekt* etwas über den Status der jeweiligen These selbst schließen. Mit anderen Worten, wenn man sich präzise ausdrücken will, sollte man nie sagen, diese oder jene These sei in einem Frage-und-Antwort-Spiel widerlegt (oder: etabliert) worden, sondern nur, dieser

---

10 Vgl. Aristoteles, *Top.* VIII 5, 159b16–35; VIII 6, 160a6–14; VIII 11, 161b6–8. An diesen Stellen bezieht sich Aristoteles auf Fälle der genau entgegengesetzten Art, also solche, wo das Versagen im Antworten auf die problematische These, und nicht auf die mangelhaften Fähigkeiten des Antwortenden zurückzuführen ist.

Fragende habe diesen Antwortenden mit dieser These in einen Widerspruch geführt (oder: jenem Antwortenden sei es gelungen, in einer Auseinandersetzung
mit jenem Fragenden Widersprüche mit jener These zu vermeiden).[11]

*

Jetzt der zweite Punkt. In meiner Beschreibung der Methode von Frage und Antwort habe ich das Wort ›Eristik‹ nicht benutzt. Doch wenn es zuträfe, dass diese
Beschreibung eine adäquate Charakterisierung der Eristik wäre, hätte dann nicht
R. K. Sprague recht? Und wäre es dann nicht bloß übervorsichtige Zurückhaltung, das Wort ›Eristik‹ nicht einmal zu erwähnen? Ich antworte mit Nein – auf
beide Fragen.
   Sprague geht davon aus, dass die sokratische Dialektik die ursprüngliche und
legitime Form der Methode von Frage und Antwort gewesen sei, die dann von
Sophisten wie Euthydemos und Dionysodoros in ein verkommenes und entartetes
Abbild der Dialektik umgewandelt wurde. Mir scheint es aber viel sinnvoller
davon auszugehen, dass das 5. Jahrhundert die Methode von Frage und Antwort
entdeckt oder erfunden hat.[12] (Und ich habe absichtlich diesen farblosen und
eher faden Ausdruck gewählt, um nicht sagen zu müssen, die Eristik hätte sich
aus der Dialektik entwickelt, oder umgekehrt, die Dialektik aus der Eristik.)
Diese an sich *neutrale* Methode wurde von verschiedenen Personen für verschiedene Zwecke benutzt. Und sie wurde sicherlich in unterschiedliche Richtungen
weiterentwickelt. (Man könnte z.B. Ausgangsfragen anderer Form zulassen, etwa
wie die sokratische ›Was ist *X*?‹ Frage. Der resultierende Test, dem der Antwortende dann vom Fragenden ausgesetzt sein würde, bestünde also im Überprüfen

11 Da ich die sokratische Dialektik als eine Art von Frage-und-Antwort-Spiel betrachte,
    lehne ich G. Vlastos' Behauptung, dass in einer Auseinandersetzung mit Sokrates Fol-
    gendes zutrifft, ab: »The interlocutor asserts a thesis, *p*, which Socrates considers false
    and targets for refutation.« Siehe Vlastos 1994, 11. (Es sei daran erinnert, dass Vlastos
    in seinen Arbeiten zu Sokrates und Platon es durchweg vorzieht, von dem sokratischen
    elenchos, anstelle von der sokratischen Dialektik zu reden.) Wieso ist Vlastos' Meinung
    hier abzulehnen? Sokrates mag zwar die These seines Mitunterredners widerlegen wol-
    len, und in diesem Sinne ist sie natürlich »the target for refutation«, aber am Ende einer
    gegebenen Diskussion kann man nur schließen, die jeweilige These sei tatsächlich wi-
    derlegt worden, wenn man sicherstellen kann, (i) dass die weiteren Prämissen (die durch
    die Ja/Nein-Fragen in die Diskussion eingeführt wurden) entweder wahr, oder zumin-
    dest unproblematischer als die These selbst sind, und (ii) dass der Gesprächspartner in
    seinen Antworten an Sokrates keine logischen Fehler beging. In fast all den Widerle-
    gungskontexten, die in den platonischen Dialogen aufkommen, lassen sich (i) und (ii)
    aber nicht einwandfrei sicherstellen, und so bleibt der Schluss, den man am Ende einer
    Diskussion, in der Sokrates einen Mitunterredner widerlegt hat, ziehen kann, bloß:
    Entweder ist die These falsch, *oder* der Antwortende hat beim Antworten nicht die
    (seiner These entsprechenden) bestmöglichen Antworten gegeben – Diese disjunktive
    conclusio lässt also offen, ob die These nicht vielleicht doch vertretbar sei.
12 Zum 5. Jahrhundert (im Zusammenhang mit der Dialektik), siehe Lloyd 1979, cap. 2,
    »Dialectic and Demonstration«; man vergleiche auch Kerferd 1981, Kap. 6, »Dialectic,
    antilogic and eristic« – doch nur unter Bezugnahme auf die treffende Kritik an Kerferd
    von Nehamas 1990.

der mutmaßlichen Definition von X, die der Antwortende als seine These aufgestellt hat, um zu ermitteln, ob sie mit den Antworten, die er auf die weiteren Ja/Nein-Fragen gibt, konsistent ist oder nicht. Man könnte auch versuchen, den agonalen Aspekt der Spiele entweder leicht zu entschärfen, oder andererseits ihn noch stärker in den Vordergrund zu rücken – genau wie Euthydemos und Dionysodoros dies tun.)

Der Versuch, einen vermeintlich legitimen Gebrauch der Methode von illegitimen Verwendungen strikt abzugrenzen, wäre demnach erst als das Resultat einer einsetzenden Reflexion auf die bereits (mehr oder weniger) etablierte Methode von Frage und Antwort zu betrachten – eine Reflexion, die wenigstens zum Teil dadurch hervorgerufen wurde, dass es einerseits Menschen gab, die jeglichen Gebrauch dieser Methode als bloße Haarspalterei verwarfen (für das 4. Jahrhundert kann man hier an Isokrates denken, der sich in diesem Punkte sicherlich Vorgängern aus dem 5. Jahrhundert anschloss), und andererseits solche, die über die Existenz so eines Unterschiedes völlig unbekümmert waren (hier sind natürlich Euthydemos und sein Bruder, so wie sie von Platon dargestellt werden, geradezu das Musterbeispiel).

Und besonders für Platon ist diese Reflexion notwendig, da er weder die Methode preisgeben, noch einräumen will, dass es nicht darauf ankomme, ob sie so oder so verwendet werde. Man wird also der traditionellen Interpretation in einer Hinsicht recht geben, nämlich dass es für Platon wichtig ist, solch eine Grenze zu setzen. Und in der Tat fixiert er diese Grenze *terminologisch* mit den Wörtern ›Eristik‹ und ›Dialektik‹ (und verwandten Formulierungen) – d.h., für Platon sind die Ausdrücke ›Eristik‹ und ›Dialektik‹ einfach die Bezeichnungen für diejenigen Verwendungen der Methode, die er als illegitim verwerfen bzw. als positiv bewerten will.[13] Aus dieser terminologischen Fixierung folgt jedoch weder, dass wir jetzt – nach dem Lesen des *Euthydemos* – wüssten, wie diese Begriffe von einander genau abzugrenzen seien, noch dass Platon in diesem Dialog bemüht gewesen sei, die Eristik und die Dialektik präzise zu definieren, noch dass, selbst wenn er darum bemüht gewesen wäre, es ihm gelungen wäre, dies auf eine wirklich einwandfreie oder überzeugende Weise zu tun.

Und wenn man davon ausgeht, dass die Dialektik und die Eristik beide aus der Methode von Frage und Antwort stammen – besser, dass es dialektische sowohl wie eristische Verwendungen dieser Methode gibt bzw. gab – scheint es zumindest glaubhaft, dass nicht jedes Argument, das in Frage-und-Antwort-Form vorgetragen wird, entweder als ausschließlich dialektisch oder als ausschließlich

---

13 Es sei daran erinnert, dass das Wort ›Dialektik‹ beziehungsweise διαλεκτική zum erstenmal in der *Politeia* verwendet wird; vgl. W. Müris immer noch grundlegenden Artikel, »Das Wort Dialektik bei Platon« (1944). Vor dem Schreiben der *Politeia* (und manchmal auch nachher) benutzt Platon entweder Redewendungen wie ›sich in Frage und Antwort unterreden‹, διαλέγεσθαι ἐν ἐρωτήσει καὶ ἀποκρίσει (und dementsprechend sollte an vielen Stellen in den Dialogen das einfache διαλέγεσθαι eher als eine Abkürzung für diese längeren Formulierungen betrachtet werden und nicht einfach als ein umgangssprachlicher Ausdruck für ›diskutieren‹ oder ›sich unterhalten‹) oder wie ›Rechenschaft geben und einfordern‹, λόγον διδόναι καὶ δέχεσθαι. Vgl. meine kurzen Bemerkungen in Mann 1993.

eristisch betrachtet werden müsse. Im Gegenteil, mir scheint, hier handelt es sich um einen Sachverhalt, bei dem man von so etwas wie *Graden* des Eristisch-seins und des Dialektisch-seins reden sollte, so dass Argumente sich als mehr-oder-weniger eristisch, und mehr-oder-weniger dialektisch erweisen könnten. Dies legt auch die Vermutung nahe, dass sich die Grenzlinie zwischen der Eristik und der Dialektik vielleicht überhaupt nicht scharf ziehen lässt, und dass im Falle einzelner Argumente es möglicherweise einfach keine Antwort auf die Frage geben wird, ob sie dialektisch oder eristisch sind.

*

Um sich zu vergegenwärtigen, wie dies in einem konkreten Fall zutreffen könnte, sollte man vielleicht an Zenons Argumente gegen die Bewegung denken: Sind diese Argumente dialektisch oder eristisch? Ein vermeintliches Kriterium, um dies zu entscheiden, auf das sich Interpreten manchmal berufen, glaube ich, scheidet sofort aus: Was den Unterschied zwischen der Dialektik und der Eristik ausmache, sei die Einstellung oder die Intention des Argumentierenden (d.h. des Fragenden) – wenn er im Ernst und aus wirklichem Interesse an der zugrunde liegenden Frage fragt, dann wäre sein Argument dialektisch; wenn er dagegen nur aus reiner Siegeslust (*philonikia*) seine Fragen stellt und nichts mit ihnen erreichen will, außer seinen Gesprächspartner (bzw. Gegner) zu verwirren, dann wäre sein Argument eristisch. (Ich will hier keine Stellung zu der Frage nehmen, ob Zenon tatsächlich seine Argumente in Frage-und-Antwort-Form vorgebracht hat oder nicht – doch ist es wohl nicht unbedeutend, dass sie sich leicht als Argumente dieser Form rekonstruieren lassen.) Hat nun Zenon nach einer tiefgreifenden philosophischen Untersuchung des Begriffs der Bewegung seine Argumente vorgetragen, eben weil er wirklich Klarheit über die Bewegung gewinnen wollte? Oder wollte er (ohne auch nur das geringste ernsthafte Interesse an der Natur der Bewegung und ihrer begrifflichen Voraussetzungen zu haben) die Welt mit seiner Raffinesse und seinem Scharfsinn beeindrucken, dadurch dass er aus den anscheinend harmlosesten Prämissen so schockierende und paradoxe Schlüsse ziehen konnte? Es ist schwer einzusehen, wie die Antwort auf diese Frage einem helfen könnte, die Paradoxe selbst zu bewerten: Denn entweder werfen sie tatsächlich Fragen über die begrifflichen Voraussetzungen der Bewegung auf – und tun dies völlig unabhängig davon, ob Zenon selbst sie ernst meinte oder nicht –, oder diese Paradoxe lassen sich auflösen – doch dies hängt wiederum nicht von Zenons Absichten, sondern nur von den Argumenten selbst und von unseren Ressourcen, ihnen zu begegnen, ab. Zenons Argumente können m.E. in einem Kontext durchaus eristisch, in einem anderen dagegen dialektisch wirken. Das, worauf es ankommt, sind nicht irgendwelche essentielle Eigenschaften, die ihnen vermeintlich innewohnen; vielmehr ist es die Art und Weise, in der diese Argumente von *anderen* Menschen – d.h. von anderen Denkern – aufgenommen, analysiert und diagnostiziert werden. Um es einmal ganz überspitzt zu sagen: Es ist erst *Aristoteles*, der Zenons Argumenten ihre philosophische Bedeutung verleiht.

*

Spricht irgend etwas dafür, dass Platon im *Euthydemos* die allgemeine Frage auch so sieht? Ich glaube ja. Wäre er bemüht, in der Weise vorzugehen, die Sprague ihm unterstellt, wäre auch zu erwarten, dass er einerseits die Eristik so eristisch wie möglich darstellte, und dass er andererseits ein möglichst klares und unproblematisches Beispiel für das, was die eigentliche Dialektik ist, präsentierte. Aber er tut weder das eine noch das andere.

2.

Wenden wir uns zuerst der eristischen, bzw. der vielleicht nicht ganz so eristischen Eristik zu. Kommentatoren haben schon seit langem darauf hingewiesen, dass viele der *sophismata* eng mit platonischen Lehren oder mit Fragen, die für Platon von bleibendem Interesse waren, zusammen stehen. Es ist natürlich hier nicht möglich, alle zu besprechen, so beschränke ich mich auf zwei besonders eklatante Beispiele.

(i) In 300e3–301a1, fragt Dionysodoros Sokrates, ob schöne Dinge und Sachen »verschieden von dem Schönen«, oder »einerlei« mit ihm seien. Sokrates gibt zu, dass diese Frage ihn in Verlegenheit bringt, doch antwortet er:

»Sie sind verschieden von dem Schönen selbst, aber jedes hat dennoch eine gewisse Schönheit bei sich (ὅμως δὲ ἕτερα ... αὐτοῦ γε τοῦ καλοῦ· πάρεστιν μέντοι ἑκάστῳ αὐτῶν κάλλος τι).«

Dionysodoros fragt weiter:

»Und wenn du einen Ochsen bei dir hast, so bist du ein Ochse? Und da ich jetzt bei dir bin, so bist du Dionysodoros? (παραγένηταί σοι βοῦς, βοῦς εἶ, καὶ ὅτι νῦν ἐγώ σοι πάρειμι, Διονυσόδωρος εἶ;)«

Die Forschung hat hier schon immer – völlig zu recht – Anspielungen auf die Ideenlehre und einen ihrer zentralen Begriffe, den der Anwesenheit (παρουσία), vermutet. Und mag uns dieses Argument noch so kindisch vorkommen, Tatsache bleibt, dass es durchaus zu fragen gilt, wie man sich eigentlich die *Anwesenheit* einer platonischen Form bei bzw. in einem an ihr teilhabenden Einzelding vorzustellen hat. (Oder allgemeiner ausgedrückt: Wie hat man sich die Präsenz einer Eigenschaft in bzw. bei einem Gegenstand, der durch eben diese Eigenschaft charakterisiert ist, vorzustellen?) Aus dem *sophisma* geht klar hervor, dass es sich bei dieser Art *parousia* (oder Präsenz) nicht um das Gegenwärtigsein in einem räumlichen, oder überhaupt in irgend einem physikalischen Sinn handeln kann. Natürlich verfolgen die beiden Brüder die von ihnen aufgeworfene Frage nicht weiter. Aber daraus sollte man keineswegs schließen, dass bereits das Stellen der Frage sich als »des Platonischen Geistes ganz unwürdig« erweist. Im Gegenteil, wenn man über die Grundsätze der platonischen Philosophie Klarheit gewinnen will, muss man Fragen dieser Art ernsthaft untersuchen. Genauer gesagt: Selbst wenn man die platonische Ideenlehre ablehnt (oder sich ihr gegenüber völlig indifferent verhält), muss man dennoch fragen, wie sich das Dabeisein im Falle einer Eigenschaft von dem Dabeisein in einem ganz gewöhnlichen, alltäglichen

Sinn unterscheidet – geht man dieser Frage nicht nach, so besteht die Gefahr, dem *sophisma* nicht entrinnen zu können. Aus dem *sophisma* lässt sich auch ersehen, dass selbst ein so theoretisch belasteter Begriff (wie der einer platonischen Form) sich an alltägliche, vortheoretische Begriffe direkt anschließt. Für den unvoreingenommen Leser bietet also die Aporie, in die ihn das *sophisma* versetzt, ein Entrée für das platonische Denken. Fazit: Nicht nur führt dieses eristische Argument nicht von der Philosophie weg, es erweist sich als ein Weg zu ihr hin.

(ii) In 283b4 beginnt ein Argument, in dem die Negation und das Nicht-Sein Schlüsselrollen einnehmen: Dionysodoros sagt, Sokrates, der darauf bedacht ist, dass Kleinias gut und weise werde, wolle anscheinend, dass Kleinias sterbe, da er wolle, dass Kleinias der werde, der er nicht ist (nämlich: ein Weiser), und daraufhin nicht mehr der sei, der er jetzt ist (nämlich: ein Nicht-Weiser). So wolle Sokrates, dass Kleinias einfach nicht mehr der sei, der er ist, d.h., dass er »untergehe« (283d5–6). Die Frage, ob Platon hier etwa auf den Gedankengang des *Sophistes* vorausblickt, oder ob er schon im *Euthydemos* selbst über Ansätze zu einer überzeugenden Analyse der Negation und des Nicht-Seins verfügt, können wir hier nicht verfolgen.[14] Sicher bleibt, dass Fragen nach dem Nicht-Sein und nach der Negation keineswegs als bloße Spielereien betrachtet werden sollten, selbst dann nicht, wenn diejenigen, die sie stellen, an ihrer Bedeutung und Tragweite nicht interessiert sind und sie völlig verkennen.

*

Nach einer ziemlich detaillierten Untersuchung der einzelnen Argumente kommt Hermann Keulen zu folgendem Schluss: »... [es] lässt sich ... aufweisen, dass selbst bis hin zu den letzten Trugschlüssen des Euthydemos und Dionysodoros *ein durchgehender roter Faden* zu verfolgen ist. Platon lässt die beiden Eristiker allenthalben in ihren Paralogismen Themen seiner eignen Philosophie berühren« [Hervorhebung – W. M.].[15] Man braucht nicht zu entscheiden, ob diese Beobachtung wirklich auf jeden letzten Trugschluss zutrifft, oder nur auf eine große Mehrzahl von ihnen, um überzeugt zu sein, dass Platon ganz absichtlich solche Berührungspunkte in seinen Dialog mit hinein komponiert hat. Aber dieses Merkmal des Dialoges wäre, glaube ich, ein unübersehbarer Makel, wenn es ihm darum ginge, in einer völlig unmissverständlichen Weise die Wertlosigkeit und »Leere« der Eristik aufzuzeigen. Denn obzwar die Argumente ohne Zweifel eristisch wirken, hat Platon sie so gestaltet, dass immer wieder etwas an ihnen haftet, das sich nicht einfach als schierer Unsinn abweisen lässt. Und angesichts dieser Berührungspunkte mit Gedanken und Themen aus Platons Philosophie

---

14 M. Burnyeat 2002 bietet eine ausführliche und subtile Diskussion dieses ganzen Teils des Dialogs. Ich schließe mich seinem Urteil an, dass Platon diese Argumente (also diejenigen, die sich auf die Negation oder das Nicht-Sein beziehen) hier im *Euthydemos* in einer Weise präsentiert, welche die Leser des Werkes sozusagen auffordert, *selbst ihre eigenen* Lösungen (und das soll heißen: die in Platons Sinn *richtigen* Lösungen) dafür, wie die problematischen Schlüsse zu vermeiden sind, auszuarbeiten.

15 Keulen 1971, 58–59.

sollte man meinen, dass es darauf ankommt, die verschiedenen *sophismata* näher zu analysieren, und nicht sie einfach als bloße und »leere« Eristik zu ignorieren.

3.

Betrachten wir jetzt einige der sogenannten sokratischen Teile des Dialoges. (Auch hier muss natürlich auf Ausführlichkeit verzichtet werden.) Welche zusätzlichen Anforderungen muss man an die Methode von Frage und Antwort stellen, so dass sie zu der vermeintlich echten oder wahren Dialektik erhoben und zugleich von der Eristik strengstens unterschieden wird?

Es gibt drei Bedingungen, die manchmal in der Literatur erwähnt werden: Erstens müsse der Antwortende immer mit seiner eigenen aufrichtigen Meinung antworten; Gregory Vlastos nennt dies das »say what you believe requirement«.[16] In einer dialektischen Auseinandersetzung, im Gegensatz zu einer eristischen, dürfe also der Antwortende seine Antworten nie aus rein taktischen Gründen wählen, sondern müsse sich beim Antworten immer an seine eigenen Meinungen über die zur Diskussion stehenden Themen halten. Zweitens dürfe sich der Fragende nie – und d.h. in erster Linie, dürfe sich Sokrates nie – auf argumentative Schritte verlassen, die ihm nicht selbst als schlüssig erscheinen. Mit anderen Worten, wenn der Fragende sein Ziel tatsächlich durch irgendwelche dubiösen Mittel erreichte – wenn sich z.B. herausstellte, dass sein Argument auf der Mehrdeutigkeit eines wichtigen Begriffs beruhte – dann sollte dies angeblich als ein argloser Fehler betrachtet werden, nicht als ein wohl kalkulierter Versuch, den Antwortenden irrezuführen. Wir mögen es zwar bedauern oder als peinlich empfinden, dass Platon und Sokrates sich mancher (oder sogar vieler) Fehler dieser Art anscheinend unbewusst waren, aber die Anwesenheit solcher Fehler berechtigt uns nicht, ihnen irgendeine Hinterlist zu unterstellen. Auf Vlastos' Frage, »Does Socrates cheat?«, solle die Antwort also ein eindeutiges ›Nein‹ sein.[17] In der Eristik seien dagegen dem Mogeln, dem Verstellen und dem Irreführen keine Grenzen gesetzt – es komme nur darauf an, den Gesprächspartner bzw. Gegner in einen Widerspruch zu führen. Drittens: Platon lasse Sokrates nie gegen eine Meinung argumentieren, die er selbst *in propria persona* vertritt. Für die Eristik solle es im Gegensatz charakteristisch sein, dass der Eristiker bereit ist, in seiner Rolle als Fragender gegen jede Meinung zu argumentieren, und in seiner Rolle als Antwortender alle weiteren aus seinen Antworten folgenden Konsequenzen, ganz gleich wie unwahrscheinlich und absurd diese auch seien mögen,

---

16 Vlastos 1994, 8–11. Vlastos räumt zwar ein, dass Sokrates manchmal diese Bedingung fallen lässt; doch dieses sei als eine Art Ausnahmezustand und Abweichung von der kanonischen Verfahrensweise zu betrachten. Zu dem »say what you believe requirement«, vgl. auch Kahn 1992, besonders 255–56.

17 Diese prägnant formulierte Frage ist der Titel des 5. Kapitels von Vlastos 1991, 132–156. Man vergleiche auch folgende Bemerkung von Nehamas (1990, 8): »[Socrates] is never willing to use arguments which he knew to be fallacious.« R. Weiss vertritt eine etwas schwächere Version dieser Meinung: »Socrates may be in the game of refutation and he may at times play just as dirty as the sophists, but he will do so in the interest of refuting false views, that is, views he regards as false – not in the interest of refuting any view, whether true or false.« Siehe Weiss 2000, 70–71.

gleich wie unwahrscheinlich und absurd diese auch seien mögen, verbissen zu akzeptieren, um sich ja nicht in einen (verbalen) Widerspruch zu verwickeln.

Es würde den Rahmen meines Beitrages sprengen, diese vermeintlichen Bedingungen eingehend zu besprechen. Ich vermerke nur beiläufig, dass ich große Zweifel hege, ob auch nur eine einzige von ihnen tatsächlich ein Charakteristikum der sokratischen Dialektik ist oder sein soll.[18] Aber selbst wenn man dies alles an Vlastos und seine Mitläufer einfach konzedierte und alle drei Bedingungen einmal zuließe, weisen die sokratischen Teile unseres Dialoges Merkmale auf, die sie entweder als Dialektik disqualifizieren, oder die zeigen, dass diese Argu-

---

18 Ein paar kurze Bemerkungen, um wenigstens die allgemeine Richtung meiner Einwände zu verdeutlichen. Natürlich besteht Sokrates manchmal darauf, dass sein Gesprächspartner mit seiner eigenen Meinung antworte; aber wenn man die relevanten Stellen genauer betrachtet, wird klar, dass dies einfach die triviale Folge der Tatsache ist, dass die These, die jeweils überprüft wird, die Meinung des Gesprächspartners ist: Wenn es darum geht, festzustellen, ob die Meinungen von N. N. in sich selbst konsistent sind oder nicht, dann muss N. N. natürlich mit seinen eigenen Meinungen antworten. Aber dies bedeutet nicht, es sei quasi eine Regel der sokratischen Dialektik, dass der Antwortende so antworten müsse, sondern bloß, dass wenn er (selbst nur implizit) behauptet, seine Meinungen seien konsistent, er sich dann verpflichtet, nur ihnen gemäß zu antworten. (Vgl. Kahn 1992, 255 f.: »*If* there is a rule here, it is that the interlocutor is expected to make, and to stand by, a categorical assertion. [...] Sincerity is of course a desideratum, and *a particluar situation* may make it mandatory [...]«. Hervorhebung – W. M.) Was die zweite vermeintliche Bedingung betrifft, wird die Diskussion dadurch erschwert, dass Befürworter dieser Bedingung (z.B. Vlastos oder Weiss), wenn sie mit einem anscheinenden Gegenbeispiel konfrontiert werden, behaupten, dies zeige, dass Sokrates die fragliche Behauptung nicht ernst gemeint habe. Um hier Fortschritt machen zu können, müsste man Kriterien des Ernstgemeintseins und des Nicht-Ernstgemeintseins formulieren, die nicht bloß darauf hinausliefen, zu behaupten, dass, wenn ein Argument nicht schlüssig ist, dies bezeuge, es sei nicht ernst gemeint, oder es werde von Platon nicht als unschlüssig erkannt. In Bezug auf die dritte vermeintliche Bedingung ließen sich verschiedene Beispiele angeben; für ein besonders klares verweise ich auf den *Euthyphron*: Dort argumentiert Sokrates gegen Euthyphrons Behauptung, dass seine Anklage und sein Prozess gegen seinen Vater gerecht, fromm und heilig seien, da es im Fall von Mord oder fahrlässiger Tötung nicht darauf ankomme, ob der Täter der eigene Vater sei und das Opfer ein Sklave. Aus der Art wie Sokrates vorgeht, könnte man leicht versucht sein zu schließen, er meine, so zu handeln, wie es Euthyphron tut, könne nie – unter gar keinen Umständen – gerecht und fromm sein. Bei genauerem Hinblicken sollte sich diese Versuchung allerdings auflösen, denn das, wogegen Sokrates argumentiert, ist Euthyphrons Auffassung der Frömmigkeit; und das, was Sokrates nachweist, ist, dass Euthyphrons Verständnis der Frömmigkeit so hoffnungslos konfus und undurchdacht ist, dass er überhaupt nicht in der Lage ist, beurteilen zu können, ob diese oder jene Handlung fromm sei oder nicht. Doch mir scheint es, als ob sich Sokrates sehr wohl der spezifischen Meinung des Euthyphrons anschließen könnte (also: es gibt Umstände, wo es gerecht und fromm ist, den eigenen Vater wegen eines Verbrechens anzuklagen) – dies passte gut zu seiner anti-partikularistischen und rationalistischen Orientierung in der Ethik. Was Sokrates dagegen beanstandet und in Frage stellt, ist Euthyphrons Fähigkeit, so eine Meinung adäquat zu begründen. Und ganz allgemein scheint Sokrates seine Argumente in erster Linie mehr gegen die (fehlenden oder unzureichenden) Begründungen für Behauptungen, die seine Mitunterredner vorbringen, zu richten als gegen diese Behauptungen selbst.

mente äußerst ungeeignet sind, um als unproblematische Beispiele der Dialektik angeführt zu werden. Dies wäre natürlich eine gravierende Schwäche in Platons Darstellung, wenn er wirklich bemüht wäre, uns zu zeigen, was die Dialektik eigentlich ist. Aber im Dialog selbst finden sich klare Anzeichen, dass dies kaum seine Absicht sein kann. Ich werde drei von ihnen kurz besprechen.

(i) Die erste sokratische Szene fängt in 277d an. In 278e3 beginnt Sokrates seine Diskussion mit Kleinias, die als ihr Ziel hat, ihm zu zeigen, dass, da er, Kleinias, selbst glaube, die *sophia* sei lehrbar und mache allein (unter den seienden Dingen) einen Menschen selig und glücklich, er auch nichts anderes sagen könne, als dass es notwendig sei, die *sophia* zu lieben, d.h. *philosophia* zu betreiben, und dass er, Kleinias, es daraufhin selbst im Sinn haben müsse, genau dies zu tun (282c8–d2). Folgert Sokrates hier wirklich füglich? Es fällt auf, dass Sokrates an zwei wichtigen Stellen entweder Kriton oder Kleinias selbst – und somit auch uns, den Lesern des Dialoges – auf *Lücken* in seiner Argumentation aufmerksam macht.

(ia) Kurz nach dem Anfang des Gesprächs fordert Sokrates Kleinias auf, die verschiedenen guten Dinge und Sachen aufzuzählen, da diese sicherlich alle Bestandteile eines Lebens sind, von dem man sagen kann, es sei ein gutes, und dass einer, der so lebe, sich wohl befinde (279a2 ff.). Im Lauf der Diskussion erwähnt Sokrates die *sophia* (279c1–2), und danach das gute Glück, die *eutychia* (εὐτυχία, 279c7–8), als hervorragende Güter. Dann aber besinnt er sich, und sagt, »Beinahe hätten wir uns lächerlich gemacht vor diesen Fremden« (279c9–d2). Wieso? Weil er dieselbe Sache zweimal zählt, denn »die *sophia* ist ja das gute Glück, das kann jedes Kind einsehen« (279d6–7). Natürlich ist die Identifizierung der *eutychia* mit der *sophia* alles andere als selbstverständlich, und so muss Sokrates die verschiedenen *technai* als Beispiele anführen, um zu zeigen, dass einer, der seine *technê* wirklich beherrscht, d.h. als *sophos* in ihr gilt, die *technê* mit *mehr* Erfolg ausüben kann und ausüben wird, als diejenigen, die *amathoi* sind, die sich nicht in ihr auskennen. Der Wissende, der *sophos*, ist also erfolgreicher (εὐτυχέστερος, 280a4) und hat in diesem Sinne mehr Glück als der Unwissende. Und dann, ganz nach dem Muster der Induktion (ἐπαγωγή), wie sie uns aus anderen Dialogen bekannt ist, kommt Sokrates zu seinem allgemeinen Schluss: »Die *sophia* also macht, dass die Menschen *überall* gutes Glück haben« (280a6: Ἡ σοφία ἄρα πανταχοῦ εὐτυχεῖν ποιεῖ τοὺς ἀνθρώπους – ›überall‹ muss an dieser Stelle wohl im Sinne von ›in allen Fällen‹ oder ›in jeder Situation‹ verstanden werden.)

Man könnte bereits hier einwenden, es sei durchaus fraglich, von einem jeweils beschränkten Begriff der *sophia* zu einem so viel mehr umfassenden überzugehen, denn man könne sehr wohl bezweifeln, ob die Weisheit, nach der gesucht wird, einfach als die Gesamtmenge der einzelnen Formen der *sophia* aufzufassen sei, da diese ›sophiai‹ (wenn dieser Ausdruck einmal erlaubt sei) ja bloß die verschiedenen einzelnen Künste oder die spezifischen Fachkenntnisse sind, auf die es in den jeweiligen einzelnen Wissensbereichen ankommt. Die gesuchte Weisheit ist aber mehr als bloß so eine Totalität, da sie nicht nur jeder der einzelnen *sophiai*, sondern irgendwie auch der Gesamtmenge übergeordnet ist. Doch es ist der nächste

Schritt in seinem Argument, der mich jetzt interessiert: Sokrates sagt, an das Vorhergehende direkt anknüpfend:

»So wurden wir am Ende einig darüber – ich weiß nicht wie – überhaupt verhielte es sich immer so, dass wenn die Weisheit da wäre (σοφίας παρούσης), bei dem sie wäre, der keines guten Glückes weiter bedürfe« (280b1–3).

Aber dieser Satz ist wesentlich stärker als das, was vorher gesagt wurde: Denn selbst wenn man mit Sokrates übereinstimmt und zugibt, dass einer, der die relevante Fachkenntnis beherrscht, in seiner *technê* öfter erfolgreich sein wird als einer, dem solche Kenntnis fehlt und vielleicht auch zugibt, dass diese Kenntnis eine *notwendige Bedingung* für den Erfolg darstellt, so dass einer, dem diese Kenntnis fehlt, die Ziele der *technê* überhaupt nicht erreichen kann, so folgt daraus noch nicht, dass man kein weiteres gutes Glück für den Erfolg bedarf, außer eben die *technê* zu beherrschen.

Anhand der sogenannten *stochastischen technai* – der Navigation, der Medizin, und der Rhetorik – lässt sich verdeutlichen, um was es hier geht. Dieses sind jeweils Wissensbereiche, in denen Folgendes anscheinend möglich ist: Jemand kann die Wissenschaft oder Kunst vollkommen beherrschen, und in einem gegebenen Fall alles tun, was ihre Prinzipien und Regeln vorschreiben, aber dennoch sein Ziel nicht erreichen. Auf den Vorwurf, dies bezeuge einfach, der vermeintliche Fachmann oder Experte hätte doch nicht über die entsprechenden Fachkenntnisse verfügt, kann man antworten: Nein, denn in diesen *technai* kommt es eben auch auf so etwas wie Glück an: Selbst der erfahrenste und in jeder anderen Hinsicht beste Steuermann der Welt kann seine Reise nicht erfolgreich beenden, wenn der Wind ständig nur in die falsche Richtung weht; selbst der beste Arzt kann einen unheilbar Kranken nicht wieder gesund machen.

Aus den antiken Diskussionen der stochastischen Wissenschaften und Künste ersieht man, wie es möglich ist, den Schwierigkeiten, die der ausbleibende Erfolg in Situationen solcher Art für den Status dieser *technai* als *technai* bedeutet, auch auf anderen Weisen gerecht zu werden. Man kann z.B. den Erfolg in einer *technê* so definieren, dass es nur darauf ankommt, ihre Regeln und Prinzipien völlig zu beherrschen und soweit wie möglich alles zu tun, was sie vorschreiben. Jetzt werden die Kriterien für den Erfolg sozusagen rein *interne*, und das Erreichen des *externen* Ziels – um bei unseren Beispielen zu bleiben: die abgeschlossene Seereise oder die wieder hergestellte Gesundheit – ist nicht mehr ausschlaggebend für das erfolgreiche Ausüben der Kunst.[19] Aber schon die Tatsache, dass Denker sich genötigt sahen, Lösungsversuche dieser Art vorzubringen, bestätigt, dass die sokratische Behauptung, mit der wir es hier zu tun haben, nicht als eine triviale zu betrachten ist.

Meines Erachtens ist sich Platon dieser Tatsache völlig bewusst und will auch gar nicht vortäuschen, dass der bis jetzt letzte Schritt des Arguments ein einfacher sei. Schließlich ist die Szene so gestaltet, dass Sokrates ausdrücklich sagt, *er erinnere sich nicht daran*, wie es zustandegekommen sei, dass er und Kleinias die fragliche Behauptung akzeptiert hätten. So gibt Platon uns, den Lesern, ein klares

---

19 Vgl. Allen 1994.

Signal, dass ein längeres und ausführlicheres Argument an dieser Stelle notwendig wäre, um die Behauptung hinreichend zu begründen. Dagegen ist an sich überhaupt nichts einzuwenden. Wenn allerdings dieses Argument ein Beispiel für ein wirklich schlüssiges Argument sein sollte, im Gegensatz zu denen, die die Sophisten vorbringen, die angeblich als Beispiele für nur scheinbar schlüssige Argumente angeführt worden waren, dann könnte man durchaus einwenden, es sei noch lange nicht sicher, ob dieses Argument wirklich das erreichen könne, was es zu erreichen behauptet. Und so bliebe der Kontrast zwischen den sophistischen Argumenten und dem vermeintlich dialektischen Argument unklar.

(ib) Die zweite Lücke befindet sich fast am Ende dieses Teils des Dialogs, dort wo Sokrates sagt, dass jetzt alles davon abhängt, ob die *sophia* lehrbar sei (282c1ff.). Dies müsse noch untersucht werden, und auf die (richtige) Antwort habe man sich noch nicht geeinigt. Daraufhin sagt Kleinias, er denke, die *sophia* sei lehrbar. Sokrates freut sich über seine Antwort und bedankt sich, da Kleinias ihn so von »einer großen Untersuchung« genau dieser Frage, nämlich ob die *sophia* lehrbar oder nicht lehrbar sei, befreit habe (282c6–8). Aus anderen Dialogen wissen wir, dass Sokrates es sicherlich völlig ernst meint, wenn er sagt, die Untersuchung müsse eine »große« sein, um die Frage sachgerecht zu beantworten.

In unserem Dialog fehlt natürlich die notwendige Untersuchung. Aber dadurch, dass Platon Sokrates dies ausdrücklich sagen lässt, gibt er uns, seinen Lesern, wieder ein klares Signal, dass das Argument nicht ein vollständiges ist, und dass er sich dessen völlig bewusst ist. Das gesamte Argument kann also auch nicht als stichhaltig gelten, ehe dieser Punkt nicht fest etabliert ist. Auch hier ist dies nicht an sich problematisch. Problematisch wird das Fehlen des wichtigen Schrittes nur, wenn man behauptet, das Argument sei tatsächlich ein verbindlicher Beweis, oder solle wenigstens so ein Beweis sein.

(ii) Aber was nun endgültig sicherstellt, dass es sich bei dieser ganzen Textpassage nicht um die sokratische Dialektik handelt, ist das, was Sokrates als nächstes sagt: Mit dem, was er gerade vorgebracht hat, habe er sein *paradeigma* einer »ermahnenden Rede« – so übersetzt Schleiermacher den Ausdruck *logos protreptikos* (282d6) – den Versammelten ganz allgemein und Kleinias im besonderen vorgeführt. Das Ziel von diesem *logos* ist Kleinias für die *aretê* bzw. für die *sophia* zu gewinnen.

Jedoch nichts von dem, was Sokrates Kleinias sagt – und nichts von dem, was Sokrates Kriton über dieses Gespräch berichtet – berechtigt uns anzunehmen, dass Sokrates hier auch nur versuche, zwingende Beweise aufzustellen. Im Gegenteil, in den Dialogen haben solche protreptischen Momente oft auch eine Funktion, die Charles Kahn eine *proleptische* nennt: Gerade durch die Tatsache, dass diese *logoi* für sich selbst genommen unvollständig und ergänzungsbedürftig sind, weisen sie über den Horizont des jeweiligen Gesprächs hinaus auf andere, ausführlichere Diskussionen, und motivieren den Gesprächspartner (wenigstens im

Idealfall) – und somit auch Platons Leserschaft – die besprochenen Fragen selbst weiter zu verfolgen.[20]

(iii) Das proleptische, über-sich-selbst-hinausweisende Gepräge der gesamten sokratischen Diskussion wird an einer späteren, äußerst schwierigen Stelle des Dialoges nochmals hervorgehoben. Wie schon anfangs erwähnt, unterbricht Kriton in 290e die ›Nacherzählung‹. Er sagt, er bezweifle, ob Kleinias wirklich das gesagt habe, was Sokrates gerade berichtet hat. Was löst seinen Zweifel aus? Kleinias ging es um einen Vergleich zwischen *Jägern* einerseits, und *geômetrai*, *astronomoi* und *logistikoi* andererseits – also diejenigen, die die verschiedenen mathematischen Wissenschaften beherrschen: So wie jene nicht selbst wissen, wie das von ihnen erbeutete Wild (richtig) zuzubereiten ist und es deshalb an die *Köche* weitergeben müssen, die sich darauf verstehen, so wissen diese nicht, wie ihre mathematischen Entdeckungen (richtig) zu verwenden sind und müssen sie deshalb den *Dialektikern* überreichen, die imstande sind, diese Entdeckungen zu verwerten und richtig zu gebrauchen.

So eine Vorstellung des Dialektikers – wie man schon seit langem eingesehen hat – entspricht in etwa der Vorstellung der Dialektik, wie sie in den mittleren Büchern der *Politeia* vorzufinden ist. Dort – wie hier – werden das Rechnen oder Kalkulieren, die Geometrie und die Astronomie als mathematische Wissenschaften angeführt (allerdings kommt in der *Politeia* noch die Harmonie dazu). Und dort – wie hier – ist die Dialektik eine den mathematischen Wissenschaften übergeordnete und überlegene Superwissenschaft.

(Ich vermerke nur am Rande: Wenn man annimmt, Platon sei in unserem Dialog wirklich bemüht die *sokratische* Dialektik der sophistischen Eristik gegenüberzustellen, muss es geradezu befremden, dass an der einen Stelle, wo das Wort ›Dialektik‹ bzw. ›Dialektiker‹ nun endlich doch vorkommt, es gerade *nicht* benutzt wird, um die sokratische Frage-und-Antwort-Praxis zu bezeichnen, sondern um auf eine *platonische* Wissenschaft hinzuweisen, die in keiner direkten oder offensichtlichen Weise mit dem Rest des *Euthydemos* zusammenhängt.)

Die in dem Dialog nur andeutungsweise vorgeführte Vorstellung der Dialektik bzw. des Dialektikers scheint in der Tat fast völlig unmotiviert und wird in der darauf folgenden Diskussion zweifellos nicht hinreichend erläutert. Daraus erklärt sich m. E. Kritons Überraschung sowohl wie Sokrates' Zugeständnis, Kleinias habe dies möglicherweise doch nicht gesagt. (Kritons Überraschung und Sokrates' Antwort stehen außerdem in bestem Einklang mit der Tatsache, dass sich bei allem, was Kleinias in der ganzen bisherigen Diskussion gesagt hat, kaum Anzeichen finden ließen, die darauf deuten würden, dass man ihm auch nur ein geringes Maß an philosophischer Originalität oder Selbständigkeit zuschreiben sollte.) Auf Sokrates' nächsten Vorschlag, dass es vielleicht Ktesippos gewesen sei, der die Bemerkung über den Dialektiker gemacht habe, reagiert Kriton mit noch stärkerem Zweifel.[21] So bemerkt Sokrates schließlich, »ein ganz anderer

---

20 Dieses ist ein Grundgedanke in Kahn 1996. Zu der Protreptik bei Platon ganz allgemein, s. auch: Gaiser 1959.

21 Um diese Zweifel richtig bewerten zu können, müsste man sich mit der Figur des Ktesippos eingehender beschäftigen. Im Gegensatz zu Kleinias begreift er ziemlich schnell,

muss es gewesen sein, und ein weit besserer« (291a4). Die Frage, ob sich Sokrates mit dieser Bemerkung in leicht verhüllter Weise auf sich selbst beziehen wolle, ist (relativ) oft diskutiert worden. Mir scheint es allerdings glaubhafter, zu meinen, dass Platon hier eine absichtliche Fiktion in den (angeblich) faktischen Bericht an Kriton einführen will. Aber ganz gleich wie wir letztendlich die Tatsache beurteilen, dass diese Behauptungen über den Dialektiker an dieser Stelle vorkommen, steht fest, dass sie einerseits in dem Dialog erscheinen, andererseits durch nichts in ihm selbst gerechtfertigt oder auch nur halbwegs erläutert werden.

Doch wieder benutzt Platon das Rahmengespräch, um seine Leserschaft wissen zu lassen, dass er auch gar nichts anderes vortäuschen will. (Also: Kritons Staunen und Zweifel sind stellvertretend für die zu erwartende Reaktion eines aufmerksamen Lesers des Dialoges.) Wir müssen nicht entscheiden, ob die Bemerkungen des Kleinias über die Fähigkeiten des Dialektikers auf noch nicht geschriebene Bücher der *Politeia* vorausschauen oder auf die bereits geschriebenen zurückblicken, um meinen zu können, dass sie ergänzungsbedürftig sind, und dass sie wenigstens zum Teil in der *Politeia* tatsächlich ergänzt werden.

*

All dieses passt schlecht zu einer Auffassung des *Euthydemos*, der gemäß Sokrates – anders als die beiden Sophisten – logisch zwingende (also: gültige), auf einwandfreien Prämissen beruhende Beweise für seine Behauptungen vorbringen und damit auch die Überlegenheit des sokratischen Frage-und-Antwort-Verfahrens veranschaulichen will.

4.

Man könnte allerdings immer noch einwenden, dass selbst wenn das bis jetzt Angeführte zuträfe, nicht daraus folgen würde, dass die Praxis der beiden Brüder *nicht* letzten Endes zu verwerfen sei. Gibt es wirklich einen gravierenden Grund, an Asts Vorstellung, dies sei alles »leere Klopffechterei«, zu zweifeln?

In 304b6 kommt Platon endgültig zu dem Rahmengespräch zurück, d.h., die ›Nacherzählung‹ ist jetzt beendet, und die letzten paar Seiten beinhalten das wieder aufgenommene Gespräch zwischen Sokrates und Kriton. Und hier lässt Platon Kriton sagen, er habe am vorherigen Tag mit jemandem gesprochen, der selbst die ganze Auseinandersetzung zwischen Sokrates und seinen Freunden einerseits und den Sophisten und ihrem Gefolge andererseits mitgehört hat. Dieser anonyme Mensch – von Kriton nur als ein Schreiber von Gerichtsreden be-

---

wie die Methode des Argumentierens der beiden Sophisten eigentlich funktioniert, und er lernt schnell, selbst in derselben Weise zu argumentieren (und bestätigt damit zugleich die Wahrheit ihrer Behauptung, dass man ihre *sophia* in kürzester Zeit erlernen könne); andererseits (und wiederum im Gegensatz zu Kleinias) erweist er sich als ein kruder und beinahe brutaler Mensch, der letztlich keine Zeit mit sprachlichen Feinheiten und logischen Subtilitäten verschwenden will. Und aus dieser letzteren Eigenschaft lassen sich Kritons Zweifel leicht erklären.

zeichnet, und von der Forschung oft mit Isokrates identifiziert[22] – berichtet, »es lohnte sich wohl das ganze Gespräch zu hören« (304d9). Kriton fragt, »Wieso?« »Du hättest«, fährt die anonyme Figur fort, »Männer reden gehört, welche jetzt die weisesten (σοφώτατοι) sind in *logoi* dieser Art« (304e1–2). Kriton fragt weiter: »Wie sind sie denn dir vorgekommen?« Als Antwort erhält er dieses: »Wie anders, als wie man diese Leute immer hört Unsinn treiben, und sich um nichtswerte Dinge eine wertlose Mühe geben« (304e2–5).

Hier scheinen nun Deutungen der Art, die Ast und Sprague befürworten, ihre eindeutige und endgültige Bestätigung zu finden. Aber der weitere Verlauf des Dialogs bringt so einer Auffassung nicht nur keine weitere Unterstützung, sondern unterminiert sie restlos: In dem Moment nämlich, wo Sokrates beginnt, auf die Behauptungen der anonymen Isokrates-Figur einzugehen, lehnt er dieses abwertende Urteil über die Geschehnisse vollends ab (305b ff.). Man wird kaum bezweifeln, dass Platon die Szene mit voller Absicht so gestaltet hat, wie er sie eben gestaltet hat. Und natürlich hätte er sie ohne große Mühe anders schreiben können; er hätte z.B. Sokrates sagen lassen können, dieser Schreiber von Gerichtsreden habe absolut recht, und dies sei auch seine eigene abschließende Meinung. So ein Ende wäre nicht mit dem Rest des Dialoges inkonsistent, und etwaige kleine Ungereimtheiten (in Bezug auf den Rest des Dialogs), die sich aus einer in diesem Aspekt veränderten Schlussszene ergeben könnten, wären durch leichtes Retouchieren einfach zu beseitigen. Wäre nun der Dialog in so einer Form anstelle in der uns bekannten überliefert, hätte man keinen Grund an der Überlieferung zu zweifeln, und so auch keinen Grund die Echtheit der letzten paar Seiten in Frage zu stellen.

Man muss also glauben, dass die Szene sich so entfaltet, wie sie sich in dem uns überlieferten Text tatsächlich entfaltet, weil Platon einer Auffassung wie Spragues – und so *a fortiori* einer wie Asts – vorbeugen will. Und dies will er offensichtlich tun, weil solch eine Auffassung eine allzu naheliegende ist. In der Tat ist sie so naheliegend, dass sie, trotz der Kritik des Sokrates an der anonymen Figur, von Sprague vertreten wird.

Wenn man also angesichts dieser unmissverständlichen Worte des Sokrates Sprague nun doch nicht folgen will, wird man wissen wollen, wie die Aktivität der beiden Brüder zu deuten ist. Und wenn diese Aktivität tatsächlich nicht wertlos ist, worin besteht dann ihr Wert? Ansätze zu einer richtigen Antwort finden sich schon in Steinharts Einleitung. Er schreibt:

Wir dürfen es aber nicht für eine bloße Redensart halten, wenn Sokrates sagt, er habe sich bei diesen Männern in die Schule gegeben, um ihre Weisheit zu lernen; denn es liegt darin die Anerkennung, dass die von ihnen und ihren Genossen aufgestellten Antinomien ein nothwendiges Moment und *eine zu überwindende*, aber nicht geringzuschätzende *Vorstufe* zur wahren dialektischen Kunst und zu höheren Erkenntnissen waren. (Steinhart 1851, 10; Hervorhebung – W. M.)

Hier hängt alles davon ab, wie man den Begriff eines ›nothwendigen Moments‹ versteht. Mir scheint, dass dies Folgendes besagen will: Man muss sich in der

---

22 Zu dieser Identifizierung siehe die immer noch grundlegende Diskussion von L. Spengel 1855. Vgl. besonders 763–67 und den »Nachtrag«, 768–69.

Methode von Frage und Antwort genaustens auskennen und über ihre einzelnen Elemente – und ja, das schließt die Tricks mit ein – verfügen, ehe man überhaupt in der Lage ist, ein kompetentes und angemessenes Urteil über ihre möglichen Leistungen wie auch über ihre Grenzen und Mängel aussprechen zu können.

Auf jeden Fall scheint mir eine Behauptung, wie diese von Steinhart, eine weitaus besserer Basis, um sich mit dem *Euthydemos* in einer philosophisch produktiven Weise auseinanderzusetzen und den Dialog als Ganzes richtig beurteilen zu können, als Ansichten, wie die von Ast oder Sprague, welche eine moralisierende Auffassung der Dialektik – besser: des Dialektikers, und d.h.: des Sokrates – voraussetzen, die, wie es scheint, ausschließt, diese Auffassung selbst auch nur ansatzweise in Frage zu stellen.[23]

*

Die traditionelle Interpretation unseres Dialoges betrachtet Folgendes als gewissermaßen die Null-Hypothese: Es besteht ein grundliegender und völlig offenbarer Unterschied zwischen der Dialektik und der Eristik, und deshalb liegt die Beweislast bei denen, die behaupten wollen, entweder gebe es hier einfach gar keinen Unterschied, oder es sei eine schwierige Frage, zu ermitteln, wie so ein Unterschied sinnvoll und sachgerecht zu spezifizieren wäre. Dass genau das Gegenteil zutrifft, ist das, was man von Euthydemos und seinem Bruder lernen kann.

Unsere Null-Hypothese sollte einfach sein: Als ein Teil des Repertoires von verfügbaren Argumentationsweisen oder -techniken, die Platon und seinen Zeitgenossen (besser: die Sokrates und seinen Zeitgenossen) bekannt waren, gab bzw. gibt es die Methode von Frage und Antwort. So bliebe es eine *Aufgabe* für diejenigen, die bedacht sind, zwischen legitimen und illegitimen Verwendungen dieser Methode zu unterscheiden, klare und eindeutige Kriterien zu liefern, die es einem ermöglichen würden, dies zu tun. Und natürlich wird man sich nach wie vor dem *Euthydemos* zuwenden müssen, um zu bestimmen, wie Platon selbst es versucht, so einen Unterschied zum Ausdruck zu bringen.[24]

---

23 Mein positives Urteil über Steinhart (zu diesem Punkt) soll nicht heißen, dass ich ihm in allen Einzelheiten seiner Auslegung folgen würde; ernstzunehmende Vorbehalte seiner Interpretation gegenüber wurden schon von Bonitz (1860) treffend formuliert.

24 Für verschiedene nützliche Hinweise bin ich Myles Burnyeat, Theo Ebert und Michael Frede sehr verbunden. Myles Burnyeat sei an dieser Stelle außerdem dafür gedankt, dass er mir seinen Artikel einige Jahre vor seiner Veröffentlichung zugeschickt hat (Burnyeat 2002). Nicht zuletzt bin ich meiner Kollegin, Katja Vogt, besonderen Dank dafür schuldig, dass sie mir mit ihren vielen hilfreichen Anmerkungen zu dem Typoskript die Aufgabe, den Vortrag für die Veröffentlichung vorzubereiten, bedeutend erleichtert hat. Schließlich: Verschiedene Punkte, die in diesem Aufsatz nur beiläufig behandelt werden konnten, oder die ganz ausgelassen werden mussten, bespreche ich in einer ausführlicheren und (wie ich hoffe) nuancierteren Weise in meinem Buch, *Fighting with Words: Dialectic and Eristic in Plato's* Protagoras *and* Euthydemus (in Vorbereitung).

Literatur

Allen, J. 1994: »Failure and Expertise in the Ancient Conception of an Art«, in: Horowitz, T./Janis, A. I. (Hrsg.), Scientific Failure, Lanham, Maryland.

Ast, F. 1816: Platon's Leben und Schriften, Leipzig.

Bonitz, H. 1860: »Euthydemos«, Sitzungsberichte, Phil.-hist. Classe, Akad. Wien (Nachgedruckt in: Ders., Platonische Studien, Berlin 1886; Neudruck: Darmstadt 1968).

Brunschwig, J. 1968: »Introduction« in: Ders. (Hrsg.), Aristotle. Les Topiques, Paris.

Brunschwig, J. 1984/85: »Arguments Without Winners or Losers«, in: Jahrbuch, Wissenschaftskolleg zu Berlin, 31–40.

Burnyeat, M. 2002: »Plato On How Not to Speak of What is Not: Euthydemus 283a–288a«, in: Canto-Sperber, M./Pellegrin, P. (Hrsg.), Le Style de la pensée, Paris.

Cooper, J. 1975: Reason and Human Good in Aristotle, Cambridge, Mass.

Gaiser, K. 1959: Protreptik und Paränese bei Platon: Untersuchungen zur Form des Platonischen Dialogs, Stuttgart (Tübinger Beiträge zur Altertumswissenschaft; 40).

Hüffmeier, A. 2000: »Warum heißt Platons Euthydemos Euthydemos?«, in: Robinson, T. M./Brisson, L. (Hrsg.), Plato: Euthydemus, Lysis, Charmides. Proceedings of the V. Symposium Platonicum, Sankt Augustin.

Jackson, R. 1990: »Socrates' Iolaos: Myth and Eristic in Plato's Euthydemus«, in: Classical Quarterly 40, 378–395.

Kahn, C. 1992: »Vlastos's Socrates«, in: Phronesis 37, 233–258.

Kahn, C. 1996: Plato and the Socratic Dialogue: The Philosophical Use of a Literary Form, Cambridge.

Kerferd, G.B. 1981: The Sophistic Movement, Cambridge.

Keulen, H. 1971: Untersuchungen zu Platons Euthydem (Klassisch-Philologische Studien, 37), Wiesbaden.

Lloyd, G. E. R. 1979: Magic, Reason and Experience, Cambridge.

Long, A. A. 1988: »Socrates and Hellenistic Philosophy«, in: Classical Quarterly 38 (Nachgedruckt in: Ders. 1996: Stoic Studies, Cambridge).

Mann, W.-R. 1992: Art. »Rechtfertigung, I. Griechische Antike; Logik und Dialektik«, in: Historisches Wörterbuch der Philosophie, hrsg. von J. Ritter u.a., Bd. 8: R–Sc, Basel, 251–256.

Mann, W.-R. 1998: Art. »These (Antike)«, in: Historisches Wörterbuch der Philosophie, hrsg. von J. Ritter u.a., Bd. 10: St–T, Basel, 1175–1177.

Mann, W.-R. 2003: Rezension von [Reinhardt 2000], in: Archiv für Geschichte der Philosophie 85, 91–98.

Moraux, P. 1968: »La joute dialectique d'après le huitième livre des Topiques«, in: Owen, G. E. L. (Hrsg.), Aristotle on Dialectic: The Topics, Oxford.

Müri, W. 1944: »Das Wort Dialektik bei Platon«, in: Museum Helveticum 1, 152–168.

Nehamas, A. 1990: »Eristic, Antilogic, Sophistic, Dialectic: Plato's Demarcation of Philosophy from Sophistry«, History of Philosophy Quarterly 7, 3–16.

Reinhardt, T. 2000: Das Buch E der Aristotelischen Topik: Untersuchungen zur Echtheitsfrage, Göttingen.

Ryle, G. 1965: »Dialectic in the Academy«, in: Bambraugh, R. (Hrsg.), New Essays on Plato and Aristotle, London.

Ryle, G. 1968: »Dialectic in the Academy«, in: Owen, G. E. L. (Hrsg.), Aristotle on Dialectic: The Topics, Oxford.

Spengel, L. 1855: Platon und Isokrates, Abhandlungen, Philosoph.-philolog. Classe, Akad. München, Bd. 7.

Sprague, R. K. 1993: Plato, Euthydemus. Translated, with an Introduction, Indianapolis.

Steinhart, K. 1851: »Euthydémos oder die Sylbenstecher«, in: Platon's sämtliche Werke, Übers. Hieronymus Müller, Einleitungen Karl Steinhart. 2 Bde., Leipzig.

Striker, G. 1994: »Plato's Socrates and the Stoics«, in: Waerdt, P. A. van der (Hrsg.), The Socratic Movement, Ithaca, NY.

Throm, H. 1932: Die Thesis: Ein Beitrag zu ihrer Entstehung und Geschichte (Rhetorische Studien, 17), Paderborn.

Vlastos, G. 1991: Socrates: Ironist and Moral Philosopher, Cambridge.

Vlastos, G. 1994: »The Socratic elenchus: method is all«, in: Ders., Socratic Studies, Cambridge.

Weiss, R. 2000: »When Winning is Everything: Socratic Elenchus and Euthydemian Eristic«, in: Robinson, T. M./Brisson, L. (Hrsg.) Plato. Euthydemus, Lysis, Charmides. Proceedings of the V. Symposium Platonicum, Sankt Augustin.

Wiggins, D. 1980: »Deliberation and Practical Reason«, in: Rorty, A. O. (Hrsg.), Essays on Aristotle's Ethics, Berkeley/Los Angeles.

Platons mathematisches Curriculum*

Dorothea Frede, Hamburg / Berkeley

1. Die Rolle der Mathematik in der höheren Bildung

Für eine Unzahl von Schülern und Schülerinnen ist die Mathematik bis heute eine hohe Hürde, wenn nicht gar *der* Grund für ein frühes Scheitern auf dem Weg der höheren Bildung. Sphärische Trigonometrie, Gleichungen mit mehreren Unbekannten, Differenzial- und Integralrechnung – diese Herausforderungen sind für Schüler ohne mathematische Begabung oft nur schwer zu bewältigen. So dürfte eine häufig gestellte rebellische Fragen sein, warum man sich solch einer ›Prüfung‹ überhaupt unterziehen sollte. Dass man die Grundrechenarten beherrschen muss, ist leicht einzusehen. Wenngleich man sich heutzutage auch dazu gerne elektronischer Hilfsmittel bedient, ist ohne diese Fertigkeit im Alltag nur schwer auszukommen. Dieser Hinweis rechtfertigt aber noch nicht die Notwendigkeit der höheren Mathematik. Man begründet sie mit ihrer Unverzichtbarkeit für die Natur- und technischen Wissenschaften: Ob in der Physik, der Chemie, der Biologie, der Astronomie, in den Ingenieurwissenschaften und in der Informatik – überall wird höhere Mathematik gebraucht. Wenn bereits die Schule das Tor zu diesen Wissenschaften öffnen soll, ist Mathematik ein wichtiger Teil der schulischen Bildung.

Historisch gesehen werden in dieser Begründung allerdings Ursache und Wirkung vertauscht. Die Mathematik ist nicht seit alters her ein Teil der Bildung gewesen, weil sie für die Naturwissenschaften erforderlich war. Vielmehr konnten die Naturwissenschaften in der Neuzeit nur deswegen so schnelle Fortschritte machen, weil ihre Pioniere bereits über ein hinreichendes Mathematikverständnis verfügten. Dieses war deswegen vorhanden, weil die Mathematik schon lange vorher zu den Grundbausteinen der Bildung gehörte. Daher fragt sich, wieso und woher der Mathematik diese zentrale Rolle zugewachsen ist.

Der ›Schuldige‹ ist leicht auszumachen. Platon war es! Ihm verdankt die Welt den ersten Bildungskanon, das Curriculum der vier Wissenschaften, die später im lateinischen Westen des römischen Reiches als das *Quadrivium*, der Vierweg, bezeichnet wurden. Arithmetik, Geometrie, Astronomie und theoretische Har-

* Dies ist die überarbeitete Fassung eines Aufsatzes, der unter dem Titel »Das Philosophie-Curriculum in Platons ›Staat‹« im Jahrbuch für Didaktik der Philosophie und Ethik 2004 erschienen ist: Rohbeck 2004, 40–64.

monik werden in der *Politeia* als die zur Vorbildung zukünftiger Philosophenkönige und -königinnen notwendigen Fächer präsentiert.[1] Dieser Kanon hat seltsamerweise nicht nur Jahrhunderte, sondern Jahrtausende überdauert. So bildete das *Quadrivium* zusammen mit dem *Trivium*, dem ›Dreiweg‹ von Grammatik, Logik und Rhetorik den Kanon der Sieben Schwestern, der *Septem Artes Liberales*.[2] Dieser Kanon diente auch im Mittelalter bei der Gründung der Universitäten als Grundstock der Studienfächer.[3] Auf die Gründe für dieses Beharrungsvermögen des platonischen Bildungskanons über die Antike hinaus sei hier nur auf Folgendes hingewiesen: Das Quadrivium hatte mächtige Fürsprecher in Augustinus[4] und Boethius[5] und die gefällige Darstellung der sieben freien Künste von Martianus Capella erfreute sich auch im Mittelalter großer Beliebtheit.[6] Die Mathematik hatte durch die arabische Tradition zudem weitere Stärkung erfahren. So wurden Euklids *Elemente* und der ›Almagest‹ des Ptolemaios im Hochmittelalter feste Bestandteile des Universitätsunterrichts. Das fachliche Niveau der Philosophen der Spätantike und des Mittelalters in den mathematischen Wissenschaften dürfte freilich sehr unterschiedlich gewesen sein; denn dafür ist ja eine gewisse Spezialbegabung erforderlich. Diese Tatsache hat schon Aristoteles davon abgehalten, sich aktiv auf diesem Gebiet zu betätigen.[7] Mathematik ist das einzige Fach, zu dem es keine Schrift von ihm gibt, obwohl sie in den *Analytica posteriora* für ihn *die* paradigmatische Wissenschaft darstellt.

Nun geht es hier nicht um Bildungsgeschichte, sondern um das platonische Curriculum, das auf so nachhaltige Weise die Mathematik ins Zentrum höheren Lernens gestellt hat.[8] Vor allem ist zu erklären, welchen Nutzen sich Platon von den mathematischen Wissenschaften für die Regierung seines besten Staates verspricht. Denn abgesehen von der allgemeinen Annahme, dass ein mathematisch geschulter Geist auch in anderen Dingen auf Genauigkeit achtet, ist dieser Nutzen alles andere als offensichtlich. Wie viel höhere Ansprüche Platon an die Mathe-

---

1 Vgl. *Rep.* VII, 524a–531d.
2 Zur Bildungsgeschichte in der Antike: Marrou 1948; Hadot 1984; Hahn 1989; Dörrie/Baltes 1993.
3 Vgl. Leff 1992; North 1992.
4 Augustinus, *De doctrina Christiana*; von seinen *Artes liberales* ist nur die Schrift *De musica* erhalten. Übers. C. J. Perls, Paderborn ³1962.
5 Anicii Manlii Torquati Boetii [sic], *De institutione arithmetica libri duo; De institutione musica libri quinque. Accedit Geometria quae fertur Boetii*. Ausgabe: G. Friedlein, Leipzig, Teubner: 1867, Nachdruck Frankfurt: Miverva 1966. Übers. O Paul, *Boethius fünf Bücher über Musik*. Leipzig 1872, Nachdruck Hildesheim: Olms, 1973
6 Ausgabe: J. Willis, *Martianus Capella*, Leipzig: Teubner, 1983. Zum Charakter dieser Schrift vgl. Grebe 1999.
7 So überlässt er in *Metaph.* XII 8 1074a15–17 die Ausarbeitung der mathematischen Feinheiten in der Astronomie den Experten.
8 Mathematische Studien gehörten natürlich schon vor Platon zur Bildung, wie der Umstand zeigt, dass der junge Theaitetos als Schüler des Theodoros v. Kyrene eingeführt wird (*Tht.* 145c–d). Bestimmten Sophisten sind wichtige Entdeckungen zu verdanken und auch Isokrates bestätigt ihren Nutzen (*Panath.* 26–8; *Antid.* 261–8), den er allerdings hauptsächlich in der Schärfung von Konzentration und Intelligenz sieht; s.a. den pseudo-platonischen Dialog *Axiochos* 366e (in: Burnet 1907).

matik stellt, lässt schon die Tatsache erkennen, dass er für die mathematische Vorbildung ein Langzeitstudium von zehn Jahren ansetzt und dessen erfolgreichen Abschluss zur Voraussetzung für die höchsten Weihen in der Philosophie macht, für die Ausbildung in der Dialektik.[9]

2. Platon und die Mathematik

Manche Dialoge, die nach der allgemeinen Meinung von Experten der *Politeia* zeitlich vorangehen, zeugen von einem zunehmenden Interesse Platons an der Mathematik, welches in den frühen ›sokratischen‹ Dialogen noch fehlt.[10] Besondere Aufmerksamkeit hat seit jeher das ›mathematische Experiment‹ im *Menon* (82b–85d) erfahren, das den Beweis erbringen soll, dass Lernen Wiedererinnerung ist. Auf Sokrates' Vorgehensweise und die Aussagekraft ihres Ergebnisses ist hier nicht einzugehen. Signifikant ist jedoch, dass sie Sokrates' anfängliche Behauptung bestätigen soll: »Da die ganze Natur in sich verwandt ist und die Seele alles erfasst hat, so hindert nichts, dass derjenige, der sich auch nur an Eines erinnert, was die Menschen Lernen nennen, alles Übrige selbst herausfindet...« (81d). Wie weit zu fassen Platons Rede von einer ›natürlichen Verwandtschaft‹ aller Dinge‹ auch immer sein mag, so eignet sich die Mathematik insofern als Demonstrationsobjekt, als auch ein Laie mit Hilfe suggestiver Fragen dazu gebracht werden kann, a priori bestehende Zusammenhänge aufzufinden, wie etwa die zwischen den Seiten eines Quadrats und seiner Diagonale, um auf dieser Grundlage schließlich das Problem zu lösen, wie sich die Fläche eines Quadrats verdoppeln lässt. Angesichts der Methodik, derer sich Sokrates bei seiner Hinführung bedient, ist begreiflich, dass er später im Dialog die Wiedererinnerung als das ›Festbinden‹ von Meinungen durch Begründungen bestimmt (*Men.* 98a).[11] Auf weitere Zeugnisse für die Bedeutung der Mathematik in den früh-mittleren Dialogen ist hier nicht näher einzugehen.[12] Es sei nur daran erinnert, dass die Mathematik auch im *Phaidon* insofern als Basis für den Beweis für die Wiedererinnerung an die Ideen dient, als Sokrates den Begriff des ›Gleichgroßen‹ anführt, um zu zeigen, dass dieser nicht der Wahrnehmung körperlicher Gegenstände zu verdanken ist. Vielmehr setzen solche Erfahrungen das Verständnis der Größengleichheit bereits voraus (*Phdn.* 74a–75b).

Angesichts seiner Wertschätzung für die Mathematik ist man nicht überrascht, dass Platon im Liniengleichnis die Gegenstände der Mathematik als eine eigene Klasse von Objekten des Geistes präsentiert, wenngleich er ihnen einen niedrigeren Seins- und Erkenntnisgrad als den Ideen selbst zuspricht (*Rep.* 510b–511a).

---

9 Zum Zeitplan der Ausbildung für zukünftige Philosophenkönige und -königinnen vgl. *Rep.* 537b–d; 539e.
10 Was die ›Entdeckung‹ der Mathematik für Platons Philosophie insgesamt bedeutet, zeigt Vlastos 1991. Eine sehr ausgewogene und informative Darstellung von Platons Umgang mit den mathematischen Wissenschaften bietet Mueller 1992.
11 Auch in seiner Beweisführung, dass die Tugend lehrbar ist, beruft sich Sokrates im *Menon* auf die hypothetische Vorgehensweise von Mathematikern (*Men.* 86e–c). Zu Platons unterschiedlicher Verwendung von *hypothesis* vgl. Robinson 1953, Kap. VIII.
12 Vgl. dazu Vlastos 1991, bes. 126–130.

Dass es die Beschäftigung mit der Mathematik ist, die den Geist aus der Dunkelheit der Höhle an die Oberwelt führen soll, wird im Höhlengleichnis selbst nicht expressis verbis gesagt. Denn so einprägsam ›Platons Höhle‹ sein mag, so wenig deutlich ist der Weg der Befreiung vom Höhlendasein innerhalb des Gleichnisses.[13] Insbesondere bleibt unklar, wie es zur Befreiung der Gefangenen kommt: was oder wer sie zum mühsamen Aufstieg ans Tageslicht veranlasst und worin die Schatten und Spiegelbilder bestehen, die sie zunächst studieren müssen, bevor sie ins Licht der Wahrheit sehen können. Deutlich wird nur so viel: Platon vergleicht deswegen unser gewöhnliches Leben mit dem von Gefangenen in einer Höhle, weil wir auf den ›Augenschein‹ angewiesen und uns der Konsequenzen daraus nicht bewusst sind. Wir vertrauen zunächst unseren Sinnen und halten die Sinnendinge für die wahre Wirklichkeit. So werden wir Opfer aller möglichen Täuschungen und Illusionen – einschließlich solcher, die sich auf die Politik beziehen. Von diesen Illusionen muss der Mensch sich befreien, wenn er es zu echtem Wissen, das heißt Wissen von verlässlichen Gegenständen, bringen und schließlich sogar zur höchsten Einsicht in die Idee des Guten gelangen will. Welcher Art die Gegenstände außerhalb der Höhle sind und wie das Verhältnis der Schatten und Spiegelbilder zu den wahren Gegenständen des Wissens zu verstehen ist, wird im Höhlengleichnis selbst nicht näher expliziert. Dies holt Sokrates mit der Darlegung seines Bildungsprogramms nach, das seine Deutung des Gleichnisses enthält.

Zunächst stellt Sokrates fest, dass zur Befreiung eine radikale Umwendung erforderlich ist, also eine Art intellektueller Wiedergeburt: Zwar sei es nicht möglich, der Seele das Wissen in der Weise einzupflanzen wie Blinden die Sehfähigkeit, wohl aber müsse eine völlige ›Umwendung‹ ($\pi\epsilon\rho\iota\alpha\gamma\omega\gamma\acute{\eta}$) der vorhandenen Fähigkeiten stattfinden. Von dieser Umwendung erklärt Sokrates, es handle sich um eine »Umlenkung der Seele, eine Auffahrt aus einem gleichsam nächtlichen Tag zu dem wahren Tag des Seienden, welche wir wahre Philosophie nennen wollen« (521c). Das soll heißen, dass die Seele sich statt mit veränderlichen und kontextabhängigen Gegenständen mit stets Gleichbleibendem befassen muss. ›Gymnastik‹ und ›Musik‹ – im üblichen Sinn der ›Musenkünste‹ – reichen dafür nicht aus, weil sie es nur mit der Erfahrungswelt zu tun haben: Die Gymnastik dient dem Körper; die Musik bewirkt zwar eine gewisse Wohlgestimmtheit und ›Takt‹ in der Seele ($\epsilon\mathring{v}\alpha\rho\mu\sigma\sigma\tau\acute{\iota}\alpha$, $\epsilon\mathring{v}\rho\upsilon\theta\mu\acute{\iota}\alpha$), vermittelt aber kein Wissen ($\acute{\epsilon}\pi\iota\sigma\tau\acute{\eta}\mu\eta$).

3. Die vier kanonischen Wissenschaften: Bestandaufnahme

Angesichts der hohen Erwartungen, die mit dem ›Umlenkungswissen‹ verbunden sind, dürfte jeder Leser zunächst das Bildungsangebot, welches dann folgt, als enttäuschend empfinden. Denn Sokrates' Anspruch scheint nur dem kleinsten gemeinsamen Nenner zu gelten. Es geht ihm um:

jenes Gemeinsame, was alle Künste, Überlegungen und Wissenschaften voraussetzen ($\tau\grave{o}$ $\kappa o\iota v\acute{o}v$, $\mathring{\wp}$ $\pi\mathring{a}\sigma\alpha\iota$ $\pi\rho o\sigma\chi\rho\mathring{\omega}v\tau\alpha\iota$ $\tau\acute{\epsilon}\chi\nu\alpha\iota$ $\tau\epsilon$ $\kappa\alpha\grave{\iota}$ $\delta\iota\acute{\alpha}\nu o\iota\alpha\iota$ $\kappa\alpha\grave{\iota}$ $\acute{\epsilon}\pi\iota\sigma\tau\mathring{\eta}\mu\alpha\iota$) – und was jeder als erstes lernen muss [...] die ganz bescheidene Fähigkeit, Eins, Zwei und Drei unterscheiden

---

13 Zum Höhlengleichnis vgl. *Rep.* VII, 514a–517a.

zu können. Ich meine damit, kurz gesagt, die Zahl und das Rechnen (ἀριθμόν τε καὶ λογισμόν). Oder verhält es sich nicht so, dass jede Kunst und jede Wissenschaft gezwungen ist, sich davon etwas anzueignen? (*Rep.* 522c)

Zunächst gibt sich Sokrates den Anschein, als gehe es ihm jeweils um den praktischen Aspekt der Wissenschaften. So weist er auf die Lächerlichkeit eines Feldherrn hin, der nicht einmal die Zahl seiner Füße kennt, geschweige denn die seiner Schiffe (522d). Sokrates ist aber keineswegs auf die Anwendungsmöglichkeiten der Wissenschaften aus. Vielmehr lockt er mit diesbezüglichen Fragen seinen Partner zunächst nur aufs Glatteis, um ihn anschließend aufzuklären, dass es darum gar nicht geht, sondern um die Defizienz der Sinne und ihrer Gegenstände sowie um die Notwendigkeit einer Hinlenkung zum Denken und dessen unveränderlichen Objekten.[14] Die ersten Schritte, die Sokrates in diese Richtung unternimmt, sind jedoch wenig eindrucksvoll. Denn statt einer Vision von Zahlen als Abbildern eines ›Ideenhimmels‹ gibt es zunächst nur drei Finger zu inspizieren; man muss also gewissermaßen nur bis Drei zählen können (523c ff.). Die Wahrnehmung, so erklärt Sokrates dazu, vermittelt uns von den Fingern lediglich, dass es sich um Finger handelt, gleich in welcher Position sie sich befinden und welche Eigenschaften sie aufweisen. Dieser Anblick lässt den Betrachter ›frageunbedürftig‹ und ruft das Denken nicht auf den Plan. Hingegen fordern diejenigen Eigenschaften, die in Gegensätzen auftreten, die Seele zum Denken heraus, nämlich Kleinheit und Größe oder auch Einheit und Vielheit. Angesichts ihrer Zweifelhaftigkeit veranlassen sie zum Nachdenken darüber, was denn wohl Größe und Kleinheit, Einheit und Vielheit selbst *sind*: »Die Seele versucht bei dergleichen zuerst, Vernunft und Überlegung herbeirufend, zu erwägen, ob jedes derartig Angemeldete *eines* ist oder *zwei*« (524b). Damit hat man den Bereich des Sinnlichen bereits verlassen und ist beim Denken angekommen. Welche Erwartungen Platon mit den propädeutischen Wissenschaften verbindet, soll ein kurzer Überblick über seine Einführung der einzelnen ›Fächer‹ zeigen.

(a) Arithmetik (525a–526c)

Ein anspruchsvolles Programm, was die Errungenschaften der Arithmetik angeht, bietet Platon auch des Weiteren nicht. Zwar stellt Sokrates klar, dass es ihm nicht um Gezähltes in der sinnlichen Welt, sondern um die Natur der Zahlen selbst geht. Denn er meint, dass die Besinnung auf die Natur des *Einen* die Seele nicht nur ›aus dem Werden auftauchen‹ lässt und zum Sein hinleitet, sondern so zur Anschauung (θέα) der Natur der Zahl als solcher gelangen lässt (525c). Gleichwohl nimmt sich der pädagogische Nutzwert des Studiums der Arithmetik äußerst bescheiden aus. Sokrates weist weder auf Probleme der Zahlentheorie hin noch auf irgendwelche algebraische Operationen. Vielmehr soll die Beschäftigung mit den Zahlen die angehenden Philosophen einerseits lehren, dass die arithmeti-

---

14 So ist es Sokrates, der Glaukon zunächst auf den Nutzen der Arithmetik (522d–e; 525c) für die Kriegskunst hinweist und ihn zu gleichen Assoziationen im Fall der Geometrie (526d) und der Astronomie (527d) verleitet, um ihn alsbald eines Besseren zu belehren: Nur Studien, die es statt mit dem *Werden* mit dem *Sein* zu tun haben, eignen sich als Bildungsmittel (526e). Militärischer und anderer Nutzen ist nur ein Nebenprodukt (*parergon*) der Wissenschaften (527c).

schen Einheiten einander völlig gleich sind, andererseits, dass die Rede von ihrer Teilbarkeit missverständlich ist. Nur so lässt sich sein ›Verbot‹ erklären, mit Zahlen wie mit teilbaren Größen umzugehen:

Denn du weißt ja, was die geschulten Mathematiker machen: Wenn jemand versucht, das Eine selbst in Gedanken zu zerschneiden, so lachen sie ihn aus und weisen es zurück, und wenn du es zerstückelst, so antworten sie darauf mit Vervielfältigung, weil sie verhüten wollen, dass das Eine sich als etwas erweist, das nicht eines, sondern eine Vielheit von Teilen wäre. (525c)

Sokrates dürfte hier wohl kaum das (zu seiner Zeit in der heutigen Form noch gar nicht existente) Bruchrechnen verbieten wollen. Worauf es ihm ankommt, ist vielmehr die Tatsache, dass z. B. aus einer ›Teilung‹ einer Einheit durch Vier lediglich vier neue Einheiten resultieren, die sich darüber hinaus durch Multiplikation wieder zur alten Einheit zusammenfügen lassen. Die Natur der Zahlen bleibt durch Rechenoperationen also unangetastet.[15] Es handelt sich daher um Gegenstände, die nicht zur sinnlichen Welt gehören, sondern allein durch das Denken zu erfassen sind. Entscheidend ist, dass die Zahlen den Status intelligibler Gegenstände besitzen. Sieht man von der Einheit als solcher ab, so ist weder von einer Privilegierung bestimmter Zahlen im Sinne der pythagoreischen Zahlenlehre etwas zu merken, noch auch lassen sich hier Andeutungen auf Platons spätere Theorie von Ideenzahlen oder Idealzahlen ausmachen.[16] Viel wird den Eleven hier also noch nicht abverlangt.[17]

(b) Geometrie (526c–528e)

Nicht viel anspruchsvoller wirken prima facie die fachlichen Anforderungen in der Geometrie. Auch hier beschränkt sich Platon auf eine kurze Charakterisierung ihres erkenntnistheoretischen Nutzens, der mehr ontologischer als geometrischer Natur ist. Denn der Geometrie schreibt Sokrates die Fähigkeit zu, die Seele auf die Idee des Guten hinzulenken und vom Werden zum Sein hinzuführen (526e). Sie tut das, weil sie in Wirklichkeit das Gegenteil dessen zum Ziel hat, was ihre Vertreter behaupten:

Ihre Ausdrücke sind höchst lächerlich und gezwungen; denn sie wählen alle Bezeichnungen, als ob sie etwas täten und Handlungen zum Ziel hätten, wenn sie von ›Quadrieren‹, ›Verlängern‹ oder ›Anfügen‹ reden – und alles, was sie sonst so von sich geben; dabei wird doch die ganze Wissenschaft um der Erkenntnis willen betrieben. (527a–b)

Diese Kritik kann nun auf zwei Weisen gemeint sein. Zum einen könnte Platon nur das Vokabular monieren, das suggeriert, dass es sich beim Hantieren mit Zirkel und Lineal um tatsächliche Herstellungen handelt, so dass die Geometrie im Bereich des Werdenden verbliebe, statt unveränderliche Gegebenheiten zu exemplifizieren. Zum anderen könnte Platon meinen, dass die Geometrie auf Zeichnungen ganz verzichten sollte, eine Forderung, die sich bei einer bestimmten

---

15 Ähnlich Burnyeat 2000, bes. 33–35.
16 So auch Mittelstraß 1997.
17 Während Menschen mit einer natürlichen Begabung für das Rechnen ohnehin in allen anderen Dingen eine schnelle Auffassungsgabe haben, sieht Sokrates den Nutzen der Arithmetik für die Übrigen darin, dass sie wenigstens schneller werden (526b).

Deutung der ›Kritik‹ an der Verwendung von Bildern in der Mathematik im Liniengleichnis nahe legt. Abgesehen davon, dass eine rein deduktive Geometrie aus sachlichen Gründen ein Unding darstellt, scheint Platon hier aber auch keine radikale Reform dieser Wissenschaft als solcher anzuvisieren. Näher liegt es anzunehmen, Platon setze – so wie auch im Liniengleichnis – voraus, dass die Geometer sich des Status ihrer Objekte durchaus bewusst sind, auf Konstruktionen aber nicht verzichten können – und daher auch das entsprechende Vokabular verwenden müssen (527a).[18] Wie bei der Arithmetik sieht Sokrates also auch den Wert der Geometrie darin, dass sie Erkenntnis vom ›immer Seienden‹ und nicht von Werdendem und Vergehendem ist. Eben dies scheint Platon als ausreichend anzusehen, um die Seele zur Wahrheit zu führen und sie zu veranlassen, »nach oben statt nach unten zu blicken« (527b).

Weit interessanter als diese Moral ist der Zusatz, mit dem Sokrates nach seinem allzu schnellen Übergang zur Astronomie einen Schritt zurück tut, und zwar zu einem Gebiet der Geometrie, das nach seinen eigenen Worten beinah noch gar nicht existiert, zur Stereometrie. Sokrates sieht darin ein wichtiges Desiderat, weil man vor den Körpern in Bewegung in der Astronomie die Natur der geometrischen Körper selbst studieren muss. Zwar erfreut sich diese Disziplin Sokrates zufolge gegenwärtig keiner sonderlichen Achtung, weil man sich davon keinen Nutzen verspricht und auch die rechten Anführer ($\grave{\epsilon}\pi\iota\sigma\tau\acute{\alpha}\tau\eta s$) noch fehlen, gleichwohl erklärt er prophetisch: »All diesen Widerständen zum Trotz macht diese Wissenschaft infolge des ihr eigenen Reizes Fortschritte und man braucht sich nicht zu wundern, wenn sie noch entstehen wird« (528c). Angesichts dieser in sich widersprüchlich wirkenden Erklärung muss man sich fragen, was hier eigentlich vor sich geht. Warum preist Sokrates eine angeblich noch gar nicht existente Disziplin ihrer eigentümlichen Reize wegen? Am plausibelsten scheint die Erklärung, dass Platon sich keines allzu deutlichen Anachronismus schuldig machen will. Zur Zeit des fiktiven Datums der *Politeia* (etwa 415 v. Chr.) muss diese Disziplin noch buchstäblich in den Kinderschuhen gesteckt haben. Denn wenn es richtig ist, dass Theaitetos – Platons späterer Freund und Mitarbeiter an der Akademie – Wesentliches zur Konstruktion der regelmäßigen Körper beigetragen[19] und Platons Freund, der Pythagoreer Archytas von Tarent, ein Verfahren zur Verdoppelung des Würfels gefunden hat, so musste es Platon ein Anliegen sein, jene Wissenschaft wenigstens anzukündigen, die in der ersten Hälfte des 4. Jahrhunderts in den Händen seiner Freunde und Mitarbeiter so bedeutende Fortschritte machen sollte.[20] Über die Natur der stereometrischen Studien hören wir

18 Wie Burnyeat (2000, 35–42) plausibel macht, ist Platons Bewertung der Mathematik und des hypothetischen Status ihrer hypothetischen Prinzipien nicht als Kritik zu verstehen, sondern dient ihrer Abgrenzung gegenüber der Dialektik: »mathematics is not criticised but *placed*« (42).

19 Zu Theaitetos' Leistung vgl. Sachs 1917, Kapitel II. Waterhouse 1972. Eine kurze Zusammenfassung enthält Folkerts 2002. Zu Archytas vgl. Heath 1921, 246 und Huffman 2003, bes. 2.1: Doubling the Cube.

20 Da Platons Dialog *Theaitetos* das Gespräch zwischen Theaitetos als Schuljungen und Sokrates kurz vor dessen Tod stattfinden lässt, muss Theaitetos etwa 415 geboren sein.

nichts weiter, als dass sie äußerst anspruchsvoll sind und eine ganz eigene Schönheit besitzen (528c–d).

(c) Astronomie (528d–530d)

Trotz der anti-empirischen Ausrichtung der beiden mathematischen Disziplinen nimmt es zunächst Wunder, dass Sokrates auch das Ziel der Astronomie nicht in der Erkenntnis der Natur der Himmelskörper und ihrer Bewegungen sieht, sondern das ›Aufschauen‹ zu den Sternen, das Glaukon zunächst hervorhebt (528e–528a), geradezu mit Spott als bloßes ›Hinabschauen‹ abtut, weil es Sichtbarem gilt: Die zukünftigen Philosophen sollen sich nicht etwa beim Sterngucken die Hälse verrenken und die Augen verderben. Vielmehr sollen sie erkennen, wie sehr

diese Gebilde am Himmel – da sie doch im Sichtbaren bleiben – [...] weit hinter dem Wahrhaften zurückbleiben, nämlich den Bewegungen, in welchen die wahrhafte Schnelligkeit und die wahrhafte Langsamkeit sich nach der wahrhaften Zahl und allen wahrhaften Figuren gegeneinander bewegen – welches alles nur mit der Vernunft zu fassen ist, mit den Augen aber nicht. (529c)

Zwar handelt es sich bei den Himmelskörpern und ihren Bewegungen um das Schönste und Genauste im Bereich des Sichtbaren, der Philosoph muss sich stattdessen jedoch mit den ›wahrhaften‹ Bewegungen wahrhafter Gegenstände befassen. Nur dann wird das »Unbrauchbare in der Seele brauchbar gemacht«. So erklärt Sokrates, dass man sich vom Himmel gewissermaßen ›die Aufgaben‹ stellen lassen soll (530b–c: προβλήματα), um diese dann jedoch nicht durch Beobachtung, sondern durch Nachdenken zu lösen. So scheint die theoretische Astronomie eine von der empirischen Wissenschaft ganz getrennte Erforschung dynamischer Gesetze zu sein.[21] Im Unterschied zur Arithmetik und Geometrie erhält man bei der Beschreibung der zu lösenden ›Probleme‹ der theoretischen Astronomie jedoch eine gewisse Vorstellung von der Komplexität der Aufgaben und dem anspruchsvollen Niveau dieses Gebietes, wie auch Glaukon feststellt (530c).

(d) Harmonik (530d–531c)

Die Harmonik wird als letztes eingeführt. Sie steht deshalb an letzter Stelle, weil sie die Schwesterwissenschaft (530d) zur Astronomie darstellt: Auch bei ihr geht es um Bewegungen.[22] An die Harmonik stellt Sokrates ähnlich hohe Anforderungen wie an die Astronomie. Statt sich an tatsächlich gehörte Töne zu halten, sollen angehende Philosophen sich auch auf diesem Gebiet auf die idealen, mathematischen Verhältnisse konzentrieren. Die ›Akustiker‹ werden regelrecht verspottet: Sie sind Leute, »welche die Saiten ängstigen und quälen und auf den Wirbeln spannen« (530b). Statt anhand von gehörten Tonunterschieden das kleinstmögliche Intervall (πύκνωμα) zu bestimmen, sollten sich die Wissenschaftler um die harmonischen Zahlenverhältnisse bemühen. Hinter dieser Aufforde-

---

Genaue Daten für Archytas kennt man nicht, er war vermutlich ein etwas jüngerer Zeitgenosse Platons.
21 Zur Erklärung dieser Forderung vgl. Mourelatos 1981.
22 Dass Töne auf Bewegungen beruhen, schloss man nicht nur aus den Schwingungen der Instrumente, sondern auch aus Phänomenen wie der Echo-Wirkung.

rung verbirgt sich nun ein höchst anspruchsvolles Forschungsprogramm, wie
Platon auch damit zu erkennen gibt, dass er sich hier, ausnahmsweise, auf die
zuständigen Autoritäten beruft, nämlich auf die Pythagoreer. Schon die alten
Pythagoreer (vielleicht sogar der legendäre Pythagoras selbst) hatten entdeckt,
dass bestimmte Intervalle sich auf ganzzahlige Verhältnisse zurückführen lassen.
So liefert die Teilung einer Saite im Verhältnis 2 : 1, die Oktave, im Verhältnis 3 : 2
die Quinte, und im Verhältnis 4 : 3 die Quarte. Zuverlässigen Berichten nach hat
Platons Freund Archytas die Zahlenverhältnisse für sämtliche Tonschritte in allen
Tonarten ermittelt.[23] Dies war deswegen eine überaus anspruchsvolle Aufgabe,
weil die altgriechischen Tonarten nicht nur diatonische Tonskalen mit Ganz- und
Halbtönen, sondern auch harmonische und melodische Tonarten mit Vierteltönen
und übermäßigen Tonschritten umfassen, bei denen jeweils ›kleinste‹ Tonschritte
übrig bleiben, die Platon hier *pyknômata* (πυκνώματα: Verdichtungen) nennt. Die
hinreichend genaue Stimmung eines Instrumentes erforderte daher ein sehr feines
Ohr. Platon sieht darin eine vergebliche Liebesmühe: Nicht das Ohr, sondern
mathematische Berechnungen bringen es dabei zu echter Genauigkeit. Wie Platon
dazu im *Timaios* andeutet (*Tim.* 35a–36b), lassen sich die Zahlenverhältnisse mit
Hilfe arithmetischer, geometrischer und harmonischer Teilungen ermitteln.[24]

4. Der pädagogische Nutzen der vier mathematischen Wissenschaften

Man fragt sich nun, warum Platon angesichts des doch begrenzten Nutzwertes
der vier Wissenschaften als ›Katalysatoren‹ einer Umlenkung vom Werden zum
Sein so viel Wert auf sie legt. Zwar bezeichnet er sie abschließend als bloßes
Vorspiel (προοίμιον) für die eigentliche Melodie (νόμος) – nämlich für die *Dialek-*
tik, die er jetzt als *die* philosophische Disziplin schlechthin und als die Krönung
des Bildungsweges vorstellt (531d; 534c: Schlussstein). Da er aber in seinem
Zeitplan für die Erziehung der Philosophenkönige nicht weniger als zehn Jahre
für den Unterricht in den vier propädeutischen Wissenschaften vorsieht (537b–d)
und die Kandidaten für die letzte Stufe, den fünfjährigen Unterricht in der Dialektik, auf die erfolgreichen Absolventen des ›Vorspiels‹ beschränkt, scheint er diesem doch große Bedeutung zuzumessen.[25] Worin aber besteht die Bedeutung? Sie
kann doch wohl kaum allein in der Einübung des Umgangs mit Unveränderli-

---

23 Die hier praktizierte Unterscheidung hat zu einer anhaltenden Trennung zwischen ›Aku-
    stikern‹ und ›Harmonikern‹ in der Antike geführt. Unter harmonischen Zahlenverhält-
    nissen scheint Platon die ›überteiligen‹ Verhältnisse zu verstehen, das heißt (n + 1) : n. So
    ergibt das Verhältnis 3 : 2 die Quarte, 4 : 3 die Quinte, 9 : 8 den Ganzton, 28 : 27 den
    Halbton. Zur Erklärung von Archytas' Verfahren vgl. Barker 1989, 46–52. Barker sieht
    in dem System des Archytas eine Lösung, die zwar Platons Forderung nach mathemati-
    schen Prinzipien gerecht wird, sich aber zugleich um Erklärungen für die akustischen
    Phänomene bemüht.
24 Vgl. dazu die Ausführungen bei Burnyeat 2000, 47–53.
25 Der Zeitplan ist sicherlich Teil von Platons utopistischem Staats- und Erziehungsent-
    wurf und reflektiert nicht das Bildungsprogramm an der Akademie; der junge Aristote-
    les z.B. dürfte alle ihn interessierenden Fächer – einschließlich der Dialektik – gleichzei-
    tig studiert haben.

chem und von jeder Erfahrung Abstrahiertem bestehen. Zum einen wären zehn Jahre eine allzu lange Zeit dafür,[26] zum anderen würde bereits eine gründliche Schulung in den beiden mathematischen Grundwissenschaften dasselbe leisten. Außerdem stellt sich die Frage, ob Platons anti-empirische Haltung in der Astronomie und Harmonik eine bewusste Absage an die Art bedeutet, in der diese Wissenschaften zur Zeit seiner philosophischen Lehrtätigkeit betrieben wurden. Denn während sein Purismus in der Arithmetik und Geometrie verständlich ist, wirkt er im Fall der Astronomie und in der Harmonik deplatziert. Wie sollte man nämlich ohne Beobachtungen überhaupt auch nur auf den Gedanken kommen, sich um die ›wahrhaften Bewegungen‹, die wahrhaften Bahnen und die wahrhaften Zahlen oder um die mathematische Basis der Harmonien zu bemühen? Dienen diese schwierigen Berechnungen lediglich dazu, den Geist zu schulen?

Abgesehen von der Abgehobenheit solcher Übungen scheint diese Haltung gar nicht zu den sonstigen Berichten über Platons Einstellung gegenüber den Errungenschaften in der Astronomie und Harmonik zu passen. Denn wenn die Quellen Recht haben, die besagen, Platon habe seinen mathematisch versierten Zeitgenossen die ›Aufgabe‹ gestellt, ein Modell zu entwerfen, das erlaubt, die Regelmäßigkeit der Himmelsbewegungen darzustellen und damit ›die Phänomene zu retten‹, so verträgt sich das nicht gut mit einem Wissenschaftsideal, das sich um die empirische Wirklichkeit mit Absicht nicht kümmert.[27] Bekanntlich hat sein Freund und zeitweiliger Mitarbeiter an der Akademie, Eudoxos von Knidos, diese Aufgabe auf glänzende Weise gelöst, indem er die scheinbaren unregelmäßigen Bewegungen der Planeten (einschließlich derer von Sonne und Mond) auf zusammengesetzte Kreisbewegungen zurückführte. Dieses Modell wurde zwar von späteren Astronomen noch wesentlich verfeinert, es hat aber den Grundstock zur Entwicklung der antiken Astronomie bis zum Weltmodell des Ptolemaios gelegt. Von ihm und von Archytas' Harmonielehre macht Platon selbst, wie oben angedeutet, später im *Timaios* ausgiebig Gebrauch, um die Ordnung des sichtbaren Himmels zu erklären.

Da Platon im Schlussmythos der *Politeia* selbst seine – freilich mythisch verbrämte – Vorstellung von der Himmelsordnung in Form von konzentrisch angeordneten Kugelschalen entwirft, ist es unwahrscheinlich, dass er in diesem Werk auf eine Anwendbarkeit der theoretischen Astronomie ganz verzichten wollte. Da dieses Modell – anders als Platons später im *Timaios* entworfenes Himmelsmodell – die Ekliptik nicht zu berücksichtigen vermag, ist anzunehmen, dass er zur Zeit der Abfassung der *Politeia* die Lösung des Eudoxos noch nicht kannte, wohl aber aus der Überlegung heraus, dass Kreis und Kugel die ›ausgewogensten‹ und daher auch die schönsten und besten Figuren und Körper sind,

26 Es ist jedenfalls kaum anzunehmen, dass Platon den Zeitraum nur deshalb so weit ausdehnt, damit die Eleven nicht zu früh an das Studium der Dialektik geraten, von dem er allzu Junge fernhalten will, weil sie die Übungen nur als Wettkämpfe ansehen und darüber den Glauben an die Wahrheit verlieren (539a–d).

27 Vgl. Simplikios' Kommentar zu Aristoteles, *De caelo*, 488.18–24 (Heiberg), und den Bericht bei Philodemos in Gaiser 1988, 76 f. und 88–91.

ein Bild der tatsächlichen Weltordnung zeichnen wollte.[28] An seiner Vorstellung von idealen Körpern und Figuren hat die Nachwelt noch weit über die Antike hinaus festgehalten. Denn noch Kepler hat sich schwer damit getan, das Modell der Kreisbahnen zugunsten von Ellipsenbahnen aufzugeben.

Seine Vorschriften zu einer anti-empirischen Behandlung von Fragen der Naturwissenschaft haben Platon verschiedentlich herbe Kritik eingetragen.[29] Selbst wenn es ihm um den Wahrheitscharakter der Erkenntnis der unveränderlichen Wirklichkeit ›hinter‹ den Phänomenen geht, sollte sie doch zu deren Erklärung dienen. Hinsichtlich dieser Widersprüchlichkeit ist auf Folgendes hinzuweisen: Zum einen darf man Platons Bildungsprogramm für zukünftige Philosophen nicht mit seiner Vorstellung von wissenschaftlicher Praxis gleichsetzen. Hier geht es nicht um Forschung, sondern um die Vermittlung von Erkenntnissen. Der Unterricht setzt zudem voraus, dass den Lehrern wie den Studenten ›die Phänomene‹ seit langem bekannt sind: Sie müssen sowohl die Himmelsbewegungen kennen als auch mit der Musik hinreichend vertraut sein. Ohne ein solches Hintergrundwissen hätten die Theorien keinen Sinn; die angehenden Philosophen könnten damit gar nichts anfangen. Zum anderen wird in dem Bildungsweg nur der ›Aufstieg‹ aus der Höhle dargestellt. Der Rückweg in die Höhle setzt voraus, dass die wissenschaftlich Gebildeten ihr Wissen auch anzuwenden wissen. An eine völlige Entrückung in eine jenseitige Welt reiner mathematischer Abstraktion ist also gar nicht gedacht. Vielmehr sollen die zukünftigen Staatsmänner in der Lage sein, ihr Wissen für die Belange des Lebens einzusetzen.

Die Verordnung von ›theoretischer‹ Astronomie und Harmonik ist daher nicht mit dem Verzicht auf jede Beobachtung und Anwendung gleichzusetzen. Vielmehr geht es Platon um den Nachweis, dass die unvollkommenen sichtbaren Phänomene auf einem vollkommenen, unsichtbaren System beruhen, weil sich nur unter der Annahme idealer Verhältnisse eine wirkliche Regelmäßigkeit begründen lässt. Denn dass es am sichtbaren Himmel nicht ›regelgerecht‹ zugeht, das muss Platon gerade angesichts der Fortschritte in der empirischen Astronomie des späteren 5. Jahrhundert sehr wohl bekannt gewesen sein. So hatten die Athener Meton und Euktemon, denen man die Entdeckung zuspricht, dass nicht nur Sonne und Mond, sondern auch die übrigen Planeten sich auf geschlossenen Bahnen bewegen und daher – anders als es ihr Name sagt – keine ›Irrsterne‹ sind, wichtige Fortschritte bei der Angleichung des Mondjahrs an das Sonnenjahr gemacht, die in einer bedeutenden Kalenderreform ihren Niederschlag fanden.[30] Aber gerade diese Entdeckungen stellten auch die Unregelmäßigkeiten in den Himmelsbewegungen noch deutlicher heraus: Eine perfekte Angleichung lassen sie nicht zu. Platons ›Rechenaufgaben‹, die von solchen Problemen absehen, haben also in der Tat nur Modellcharakter: Sie stellen dar, wie es wäre, *wenn* ideale Verhältnisse herrschten. Denn nur dafür lassen sich wirkliche Berechnungen

---

28 Bereits im Schlussmythos am Ende des Phaidon setzt Platon die Kugelgestalt der Erde voraus (*Phdn.* 109a); er vergleicht sie mit einem 12-seitigen bunten Lederball, der vermutlich aus regelmäßigen Fünfecken besteht (110b–c). Vgl. dazu Ebert 2004, 445–454.
29 Vgl. Mueller 1981; Gregory 2000, bes. 10–13; 48–67.
30 Vgl. van der Waerden 1988, 79–82; Gregory 2000, 145–6.

anstellen. Ungenauigkeiten gestatten bekanntlich keine Berechnungen, sondern nur Annäherungen. Daher pflegt man auch heute Modelle als Idealisierungen auf den verschiedensten Gebieten auszuarbeiten.

Platon drückt seine Absicht freilich anders aus: Er spricht von der ›kathartischen‹ und ›anfeuernden‹ Wirkung dieser Disziplinen:

Es ist gar nicht einfach, sondern schwer zu glauben, dass durch diese Kenntnisse jeweils ein Vermögen der Seele völlig *gereinigt* und *wieder befeuert* wird (ὄργανόν τι ψυχῆς ἐκκαθαίρε-ταί τε καὶ ἀναζωπυρεῖται), das durch die anderen Beschäftigungen zerstört und betäubt wird, dessen Bewahrung aber wichtiger ist als die von zehntausend Augen. Denn nur dadurch wird die Wahrheit gesehen. (527d–e)

Wenn Platon von der Wiederherstellung der Fähigkeit der Seele spricht, die durch die Beschäftigung mit Werdendem zerstört oder betäubt wurde, bezieht er sich auf die Veränderlichkeit und Vieldeutigkeit der Gegenstände der gewöhnlichen Erfahrung. Ihr setzt er die Eindeutigkeit und Verlässlichkeit der Gegenstände mathematischen Wissens entgegen: Sie unterliegen weder Schwankungen noch gibt es Anlass für Ungewissheit. An sachlichen Ergebnissen verspricht Platon sich darüber hinaus noch eine Art *Synthese* aus den vier Fächern:

Wenn die Arbeit an den Gegenständen, die wir bis jetzt durchgegangen sind, auf ihre Gemeinschaft (κοινωνία) unter sich und Verwandtschaft (συγγένεια) gerichtet ist und sie zusammengebracht werden, wie sie zusammengehören, so trägt diese Beschäftigung etwas zu dem bei, was wir wollen, und es ist nicht vergebliche Mühe; wenn aber nicht, dann ist sie umsonst. (531c–d)

Wenn Platon von der ›Gemeinschaft‹ und ›Verwandtschaft‹ der vier Disziplinen spricht, die den Studenten begreiflich werden sollen, muss damit mehr gemeint sein, als dass es bei ihnen allen ›mit Zahlen zugeht‹. In der Tat geht es dabei um die systematische Erfassung bestimmter Grundstrukturen der Wirklichkeit. Dies deutet Sokrates mit der Betonung der ›richtigen‹ Einheiten und Vielheiten freilich nur an. Solche Bemühungen ›befeuern und reinigen‹ das Nachdenken über das wahre Wesen des betreffenden Gegenstandes, denn dazu ist herauszufinden, was ihn jeweils ›im Innersten zusammenhält‹, das heißt was aus der Vielheit seiner Teile eine strukturelle Einheit macht. Damit zeichnet sich auch ein Bezug zur Idee des Guten ab, so dass die Behauptung verständlich wird, diese Wissenschaften trügen auch dazu bei, dass die Erkenntnis der Idee des Guten zu erleichtern (526e). Denn alle Wissenschaften decken nicht nur unveränderliche Strukturen auf, sondern auch die dadurch gegebene ›Verwandtschaft‹ aller Dinge, von der bereits im *Menon* die Rede war.[31] Zeigt sich erst einmal, dass alles Wissbare auf stimmigen Grundlagen beruht, dann erweist sich, dass alles, was eine echte Einheit bildet, in seiner Weise auch *gut* ist. ›Gut‹ ist dann allerdings nicht auf das für den Menschen Gute beschränkt, ist also nicht allein in einem moralischen Sinn zu

31 Dass Platon auch das in der Mathematik Stimmige als gut ansieht, vermutet auch Mueller 1992, 190–1.

verstehen, wie man zunächst anzunehmen geneigt ist, sondern es bezeichnet das in jedem Bereich Richtige und Stimmige.[32]

Der ›praktische Nährwert‹ der vier propädeutischen Wissenschaften lässt sich also wie folgt zusammenfassen: Die Absolventen dieses Curriculums werden zunächst dazu gebracht, Empirisches nicht fraglos hinzunehmen. Stattdessen lernen sie, jeweils nach der verborgenen Einheit in der Vielfalt zu suchen, welche die guten Gegenstände zu guten macht. Was für die Himmelsordnung und die Akustik gilt, sollte auch und gerade für die Gesellschaftsordnung und die Verfassung der Menschen gelten.

5. Die Dialektik als Krönung der Wissenschaften

Nun betrachtet Platon die propädeutischen Wissenschaften offensichtlich noch nicht als hinreichend für die Staatskunst, also für die besonders komplexe Einheit in der Vielheit, die ein Staatswesen auszeichnet. Sie stellen vielmehr nur das ›Vorspiel‹ dar, auf welches als das Hauptstück die Ausbildung in der Dialektik folgt (533c). Daher fragt sich, was es mit dieser Disziplin auf sich hat.[33] Dies ist nun eine ebenso umstrittene Angelegenheit wie die Ideenlehre selbst. Denn Platon erwähnt die *dialektikê methodos* zwar immer wieder; statt einer präzisen Bestimmung dieser Disziplin und ihrer Methodik begnügt er sich jedoch mit äußerst knappen Hinweisen. Die Ableitung des Terminus *dialektikê* aus dem Verb ›dialegesthai‹ – sich unterreden – verweist zunächst auf die Sokratische Dialog-Praxis. Es fragt sich nun, wann bei Platon aus der sokratischen Befragungskunst zur Überprüfung von Definitionen eine konstruktive Disziplin geworden ist. Das ist nicht ganz leicht zu sagen, denn – wie Richard Robinson anmerkt – scheint Platon darunter zu verschiedenen Zeiten etwas Verschiedenes verstanden zu haben, nämlich immer genau die Vorgehensweise, von der er sich besonders viel versprach.[34] Wie die erste Verwendung des Adjektivs *dialektikos* im *Menon* zeigt (75c–d), unterscheidet Platon damit zunächst das konstruktive und kooperative Argumentieren vom Streitgespräch. In der *Politeia* ist die Lage jedoch bereits völlig anders. Hier geht es nicht allein um das ›Wie‹ der Diskussion, sondern um eine eigenständige Disziplin, wie Sokrates' Frage zum Abschluss der Erörterung der vier propädeutischen Wissenschaften anzeigt: »Du meinst doch nicht, dass diejenigen, die darin gut sind, schon Dialektiker seien?« (531d–e). Erst mit der Dialektik erfüllt sich das, was als Resultat in den drei Gleichnissen angekündigt wird:

Es ist das Hauptstück selbst, das die Dialektik ausführt. Obwohl es nur mit dem Geist zu erfassen ist, ist es im Gleichnis die Kraft des Auges, von der wir sagten, es versuche auf die

---

32 Vgl. dazu Sokrates' Kritik an Anaxagoras' Naturphilosophie im *Phaidon*, Anaxagoras und seinesgleichen zögen nicht in Betracht, dass das Gute und Angemessene als zusammenhaltende kosmische Kraft wirkt, die stärker ist als jeder Atlas (*Phd.* 99c).

33 *Phdr.* 276e *dialektikê technê*; *Soph.* 253d *dialektikê epistêmê*. Von *dialektikê* ist nur in Dialogen die Rede, die vermutlich später als die *Politeia* sind (*Kratylos, Phaidros, Euthydemos, Sophistes, Politikos, Philebos*). Zur Spezifizierung dieses Verfahrens im *Philebos* vgl. Frede 1997, bes. 132–148.

34 Robinson ²1953, 5, 70.

Lebewesen selbst zu schauen und auf die Gestirne und schließlich auf die Sonne selbst. So auch wenn jemand durch Diskussion (διαλέγεσθαι) ohne jede Wahrnehmung nur mit Hilfe von Erklärungen bis zum Wesen jeder Sache vordringt (ἐπ᾽ αὐτὸ ὃ ἔστιν ἕκαστον), und nicht aufgibt, bevor er das Gute selbst mit dem Geist erfasst hat, dann ist er am Ende/Ziel (τέλος) des Denkbaren angelangt, so wie jener an dem des Sichtbaren. (532a)

Wie Sokrates hinzufügt, spricht er von dem Weg, der von den Fesseln der Höhle befreit und bis zum Anblick der Sonne an der Oberwelt führt, der Idee des Guten.

Eine wirkliche Bestimmung dieser höchsten Wissenschaft bleibt Platon freilich auch hier schuldig. Vielmehr findet der Leser sich in einer misslichen Lage, die in Platons Dialogen nicht selten ist: Einerseits tut Platon so, als seien Sokrates' Partner bereits im Bilde. So hat Glaukon angeblich ›schon oft‹ von den Ideen und auch von der Idee des Guten gehört (505a). Daher behelligt er Sokrates auch nicht mit Fragen, wie sie von ganz Uneingeweihten gestellt würden. Die allgemeinen Voraussetzungen der Ideenlehre erfahren daher keine weitere Klärung. An den wirklich kritischen Punkten wissen die Partner freilich nicht mehr als die Leser und werden auch nicht wirklich aufgeklärt, weil sie angeblich nicht fähig sind, der Erklärung zu folgen. Auf der anderen Seite stellt Sokrates unmissverständlich klar, dass wahrhaftes Wissen absolut notwendig ist, wenn die Menschen nicht im »Schlamm der Unwissenheit« stecken bleiben wollen, wie er es hier nennt.

Ganz ohne einen Hinweis über die Vorgehensweise der Dialektik, lässt uns Platon hier jedoch nicht. Sokrates spezifiziert die Tätigkeit des Dialektikers nämlich wie folgt:

Du nennst doch Dialektiker denjenigen, der jeweils eine vernünftige Erklärung des Wesens einer jeden Sache erfasst (διαλεκτικὸν καλεῖς τὸν λόγον ἑκάστου λαμβάνοντα τῆς οὐσίας)? Und wer dies nicht kann, insofern er weder sich selbst noch einem anderen darüber Rechenschaft geben kann (λόγον αὑτῷ τε καὶ ἄλλῳ διδόναι), von dem wirst du bestreiten, dass er Erkenntnis davon hat? Und ebenso über das Gute: Wer die Idee des Guten nicht zu bestimmen (διορίσασθαι) und von allem anderen zu unterscheiden vermag, wer nicht wie in einem Kampf (ὥσπερ ἐν μάχῃ) seine Beweisführungen verteidigt – und zwar mit der Absicht, dies nicht nur dem Schein, sondern dem Sein nach zu tun – und seine Erklärung unversehrt durch alle Angriffe durchbringt – von einem solchen wirst du weder sagen, dass er das Gute selbst erkennt, noch auch irgend ein anderes Gutes. Sondern wenn er irgendwie ein Bild davon zu fassen bekommt, dann wird er es nur mit einer Meinung, nicht aber durch Wissen erfassen und sein Leben träumend und schlummernd verbringen, und bevor er hier je wach wird, wird er vorher in den Hades hinübergehen und dort endgültig in Schlaf versinken. (534b–c)

Was Platon uns hier über die Dialektik mitteilt, die uns vor dem ›dogmatischen Schlummer‹ bewahren soll, ist – kurz gefasst – dreierlei. (1) Dialektik hat *Wesens-Definitionen* zum Ziel. (2) Dialektik arbeitet mit *Abgrenzungen*: Alles muss von allem anderen abgesondert bestimmt werden (διορίσασθαι). (3) Dialektik ist ein *Kampfspiel* mit dem Ziel, die getroffenen Bestimmungen gegen alle Angriffe erfolgreich zu verteidigen.

Der erste und dritte Aspekt der Dialektik erinnert an die sokratische Praxis aus den frühen Dialogen. Denn dort stehen Überprüfungen von Definitionen im Vordergrund. Aus dieser Übungspraxis hat Platon also eine systematische Disziplin gemacht und sie als ›Schulfach‹ in die ›Oberstufe‹ seines Erziehungsplans aufgenommen. Fünf Jahre lang soll diese Kunst geübt werden, bevor die dann 35–

Jährigen zur praktischen Bewährung in der Politik in die Höhle zurückgeschickt werden (539d–e).[35] Der zweite Aspekt, die ›Abgrenzung‹ des fraglichen Gegenstandes (διορίσασθαι: ›absondern‹ oder ›abgrenzen‹) ist aber das eigentliche Herzstück der Dialektik. Denn dieses Postulat hat Platon zur Entwicklung des ›dihäretischen‹ oder Aufteilungs-Verfahren veranlasst, das in seinen späteren Dialogen eine zentrale Rolle spielt. Ob Platon bereits die technischen Details dieses Verfahrens, so wie er es später anwendet, vor Augen hatte, als er die *Politeia* schrieb, ist schwer zu sagen. Als Interpret nimmt man viel auf sich, wenn man aus einem einzigen Wort auf eine ausgeklügelte Verfahrensweise schließen will.

Über die Vorgehensweise unterrichtet Platon in der bekannten Stelle im *Phaidros* (265d–266c), wenn er die Kunst (*technê*) bestimmt, die der gute, der ›technische‹ Rhetor beherrschen muss. Sie besteht in zwei Schritten: In einer Art von *Synopsis* sind zunächst die vielfältigen Phänomene zu einer einheitlichen Gattung zusammenzufassen. Nach der Bestimmung des Gegenstandsbereiches ist im zweiten Schritt eine Zergliederung oder Aufteilung des solchermaßen als Einheit zusammengefassten Oberbegriffs in seine natürlichen Arten oder Spezies vorzunehmen. Wie Sokrates abschließend feststellt, ist das sachgerechte Zusammenfassen und die artgerechte Aufteilung als die höchste Kunst zu betrachten:

Ich bin nun ein besonderer Verehrer, lieber Phaidros, dieser Einteilungen (διαίρεσις) und Zusammenfassungen (συναγωγή), weil sie mich befähigen, zu reden und zu denken. Wenn ich aber einen anderen für fähig halte, die Dinge als Eines und Vieles zu begreifen, dann folge ich ihm nach wie ›den Spuren eines Gottes‹. Ob ich denen, die das können zu Recht diesen Namen gebe oder nicht, das mag Gott wissen, jedenfalls nenne ich sie Dialektiker (διαλεκτικοί). (266b)

Was da so mit leichter Hand vorgestellt wird, ist also nicht mehr und nicht weniger als das Klassifikationsverfahren, das mit der Bestimmung des Genus den ›Stammbaum‹ des Gegenstandsbereiches liefert und mit der Aufteilung in die Äste alle Spezies festlegt, die das das betreffende Gebiet ausmachen. Platon wurde also zum Erfinder der *Taxonomie*, indem er feste Einheiten und geordnete Vielheiten als Forschungsziele postulierte.

Hier stellt sich nun die Frage: Wie ist Platon auf dieses Verfahren gekommen? Schon vor der *Politeia* finden sich Hinweise darauf, dass man das Wesen einer Sache nicht in Isolation bestimmen kann, sondern auf den Zusammenhang einzugehen hat. Einen solchen Hinweis enthält auch die anfangs zitierte Erklärung über die Verwandtschaft aller Dinge im *Menon* (81c), auf der die Wiedererinnerung beruhen soll, wie Sokrates anhand des mathematischen Beispiels demonstriert. Einen weiteren Verweis enthält die Stelle im *Phaidon*, an der Sokrates die Überprüfung der Ideenhypothese in zwei Richtungen empfiehlt: Zum einen muss man sich vergewissern, ob die Konsequenzen aus der Ideenannahme miteinander übereinstimmen oder nicht. Zum anderen ist nach weiteren, höheren Voraussetzungen für die Ideenhypothese selbst zu suchen, bis man an einen hinreichenden Anfang kommt. Auch an dieser Stelle im *Phaidon* setzt Platon offensichtlich die Existenz eines geregelten Verfahrens voraus, wenn man etwas wirklich begründen und nicht nur als Sieger aus einer Debatte hervorgehen will. Wie man sich der

---

35 Vgl. Kapp 1965.

Berechtigung der ersten Voraussetzungen versichert, sagt er freilich nicht, und er scheint auch nicht an das dihäretische Verfahren zu denken.

Setzt man nun die verschiedenen Bemerkungen zur Methodik in verschiedenen Dialogen wie Mosaiksteine zusammen, so ergibt sich folgendes Bild: Überlegungen über die richtige Methode zur Bestimmung der Natur der Dinge haben Platon zu der Einsicht geführt, dass sicheres Wissen über einzelne Begriffe ihre Unterscheidung von allen verwandten Begriffen voraussetzt. Das gilt etwa für die einzelnen Tugenden im Vergleich zueinander und zu ihrem Oberbegriff, der Tugend selbst. Damit dürfte Platon deutlich geworden sein, dass einzelnes Wissen jeweils auf einem Wissensfeld beruht, wie die dihäretische Methode mit ihren Zusammenfassungen und Aufteilungen voraussetzt. Wie dieses Verfahren funktioniert, wird in den Dialogen *Sophistes* und *Politikos* am Beispiel menschlicher Aktivitäten so erschöpfend dargestellt, dass man schließlich auch als Leser einigermaßen erschöpft ist. Welch hohe Kunst diese Dihäresen aber in Platons Augen darstellen, lässt sich schon der Tatsache entnehmen, dass er die jeweiligen Aufteilungen mit für seine Verhältnisse ungewöhnlich großer Liebe zum Detail ausführt. Darauf ist hier nicht näher einzugehen; jedenfalls zeigt sich, dass die taxonomischen Übungen und der Erwerb geeigneter Argumentationsstrategien durchaus ein fünf Jahre ausfüllendes Arbeitsprogramm darstellen, mit denen die Ausbildung der zukünftigen Staatsmänner ihren Abschluss finden soll.[36]

Bei allem Respekt vor der methodischen Gründlichkeit muss es aber doch verwundern, dass Platon diese dialektischen Übungen *über* die vier propädeutischen Wissenschaften stellt. Denn so nützlich diese proto-logischen Exerzitien sein mögen, so wirken sie doch auf den ersten Blick eher wie geistige Gymnastik. Zur Erklärung, warum Platon gerade darin die Vollendung der Philosophie sieht, muss man sich vergegenwärtigen, dass es in dieser Disziplin nicht um bloße Übungen, sondern um *Ontologie* geht. Denn zur Aufgabe der Bestimmung eines Gegenstandes gehört nicht nur seine Abgrenzung gegenüber allen anderen verwandten Phänomenen, sondern auch die Bestimmung seines eigenes Wesens. Und dazu gehört für Platon wiederum die Erfassung dessen, was seine Einheit ausmacht, wenn er ein wohlbestimmter Gegenstand sein soll. Damit stellt die Dialektik zugleich vor die Aufgabe herauszufinden, was den Gegenstand gut macht – und führt so zur Idee des Guten, auf der letztlich alles beruht, was gut ist. Diese Aufgabe ist gelöst, wenn man das einheitsstiftende Prinzip der betreffenden Sache gefunden hat. Ein gutes Beispiel dafür ist etwa Sokrates' Definition der Gerechtigkeit als das ›Tun des Seinen, das sowohl für den Staat wie auch für die Seele des Einzelnen das einheitsstiftende Prinzip darstellt‹.

Dieses ›Gute‹ ist nun für Platon nicht auf die Sache selbst beschränkt, sondern bezieht auch ihre vielfältigen Beziehungen zu anderen Dingen mit ein. *Ein* Wissensgegenstand kommt also für Platon nie allein; er ist immer Teil eines geordne-

---

36 Das eindrucksvollste Zeugnis für das Niveau dieser Übungen in der Akademie liefert nach Meinung von Experten die *Topik* des Aristoteles. Von der Prominenz des dihäretischen Verfahrens zeugt auch die von Athenaios wiedergegebene Parodie des Komödiendichters Epikrates, wie die Studenten der Akademie den Kürbis bestimmen (*Deipnosoph.* 2, 54.

ten Ganzen. Um diese Tatsache zu verstehen und erfolgreich anwenden zu können, ist das systematische Training erforderlich, für das die vier propädeutischen
Wissenschaften die Vorbereitung liefern. Das Verständnis für die Strukturen, die
allen guten Dingen zugrunde liegen, kann aber nur derjenige richtig anwenden,
der auch zum ›Blick aufs Ganze‹ fähig ist. Es scheint, als habe Platon jedenfalls
davon geträumt, dass letztlich alle guten Dinge auf mathematisch geordneten
Verhältnissen beruhen.[37]

6. Schlussbetrachtungen: Zurück zur Mathematik

Mit dieser Erklärung für die Wertschätzung der Mathematik in den propädeutischen Wissenschaften deutet sich zugleich die Antwort auf eine Frage an, die
seltsamer Weise von Platon-Interpreten nur selten gestellt wird, obwohl sie prima
facie eine Schwierigkeit darstellen sollte. Diese Frage ist, in welchem Sinn die
mathematischen Dinge, die im Liniengleichnis den zweithöchsten Platz einnehmen, mit den ›Schatten‹ und ›Spiegelbildern‹ identisch sind, auf die der frisch aus
der Höhle Befreite zunächst sein Augenmerk richten muss, weil er das wahre
Wesen der Dinge bei Tageslicht noch nicht erkennen kann. Diese Annahme will
einem zunächst seltsam erscheinen, weil unklar ist, inwiefern Zahlen und geometrische Figuren als ›Abbilder‹ der Ideen fungieren können. Denn eine ›Abbild-
funktion‹ wie die von Schatten und Spiegelbildern der Gegenstände in der sinnlich wahrnehmbaren Welt kann man den mathematischen Dingen im Verhältnis
zu den Ideen doch kaum zusprechen wollen.[38] Auch die Ideenzahlen können
nicht gemeint sein, weil Platon ganz offensichtlich sämtliche Objekte der Arithmetik und Geometrie einschließt und sich nicht auf ganz bestimmte Zahlen oder
Zahlenverhältnisse beschränkt.

Angesichts der Wichtigkeit der mathematischen Bedingungen für das Wesen
aller Dinge könnte man es nun aber wiederum irritierend finden, dass sie ein
bloßes ›Schattendasein‹ führen sollen. Demgegenüber ist jedoch an Folgendes zu
erinnern: Die Feststellung der Einheit und Vielheit, wie auch die der Zahlenverhältnisse bei wohlgeordneten Ganzheiten, liefert zwar ein wesentliches Moment
zur Erschließung des gesuchten Gegenstandes, vermittelt aber noch nicht die volle
Einsicht in sein Wesen. Zudem behalten die Gegenstände der Mathematik ihren
Status als Hypothesen; ihre Rückführung auf das Gute würde eine Erklärung
erfordern, warum bestimmte Zahlen, Zahlverhältnisse oder geometrische Figuren
›gut‹ sind. Dies würde jedoch aus dem Bereich der Mathematik in den der Philosophie führen – eben dieser Nachweis wäre wohl in Platons Augen die Aufgabe
der Dialektik. Erst sie befähigt zudem die Philosophenkönige zur Anwendung
ihres Wissens, die darin besteht, in der Höhle eine dauerhafte und harmonische
Ordnung zu schaffen. Dass auch diese Aufgabe ›Berechnungen‹ komplexer Art

37 Zur Synopsis und weiterführender Literatur vgl. Burnyeat 2000, 67–74.
38 Dass er die Frage nach der Feineinteilung der Objekte der Segmente der ›Linie‹ offen
    lassen will, deutet Platon 534a an. Eine kritische Einschätzung bietet Annas 1981, 147–
    152 und Kap. 11: »Philosophy and Mathematics«. Sie konstatiert eine Überforderung
    der Metaphorik durch Platon.

erfordert, deutet Platon später mit der sog. ›Hochzeitszahl‹ an, deren Verfehlung den Verfall der Staatsordnung nach sich zieht.[39] Jedenfalls meint Sokrates, dass die erfolgreich ausgebildeten Philosophen, nachdem sie sich einmal wieder ans Dunkel der Höhle gewöhnt haben, besser als andere die Staatsgeschäfte besorgen können: »Ihr werdet tausendmal besser als die Dortigen sehen und jedes Schattenbild erkennen, was es ist und wovon, weil ihr das Schöne, Gute und Gerechte selbst gesehen habt« (520a).

Angesichts dieser Bedeutung des Mathematischen kann es nicht verwundern, dass Platon an der Mathematik auch in den *Nomoi* festhält, obwohl er dort statt Philosophenkönigen nur ein Gremium von Gesetzeshütern vorsieht, in das im Prinzip jeder Bürger gewählt werden kann. Daher soll die gesamte Bürgerschaft Unterricht in Mathematik genießen. Wie Platon im VII Buch ausführt, erfordert das rechte Verständnis des Sinnes der Gesetze eine mathematische Vorbildung (817e–822c). Deswegen sollen auch alle Bürger das Curriculum der vier Schwestern durchlaufen, welches angeblich in Ägypten zum Unterricht der Kinder von früh auf gehört (819b–d). Freilich will Platon es damit nicht übertreiben: Höhere Mathematik soll den Bürgern nicht abverlangt werden und von einer 15–jährigen Ausbildung ist nicht die Rede (818a–b). Wie Aristoteles, so ist auch Platon offensichtlich zu der Überzeugung gekommen, dass allzu hohe Standards sich schädlich auswirken müssen.[40] Eine mathematisch orientierte Schulung im methodischen Denken sollen jedoch alle Bürger erfahren.

Platons Forderung nach einer Mathematisierung der Wissenschaften hatte für deren weitere Entwicklung zunächst so gut wie keine Folgen.[41] Das liegt in erster Linie daran, dass Aristoteles in der Naturforschung – mit Ausnahme der Astronomie – mathematische Bedingungen nicht mit einbezieht, und weder in der Physik noch in der Biologie nach Quantifizierungen sucht. Darin drückt sich keine Missachtung der Mathematik aus, sondern vielmehr die Überzeugung, dass in der sublunaren Sphäre die Natur für Quantifizierungen zu unordentlich ist. Diese Überzeugung sollte für Jahrhunderte die Entwicklung der Naturforschung bestimmen. Nicht nur das: Die höhere Bildung in den mathematischen Disziplinen wurde damit für Jahrhunderte zu einem geistigen Luxus ohne praktischen Nutzwert.[42] Erst in der Renaissance sollte sich das Blatt wenden. Die mathematische Physik wurde erfunden und mit ihr die klassische Mechanik. Von dann an war die Mathematik die notwendige Bedingung für die Weiterentwicklung der Wissenschaften. Daher hat sie auch sämtliche Schulreformen überstanden.

Ob Platon angesichts der Schwierigkeiten, die heute mit der Beherrschung höherer Mathematik verbunden sind und weit über das hinausgehen, was zu Platons Zeit zu lernen war, an einem solchen Curriculum für zukünftige Politiker

---

39 Dass es Platon nicht um eine bestimmte Zahl und ein bestimmtes Rechenverfahren, sondern lediglich um die Demonstration ihrer Komplexität zu tun ist, zeigt überzeugend N. Blößners Monographie: Blößner 1999.
40 Zum Erziehungsprogramm in den Nomoi vgl. Morrow 1960, 297–398 (zur Mathematik bes. 343–348); Bobonich 2002, bes. 93–109.
41 Der Kreis von Wissenschaftlern vom Schlage des Archimedes blieb in der Antike sehr begrenzt.
42 Vgl. I. Hadot 2003.

festhalten würde, muss natürlich eine offene Frage bleiben. Vermutlich würde er aber auch von heutigen Philosophenkönigen und -königinnen verlangen, dass sie die Geheimnisse des Kosmos verstehen, soweit sie zu verstehen sind – und dazu braucht man diese Disziplinen. Wer könnte Platon darin widersprechen?

Die meisten unserer Politiker sähen sich in arger Verlegenheit, wollte man diesbezüglich ihr Wissen überprüfen. Soweit herrscht jedoch Einigkeit: Wenigstens den Kindern soll die Gelegenheit geboten werden, das erforderliche Wissen zu erwerben. Die Mathematik ist weiterhin der ›Marschallstab‹ im Tornister aller zukünftigen Experten des Wahren – und daher auch des Guten. Denn es muss ja weiterhin Leute geben, die erforschen und verstehen können, was die Welt im Innersten zusammenhält, selbst wenn Politiker heute meist weit entfernt davon sind, auch nur deren Sprache zu verstehen. Darin liegt jedoch ein Problem: Ohne eine Vorstellung von der Schwierigkeit auch nur simpler harmonischer Verhältnisse, wie sie der Tonleiter zugrunde liegen, wird man kaum ermessen können, welche Schwierigkeit in komplexeren Systeme und ihrer inneren Einheit anzutreffen sind. Vereinfachung im platonischen Sinne ist ein überaus schwieriges Geschäft, wenn sie der Natur der Dinge gerecht werden soll.

Literatur

Annas, J. 1981: An Introduction to Plato's Republic, Oxford.

Barker, A. 1989: Greek Musical Writings II, Cambridge.

Blößner, N. 1999: Musenrede und geometrische Zahl, Mainz.

Bobonich, Ch. 2002: Plato's Utopia Recast. His Later Ethics and Politics, Oxford.

Burnet, J. 1907: Platonis opera. Bd. 5: Spuria, Oxford 1907 (^{2}1967).

Burnyeat, M. 2000: »Plato on Why Mathematics is Good for he Soul«, in: Proceedings of the British Academy 103, 1–81.

Dörrie, H., Baltes, M. 1993: Der Platonismus in der Antike III, Stuttgart.

Ebert, Th. 2004: Platon. Phaidon, Übersetzung und Kommentar, Göttingen.

Folkerts, M. 2002: Artikel »Theaitos«, in: Der Neue Pauly. Bd. 12, Stuttgart/Weimar, 250 f.

Frede, D. 1997: Platon Philebos, Übersetzung und Kommentar, Göttingen.

Gaiser, K. 1988: Philodems Academica. Die Berichte über Platon und die Alte Akademie in zwei herkulanensischen Papyri, Stuttgart-Bad Cannstatt.

Grebe, S. 1999: Martianus Capella, De nuptiis Philologiae et Mercurii, Stuttgart.

Gregory, A. 2000: Plato's Philosophy of Science, London.

Hadot, I. 2003: »Der philosophische Unterrichtsbetrieb in der römischen Kaiserzeit«, in: Rheinisches Museum 146, 49–71.

Hadot, I. 1984: Arts libéraux et philosophie dans la pensée antique, Paris.

Hahn, J. 1989: Der Philosoph und die Gesellschaft, Stuttgart.

Heath, Th. 1921: A History of Greek Mathematics I, Oxford.

Huffman, C. 2003: »Archytas«, in: Zalta, E. (Hrsg.), Stanford Encyclopedia of Philosophy. http://plato.stanford.edu/entries/archytas/

Kapp, E. 1965: Der Ursprung der Logik bei den Griechen, Göttingen.

Leff, G. 1992: »The Trivium and the Three Philosophies«, in: Ridder-Symoens, H. de (Hrsg.), A History of the University in Europe I, Cambridge, 307–336.

Marrou, H. I. 1948: Histoire de l'éducation dans l'antiquité, Paris.

Mittelstraß, J. 1997: »Die Dialektik und ihre wissenschaftlichen Vorübungen«, in: Höffe, O. (Hrsg.), Platon. Politeia, Berlin, 229–249.

Mourelatos, A. 1981: »Plato's Real Astronomy«, in: Anton, J.P. (Hrsg.), Science and the Sciences in Plato, Buffalo NY, 33–73.

Morrow, G. L. 1960: Plato's Cretan City. A Historical Interpretation of the Laws, Princeton.

Mueller, I. 1992: »Mathematical Method and Philosophical Truth«, in: Kraut, R. (Hrsg.), The Cambridge Companion to Plato, Cambridge, 171–199.

Mueller, I. 1981: »Ascending to Problems: Astronomy and Harmonics in Republic VII«, in: Anton, J. P. (Hrsg.), Science and the Sciences in Plato, Buffalo NY, 103–122.

North, J. 1992: »The Quadrivium«, in: Ridder-Symoens, H. de (Hrsg.), A History of the University in Europe I, Cambridge, 337–359.

Robinson, R. ²1953: Plato's Earlier Dialectic, Oxford.

Rohbeck, J. (Hrsg.) 2004: Ethisch-philosophische Basis-Kompetenz (Jahrbuch für Didaktik der Philosophie und Ethik 5), Dresden.

Sachs, E. 1917: Die fünf platonischen Körper, Berlin.

Vlastos, G. 1991: »Elenchus and Mathematics«, in: Ders., Socrates, Ironist and Moral Philosopher, Ithaca NY, 107–131.

Waerden, B. L. van der 1988: Die Astronomie der Griechen, Darmstadt.

Waterhouse, W.C. 1972: »The Discovery of the Regular Solids«, in: Archive for the History of the Exact Sciences 9, 212–221.

Verstehen, wie die Götter sind

Zum Verhältnis von Theologie und Metaphysik in Platons ›Politeia‹

Michael Bordt SJ, München

Über Wissen und über Bildung wird heutzutage in zwei verschiedenen Kontexten diskutiert. Wer über Wissen nachdenken möchte, wird an die Philosophie verwiesen. Es ist die Erkenntnislehre, die den Wissensbegriff klärt. Wer über Bildung nachdenken möchte, wird sich für die bildungspolitische Diskussion interessieren, er wird vielleicht Pädagogik studieren, die Debatten in den Feuilleton-Teilen von Zeitungen verfolgen – jedenfalls wird er kaum auf die Idee kommen, sich in eine Philosophievorlesung zu setzen. Was heute weitgehend in zwei verschiedenen Kontexten abgehandelt wird, gehörte für den griechischen Philosophen Platon zusammen. Platons These ist, dass ohne ein Wissen darum, wozu man erziehen und bilden soll, jede Diskussion über Erziehung und Bildung in der Luft hängt. Es kann keinen philosophieunabhängigen Diskurs über Erziehung und Bildung geben. Ein Wissen darum, wozu man einen Menschen erziehen und bilden soll, setzt ein Wissen darüber voraus, was ein dem Menschen mögliches gutes Leben ist, auf das hin es einen Menschen zu erziehen und zu bilden lohnt. Ziel des vorliegenden Beitrags ist es, anhand eines Beispiels aus der *Politeia* die Zusammengehörigkeit von Wissen und Erziehung oder Bildung (gr. *paideia*) herauszuarbeiten. Kein anderer Dialog macht diesen Zusammenhang so deutlich. Auf der einen Seite enthält dieser Dialog ein detailliertes Bildungsprogramm, auf der anderen Seite entwickelt er, zumindest in Ansätzen, den Wissensbegriff. Das Beispiel ist die Frage nach dem Verhältnis der Aussagen über Gott und die Götter im zweiten Buch der *Politeia* zu der Idee des Guten im sechsten und siebten Buch. Die Aussagen über Gott und die Götter im zweiten Buch stehen im Kontext der Erziehung und der Bildung der Polisbürger, die Aussagen über die Idee des Guten im Kontext einer Diskussion über das Wissen, das für einen Philosophen spezifisch ist, der dadurch, dass er über dieses Wissen verfügt, geeignet ist, die Herrschaft in der Polis so auszuüben, dass gerechte Zustände herrschen. Schwerpunkt des Beitrags ist ein kurzer Textabschnitt aus dem zweiten Buch der *Politeia* (*Rep.* 378e5–379c7). Von dort her soll nach dem Zusammenhang zwischen den Aussagen über Gott und die Götter im zweiten Buch und der Idee des Guten gefragt werden. In diesem Beitrag wird die Frage ausgespart, was die Idee des Guten inhaltlich ist, und lediglich zu zeigen versucht, dass die Auffassungen von Gott und Göttern der Sache nach von Platons Konzeption des obersten metaphysischen Prinzips, eben der Idee des Guten, abhängig sind.[1]

Diese Abhängigkeit wird in der Forschung meist geleugnet. Die meisten Platonforscher halten es mit Friedrich Solmsen, der in seiner 1942 erschienenen und sehr einflussreichen Monographie *Plato's Theology* einen sachlichen Zusammenhang zwischen Platons Auffassungen über Gott und die Götter und der Idee des Guten bestritten hat und der Platon mit seinen Auffassungen über die Götter lediglich in eine religionskritische Tradition der Griechen stellt[2]. Für Solmsen ist Platons Auffassung über Gott und die Götter in der *Politeia* ein eigenständiges Lehrstück, in dem Platon sich mit den Göttervorstellungen von Homer und Hesiod kritisch auseinandersetzt und an andere griechische Autoren, die ebenfalls die Göttervorstellungen von Homer und Hesiod kritisiert haben, anknüpft. Dass Platon in dieser Tradition steht, sei nicht geleugnet. Bestritten sei aber, dass die Kritik an den Göttervorstellungen ein eigenständiges Lehrstück ist. Die Kritik hat vielmehr ihr sachliches Fundament in der Bestimmung des obersten Prinzips der gesamten Realität, d.h. in der Idee des Guten.

1.

Die *Politeia* verfolgt das Ziel, den Begriff der Gerechtigkeit zu klären. Ein großer Teil der Klärung des Gerechtigkeitsbegriffs besteht darin, die Bedingungen zu diskutieren, die gegeben sein müssen, damit ein Staatswesen, eine Polis, gerecht ist. Eine wesentliche Bedingung dafür ist, dass diejenigen, die in dem Staat Leitungsfunktionen haben, selbst gerecht sind und somit gerecht handeln können. Die Leitungsfunktion wird von den Herrschern und von den Wächtern der Polis ausgeübt. Die Herrscher müssen Philosophen sein, weil nur Philosophen über das Wissen verfügen, das notwendig ist, um ein Staatswesen tatsächlich gerecht zu leiten. Die Wächter müssen nicht über dieses Wissen verfügen. Sie verteidigen die Polis nach außen und üben Polizeifunktionen nach innen aus. Aber für sie ist es notwendig, dass ihr Charakter auf eine solche Art und Weise gebildet ist, dass sie gerecht handeln, selbst wenn dieses Handeln nicht immer vollständig auf Einsicht und Wissen beruht. Weil diese Charakterbildung so entscheidend ist, ist es nicht verwunderlich, dass die Diskussion um die Erziehung und Bildung derjenigen, die den Staat leiten, einen ganz erheblichen Anteil an dem Dialog ausmacht.

Diese Diskussion um die Erziehung der Wächter und auch der späteren Herrscher beginnt im zweiten Buch der *Politeia* mit der Frage, mit was für Göttererzählungen die Wächter aufwachsen sollten (*Rep.* 377e1–383c7), und es ist in diesem Teil, in dem Platon etwas über die Theologie sagt. Platon beginnt diesen Teil mit einer massiven und vernichtenden Kritik an der Art und Weise, wie die Dichter – vor allem wie Homer und Hesiod die Götter charakterisiert haben. Was sie sagen ist nicht nur schädlich für die Charakterbildung, es ist schlicht falsch (vgl. *Rep.* 377d5f.). Die Dichter schreiben den Göttern Handlungen und Eigen-

---

1 Diesen Zusammenhang habe ich in ausführlicherer Form dargelegt in Bordt 2006, Kapitel 3 und 4.

2 Solmsen 1942, besonders Kap. 4, 63–74.

schaften zu, die diese unmöglich haben können. Platons Widerstand richtet sich gegen die Auffassung, die Götter würden vor ungerechten Handlungen wie Mord, Lüge, Verstümmelung, Ehebruch usw. nicht zurückschrecken.

Als Adeimantos, der Gesprächspartner von Sokrates, diesen fragt, was für Geschichten man denn statt dessen erzählen soll, wenn die traditionellen Göttererzählungen so gut wie vollständig aus der Polis verbannt werden müssen, weicht Sokrates aus: Sie seien keine Dichter, sondern Städtegründer (*Rep.* 378e7–379a1), und Städtegründer müssten keine Geschichten vortragen können, aber die *typoi*, die Regeln, Muster oder Grundzüge kennen und aufstellen, nach denen sich die Dichter zu richten haben, wenn sie ihre Erzählungen über die Götter dichten (*Rep.* 379a1–4). Darauf fragt Adeimantos zurück:

(1) »Aber eben diese, die Regeln (*typoi*) in bezug auf die Theologie (*theologia*), welche wären es?« (*Rep.* 379a5f.).

Und Sokrates antwortet mit folgendem Grundsatz:

(2) »Wie der Gott (*ho theos*) tatsächlich ist, so muss er immer dargestellt werden, wenn jemand in Epen, Liedern oder in einer Tragödie von ihm dichtet« (*Rep.* 379a7–9).

Die Zeilen aus der *Politeia* sind der erste uns überlieferte Text, in dem der Terminus *theologia* vorkommt. Mit dem Begriff *theologia* ist hier an dieser Stelle keine philosophische Untersuchung des Wesens oder der Eigenschaften Gottes gemeint. Es sind die Dichter, die *theologia* treiben. Der Terminus *theologia* bezeichnet eine Unterart von mythologischer Erzählung[3]. Platon selbst diskutiert im zweiten und dritten Buch verschiedene Arten mythologischer Erzählungen: Erzählungen, die die Götter, die die Daimonen, die die Heroen, die die Bewohner der Unterwelt und die die Menschen betreffen. Ähnliche Unterscheidungen finden sich auch in anderen Dialogen[4]. Im Unterschied zu Erzählungen über beispielsweise die Heroen oder die Menschen werden Erzählungen über die Götter eben im zweiten Buch der *Politeia* ›theologia‹ genannt.

Wenn es also die Dichter sind, die *theologia* treiben, dann ist es die Aufgabe der Philosophen, den Dichtern die Regeln für die *theologia* vorzugeben. Dieses Projekt der Philosophen ist natürlich von dem Projekt der Dichter vollkommen verschieden. In gewisser Weise könnten wir ebenfalls sagen, dass die Philosophen *theologia* treiben (weil sie eben über Gott und die Götter reden), nur reden Philosophen natürlich vollkommen anders über Gott und die Götter, als es die Dichter tun.

Der Grundsatz, an den sich die Dichter zu halten haben, besteht darin, den Gott so darzustellen, wie er tatsächlich ist. An diesem Grundsatz fällt auf, dass nicht von der Dichtung inhärenten Regeln die Rede ist. Es gibt im siebten Buch der *Nomoi* beispielsweise eine Diskussion darüber, in welchem Rhythmus und in welcher Tonart bestimmte Erzählungen komponiert werden müssen – aber das interessiert Platon an dieser Stelle offenbar nicht. Anstatt falsch über die Götter

3 Vgl. Goldschmidt 1949, 141–172; Vlastos folgt Goldschmidt in: Vlastos 1970, 92–129.
4 Vgl. *Crat.* 397c5–399c6, *Rep.* 427b6–8 – hier werden Kulte von Göttern, Dämonen, Heroen, Verstorbenen aufgelistet, *Leg.* 717b3–6, 738d2, 799a7, 801e2 f., 818c1 f., 909e9–910a1 (Götter, Dämonen, Kinder von Göttern, d.h. Heroen).

zu sprechen, wie es bisher in der Tradition von Homer und Hesiod Gang und Gäbe ist, gilt es vor allem zu sagen, wie die Götter tatsächlich sind. Und es sind vor allem zwei Eigenschaften, die Gott und die Götter auszeichnen: Die erste Regel, der erste *typos*, ist, der Gott müsse stets gut dargestellt werden, eben weil er seinem Wesen nach gut ist, die zweite, der Gott müsse vollkommen unveränderlich dargestellt werden, eben weil er selbst unveränderlich ist.

Bei der Formulierung des Grundsatzes fällt auf, dass Platon den Ausdruck ›der Gott‹ (*ho theos*) verwendet. Es ist überraschend, dass Platon in einem Kontext, wo bisher ausschließlich von den Göttern im Plural gesprochen worden ist, auf einmal den Singular mit dem bestimmten Artikel gebraucht. Was ist mit dem Ausdruck gemeint? Eine naheliegende Vermutung wäre zunächst, den Artikel nicht individualisierend, sondern generalisierend zu verstehen. Wenn der Artikel generalisierend verwendet wird, bezeichnet er eine Gattung. Ähnlich wie wir im Deutschen davon sprechen, dass der Bayer gerne sein Bier am Abend trinkt – und damit meinen wir dann jeden Bayer –, so könnte man im Griechischen auch sagen, der Gott müsse so dargestellt werden, wie er tatsächlich sei – und damit würde Platon dann meinen: Jeder Gott müsse so dargestellt werden, wie er tatsächlich sei.

Eine solche zunächst ganz plausible Interpretation übersieht aber, dass es eine ganze Reihe von Stellen in den Werken Platons gibt, in denen Platon ›der Gott‹ schreibt, sich aber eine andere Interpretation als die generalisierende Deutung nahelegt.[5] Diese Stellen legen vielmehr nahe, dass sich Platon in der Tradition einer Reflexion über die Götter befindet, in der deutlich *ein* Gott von den vielen Göttern unterschieden wird, ohne dass dabei allerdings die Rede von den Göttern selbst aufgegeben oder als unsinnig erklärt wird. Deutlich greifbar ist eine solche Tradition in den Fragmenten von Xenophanes[6]. Er spricht beispielsweise davon, dass ein einziger Gott unter den Göttern und Menschen der größte sei, der bewegungslos immer am gleichen Ort bleibe und seine Ziele dadurch erreiche, dass er mit seiner Vernunft alles ohne Anstrengung zu lenken vermöge. Wenn aber ein einziger Gott alles[7] lenkt, dann kommt den übrigen Göttern kein eigener Bereich mehr zu, für deren Leitung sie zuständig sein könnten. Der eine Gott wird bei Xenophanes auf eine Art und Weise charakterisiert, die es schwer macht zu verstehen, ob, warum und in welcher Weise es neben diesem Gott überhaupt noch andere Götter geben kann. Noch radikaler findet sich die Unterscheidung zwischen dem einen Gott und den vielen Göttern bei dem Sokratesschüler Antisthenes. Antisthenes hat behauptet, es gäbe der Natur nach nur einen Gott, dem *nomos* der Polis nach aber viele[8].

Dass Platon die Unterscheidung zwischen dem einen Gott und den vielen Göttern in seinem Werk aufgenommen hat, zeigt sich am klarsten im *Timaios*. In diesem Dialog ist, ähnlich wie bei Xenophanes und Antisthenes, der eine Gott nicht nur der ›Chef‹ von vielen Göttern – wie beispielsweise Zeus der Chef der

---

5 Vgl. ausführlich in Bordt 2006, Kap. 3.
6 Vgl. DK 21 B 11 f.
7 Vgl. DK 21 B 25: πάντα.
8 Vgl. Giannantoni 1990, V A 179; 180. 1–3.

Olympischen Götter ist – sondern ist ontologisch von den vielen Göttern in zweifacher Hinsicht unterschieden. Die vielen Götter sind erstens von dem einen Gott geschaffen[9] worden und zweitens nicht von sich aus unsterblich[10]. Nur der eine Gott ist von sich aus ewig und damit unsterblich. Die Götter sind zwar faktisch auch unsterblich, aber nicht deswegen, weil es ihrer eigenen Natur entspricht, sondern weil es der Wille des einen Gottes ist, dass sie nicht sterben sollen. Ihre Unsterblichkeit hängt somit vom Willen des einen Gottes ab. Es gibt also im *Timaios* nicht nur einen graduellen Unterschied an Macht, Bedeutung und Weisheit zwischen dem einen Gott und den Göttern, sondern einen kategorialen Unterschied. Der eine Gott ist seinem Wesen nach anders als die vielen Götter, er ist ungeschaffen und seiner Natur nach unsterblich.

Wenn es also kaum zu leugnen sein wird, dass es vor Platon und zu Platons Zeit und bei Platon selbst die Auffassung gibt, dass unter den vielen Göttern einer der Gott ist, dem es eigentlich allein zukommt, Gott zu sein, und damit das Problem entsteht, wie wir denn die vielen Götter erklären können (ein Projekt, das Platon vor allem im zehnten Buch der *Nomoi* aufgreift), so ist damit natürlich noch nicht gezeigt, dass der Ausdruck ›der Gott‹ in dem uns interessierenden Grundsatz für die Dichter einen obersten Gott bezeichnet.

Dafür, dass Platon den skizzierten Unterschied zwischen dem einen Gott und den vielen Göttern, die von dem einen Gott abhängig sind, aber auch im zweiten Buch der *Politeia* macht, spricht folgendes: Es ist auffällig, dass Platon in seiner Diskussion um die Eigenschaften Gottes und der Götter im zweiten Buch der *Politeia* auf systematische Weise den Gebrauch des Singulars vom Gebrauch des Plurals unterscheidet. Sämtliche Stellen im zweiten Buch, in denen die Eigenschaften des Gottes diskutiert und hergeleitet werden, haben den Singular, und sämtliche Stellen, in denen Platon dann die Ergebnisse dieser philosophischen Diskussion auf die Dichtung anwendet – in denen er also beispielsweise sagt, die Dichter müssen die Götter immer gut darstellen, und die Götter müssten sich in den Dichtungen durch gerechte Handlungen auszeichnen usw. – haben den Plural. Der Plural ist leicht verständlich, denn immerhin reden die Dichter ja über die Götter. Nirgendwo lässt Platon seinen Sokrates behaupten, die Dichter sollten nur von einem Gott sprechen.

Der Singular ist zunächst schwerer zu verstehen, denn – gesetzt den Fall, der Artikel wird tatsächlich gebraucht, um mit dem Terminus ›Gott‹ auf den einen Gott zu referieren – dann liegt folgender Einwand nahe: Es interessiert nicht, wie der eine oberste Gott beschrieben werden soll. Platon ist daran interessiert zu zeigen, wie die Götter zu charakterisieren sind. Man könnte der Auffassung sein, es mache überhaupt keinen Sinn, wenn Platon sich in seinem Grundsatz und in den Regeln für die Dichter auf einen obersten Gott bezieht, denn die Dichter sollen ja in ihrer Dichtung nicht nur etwas über einen obersten Gott, sondern sie sollten etwas von den vielen Göttern sagen.

9 Vgl. *Tim.* 41b2: ›ihr seid entstanden, wurdet hervorgebracht‹ (γεγένησθε).
10 Vgl. *Tim.* 41b3: ›weder seid ihr unsterblich noch unauflösbar‹ (ἀθάνατοι μὲν οὐκ ἐστὲ οὐδ' ἄλυτοι).

Es ist nun aber für Platons gesamtes philosophisches Projekt charakteristisch, anhand der Untersuchung von einer bestimmten obersten Entität, einer Idee, etwas über alle Entitäten zu sagen, die an der Idee teilhaben. Wenn Platon beispielsweise untersuchen will, welche Handlungen oder welche Menschen ›fromm‹ genannt werden können, dann liegt eine der Pointen seiner Untersuchung darin, dass er sich nicht den konkreten Handlungen und den konkreten Menschen zuwendet, sondern dass er fragt, was denn das Fromme selbst oder die Idee des Frommen ist. Es ist die eine Entität, das Fromme oder die Idee des Frommen, die Ursache und eine Erklärung dafür ist, warum die verschiedenen Handlungen oder Menschen jeweils ›fromm‹ genannt werden. Dahinter steht die Überzeugung, dass es nicht nur so etwas wie viele fromme Handlungen oder Menschen gibt, sondern dass es etwas gibt, das noch realer ist als die frommen Handlungen und Menschen, nämlich das, was diese Handlungen und Menschen fromm macht: Die eine Idee des Frommen.

Es liegt also in Platons philosophischem Programm nahe, anhand der Untersuchung einer obersten Entität jeweils etwas über alle diejenigen Entitäten zu sagen, die an der obersten Entität teilhaben. Auf den uns interessierenden Kontext angewandt: Es liegt für Platons Projekt nahe, anhand der Untersuchung des einen, obersten Gottes etwas über die vielen Götter zu sagen. Wenn der eine oberste Gott bestimmt ist, ist bestimmt, was es heißt, ein Gott zu sein. Dieses Ergebnis wird sich in der folgenden Interpretation noch einmal bestätigen. Mit dem Ausdruck ›der Gott‹ benennt Platon den einen, obersten Gott, an dem deutlich wird, was es heißt, ein Gott zu sein. Dieser eine Gott ist von den vielen Göttern unterschieden.

2.

Schauen wir uns nach diesen Vorarbeiten den Textabschnitt, in dem Sokrates den ersten *typos* der *theologia* darstellt, etwas genauer an. Platon lässt Sokrates eine Frage formulieren, die ein suggestives »Ja« erwarten lässt, was Sokrates von Adeimantos dann auch prompt bekommt: Es ist doch so, dass der Gott gut ist und also auch so von den Dichtern dargestellt werden muss, nicht wahr? »Wie denn nicht?« antwortet Adeimantos (*Rep.* 379b).

Diese Antwort von Adeimantos sollte uns eigentlich wirklich überraschen. Adeimantos' Kurzzeitgedächtnis scheint nicht besonders entwickelt zu sein, denn immerhin ist *er* es gewesen, der zu Beginn des zweiten Buches – also nur ein paar Seiten vor unserer Stelle – Sokrates darauf hingewiesen hat, dass sehr viele Bürger Athens entweder der Überzeugung sind, dass es die Götter gar nicht gibt, oder der Auffassung sind, die Götter kümmerten sich nicht um die Menschen oder seien bestechlich (*Rep.* 363e3–366b8). Die Auffassung, der Gott und damit die Götter seien gut, muss in einem solchen Kontext geradezu als eine Kampfansage gegen anderslautende Auffassungen über Gott und die Götter angesehen werden. Dadurch, dass Adeimantos die Zustimmung zu der Aussage, Gott sei gut, gibt, kann es sich Platon erlauben, auf der Ebene des Dialoges auf eine Diskussion dieser Aussage zu verzichten. Das heißt natürlich nicht, dass diese Aussage der Sache nach nicht begründungsbedürftig ist.

Nun wird von einigen Forschern vertreten, dass es tatsächlich einen guten Grund dafür gibt, dass Platon diese Aussage so unbegründet dastehen lässt. Der Grund ist, dass keiner wirklich daran zweifeln würde. Friedrich Solmsen spricht für viele[11], wenn er schreibt:

>God is good‹ is the basic proposition laid down at the beginning of the discourse. No attempt is made to prove it. The two concepts simply belong together. It is unlikely that anyone in Greece would have questioned this. (Solmsen 1942, 68)

Zur Begründung ihrer Überzeugung verweisen die Vertreter der von Solmsen formulierten Ansicht auf einzelne Verse in den Schriften, oder, ohne weitere Differenzierungen, auf das gesamte Werk, von Homer, Hesiod, Pindar, Aischylos, Sophokles, Xenophanes und Euripides.

Wenn man sich nun die Werke dieser angeführten griechischen Autoren anschaut, dann fällt eines auf: Kein einziger der genannten griechischen Autoren gebraucht das Adjektiv ›gut‹ – also im Griechischen ›agathos‹ – als Eigenschaft von einem Gott. Was gesagt wird ist, dass ein Gott gerecht ist. Was auch gesagt wird ist, dass es falsch ist, zu meinen die Götter seien ungerecht oder lügen, stehlen, ehebrechen usw. Kein Autor hat aber vor Platon das Gutsein der Götter behauptet. Es besteht die Gefahr, das Spezifikum Platonischer Gottes- und Götterauffassung aus dem Blick zu verlieren, wenn zwischen folgenden drei Behauptungen nicht unterschieden wird: Erstens der Behauptung, die Götter seien gerecht, zweitens der Behauptung, Göttern könnten keine ›negativen‹ Eigenschaften zugeschrieben werden, und drittens der Behauptung, Gott sei gut.

Solmsen irrt folglich mit der Annahme, es sei ein common-sense, dass Gott gut ist. Platon ist vielmehr der erste gewesen, der ›gut‹ als notwendige Eigenschaft eines Gottes behauptet hat. Dass Platon gerade im zweiten Buch behauptet, Gott sei ›gut‹, muss insofern auch überraschen, weil es im zweiten Buch der *Politeia* zunächst ja einmal darum geht, sicherzustellen, dass die Wächter so erzogen werden, dass sie *gerecht* sind und dementsprechend handeln. Es hätte sich also geradezu angeboten, sich der Tradition anzuschließen und zu behaupten, der Gott sei gerecht und die Dichter müssten ihn so darstellen. Warum gebraucht Platon statt dessen ›gut‹ als Eigenschaft? Und wenn wir annehmen können, dass Platon der Auffassung gewesen ist, angesichts der heftigen Kontroverse über die Frage, wie die Götter sind, bedürfte die These von Gottes Gutsein eigentlich einer Begründung – wie begründet er diese These, falls er sie überhaupt begründet?

Aus der Aussage, dass Gott gut ist, lässt Platon Sokrates eine Reihe von Folgerungen ziehen, die von Adeimantos jeweils als gültige Folgerungen akzeptiert

---

11 Émile Chambry weist in seiner *Politeia*-Ausgabe ebenfalls auf eine Tradition hin, wenn er meint, Xenophanes, Pindar und die Dramatiker hätten bereits »proclamé la bonté morale de la Divinité« (Chambry 1947, 83 Anm. 1). Vgl. zum folgenden auch Babut 1974, 84 Anm. 4 f.; Lefkowitz 1989, 242–244. Lefkowitz argumentiert in ihrem Aufsatz gegen Vlastos' These, dass Sokrates der erste gewesen sei, der vertreten habe, dass die Götter nicht anders als gut sind (vgl. Vlastos 1989). Shorey meint aus Platons Formulierung, Gott sei *doch* (γε) gut, schließen zu können, dass Platon die Aussage ›Gott ist gut‹ für eine analytische Aussage gehalten habe: »The γε implies that God is good *ex vi termini*« (Shorey 1930, 182 Anm. c).

werden. Mehrere Argumentationsschritte lassen sich in dem kurzen Text unterscheiden (*Rep.* 379b3–c7):

(3) [Sokrates:] »Aber nun ist doch nichts, was zu den guten Dingen gehört, schädlich, oder?« – [Adeimantos:] »Mir scheint nicht.«

(4) »Was nun nicht schädlich ist, schadet doch nicht?« – »In keiner Weise«.

(5) »Und was nicht schadet, kann nicht irgend etwas Schlechtes tun?« – »Auch nicht«.

(6) »Und was nichts Schlechtes tut, kann auch nicht Ursache von irgend etwas Schlechtem sein?« – »Wie denn?«

(7) »Wie aber? Ist das Gute (*to agathon*) nützlich?« – »Ja«.

(8) »Also Ursache des Wohlbefindens?« – »Ja«.

(9) »Das Gute (*to agathon*) ist also doch nicht Ursache (*aition*) von allem, sondern nur von den Dingen Ursache, die sich gut verhalten,...

(10) ...von den schlechten Dingen aber nicht Ursache (*anaition*)?« – »Ganz genau so«, sagte er.

(11) »Und also auch der Gott«, sagte ich, »der ja gut ist, ist nicht Ursache von allen Dingen, wie die Leute sagen, sondern nur von wenigen Dingen ist er den Menschen Ursache, von vielen Dingen aber ist er keine Ursache (*anaitios*). Es gibt nämlich viel weniger gute als schlechte Dinge bei uns,

(12) und die guten Dinge darf man auf keine andere Ursache zurückführen, die schlechten Dinge müssen aber auf andere Ursachen zurückgeführt werden, nur nicht auf den Gott«. – »Das scheinst du mir vollkommen richtig zu sagen«, sagte er.

Die Argumentation, die Platon Sokrates hier vortragen lässt, ist in mehrerer Hinsicht auffällig. Stilistisch ist sie durch knappe Sätze charakterisiert, die den Eindruck einer übersichtlichen und logisch präzisen Kette von Argumenten erwecken.[14] Das Ziel der Argumentation ist es, aus der These, dass Gott, der gut ist, die weitergehende These abzuleiten, dass der Gott die Ursache aller guten Dinge ist.

Ein näherer Blick auf die Argumentation zeigt allerdings, dass einige Argumentationsschritte alles andere als klar und logisch schlüssig sind. So folgt in (3) aus der Tatsache, dass etwas gut ist, nicht, dass es keine Hinsicht geben kann, unter der das, was gut ist, schädlich ist. Es ist richtig, dass etwas, das gut ist, insofern es gut ist, nicht schaden kann; das bedeutet aber nicht, dass etwas, das gut ist, nicht auch schädlich sein kann. Insofern müsste (3) eingeschränkt und näher qualifiziert werden. Auch ist nicht ersichtlich, welcher argumentative Fortschritt durch (4) erreicht wird. (4) ist eine Tautologie, und es ist zu vermuten, dass Sokrates diese nur deswegen einführt, um der ganzen Argumentation den Anschein einer unproblematischen Folge von Argumentationsschritten zu geben.

Wichtig für unsere Fragestellung nach dem Zusammenhang zwischen dem zweiten Buch und den mittleren Büchern der *Politeia* ist (7). In (7) ist unklar, was mit ›das Gute‹ (*to agathon*) gemeint ist. Im Griechischen kann ›das Gute‹ auf zweierlei Weise, individualisierend oder generalisierend, gebraucht werden. Wenn ›das Gute‹ individualisierend gebraucht wird, dann ist ›das Gute‹ der Name einer bestimmten individuellen Entität. Wenn ›das Gute‹ generalisierend gebraucht wird, dann bezeichnet der Terminus alle Dinge, die gut sind. In (7) wird man ›das Gute‹, ähnlich wie die Rede von den guten Dingen in (3), als Bezeichnung für die

---

14 Vgl. den Gebrauch von logischen Partikeln wie ›folglich‹ (οὖν) in 379b5 und ›also‹ (ἄρα) in 379b14, 16, c2.

Dinge, die gut sind, verstehen können. Es gibt keinen Grund, ›das Gute‹ in (7) als Name einer Entität zu verstehen.

Wenn es auch richtig ist, dass ›das Gute‹ in (7) keine individuelle Entität benennt, so gilt dieses nicht für den Gebrauch von ›das Gute‹ in (9). In (9) behauptet Platon nämlich, dass das Gute Ursache der Dinge sei, die sich gut verhalten. Dieser Satz ergibt überhaupt nur dann einen Sinn, wenn nicht behauptet wird, die guten Dinge seien Ursache für diejenigen Dinge, die sich gut verhalten, sondern dass, wenn es *eine* Ursache gibt, das Gute nämlich, es die Ursache dafür ist, dass sich die Dinge gut verhalten. Genau das drückt Platon durch den Singular ›Ursache‹ aus. In (9) spricht Platon davon, dass das Gute eine Ursache ist, und nicht davon, dass es Ursachen sind, obwohl in einem deutlichen Kontrast dazu in Zusammenhang mit den schlechten Dingen in (12) von Ursachen im Plural die Rede ist. Die Auffassung ist offenbar diejenige, dass die guten Dinge eine Ursache, das Gute, die schlechten Dinge aber viele verschiedene Ursachen haben. Schließlich behauptet Sokrates in (12), dass die Ursache der guten Dinge der Gott sein müsse. Da der Gott, wie wir gesehen haben, im Kontext der philosophischen Untersuchung der Eigenschaften der Götter eine individuelle Entität ist, wird auch ›das Gute‹ in (9) als eine individuelle Entität zu verstehen sein.

Es ist auffällig, dass Platon die These, Gott sei Ursache alles Guten, nur dadurch erreicht, dass er den Ausdruck ›das Gute‹ in (9) später im Text, in (11) und (12), durch den Ausdruck ›Gott‹ ersetzt. Offenbar gebraucht Platon beide Termini synonym. Obwohl in (11) davon die Rede ist, dass Gott gut ist, und (11) zunächst nahelegt, dass das Gutsein lediglich eine Eigenschaft Gottes ist, legt die von Platon vorausgesetzte Synonymität der Ausdrücke ›das Gute‹ und ›Gott‹ nahe, dass das Gutsein zumindest nicht in dem Sinne eine Eigenschaft Gottes sein kann, dass Gott an dem Guten teilhat[15]. Aber wie lässt sich die Synonymität von Gott und dem Guten verstehen? Was ist das Gute, von dem Gott offenbar nicht verschieden ist? Wieder Fragen, auf die wir im zweiten Buch der *Politeia* keine Antwort erhalten.

Dass die Argumentation für die These, Gott sei Ursache aller guten Dinge, nicht schlüssig ist, muss der Sache nach nicht überraschen: Aus der Tatsache, dass etwas gut ist, folgt nicht, dass es die Ursache für *alle* guten Dinge ist. Platon setzt offenbar stillschweigend voraus, dass die Art und Weise, wie Gott gut ist, sich von dem Gutsein anderer Dinge unterscheidet. Er ist offenbar der Überzeugung, dass *Gottes* Gutsein nur bedeuten kann, auch Ursache für alles, was gut ist, zu sein. Diese Voraussetzung wird aber nicht eigens thematisiert. Dem Anschein nach unterscheidet sich das Gutsein Gottes nicht von dem Gutsein anderer Dinge, denn in (3) wird das Gutsein Gottes als ein Fall von Dingen, die gut sind, ver-

---

15 So z.B. Ferrari (1998), der vertritt, dass Gott Ursache des Guten nur insofern sein kann, als er an der Idee des Guten teilhat (vgl. 407). Demgegenüber ist darauf hinzuweisen, dass Platon das Verhältnis Gottes zum Guten an keiner Stelle als ein Teilhabeverhältnis bezeichnet und die Synonymität beider Ausdrücke nicht durch ein Teilhabeverhältnis erklärt werden kann. Ferrari meint ferner, dass das Gutsein zwar das Wesen Gottes betreffe, Gott aber nicht identisch mit dem Guten sei. Er verweist dazu auf Proklos, der in seinem Kommentar zur *Politeia* behauptet habe, Gott sei ›an sich selbst gut‹ (αὐτοαγαθός), aber nicht ›das an sich selbst Gute‹ (τὸ αὐτοαγαθόν; vgl. 406).

standen. In der Folge der Argumente zeigt sich aber, dass das Gutsein Gottes anders als das Gutsein der vielen anderen guten Dinge verstanden werden muss. Das Gutsein Gottes ist die Ursache dafür, dass die Dinge, die gut sind, eben gut sind.

Vor dem Hintergrund der traditionellen Vorstellungen von einem Gott und den Göttern ist die Annahme, dass Gott eine Ursache ist, nicht problematisch. Dabei muss der Begriff der Ursache in diesem Kontext noch keinen spezifisch philosophischen Gehalt haben. Wenn von Gott ausgesagt wird, er sei eine Ursache, ein *aition*, dann bedeutet das zunächst nicht mehr als die Auffassung, dass Gott in einer nicht näher bestimmten Weise verantwortlich für etwas ist. Er ist es, der bewirkt, dass etwas so geschieht, wie es geschieht. Diese Auffassung entspricht der traditionellen griechischen Auffassung von einem Gott. Ein Ereignis wird dadurch verstanden, dass man es als Folge der Handlung eines Gottes interpretiert. Wenn wir beispielsweise wissen wollen, warum Herakles wahnsinnig geworden ist, müssen wir verstehen, dass es Hera in ihrer Eifersucht gewesen ist, die die Ursache für Herakles' Wahnsinn ist. Für die Vorstellung, dass ein Gott eine Ursache ist, kann Platon also an traditionelle Vorstellungen anknüpfen.

Hinsichtlich seiner Behauptung, dass Gott lediglich Ursache der guten Dinge, aber nicht der schlechten Dinge ist, ist ein Rückgriff auf die Tradition aber nicht möglich. Die allgemeine Auffassung der Tradition ist, dass vor allem Zeus in seiner Übermacht Ursache für alles ist, was geschieht. Die Götter schicken den Menschen sowohl Gutes als auch Schlechtes[16]. Wie wenig selbstverständlich die Auffassung ist, dass die Götter nur Ursache des Guten sind, wird auch daran deutlich, dass selbst Xenophon noch seinen Sokrates die Auffassung vertreten lässt, die Götter gäben Gutes und Schlechtes. In einem Gespräch mit Aristodemos behauptet Sokrates, es sei wenig wahrscheinlich, dass die Götter uns den Glauben daran, dass alles Gute und Schlechte von ihnen komme, gegeben hätten, wenn es nicht wirklich so sei[17].

---

16 Zeus vermehrt oder vermindert die Tüchtigkeit (ἀρετή) der Menschen ganz so, wie er es will (Homer, *Ilias* XX 242 f.), er ist schuld an dem Leiden und der Freude der Menschen (Homer, *Odyssee* I 347–349: Ζεὺς αἴτιος), er schickt Unheil (Hom. *Od.* III 152) und Streit (Hom. *Od.* III 161). Vgl. auch weitere Belegstellen bei Enders 1999, besonders 153, 181 Anm. 49.
17 Vgl. Xenophon, *Memorabilia* 1. 4. 16. Mit der Behauptung, dass Gott nur Ursache der guten Dinge ist, behauptet Platon, dass nichts Schlechtes von Gott kommen kann. Wie erklärt er dann aber, dass es Übel in der Welt gibt? Wir erfahren im zweiten Buch der *Politeia* nicht direkt, welche Ursachen für das Übel in Frage kommen. Sokrates gibt lediglich einen Hinweis darauf, dass nicht alles, was die Menschen ein Übel nennen, auch wirklich ein Übel ist. Es sei möglich, dass Gott in seiner Gerechtigkeit diejenigen, die ungerecht handelten, bestrafe. Diese Strafe dürfe man aber nicht als ein Übel verstehen, sondern als eine Hilfe für den Ungerechten (vgl. *Rep.* 380a7–b6. Vgl. z.B. auch *Gorg.* 478d1–e11, 480a6–481b5, 525a8–c9). Der Dichter muss Platon zufolge deutlich machen, dass die Strafe einen Nutzen für denjenigen hat, der ungerecht ist, weil er dadurch von seiner falschen Lebenseinstellung abgebracht und gebessert wird. In diesem Sinne lässt sich auch die gegenüber anderen Aussagen der *Politeia* ungewöhnlich pessimistisch klingende Aussage in (11) verstehen, dass es *bei uns* viel weniger gute als schlechte Dinge gibt. Wenn alles, was einem nicht gefällt, als ein Übel interpretiert wird, dann mag es

3.

Platoninterpreten ist seit der Antike immer wieder aufgefallen, dass es offensichtliche Verbindungen gibt zwischen der Art und Weise, wie Gott im zweiten Buch der *Politeia*, und wie die Idee des Guten im sechsten und siebten Buch der *Politeia* charakterisiert wird. Im sechsten und siebten Buch befinden wir uns längst nicht mehr in der Diskussion um die Erziehung der Wächter, sondern in einer Diskussion darum, was das für einen Philosophen spezifische Objekt des Wissens ist. Die Antwort, die Platon gibt, ist, dass der Philosoph die Idee des Guten kennen muss. Die Idee des Guten wird nicht definiert, aber in den drei berühmten Gleichnissen beschrieben: Sonnen-, Linien- und Höhlengleichnis.

Was immer die Idee des Guten nun genauer ist – darauf möchte ich hier nicht weiter eingehen[18] – unstrittig ist folgendes: Sie ist das oberste metaphysische Prinzip in der *Politeia*, von dem alles, die Welt der unveränderlichen Ideen ebenso wie die sichtbare und veränderliche Welt der Erscheinungen, abhängt. Zweitens ist diese Idee des Guten eine Ursache dafür, dass die Welt so ist, wie sie ist, und zwar die Welt der Ideen ebenso wie die Welt der Erscheinungen. Von der Sonne sagt Platon im Sonnengleichnis, dass die Sonne die Ursache dafür ist, dass alles Lebendige auf der Welt wachsen und sich ernähren kann. Analog dazu ist es die Idee des Guten, die Ursache für das Sein und für das Wesen aller Dinge ist (vgl. *Rep.* 507a7–509c11).

Die beiden zentralen Begriffe für das oberste metaphysische Prinzip, der Begriff des Guten und der Begriff der Ursache, werden innerhalb der Diskussion über den ersten *typos* der *theologia* in den Dialog eingeführt. Der Terminus ›das Gute‹ (τὸ ἀγαθόν) wird von Platon in dem uns interessierenden Textabschnitt zum ersten Mal in der *Politeia* verwendet. Man gewinnt den Eindruck, als wolle Platon darauf hindeuten, dass die Diskussion um Gottes Gutsein im zweiten Buch auf die Diskussion der Idee des Guten in den mittleren Büchern verweist. Dasselbe gilt für den zweiten *typos* der *theologia*, Gottes Unveränderlichkeit. Allein schon die Tatsache, dass Gott unveränderlich sein soll, muss jemanden, der mit der Konzeption von Platons Ideen vertraut ist, aufhorchen lassen: Unveränderlich zu sein ist eine derjenigen Eigenschaften, die charakteristisch für die Ideen sind und gerade die Ideen von den Dingen unserer Erscheinungswelt unterscheiden. Wie ungewöhnlich zudem die Behauptung ist, dass Gott unveränderlich sein soll, wird schnell deutlich, wenn wir uns überlegen, wie die Dichter eigentlich die Götter darstellen sollen. Wir können uns vielleicht noch ausmalen, wie ein Göttermythos ausschaut, in dem die Götter alle gut sind, aber wie sollen die bedauernswerten Dichter die Götter noch darstellen, wenn die Götter selbst tatsächlich unveränderlich sein müssen? Wer unveränderlich ist, ist zum Beispiel nicht mehr in der Lage, zu handeln, zu sprechen, an unserer wahrnehmbaren Welt Teil zu haben usw.

tatsächlich so erscheinen, dass es wesentlich mehr schlechte als gute Dinge gibt. Es bedarf einer bestimmten, nicht selbstverständlichen Auffassung darüber, was es heißt, ein Übel zu sein, um zu der Erkenntnis zu kommen, dass die wenigsten Dinge, die wir als Übel ansehen, tatsächlich ein Übel sind.

18 Vgl. dazu Bordt 1999, 75–128.

Der Zusammenhang zwischen der Theologie und der Metaphysik Platons ist nun ganz offensichtlich nicht so, dass die Metaphysik von der Theologie abhängt, sondern umgekehrt. Die Charakterisierung Gottes und der Götter ist von der Konzeption der Idee des Guten abhängig. Es ist nicht so, dass Platon irgendwelche Einsichten in die Natur Gottes und der Götter hat – woher sollte er die auch haben? –, und dann seine Metaphysik dementsprechend konzipiert. Es ist so, dass er in der *Politeia* einen bestimmten metaphysischen Entwurf vorlegt, in dem das Gute das oberste Prinzip ist. Und das hat die eben geschilderten Konsequenzen für die Theologie. Hier zeigt sich klar, dass Solmsens These von der Unabhängigkeit der Theologie von der Metaphysik falsch ist. Solmsens Behauptung, Gottes Gutheit sei ein common-sense unter den damaligen Griechen, erlaubt es ihm, auf die Frage nach einer Begründung für Gottes Gutsein zu verzichten und damit die Theologie von der Metaphysik unabhängig zu erklären.

Die Abhängigkeit der Theologie von der Metaphysik bedeutet nicht, dass die Ausführungen aus dem zweiten Buch für jemanden, der in seiner Lektüre noch nicht bis zu den mittleren Büchern vorgedrungen ist, ganz unverständlich ist. Es lässt sich zwar auch unabhängig von den mittleren Büchern der *Politeia* auf eine vorläufige Art und Weise verstehen, dass Gott Ursache aller guten Dinge und keiner schlechten Dinge ist. Für die Dichter reicht es aus, zur Kenntnis zu nehmen, dass sie die Götter so darstellen sollen, dass sie gut und Ursache der guten, aber nicht der schlechten Dinge sind. Sie brauchen kein vertieftes Verständnis von dem, was es heißt, gut zu sein und was es heißt, eine Ursache zu sein. Zu einem vollen Verständnis würde es aber gehören, dass wir verstehen, was es heißt, gut zu sein – also was das Gute ist –, und was es heißt, eine Ursache zu sein, und damit auch zu verstehen, wie Gott und das Gute überhaupt eine Ursache sein können. Es sind unter anderem diese Fragen, die in den mittleren Büchern der *Politeia* in den drei Gleichnissen geklärt werden sollen, auch wenn die vorgeschlagenen Antworten skizzenartig bleiben.

Die hier vorgeschlagene Interpretation erlaubt auch ein Verständnis davon, warum Platon die These, Gott sei gut, an keiner Stelle im zweiten Buch begründet, obwohl sie, wie wir gesehen haben, der Sache nach begründungsbedürftig ist. Dass eine Begründung für Gottes Gutsein im zweiten Buch fehlt, ist verständlich, denn es geht nicht um eine metaphysische Diskussion, die dafür notwendig wäre, sondern um ein Erziehungs- und Bildungsprogramm. Die Dichter wären mit einer metaphysischen Diskussion überfordert.

Dabei ist zu beachten, dass der Kontext, in dem von der Idee des Guten die Rede ist, ein ganz anderer Kontext ist, als derjenige, in dem von Gott und den Göttern die Rede ist. Es ist auffällig, dass von Gott und den Göttern nur im Kontext der Polisreligion die Rede ist. Dort hat die Rede von Gott und den Göttern ihren Platz. Von Ideen ist in diesem Kontext nicht die Rede. Umgekehrt hat die Rede von der Idee des Guten ihren Platz in einer metaphysischen Diskussion, und es ist auffällig, dass in diesem Kontext von Gott und den Göttern an keiner einzigen Stelle die Rede ist. Im Kontext der Polisreligion sind es die Götter, die Ursache dafür sind, dass die Dinge so sind, wie sie sind. Im Kontext der Metaphysik ist es die Idee des Guten, die Ursache des Seins und Wesens der Dinge ist.

Platon arbeitet mit der strukturellen Ähnlichkeit zwischen der Art und Weise, wie die Götterwelt strukturiert ist und der Art und Weise, wie die metaphysischen Prinzipien organisiert sind. Der eine Gott hat in der Polisreligion eine ähnliche Funktion wie die Idee des Guten in der Metaphysik. Beides sind letzte Ursachen. Auf beides wird alles, was ist, zurückgeführt. Weil das letzte Prinzip der Metaphysik das Gute ist, und Gott in der Polisreligion strukturell den Platz eines letzten Prinzips einnimmt, muss er gut sein.

Was bedeutet dieser Zusammenhang für die Frage nach dem Verhältnis von Wissen und Bildung? Es gibt für Platon nicht so etwas wie einen traditionellen Bildungskanon, den man um seiner selbst willen ungefragt tradieren sollte. Im Gegenteil besteht eine der Pointen in Platons Erziehungs- und Bildungsprogramm darin, so gut wie vollständig mit der Tradition von Homer und Hesiod zu brechen. Wer heute unkritisch zurück nach klassischer, humanistischer Bildung ruft, weiß Platon nicht auf seiner Seite. Ohne eine Antwort auf die sehr grundsätzliche Frage, wie wir Menschen eigentlich leben sollten, lässt sich eine Bildungsdiskussion nicht einmal sinnvoll beginnen, und es ist nicht von vornherein ausgemacht, dass als Antwort auf die Frage, wie wir Menschen eigentlich leben sollten, der humanistische Bildungskanon als Weg dorthin wie selbstverständlich herauskommt. Ist es beispielsweise sinnvoll, Schüler mit kriegsverherrlichender Literatur wie Caesars *De bello gallico* vertraut zu machen? Es ist auffällig, dass in der heutigen philosophischen Debatte eine Diskussion um die Frage nach dem richtigen Verständnis vom Menschen fehlt. Dafür mag es Gründe geben, aber diese Gründe haben nichts damit zu tun, dass die Frage selbst unsinnig oder obsolet geworden ist. Daran, dass diese Frage immer wieder gestellt werden sollte und auf Antworten wartet, werden wir von Platon erinnert.

Literatur

Babut, D. 1974: »Xénophane critique des poètes«, in: Antiquité Classique 43, 83–117.

Bordt, M. 1999: Platon, Freiburg.

Bordt, M. 2006: Platons Theologie, Freiburg.

Chambry, É. (Hrsg.) 1947: Platon, Oevres complètes, Bd. 6.1: La République. Livres I–III. Texte établit et traduit, Paris.

Cleary, J.J./Shartin, D.C. (Hrsg.) 1989: Proceedings of the Boston Area Colloquium in Ancient Philosophy 5.

Enders, M. 1999: Platons ›Theologie‹. Der Gott, die Götter und das Gute, in: Perspektiven der Philosophie. Neues Jahrbuch 25, 131–185.

Ferrari, F. 1998: Theologia, in: Platone, La Repubblica. Traduzione e commento a cura di M. Vegetti, Neapel, Bd. II, 403–425.

Giannantoni, G. 1990: Socratis et Socraticorum reliquiae, 4 Bde. Neapel 1990.

Goldschmidt, V. 1949: Theologia, in: Ders.: Questions platoniciennes, Paris, 141–172.

Lefkowitz, M. R. 1989: »Commentary on Vlastos [1989]«, in: Cleary/Shartin 1989, 239–246.

Shorey, P. 1930: Plato, The Republic. With an English Translation, London (The Loeb Classical Library; 237)

Solmsen, F. 1942: Plato's Theology, Ithaca/New York.

Vlastos, G. 1970: Theology and Philosophy in Early Greek Thought, in: Ders.: Studies in Presocratic Philosophy, Bd. 1, London, 92–129.

Vlastos, G. 1989: »Socratic Piety«, in: Cleary/Shartin 1989, 213–238.

Platon über den Wert der Wahrnehmung

Theodor Ebert, Erlangen

Zu den verbreiteten Meinungen über Platons Philosophie gehört die Auffassung, dass Platon der Wahrnehmung keinen hohen Stellenwert bei der Gewinnung wirklicher Erkenntnis zubillige. Die eigentlichen Gegenstände der Erkenntnis seien die Ideen, und was immer man sich genau unter den Ideen vorzustellen hat, sie seien jedenfalls der Wahrnehmung nicht zugänglich und die Wahrnehmung könne uns, wie es scheint, auch keinerlei Hilfe bei ihrer Erkenntnis bieten. Die Wahrnehmung hat es mit Dingen zu tun, die im Gegensatz zu den Ideen unbeständig sind, schwankend, unzuverlässig, mit Gegenständen eben, die sich – in der Terminologie der platonischen Dialoge – »immer wieder anders verhalten«. Die Gegenstände wirklicher Erkenntnis seien dagegen unwandelbar, zuverlässig und garantieren durch eben diese Eigenschaften der über sie gewonnenen Erkenntnis Dauerhaftigkeit.

Im Folgenden möchte ich diese Auffassung, dass Platon der Wahrnehmung bei der Erkenntnisgewinnung keinen Wert zubilligt, einer Kritik unterziehen. Ich möchte also zeigen, dass auch Platon der Wahrnehmung, jedenfalls bei der Bildung bestimmter Begriffe, durchaus eine positive Rolle zuerkennt. In einem ersten Schritt werde ich zunächst Texte präsentieren, in denen einmal der Wahrnehmung ein Wert bei der Erkenntnis abgesprochen wird (1.), zum anderen Texte, in denen das genaue Gegenteil gesagt wird (2.). Beide Textgruppen stammen aus demselben Dialog, aus Platons *Phaidon*. In einem zweiten Schritt geht es dann um die interpretierende Bewertung dieser beiden, auf den ersten Blick unverträglichen Textgruppen. Dabei soll gezeigt werden, dass wir Gründe haben, Platon die Thesen der zweiten (3.), nicht aber der ersten Gruppe zuzurechnen (4.). In einem weiteren Schritt soll dann geklärt werden, warum die Texte der ersten Gruppe, also die, in denen der Wahrnehmung ein Beitrag zur Erkenntnis abgesprochen wird, überhaupt von Platon in den Dialog *Phaidon* aufgenommen worden sind (5.). Danach wird die Rolle der Gleichheit im Kontext des Anamnesis-Argumentes sowie die Vorstellung einer Urbild-Abbild-Relation zwischen Idee und Wirklichkeit einer kritischen Überprüfung unterzogen (6.). Schließlich wird in einem abschließenden Teil untersucht werden, warum Platon gerade den Begriff des Gleichen als Beispiel eines Begriffes gewählt hat, bei dessen Erkenntnis der Wahrnehmung eine besondere Rolle zukommt (7.).

1. Eine Herabsetzung der Wahrnehmung im ›Phaidon‹

Die Herabsetzung der Wahrnehmung als einer möglichen Erkenntnisquelle scheint gerade in den Dialogen der mittleren Periode sehr ausgeprägt, und es ist eben vor allem der *Phaidon*, in dem sich diese Abwertung der Wahrnehmung nicht nur am deutlichsten ausgesprochen findet, sondern in dem sich auch eine *Begründung* für diese Abwertung zu finden scheint: Die Herabsetzung der Wahrnehmung als eines Erkenntnisweges erscheint hier als ein Ausfluss einer generellen Leibfeindlichkeit. In den Worten des platonischen Sokrates:

»Und was ist mit dem Erwerb selber der Einsicht? Ist der Körper dabei hinderlich oder nicht, wenn man ihn bei der Suche danach als Partner mit heranzieht? Ich meine zum Beispiel folgendes: Vermitteln das Gesicht und das Gehör den Menschen irgendeine Wahrheit oder erzählen uns nicht auch die Dichter immer und immer wieder, dass wir nichts Genaues hören und sehen? Wenn nun aber von den körperlichen Sinnen schon diese nicht genau und zuverlässig sind, so werden die anderen es kaum sein. Denn sie sind alle schlechter als diese. Oder kommen sie dir nicht so vor?« – »Aber doch«, sagte er. – »Wann«, fragte er, »kommt die Seele nun in Kontakt mit der Wahrheit? Denn wenn sie zusammen mit dem Körper etwas untersuchen will, so wird sie offensichtlich von ihm getäuscht.« – »Da hast du recht.« (65a9–c1)

Und im unmittelbaren Anschluss an diese Textstelle heißt es dann:

»Was ist schließlich mit folgendem, Simmias: Behaupten wir, dass das Gerechte selbst etwas ist oder nichts?« – »Beim Zeus, das behaupten wir allerdings.« – »Und dass ebenso das Schöne etwas ist und das Gute?« – »Aber ja.« – »Hast du je irgendwann etwas davon mit deinen Augen gesehen?« – »Nie«, erwiderte er. (65d4–10)

Zwar wird an dieser Stelle der Ausdruck »Idee« oder »Eidos« (εἶδος) für das Gerechte selbst und das Schöne und das Gute nicht gebraucht, aber es scheint klar zu sein (und wird auch von allen Kommentatoren angenommen), dass mit dem Ausdruck »das Gerechte selbst« die Idee des Gerechten oder der Gerechtigkeit gemeint ist. Diese Terminologie hält sich im Übrigen im *Phaidon* weitgehend durch, erst im letzten Viertel dieses Dialoges wird für die Ideen auch das Wort »Eidos« gebraucht (etwa 102b1).

Der zitierte Text scheint also zu sagen, dass die Ideen, das Gerechte selbst etc., für die Wahrnehmung unzugänglich sind. Nun muss natürlich die Behauptung, dass die Ideen nicht mit unseren Augen und Ohren erkannt werden können, nicht schon besagen, dass die Wahrnehmung bei der Erkenntnis dieser eigentlichen Gegenstände des Wissens keinerlei Rolle spielen kann. Sie könnte ja immerhin noch eine Art Hinführung zu diesen Gegenständen leisten. Sie könnte, bildlich gesprochen, den Weg zu den eigentlichen Gegenständen des Erkennens ebnen, auch wenn diese selbst der Wahrnehmung entzogen bleiben.

Aber eine solche positive Rolle der Wahrnehmung im Prozess des Erkennens scheint Sokrates nun gerade mit dem, was er zu Beginn des zuerst zitierten Textes sagt, vollkommen auszuschließen. Wenn der Körper bei dem Erwerb der Einsicht nur hinderlich ist, wenn Gesicht und Gehör dem Menschen keinerlei Wahrheit vermitteln, dann scheint die Möglichkeit auch einer bloß hinführenden und unterstützenden Rolle des Wahrnehmens beim Erwerb der Erkenntnis ausgeschlossen.

Diese Verwerfung der Wahrnehmung, diese Für-wertlos-Erklärung der Sinne wird nun im Folgenden noch gesteigert, wenn Sokrates davon spricht, dass uns erst in einem Leben nach dem Tod, wenn wir von unserem Leib befreit sind, die Möglichkeit zu wirklicher Erkenntnis gegeben sein wird:

»Erst dann, wenn wir von hinnen gegangen sind, nicht aber solange wir leben, wird uns, wie die Rede andeutet, offenbar das gehören, worauf wir aus sind und als dessen Liebhaber wir uns bezeichnen: die Einsicht. Denn wenn es unmöglich ist, etwas im Verein mit unserem Körper rein zu erkennen, dann gibt es nur eine von zwei Möglichkeiten: das Wissen entweder niemals oder erst nach dem Tode zu besitzen. Erst dann nämlich und nicht eher wird unsere Seele ganz für sich und des Leibes ledig sein.« (66e–67a)

Das Bild, das diese Äußerungen des platonischen Sokrates zu zeichnen scheinen, ist eines, in dem der Leib nicht nur als nutzlos für die Erkenntnis erscheint, sondern in dem er als ein positives Hindernis der Erkenntnis vorgestellt wird. Der zuletzt zitierte Text scheint überdies klar zu machen, was der Grund für diese, uns doch sehr merkwürdig erscheinende Verwerfung der Wahrnehmung ist: eine religiöse Jenseitshoffnung, welche die Möglichkeit wahren Erkennens in ein Leben nach dem Tode verlegt. Wenn dieser Sokrates des *Phaidon* tatsächlich die Meinung des Autors Platon ausspricht, dann müssten wir den Autor des *Phaidon* wohl als ernsthaften Diskussionspartner in der Erkenntnistheorie abschreiben. Platon, so scheint es, ist dann doch jener Philosoph, der, mit den Worten Immanuel Kants, »der Vater aller Schwärmerei mit der Philosophie« ist[1].

2. Der ›Phaidon‹ über den Wert der Wahrnehmung bei der Erkenntnis des Gleichen

Aber ist das wirklich die Meinung Platons oder auch nur des platonischen Sokrates im *Phaidon*? Daran scheinen Zweifel erlaubt. Denn derselbe Sokrates, der in den gerade zitierten Passagen dieses Dialoges der Wahrnehmung keinerlei Wert für die Erkenntnis des Wesens der Dinge beizumessen scheint, lässt sich nur wenige Seiten weiter auf ganz andere Weise vernehmen. In dem Gespräch mit Simmias, das dem Thema der Wiedererinnerung gilt, geht es unter anderem um die Frage, wie wir, das heißt wohl wir Menschen allgemein, zur Erkenntnis des »Gleichen selbst« kommen (74a12). Nachdem Sokrates sich von seinem Gesprächspartner hat zugeben lassen, dass es neben den gleichen Dingen so etwas wie das Gleiche selbst gibt und dass wir davon ein Wissen haben (74b2–3), fährt er fort:

»Woher haben wir unser Wissen davon erworben? Haben wir nicht von den gerade erwähnten Dingen aus, beim Anblick von gleichen Holzstücken oder Steinen oder dergleichen, von diesen aus den Gedanken an jenes gefasst, das von diesen doch ganz verschieden ist?« (74b4–6)

Nachdem Sokrates sich dann von seinem Gesprächspartner hat zugeben lassen, dass es zwar bei den sichtbaren gleichen Dingen ein Schwanken in der Charakterisierung als ›gleich‹ geben kann, nicht aber bei dem Gleichen selbst, und nachdem er daraus auf die wesentliche Unterschiedenheit des Gleichen selbst und der wahrnehmbaren gleichen Dinge geschlossen hat, kommt er wieder auf die Frage des Erwerbs unserer Kenntnis des Gleichen zurück:

---

1   Immanuel Kant, Von einem neuerdings erhobenen vornehmen Ton in der Philosophie. Akademie-Ausgabe VIII, 398.

»Aber du hast doch«, fuhr er fort, »aufgrund dieser gleichen Dinge, die von jenem Gleichen selbst verschieden sind, das Wissen von diesem letzteren gedanklich erfasst und erworben?« – »Da sagst du etwas völlig Richtiges«, antwortete er. (74c7–10)

Hier erhalten also plötzlich wahrnehmbare Dinge, wie gleich lange Hölzer etc., den Status eines Mittels, mit dessen Hilfe das Wissen vom Gleichen selbst, also doch offenbar von der Idee des Gleichen, gewonnen werden kann. Oder anders gesagt: Hier erhält die Wahrnehmung dieser Dinge den Status eines Weges zur Erkenntnis einer Idee, der Idee des Gleichen. Und nur wenig weiter im Text wird die Rolle einer Wahrnehmung des Gleichen noch weiter zugespitzt: Sie ist nun eine *notwendige Bedingung* der Erkenntnis des Gleichen selbst; in dem Text heißt es vom Gleichen selbst:

»Aber wir stimmen doch auch darin überein, dass wir es nirgends anders her gedanklich erfasst haben noch auch überhaupt gedanklich erfassen können als aufgrund des Sehens oder Berührens oder einer anderen Wahrnehmung? Zwischen all diesen mache ich dabei keinen Unterschied.« (75a5–8)

Es liegt auf der Hand, dass sich die zitierten Äußerungen des platonischen Sokrates, und es ist der Sokrates in einem und demselben Dialog, jedenfalls *prima facie* nicht besonders gut vertragen. Jemand, der behauptet, dass wir (Menschen) die Erkenntnis einer Idee des Gleichen nur aufgrund des Wahrnehmens gleicher Dinge gewinnen können, der kann doch nicht gleichzeitig behaupten, dass der Körper für uns Menschen nur ein Hindernis auf dem Weg zu wahrer Erkenntnis darstellt. Hier stehen sich doch offenbar zwei Meinungen konträr gegenüber: Die eine besagt, dass wir nur ohne den Körper zur Erkenntnis der Ideen gelangen können, die andere dagegen, dass sich jedenfalls die Idee des Gleichen nur mit Hilfe körperlicher Wahrnehmung gewinnen lässt. Um es auf den Fall der Gleichheit zuzuspitzen:

Position A behauptet: (Auch) bei der Erkenntnis der (Idee der) Gleichheit ist der Körper und sind Wahrnehmungen nur ein lästiges Hindernis.

Position B behauptet: Bei der Erkenntnis der (Idee der) Gleichheit ist der Körper und sind Wahrnehmungen ein unentbehrliches Hilfsmittel.

In der Allgemeinheit, mit der diese Thesen aufgestellt werden, nämlich mit einer Geltung für alle Menschen, stehen sie sich konträr, nicht notwendig kontradiktorisch gegenüber; denn es wäre denkbar, dass beide Positionen falsch sind, weil bei einigen Menschen der Körper ein Hindernis sein könnte, bei anderen dagegen nicht.

Der Widerspruch zwischen diesen Äußerungen des Sokrates lässt sich nun nicht in der Weise beseitigen, dass man diese Positionen nur seinem Gesprächspartner zuweist, weil Sokrates in der Rolle des Fragers in einem dialektischen Gespräch nicht schon auf die Positionen seines Partners in der dialektischen Unterredung festgelegt ist. Denn das längere Zitat 66e–67b stammt aus einer längeren monologischen Darlegung des Sokrates, also nicht aus einem dialektischen Fragegang; die zuletzt angeführte Äußerung des Sokrates (75a5–8) ist zwar innerhalb eines solchen Wechselgesprächs als Frage an den Gesprächspartner Simmias gerichtet, aber Platon hat diese Frage des Sokrates so formuliert, dass Sokrates mit dieser Frage auch seine eigene Meinung erkennen lässt:

»Aber wir stimmen doch auch darin überein, dass...« (75a5)

Sokrates beruft sich mit diesen Worten also auf eine beiden Unterrednern gemeinsame Überzeugung, auf eine Homologie.

Auf eine simple Art und Weise ist somit kein Entkommen zwischen den beiden Hörnern dieses Dilemmas möglich.

3. Was ist Platons Position zur Rolle der Wahrnehmung?

Ist es wahrscheinlich, dass Platon die Unverträglichkeit dieser Positionen nicht bewusst gewesen ist? Wenn nicht, müssen wir also Platon den Vorwurf machen, hier zwei offenbar widersprüchliche Ansichten zu vertreten, oder zumindest, seinen ›Helden‹ Sokrates an dessen Todestag zwei unverträgliche Positionen vertreten zu lassen?

Ich denke, zumindest diese erste Ansicht, dass Platon also gar nicht bemerkt haben sollte, dass hier zwei widersprüchliche Meinungen vertreten werden, ist wenig plausibel. Wir müssen nicht einmal den Topos bemühen, dass es ›für einen Philosophen vom Range Platons‹ gar nicht denkbar sei, dass ihm solch ein Schnitzer unterlaufen ist. Es reicht eigentlich, darauf zu verweisen, dass Platon einer intellektuellen Kultur angehört, die das Disputieren und Argumentieren über die Maßen schätzt und bei der das Aufspüren von Widersprüchen etwas durchaus Gewohntes ist. Schon das griechische Drama bietet dazu anschauliche Beispiele, etwa wenn in der Eingangsszene der *Alkestis* des Euripides im Disput zwischen Apollon und Thanatos, dem Gott des Todes, dieser den Apollon darauf hinweist, dass dessen angeblich friedliche Absichten sich nicht gut mit dem Tragen einer Waffe, seines Bogens, vertragen.

Also: Platon dürfte wissen, dass die beiden dargestellten Positionen widersprüchlich sind. Wenn das so ist, dann ergeben sich für die Interpretation zwei Fragen:

(1) Welche der beiden Positionen wird von Platon geteilt?

(2) Wenn eine der beiden Ansichten von Platon geteilt wird, warum wird sie dann zusammen mit einer ihr konträr entgegengesetzten in einem Dialog dargestellt?

Da die beiden widersprüchlichen Positionen, wie dargestellt, in konträrem Gegensatz stehen, wäre es auch denkbar, dass beide von Platon *nicht* geteilt werden. Aber ich werde diese theoretisch denkbare Möglichkeit außer Betracht lassen und davon ausgehen, dass eine der beiden Positionen von Platon für richtig gehalten wird.

Nach welchen Kriterien sollen wir aber eine Entscheidung zwischen den beiden Aussagen treffen? Gegenüber der (oft geübten) Praxis des Beiziehens von Stellen aus anderen Dialogen scheint mir zunächst der Versuch vorzuziehen, gewissermaßen dialogimmanent zu einer Entscheidung zu kommen. Das heißt, dass wir nach Hinweisen in der Inszenierung des dargestellten Gesprächs suchen müssen, aus denen sich etwas über die Einstellung des Autors oder auch seiner Dialogfigur zu den beiden Positionen gewinnen lässt.

Nun hatte ich schon darauf hingewiesen, dass Sokrates, was die Position B angeht, seinem Gesprächspartner eine Frage stellt, aus deren Formulierung hervorgeht, dass die inhaltliche These, zu der mit dieser Frage eine Zustimmung erbeten wird, vom Frager geteilt wird: Sokrates hatte gefragt:

»Aber wir stimmen doch auch darin überein, dass...«

Und in dem ›dass‹-Satz, der die fragliche Homologie enthält, wird die These formuliert: Wir Menschen können das Gleiche selbst nirgends anders her gedanklich erfasst haben noch auch überhaupt gedanklich erfassen als aufgrund des Sehens oder Berührens oder einer anderen Wahrnehmung (vgl. 75a5–7). Kein Zweifel also, dass diese Position, die Position B, von Sokrates vertreten wird.

Aber galt nicht dasselbe von der Position A? Schließlich wird das, was Sokrates an der Stelle 66e–67b über des Leibes Torheit sagt, von der wir uns möglichst frei halten sollen, doch von ihm in einer monologischen Partie vorgetragen. Ist das etwa nicht seine Ansicht? Ich glaube, es gibt in der Tat gute Gründe, das dort Vorgetragene nicht für eine Meinung des Sokrates (und *a fortiori* nicht für eine Meinung Platons) zu halten. Aber um das zu sehen, müssen wir uns den Kontext dieser Stelle etwas genauer anschauen.

4. Der Kontext der Abwertung des Wahrnehmens: Sokrates' ›Apologie‹

Die Stellen, die oben als Belege für die Position A ausgehoben worden sind (65a–d, 65d, 66e–67b), stammen alle aus der so genannten ›Apologie‹ des Sokrates innerhalb des *Phaidon*, nämlich aus dem Textabschnitt 63e–69e, in dem Sokrates sich auf Bitten seiner Freunde gegen den Vorwurf verteidigt, sich durch die Annahme des Urteils und die damit verbundene erzwungene Selbsttötung durch Trinken des Giftes zu leichtfertig aus der Hut der Götter und aus der Gesellschaft seiner Freunde weg zu begeben. Sokrates selbst benutzt für diese Ausführungen den Begriff der Apologie, und zwar jeweils zu Anfang und am Ende seiner Ausführungen (vgl. 63b2, b4 f., 69d7 f., e4). Auch Simmias greift dann diesen Begriff auf: 63d2. Sokrates stellt diese Verteidigungsrede an beiden Stellen in Parallele zu seiner Verteidigung vor den Richtern des athenischen Gerichtes und er benutzt dabei einen Begriff, der den rhetorischen Charakter seiner Darlegungen unterstreicht, weil er die Rhetorik definiert: den Begriff ›überzeugend‹ (πιθανόν). Sokrates betont, dass er mit dem, was er sagt, ›überzeugender‹ (πιθανώτερος) sein will, als er es vor seinen athenischen Richtern gewesen ist (vgl. 63b4, 69e3). Im *Phaidros* etwa wird die Rhetorik als ›Überzeugungskunst‹ (269c9: τέχνη πιθανοῦ) erklärt[2]. Sokrates stellt sich also mit dem, was er in dieser ›Apologie‹ sagt, ganz ausdrücklich als jemand dar, der wie ein Rhetor redet. Ich habe in meinem Kommentar zum *Phaidon* ausführlicher dargestellt, in welchem Ausmaß in diesem Textabschnitt des *Phaidon* tatsächlich Mittel der Rhetorik zum Einsatz kommen.[3] Hier beschränke ich mich auf Hinweise, die für das Verständnis der oben zitierten Stellen hilfreich sind.

2   Vgl. a. Gorg. 456c4–6. Aristoteles bestimmt den Rhetor durch die Fähigkeit, das Überzeugende (πιθανόν) zu untersuchen: *Top.* VII 12, 149b26–27; vgl. auch *Rhet.* I 1, 1355b10–11.
3   Ebert 2004, 124 f., 134, 136, 139 f., 151.

»Vermitteln das Gesicht und das Gehör den Menschen irgendeine Wahrheit oder erzählen uns nicht auch die Dichter immer und immer wieder, dass wir nichts Genaues hören und sehen? Wenn nun aber von den körperlichen Sinnen schon diese nicht genau und zuverlässig sind, so werden die anderen es kaum sein. Denn sie sind alle schlechter als diese. Oder kommen sie dir nicht so vor?« – »Aber doch«, sagte er. (65b1–8)

Dass diese Berufung auf das, was die Dichter sagen, ein ziemlich schwaches Argument ist, hat etwa der Kommentar von Rowe *ad* 65b10–11 hervorgehoben. Aber für einen Rhetor ist die Berufung auf die Autorität der Dichter ein erlaubter, um nicht zu sagen: ein besonders überzeugender Zug.

Des Weiteren fällt auf, dass Platon den Gesprächspartner des Sokrates, Simmias, an dieser Stelle nicht eine Zustimmung zu dem Urteil der Dichter über die Unzuverlässigkeit des Gesichtssinnes und des Gehörs geben lässt, sondern nur zu der anschließenden Behauptung des Sokrates, dass die anderen Sinne, also die Nahsinne Geruch, Geschmack und Tastsinn schlechter sind als die Distanzsinne Gehör und Gesicht. Die Behauptung, dass die Nahsinne schlechter sind als die Distanzsinne, ist aber logisch ganz unabhängig von der Behauptung, dass Gesicht und Gehör unzuverlässige Zeugen sind. Wer der These über den geringeren Wert der Nahsinne zustimmt, hat damit keineswegs einer Behauptung über die Unzuverlässigkeit von Gesicht und Gehör zugestimmt.

Die Inszenierung der Äußerungen des Sokrates in diesem Abschnitt als rhetorische Rede lässt es zweifelhaft erscheinen, ob Platon das, was er Sokrates hier sagen lässt, tatsächlich als seine (Platons) oder auch nur als Meinung des Sokrates darstellen will. Erst recht scheint mir das nun zweifelhaft im Fall der Äußerungen 66e–67b, in denen eine quasi religiöse Hoffnung auf ein Leben in einem Jenseits als Grund der Herabsetzung der Wahrnehmungen erscheint:

»[…] wenn es unmöglich ist, etwas im Verein mit unserem Körper rein zu erkennen, dann gibt es nur eine von zwei Möglichkeiten: das Wissen entweder niemals oder erst nach dem Tode zu besitzen.« (66e4–6)

Denn diese und die längeren, oben zitierten Äußerungen des Sokrates gehören in eine Darlegung, die von Sokrates zu Beginn wie am Ende dieser monologischen Äußerung als Ansicht der »echten Philosophen« dargestellt werden. In den OCT-Ausgaben (Burnet, Strachan) ebenso wie in der Budé-Ausgabe oder auch in den Übersetzungen von Gallop oder Dixsaut ist dieser Text daher auch in Anführungszeichen gesetzt und damit richtig als eine Art Zitat kenntlich gemacht. Sokrates leitet ihn ein mit der Bemerkung:

»Muss sich nun nicht aufgrund aller dieser Punkte bei den echten Philosophen eine derartige Meinung bilden, dass sie zueinander folgendes sagen.« (66b1–3)

Und er schließt diese Ausführungen mit einem entsprechenden Kommentar:

»Solcherart muss, wie ich glaube, Simmias, das sein, was alle rechten Philosophen zueinander sagen und was sie meinen. Oder scheint dir das nicht so?« (67b3–5)

Damit wird das, was zwischen diesen beiden kommentierenden Bemerkungen des Sokrates steht, als die Meinung einer Gruppe von Personen, nämlich der echten Philosophen, dargestellt. Dementsprechend wird auch innerhalb dieser Darstellung immer nur von einem ›wir‹, niemals von einem ›ich‹ Gebrauch gemacht. Wir haben es hier mit einer Art Glaubensbekenntnis einer Gruppe zu tun, deren Mitglieder mit dem Titel der ›echten‹ beziehungsweise ›rechten Philosophen‹ versehen werden. Aber dieses Glaubensbekenntnis wird von Sokrates sowohl unmittelbar vor wie unmittelbar nach dem Vortrag dieser Auffassung der echten Philosophen als eine Meinung (δόξα 66b2; δοξάζειν 67b4) charakterisiert. Und von sich selbst sagt Sokrates, dass er hier seinen Glauben (vgl. οἶμαι 67b3) dargelegt hat, dass die dargestellte Meinung die Ansicht der rechten Philosophen ist. Sokrates sagt nicht, dass die dargestellte Meinung auch seine Meinung ist. Charakteristischerweise wird auch Simmias nicht etwa eingeladen, dem Inhalt dieser Meinung der rechten Philosophen zuzustimmen, sondern nur der Meinung des Sokrates, dass das, was er, Simmias, gerade von Sokrates gehört hat, die Meinung der echten Philosophen ist.

Überdies hat Platon das, was Sokrates sagt, durch seine Inszenierung so markiert, dass zumindest bei einem zweiten Lesen die Reserviertheit auffällt, die den Äußerungen des Sokrates hier zukommt. So etwa in dem häufigen Gebrauch von Konditionalaussagen, von Aussagen des Typs ›wenn – dann‹, wo man auch ein ›weil – so‹ erwarten könnte: So fährt Sokrates im unmittelbaren Anschluss an die Darstellung des Glaubensbekenntnisses dieser wahren Philosophen wie folgt fort:

»Wenn das wahr ist, dann besteht große Hoffnung [...]« (67b7 f.)

›Wenn‹, nicht ›da‹ oder ›weil‹. Etwas später im Text werden Gründe dafür dargelegt, dass ein wahrer Philosoph sich vor dem Tod nicht zu fürchten hat; das schließt Sokrates mit der Bemerkung:

»Wenn das zutrifft, wäre es dann nicht, wie ich gerade gesagt habe, höchst unlogisch, dass so jemand sich vor dem Tode fürchtet?« (68b4–6)

›Wenn das zutrifft ...‹ nicht: ›da das zutrifft‹. Selbst in dem oben angeführten Textstück aus dem Glaubensbekenntnis der rechten Philosophen benutzt Sokrates die Formulierung einer Konditionalaussage:

»[...] wenn es unmöglich ist, etwas im Verein mit unserem Körper rein zu erkennen, dann gibt es nur eine von zwei Möglichkeiten: das Wissen entweder niemals oder erst nach dem Tode zu besitzen.« (66e4–6)

Wiederum ein ›wenn‹, wo man doch ein ›da‹ erwarten könnte. Platon lässt also den Sokrates des *Phaidon* in diesem Textstück durchaus mit einer gewissen Vorsicht reden.

Für den Zweck, den ich in meiner vorliegenden Argumentation verfolge, scheinen mir die Nachweise zu dem Kontext des gerade noch einmal zitierten Textes ausreichend zu sein. Wenn nur eine der beiden Positionen A oder B von Platon vertreten worden sein kann, dann sollten wir am ehesten die Position A verwerfen. Sie wird von Sokrates nur in einem Text angeführt, der dazu dient, die Position einer Gruppe vorzustellen, deren Meinungen Sokrates nicht teilen muss.

5. Warum eine Darstellung der Verwerfung des Wahrnehmens?

Wenn wir also davon ausgehen können, dass die Position B, die Position, mit der behauptet wird, dass wir die Idee des Gleichen nur mit Hilfe der Wahrnehmungen erkennen können, die von Platon geteilte Position ist, dann sollten wir des weiteren die Frage klären, warum Platon dennoch die Position A überhaupt hat darstellen lassen.

Offenbar ist die hier dargestellte Position die der rechten oder echten Philosophen. Wer aber sind diese rechten Philosophen? Ich habe an anderer Stelle ausführlicher zu dieser Frage Stellung genommen und beschränke mich hier darauf, das dort, nämlich in meinem Kommentar zum *Phaidon*, Gesagte hier zusammenfassend und etwas dogmatisch zu referieren[4]: Diese ›echten Philosophen‹ sind pythagoreische Philosophen. Für die Pythagoreer oder für einige Pythagoreer lässt sich wahrscheinlich machen, dass sie den Titel ›Philosophen‹ für sich in Anspruch nahmen. Unter den Titeln, die für Zenon von Elea in der Suda bezeugt werden, findet sich auch ein Werk ›Gegen die Philosophen‹. Der Titel ist offenbar polemisch gemeint und es spricht einiges dafür, die Adressaten dieser Polemik in der geographischen Nähe Zenons, also in Italien zu suchen. Dafür scheinen dann aber nur die Anhänger des Pythagoras in Frage zu kommen. Dass Zenon sich jedenfalls mit Figuren aus seinem italisch-sizilischen Umfeld befasst hat, wird durch einen weiteren (von insgesamt vier) in der Suda bezeugten Titel belegt: »Interpretation der Gedichte des Empedokles« (Ἐξήγησις τῶν Ἐμπεδοκλέους). Empedokles gehört als Agrigentiner in den griechischen Westen.

Ein weiteres Zeugnis für den Gebrauch des Wortes als Bezeichnung für die Anhänger des Pythagoras findet sich in einem Zitat von dem Rhetor Alkidamas in der *Rhetorik* des Aristoteles (II 23, 1398b9). »In Theben kam die Stadt zur Blüte, sobald die führenden Männer Philosophen geworden waren.« In Theben gab es durch die Übersiedlung von Pythagoreern wie Philolaos und Lysis aus Italien einen Einfluss von Pythagoreern auf die Politik: Lysis war eine Art Tutor für den thebanischen Feldherrn Epaminondas.

Schließlich wird in einer viel diskutierten Erzählung, die am ausführlichsten bei Cicero (*Tusc.* V iii 8–9), in kürzerer Form bei Diogenes Laertius (*Vitae* 8.8) und bei Jamblich (*Vita Pyth.* Kap. 58) überliefert ist und die auf den Platonschüler Herakleides von Pontus zurückgeht, von einem Zusammentreffen des Pythagoras mit dem Tyrannen Leon von Phlius berichtet: Dabei erläutert Pythagoras seinem Gesprächspartner die Bedeutung des Wortes ›Philosoph‹ durch den Vergleich mit den drei Gruppen von Personen, die sich bei den Festspielen der Griechen einfinden; er stellt in dieser Geschichte den Personen, die als ruhmbegierige Teilnehmer an den Wettkämpfen selbst oder die zum Geschäftemachen hinkommen, diejenigen gegenüber, die dort als bloße Zuschauer anwesend sind: Diese entsprechen den Philosophen, die auch der Betrachtung der Natur wegen in der Welt sind. Man hat diese Geschichte als Beleg für eine Verwendung des Wortes ›Philosophie‹ oder ›Philosoph‹ durch Pythagoras verwenden wollen; dafür ist sie allerdings kaum geeignet; aber wenn auch diese Legende über den Sprachgebrauch des Pythagoras nichts hergibt, so ist sie gleichwohl geeignet, über den Sprachgebrauch der Pythagoreer etwas mitzuteilen. Denn es scheint doch ganz unwahrscheinlich, dass eine solche Geschichte über Pythagoras erzählt werden konnte und zwar zu einer Zeit, als noch Nachfolger des Pythagoras aktiv waren, wenn diese Personen nicht den Titel ›Philosophen‹ in einem emphatischen Sinn für sich

---

4 Ebert 2004, 113–117 und 128–141.

in Anspruch genommen haben. Und was mit dieser Geschichte erklärt werden soll, ist ja eben dies, dass sich bestimmte Personen ›Philosophen‹ nennen.

Im Übrigen macht eine Bemerkung im *Phaidon* selbst deutlich, dass das Wort ›Philosoph‹ in der Tat die Konnotation eines Anhängers des Pythagoras hat. An der Stelle 61c wird der Dichter und Rhetoriklehrer Euenos aus Paros von Sokrates als Philosoph apostrophiert. Diese Charakterisierung hat den Erklärern ziemlich viel Kopfzerbrechen bereitet. Was Sokrates hier meint, ist, dass Euenos den Anhängern des Pythagoras zugerechnet werden kann; seine Heimatinsel Paros ist die Polis, die im Pythagoreerkatalog des Jamblich (der vermutlich auf den Aristotelesschüler Aristoxenos zurückgeht) unter allen Städten außerhalb der Magna Graecia die meisten Pythagoreer aufweist. Nur einige Zeilen nach dieser Apostrophierung des Euenos als Philosoph wird dann von Sokrates auch der Name eines Pythagoreers, nämlich der des Philolaos, in die Diskussion eingebracht.

Das Fazit, das ich damit aus diesen Nachweisen ziehen möchte, besagt, dass die Position A eine Ansicht ist, die von Platon pythagoreischen Philosophen zugewiesen wird. Wenn man in Betracht zieht, dass der *Phaidon* von der gleichnamigen Titelfigur dem Pythagoreer Echekrates und seinen, doch wohl pythagoreischen, Freunden in Phlius erzählt wird, dann kann es durchaus sinnvoll sein, in dem Dialog auch Positionen pythagoreischer Philosophen darstellen zu lassen, zu deren indirekter Kritik der *Phaidon* im Fortgang des Dialoges noch kommen wird. Schließlich ist es der Begriff der Gleichheit, der dazu dienen wird, die Rolle der Wahrnehmungen beim Erwerb unserer Kenntnis von Ideen darzutun. Der Begriff der Gleichheit ist aber ein für die Mathematik fundamentaler Begriff; und die Bedeutung der Mathematik für die Pythagoreer dürfte außer Zweifel stehen.

6. Wiedererinnerung und Urbild-Abbild-Relation

In welcher Weise können denn nun die Wahrnehmungen für die Erkenntnis der Idee der Gleichheit eine Rolle spielen. Innerhalb des Kontextes, in dem die Position B auftritt, scheint eine Antwort zunächst nicht leicht zu finden. Denn in diesem Kontext geht es um die sogenannte Wiedererinnerungslehre. Danach, so die offizielle Lesart, haben wir in einem früheren Leben, vielleicht auch in einer körperlosen Existenz, die Ideen geschaut und erinnern uns in diesem Leben wieder an sie.

Aber wie kommt es im *Phaidon* zu der Position einer Wiedererinnerung der Ideen? Hier gilt es nun wieder, auf die Inszenierung zu achten, die der Autor Platon vornimmt. Entscheidend ist das Textstück 74d8–e8:

»Stimmen wir nun in folgendem Punkt überein: Wenn jemand beim Anblick von etwas denkt: ›Das, was ich jetzt sehe, will zwar so sein wie etwas anderes, [e] es mangelt ihm aber daran und es bringt es nicht fertig, so zu sein wie jenes, sondern ist schlechter‹, dann muss, wer dieses denkt, dasjenige schon früher gekannt haben, von dem er sagt, dass dieses Ding hier es imitiere, aber hinter ihm zurückbleibe?« – »Das muss er.« – »Was nun weiter? Haben wir nun eine derartige Erfahrung auch im Fall der gleichen Dinge und des Gleichen selbst gemacht, oder nicht?« – »Auf jeden Fall doch.« (74d8–e8)

Sokrates stellt hier seinem Gesprächspartner Simmias zwei Fragen, von denen die erste so formuliert ist, dass sie die Position des Fragers erkennen lässt, die zweite dagegen so, dass sie genau das vermeidet. Die erste Frage läuft auf die Feststellung hinaus (zu der der Befragte seine Zustimmung geben soll), dass jemand, der den Gedanken hat:

»Das, was ich jetzt sehe, will zwar so sein wie etwas anderes, es mangelt ihm aber daran und es bringt es nicht fertig, so zu sein wie jenes, sondern ist schlechter«

dass jemand, der also ein mangelhaftes Abbild einer Sache vor sich hat und die Mangelhaftigkeit dieses Abbildes erkennt, auch das Urbild, zu dem die gesehene Sache sich als Abbild verhält, früher schon gesehen haben muss. Er muss, wiederum mit den Worten des Sokrates:

»dasjenige schon früher gekannt haben, von dem er sagt, dass dieses Ding hier es imitiere, aber hinter ihm zurückbleibe.«

Das ist in der Tat eine vollkommen plausible Feststellung. Der Vergleich, der mit der Bewertung des Abbildes als gegenüber seinem Urbild schlechter vorgenommen wird, setzt voraus, dass der Vergleichende auch über eine Kenntnis des Urbildes verfügt. Sokrates kann diese Position daher auch ohne weiteres teilen.

Anders liegt die Sache nun aber bei der zweiten Frage: Mit ihr wird das Modell der Urbild-Abbild-Relation auf das Verhältnis der wahrnehmbaren gleichen Dinge zur Idee der Gleichheit, zum Gleichen selbst, übertragen. Aber diese Übertragung wird hier nur von Simmias vorgenommen, Sokrates hat, wie gesagt, seine Frage so gestellt, dass er seine eigene Position bei dieser Frage nicht zu erkennen gibt. Simmias also hat damit der Idee der Gleichheit den Status eines Urbildes gegeben, zu dem alle Fälle wahrnehmbarer Gleichheit sich wie Abbilder verhalten. Da zuvor im Gespräch zwischen Sokrates und Simmias dieser schon zugegeben hat, dass die wahrnehmbaren gleichen Dinge hinsichtlich ihres Gleichseins gegenüber der idealen Gleichheit mangelhaft sind (vgl. 75d5–8), lassen sich aus diesen Zugaben des Simmias im Folgenden die Folgerungen auf die Kenntnis eines Urbildes der Gleichheit ziehen, die schließlich zu der Konsequenz einer Kenntnis dieses Urbildes vor unserer Geburt führen (75c4–6).

Hat Platon die Konsequenzen, die sich aus der Konzession des Simmias ergeben, für seine eigene Philosophie übernehmen wollen? Ich glaube das nicht und beschränke mich hier auf zwei Schwierigkeiten, die mit der Übertragung des Urbild-Abbild-Modells auf das Verhältnis des Gleichen selbst zu den wahrnehmbaren gleichen Dingen verbunden sind.

(1) Ein Verhältnis von Urbild und Abbild findet sich bei Gegenständen, die demselben Sinnesbereich zugehören. Sichtbare Abbilder setzen ein sichtbares Urbild voraus, hörbare Abbilder (etwa ein Echo oder die Wiederaufnahme eines Themas in einem Musikstück) ein hörbares Urbild. Beides ist im Verhältnis der nicht wahrnehmbaren Ideen und der wahrnehmbaren Gegenstände nicht der Fall.

(2) Da Urbild und Abbild demselben Sinn zugehören und da dieses Verhältnis ein Eines-Viele-Verhältnis ist, so gehören auch die vielen Abbilder eines Urbildes immer demselben Sinnesbereich an. Das ist nun gerade im Fall der gleichen Dinge nicht gegeben. Denn das Verhältnis der Gleichheit besteht zwischen sichtbaren Dingen ebenso wie zwischen Dingen, die wir etwa mit unserem Tastsinn wahrnehmen (Gegenstände, die eine gleich hohe Temperatur aufweisen) oder zwischen den gleich hohen Tönen eines Musikstücks. Also ist auch diese Bedingung für die

Anwendung des Modells der Urbild-Abbild-Relation auf das Verhältnis des Gleichen selbst zu den wahrnehmbaren gleichen Dingen nicht erfüllt.

Für die Frage, ob Platon diese Vorstellung einer Urbild-Abbild-Relation zwischen Idee und Wirklichkeit vertritt, ist nun folgender Umstand von Wichtigkeit: Sokrates, der in der ganzen mit Simmias geführten Diskussion bis einschließlich 74e nur von optischen Phänomenen geredet hat, macht nun plötzlich darauf aufmerksam, dass auch bei anderen Sinnen gleiche Dinge eine Rolle spielen. Nachdem Simmias nämlich zugestanden hat, dass wir ein Vorwissen vom Gleichen vor dem Zeitpunkt haben müssen, an dem wir zum ersten Mal beim Anblick gleicher Dinge den Gedanken fassen, dass diese alle so zu sein streben wie das Gleiche, aber schlechter sind (vgl. 74e9–75a4), macht Sokrates darauf aufmerksam, dass wir das Gleiche dann doch nur aus den Wahrnehmungen, das heißt »aufgrund des Sehens oder Berührens oder einer anderen Wahrnehmung« erfassen konnten (75a6–7). Und etwas später sagt er:

»Bevor wir also angefangen haben zu sehen, zu hören und die anderen Sinne zu gebrauchen, mussten wir schon irgendwoher das Wissen vom Gleichen selbst, was es ist, erworben haben, wenn wir doch die wahrnehmbaren gleichen Dinge zu jenem dort in Beziehung setzen und denken: ›All dieses bemüht sich, so zu sein wie jenes, ist aber schlechter als es‹?« (75b4–8)

Es ist aufschlussreich, wie Platon Simmias antworten lässt:

»Das ergibt sich notwendig aus dem, was bis jetzt gesagt worden ist.« (75b9)

In der Tat; aber zu dem, was bis jetzt gesagt worden ist, zu den προειρημένα, gehört vor allem auch die Übertragung der Urbild-Abbild-Relation auf das Verhältnis von Gleichem selbst zu den wahrnehmbaren gleichen Dingen. Wenn Platon den Gesprächspartner des Sokrates hier so antworten lässt, wie er ihn antworten lässt, dann heißt das doch wohl auch, dass wir das, was bis jetzt gesagt worden ist und woraus sich diese Folgerung ergibt, genauer unter die Lupe nehmen sollen.

Erst aus der Annahme, dass die Ideen (oder die Begriffe) Urbilder und ihre gleichnamigen Pendants in der wahrnehmbaren Welt Abbilder sind, ergibt sich dann die Konsequenz einer vorgeburtlichen Ideenschau. Sind die Ideen aber ein Gegenstand der Erinnerung an etwas, das wir vor der Geburt erlernt haben, dann ist allerdings auch kaum zu verstehen, warum wir die Idee des Gleichen, wie Sokrates es doch vorher formuliert hatte, »nirgends anders her gedanklich erfasst haben noch auch überhaupt gedanklich erfassen können als aufgrund des Sehens oder Berührens oder einer anderen Wahrnehmung«, denn eine Erinnerung an zuvor Gesehenes lässt sich ganz gut ohne eine aktuelle Wahrnehmung evozieren. Auch dieser Gedanke macht es also unwahrscheinlich, dass Platon tatsächlich eine Wiedererinnerung der Ideen vertreten hat.

Aber mit diesem Gedanken, dass die gleichen Dinge, die doch Abbilder des Urbildes der Gleichheit sein sollen, sich in den Bereichen verschiedener Sinne finden, erreicht Platon noch etwas anderes. Einmal angenommen, er hat realisiert, dass die Urbild-Abbild-Relation auf den Bereich eines und desselben Sinnes beschränkt ist, dann wird er auch gewusst haben, dass es nicht Abbilder eines Urbildes in den Bereichen unterschiedlicher Sinne geben kann. Denn auch die vielen Abbilder eines Urbildes müssen dann in den Bereich nur eines Sinnes fallen. Der Versuch, das Verhältnis von Gleichheit zu gleichen Dingen als einen Fall des Verhältnisses von Urbild zu Abbild zu verstehen, lässt also gerade die Unzulänglichkeit dieses Modells nur umso klarer hervortreten. Mit dem Begriff der Gleichheit lässt sich das Urbild-Abbild-Modell gewissermaßen zum Einsturz bringen. Das aber dürfte jedenfalls für jene Pythagoreer fatal gewesen sein, die nach dem Bericht des Aristoteles im ersten Buch der *Metaphysik* die wahrnehmbaren Dinge für Abbilder (ὁμοιώματα) der Zahlen (*Met.* I 5, 985b27) gehalten haben. Es könnte sehr wohl sein, dass Platon, von dem Aristoteles behauptet, er habe nur das Wort ›Imitation‹ (μίμησις) der Pythagoreer durch das der ›Teilhabe‹ (μέθεξις) ersetzt (*Met.* I 6, 987b11–13), hier in Wirklichkeit eine erste Kritik an einer zentralen Vorstellung der Pythagoreer üben will.

7. Die Rolle der Wahrnehmung bei der Erkenntnis der Gleichheit

Aber welche Rolle soll dann die Wahrnehmung bei der Erkenntnis des Gleichen selbst spielen? Dass sie dabei eine Rolle spielt, scheint bei einem Begriff wie dem der Gleichheit in der Tat besonders schwer vorzustellen: Anders als Begriffe für wahrnehmbare Gegenstände selbst oder für deren wahrnehmbare Eigenschaften wie Farbe, Gewicht, Temperatur und taktile Oberflächenbeschaffenheit scheint ein Begriff wie der der Gleichheit, jedenfalls dann, wenn er auf kontinuierliche Größen angewandt wird und damit eine Idealisierung beinhaltet, in der wahrnehmbaren Wirklichkeit gerade nicht in, etwas salopp gesagt, reiner Form vorzukommen.[5] All diese anderen Begriffe können wir durch Abstraktion aus Wahrnehmungen gewinnen, aber wie soll es eine Rolle der Wahrnehmung bei einem Begriff geben, dessen Instantiierungen immer nur Annäherungen an diesen Begriff sind?

Obwohl wir den Begriff der Gleichheit von Längen etc. nicht durch eine simple Abstraktion gewinnen können, wie die begriffliche Vorstellung von einem Gegenstandstyp, etwa einer Baumart oder eines Werkzeuges, oder von den unmittelbar vorfindlichen Eigenschaften von Gegenständen, so lässt sich doch schnell einsehen, dass wir ihn keineswegs unabhängig von unserem Wahrnehmungsvermögen gewonnen haben. Um das zu sehen, muss man sich zunächst klar machen, dass die Vorstellung von etwas als etwas anderem gleich eine Vorstellung ist, die anderen Vorstellungen parasitär ist. Der Begriff der Gleichheit (zwischen kontinuierlichen Größen) kommt gewissermaßen auf dem Rücken anderer Begriffe daher: Zwei Dinge sind nicht einfach gleich, sondern gleich lang, gleich groß, gleich schwer oder von gleicher Temperatur. Diese logische Eigenschaft teilt der Begriff der Gleichheit mit Begriffen wie ›mehr‹ oder ›weniger‹. Auch diese Begriffe sind

5   Wenn wir den Begriff auf diskontinuierliche Größen, auf Anzahlen, anwenden, bedarf es einer solchen Idealisierung nicht. Die Beispiele Platons zeigen allerdings, dass er hier kontinuierliche Größen (Längen) vor Augen hat, und bei kontinuierlichen Größen beruht die Rede von einer Gleichheit zwischen solchen Größen auf einer Idealisierung. Ich werde in Folgenden nur den Fall der Gleichheit zwischen kontinuierlichen Größen betrachten.

jeweils mit anderen Begriffen zusammengekoppelt: Etwas ist weniger groß / lang / schwer / heiß als etwas anderes; und bei den Formen mit ›mehr‹ hat schon die Sprache (im Deutschen) durch die Formen des Komparativs dafür gesorgt, dass die Vorstellung eines ›mehr als...‹ immer mit einem Adjektiv zusammengebunden ist.

Während nun die Vorstellung von etwas als ›größer als etwas anderes‹ und die Vorstellung der konversen Relation (kleiner als) ohne Probleme durch eine Abstraktion aus Fällen solcher Relationen im Bereich wahrnehmbarer Dinge gewonnen werden können, ist das bei der Vorstellung gleich großer Dinge nicht ebenso problemlos möglich, denn hier stehen wir vor dem Problem, dass sich solche Fälle im Bereich der wahrnehmbaren Dinge nicht mit derselben Eindeutigkeit finden lassen wie Fälle von Größenunterschieden. Was uns als gleich groß erscheint, kann sich bei näherem Zusehen immer noch als von unterschiedlicher Größe erweisen. Wie kommen wir gleichwohl zu der uns so geläufigen Vorstellung der Gleichheit? Und welche Rolle spielt dabei die Wahrnehmung?

Wir kommen zur Vorstellung der Gleichheit, indem wir zwei logische Operationen auf die Vorstellungen des Mehr und Weniger anwenden: Zwei Gegenstände a und b sind hinsichtlich einer Eigenschaft ϕ dann gleich, wenn a nicht mehr ϕ ist als b und wenn b nicht mehr ϕ ist als a. Es sind die logischen Operationen der Verneinung und der Konjunktion zweier Aussagen, die uns zur Vorstellung der Gleichheit führen. Aber die Basis dieser logischen Operationen ist immer die Vorstellung von zwei (oder auch mehr) Gegenständen, an denen sich eine wahrnehmbare Eigenschaft ϕ in unterschiedlichen Graden und in wahrnehmbar unterschiedlichen Graden findet: Größe, Gewicht, Farbe, Temperatur. Zwar können wir solch unterschiedliche Grade (und dann auch eine Gleichheit) ebenfalls bei Eigenschaften feststellen, die nicht Gegenstand unmittelbarer Wahrnehmung sind, etwa bei Personen unterschiedlichen oder gleichen Alters, aber es scheint doch fraglich, ob wir zur Vorstellung der Unterschiede (beziehungsweise der Gleichheit) der zeitlichen Dauer von Vorgängen ohne die Vorstellung von Unterschied und Gleichheit in unserer unmittelbaren Wahrnehmung hätten kommen können.

Aber haben wir ein Recht, ein Wissen um die Konstruktion des Begriffs der Gleichheit in der gerade dargestellten Weise auch bei Platon zu unterstellen? Dass der griechischen Mathematik die Definition der Gleichheit als weder mehr noch weniger bekannt ist, ergibt sich aus einer Bemerkung des Aristoteles in der *Metaphysik*. Dort heißt es:

»Es ist nicht jedes, was weder größer noch kleiner ist, darum gleich, sondern nur dasjenige, bei dem diese Bestimmungen von Natur aus vorliegen.« (*Metaph.* X 5, 1056a20–22)

Aristoteles will hier offenbar einschärfen, dass nicht jedes Mal, wenn wir sinnvoll von ›weder größer noch kleiner‹ reden können, ein Fall von Gleichheit vorliegt, nämlich nicht in den Fällen, in denen es nicht um quantitative Bestimmungen geht. Aber dabei ist (wie in dem ganzen Kapitel der *Metaphysik*) die Definition von gleich als weder größer noch kleiner vorausgesetzt. Aber Aristoteles ist nicht Platon. Gibt es also bei Platon eine Kenntnis dieser Definition des Gleichen? Nun, im platonischen *Parmenides* wird etwa an der Stelle 161d die Gleichheit (ἰσότης) als das bezeichnet, was zwischen Größe und Kleinheit liegt; und im *Theaitetos* sagt Sokrates, »dass niemals irgend etwas weder mehr noch weniger werde, weder der Masse noch der Zahl nach, solange, als es sich selbst gleich bleibt« (155a). Also gibt es klarerweise eine logische Verbindung zwischen ›weder mehr noch weniger‹ auf der einen und ›gleich‹ auf der anderen Seite[6]. Doch der Verfasser des *Phaidon*, so könnte man einwenden, muss nicht schon das gewusst haben, was der Verfasser des *Theaitetos* weiß. Obendrein hatte ich eine dialogimmanente Interpretation in Aussicht gestellt. Aber wie sich zeigen lässt, weiß auch der Sokrates des *Phaidon* um den Zusammenhang von ›weder mehr noch weniger‹ und ›gleich‹.

In der Diskussion der These, dass die Seele eine Stimmung ist, kommt es in Bezug auf die Seele, die eine Stimmung sein soll, zu folgendem Wortwechsel:

> »Aber eine, die nicht mehr und auch nicht weniger Stimmung ist, ist auch weder mehr noch weniger gestimmt. Ist das so?« – »So ist es.« – »Die aber weder mehr noch weniger gestimmte, hat die einen stärkeren oder schwächeren Anteil an der Stimmung oder einen gleichen?« – »Einen gleichen.« (93d6–11)

Hier ist zwar das ›Weder mehr noch weniger‹ nicht eine zugleich hinreichende wie notwendige Bedingung für (die Rede von) ›gleich‹, sondern nur eine hinreichende. Sokrates nutzt hier also nur die eine Hälfte der Äquivalenz, weil er für das Argument mehr auch nicht benötigt, aber auch wer das tut, von dem lässt sich annehmen, dass für ihn auch die Umkehrung der hinreichenden Bedingung gilt, also das ›Weder mehr noch weniger‹ als notwendige Bedingung der Gleichheit. Auch der Verfasser des *Phaidon* weiß, so möchte ich folgern, dass der Begriff der Gleichheit mit der Anwendung der Verneinung auf Aussagen, die einen graduellen Unterschied zwischen wahrnehmbaren Eigenschaften aussagen, und der Konjunktion dieser Aussagen zu gewinnen ist.

Was Sokrates/Platon meint, wenn er sagt, dass wir die Kenntnis des Gleichen selbst »aufgrund dieser gleichen Dinge, die von jenem Gleichen selbst verschieden sind,« erlangt haben, lässt sich jetzt explizieren. Der Anblick wahrnehmbarer Dinge, die uns gleich (lang, groß, schwer etc.) vorkommen, nötigt uns zu dem Gedanken, dass von den wahrgenommenen Gegenständen *a* und *b*, die beide über dieselbe gradierbare Eigenschaft verfügen, *a* nicht mehr und auch nicht weniger von dieser Eigenschaft hat als *b*. So bilden zwar Wahrnehmungen die Basis für die Erkenntnis der Gleichheit, aber es ist nicht so, dass die Wahrnehmungen, die hier eine Rolle spielen, gewissermaßen unmittelbar, durch einen Akt verallgemeinernder Abstraktion die Grundlage für einen Begriff abgeben. Vielmehr bedürfen wir gerade im Falle des Begriffs der Gleichheit der logischen Operationen von Aussagenverneinung und Aussagenkonjunktion, um zu einem Begriff zu kommen, dessen faktische Realisierung in der empirischen Wirklichkeit immer strittig sein kann, dessen erkenntnistheoretischer Nutzen für die mathematischen Wissenschaften, für Akustik wie für Geometrie, aber ganz unstrittig ist. Aber das Material dieser logischen Operationen bilden immer Wahrnehmungen. So ist unsere Wahrnehmungsfähigkeit und so sind unsere Wahrnehmungen nicht nur

---

6   Wobei die Wendung »weder der Masse noch der Zahl nach« darauf hinweist, dass Platon hier zwischen kontinuierlichen (der Masse nach) und diskontinuierlichen (der Zahl nach) Größen unterscheiden will.

von Wert für die alltägliche Orientierung in der Welt, in der wir leben, sondern gerade für die Möglichkeit mathematischer Erkenntnis. Vielleicht lag es in der Absicht Platons, von dieser Wahrheit auch seine pythagoreischen Freunde, oder einige unter ihnen, zu überzeugen.

Literatur

Platonis Opera vol. I, ed. E. A. Duke et al., Oxford: Clarendon Press, 1995 (der Text des *Phaidon* ist von J. C. G. Strachan ediert).
Rowe, Ch. J. 1993: Plato, Phaedo. Text and Commentary, Cambridge.
Ebert, Th. 2004: Platon, Phaidon. Übersetzung und Kommentar, Göttingen.

IV. Aristoteles

Was es heißt, die Form ohne die Materie aufzunehmen

Wahrnehmung, Vorstellung und Denken bei Aristoteles[*]

Victor Caston, Ann Arbor

1. Die Form ohne die Materie aufnehmen

Wenn Aristoteles Veränderungsprozesse erklärt, kommen üblicherweise Duplikate ins Spiel: Nicht nur ›zeugt ein Mensch einen Menschen‹, sondern warme Dinge bewirken, dass andere Dinge warm werden, kalte bewirken, dass andere kalt werden, und so weiter (*GC* I 7, 324a9–14)[1]. Das kann selbst dann der Fall sein, wenn lebendige Wesen durch wahrnehmbare Eigenschaften verändert werden, wie etwa wenn eine Pflanze erwärmt oder abgekühlt wird (*De an.* II 12, 424a32–b1)[2]. Die Weise, in der die Pflanze die Wärme annimmt, erlaubt es, sie im selben Sinn warm zu nennen wie die Sonne (wenn auch nicht im selben Grad).

Obwohl Pflanzen sich erwärmen, *bemerken* sie dies nicht. Aristoteles stellt derartige Veränderungen, bei denen etwas ›mit der Materie affiziert wird‹ ($\pi\acute{a}\sigma\chi\epsilon\iota\nu$

---

[*] Übersetzung eines Abschnitts von »The Spirit and the Letter: Aristotle on Perception«, in: Ricardo Salles (Hrsg.), Metaphysics, Soul, and Ethics: Themes from the work of Richard Sorabji, Oxford 2005, 245–320, hier: 300–315, mit freundlicher Erlaubnis von Oxford University Press. Ich möchte Tim Wagner für seine elegante Übersetzung und seine hilfreichen Anmerkungen danken.

1 Vgl. *Metaph.* VII 7, 1032a24 f., b11 f.; VII 9, 1034a21–30 (vgl. jedoch 1034b1–4); XII 3, 1070a4–6. Für einen hervorragenden allgemeinen Überblick zu diesem Prinzip und zu den Einschränkungen und Erweiterungen, die Aristoteles hinzufügt, s. Bodnár [im Erscheinen], § 3: »The Principle of Causational Synonymy«.

2 Gegen die von Everson (1997, 87–89) vertretene Ansicht, dass Pflanzen »durch Temperatur nicht einmal auf die normale Weise [*standard way*] affiziert werden«: Da sie hauptsächlich aus Erde bestünden, könnten sie nach Eversons Auffassung nicht erwärmt werden, ohne ihre Natur als Pflanzen zu verlieren. Statt dessen nähmen sie nur eine Einströmung warmer Materie auf und seien ›von der Form [des Warmen] in keiner Weise affiziert‹. – Dass das Erwärmen einer Pflanze als ein derart außerordentlicher Veränderungsprozess gedeutet wird, zeigt, in welchen Schwierigkeiten sich die sogenannte literalistische Deutung befindet, zudem gerät dadurch völlig Gegensatz aus dem Blick, den Aristoteles in diesem Kapitel deutlich macht. Der für meine Zwecke entscheidende Punkt bleibt unberührt: Pflanzen werden erwärmt und gekühlt ($\kappa a\grave{\iota}$ $\gamma\grave{a}\rho$ $\psi\acute{v}\chi\epsilon\tau a\iota$ $\kappa a\grave{\iota}$ $\theta\epsilon\rho\mu a\acute{\iota}\nu\epsilon\tau a\iota$) und *bilden* auf diese Weise den Auslöser der Veränderung *nach* –sie werden in dieser Hinsicht zum Duplikat des Auslösers der Veränderung. Trotzdem sind sie nicht in der Lage, dies wahrzunehmen, obwohl sie beseelt sind und durch wahrnehmbare Dinge affiziert werden ($\tau\grave{a}$ $\phi\upsilon\tau\grave{a}$ $o\vec{\upsilon}\kappa$ $a\vec{\iota}\sigma\theta\acute{a}\nu\epsilon\tau a\iota$, $\check{\epsilon}\chi o\nu\tau\acute{a}$ $\tau\iota$ $\mu\acute{o}\rho\iota o\nu$ $\psi\upsilon\chi\iota\kappa\grave{o}\nu$ $\kappa a\grave{\iota}$ $\pi\acute{a}\sigma\chi o\nu\tau\acute{a}$ $\tau\iota$ $\vec{\upsilon}\pi\grave{o}$ $\tau\hat{\omega}\nu$ $\acute{a}\pi\tau\hat{\omega}\nu$, 424a32–b1).

μετὰ τῆς ὕλης, 424b1–3), der Wahrnehmung gegenüber, bei der die wahrnehmbaren Formen ›ohne die Materie‹ (ἄνευ τῆς ὕλης, 424a18 f.) aufgenommen werden[3]. Diese Art der Veränderung, erläutert er, bringt eine weit geringere Ähnlichkeit mit sich, die ausdrücklich den Ähnlichkeitsgrad eines Duplikats *nicht erreicht.*

Es muss allgemein für jede Wahrnehmung festgehalten werden, dass die Wahrnehmung das ist, was die wahrnehmbaren Formen ohne die Materie aufzunehmen fähig ist, genau wie das Wachs das Siegel des Ringes ohne das Eisen und das Gold aufnimmt, und das goldene oder eherne Siegel annimmt, aber nicht insofern [der Ring aus] Gold oder Bronze ist. Auf ähnliche Weise wird auch in diesem Fall die Wahrnehmung jedes [wahrnehmbaren Gegenstandes] von dem, was Farbe oder Geschmack oder Ton hat, affiziert, aber nicht, insofern es als jedes von diesen bezeichnet wird, sondern insofern es ein solches ist und seinem *logos* entsprechend.[4]

Was diese Art der Veränderung von anderen unterscheidet, kann leicht missverstanden werden. Auf den ersten Blick scheint Aristoteles zu betonen, dass das Wachs *nur in einer bestimmten Hinsicht* wird wie der Ring: Indem es den Eindruck aufnimmt, wird das Wachs nicht zu einem anderen *Metallring*, vielmehr nimmt es nur dieselben Oberflächenkonturen an.[5] Von anderen Arten der Veränderung unterscheidet sich diese Art jedoch nicht dadurch, dass die Veränderung nur in einer bestimmten Hinsicht stattfindet. Das gilt für *jede* akzidentelle Veränderung. Wenn ich Wasser auf einer elektrischen Herdplatte erhitze, wird das Wasser dem Heizdraht nur in der Hinsicht ähnlich, dass beide heiß sind, und nicht in anderen Hinsichten (außer in dem erweiterten Sinn, dass es in der Lage ist, andere Dinge zu erhitzen). Pflanzen werden ebenfalls der Sonne ähnlich, aber nur in der Hinsicht, dass sie warm werden. In beiden Fällen entsteht ein Duplikat, aber es ist nur ein Duplikat der Wärme und kein Duplikat des Heizdrahts oder der Sonne als solcher. Allgemein kann das, was eine Veränderung bewirkt, sich das, was eine Veränderung erleidet, in einer bestimmten Hinsicht ähnlich machen, während es sich in allen anderen Hinsichten weiterhin unterscheidet. Die beschränkte Ähnlichkeit, die hier vorliegt, kann schematisch wie folgt charakterisiert werden:

Prinzip der eingeschränkten Ähnlichkeit: Wenn x durch y affiziert wird, insofern y F ist, dann wird x F.

Ein solches Prinzip garantiert nur Ähnlichkeit in einer bestimmten Hinsicht. Aber nur diese liegt in den Duplikaten vor, die durch gewöhnliche akzidentelle Veränderungen wie Erwärmung entstehen. Wenn das Siegelring-Beispiel lediglich eine Illu-

---

3   Siehe auch *De an.* III 2, 425b23; III 12, 434a30; *De part. an.* II 1, 647a7, 28.
4   *De an.* II 12, 424a17–24: Καθόλου δὲ περὶ πάσης αἰσθήσεως δεῖ λαβεῖν ὅτι ἡ μὲν αἴσθησίς ἐστι τὸ δεκτικὸν τῶν αἰσθητῶν εἰδῶν ἄνευ τῆς ὕλης, οἷον ὁ κηρὸς τοῦ δακτυλίου ἄνευ τοῦ σιδήρου καὶ τοῦ χρυσοῦ δέχεται τὸ σημεῖον, λαμβάνει δὲ τὸ χρυσοῦν ἢ τὸ χαλκοῦν σημεῖον, ἀλλ' οὐχ ᾗ χρυσὸς ἢ χαλκός· ὁμοίως δὲ καὶ ἡ αἴσθησις ἑκάστου ὑπὸ τοῦ ἔχοντος χρῶμα ἢ χυμὸν ἢ ψόφον πάσχει, ἀλλ' οὐχ ᾗ ἕκαστον ἐκείνων λέγεται, ἀλλ' ᾗ τοιονδί, καὶ κατὰ τὸν λόγον. Für eine genauere Analyse von a21–24 s.u. Anm. 16; zur Formulierung ›dem *logos* entsprechend‹ s.u. S. 188.
5   Ich sehe von der Tatsache ab, dass eine erhabene Stelle im Ring eine Vertiefung im Wachs hinterlässt und eine Vertiefung eine erhabene Stelle, denn diese Art der Umkehrung soll offensichtlich nicht Teil des *tertium comparationis* sein.

stration des Prinzips der eingeschränkten Ähnlichkeit ist, dann verlieren wir den Gegensatz, den Aristoteles zwischen dem Aufnehmen von Formen *mit* der Materie und dem Aufnehmen von Formen *ohne* die Materie deutlich machen möchte.

Nun ist der Vorgang, einen Abdruck anzunehmen, für Aristoteles eine gewöhnliche Veränderung (ἀλλοίωσις). Ein derartiges Phänomen kann er ohne weiteres mit seiner Standarderklärung für Veränderungen erläutern[6] und es ist vollkommen im Einklang mit dem Prinzip der eingeschränkten Ähnlichkeit. Wenn es Aristoteles nur darum gegangen wäre, dass etwas in etwas anderem einen Abdruck hinterlässt, hätte er diesen Punkt ebenso wirkungsvoll am Beispiel eines Stocks und eines Klumpens Lehm verdeutlichen können. Wenn das runde Ende des Stocks in den Lehm gedrückt wird, nimmt dieser einen zylindrischen Abdruck an, wird aber nicht zu Holz und erst recht nicht zu einem Stock. Es ist aber offensichtlich, dass ein derartiges Beispiel nicht funktioniert hätte. Etwas Wesentliches wäre verloren gegangen. Das Wachs nimmt nicht nur den Abdruck der Oberflächenkonturen an. Was es vom Ring annimmt, ist, wie Aristoteles zweimal sagt, das ›Siegel‹ (σημεῖον, 424a20, a21).[7] Das geht weiter als die Art der Ähnlichkeit, die entsteht, wenn ein Stock in Lehm gedrückt wird, und zwar nicht nur, weil die Siegel auf den Ringen bildliche Darstellungen waren (wie fast alle Siegel in der griechischen Antike). Ein Siegel bewirkt eine *Besiegelung*, einen Abdruck, der die Identität des Besitzers des Siegels bestätigt und folglich auch seine Autorität, seine Rechte und Hoheitsansprüche. Wenn ein Dokument besiegelt wird, besonders bei gerichtlicher oder amtlicher Verwendung, dann autorisiert es die Forderungen, Verpflichtungen, Versprechen oder Befehle, die in dem Dokument festgehalten sind.[8] Eine Besiegelung unterscheidet sich daher von anderen Abdrücken darin, dass sie beansprucht, *von einem bestimmten Siegel zu stammen*. Das Wachs nimmt daher das »goldene oder bron-

---

6 In der *Kategorienschrift* charakterisiert Aristoteles die Veränderung (ἀλλοίωσις) als einen Wechsel der Qualität (14, 15b12) und äußere Formen (σχήματα) als eine Art der Qualität (10a11–26). Es trifft zwar zu, dass er in *Physik* VII 3 bestimmte Veränderungen der äußeren Form nicht als qualitative Veränderungen ansieht, nämlich diejenigen, die zu *Substanzen* führen (245b9–246a9; vgl. I 7, 190b5 f.), diese Skrupel bei substantiellen Veränderungen berühren aber die für unsere Frage relevanten Fälle nicht, in denen eine akzidentelle Veränderung stattfindet.

7 Vgl. Platon, *Tht.* 191d. Zur Bedeutung von *sêmeion* (σημεῖον) vgl. Spier 1990, 107; vgl. Lacroix 1955/56, 92 f.; Boardman 1970, 428 f. Zu Fingerringen aus der klassischen Zeit vgl. Boardman 1970, 212–234.

8 Neben der Verwendung von Siegeln in privater Korrespondenz, gerichtlichen Dokumenten und öffentlichen Amtsdokumenten wurden Siegel auch eingesetzt, um Besitz oder Identität (bei Wahlen) anzuzeigen und auch bei Opfern. Für eine gute, knappe Zusammenfassung der Verwendungsweise von Siegelzeichen s. Plantzos 1999, 18–22; vgl. auch Richter 1968, 1–4 und bes. Boardman 1970, 13 f., 235–238, 428–430. Besitzansprüche sind nicht auf Briefe und Gegenstände beschränkt. Ein Lehmabdruck aus dem 4. Jhdt. v. Chr., der einen Mann und eine Frau in einer Umarmung zeigt, hat die Legende: ›Ich besitze und ich liebe Aristoteles‹, EXΩ TE KAI ΦΙΛΩ ΑΡΙΣΤΟΤΕΛΗ[N]. A. Christodoulopoulou-Prouhake (1977, 164–170) untersucht die Möglichkeit, dass dies der Geliebten von Aristoteles, Herpyllis, gehört haben könnte, und kommt zu dem Ergebnis, dass es zwar keine schlüssige Evidenz für diese Möglichkeit gibt, dass sie aber ebensowenig ausgeschlossen werden könne. (Ich möchte Seth Schein dafür danken, dass er diesen Artikel aus dem Neugriechischen für mich übersetzt hat. V. C.)

zene Siegel« auf ($\lambda\alpha\mu\beta\acute{\alpha}\nu\epsilon\iota$ $\delta\grave{\epsilon}$ $\tau\grave{o}$ $\chi\rho\upsilon\sigma o\hat{\upsilon}\nu$ $\mathring{\eta}$ $\tau\grave{o}$ $\chi\alpha\lambda\kappa o\hat{\upsilon}\nu$ $\sigma\eta\mu\epsilon\hat{\iota}o\nu$, a20 f.), das die Person oder die Institution repräsentiert, der das Siegel gehört. Aber obwohl das Siegel aufgenommen wird, wird es nicht durch ein Duplikat *nachgebildet*, denn aufgenommen wird es »nicht, insofern [der Ring aus] Gold oder Bronze ist« ($\mathring{\alpha}\lambda\lambda$' $o\mathring{\upsilon}\chi$ $\mathring{\eta}$ $\chi\rho\upsilon\sigma\grave{o}s$ $\mathring{\eta}$ $\chi\alpha\lambda\kappa\acute{o}s$, a21). Das Resultat ist eine *Besiegelung*, nicht ein anderes goldenes oder bronzenes Siegel. Letzteres gehört zum Machtbereich einer Person oder Institution, erstere ist lediglich das Resultat eines einmaligen Ereignisses.

Die mittelalterlichen Interpretationen liegen bis zu diesem Punkt richtig: Wenn eine Form *F* ohne die Materie aufgenommen wird, dann wird *F auf besondere Weise* aufgenommen und instantiiert; folglich wird auch das, was diese Veränderung erleidet, auf besondere Weise *F* sein. Wenn *F* ohne die Materie aufgenommen wird, muss kein Teil dessen, was die Veränderung erleidet, ein *Duplikat* von *F* werden: Es muss nicht wahrheitsgemäß gesagt werden können, dass das, was die Veränderung erleidet, auf dieselbe Weise *F* ist wie das, was sie verursacht – wie bei gewöhnlichen Veränderungen, bei denen das, was die Veränderung erleidet, ›mit der Materie‹ affiziert wird. Die mittelalterlichen Interpretationen liegen ebenfalls richtig, wenn sie die Aufnahme der Form ohne die Materie als etwas ansehen, bei dem wesentlich die *Übertragung von Information* oder von Informationsgehalt beteiligt ist, was, wie das Wachsbeispiel zeigt, nicht bedeuten muss, dass Kognition oder Bewusstsein vorliegen muss. Aber der diese als ›Spiritualismus‹ bezeichnete Deutung geht fehl in der Annahme, dass eine andere Art von Sein erforderlich ist oder dass materielle Veränderungen irgendwie nicht notwendig seien. Obwohl die Aufnahme der Form ohne die Materie sich in gewisser Weise von anderen Formen der Veränderung unterscheidet, ist sie nicht ohne Beziehung zu diesen anderen Formen. Sie ist nicht nur *kompatibel* mit derartigen Veränderungen, sie *benötigt* sie. Auch das zeigt das Beispiel des Siegelwachses. Das Wachs nimmt das Siegel auf, *indem* es einer gewöhnlichen Veränderung unterworfen ist, indem es die Oberflächenkonturen des Siegel aufnimmt und *diese* durch ein Duplikat nachbildet.

Bei der Aufnahme der Form ohne die Materie sind strikte Duplikate keine notwendige Bedingung mehr. Bei einer derartigen Aufnahme ist typischerweise eine Art der *Übertragung* [transduction] im Spiel, bei der Information in eine andere Form übertragen wird.[9] Wenn etwas die Form von *F* ›ohne die Materie‹ aufnimmt, tut es dies, indem es eine von *F* verschiedene, auf sie aber in relevanter Weise bezogene Form *G* aufnimmt:

Übertragung: Wenn ein *x F* ohne die Materie von einem *y* aufnimmt, dann gilt für ein auf relevante Weise auf *F* bezogenes *G* (wobei gilt: $G \neq F$),

i.   *x* nimmt *G* mit der Materie von *y* auf und wird so ein Duplikat von *G*.

ii. *x* nimmt *F* auf, indem es *G* mit der Materie aufnimmt.

---

9   Für eine erhellende Untersuchung derartiger Informations-Übertragung s. Pylyshyn 1984, Kap. 6. Obwohl viele Details spezifisch für seine am Computer-Modell orientierte Theorie des Geistes (›computationalism‹) sind, besitzen die allgemeinen Konturen der Diskussion noch immer Relevanz.

Zu sagen, dass *F* aufgenommen wird, indem ›das relevante *G*‹ aufgenommen wird, ist natürlich nur ein Schuldschein, der in barer Münze ausbezahlt werden muss, wenn die Theorie irgendwelche substantiellen Behauptungen aufstellen will. Für Aristoteles aber wird die relevante Charakteristik immer noch etwas sein, das von dem *geteilt* wird, das die Veränderung bewirkt und zu seinem *F*-Sein in einer Beziehung steht, so dass das, was die Veränderung erleidet, wirklich wie *F* wird. Aber es muss kein Duplikat von *F* werden. Eher ist es erforderlich, dass es ein Duplikat von *G* wird, so dass es auf genau dieselbe Weise *G* wird, wie das Bewirkende *G* ist.[10]

Dies ist nun auf den Fall von Wachs und Siegelring zu übertragen.[11] Das Wachs, in das der Siegelring gedrückt wird, nimmt nicht nur Oberflächenkonturen an, wie es das im Fall des Stockes täte. Es überträgt Informationen über den Besitzer des Rings, indem es sein Siegelzeichen aufnimmt. Aber das Wachs tut dies nicht, indem es selbst zum Siegel würde – es nimmt das Siegelzeichen ›ohne die Materie‹ auf. Statt dessen wird es zur *Besiegelung*, und zwar indem es die Oberflächenkonturen des Rings ›mit der Materie‹ aufnimmt und dupliziert. Die Form des Siegels wird auf diese Weise wirklich aufgenommen, aber in einer übertragenen Form: Das Wachs nimmt *F* auf, indem es *G* wird, nicht indem es *F* wird. Die einzige buchstäbliche Ähnlichkeit, die zwischen dem Wachs und dem Siegel besteht, beruht auf der zugrundeliegenden Veränderung, die mit der Materie auftritt, und besteht in der Annahme der Oberflächenkonturen des Rings.

Man könnte versucht sein, die Aufnahme von *F* in solchen Fällen als einen Vorgang zu verstehen, der *nichts anderes* ist als die Aufnahme von *G* – die Aufnahme von *F* wäre entweder auf die Aufnahme von *G* reduzierbar oder überhaupt eliminierbar und unsere Redeweise, *F* würde ›ohne die Materie aufgenommen‹, wäre eine reine *façon de parler*, weil das Einzige, was *wirklich* geschieht, die Aufnahme von *G* wäre. Aber das bedeutete vorauszusetzen, dass die Form *nur dann* wirklich aufgenommen wird, wenn sie *dupliziert* wird; und genau diese Voraussetzung stellt Aristoteles hier in Frage. Die Form ohne die Materie aufzunehmen ist ein eigenständiger Typ des Aufnehmens. Es ist nur kein Duplikat dieser Form. Es ist wahr, dass wenn *F* aufgenommen wird, indem *G* aufgenommen wird, nur ein einziges

---

10 Übertragung von Information dürfte ein spezieller Fall des allgemeineren Musters sein, wie Formen übermittelt werden. Alan Code wies mich (im Gespräch) darauf hin, dass es bei der sexuellen Reproduktion ein ähnliches Muster geben könnte, das in *entgegengesetzter* Richtung abläuft. Obwohl nach Aristoteles' Ansicht ›ein Mensch einen Menschen zeugt‹, tut er dies mit dem Mittel des Samens; zwar ist der Samen Teil des lebenden Menschen, Aristoteles betont aber, dass es nicht selbst ein Mensch ist. Vielmehr ist er etwas, das aufgrund der aktualen Bewegungen, die in ihm vorliegen, einen Menschen hervorbringen kann. Hier besitzt das Bewirkende eine relevante Charakteristik $G \neq F$, so dass es *F* hervorbringen kann, indem es auf das Erleidende einwirkt. Wie im Fall der Wahrnehmung wird eine Form *F* mit Hilfe von aktualen Charakteristika übertragen, die von *F* verschieden sind.

11 Es dürfte offenkundig sein, dass ich Wachs und Siegelring als ein *echtes* Beispiel (οἶον, 424a19) dafür ansehe, was es heißt, die Form ohne die Materie aufzunehmen. So haben es auch die spätantiken Kommentatoren, etwa Philoponus (*In De an.* 444.17–26; vgl. 437.19–25), verstanden. Sogar Thomas von Aquin beschreibt es als ›passendes Beispiel‹ (conveniens exemplum, *In De an.* 2.24, § 554).

Ereignis stattfindet: F aufnehmen und G aufnehmen sind, um mit Aristoteles zu reden, ›der Zahl nach eines und dasselbe‹. Aber sie bilden zwei unterschiedliche Typen des Aufnehmens. Sie unterscheiden sich, um einen anderen Ausdruck von Aristoteles zu verwenden, ›dem Sein nach‹ – es besteht ein Unterschied bezüglich der Frage, was es für jedes heißt, dies zu sein. Das Aufnehmen von G ist ein ganz gewöhnliches Aufnehmen der Form mit der Materie, F dagegen wird ohne die Materie aufgenommen. Daher ist F ohne die Materie aufzunehmen *nicht reduzierbar* darauf, G aufzunehmen. Es ist lediglich die Weise, *wie F* aufgenommen wird, der Mechanismus, *durch den F* aufgenommen wird.

Das können wir wiederum auf den Fall des Siegelrings anwenden. Es gibt wirklich so etwas wie das Besiegeln eines Dokuments und das besteht *nicht einfach* darin, sichtbare Formen in Wachs zu drücken, wie auch das Unterzeichnen eines Dokuments nicht nur darin besteht, irgendetwas hinzukritzeln[12]. Hier finden nicht zwei getrennte Vorgänge statt; weder bei der Bewegung des Stifts und dem Unterzeichnen des Dokuments noch beim Herstellen des Abdrucks und der Besiegelung lassen sich zwei Vorgänge voneinander unterscheiden und trennen. Vielmehr wird das eine *mittels* des anderen getan: Man kann ein Dokument nicht besiegeln, ohne einen Abdruck des Siegels zu erzeugen, oder ein Dokument unterschreiben, ohne darauf mit einem Stift eine Bewegung auszuführen. Es sind zwei verschiedene Typen von Vorgängen, auch wenn ein einzelnes Ereignis beide zugleich instantiiert.

Die Tatsache, dass eine relevante Charakteristik G von dem, was die Veränderung bewirkt, und dem, was sie erleidet, geteilt wird, gibt der Behauptung einen buchstäblichen Sinn, »das Wahrnehmungsvermögen [sei] dem Vermögen nach so, wie der Wahrnehmungsgegenstand *bereits* in Wirklichkeit ist« ($\tau\grave{o}$ δ' $\alpha\mathring{\iota}\sigma\theta\eta\tau\iota\kappa\grave{o}\nu$ $\delta\upsilon\nu\acute{\alpha}\mu\epsilon\iota$ $\mathring{\epsilon}\sigma\tau\grave{\iota}\nu$ $o\mathring{\iota}o\nu$ $\tau\grave{o}$ $\alpha\mathring{\iota}\sigma\theta\eta\tau\grave{o}\nu$ $\mathring{\eta}\delta\eta$ $\mathring{\epsilon}\nu\tau\epsilon\lambda\epsilon\chi\epsilon\acute{\iota}\alpha$, II 5, 418a3 f.), ohne dass man damit dem sogenannten Literalismus zustimmen würde. Die Weise, auf die etwas dem Vermögen nach F ist, hängt davon ab, auf welche Weise es der Wirklichkeit nach F wäre; und es gibt einen Sinn, in dem das Organ durch Wahrnehmung tatsächlich wie der Wahrnehmungsgegenstand wird (418a5 f.). Wenn das der Fall ist, dann sollte es eine Weise geben ($\pi\omega\varsigma$, *Phys.* VII 2, 244b11), in der man das Auge ›weiß-werdend‹ ($\lambda\epsilon\upsilon\kappa\alpha\iota\nu\acute{o}\mu\epsilon\nu o\nu$, 244b8) nennen kann, auch wenn es nicht buchstäblich weiß wird. Es wird ›der Analogie nach‹ dasselbe (*Metaph.* V 9, 1018a13), *auf analoge Weise* weiß, wenn man so will.[13] Es ist dem Weißen in

---

12 Auch wenn man zugeben muss, dass es bei manchen Unterschriften (wie meiner eigenen) schwierig ist, den Unterschied zu *sehen.*

13 Ward beruft sich auf eine ähnliche Terminologie, wenn sie vorschlägt, dass »das Sinnesorgan den sinnlich wahrnehmbaren Gegenstand auf analoge Weise, aber nicht qualitativ ähnelt. In dieser Hinsicht kann von den Sinnen gesagt werden, dass sie dieselbe Information repräsentieren wie der sinnlich wahrnehmbare Gegenstand, ohne qualitativ ›so wie‹ der Gegenstand zu werden« (1988, 230 Anm. 10). Aus meiner Sicht wäre die Unterscheidung zwischen ›analog‹ und ›qualitativ‹ zu diskutieren, die sie zieht, da nach meiner Deutung dasjenige, das die Veränderung erleidet, in bestimmten Hinsichten qualitativ so wird wie der bewirkende Gegenstand. Da auch Ward die Unterscheidung im weiteren Verlauf des Aufsatzes nicht als dichotomisch behandelt, betrifft die Uneinigkeit hier möglicherweise nur die Formulierung.

einer relevanten Hinsicht ähnlich, auch wenn man nicht wahrheitsgemäß sagen kann, dass es *im selben Sinn* weiß ist wie der wahrnehmbare Gegenstand. Es ist nur ein analoger Sinn, in dem ›geweißt‹, ›gewärmt‹, ›gesüßt‹ und andere Prädikate allgemein »auf die gleiche Weise sowohl vom Unbeseelten als auch vom Beseelten gesagt werden, und bei Beseeltem wiederum von den Teilen, die keine Wahrnehmung haben und von den Sinnen selbst« (ὁμοίως τό τε ἄψυχον καὶ τὸ ἔμψυχον λέγοντες, καὶ πάλιν τῶν ἐμψύχων τά τε μὴ αἰσθητικὰ τῶν μερῶν καὶ αὐτὰς τὰς αἰσθήσεις. ἀλλοιοῦνται γάρ πως καὶ αἱ αἰσθήσεις, 244b8–11)[14].

Wenn Aristoteles am Anfang von *De anima* II 12 vom Siegelwachs zur Wahrnehmung übergeht, formuliert er eine ähnliche Qualifikation. Obgleich die Wahrnehmung jedes einzelnen wahrnehmbaren Gegenstandes affiziert wird »von dem, was Farbe oder Geschmack oder Ton hat«, wird er doch »nicht affiziert, insofern er als jedes von diesen bezeichnet wird« (ἀλλ᾽ οὐχ ᾗ ἔκαστον ἐκείνων λέγεται, 424a23) – das heißt: nicht insofern der Gegenstand karmesinrot, würzig oder schrill genannt wird[15] – »sondern insofern es ein solches ist und

---

14 Everson lenkt zu Recht die Aufmerksamkeit auf diese Passage (1997, 134–137), nimmt aber die qualifizierende Klausel ›auf gewisse Weise‹ (πως) in der Behauptung, dass die Sinne einer Veränderung unterworfen sind, nicht zur Kenntnis, wie Sisko (1998, 345 f.) zutreffend einwendet. Vgl. ähnliche Klauseln in *De an.* III 8, 431b21, b23. Die Verteidigungslinie des Burnyeat'schen ›Spiritualismus‹ hängt stark von dieser Art der Qualifikation ab, vgl. z.B. Burnyeat 2002, 36 f., 74, 78 f.

15 Da die syntaktische Struktur dieser Passage auf sehr unterschiedliche Weisen aufgefasst wurde, mag es hilfreich sein, wenn ich explizit angebe, wie ich die einzelnen Gliedsätze konstruiere. Ich nehme den Gegenstand, der eine Farbe, einen Geschmack oder Ton hat (τοῦ ἔχοντος), in a22 als das implizite Subjekt von »bezeichnet wird« (λέγεται) in a23 und »jedes von diesen« (ἔκαστον ἐκείνων) als Prädikat, parallel zu »von einer bestimmten Beschaffenheit« (τοιονδί) im nächsten Gliedsatz. Der Plural »von diesen« (ἐκείνων) bezieht sich auf die Gruppe von wahrnehmbaren Qualitäten, die in a22 gerade aufgelistet wurden. Wenn es sich so verhält, dann liegt eine Unterscheidung vor zwischen dem Affiziert-Werden durch Gegenstände, insofern sie eine bestimmte Farbe, ein bestimmter Geschmack usw. sind, und, insofern sie *solche* sind (τοιονδί), das heißt, insofern sie eine bestimmte Charakteristik besitzen, die nicht identisch ist mit der Farbe, dem Geschmack usw. Wenn man den Gegensatz in einer für die literalistische Deutung günstigeren Unterscheidung sehen möchte, nämlich zwischen dem Affiziert-Werden durch die Gegenstände *als solche* und durch die Gegenstände *als gefärbte* usw., dürfte sich »diesen« (ἐκείνων) nicht auf Farbe, Geschmack und Ton zurückbeziehen, sondern auf einen Ausdruck im Singular, auf »das, was sie hat« (τοῦ ἔχοντος); außerdem müsste »jedes« (ἔκαστον) als das Subjekt von »bezeichnet wird« (λέγεται) dienen, wie Hicks (1907, 416 ad loc.) annimmt. Hicks gibt allerdings zu, dass zusätzlich dazu, dass man den Plural ›Gegenstände‹ einfügen muss, außerdem »jedes« (ἔκαστον) nicht nur als Subjekt, sondern auch als implizites Prädikat angesehen werden müsste, um eine passende Antithese zu » diese Art von Ding« (τοιονδί) in a24 zu ergeben. Vermutlich wird man derartige Verrenkungen nicht besonders attraktiv finden, wenn man der literalistischen Lesart nicht ohnehin verpflichtet ist. Diejenigen, die es nicht sind, z. B. Ward und Silverman, tun sich leicht damit, »diesen« (ἐκείνων) in der von mir vorgeschlagenen Weise zu verstehen, nämlich als Rückbezug auf die gerade erwähnten wahrnehmbaren Qualitäten (vgl. Ward 1988, 220 f.; Silverman 1989, 289 Anm. 9). Danach endet unsere Übereinstimmung. Ward und Silverman glauben, dass »jedes von diesen« (ἔκαστον ἐκείνων) das Subjekt von »bezeichnet wird« (λέγεται) sei und dass der Gegensatz zwischen zwei Arten des Affiziert-Werdens

seinem *logos* entsprechend« (ἀλλ᾽ ᾗ τοιονδί, καὶ κατὰ τὸν λόγον, a24). Das Sinnesorgan empfängt eine einzelne sinnlich wahrnehmbare Qualität, etwa Karmesinrot, indem ein karmesinroter Gegenstand auf es einwirkt. Aber es wird nicht affiziert, insofern der Gegenstand karmesinrot ist, sondern insofern er einen allgemeineren Zug hat, durch den er karmesinrot ist – die *Proportion*, die, wie ich unten (in den Abschnitten 3 und 4) zeigen möchte, Karmesinrot charakterisiert und auf diese Weise Teil seiner *Form* und *Erklärung* ist. Die Formulierung »seinem *logos* entsprechend« drückt alle drei Sinne aus, besonders aber den ersten, der entscheidend für das ist, was auf unsere Passage folgt. Aristoteles charakterisiert die Wahrnehmung als eine Art der Proportion (424a26–28), die, wie beim Stimmen eines Instruments, durch extreme, die Balance des Sinnesorgans zerstörende Veränderungen beschädigt werden kann (a28–32; vgl. III 2, 426a27–b7). Die Form von Karmesinrot »in der Seele« aufzunehmen impliziert daher genauso wenig, dass irgendein Teil unseres Auges karmesinrot würde – zumindest nicht in demselben Sinn, in dem der Gegenstand karmesinrot ist – wie es implizierte, dass irgendein Teil von uns ein Stein würde, wenn wir einen Stein wahrnehmen. Aber diese Art der Veränderung impliziert, dass es *irgendein* auf relevante Weise darauf bezogenes Prädikat gibt, das buchstäblich und in genau demselben Sinn sowohl auf den karmesinroten Gegenstand als auch auf irgendeinen Teil unseres Auges zutrifft. Eine derartige Veränderung ist notwendig, wenn auch *nicht* hinreichend für Wahrnehmung und Denken.[16]

Das Bild des Siegelrings hat weitere Implikationen. Andere Bilder in der Tradition, etwa das Bild der Tafel des Herzens, auf die Wörter geschrieben werden[17], veranschaulichen ebenfalls den Themenbereich von Signifikation und intentionalem Gehalt. Aber der Verweis auf den Siegelring fügt eine epistemologische Dimension hinzu, die durch die *legitimierende* Funktion der Siegel in den Blick genommen wird. Siegel werden verwendet, um zu bestätigen, dass ein Dokument und sein

---

durch den Gegenstand besteht: nämlich einerseits, insofern der Gegenstand *bestimmbare* Charakteristika wie Farbe hat, und andererseits insofern er eine *bestimmte* Charakteristik hat, etwa: karmesinrot zu sein. Mir gelingt es nicht zu sehen, auf welche Weise dieser Gegensatz für das Wachsbeispiel oder das Argument in diesem Zusammenhang relevant sein könnte. Ich nehme an, dass Aristoteles überhaupt von bestimmten wahrnehmbaren Qualitäten, wie karmesinrot, würzig oder schrill, spricht.

16 Nach meinem Verständnis bietet der Anfang von De an. II 12 eine *notwendige* Bedingung für Wahrnehmung, also etwas, das für jede Wahrnehmung gilt, aber *keine hinreichende* Bedingung, also nicht etwas, das nur für Wahrnehmung oder sogar nur für Kognition gelten würde. Wie das Wachsbeispiel zeigt (und möglicherweise auch das Medium), ist es möglich, die Form ohne die Materie aufzunehmen, ohne über kognitive Fähigkeiten und Bewusstsein, ja sogar ohne über Leben zu verfügen. Vgl. Philoponus, *In De an.* 444.17–20; Sorabji 1992, 218 f. Diejenigen, die es für eine hinreichende Bedingung halten, sind gezwungen zu behaupten, dass der Vergleich mit dem Wachssiegel nichts als eine Analogie sei, überdies eine schlechte, die ›hinkt‹: Owens 1976, 77 f.; Owens 1981, 91; Brentano 1867, 81.

17 Z.B. Aischylos, *Die Schutzflehenden* 179, *Der gefesselte Prometheus* 789, *Choephoren* 450 f., *Eumeniden* 275. (Für eine genaue Diskussion s. Sansone 1975, Kap. 4.) Vgl. auch Pindar, *Ode* 10, 2–3; Sophokles, *Philoktet* 1325, *Trachinierinnen* 683; und natürlich Platon, *Philebos* 38e–39c.

Gehalt die Autorität der Person besitzen, von der sie stammen, und dass die darin festgehaltenenen Forderungen und Verpflichtungen deren Unterstützung und Billigung haben. Im Fall der Wahrnehmung läuft dies auf den Vorschlag hinaus, dass unsere Wahrnehmungen die *Unterstützung durch die Welt* haben und so für uns eine gesicherte Grundlage bieten, von der aus man arbeiten kann. Durch die Wahrnehmung geben die Gegenstände in der Welt den Botschaften, die unsere Sinne über die Unterschiede zwischen ihnen mitteilen (πολλὰς εἰσαγγέλουσι διαφοράς, *De sens.* 1, 437a2), ihren *Stempel* und ihre *Autorität* mit auf den Weg.[18]

2. Phantasia und Denken

Aristoteles verwendet auch Ausdrücke aus dem Siegelwesen, um Gedächtnisspuren zu erklären. Das Gedächtnis erfordert aus seiner Sicht wahrnehmungsartige Repräsentationen (φαντάσματα), die aus den Sinnesreizungen (αἰσθήματα) so erzeugt werden, dass sie ihnen gleichen. Tatsächlich sagt Aristoteles sogar, sie seien »wie Sinnesreizungen, aber *ohne die Materie*« (ὥσπερ αἰσθήματά ἐστι, πλὴν ἄνευ ὕλης, *De an.* III 8, 432a9 f.; vgl. 431a15). In diesem Fall ist es die Sinnesreizung, der wie ein Siegel wirkt.

Denn es ist klar, dass man den Zustand, in dessen Besitz zu sein wir Gedächtnis nennen, wie eine Art von Bild (οἷον ζωγράφημά τι) auffassen muss, das aufgrund der Wahrnehmung sowohl in der Seele als auch in dem Teil des Körpers, der darüber verfügt, auftritt. Denn die auftretende Veränderung wird eingezeichnet (ἐνσημαίνεται) wie eine Art von Einprägung der Sinnesreizung, wie diejenigen, die etwas besiegeln, es mit ihren Ringen tun (οἱ σφραγιζόμενοι τοῖς δακτυλίοις). (*De mem.* 1, 450a27–32; vgl. b2 f., 5, 10 f.)

Diese Passage enthält offenkundige Echos auf Platons Dialog *Theaitetos*, wo diese Metaphorik verwendet wird, um Gedächtnis und schließlich falsche Meinung zu erklären (bes. 191c–e, 194a–195a). Allerdings sind die systematischen Verbindungen zu Aristoteles' eigenem Gebrauch der Metaphorik signifikanter. Allgemein werden Repräsentationen den Sinnesreizungen *dem Gehalt nach* ähnlich sein; sie beziehen sich auf das, worauf sich die Wahrnehmung bezieht (ὧν αἴσθησίς ἐστιν, *De an.* III 3, 428b12 f.). Und dies verhält sich so, weil die Repräsentationen *als Veränderungen* den Wahrnehmungen, aus denen sie entstanden sind, ähneln (ὁμοίας ταῖς αἰσθήσεσι) und daher das Lebewesen auf ähnliche Weise affizieren können (429a1–6; 428b10–17). Aber die Gedächtnisspuren, die von den Sinnesreizungen ›gestempelt‹ wurden, sind *keine Duplikate*: Sie sind zwar auf Wahrnehmungen bezogen, auf das, was wir zuvor gesehen, gehört oder erlebt haben, sie sind aber selbst keine Wahrnehmungen.[19] Sie handeln wesentlich von dem, was nicht mehr gegenwärtig ist, und schließen daher immer einen Rückbe-

---

18 Eine Schwierigkeit mit der Metapher liegt natürlich in der Existenz von gefälschten Siegeln, wie Solon richtig bemerkte (vgl. Diogenes Laertius, *Vitae* I 57; Diodoros Siculus, *Bibliotheca historica* I 78). Alan Code schlug (im Gespräch) vor, dass Aristoteles dies nicht als einen unüberwindbaren Einwand betrachtet haben dürfte. Die Tatsache, dass es Fälschungen bzw. Täuschungen gibt, untergräbt nicht die Autorität, die die Wahrnehmung ›insgesamt oder in der Regel‹ hat. Auf jeden Fall ist klar, dass Aristoteles diesen Implikationen nicht die Bedeutung beigemessen hat, die später die Stoiker darin sahen.

19 *De mem.* 1, 449b22 f.; 450a19–21.

zug auf eine frühere Erfahrung ein, hingegen betrifft die Wahrnehmung nur das, was gegenwärtig ist.[20] Anders als die meisten einfachen Wahrnehmungen, die immer wahr sind, können Repräsentationen falsch sein.[21] Sie sind schwächer als Wahrnehmungen und können nicht mit frischen Sinnesreizungen konkurrieren.[22] Repräsentationen unterscheiden sich damit recht stark von Wahrnehmungen.

Aristoteles beabsichtigt, eine Erklärung des Denkens (νοῦς) zu geben, die sich an den Grundzügen der Erklärung der Wahrnehmung orientiert. Auch das Denken schließt ein, so zu werden wie der denkbare Gegenstand, ohne dass dabei notwendigerweise ein Duplikat hervorgebracht würde.

> Unaffiziert muss [das Denken] also sein, jedoch fähig, die Form aufzunehmen und dem Vermögen nach diese Art von Ding, aber nicht sie/es selbst, und ebenso, wie die Wahrnehmungsfähigkeit sich zu den wahrnehmbaren Gegenständen verhält, so (muss) sich das Denken zu den denkbaren Gegenständen verhalten (οὕτω τὸν νοῦν πρὸς τὰ νοητά). (De an. III 4, 429a15–18)

Das Denken ist nicht fähig, der denkbare Gegenstand selbst zu werden, sondern nur diese Art von Ding (τοιοῦτον ἀλλὰ μὴ τοῦτο, 429a16). Wenn der Denkgegenstand ein konkretes Einzelding wäre, etwa ein Zebra, dann würde Aristoteles nur bestreiten, dass mein Denken *dieses* individuelle Zebra werden kann; es könnte höchstens *derselbe Typ* von Ding werden wie es der Gegenstand ist. Aber es ist genauso absurd anzunehmen, dass mein Denken oder irgendein Teil von mir jemals ein Zebra werden könnte, ob es nun dasselbe Zebra ist wie das, woran ich denke, oder nicht. Eher ist anzunehmen, dass die Ausdrücke ›diese Art von Ding‹ (τοιοῦτον) und ›sie/es‹ (τοῦτο)[23] auf den im vorigen Gliedsatz verwendeten Ausdruck »Form« zurückverweisen und damit auf denkbare Gegenstände im engeren Sinn: nicht auf ein individuelles, real existierendes Zebra, sondern auf die Essenz oder Form des Zebras, auf das, was es für ein Zebra heißt, ein Zebra zu sein. Dann stellt Aristoteles fest, dass unser Denken nicht buchstäblich zu solchen *Formen* wird und sie nicht durch Duplikate nachbildet. Es kann nur ›diese Art von Ding‹ werden wie es die Formen sind. Aristoteles' Argumentation verläuft parallel zu der in *De an.* II 12, wo er sagt, dass die Wahrnehmung nicht durch die Farbe als solche, sondern durch diese Art von Ding (τοιονδί, 424a24) affiziert werde. Das ist in der Tat so, wie es sich gehört. Denn wenn irgendein Teil von mir exemplifizieren könnte, was es heißt, ein Zebra zu sein, dann würde er zum Zebra. Genau wie bei der Wahrnehmung ist die Fähigkeit meines Denkens, ›die Art von Ding‹ zu werden, die die Form des Zebras ist, stärker beschränkt. Es ist meine Angelegenheit, *bestimmte* Charakteristika der Form des Zebras zu exemplifizieren, ohne sie notwendigerweise *alle* zu exemplifizieren. Auf gewisse Weise so zu werden wie ein Zebra erlaubt mir, *gedanklich zu erfassen*, was Zebras sind,

---

20 *De mem.* 1, 449b13–15; 450a25–27, b11–20.

21 *De an.* III 3, 427b11 f.; 428b17–30.

22 *De insomn.* 3, 460b32–461a7; *De divinatione per somnum* 1, 463a8; 2, 464a16 f.; vgl. *Rhet.* I 11, 1370a28. Für eine ausführliche Diskussion der Natur und des Gehalts der *phantasia* und ihres Verhältnisses zur Wahrnehmung s. Caston 1998.

23 Das Pronomen *touto* kann sowohl auf ›Form‹ (εἶδος) in a15 f. als auch auf ›denkbaren Gegenstand‹ (νοητόν) in a14 bezogen werden. Diese Zweideutigkeit lässt sich im Deutschen nicht gut nachbilden.

und nicht: selbst ein Zebra zu werden – dieses Prädikat sollte niemals auf irgendeinen Teil von mir zutreffen. Für den Fall des Denkens kann nichts, was dem sogenannten Literalismus auch nur ähnlich ist, die richtige Lesart sein.[24]

Wenn wir das Modell der Informationsübertragung auf das Denken anwenden, kommt etwa folgendes dabei heraus: Wenn wir F denken, nimmt unser Denken die Form von F ohne die Materie auf, das heißt: ohne F notwendigerweise zu duplizieren – das Denken muss nicht in demselben Sinn F sein, in dem der Gegenstand F ist. Das Denken nimmt F überdies auf, indem es gewöhnlichen Veränderungsprozessen unterworfen ist: Es gibt ein relevantes G (das im Allgemeinen von F verschieden ist), so dass wir G *mit* der Materie aufnehmen und auf diese Weise Duplikate von G in uns haben. Wenn unser oben formulierter Vorschlag zu den Proportionen korrekt ist, könnte das auch einschließen, dass einige Proportionen des Gegenstandes und, zumindest in den besonders rudimentären Fällen, der grundlegenden Wahrnehmungsgehalte übernommen werden (vgl. *De an.* III 8, 432a11–14).[25] Dass dies tatsächlich Aristoteles' Ansicht

---

24 Man könnte einwenden, dass in einer relevanten Gruppe von Fällen doch Duplikate auftreten. Im Fall der Gegenstände »ohne Materie« (τῶν ἄνευ ὕλης, *De an.* III 4, 430a3) sagt Aristoteles, sind »das, was denkt, und das, was gedacht wird, *dasselbe*« (τὸ αὐτό ἐστι τὸ νοοῦν καὶ τὸ νοούμενον, a3 f.; vgl. *De an.* III 5, 430a19 f.; III 7, 431a1; *Metaph.* XII 9, 1075a2–5). An welche Gegenstände er hier denkt, wird nirgendwo klar; nach allem, was wir wissen, dürften sie separate Substanzen oder Intelligenzen sein. Ich glaube, der Punkt hier ist ungefähr folgender: Wie bei der Wahrnehmung so sind auch beim Denken die Aktivität des Denkenden und die Aktivität des Gegenstandes »eine und dieselbe« (vgl. *De an.* III 2, 425b26–426a26). Aber anders als bei wahrnehmbaren Gegenständen oder auch bei denkbaren Gegenständen, die Materie *haben*, gibt es bei den fraglichen materielosen Gegenständen *nichts, das über diese Aktivität hinausginge*. Daher wird in diesen Fällen die Aktivität des Denkens ein und dasselbe sein wie der Gegenstand selbst, und nicht nur seine Aktivität. Dieses ›Dasselbe-Sein‹ muss jedoch keine Duplikate erfordern, nicht einmal in dieser streng begrenzten Gruppe von Fällen, da Aristoteles feststellt (und niemals zurücknimmt), was es heiße, zu denken, und was es heiße, gedacht zu werden, – ihr Sein – sei *nicht* dasselbe (*Metaph.* XII 9, 1074b38), wie sich auch die Aktivität der Wahrnehmung und die des wahrnehmbaren Gegenstandes ›dem Sein nach unterscheiden‹ (*De an.* III 2, 425b27, 426a16 f.). Wenn das der Fall ist, dann haben wir es nur mit einer akzidentellen Identität zu tun und können nicht den gültigen Schluss ziehen, dass das Denken F ist, weil sein Gegenstand F ist – einen solchen Schluss weist Aristoteles als ›Fehlschluss aus dem Akzidens‹ zurück (*Soph. el.* 24; *Phys.* III 3). Aber selbst wenn in diesem begrenzten Bereich von Fällen Nachbildungen erlaubt wären, würde uns das noch lange nicht das Äquivalent zum Literalismus für das Denken liefern, da nicht bei *jedem* Denkvorgang Nachbildungen entstünden.

25 Aristoteles unterscheidet die *grundlegendste* Form des Denkens, die er als immer wahr (oder auf jeden Fall als niemals falsch) ansieht, von komplexen Gedanken, die zusätzliche Operationen erfordern, die er ›Kombination und Teilung‹ nennt (*De an.* III 6, III 8; *Metaph.* IX 10; vgl. *De int.* 1). Diese Operationen scheinen sich auf Prädikation und Negation in propositionalen Gedanken zu beziehen; aber sie sind vermutlich auch bei der Konstruktion von komplexen Gedanken beteiligt. Doch selbst wenn der Verweis auf Proportionen begrenzt ist auf die grundlegendsten Begriffe, dürfte er substantielle Einschränkungen dafür mit sich bringen, was gedacht werden kann. Aristoteles scheint eine derartige Einschränkung nicht nur zu akzeptieren (*De mem.* 1, 449b30–450a14), sondern er fragt sich sogar, ob wir überhaupt etwas denken können, das ›getrennt von

ist, wird aus einer Abschweifung in *De memoria* deutlich, wo er argumentiert, dass den Gedanken‹ genau diese Art des Proportionsmodells zugrundeliegt.

3. Phantasia und Proportionen

Wenn wir uns an ein früheres Ereignis erinnern, sind wir oft in der Lage, zumindest ungefähr zu beurteilen, wann es stattgefunden hat. Aristoteles erläutert das, indem er auf unsere allgemeine Fähigkeit verweist, Größen zu beurteilen oder einzuschätzen:

Denn man denkt die Dinge, die groß und weit entfernt sind, nicht, indem man das Denken dorthin ausdehnt, wie es nach Ansicht mancher das Sehen tut – denn man wird in ähnlicher Weise denken, auch wenn sie nicht existieren –, sondern eher durch eine proportionale Veränderung. Denn darin liegen ähnliche äußere Umrisse und Veränderungen vor. Wie wird es, wenn jemand etwas Großes denkt, sich davon unterscheiden, wenn er etwas Kleines denkt? Denn alles, was innen ist, ist kleiner, und was außen ist, ist gleichermaßen proportional. Vielleicht gibt es, so wie es etwas anderes in ihm gibt, das den Formen proportional ist, auch [etwas, das] den Entfernungen [proportional ist]. (*De mem.* 2, 452b9–17)

Aristoteles meint, dass wir, da wir über Dinge unabhängig davon, ob sie existieren oder nicht, nachdenken können, dies mit Hilfe von etwas Bestimmtem in jedem von uns (ἄλλο ἐν αὑτῷ, 452b16) bewerkstelligen. In der Tat bewerkstelligen wir es mit Hilfe einer proportionalen Veränderung (τῇ ἀνάλογον κινήσει, b11 f.), welche die komplexen Beziehungen zwischen Gegenständen über die Zeit *modelliert*: und zwar ihre äußeren Umrisse (σχήματα, b12), Formen (εἴδεσιν, b15), Entfernungen (ἀποστήμασιν , b16) und Veränderungen (κινήσεις, b13). Genau wie diese unterschiedlichen Größen in vielfältigen Beziehungen zueinander stehen, so verhalten sich auch die vielfältigen Züge der Veränderung in uns zueinander. Wir können sogar erkennen, dass eine gegebene Gruppe von Gegenständen *absolut* größer ist, wenn die Repräsentation einen Teil enthält, der proportional zu unserer Entfernung von den Gegenständen ist (b13–16). Die »proportionale Veränderung«, zu der diese Größen gehören, ist vermutlich eine wahrnehmungsartige Repräsentation (φάντασμα), da derartige Repräsentationen in Aristoteles' Theorie immer den Gedanken zugrundeliegen, insbesondere den Gedanken, die von Kontinuität, Zeit und Größe handeln.[26]

Hier werden unmittelbar zwei springende Punkte erkennbar. Erstens: Legt man die Maße von großen, weit entfernten Gegenständen zugrunde, dann können keine *exakten Nachbildungen* ins Spiel kommen. Sie würden dieselbe Absurdität mit sich bringen, die Aristoteles Empedokles zur Last legt (*De an.* I 4, 410a8–13;

---

der Ausdehnung‹ ist (*De an.* III 7, 431b18 f.). Es ist offensichtlich möglich, einen komplexen Begriff über Gegenstände, die getrennt von der Ausdehnung existieren, zu bilden (wie ich es gerade getan habe, als ich diesen Satz formulierte). Aber es könnte unmöglich sein, sie auf die *grundlegendste* Art zu denken, wenn alle grundlegenden und primären Begriffe direkt aus Wahrnehmungen und wahrnehmungsartigen Repräsentationen gezogen werden, die ihrerseits immer Ausdehnung erfordern.

26 *De mem.* 1, 449b30–450a14; *De an.* III 7, 431a14–17, 431b2; III 8, 432a4–10. Für eine Diskussion der Textfragen, die sich im Zusammenhang mit der Passage ergeben, s. Sisko 1997.

III 8, 431b28–432a1). Daher der Verweis auf Proportionen. Zweitens: Aristoteles muss noch nicht einmal auf *maßstäbliche Modelle* verpflichtet werden, bei denen die Proportionen des Modells sich in denselben *Dimensionen* bewegen wie die repräsentierten Proportionen – Länge für Länge, Höhe für Höhe, Zeitdauer für Zeitdauer – und sich nur in ihrem absoluten Wert unterscheiden. Jede Veränderung, die innerhalb des Menschen stattfindet, wird zwangsläufig kleiner sein als Gegenstände, die »groß und weit entfernt« sind. Aber dieselben Proportionen können auch durch Größen bewahrt werden, die in anderen Dimensionen vorliegen. Eine Grammophonplatte, um Wittgensteins Beispiel aufzunehmen (*Tractatus logico-philosophicus* 4.014; vgl. 4.01), bewahrt in der Schallplattenrille die Proportionen der hörbaren und zeitlichen Größen der Musik in Form *räumlicher* Größen. Wesentlich für Aristoteles ist einfach folgendes: Die Größen eines Gegenstandes werden durch die Größen der Repräsentation repräsentiert, das heißt: durch die Größen eines internen körperlichen Zustandes, wobei die *Proportionen* zwischen ihren jeweiligen Größen alles sind, was die beiden gemeinsam haben müssen.

Repräsentationen werden daher in sehr genau bestimmten Hinsichten ›wie‹ ihre Gegenstände. Die resultierende Ähnlichkeit ist ziemlich abstrakt. Eine Repräsentation wird dieselbe *Struktur von Verhältnissen* aufweisen wie der repräsentierte Gegenstand, einschließlich der Verhältnisse zwischen seinen Größen – sie ist, wenn man so will, ein *Homomorphismus* des repräsentierten Gegenstandes. Wenn *keine* maßstäblichen Modelle benötigt werden, ist es möglich, dass die Modelle nicht einmal eine oberflächliche Ähnlichkeit zu den Gegenständen aufweisen, da sehr unterschiedliche Dinge dieselbe Gruppe von Proportionen exemplifizieren können. Das ist wichtig, weil die fraglichen Repräsentationen nicht winzige Gegenstände, sondern Veränderungen sind, die sich im Blutkreislauf voranbewegen und in der Herzgegend gelagert werden können.[27] Die Tatsache, dass solche Veränderungen diese Proportionen verkörpern, befähigt uns, wie Aristoteles glaubt, die entsprechenden Gedanken über große und weit entfernte Gegenstände zu haben.

Aristoteles muss nicht beabsichtigen, damit eine vollständige Erklärung des Gehalts solcher Repräsentationen zu geben. Wenn es nur Proportionen gäbe, wäre der Gehalt stark unterbestimmt, weil auch viele Gegenstände dieselben Proportionen haben. Aber Aristoteles sagt offenbar etwas darüber, wie Proportionen – zumindest bei Menschen – *realisiert* werden, und über den *Mechanismus*, der uns in die Lage versetzt, derartige Gedanken zu fassen.[28] Und mehr

27 *De mem.* 1, 450a27–b11 (vgl. a10–12); 2, 451b16–452a10 (vgl. 452a12–b7), 453a4–26; *De insomn.* 3, 461b11–24; vgl. 2, 459a23–b7; 3, 460b28–461b1.
28 Die materielle Realisierung ist gleichwohl sehr wichtig, da eine bestimmte Realisierung kausale Kräfte besitzt, die im relevanten Kontext dazu beitragen, den spezifischen Gehalt zu erklären. Wiederum ist das Beispiel der Grammophonplatte erhellend: Die Proportionen der Rille sind nicht an oder durch sich selbst hinreichend, um den musikalischen Gehalt der Platte herauszuziehen – es gibt vermutlich neben musikalischen Aufführungen viele andere Dinge, die dieselben Proportionen besitzen. Aber im Kontext des Abspielsystems (Plattenteller, Nadel und Lautsprecher) besitzen sie eine sehr direkte Beziehung zur Musik, die sie reproduzieren können.

brauchen wir für die gegenwärtigen Zwecke nicht, da wir hier keine vollständige Erklärung des Gehalts von Wahrnehmungen (oder Repräsentationen) geben wollen, sondern nur bestimmen wollen, von welcher Art die zugrundeliegende materielle Veränderung ist. Diese Passage begründet, dass sie eine Gruppe von gemeinsamen Proportionen teilen.[29]

4. Wahrnehmbare Qualitäten und Proportionen

Eine Repräsentation wird, wie wir gesehen haben, nicht nur aus der Wahrnehmung erzeugt, sondern ist auch eine ähnliche Art der Veränderung und hat daher einen ähnlichen Gehalt. Folglich ist es vernünftig, auch in der Wahrnehmung nach Proportionen zu suchen. Dagegen mag eingewandt werden, dass die Analogie an dieser Stelle in die Irre führe. Es gibt einen eindeutigen Sinn, in dem proportionale Modelle für die gemeinsamen Wahrnehmungsgegenstände (κοινὰ αἰσθητά), wie Ausdehnung, Zeit, Veränderung und alles, was einen quantitativen Aspekt hat, verwendet werden können. Eigentümliche Wahrnehmungsgegenstände (ἴδια αἰσθητά) sind im Unterschied zu den gemeinsamen für Aristoteles wesentlich qualitative Eigenschaften, und er würde jeden Versuch zurückweisen, Qualitäten auf Quantitäten zu reduzieren. Wie, fragt er an einer Stelle rhetorisch, können Zustände wie weiß, süß oder warm zu sein, *Zahlen* sein (*Metaph.* XIV 5, 1092b15 f.)? So etwas können nur Akademiker oder Atomisten denken, nicht aber feinsinnige Aristoteliker. Und Aristoteles weist den Versuch Demokrits zurück, die eigentümlichen Wahrnehmungsgegenstände auf gemeinsame zu reduzieren, etwa auf äußere Umrisse (*De sens.* 4, 442b10–14).

Qualitäten können nicht auf Quantitäten reduziert werden, so viel ist klar. Aber Aristoteles glaubt, dass manche Qualitäten einen quantitativen Aspekt haben, insofern sie durch eine Proportion von konstitutiven Qualitäten definiert werden, die im gleichen Bereich liegen.[30] Dies ist dort besonders offensichtlich, wo es graduelle Unterschiede gibt (μᾶλλον καὶ ἧττον). Aristoteles versteht mittlere *Temperaturen* als Exemplifikationen der Proportionen zwischen zwei Extremen.[31] Vermutlich verhält es sich mit anderen haptischen Eigenschaften, zumindest mit feucht und trocken, nicht anders. *Töne* können, wie Aristoteles weiß und anerkennt, ebenfalls erfolgreich in dieser Weise behandelt werden.[32] Tonhöhe wird relativ definiert und zwar durch Intervalle, die ihrerseits als ganzzahliges Verhältnis dargestellt werden können. Ursprünglich wurde ein Intervall als Verhältnis zwischen den Längen der beiden Abschnitte einer Saite aufgefasst, von denen jeder Abschnitt eine der Tonhöhen ergab, oder von Eigenschaften anderer Mittel der Tonerzeugung.[33] Aber es wurden schon früh, von Archytas (DK 47

---

29 Für eine ausführlichere Analyse dieser Passage s. Caston 1998, 260–263.
30 Für eine hervorragende Diskussion von Aristoteles' Gebrauch der Mathematik in der Theorie der Wahrnehmung s. Sorabji 1972.
31 *De gen. et corr.* II 7, 334b8–16, bes. b14–16.
32 S. *An. post.* II 2, 90a18–23; *De an.* III 2, 426b3–7; *De gen. an.* V 7, 786b25–787b20; *Metaph.* I 2, 997b21; I 5, 985b32; X 1, 1053a15–17.
33 Für eine klare und gut zugängliche Einführung in die Verwendung von ganzzahligen Verhältnissen in der griechischen Harmonielehre s. Barker 1989, bes. 5–8. Der Mono-

B 1) und Platon (*Tim.* 67a–c, 79e–80b), Versuche unternommen, dies als eine Funktion einer physikalischen Quantität zu sehen, die zu dem übermittelten Ton selbst gehört, etwa der Geschwindigkeit.[34] Tatsächlich scheint Aristoteles, weil dieser Ansatz bei der Musik so erfolgreich ist, glücklich zu sein, Proportionen auf die viel verblüffenderen Fälle der Farben und der Geschmacksqualitäten anzuwenden.[35] Und obwohl er es nicht ausdrücklich so sagt, dürfte er doch keine Abneigung dagegen empfunden haben, Gerüche ebenfalls auf diese Weise zu behandeln, wie seine Ansicht zeigt, dass die Unterschiede zwischen Gerüchen denen zwischen Geschmacksqualitäten eng verwandt sind und dass sie daher auf analoge Weise zwischen den konträren Gegensätzen angeordnet sind.[36]

Nun könnte sich herausstellen, dass Qualitäten in verschiedenen Modalitäten – karmesinrot und würzig zum Beispiel – das gleiche Zahlenverhältnis teilen. Aristoteles glaubt, dass es, wie in der Musik, nur eine begrenzte Zahl von ganzzahligen Verhältnissen bei den Farben und den Geschmacksqualitäten gibt.[37] Er erkennt darüber hinaus an, dass Qualitäten in unterschiedlichen Modalitäten einander »der Analogie nach« ähneln (κατ' ἀναλογίαν, GC II 6, 333a28–30). Aber sie werden nicht dieselben *Qualitäten* sein, weil Proportionen immer Proportionen *von etwas* sind; die Zahlen, die zueinander in einer Proportion stehen, beziffern die Mengen der *Konstituenten* in der Mischung.[38] Wahrnehmbare Qualitäten sind daher definiert als Proportionen eines besonderen Paars von konträr entgegengesetzten Qualitäten innerhalb desselben Bereichs. Auch wenn Karmesinrot und Würzig dieselbe numerische Proportion teilen, so werden sie doch weiterhin Proportionen unterschiedlicher Gegensatzpaare sein: das eine ist eine Proportion von Weiß und Schwarz, das andere eine Proportion von Süß und Bitter.

Es gibt also zwei Weisen, auf die etwas die Proportionen einer bestimmten wahrnehmbaren Qualität, etwa von Karmesinrot, annehmen kann. Es kann sie (*i*) durch dieselben konträren Qualitäten exemplifizieren, wie sie in der wahrnehmbaren Qualität vorliegen – das heißt im Fall von Karmesinrot: durch bestimmte Mengen von Weiß und Schwarz. Oder es kann sie (*ii*) durch andere konträr ent-

chord, dessen beide Abschnitte verwendet wurden, um die Verhältnisse zu messen, scheint eine Erfindung eines Theoretikers aus dem 5. Jhdt. v. Chr. namens Simos zu sein (s. West 1992, 240 f.). Aber antike Zeugnisse verknüpfen die Entdeckung der ganzzahligen Verhältnisse mit anderen Verfahren der Tonerzeugung: der unterschiedlich gewichtete Hammer eines Schmieds, durch verschiedene Gewichte gespannte Saiten, Becken von unterschiedlicher Dicke und unterschiedlich mit Flüssigkeit befüllte Kessel. Für eine genaue und kritische Diskussion s. West 1992, 234.

34 Aristoteles weist zwar die besonders reduktivistische Analyse, die Archytas und Platon anbieten, zurück, nicht aber die physikalische Quantität und weit weniger noch das generelle Projekt: *De an.* II 8, 420a26–b4.

35 Farben: *De sens.* 3, 440b28–30; Geschmacksqualitäten: *De sens.* 4, 442a12–31; *Metaph.* X 2, 1053b28–1054a13.

36 *De sens.* 4, 440b28–30; 5, 443b3–20.

37 Farben: *De sens.* 3, 439b30–440a2; Geschmacksqualitäten: 4, 442a12–16.

38 S. bes. *Metaph.* X 2, 1053b28–1054a13, wo genau Proportionen von Farben und Tönen genannt werden. Dieselbe Annahme liegt Aristoteles' Kritik an der Pythagoreischen und Platonischen Auffassung, Zahlen bildeten das Sein der Dinge, zugrunde (*Metaph.* XIV 5, 1092b16–22; vgl. I 9, 991b13–20).

gegengesetzte Qualitäten exemplifizieren. Der erste Fall führt zu einem *Duplikat* der wahrnehmbaren Qualität, da *dieselben* Glieder des Gegensatzpaars zueinander in *derselben* Proportion stehen.[39] Aber im zweiten Fall verhält es sich nicht so. Zwar wird dieselbe Proportion aufgenommen, sie liegt aber in den Gliedern eines *anderen* Gegensatzpaars vor. Daher muss kein Duplikat der wahrnehmbaren Qualität erzeugt werden. Was dabei herauskommt, wird vielmehr von den spezifischen Gegensatzpaaren abhängen, durch welche die Proportion exemplifiziert wird. Dabei kann es sich (a) um eigentümliche Wahrnehmungsgegenstände in einer anderen Modalität handeln, etwa um Warm und Kalt, oder (b) um ein konträres Gegensatzpaar, das von einem eigentümlichen Wahrnehmungsgegenstand völlig verschieden ist, zum Beispiel Zäh- und Dünnflüssigkeit. In jedem der beiden Fälle, (a) oder (b), kann die Proportion der Qualität aufgenommen zu werden, ohne dass ein Duplikat erzeugt werden muss, und das heißt: ohne die Materie aufgenommen werden.

Wenn Wahrnehmung einschließt, dass die Proportionen der wahrnehmbaren Qualität auf die zweite Weise aufgenommen werden, (*ii*), dann gibt es einen klaren und präzisen Sinn, in dem das Organ der Gegenstand wird und seine Form in sich hat, ohne die Materie aufzunehmen, das heißt ohne ein Duplikat zu erzeugen. Er lässt sich aus Aristoteles' eigener Behandlung der Qualitäten und der Struktur ihrer jeweiligen Eigenschaftsräume ableiten. Das Organ nimmt das definierende Zahlenverhältnis der wahrnehmbaren Qualität an, ohne es durch Glieder desselben Gegensatzpaars zu exemplifizieren. Für jede Art von Sinnesorgan wird es eine spezifische Gruppe von Gegensätzen geben, die Proportionen in der relevanten Modalität exemplifizieren – dafür wird nicht jede Gruppe von Gegensätzen geeignet sein.[40] Es könnte sich so verhalten, dass zum Beispiel bei der optischen Wahrnehmung die Proportion von Weiß und Schwarz durch die Proportionen eigentümlicher Wahrnehmungsqualitäten wie Warm und Kalt verkörpert wird oder durch Qualitäten, die keine eigentümlichen Wahrnehmungsgegenstände sind, etwa Zäh- und Dünnflüssigkeit. Weder im einen noch im anderen Fall entsteht ein Duplikat des wahrgenommenen Gegenstands.[41] Welche Gegensatzpaare Aristoteles ausgewählt haben könnte, ist nicht entscheidend für die allgemeine Theorie, dass die Proportionen der

---

39 Darauf weist Bradshaw (1997, 156) zu Recht hin.

40 Es ist vergleichbar mit der Repräsentation *absoluter* Entfernungen in den proportionalen Modellen von ›großen und weit entfernten‹ Gegenständen (*De men.* 2, 452b13–16) oder von *absoluter* Laufzeit bei Ereignissen, die im Gedächtnis bewahrt werden. In jedem Fall besteht eine spezifische Korrelation zwischen den im Subjekt vorliegenden und den repräsentierten Größen, welche ihrerseits keine Funktion von Proportionen ist, sondern irgendeine grundlegende Eigenschaft dieses besonderen Mechanismus.

41 Auch wenn die Proportion durch eigentümliche Wahrnehmungsqualitäten verkörpert wird und damit im Prinzip selbst beobachtbar ist, wird sie noch immer nicht den einzelnen wahrgenommenen Gegenstand spiegeln oder nachbilden. Die Tatsache, dass es im Organ als Reaktion auf einen wahrgenommenen Gegenstand einige Veränderungen geben wird, die bestimmte Entsprechungen zu dessen wahrnehmbaren Eigenschaften aufweisen, ist nicht so abwegig wie die Annahme, der Gegenstand würde nachgebildet. Im Gegenteil: Weil Aristoteles sich der Annahme zugrundeliegender materieller Veränderungen und irgendeiner Art von Ähnlichkeit verpflichtet weiß, muss er etwas annehmen, das in diese Richtung geht.

wahrnehmbaren Gegensätze auf die spezifischen Proportionen der jeweiligen Sinnesorgane abgebildet werden, wodurch Informationsübertragung möglich wird. Die resultierenden Zustände des Organs sind daher *nicht* ›abstrakte Zahlenverhältnisse‹, wie man sie durch Zahlen oder Strichcodes repräsentieren könnte.[42] Sie *verkörpern auf konkrete Weise* die Proportionen der Qualitäten des Gegenstands durch ihre eigenen Gegensätze. Das ist für ihre Rolle als *zugrundeliegende* materielle Veränderungen wesentlich, wenn die wahrnehmbare Form ohne die Materie aufgenommen wird.[43]

Wenn sich in einem Raum Lavendel befindet, wird die Luft, wie meine Nase, von ihm genau insoweit affiziert, als er duftet. Sowohl die Luft als auch meine Nase nehmen dieselben Proportionen an, wie die, durch die der Duft definiert ist. »Was nun«, fragt Aristoteles, »ist das Riechen darüber hinaus, affiziert zu werden?« (*De an.* II 12, 424b16 f.). Im Unterschied zur Luft, die die Proportionen durch dieselben Gegensätze exemplifiziert, werden die Proportionen in meiner Nase durch irgendein anderes Gegensatzpaar exemplifiziert. Daher rieche ich den Lavendelduft, während die Luft den Duft selbst annimmt (b18). Indem mein funktionierendes Geruchsorgan die Proportionen auf ein anderes Gegensatzpaar überträgt, nehme ich den Duft des Lavendels ohne die Materie auf.

Übersetzung: Tim Wagner

Literatur

Barker, A. (Hrsg.) 1989: Greek Musical Writings. 2 Bde., Bd. I: Harmonic and Acoustic Theory, Cambridge.

Boardman, J. 1970: Greek Gems and Finger Rings: Early Bronze Age to Late Classical, London.

Bodnár, I. [im Erscheinen]: »Aristotle: Natural Philosophy«, in: The Stanford Encyclopedia of Philosophy, http://plato.stanford.edu/.

42 Wie etwa Silverman (1989, 279; vgl. 290 Anm. 4) behauptet; manche Bemerkungen von Price (1996, 295) gehen in eine ähnliche Richtung. Ward scheint dagegen zunächst die richtigen Unterscheidungen vorzunehmen (1988, 222), dann aber (277) in die falsche Richtung zu gehen, wenn sie behauptet, dass man genau genommen sagen müsste, nicht eine wahrnehmbare Qualität wie Farbe affiziere das Sinnesorgan, sondern ein Zahlenverhältnis, z.B. 3 : 2. Nach der von mir vertretenen Lesart wird das Organ statt dessen von einer *wahrnehmbaren Qualität* affiziert und nimmt *sie* auf; aber es tut dies, indem es dasselbe Zahlenverhältnis in einem Gegensatzpaar verkörpert, auch wenn dies nicht dieselben Gegensätze sind wie diejenigen, die im wahrnehmbaren Gegenstand vorliegen.

43 Wenn die Stelle in *De insomniis*, in der es um menstruierende Frauen geht, für die ein Spiegel rot gefärbt zu sein scheint (2, 459b23–460a26), echt ist – woran man mit guten Gründen zweifeln kann, da die Passage nicht nur schlecht in den Kontext eingebunden ist, sondern auch Behauptungen zu optischer Wahrnehmung und Menstruation aufstellt, die schwer mit den an anderen Stellen von Aristoteles vertretenen Ansichten verträglich sind (Dean-Jones 1994, 229 f.) – dann bestünde der dort behauptete Vorgang des Bewirkens, der sich reziprok zum sonst beschriebenen Erleiden verhält (ὥσπερ καὶ ἡ ὄψις πάσχει, οὕτω καὶ ποιεῖ τι, 459b27), in der Übermittlung dieses Zahlenverhältnisses.

Bradshaw, D. 1997: »Aristotle on Perception: The Dual-Logos Theory«, in: Apeiron 30, 143–161.

Brentano, F. von 1867: Die Psychologie des Aristoteles, insbesondere seine Lehre vom *nous poiêtikos*, Mainz.

Burnyeat, M. 2002: »De anima II 5«, in: Phronesis 47, 28–90.

Caston, V. 1998: »Aristotle and the Problem of Intentionality«, in: Philosophy and Phenomenological Research 58, 249–298.

Catan, J.R. (Hrsg.) 1981: Aristotle: The Collected Papers of Joseph Owens, Albany, N.Y.

Christodoulopoulou-Prouhake, A. 1977: »Πήλινο σφράγισμα δακτυλιολίθου ἀπὸ τὴν Ἀθήνα«, in: Archaiologikê Ephêmeris, 164–70.

Dean-Jones, L. 1994: Women's Bodies in Classical Greek Science, Oxford.

Everson, S. 1997: Aristotle on Perception, Oxford.

Hicks, R.D. 1907: Aristotle, De anima, Cambridge.

Irwin, T. 1988: Aristotle's First Principles, Oxford.

Lacroix, L. 1955/56: »Les ›blasons‹ des villes grecques«, in: Études d'archéologie classique 1, 91–115.

Owens, J. 1976: »Aristotle: Cognition as a Way of Being«, in: Canadian Journal of Philosophy 1976, 1–11; ND in: Catan 1981, 74–80.

Owens, J. 1981: »Aristotelian Soul as Cognitive of Sensibles, Intelligibles, and Self«, in: Catan 1981, 81–98.

Plantzos, D. 1999: Hellenistic Engraved Gems, Oxford.

Price, A.W. 1996: »Aristotelian Perceptions«, in: Proceedings of the Boston Area Colloquium in Ancient Philosophy 12, 285–309.

Pylyshyn, Z.W. 1984: Computation and Cognition: Toward a Foundation for Cognitive Science, Cambridge, Mass.

Richter, G.M.A. 1968: The Engraved Gems of the Greeks, Etruscans, and Romans. 2 Bde., Bd. I: Engraved Gems of the Greeks and the Etruscans: A History of Greek Art in Miniature, London.

Sansone, D. 1975: Aeschylean Metaphors for Intellectual Activity, Wiesbaden (Hermes Einzelschriften; 35).

Silverman, A. 1989: »Color and Color-Perception in Aristotle's De anima«, in: Ancient Philosophy 9, 271–292.

Sisko, J.E. 1997: »Space, Time, and Phantasms in Aristotle, De memoria 2, 452b7–25«, in: Classical Quarterly 47, 167–175.

Sisko, J.E. 1998: »Alteration and Quasi-Alteration: A Critical Notice of Stephen Everson, Aristotle on Perception«, in: Oxford Studies in Ancient Philosophy 16, 331–352.

Sorabji, R. 1972: »Aristotle, Mathematics, and Colour«, in: Classical Quarterly, NS, 22, 293–308.

Sorabji, R. 1992: »Intentionality and Physiological Process: Aristotle's Theory of Sense-Perception«, in: Nussbaum, M.C./Rorty, A.O. (Hrsg.), Essays on Aristotle's De anima, Oxford (²1995), 195–225.

Spier, J. 1990: »Emblems in Archaic Greece«, in: Bulletin of the Institute of Classical Studies 37, 107–129.

Ward, J.K. 1988: »Perception and *logos* in De anima ii 12«, in: Ancient Philosophy 8, 217–233.

West, M. L. 1992: Ancient Greek Music, Oxford.

Zur Teleologie der aristotelischen Phronêsis

Anselm Winfried Müller, Trier

Der aristotelische Begriff der Klugheit, griechisch: *phronêsis* (φρόνησις), wirft eine Reihe von Problemen auf. Sie betreffen zum einen jenen Zweck (τέλος), der den inhaltlichen Ausgangspunkt des »praktischen Syllogismus« bildet, und zum anderen dessen Konklusion – seinen eigenen Zweck. Ich versuche, die Probleme zu artikulieren, indem ich zunächst die teleologischen Bezüge praktischen Folgerns identifiziere (Teil 1) und deren problematische Implikationen darstelle (2). Auf der Basis relevanter Texte und begrifflicher Gesichtspunkte schlage ich sodann eine, wie ich glaube, plausible Modifizierung der von Aristoteles vertretenen Sicht vor (3). Abschließend (4) zeige ich, inwiefern der Vorschlag die zuvor beklagten Probleme löst.

Die Untersuchung orientiert sich vorwiegend am Text der *Nikomachischen Ethik*, zitiert nach der deutschen Ausgabe von G. Bien (1972), zieht aber auch andere Schriften des Aristoteles heran.

1. Teleologische Bezüge praktischen Folgerns

Zwecke (τέλη) spielen im Vollzug der *phronêsis* eine Reihe von Rollen. Sie prägen Inhalt und Zielsetzung praktischen Denkens.

1.1 Klugheit und menschliche Vollkommenheit

Wie jeder Teil eines Lebewesens um des Ganzen willen da ist, so auch die Fähigkeit, praktisch zu denken, um der menschlichen Seele und des menschlichen Lebens willen. Dementsprechend ist die Vervollkommnung dieser Fähigkeit im Habitus der Klugheit ein Erfordernis der Vollkommenheit der Seele. Schon deshalb brauchen Individuum und Gesellschaft diese Tugend des Denkens.[1] Zweck der Klugheit ist insofern jene Vollkommenheit.

1.2 Habitus und Betätigung

Eine weitere gewissermaßen triviale Finalität der *phronêsis* gründet darin, dass jeder Habitus (ἕξις) auf seine eigentümliche Betätigung (ἐνέργεια) ausgerichtet

1 *EN* VI 12, 1144a1–3; 13, 1145a1–6; vgl. 5, 1140b25–28 und 12, 1143b14–17 sowie I 2, 1194a27–b11.

ist.[2] Die Klugheit steht im Dienst der klugen Folgerung – der richtigen Überlegung (βούλευσις; VI 5, 1140a25–28).

Folglich kommen der *phronêsis* alle ihre übrigen Finalitäten indirekt, nämlich deshalb zu, weil sie ihrer Betätigung zukommen.

1.3 Folgerung und Konklusion

Der nächste teleologische Bezug der *phronêsis* ergibt sich daraus, dass alles Folgern – sei es theoretisch, technisch oder praktisch orientiert – um der Konklusion willen stattfindet, in der es mündet.

Dementsprechend sagt *EN* VI 11, 1143a8f von der Klugheit, dass »es ihr Ziel ist zu bestimmen, was man tun oder nicht tun soll«. Da aber die Konklusion einer praktischen Überlegung nach Aristoteles eine Handlung (πρᾶξις) ist (*De motu* 7, 701a20–25), könnte man jene Stelle auch so übersetzen: Zweck (τέλος) der *phronêsis* ist das Tun dessen, was man tun soll, und das Nicht-Tun dessen, was man nicht tun soll.

1.4 Handeln und gutes Handeln

Die Handlung (πρᾶξις), die kluges Überlegen finalisiert, hat ihrerseits wiederum einen Zweck. Das ist das als ›*eupraxia*‹ (εὐπραξία) bezeichnete gute Handeln.[3] Das gute Handeln ist konstitutiv für den endgültigen Zweck alles Handelns, den Aristoteles Glückseligkeit (εὐδαιμονία) nennt.[4]

Das Glück kann freilich auch in Theorie bestehen. Und es erfordert äußere Güter. Daher muss man wohl unter ›gutem Handeln‹ jene Komponente der Glückseligkeit verstehen, die durch Handeln erreicht wird.

EN VI 5, 1140b6 f. macht klar, dass *eupraxia* selbst als Handeln zu gelten hat. Zweck einer durch Überlegung gefolgerten Handlung ist sie also in einem ähnlichen Sinn, wie, sagen wir, Entspannung Zweck des Sitzens oder des Liegens ist: Eine und dieselbe Sache lässt sich in einer Hinsicht als Zweck auffassen und in einer anderen als dessen Implementierung – als »Mittel«, durch das er erreicht wird.

1.5 Überlegung und Glückseligkeit

Aufgrund der Transitivität der Finalität lässt sich folgern: Wenn Überlegung auf das Handeln und dieses auf das gute Handeln ausgerichtet ist, dann finden auch Überlegung, zumindest richtige Überlegung, und somit schließlich auch *phronêsis* ihren endgültigen Zweck in *eupraxia* beziehungsweise Glückseligkeit.

Dies bestätigt *EN* VI 4, 1140a24–28 mit der Feststellung, der Klugheit gehe es um »das gute Leben im Ganzen (εὖ ζῆν ὅλως)«.[5]

Wie aber ist kluge Überlegung unter dieser Perspektive auf gutes Handeln ausgerichtet? *Nicht*, so scheint es, nach dem soeben in 1.4 verdeutlichten teleologi-

---

2   *EE* II 1, 1219a8–12; vgl. *EN* I 8, 1198b33–1199a3.
3   Vgl. *EN* VI 2, 1139b1–4; 5, 1140b6 f.
4   Vgl. *EN* I 1, 1094a18–19: »die Dinge, die wir tun, haben einen Zweck, den wir aufgrund seiner selbst anstreben« (τέλος ἐστὶ τῶν πρακτῶν ὃ δι' αὑτὸ βουλόμεθα); 4, 1095a14–20.
5   Vgl. auch X 6, 1176a30.

schen Muster. VI 4, 1140a24–28 stellt das Überlegen selber nicht als Handlung dar, die in einer Hinsicht der *eupraxia* dient, die sie in einer anderen Hinsicht zugleich selbst ist. Eher ist hier ein teleologisches Muster am Werk, das aus dem Bereich des Herstellens (ποίησις) vertraut ist: Wie die Betätigung einer Kunst (τέχνη) das für sie charakteristische Produkt *herbeiführt*, so führt die Betätigung der *phronêsis*, also kluges Folgern, gutes Handeln als eine Art Produkt herbei.

1.6 Überlegung und Wahrheit

Indessen kann man die Überlegung auch nach dem Muster einer Handlung auffassen. Unter dieser Perspektive erreicht sie ihren Zweck nicht in einem über sie hinausgehenden Produkt, sondern in der Vollkommenheit des eigenen Vollzuges.

Auch für diese Sicht ihrer Finalität gibt es Belege in den Texten. Das Denken ist nicht Herstellung, sondern Betätigung (ἐνέργεια; *Met.* IX 9, 1051a30f). Sein *Werk*, seine *Leistung* (ἔργον) ist Wahrheit, und das Werk speziell des praktischen Denkens praktische Wahrheit (*EN* VI 2, 1139a22–31; b12).

2. Ambivalenzen der Finalität

Die soeben skizzierten Finalitätsstrukturen sind zwar vielleicht komplexer, als man auf den ersten Blick erwartet; doch scheint die resultierende Teleologie der *phronêsis* die Zusammenhänge hilfreich zu ordnen. Bei näherem Hinsehen zeigen sich allerdings Probleme, die nicht lediglich exegetischer, sondern eher begriffsanalytischer Natur sind. Sie betreffen insbesondere die Finalität des Überlegens. Manche von ihnen werde ich hier nicht näher behandeln. Ihnen widme ich daher die folgenden Vorbemerkungen.

Betrachtet man die Überlegung selbst in Analogie zur Handlung (vgl. 1.6), so liegt ihr Zweck (τέλος) nicht in einem Resultat (in ihrer Konklusion, einer Handlung), sondern in ihrer eigenen »Wahrheit«. Gehört dazu die Wahrheit der Prämissen, die Folgerichtigkeit des Folgerungsmusters, die Richtigkeit der Konklusion? Und wie verhält sich diese teleologische Betrachtung der Überlegung zu jener von Abschnitt 1.5? – Diese Fragen müssen hier offen bleiben.

Betrachtet man nun die Überlegung in Analogie zu einer Herstellung (ποίησις), ergeben sich nochmals zwei Möglichkeiten: Als ihr Zweck könnte die Konklusion gelten, die den Prämissen *des Folgernden* entspricht; oder andererseits die Konklusion, zu der dieser, unter Einsatz *richtiger* Prämissen *richtig* folgernd, in der Situation gelangen *sollte*. – Der resultierenden Spannung zwischen subjektivem und objektivem Zweck-Verständnis werde ich nicht nachgehen können (vgl. allerdings 4.2 (c), letzter Absatz).

Viele Philosophen nehmen Anstoß an der aristotelischen Vorstellung, aus praktischen Prämissen könne *eine Handlung folgen* wie aus theoretischen Prämissen eine Überzeugung.[6] Dieses Thema werde ich hier nicht diskutieren. Ich bemerke nur, dass sich die Vorstellung einer praktischen Konklusion als weniger spektakulär und als weniger bedenklich darstellt, sobald man sich die Ähnlichkeit der

---

6   Vgl. *EN* VII 3, 1147a25–28; *De motu* 7, 701a20–25.

Folgerungsstrukturen klarmacht, auf deren Basis Aussagesätze einerseits für Überzeugungen und andererseits für Handlungen *Gründe* angeben.[7]

Schließlich darf man bezweifeln, dass sich begründende (und insofern folgernde) praktische Vernunft ausschließlich in zeitlich erstreckten Denk-Abläufen manifestiert – was Aristoteles anzunehmen scheint.[8] Auch diesen Zweifel lasse ich hier auf sich beruhen.

2.1 Intendierter oder sinngebender Zweck?

Die erste Schwierigkeit, die ich näher beleuchten will, liegt im aristotelischen Gebrauch des Ausdrucks ›Zweck‹ ($\tau\acute{\epsilon}\lambda o\varsigma$).

Einerseits verweist er im Kontext der praktischen Philosophie natürlicherweise auf eine Absicht des handelnden Subjekts, auf ein Ziel ($\sigma\kappa o\pi\acute{o}\varsigma$), eine intendierte Handlungsweise ($\pi\rho\alpha\kappa\tau\acute{o}\nu$). Sonst könnte es nicht in *EN* III 3, 1112b15 f. vom Zweck ($\tau\acute{\epsilon}\lambda o\varsigma$) heißen: »nachdem man sich ein Ziel gestellt hat, sieht man sich um, wie und durch welche Mittel es zu erreichen ist«.

Andererseits jedoch sind die Zwecke, die Aristoteles ausdrücklich identifiziert, durchaus nicht immer solche, die das Subjekt auch intendiert. Und wo sie es sind, da sind es doch nicht immer Zwecke, die man als Prinzipien oder Ausgangspunkte ($\dot{\alpha}\rho\chi\alpha\acute{\iota}$) praktischen Folgerns in den Blick nimmt und dann im Handeln als intendierte Zwecke dieses Handelns verfolgt.

Das gilt insbesondere von jenem Zweck allen Handelns, den man ›Tugendleben‹ nennen könnte ($\kappa\alpha\tau\grave{\alpha} \ \tau\grave{\eta}\nu \ \dot{\alpha}\rho\epsilon\tau\grave{\eta}\nu \ \tau\acute{\epsilon}\lambda o\varsigma$, III 7, 1115b20–23; vgl. 9, 1117a35f); und somit vom guten Handeln und auch von der Glückseligkeit. Es ist zwar richtig, dass wir glücklich zu leben wünschen und dass wir das Glück nicht um anderer Güter willen begehren (I 4, 1095a14–20; vgl. 1, 1094a18–20). Aber der Inhalt dieses Wunsches liefert uns im allgemeinen *nicht* den unmittelbaren oder auch nur mittelbaren *Grund*, uns so oder so zu verhalten.

Wir gehen ins Kino, um uns unterhalten zu lassen oder um unseren Horizont zu erweitern. Diese und andere, ebenso begrenzte Zwecksetzungen liefern vollständige vernünftige Begründungen für mehr oder weniger alles, was wir tun. Die Rationalität solcher Zwecke ist nicht darauf angewiesen, dass wir sie verfolgen, *um richtig zu leben* oder *um glücklich zu sein*. (Wie Nietzsche in der Götzendämmerung sagt: »Der Mensch strebt nicht nach Glück, nur der Engländer tut das«. Aber nicht nur der utilitaristische, darf man hinzufügen, sondern auch der aristotelische Engländer.)

Muss also *telos*, auf menschliches Handeln bezogen, nicht eher als *Sinn* oder ähnlich verstanden werden – als etwas, das dieses Handeln zwar irgendwie finalisiert, das aber nicht seinen intendierten Zweck ausmachen muss? – Indessen würde ein *telos* in diesem Sinne nicht zur Struktur von Überlegung und *phronêsis* gehören, wo doch der von Aristoteles gemeinte praktische Zweck seinen festen Platz hat.

---

7 Vgl. Müller 2003; 2005.
8 Vgl. *EN* III 2, 1112a15; 3 1112b5–8; 15–20; 1113a2–7; V 8, 1135b8–11; *De an.* III 11, 434b15–21.

Das Problem lässt sich so formulieren: Auf der einen Seite gehört der Zweck des Handelns in den »praktischen Syllogismus«. Und hier spielt er offenkundig die Rolle einer Absicht, die der Folgernde durch die zu folgernde Handlung zu realisieren gedenkt. Auf der anderen Seite nennt Aristoteles als letzten Zweck (τέλος) ausdrücklich die Glückseligkeit (εὐδαιμονία). Dieser Zweck aber wie auch das Leben der Tugend mögen zwar finalisierende Sinn-Horizonte darstellen, unter denen das Handeln sich vollzieht; sie mögen sogar vom Handelnden erstrebt sein. Doch scheinen derartige Zwecke in unser Denken und Handeln normalerweise *nicht in der Weise* einzugehen, wie das aristotelische Modell einer praktischen Folgerung dies vorsieht.

2.2 Praktische oder poietische Konklusion?

Der nächste Problembereich betrifft den Inhalt der Konklusion (συμπέρασμα) einer praktischen Folgerung: Mündet der praktische Syllogismus wirklich immer in eine Handlung (πρᾶξις) und nicht vielmehr häufig in ein Herstellen (ποίησις)?

a) Betrachten wir zunächst die rudimentären Skizzen von Beispielen solchen Folgerns. In vielen Fällen enden sie eindeutig damit, dass das Subjekt etwas herstellen soll beziehungsweise herstellt; mit einer *poiêsis* also, nicht mit einer *praxis*.

Wüsste einer, »dass leichtes Fleisch gut verdaulich und gesund ist, ohne aber zu wissen, welches Fleisch leicht ist, so würde er damit keinen gesund machen (οὐ ποιήσει ὑγίειαιν), wohl aber wird es derjenige vermögen, der weiß, dass Geflügelfleisch leicht und gesund ist«.[9] Aristoteles sagt hier ausdrücklich von der *Klugheit*, die ja als solche für die Qualität des Handelns (πρᾶξις), nicht des Herstellens (ποίησις), sorgt, sie arbeite mit allgemeinen und besonderen Prämissen. Gleichwohl wird hier aus diesen Prämissen offenbar ein Schluss gezogen, der eher nach Herstellen als nach Handeln aussieht: der Folgernde verabreicht einem Patienten, vielleicht sich selbst, Geflügel in der Absicht, ihn dadurch *gesund zu machen*.

Man beachte, dass der Ausdruck ›Herstellung‹ (ποίησις) hier und an vielen anderen Stellen in einem weiten Sinn verstanden wird. Er bezeichnet nicht nur »substantielles« Produzieren, sondern ebenso das Modifizieren einer Sache. *Gesundheit machen* (VI 8, 1141b19 f.) ist natürlich nichts anderes als: *jemand oder etwas gesund machen*.

Von substantiellem Produzieren handeln zwei andere Beispiele. Das eine (*De motu animalium* 7, 701a16 f.) liefert ein unternehmungsfreudiger Mensch, der meint, »etwas Gutes machen« zu sollen. Es fällt ihm ein, dass ein Haus etwas Gutes ist. Und – die Konklusion – »sogleich macht er ein Haus«. Ein anderer hat das bescheidenere Ziel, sich mit Kleidung zu versorgen. Seine Überlegung führt zu dem Ergebnis, dass er sich einen Mantel macht. Diese Konklusion, erklärt Aristoteles, sei eine Handlung (πρᾶξις, 17–25). In beiden Fällen aber wird offensichtlich etwas hergestellt!

---

9   Vgl. *EN* VI 8, 1141b18–21; vgl. 9, 1142a22f; VII 3, 1147a5–7; *EE* II 11, 1227b22–32; *Metaph.* VII 7, 1032b6–9; *An. post.* II 11, 94b8–26.

b) Die herangezogenen Texte suggerieren, dass richtiges praktisches Folgern – die Leistung der Klugheit – wenigstens in manchen Fällen zu einer Konklusion führt, die in einem Herstellen (ποίησις) besteht.

Dieser Befund ist insofern merkwürdig, als ein Herstellen im Unterschied zur Handlung (πρᾶξις) nicht auf Willenswahl (προαίρεσις) beruht und daher auch nicht den Charakter des Folgernden manifestiert (*EN* II 4, 1105a26–33). Von kluger Überlegung sollte man erwarten, dass sie in gutem Handeln (πρᾶξις) mündet.

c) Unter den aristotelischen Beispielen praktischen Überlegens gibt es freilich auch Folgerungen, die anscheinend auf eine Handlung (πρᾶξις) als Konklusion hinauslaufen. So jedenfalls mag es aussehen, wenn der Folgernde zum Ergebnis kommt, er solle von etwas kosten (VII 5, 1147a29–b3), zürnen (7, 1149a32–34), gehen (*De motu* 7, 701a12–33) oder kommen (*An. post.* I 24, 85b30–32). Aber auch in diesen Fällen – das ist für meine späteren Überlegungen (2.3 und 4.2 (b)) wichtig – das, was um des angenommenen Zweckes willen *hier und jetzt im einzelnen zu tun* ist (πρακτόν), seiner Natur nach keine ethische Qualität. Auch in diesen Fällen ist die praktische Konklusion ethisch neutral; über den Charakter des Folgernden gibt sie keinen Aufschluss.

Gibt es aber nicht – vielleicht sogar immer – *Umstände*, unter denen und durch die das Gefolgerte eine ethische Qualität gewinnt? – Das mag sein – obwohl auch Umstände ihre ethische Bedeutung nicht unabhängig davon erhalten, dass die Motivation des Handelnden ihnen *Rechnung trägt* oder sie *ignoriert*. Entscheidend aber ist für die Frage, die mich hier beschäftigt, dies: Insoweit eine praktische Konklusion durch Umstände ethisch qualifiziert wird, gilt dies unabhängig davon, ob wir diese Konklusion als Handeln (πρᾶξις) oder als Herstellen (ποίησις) klassifizieren.

Auf jeden Fall also ergibt sich ein Problem: Auf der einen Seite soll kluge Überlegung in einer Willenswahl (προαίρεσις) münden[10], die sich, wenn alles gut geht, als gutes Handeln (πρᾶξις) verwirklicht. Auf der anderen Seite scheint die Konklusion einer praktischen Folgerung häufig in einem Herstellen zu bestehen oder jedenfalls in einem Tun, das von sich aus ethisch neutral ist.

d) Die bisherigen Überlegungen dieses Abschnitts führen zurück auf die Frage, wie wir eigentlich zwischen Handeln und Herstellen unterscheiden sollen. Aristoteles hält diese Unterscheidung offenbar für grundlegend (*EN* VI 4, 1140a1–6; b3 f.). Auch gibt er eine allgemeine Erklärung des Unterschieds:

Das Hervorbringen hat nämlich einen anderen Zweck als die Tätigkeit selbst, das Handeln dagegen nicht, da hier das gute Handeln selbst [...] den Zweck ausmacht. (τῆς μὲν γὰρ ποιήσεως ἕτερον τὸ τέλος, τῆς δὲ πράξεως οὐκ ἂν εἴη· ἔστι γὰρ αὐτὴ ἡ εὐπραξία τέλος. 1140b6f; vgl. I 1, 1094a3–5; VI 2, 1139a35–b4).

Indessen scheint diese Erklärung uns nicht ohne weiteres in die Lage zu versetzen, von konkretem Tun und Lassen zu sagen, ob es als Herstellen oder als Handeln zu klassifizieren sei.

Einerseits: Die Herstellung eines Hauses, eines Mantels oder auch von Gesundheit hat offenbar, isoliert betrachtet, »einen anderen Zweck als die Tätigkeit

---

10 Vgl. *EN* III 2, 1111b25–28; 1112a14–17; 3, 1113a2 f.; *Metaph.* VI 1, 1025b24.

selbst« – nämlich: das Dasein des Hauses oder des Mantels, die Gesundheit des Organismus. Doch kann die Tätigkeit, die wir dementsprechend als Herstellen (ποίησις) einordnen, in einem Kontext stehen, der sie zu tugend- oder lasterhaftem Handeln macht.

Andererseits: Zweifellos kann man vom tugendhaften Handeln – und vielleicht vom Handeln überhaupt[11] – behaupten, es habe keinen »anderen Zweck als die Tätigkeit selbst«, denn das gute Handeln mache seinen Zweck aus. Indessen stehen Ausdrücke wie *tugendhaft handeln* oder auch *tapfer, maßvoll, rücksichtsvoll, gerecht* usw. *handeln* nicht für *Konklusionen* praktischen Folgerns. Von diesen aber, das heißt: von den Konkretionen guten oder auch schlechten Handelns, wollen wir wissen, ob sie nicht vielleicht – zumindest in manchen Fällen – in Herstellung (ποίησις) bestehen.

Bezeichnen Verben wie *kosten, gehen* und *kommen* tatsächlich ein Handeln (πρᾶξις)? Daran kann man zweifeln. Denn die bezeichneten Tätigkeiten tragen ihren Zweck im allgemeinen ebenso wenig in sich selbst wie Tätigkeiten, die ihrer Natur nach auf Produkte ausgerichtet sind.

Man könnte nun sagen: Den *letzten* Zweck des Kostens, des Gehens und des Kommens macht eben das *gute Handeln* aus. – Das mag sein. Aber wenn es hier zutrifft, dann trifft es ebenso auf produktive Tätigkeiten wie Hausbau, Mantelfertigung und Gesundheitspflege zu.

Das von Aristoteles angegebene Kriterium erlaubt uns also anscheinend nicht, *im Bereich der Konklusionen* einer Überlegung zwischen Herstellen (ποίησις) und Handlung (πρᾶξις) zu unterscheiden. Das ist kein Problem der Mehrdeutigkeit der griechischen Termini oder aristotelischer Unachtsamkeit in deren Wahl. Beides gibt es zweifellos ebenfalls. Hier aber geht es darum, dass Aristoteles eine Bestimmung der Begriffe ›Herstellen‹ (ποίησις) und ›Handlung‹ (πρᾶξις) gibt, von der wir nicht wissen, wie wir sie auf Verben, die für praktische Konklusionen stehen können, anzuwenden haben.

2.3 Materialer oder formaler Handlungsbegriff?

Mein nächstes Problem ist mit dem soeben erwähnten verwandt. Ist die Handlung (πρᾶξις), die aus klugen praktischen Prämissen folgt, ein äußerer Vollzug, gewissermaßen die Materie guten Handelns, oder enthält die Konklusion auch das, was man seine Form nennen könnte: alles das, was über seine ethische Qualität entscheidet?

a) Um die hier implizierte Unterscheidung zwischen Materie und Form vorzubereiten, beginne ich mit einem Beispiel: X sieht, dass Y in Gefahr ist zu ertrinken. Er überlegt, wie er ihn retten kann: ob er in der Lage ist, Y rechtzeitig in sein Boot zu ziehen, ob ein Rettungsring erreichbar ist und dergleichen. Schließlich folgert er: Ich sollte ins Wasser springen. X springt und rettet Y das Leben.

So weit, so klassisch – und vielleicht: so gut. Vielleicht aber auch nicht. Denn es könnte sein, dass X seit Jahren Y erpresst und ihm nun lediglich deshalb das Leben rettet, weil ihm andernfalls in Zukunft erhebliche Einkünfte entgehen würden.

---

11 Vgl. Müller 2004.

Hier wird aus einem verkehrten Zweck – sagen wir: *Leben auf Kosten anderer* – korrekt gefolgert. Aber nicht nur ist das Folgerungsmuster in Ordnung (das gefolgerte Verhalten ist ja ein geeignetes Mittel, den anvisierten Zweck zu erreichen), vielmehr ist das Beispiel so gewählt, dass das gefolgerte Verhalten außerdem auch das ethisch geforderte ist.

b) Fragen wir nun: Worin besteht eigentlich näherhin die Konklusion der Folgerung, die X anstellt? Die Frage scheint uns vor ein Dilemma zu stellen.

Lautet die Antwort schlicht: Ins Wasser springen und Y herausholen? Wenn ja, ist die gefolgerte Betätigung, für sich genommen, kein Ausdruck von Willenswahl ($\pi\rho o\alpha i\rho\epsilon\sigma\iota\varsigma$), kein Indiz des Charakters. Um das zu sein, müsste sie wohl die gute beziehungsweise schlechte *Motivation* des lebensrettenden Verhaltens einschließen.

Die Konklusion müsste möglicherweise so gekennzeichnet werden: »Springen und Y herausholen, um ihm Weiterleben und Wohlergehen zu ermöglichen«; oder etwa: »Springen etc., um Y dadurch zu nützen«. Oder eben so: »Springen etc., um auf Y's Kosten zu leben«.

Aber auch eine Antwort dieser Art kann nicht befriedigen. Denn in der Konklusion haben Prämissen nichts mehr zu suchen.

Ein Vergleich: »8 x 8 = 64«, sagt jemand, »und das Schachbrett hat Seiten von je 8 Feldern«. Er folgert: »Also hat das Schachbrett 64 Felder«. Seine *Konklusion* lautet *nicht*: »Das Schachbrett hat 64 Felder, weil 8 x 8 = 64 und das Schachbrett Seiten von je 8 Feldern hat«.

Ebenso wenig lässt sich die praktische Konklusion des lobenswerten Lebensretters so artikulieren: »Springen und Y herausholen, um ihm Weiterleben und Wohlergehen zu ermöglichen«. Denn das Ziel und seine Erreichbarkeit durch den Einsatz passender Mittel sind Gegenstand der *Prämissen* – wie immer diese näherhin lauten mögen –, nicht der Konklusion.

Das Dilemma bleibt also: Die Konklusion einer praktischen Folgerung, so scheint es, darf weder in der Erwähnung des Verhaltens allein, der Handlungsmaterie, zum Ausdruck kommen, noch darf sie darüber hinaus ein ethisch (dis)qualifizierendes Motiv beinhalten.

c) Es sei noch erwähnt, dass Aristoteles selbst in einer Reihe von Texten die Unterscheidung zwischen materialer und formaler Komponente des Handelns andeutet. *Vollzüge* von der Art, wie die Tugend sie verlangt, sind noch nicht unbedingt *Handlungen*, in denen sich Tugend tatsächlich manifestiert. Die Unterscheidung erinnert an die von Kant her vertraute zwischen Legalität und Moralität. Am deutlichsten kommt sie zum Ausdruck, wenn es heißt:

Eine dem sittlichen Bereich angehörende Handlung [...] ist nicht schon dann eine Handlung der Gerechtigkeit und Mäßigkeit, wenn sie selbst eine bestimmte Beschaffenheit hat, sondern erst dann, wenn auch der Handelnde bei der Handlung gewisse Bedingungen erfüllt, wenn er erstens wissentlich, wenn er zweitens mit Vorsatz, und zwar mit einem einzig auf die sittliche Handlung gerichteten Vorsatz, und wenn er drittens fest und ohne Schwanken handelt.[12]

---

12 Vgl. *EN* II 4, 1105a28–33; vgl. auch 3, 1111a15; V 8, 1135a16–18; 1135b2–8; VI 13, 1144a14–20; VII 8, 1151a16.

Was die Übersetzung hier Beschaffenheit der Handlung nennt, ihr ›Wie‹ ($\pi\hat{\omega}\varsigma$), ist nichts anderes als ihre Materie. Zur Form rechnet Aristoteles hier drei Bedingungen. (I 8, 1099a18–20 verlangt außerdem, dass man das Richtige auch gern tut.) Uns interessiert vor allem der ›Vorsatz‹ ($\pi\rho o\alpha\acute{\iota}\rho\epsilon\sigma\iota\varsigma$). Er bringt die Verbindung zum motivierenden Zweck in die auch formal gute Handlung hinein.

Aristoteles scheint die Ausdrücke ›Handlung‹ ($\pi\rho\hat{\alpha}\xi\iota\varsigma$) beziehungsweise ›handeln‹ ($\pi\rho\acute{\alpha}\tau\tau\epsilon\iota\nu$) sowohl in einer materialen und ethisch neutralen als auch in einer formalen und ethisch prägnanten Bedeutung zu gebrauchen. In welchen dieser beiden Bedeutungen aber ›Handlung‹ ($\pi\rho\hat{\alpha}\xi\iota\varsigma$) als Konklusion praktischen Folgerns zu gelten hat, entscheidet er nicht. Und wie sich gezeigt hat, ist keine der beiden Möglichkeiten ohne Probleme.

2.4 Handeln um der Tugend willen?

Die aristotelische Ethik verlangt vom guten Menschen, dass er das Gute um seiner selbst willen tue.[13] Was aber heißt das? In welchem Sinne kann man gute Handlungen »um ihrer selbst willen« intendieren und vollziehen?

Am ehesten leuchtet wohl die folgende Auskunft ein: Beim guten Handeln wird das *telos* Tugendleben (vgl. 2.1) als Zweck konkreten Verhaltens – zum Beispiel eines lebensrettenden Sprungs ins Wasser – verwirklicht. Insofern nun dieser Zweck, anders als ein poietischer, nicht in einem vom Springen selbst unterscheidbaren *Ergebnis* erreicht wird, kann man sagen: Gutes Handeln geschieht um seiner selbst, um seiner ethischen Qualität willen.

Das aber ist, zumindest in einem naheliegenden Sinne, nicht wirklich der Fall. Die Tugend der Tapferkeit liefert vielleicht den deutlichsten Beleg dafür, dass gutes Handeln weder um seiner selbst noch um seiner ethischen Qualität willen intendiert wird. Der gute Lebensretter springt ins Wasser, um einen anderen herauszuholen, und letztlich, um ihm Weiterleben und Wohlergehen zu ermöglichen oder ähnliches. Liegt hierin – wie es sein sollte – der letzte Grund für sein Tun, also sein Motiv, dann ist es *dadurch* ethisch qualifiziert.

Der gute Lebensretter springt weder, um zu springen, noch um mutig zu handeln oder tugendhaft zu leben oder um der Glückseligkeit ($\epsilon\mathring{v}\delta\alpha\iota\mu o\nu\acute{\iota}\alpha$) willen. In welchem Sinne also geschieht sein gutes Handeln um seiner selbst willen?

2.5 Kein ethisch qualifiziertes Nicht-Handeln?

Das Beispiel der Tapferkeit kann auf ein weiteres Problem der aristotelischen Konzeption von *phronêsis* aufmerksam machen. Dieser Konzeption zufolge mündet praktisches Folgern in einem Tun. Unterlassungen scheinen nicht vorgesehen zu sein. Und doch besteht gutes Handeln weitgehend darin, Schlechtes zu unterlassen. Tapfer zum Beispiel handelt man nicht nur, wenn man trotz Gefährdung springt, sondern auch – in anderen Situationen – wenn man trotz Gefährdung *nicht springt*.

Vielleicht aber sollte man ›Handlung‹ ($\pi\rho\hat{\alpha}\xi\iota\varsigma$) in einem weiten Sinn verstehen, der Tun und Lassen gleichermaßen umfasst? Immerhin spricht der Sache nach einiges für diese Lesart. Indessen wirft auch sie Probleme auf.

---

13 Vgl. *EN* II 4, 1105a28–33; vgl. X 6, 1176b8 f.

Erstens fällt auf, dass Aristoteles weder zum Problem noch zur vorgeschlagenen Lösung etwas zu sagen hat.

Zweitens ist der Lösungsvorschlag weniger harmlos als er sich gibt. Er hat nämlich weitreichende Folgen. Insbesondere impliziert er, dass die Übersetzung von *praxis* durch ›Handlung‹ irreführend ist; dass *praxis* ihrem umfassenden Begriff nach in keinem Sinne eine Bewegung (κίνησις) ist – entgegen *EE* II 3, 1220b27; dass andererseits Unterlassung, als eine Art *praxis*, Betätigung (ἐνέργεια) ist – was unwahrscheinlich klingt; und dass jede ethisch relevante und somit qualifizierende Unterlassung einer praktischen Folgerung entspringt.

Diese vierte Implikation, vielleicht die bedenklichste, sei am Beispiel einer Person erläutert, die eine naheliegende Lüge unterlässt. Ihre Tugend besteht charakteristischerweise darin, dass sie *nicht* Überlegungen anstellt, deren Konklusion im Lügen besteht – und nicht darin, dass sie Überlegungen anstellt, deren Konklusion im *Nicht*-Lügen besteht.

2.6 Jeder Grund ein Zweck?

Eine letzte Schwierigkeit der aristotelischen Teleologie, die ich hier nennen möchte, betrifft die Voraussetzung, alles praktische Folgern gehe von einem Zweck aus. Aristoteles behauptet das zum Beispiel in *EN* III 3, 1112b15–27. Es sieht aber ganz so aus, als folgten tugend- und lasterhafte Handlungen in der Regel Überlegungen beziehungsweise Begründungs- und Motivationsmustern anderer Art.

Ich tue etwas, weil ich es versprochen habe; ich schädige einen anderen, weil ich unter ihm gelitten habe; ich gebe dem Bedürftigen, was er braucht, weil er es braucht. Diesen Formen der Begründung entsprechen tugendgemäße und tugendwidrige Muster praktischen Folgerns: *Ich habe X versprochen, H zu tun* → *Ich tue H / Ich habe unter X gelitten* → *Ich schädige X / X benötigt G* → *Ich gebe X G*. Aristoteles macht derartige Folgerungsstrukturen nicht zum Thema. Möglicherweise deshalb, weil er (zu Recht) in den Motiven *Tugenden* beziehungsweise *Laster* am Werk sieht. (Die erwähnten einfachen Beispiele illustrieren Vertragsgerechtigkeit, Rachsucht und Hilfsbereitschaft.) Die Praxis der Tugend aber ist in seinen Augen, wie wir bereits in 2.1 gesehen haben, selbst der letzte oder vorletzte *Zweck*, von dem die praktische Überlegung ausgeht.

Wenn jedoch Tugend in das tugendhafte Handeln nicht als intendierter Zweck eingehen muss (vgl. 2.4), ist ernsthaft zu prüfen, ob solches Handeln nicht – wenigstens in vielen Fällen – auf praktischen Folgerungen beruht, deren Ausgangspunkt nicht in einem Zweck, sondern in einer anderen Art von motivierendem Grund zu suchen ist.

3. Differenzierungsvorschläge

Ist es möglich, die in Teil 2 aufgeworfenen Probleme dadurch zu lösen, dass man den einschlägigen Texten eine konsistentere und somit plausiblere Deutung angedeihen lässt, als bisher geschehen? – Ich glaube nicht, dass diese Strategie genügt. Vielmehr muss man wohl einige *Komponenten* der aristotelischen *phronêsis-*

Lehre aufgeben oder modifizieren, um deren *Tenor* zu retten. Ich halte es für philosophisch lohnend, dies zu versuchen.

Die folgenden Vorschläge entfernen sich daher in einigen Punkten von der aristotelischen Teleologie der *phronêsis*. Doch bestehen sie weitgehend in Differenzierungen, die in aristotelischem Gedankengut gründen.

3.1 Intentionale und essentielle Finalität

In Abschnitt 2.1 war bereits davon die Rede, dass Aristoteles kaum zwischen absichtsbedingter und absichtsunabhängiger sinngebender Finalität unterscheidet. Die absichtsunabhängige Finalität, die hier gemeint ist, könnte auch natural oder besser essentiell heißen. Sie ist für die betroffene Sache konstitutiv, gehört also unabhängig von irgendwelchen Absichten zu ihrem Wesen.

Die erste Komponente meines Lösungsvorschlags geht nun lediglich dahin, die Unterscheidung zwischen Intentional und Essentiell bei der teleologischen Erörterung der *phronêsis* im Blick zu behalten.

3.2 Gutes Handeln als essentieller Zweck des Handelns

Die zweite Komponente besteht in einer vielleicht überraschenden Anwendung der Unterscheidung. Ich schlage nämlich vor, die Finalität des Handelns ($\pi\rho\hat{a}\xi\iota\varsigma$) als essentiell und nicht als intentional zu verstehen. Um diesen Vorschlag zu verstehen, vergegenwärtigt man sich am besten zunächst die Finalität der Herstellung ($\pi o\acute{\iota}\eta\sigma\iota\varsigma$).

Hier gilt es, nochmals zu differenzieren. Freilich, sobald man das Wirken eines Menschen korrekt als diese oder jene Herstellung identifiziert hat, ist man auch berechtigt, diesem Wirken jene Finalität zuzuschreiben, die dieser *Art* von Herstellung als solcher, also *essentiell* zukommt. Hausbau ist als solcher auf die Existenz eines Hauses ausgerichtet. Andererseits jedoch kann mit einer und derselben Verrichtung die Erbauung eines Hauses *oder* das Ausheben eines Grabens beginnen. Über die Finalität der konkreten Verrichtung entscheidet somit die *Intention* des Verrichtenden.

Dem Handeln ($\pi\rho\hat{a}\xi\iota\varsigma$) hingegen, so mein Vorschlag, sollte man keinen anderen »Zweck« zuschreiben als das gute Handeln ($\epsilon\mathring{v}\pi\rho\alpha\xi\acute{\iota}a$), das sie unabhängig davon finalisiert, ob es intendiert wird oder nicht. Dieser »Zweck« wäre die ethische Qualifizierung des Handelns: seine Gerechtigkeit, Tapferkeit usw. Oder das qualifizierte Handeln selbst, also gutes Handeln: gerechtes, tapferes und sonstwie tugendhaftes Handeln als Bestandteil der Glückseligkeit (vgl. 1.4).

Durch *eupraxia* ist das Handeln ($\pi\rho\hat{a}\xi\iota\varsigma$) essentiell finalisiert (*EN* VI 5, 1140b6 f.). Nicht nur meint Aristoteles selbst, man habe im Handeln immer das Gute im Sinn – auch wenn man ihm einen falschen Inhalt zuschreibt (*EN* III 4, 1113a15–b2). Darüber hinaus bestimmt die Tugend auch, wie Handeln als solches aussehen *soll* – ganz unabhängig davon, welche Gestalt wir unserem Leben tatsächlich geben *wollen*.

Nun lässt sich aber der Maßstab ethischer Qualität, der darüber entscheidet, ob das Handeln ($\pi\rho\hat{a}\xi\iota\varsigma$) seinen essentiellen Zweck erreicht, grundsätzlich auf *alles* Tun und Lassen eines Menschen beziehen. Solches Tun und Lassen wird also durch den ethischen Zweck *als Handeln* ($\pi\rho\hat{a}\xi\iota\varsigma$) *konstituiert*. Durch den

Anspruch der Tugenden ist menschliches Verhalten sozusagen als Handeln definiert.[14]

3.3 Handlungen als Komponenten des Handelns unter anderen

Der soeben urgierte Begriff von *praxis* lässt keinen Plural zu. Auf der anderen Seite gibt es Handlungen (πράξεις im Plural), in denen gutes oder schlechtes Handeln (πρᾶξις im Singular) besteht. Ich plädiere also dafür, zwei *praxis*-Begriffe – *Handeln* und *Handlung* – zu unterscheiden. Der Umstand, dass Aristoteles diese Unterscheidung nicht vornimmt, dürfte einen Großteil der in Teil 2 identifizierten Probleme mit sich bringen.

Gutes Handeln verlangt zum Beispiel von einem Vorgesetzten, dass er seine Untergebenen achtet. Solche Achtung wäre ein Aspekt, vielleicht eine Komponente, seines Handelns, aber keine Handlung. Allenfalls kann man auf Handlungen verweisen, in denen sich sein gutes Handeln und speziell die Achtung der Untergebenen *manifestiert*. Doch manifestiert sich gutes Handeln auch in anderen Verhaltensaspekten, zum Beispiel in der Aufmerksamkeit des Zuhörens und nicht zuletzt in Unterlassungen.

3.4 Konstitution von Handlung und Handeln durch die Herstellung

Aristoteles erklärt, *praxis* sei nicht *poiêsis* und *poiêsis* nicht *praxis* (*EN* VI 4, 1140a1–6; vgl. 2.2 (d)). Ich schlage nun vor, an die Stelle dieses einen »Axioms« zwei Thesen zu setzen:

a) Handeln ist nie dasselbe wie Herstellen, da sie ihrem jeweiligen Begriff nach unterschiedlich finalisiert sind: Alles Handeln hat als solches den »Zweck«, gutes Handeln zu sein (und ist *in diesem Sinne* Selbstzweck), während alles Herstellen als solches ein von ihm verschiedenes Produkt bezweckt.

b) Eine Handlung kann durch eine Herstellung konstituiert sein. Indem wir eine Verrichtung als Herstellung identifizieren, stellen wir sie unter einen bestimmten poietischen Zweck: wir bewerten sie danach, inwieweit sie ein Produkt bestimmter Art herbeiführt. Indem wir nun die so konstituierte Herstellung ferner als *Handlung* identifizieren, stellen wir sie zusätzlich unter den Zweck des *Handelns*.

Ein Beispiel: Gutes *Handeln* besteht unter anderem in gerechten *Handlungen* (3.3). Eine gerechte *Handlung* aber kann ihrerseits durch *Herstellung* konstituiert sein – da etwa, wo ein Unternehmer sich vertraglich zum Bau eines Hauses verpflichtet hat.

3.5 Motivation durch Gegebenheit statt Zweck

Die These dieses Abschnitts markiert vermutlich den Punkt, an dem sich meine Umdeutung der *phronêsis* am stärksten von der aristotelischen Vorlage entfernt. Sie richtet sich gegen eine Auffassung, die in Philosophie und Wissenschaft nur selten reflektiert wird und fast als selbstverständlich gilt: Orientierung an Gründen sei im Bereich der Praxis nichts anderes als *Zweckrationalität*.

---

14 Vgl. hierzu Müller 2004.

Auch Aristoteles vertritt diese Auffassung. Zwar unterscheidet er zwischen praktischer und poietischer Rationalität. Doch folgt sein praktischer Syllogismus durchaus dem Modell einer poietischen oder technischen Überlegung: den Ausgangspunkt bildet beide Male die Feststellung eines zu realisierenden Zweckes, der hier eine Herstellung, dort eine Handlung begründen soll.

In Wirklichkeit aber beruht unser Tun und Lassen in seiner ethischen Dimension zumindest häufig auf Gründen anderer Art. Praktisches Folgern kann – ich nenne ein besonders einfaches Beispiel – etwa so aussehen: »Ich habe versprochen, ihn zu entschädigen; also sollte/werde ich ihn entschädigen.«

Ausgangspunkt der Überlegung und Motiv (also letzter Grund) des Handelns ist in diesem Fall kein Zweck, sondern eine Gegebenheit, zu der die (vorläufige) Konklusion in einem bestimmten Verhältnis steht. Dieses Verhältnis lässt sich in einem Muster spezifisch *praktischen* Folgerns (vgl. 2.6) artikulieren – hier in dem der Vertragsgerechtigkeit: Eine relevante Gegebenheit liefert mir die Prämisse: *Ich habe X versprochen, ihn zu entschädigen*; und folgerichtig komme ich zu dem Schluss, *X zu entschädigen*.

3.6 Praktische und poietische Folgerung

Modifiziert man die Position des Aristoteles im Sinne der Abschnitte 3.1–5, so lassen sich an der Betätigung der resultierenden Form von Klugheit zwei Komponenten unterscheiden.

Deren *erste* besteht darin, dass der Kluge den praktischen Begründungsmustern folgt, die die ethischen Tugenden dem Handeln auferlegen. Ich habe betont, dass charakteristischerweise Gegebenheiten den motivierenden Grund des richtigen Handelns liefern. Ob es auch Tugenden gibt, die nicht gegebenheits-, sondern zweck-bezogene Folgerungsmuster vorsehen, soll hier offen bleiben.

Wichtiger ist der Hinweis, dass für manche Tugenden nicht der Einsatz, sondern die Relativierung (oder gar Vermeidung) bestimmter Begründungsmuster charakteristisch ist.[15] So zeichnet sich der Tapfere dadurch aus, dass er die Bedrohlichkeit einer Situation *nicht* als hinreichenden Grund behandelt, sie zu meiden (vgl. 2.4–5), und der Maßvolle dadurch, dass er die Aussicht auf Genuss *nicht* als hinreichenden Grund behandelt, eine Sache zu erstreben.

Unter dem modifizierten Verständnis der Klugheit beginnt deren *zweite* Aufgabe, wo die erste endet. Sie ergibt sich, sobald das praktische Begründungsmuster zu einer Konklusion führt, die in einer *situationsverändernden Handlungsweise* besteht. Denn die Situation, die herbeigeführt werden soll, stellt einen *poietischen* Zweck dar, einen Zweck, dessen Implementierung die Suche nach Mitteln und Wegen, also *poietische* Überlegung verlangt.

Die Konklusion dieser Überlegung ist eine Herstellung. Doch der Kontext bewirkt, dass sie eine Handlung »konstituiert« (3.4). Als letzte Konklusion einer *klugen* Überlegung nämlich ist die resultierende Herstellung nicht nur technisch geeignet, die veränderte Situation herbeizuführen, sondern auch ethisch in Ordnung. Die Herbeiführung der veränderten Situation, der diese Herstellung dient, ist ja Ergebnis einer praktischen Folgerung. Auch die poietische Konklusion geht

---

15 Ich bezeichne solche Tugenden als zähmende Tugenden; vgl. Müller 1998, 110 f.

also letztlich auf einen Grund zurück, den die Tugend liefert. Dadurch konstituiert sie eine Handlung (3.4 (b)) und ist aus dieser Perspektive auch praktisch
bewertbar.

Zur Erläuterung greife ich das Beispiel von 3.4 noch einmal auf. Ihre erste Aufgabe erfüllt die *phronêsis* hier, indem sie ein Begründungsmuster der Gerechtigkeit zur Anwendung bringt und auf diesem Weg das Subjekt unter den Anspruch
stellt, das (vertraglich zugesicherte) Haus zu bauen. Nun steht sie vor einer zweiten Aufgabe: *en détail* ein Herstellen (ποίησις) zu spezifizieren, das unter den
Umständen zur Existenz des Hauses führt.

4. Lösung der Probleme

Blicken wir zurück, um festzustellen, welches Licht die in Teil 3 entworfene modifizierte Teleologie der *phronêsis* auf die Probleme wirft, die ich in Teil 2 aufgeworfen habe.

4.1 Abschied vom Zweck (τέλος) des praktischen Syllogismus

Der Kern der hier vorgeschlagenen Modifizierung liegt in einer Aufspaltung der
Finalität, die Aristoteles der *praxis* zuschreibt. In seinem praktischen Syllogismus
geht die Überlegung von einem intendierten Zweck aus. An dessen Stelle setzt
mein Modifizierungsvorschlag dreierlei:

a) Den nicht-intentionalen essentiellen »Zweck« des Handelns, nämlich das gute Handeln (εὐπραξία). Auf diesen »Zweck« ist auch die Überlegung – unabhängig von aller Intention des guten Handelns – ausgerichtet. Denn Überlegung hat
als solche die Funktion, gutes Handeln zu spezifizieren.

b) Ein tugendhaftes Motiv als Ausgangspunkt praktischen Folgerns. Sofern dieses Motiv nicht den Charakter eines Zwecks hat, handelt es sich dabei um eine
Gegebenheit, also *nicht* um ein *telos*.

c) Den intendierten *poietischen* Zweck. Wo die *praktische* Konklusion eine si-
tuationsverändernde Handlungsweise nur allgemein identifiziert, stellt sie die
phronêsis vor eine weitere, *poietische* Aufgabe: ein Vorgehen zu spezifizieren,
durch das die neue Situation herbeigeführt wird. Dieses Vorgehen ist dann eine
Herstellung, die eine Handlung konstituiert, insofern alles Tun und Lassen eines
gesunden erwachsenen Menschen unter der essentiellen Finalität des guten Handelns steht und somit Handeln ist.

4.2 Ambivalenzen der Finalität im Rückblick

Aus den Überlegungen von Teil 3 ergeben sich nun Antworten auf die Fragen, die
ich in den Abschnitten 2.1–6 aufgeworfen habe. Diese Antworten stehen unter
dem Vorzeichen der soeben nochmals zusammengefassten Modifizierung der
aristotelischen Teleologie der *phronêsis*.

a) Betrifft die *phronêsis* einen essentiellen oder einen intentionalen Zweck
(2.1)? – Die Antwort auf diese Frage hat zwei Teile:

Die Funktion der *phronêsis* – und damit auch der Überlegung – liegt im Tugendleben; abstrakter: in der *eupraxia*; und damit letztlich: in der Glückseligkeit
(εὐδαιμονία). In welcher Form ein solches für die *phronêsis* wesentliches *telos* im

praktischen Überlegen auch noch thematisiert und als Zweck intendiert sein *kann*, habe ich an anderer Stelle erörtert.[16] Es bildet jedenfalls *nicht* den typischen Ausgangspunkt einer tugendgemäßen Folgerung.

Intentionale Zwecke gehen in die Betätigung der *phronêsis* durchaus ein, aber typischerweise nicht in deren erste, rein praktische Komponente. Denn den Tugenden entsprechen, soweit wir gesehen haben, *gegebenheitsbezogene* Begründungs- und Folgerungsmuster. Häufig identifiziert nun die (vorläufige) praktische Konklusion in recht allgemeiner Weise *das Herbeiführen einer Situation*. Diese Situation bedeutet dann einen poietischen – und damit intentionalen – Zweck. Wie dieser Zweck zu realisieren sei, ist dann ein weiterer Gegenstand der Überlegung, nämlich ihrer poietischen Komponente.

b) Damit stehen wir auch schon vor der Antwort auf die Frage, ob praktische Syllogismen in einer Handlung (πρᾶξις) oder in einer Herstellung (ποίησις) münden (2.2): Wo die Klugheit gebietet, eine Situation zu verändern, mündet die richtige Überlegung in einer Herstellung. Die aber konstituiert eine Herstellung, insofern der *Ausgangspunkt* der ganzen Überlegung nicht in einem poietischen Zweck, sondern in einem Motiv besteht, durch das das resultierende Herstellen den Charakter *guten Handelns* erhält.

c) Zielt die praktische Überlegung nur auf die materiale Komponente des Handelns, oder gehört auch dessen Form, die über seine ethische Qualität entscheidet, zur Finalität des Überlegens (2.3)? – Die Antwort muss differenziert ausfallen. Das Beispiel der Lebensrettung soll helfen, sie zu verdeutlichen.

Einerseits zeigt die Analogie zum theoretischen Folgern in der Tat, dass auch bei der praktischen Folgerung die Konklusion ihre eigenen Gründe *nicht enthält*, dass sie also vielmehr in der materialen Seite des Handelns besteht. Das wären im Fall des einschlägigen Beispiels der Sprung ins Wasser, die folgenden Bewegungen, Handgriffe und so weiter: die vom Subjekt intendierte Situationsveränderung (ein Herstellen im weitesten Sinne) unter Absehung von ferneren Intentionen und Motiven.

Andererseits geht es der *phronêsis*, ihrer essentiellen Funktion entsprechend, natürlich um *gutes* Handeln. Für die ethische Qualität einer Konklusion sorgt aber nicht das, *was* der Handelnde in ihr intendiert, sondern das Motiv, das in der Gestalt einer praktischen Prämisse (vgl. 3.5) der Konklusion zugrunde liegt. Den essentiellen Zweck seines Überlegens – gutes Handeln – erreicht der Lebensretter nicht durch den bloßen Sprung ins Wasser, sondern dadurch, dass er aus relevanten Gegebenheiten (vielleicht: *Er ist ein Mensch wie ich und benötigt Hilfe*) die richtige Konsequenz zieht – und springt.

Im Übrigen ist selbstverständlich auch die Konklusion einer praktischen Folgerung, die materiale Komponente des Handelns, nicht ihrem tatsächlichen *Inhalt* nach intendiert, sondern lediglich unter der *allgemeinen* Beschreibung »richtige Konklusion« oder »angesichts der relevanten Prämissen *angemessenes Verhalten*«. Der Lebensretter zum Beispiel kann ja mit seiner Überlegung deren Konklusion nicht unter der Beschreibung »Sprung ins Wasser« intendieren, da dieser

---

16 Müller 1998, 175 f.

Sprung (die materiale Komponente seines Handelns) erst das *Ergebnis* der Überlegung ist.

Wie steht es beim *erpresserischen* Lebensretter um die Finalität der Überlegung? – Folgen wir *EN* III 4, 1113a15–b2, so erscheint ihm die gewählte Lebensweise samt der aus ihr resultierenden Motivation, das Gegenüber zu retten, als gut. Auch in seiner Überlegung ist *insofern* die *richtige Konklusion* intendiert – ein Handeln, das aus korrekter Anwendung seines (Erpressern gut erscheinenden) Begründungsmusters auf die Gegebenheiten resultiert. Ferner liegt die essentielle Finalität seines Überlegens, ganz wie beim guten Lebensretter, im guten Handeln; denn der inhärente Zweck der Überlegung, ihre Funktion, ist kluges und somit gutes Handeln – ähnlich, wie der inhärente Zweck des Einsatzes bloß natürlicher Tugend ein auch ethisch tugendhaftes und somit gutes Handeln ist (vgl. VI 13, 1144b14–32). In der *Finalität* der erpresserischen Überlegung schlägt sich ihre Schlechtigkeit einzig in dem Sinne nieder, dass diese Überlegung, *qua folgerichtige Überlegung auf der Basis eines schlechten Motivs*, auf eine Konklusion *hinsteuert*, die aufgrund des tugendwidrigen Folgerungsmusters (formal) schlechtes Handeln konstituiert – selbst wenn sie, *qua* Handlungsmaterie, das ist, was auch die Tugend in der Situation verlangt.

d) Die Frage, was es denn heißen könne, tugendhafte Handlungen intendiere und vollziehe man *um ihrer selbst willen* (2.4), erhält ebenfalls eine plausible Antwort, wenn wir den praktischen »Zweck« auf die unter 4.1 rekapitulierte Weise umdeuten. Diesmal soll der gerechte Bauunternehmer die teleologische Struktur der guten Handlung illustrieren.

Entscheidend für die »Selbstzwecklichkeit« einer solchen Handlung ist der Umstand, dass sie *nicht* einem Zweck dient, der *nicht* seinerseits auf einem für die Tugend charakteristischen Motiv beruht. Der Bauunternehmer, der das vertraglich zugesagte Haus baut, praktiziert Gerechtigkeit insoweit um ihrer selbst willen, als er mit dem Hausbau keinen Zweck verfolgt, der einem anderen als einem Motiv der Gerechtigkeit entspringt.

Weder geschieht seine Bautätigkeit (die Herstellung, die sein gerechtes Handeln konstituiert), um ihrer selbst, also um des Bauens, willen; noch identifiziert eine Beschreibung wie »Tugendleben« einen Zweck, um dessentwillen er das Haus baut (vgl. 2.1). Das Tugendleben ist zwar essentieller »Zweck« allen Handelns; das heißt aber nicht, es werde in tugendhaften Handlungen intendiert (3.2).

e) Die Frage, ob nicht an die Stelle praktischer Finalität von Handlungen andersartige Bezüge treten müssen, nämlich gegebenheitsbestimmte Formen der Motivation (2.5), ist durch die bisherigen Erörterungen schon beantwortet: In der Tat entscheiden zumindest in typischen Fällen von Handeln nicht intendierte Zwecke über ihre ethische Qualität, sondern gegebenheitsorientierte Begründungs- und Motivationsstrukturen.

Für die Teleologie der *phronêsis* bedeutet dies: Praktische Zwecke wie die Glückseligkeit und das gute Handeln sind der Klugheit zwar wesentlich. Aber nicht als intendierte Zwecke, deren Realisierungsmöglichkeiten der Kluge folgernd zu ermitteln hätte; sondern als die Ideale, unter die er sein Tun und Lassen stellt, indem er das praktische Folgern an tugendgemäßen Motiven orientiert.

Welche Folgerungs- und Motivationsmuster dabei als tugendgemäß zu gelten haben, ist zweifellos eine wichtige Frage. Aber jedenfalls nicht eine, die selbst auf dem Wege klugen praktischen Folgerns zu beantworten wäre.

Literatur

Aristoteles, Nikomachische Ethik, hrsg. v. G. Bien, Hamburg 1972.

Aristotle, Nicomachean Ethics. Translation, Introduction, and Commentary. Hrsg. von S. Broadie und Ch. Rowe, Oxford 2002.

Müller, A. W. 1998: Was taugt die Tugend? Elemente einer Ethik des guten Lebens, Stuttgart.

Müller, A. W. 2003: »Was heißt: Praxis begründen?«, in: Rothermund, K. (Hrsg.), Gute Gründe. Zur Bedeutung der Vernunft für die Praxis, Stuttgart, 123–171.

Müller, A. W. 2004: »Acting Well«, in: O'Hear, A. (Hrsg.), Modern Moral Philosophy, Cambridge, 15–47.

Lernen, ein guter Mensch zu sein

Aristoteles über moralische Bildung und Charakterentwicklung*

M. F. Burnyeat, Oxford

Die Frage »Kann Tugend gelehrt werden?« ist vielleicht die älteste Frage in der Moralphilosophie. Rufen wir uns den Anfang von Platons *Menon* in Erinnerung (70a): »Sokrates, kannst du mir sagen, ob man Tugend lehren kann? Oder kann man sie nicht lehren, sondern muss man sie einüben? Oder kann man weder durch Übung noch durch Lernen gut werden, sondern ist man es von Natur aus oder auf sonst irgendeine Weise?« Diese Fragestellung ist eine einfache Version dessen, was offenbar ein beliebtes Diskussionsthema war. Sokrates' charakteristische, aber dennoch einfache Antwort ist, dass man, bevor man weiß, was Tugend ist, nicht wissen kann, wie man sie erwirbt. Ich möchte die Reihenfolge umdrehen, indem ich frage, wie – nach Aristoteles – Tugend erworben wird. Damit soll Licht auf bestimmte Merkmale seiner Tugendkonzeption geworfen werden, die gewöhnlich wenig beachtet werden. Aristoteles widmete sich diesen Fragen, nachdem sie bereits – durch die von Platon in der *Politeia* und in nachfolgenden Dialogen geleistete Pionierarbeit in der Moralpsychologie – Veränderungen erfahren hatten. Zu seiner Zeit lag der etwas naive Charakter der Debatte im *Menon* lange zurück. Dennoch hatte Sokrates in einer Sache recht: Jede einigermaßen explizite Auffassung des Prozesses moralischer Entwicklung hängt entscheidend von der Konzeption der Tugend ab. Diese Abhängigkeit ermöglicht es, die Auffassung von moralischer Entwicklung als Hinweis auf die Tugendkonzeption eines Philosophen zu lesen. In mancher Hinsicht handelt es sich um besonders aufschlussreiche Hinweise, weil sich der Philosoph im Bereich der moralischen Bildung der komplexen Wirklichkeit stellen muss, die von gewöhnlichen, unvollkommenen Menschen bestimmt ist.

Mein Ziel ist es nun, Aristoteles' Bild der zeitlichen Entwicklung des guten Menschen zu rekonstruieren, wobei ich mich auf die früheren Entwicklungsstufen konzentrieren werde. Material dafür ist in der *Nikomachischen Ethik* reichlich vorhanden, aber weit verstreut. Der Sinn der Rekonstruktion wird stufenweise deutlich werden, wenn die einzelnen Stücke aus ihren separaten Kontexten

---

* Übersetzung von: »Aristotle on Learning to be Good« (in: Essays on Aristotle's Ethics, hrsg. von A. Rorty, Berkeley u.a.: University of California Press, 1980, 69–92). Die deutschen Übersetzungen von Platon- und Aristoteleszitaten folgen Kranz 1994 und Gigon 1960 (mit leichten Veränderungen), dem auch die Kapitelzählung folgt.

zusammengetragen werden. Auf eine ausgedehnte Exegese der verschiedenen Diskussionen, denen Aristoteles' Bemerkungen entnommen sind, werde ich verzichten müssen. Ich vertraue jedoch darauf, dass es nicht notwendig ist, mich dafür zu entschuldigen, dass dieses Vorgehen manche Interpretationsentscheidung mit sich bringt, die ich nicht begründen und verteidigen kann. Solche Entscheidungen lassen sich nicht vermeiden, wenn man ein synoptisches Unternehmen verfolgt.

Aristoteles' guter Mensch ist jedoch nicht der einzige Charakter, den ich im Auge habe. Mein Interesse gilt auch dem im Konflikt stehendem Akratiker, dem willensschwachen (oder unbeherrschten) Menschen, der das Gute kennt, es jedoch in seinen Handlungen nicht immer vollbringt. Ich möchte auch sein Problem aus der Perspektive der zeitlichen Entwicklung betrachten. Obwohl ich nicht versuchen werde, Aristoteles' Auffassung der *akrasia* (ἀκρασία: Unbeherrschtheit, Willensschwäche) umfassend zu behandeln, hoffe ich, dass die von mir eingenommene zeitliche Perspektive zumindest einen wichtigen Anlass für die Unzufriedenheit, die oftmals – und verständlicherweise – gegenüber Aristoteles' Darstellung des Phänomens zum Ausdruck gebracht wird, aus dem Weg räumen kann.

In beiden Fällen, dem des guten Menschen wie dem des Akratikers, werden wir mit dem Ausgangsmaterial beschäftigt sein, auf dessen Basis Charakter und eine reife Moral entstehen. Ein großer Bereich von Strebungen und Empfindungen bildet die formgebenden Motivations- und Reaktionsmuster in einer Person, lange bevor sie zu einer durchdachten Anschauung ihres Lebens als Ganzen kommt und mit Sicherheit, bevor sie ihr reflektives Bewusstsein in ihr wirkliches Verhalten integriert. Dieser Fokus des Interesses bildet nach meinem Verständnis den wesentlichen philosophischen Nutzen dessen, was überwiegend historische Untersuchung ist. Intellektualismus, eine einseitige Beschäftigung mit Vernunft und Argumentation, ist ein lange währendes Versäumnis in der Moralphilosophie. Der Gegenstand der Moralphilosophie wird manchmal definiert als oder begrenzt auf die Untersuchung moralischen Argumentierens, wobei ein größerer Teil dessen ausgeschlossen wird, was für den Beginn – und, wie ich denke, für den weiteren Verlauf – der moralischen Entwicklung einer Person wichtig ist. Aristoteles kannte den Intellektualismus in Form von Sokrates' Lehre, dass Tugend Wissen sei. Er reagierte, indem er die Bedeutung des Anfangs und der graduellen Entwicklung von guten Gewohnheiten der Empfindung betonte. Das zwanzigste Jahrhundert, das seine eigenen Intellektualismen zu bekämpfen hat, verfügt über ebenso zahlreiche, alle Entwicklungsstadien abdeckende psychologische Theorien, auf die es sich stützen kann. Die Moralphilosophie unserer Zeit, die nicht viel Interesse an Fragen der Bildung und Entwicklung gezeigt hat, hat sich jedoch wenig auf sie gestützt.[1] In dieser Hinsicht ist Aristoteles' Beispiel leider unbeachtet geblieben.

---

1   Eine Ausnahme stellt John Rawls (1972, Kap. 8–9) dar, aber das beste Beispiel für das, wonach ich suche, ist Richard Wollheim 1975. Es ist bemerkenswert, dass Wollheim auch Philosophiegeschichte betreiben muss – er bezieht sich insbesondere auf F.H. Bradley –, um eine ernsthafte philosophische Auseinandersetzung mit Fragen der Entwicklung zu finden.

Ohne Zweifel ist Aristoteles' Darstellung der Entwicklung immer noch viel zu einfach im Vergleich zu dem, was uns zur Verfügung stehen könnte. Dies sei ein für alle mal zugestanden – jedem, der es besser kann. Aristoteles hat jedoch wie kein anderer begriffen, dass Moral in einer Abfolge von Stufen entsteht, die sowohl kognitive als auch emotionale Dimensionen besitzt. Diese grundlegende Einsicht ist schon hinreichend, wie wir sehen werden, um neues Licht auf das Problem der Willensschwäche zu werfen.

Fangen wir am Anfang an, von dem Aristoteles sagt, dass er »das *Dass*« ist. Diese etwas kryptische Wendung tritt in einem Exkurs (vgl. 1095b14) gegen Ende von *EN* I 2 auf. Aristoteles hat gerade mit der Suche nach einer zufriedenstellenden Präzisierung des Glücks und des Guten für den Menschen begonnen, als er unterbricht, um in Anlehnung an Platon darüber nachzudenken, welche methodologische Bedeutung es hat, sich darüber klar zu werden, ob der Weg zu den ersten Prinzipien, oder Ausgangspunkten, führt oder ob er von ihnen ausgeht. Die Antwort auf Platons Frage ist, dass Aristoteles auf dieser Stufe dialektisch in Richtung eines ersten Prinzips oder Ausgangspunktes, namentlich der Präzisierung des Glücks, verfährt, die Untersuchung jedoch in einem anderen Sinn ihre eigenen Ausgangspunkte haben muss, von denen sie ausgeht. Er erklärt (1095b2–13):

Man muss nämlich mit dem Bekannten beginnen. Dies ist aber ein Doppeltes: ein Bekanntes für uns und ein schlechthin Bekanntes. Wir werden wohl mit dem für uns Bekannten anfangen müssen. Darum muss man in den Sitten gut erzogen worden sein, wenn man im Begriff ist, Vorlesungen über die edlen und gerechten und insgesamt über die politischen Dinge auf angemessene Weise zu hören. Denn der Ausgangspunkt ist ›das *Dass*‹, und wem dies hinreichend deutlich ist, der wird nicht zusätzlich ›das *Warum*‹ benötigen. Ein solcher hat die Ausgangspunkte schon oder wird sie doch leicht begreifen. Wer aber weder das eine noch das andere [sc. weder ›das *Dass*‹, noch ›das *Warum*‹][2] hat, der höre die Verse Hesiods:

> Dieser ist der Allerbeste, der selbst alles ersinnt;
> Tüchtig ist aber auch jener, der dem gut Redenden folgt.
> Wer aber weder selbst zu ersinnen vermag noch sich zu Herzen nimmt,
> was er von einem andern hört, der ist ein unbrauchbarer Mann.

Der Unterschied, der zwischen dem Besitz des »*Dass*« und dem Besitz von beidem, dem »*Dass*« und dem »*Warum*«, besteht, ist der Unterschied zwischen dem Wissen (oder Glauben), dass etwas so ist, und dem Verstehen, warum es so ist. Und ich vermute, dass Aristoteles Hesiods Verse in vollem Ernst zitiert. Der Mensch, der alles selbst ersinnt, ist jemand, der das »*Warum*« besitzt – in Aristoteles' Worten ist er ein Mensch der praktischen Weisheit, der in unterschiedlichen Lebensumständen weiß, was zu tun ist –, während derjenige, der sich gute Ratschläge zu Herzen nimmt, »das *Dass*« lernt und die Art von Mensch wird, die von Aristoteles' Vorlesungen profitieren kann. Diese Vorlesungen sind zweifelsohne dazu bestimmt, ihm ein gründliches Verständnis des »*Warum*« zu ermöglichen,

---

2   *Gegen* Aspasius, Stewart, Burnet, Ross und Gauthier/Jolif, die der Auffassung sind, Aristoteles spreche hier von einer Person, die die Ausgangspunkte weder besitzt, noch sie erreichen kann.

welches »das *Dass*«, das er schon hat oder einfach ausfindig machen kann, erklärt und rechtfertigt. Was aber ist »das *Dass*«?

Die antiken Kommentatoren stimmen darin überein, dass Aristoteles das Wissen über Handlungen im Sinn hat, die mit den Tugenden übereinstimmen. Diese
Handlungen sind das für uns Bekannte, von dem wir ausgehen müssen, und von
dem wir wissen, dass es edel oder gerecht ist.[3] Dies passt zu einer früheren Aussage (I 1, 1095a2–4, zit. unten S. 229 f.), dass die Vorlesungen eine gewisse Erfahrung in der Lebenspraxis auf Seiten der Zuhörer voraussetzen, weil sie von
dieser Lebenspraxis handeln und *von ihr ausgehen*. Es entspricht auch dem, was
in I 2 über den Gegenstand der Vorlesungen, für die das Wissen über »das *Dass*«
eine Voraussetzung ist, gesagt wird: das Edle und Gerechte.

Nun kann das Edle und Gerechte nach Aristoteles nicht durch Regeln oder traditionelle Vorschriften festgelegt werden.[4] Um zu erkennen, was für die Ausübung der Tugenden unter bestimmten Umständen erforderlich ist, muss man
eine geschulte Wahrnehmung besitzen, eine Fähigkeit, die über die Anwendung
allgemeiner Regeln hinausgeht (II 9, 1109b23; IV 11, 1126b2–4). Wenn es sich
jedoch so verhält, wenn der Student »das *Dass*« bereits haben soll, für das die
Lehren in Aristoteles' Vorlesungen das erklärende »*Warum*« liefern, wenn er sich
auf dem Weg befinden soll, der zum Erwerb jener geschulten Wahrnehmung
führt, dann sollte die Betonung besser darauf liegen, dass er von bestimmten
Handlungen weiß, dass sie unter bestimmten Umständen edel und gerecht sind.
Ich fasse dies als eine Frage nur der Betonung oder des Grades auf, weil kein
Zweifel daran besteht, dass moralische Anweisungen oftmals in ziemlich allgemeinen Begriffen formuliert werden. Dialektik wird ihren notwendigen Anteil
haben, um dem jungen Menschen die Grenzen und Ungenauigkeiten dessen, was
er gelernt hat, zu vergegenwärtigen. Selbst wenn jedoch die Anweisung allgemein
ist, heißt das nicht notwendigerweise, dass es bestimmte Regeln der Gerechtigkeit
gibt, die, wie man sagen könnte, aus Prinzip zu befolgen sind, ohne im Geist der
Gerechtigkeit zu handeln und ohne die Umstände zu beachten, durch die sich die
Sachlage verändern kann. Aristoteles weist hier auf unsere Fähigkeit hin, aus
einer Reihe weit verstreuter Einzelfälle eine allgemeine evaluative Einstellung zu
gewinnen, die nicht auf Regeln oder Vorschriften reduzierbar ist. Mit diesem
Prozess im Auge betont er in I 2, dass die notwendigen Ausgangspunkte, die ich
als korrekte Vorstellungen darüber, welche Handlungen edel und gerecht sind,
beschrieben habe, denjenigen nicht zur Verfügung stehen, die nicht in die Gunst
der Ausbildung guter Gewohnheiten gekommen sind.

---

3 So Aspasius, Eustratius, Heliodorus ad loc. sowie über 1098a33–b4. Stewart stimmt
   dem zu. Burnets Vorschlag, »das *Dass*« sei das viel allgemeinere Faktum, dass die Definition des Glücks von dieser oder jenen Art ist, trifft für I 7 zu (siehe unten), im Moment jedoch ist die Definition des Glücks das erste Prinzip oder der Ausgangspunkt,
   dem wir uns erst nähern. Vernünftige Bemerkungen über dieses und andere Missver-
   ständnisse von I 2 finden sich in W. F. R. Hardie 1968, 34–36, obwohl Hardies eigener
   Vorschlag (»das *Dass*« sei »eine bestimmte moralische Regel oder vielleicht die Definition einer bestimmten moralischen Tugend«) ebenfalls etwas zu allgemein ausfällt.
4 Vgl. I 1, 1094b14–16; II 2, 1104a3–10; V 14, 1137b13–32; IX II, 1165a12–14.

Verbinden wir diesen Gedanken mit einigen weiteren Bemerkungen über »das *Dass*« am Beginn von I 7 (1098a33–b4):

Man darf auch nicht in allen Dingen die Ursache auf dieselbe Weise suchen, sondern in einigen Fällen muss es hinreichen, ›das *Dass*‹ ordentlich gezeigt zu haben. ›Das *Dass*‹ ist das Erste und der Ausgangspunkt. Von den Ausgangspunkten aber erkennt man die einen durch Induktion, die anderen durch Wahrnehmung, wieder andere durch eine Art von Gewöhnung und andere wieder auf andere Weise.

Dieses Mal spricht der Kontext dafür, dass die umrisshafte Definition des Glücks oder des Guten für den Menschen das bestimmte »*Dass*« ist, das Aristoteles im Sinn hat. Die Suche nach einer zufriedenstellenden Präzisierung des Glücks und des Guten für den Menschen ist gerade abgeschlossen, und Aristoteles reflektiert darüber, welches Ausmaß an Präzision und Beweiskraft seiner Antwort zukommt: Sie hat nur den Status des »*Dass*« und ist so allgemein gehalten, dass ihr nicht mehr Präzision zukommt als es der Untersuchungsgegenstand erlaubt. Folglich wäre es offensichtlich falsch, die Idee des »*Dass*« als intrinsisch gebunden an bestimmte einfache Tatsachen zu verstehen. Dennoch wird in der Passage erneut die These aufgestellt, dass wir ohne Erklärung, ohne »das *Warum*«, vom »*Dass*« ausgehen müssen. Sie wird vervollständigt durch eine kurze Bestandsaufnahme der Arten und Weisen, auf die wir Ausgangspunkte erreichen. Wir wissen bereits, dass in der Ethik gute Gewohnheiten eine Voraussetzung dafür sind, »das *Dass*« zu verstehen. Jetzt wird hinzugefügt, dass Gewöhnung bereits eine Art des Verstehens ist, gleichwertig mit, jedoch zu unterscheiden von Induktion, Wahrnehmung und anderen Modi der Aneignung, die Aristoteles nicht weiter präzisiert (die antiken Kommentatoren fügen seiner Liste intellektuelle Einsicht und Erfahrung hinzu)[5]. Jede Art von Ausgangspunkt ist mit einem Aneignungsmodus verbunden, der ihm angemessen ist. Um einige Beispiele der antiken Kommentatoren zu nennen: Wir lernen durch Induktion, dass alle Menschen atmen, durch Wahrnehmung, dass Feuer heiß ist. In der Ethik ist Gewöhnung der angemessene Modus für zumindest einige Ausgangspunkte, und im Licht von I 2 ist unschwer zu erkennen, welche Ausgangspunkte dies sein müssen.[6] Die These ist, dass wir zuerst lernen (zur Wahrnehmung gelangen), was edel und gerecht ist, *nicht* durch Erfahrung oder Induktion von einer Reihe von Vorgängen, und auch nicht durch Eingebung

5   Einige Forscher (Peters, Grant, Stewart, Gauthier/Jolif) wollen die Modi der Aneignung auf die drei explizit genannten beschränken, indem sie *kai allai d'allôs* (καὶ ἄλλαι δ᾽ ἄλλως, 1098b4) eher als Zusammenfassung denn als ergänzbare Erweiterung der Liste verstehen: »einige auf diese Weise, andere auf andere« anstelle von »andere wieder auf andere Weise«. Die von mir bevorzugte Wiedergabe hat die Unterstützung von Ross wie von der antiken Tradition.

6   Nicht, zumindest nicht in erster Linie, die Definition des Glücks, wie Burnet denkt: Auch wenn diese »das *Dass*« ist, welches die Passage einleitet, so ist sie doch durch Argumentation und nicht durch Gewöhnung erreicht worden, und Aristoteles hat sich hier beiläufig schon einer Untersuchung weiteren Umfangs zugewandt (vgl. Irwin 1978, 269, Anm. 18). Natürlich werden die in Frage stehenden Ausgangspunkte weiterführen (vgl. insb. VII 9, 1151a15–19), wir befinden uns jedoch immer noch am Beginn von Aristoteles' Vorlesungen und dem Fortschritt, den sie anregen sollen.

(intellektuell oder perzeptiv), sondern indem wir lernen, edle und gerechte Dinge zu tun, indem wir an edles und gerechtes Verhalten gewöhnt werden.

Teilweise ist dies die bekannte Lehre aus II 1 und II 3, dass wir dadurch gerecht oder maßvoll werden, dass wir gerechte und maßvolle Dinge tun und daran gewöhnt werden, sie zu tun. Die Abschnitte I 2 und I 7, die wir untersucht haben, fügen diesen Kapiteln jedoch einen kognitiven Blickwinkel hinzu. Es stellt sich heraus, dass Aristoteles uns nicht einfach an die fade Einsicht erinnert, dass Tugend Praxis braucht. Vielmehr hat die Praxis kognitive Kraft, weil sie die Art und Weise ist, in der wir lernen, was edel und gerecht ist. Dieser Zusatz steht, wenn wir uns richtig besinnen, nicht nur in Übereinstimmung mit II 1 und II 3, er wird von dort sogar gefordert. Nach II 3 ist das höchste Ziel der Praxis des Anfängers, dass er die Art von Person wird, die tugendhafte Dinge im vollen Bewusstsein, aus einer Entscheidung um der Sache selbst willen und aus einem festen Charakterzustand heraus tut (1105a28–33). Der Anfänger wäre wohl kaum auf dem Weg zu diesem wünschenswerten Zustand, wenn er sich nicht im Prozess der Bildung (halbwegs korrekter) Ideen wie die des edlen Werts oder der Gerechtigkeit von Handlungen, in die er verwickelt war, befände. Wenn man so will, muss er auf dem Weg sein, ein reifes Verständnis von Werten zu erlangen.

Hier sollten wir zu VII 5 übergehen, wo Aristoteles eine interessante Bemerkung über Lernende allgemein fallenlässt (1147a21–22):

Wer zu lernen beginnt, verbindet Sätze miteinander[7] und weiß noch nicht, was sie bedeuten. Denn die Sätze müssen zu seiner zweiten Natur werden, und dazu braucht es Zeit.

Wir werden noch auf die Bedeutung zurückkommen, die dieser Lernende als eines von Aristoteles' Modellen für den Geisteszustand des willensschwachen Menschen hat. Im Augenblick möchte ich einfach den Gedanken in VII 5 über Ideen oder Überzeugungen, die zur zweiten Natur werden, mit dem Gedanken in II 3 verbinden, wo der Lernende in der Moral als jemand erscheint, der nach einem festen Charakterzustand strebt, der Überzeugungen über das Edle und Gerechte mit einschließt und deshalb teilweise aus diesen Überzeugungen heraus entwickelt werden muss. Der voll entwickelte Mensch der Tugend und praktischen Weisheit versteht »das *Warum*« dieser Überzeugungen – im Sinne des in I 2 entwickelten Unterschieds zwischen Dingen, die schlechthin, ohne Qualifikation bekannt sind, und Dingen, die für uns bekannt sind, hat er Wissen oder Kenntnis in dem unqualifizierten Sinn – doch diesem Zustand geht das Wissen (im qualifizierten Sinn) des Lernenden vom ›Dass‹ voraus, erworben durch Gewöhnung, so dass es seine zweite Natur geworden ist. Obwohl erst am Beginn des Weges zur vollkommenen Tugend, befindet sich der Lernende bereits auf einer Stufe, auf der

---

7   [συνείρουσι, Burnyeat: »connect together«, Anm. d. Übers.] Ross übersetzt »aneinanderreihen« [»string together«]; vielleicht hat er den geringschätzigen Ton, den der Ausdruck nun hat, nicht intendiert. Faktisch wird das Verb *syneirein* in Aristoteles' Vokabular nicht durchgehend, nicht einmal gewöhnlicherweise, geringschätzig gebraucht. Geringschätzig gebraucht wird es in *Metaph.* 1090b30, *De div.* 464b4, nicht jedoch in *Soph. El.* 175a30, *Metaph.* 986a7, 995a10, 1093b27, *De gen. et corr.* 316a8, 336b33, *De gen. anim.* 716a4, 741b9, *Probl.* 905a19.

er, indem er »das *Dass*« internalisiert hat, diejenigen Ausgangspunkte, die durch Gewöhnung erkannt werden, entweder schon hat oder sie leicht begreifen kann.

Es ergibt sich folgendes Bild. Man braucht eine gute Erziehung, nicht nur in dem Sinne, dass es jemanden gibt, der einem sagt, was edel und gerecht ist – das braucht man auch (wir erinnern uns an die Verse Hesiods), und Aristoteles diskutiert in X 10 und nochmals in der Politik VIII 1, ob diese Aufgabe vom Vater oder besser von Einrichtungen der Gemeinschaft übernommen werden sollte –, aber man braucht auch eine Verhaltensführung, um, indem man die Dinge tut, die als edel und gerecht gelten, zu erkennen, dass sie *wahrheitsgemäß* als edel und gerecht gelten. So kann man dazu kommen, das, worauf man sich anfangs vielleicht aus Vertrauen verlässt, für sich selbst zu wissen. Das heißt noch nicht zu wissen, *warum* es wahr ist, aber es heißt, *gelernt zu haben, dass* es wahr ist, in dem Sinn, dass man das Urteil selbst gefällt hat, sich zur zweiten Natur gemacht hat – sich zu Herzen genommen hat, wie Hesiod es formuliert. Es heißt auch nicht, eine der Tugenden erworben zu haben, für die praktische Weisheit erforderlich ist, jenes Verständnis des »*Warum*«, das allein die letzte Korrektur und Vervollkommnung der Wahrnehmung des »*Dass*« vollbringen kann. Aber es ist ein Anfang getan. Man kann nun vielleicht sagen: »Ich habe gelernt, dass es gerecht ist, meinen Besitz mit anderen zu teilen«, und dies auf eine Weise meinen, in der jemand, dem dies bloß gesagt worden ist, es nicht meinen kann, auch wenn er es glaubt – außer in dem schwächeren Sinn, in dem »Ich habe das und das gelernt« schlicht bedeutet, dass das und das der Inhalt einer Anweisung eines Elternteils oder Lehrers war.

Das ist eine schwierige Lektion, nicht nur für den Moralisten. Wie kann ich lernen, dass etwas edel oder gerecht ist, indem ich daran gewöhnt werde, es zu tun? Ist es nicht eine Sache zu lernen, *zu tun,* was gerecht ist und eine ganz andere zu lernen, *dass* es gerecht ist? Natürlich müssen wir weiter danach Ausschau halten, was Aristoteles über Lernen, zu tun, was edel und gerecht ist, zu sagen hat. Fangen wir wieder an dem Anfang an, den Aristoteles' Vorlesungen voraussetzen. Denn in X 10, dem allerletzten Kapitel der *Nikomachischen Ethik,* das speziell der moralischen Bildung gewidmet ist, wird mehr über gute Erziehung und ihren Nutzen gesagt.

In diesem Kapitel erklärt Aristoteles (1179b4–31), warum nur jemand mit einer guten Erziehung von der Art von Argumenten und Diskussionen, die seine Vorlesungen enthalten, profitieren kann.

Wenn nämlich die Reden allein den Menschen tugendhaft machen könnten, so würden sie wohl mit Recht nach Theognis vielen und großen Lohn davontragen, und man müsste sich solche Reden beschaffen. Nun aber scheint es, dass sie zwar die Kraft haben, die edelgearteten unter den jungen Leuten zu ermahnen und anzuspornen und einen wohlerzogenen[8] und

---

8 [εὐγενές, Burnyeat: »well-bred«, Anm. d. Übers.] Ross übersetzt mit »wohlgeboren« [»gently born«]. Der aristokratische Beiklang dieser Wendung ist jedoch für das Argument irrelevant, selbst wenn Aristoteles' Sympathien in diese Richtung gegangen sein sollten. Tatsächlich sagt Aristoteles in der *Rhetorik* (1390b22–25), dass die Erträge edler Geburt meist für nichts gut sind, und zieht eine scharfe Trennlinie zwischen edler Geburt *(eugeneia)* und edlem Charakter *(gennaiotês).* Seine Sichtweise in der *Politik* ist, dass es wahrscheinlich ist, dass edle Geburt und moralische Vorzüge zusammen auftreten, aber nicht mehr als das (*Pol.* III 13, 1283a36, im weiteren Kontext von 1282b14).

wahrhaft das Edle liebenden Charakter an die Tugend zu fesseln; die große Menge aber vermögen sie nicht dahin zu bringen. Denn diese gehorchen ihrer Natur nach nicht der Scham, sondern der Angst, und sie lassen sich vom Schlechten nicht durch die Schande, sondern nur durch die Strafe abhalten. Denn sie leben der Leidenschaft und suchen die ihrem Charakter gemäße Lust und die Mittel, die ihnen diese verschafft, und fliehen den entsprechenden Schmerz, vom Edlen und wahrhaft Lustvollen aber haben sie nicht einmal einen Begriff, da sie nie daran geschmeckt haben. Was für eine Rede soll solche Menschen umgestalten? Es ist kaum oder doch nicht leicht möglich, was seit langem in den Charakter aufgenommen wurde, durch das Wort wieder zu vertreiben. Vielleicht müssen wir also zufrieden sein, wenn wir beim Vorhandensein aller Voraussetzungen, um anständig zu werden, an der Tugend Anteil erhalten.

Die einen meinen nun, man werde tugendhaft durch Natur, die andern durch Gewöhnung, die dritten durch Belehrung. Was nun die Natur betrifft, so ist es klar, dass dies nicht bei uns steht, sondern nur aus einer Art von göttlicher Ursache den wahrhaft Glückgesegneten zukommt. Argumente und Belehrung dagegen werden wohl nicht bei allen Menschen wirken, sondern zuvor muss die Seele des Hörers durch Gewöhnung bearbeitet werden, dass sie edle Freude und edlen Hass empfindet, so wie man die Erde bearbeitet, die den Samen nähren soll. Denn wer der Leidenschaft lebt, wird nicht auf warnende Argumente hören, ja sie nicht einmal verstehen. Wie will man aber den umstimmen, der sich so verhält? Ganz allgemein scheint die Leidenschaft nicht dem Argument zu weichen, sondern nur der Gewalt. Es muss also der Charakter schon in gewisser Weise zuvor der Tugend verwandt sein, das Edle lieben und das Schimpfliche verabscheuen.

Diese wichtige und vernachlässigte Passage ist keine Rhetorik, sondern ein Argument[9], wie ich in Folgenden zu zeigen hoffe. Mein unmittelbares Anliegen ist der Student, den Aristoteles für seine Vorlesungen gewinnen möchte. Er ist jemand, der bereits das Edle liebt und Lust daran empfindet. Er hat einen Begriff vom Edlen und wahrhaft Lustvollen, den weniger gut erzogene Menschen nicht haben, weil sie keine Lust am Edlen verspüren. Das ist es, was seinem Charakter eine Verwandtschaft zur Tugend und eine Empfänglichkeit für Argumente verleiht, die zur Tugend anspornen sollen.

Auf die hier beschriebene edle Natur – Aristoteles' angehender Student – sind wir früher bei der Person mit einem Ausgangspunkt gestoßen. Diese Person hat gelernt, was edel ist (»das *Dass*«) und kommt, wie wir jetzt sehen, dazu, es zu lieben. Sie liebt es, weil es wahrhaft oder von Natur aus lustvoll ist. Vergleichen wir dies mit I 9, 1099a13–15:

Liebhabern des Edlen ist lustvoll das, was von Natur lustvoll ist. Derart sind die tugendhaften Handlungen; sie sind also solchen Menschen an sich lustvoll.

Der Kontext dieses Abschnitts macht klar, dass das Wort *Liebe* nicht aus Bequemlichkeit verwendet wird. Aristoteles hat eine Gefühlsdisposition im Sinn, die in ihrer Intensität (natürlich nicht in jeder anderen Hinsicht) durchaus mit einer Leidenschaft vergleichbar ist, die jemand hegt, wenn er etwa von Pferden begeistert ist. Seine Pointe ist, dass das, was man in diesem Sinne liebt, das ist, was man genießt oder als lustvoll empfindet. Gleichzeitig besteht er darauf (X 10,

---

9   Streng genommen kommt das Argument zweimal vor, wobei jeder Absatz eine Version darstellt, wie Rassow (1888, 594–596) festgestellt hat. Dies zeigt wiederum nur, dass Aristoteles das Material für wichtig genug erachtete, ihm zwei Versuche zu geben, um es zufriedenstellend zum Ausdruck zu bringen.

1179b24–26), dass die Fähigkeit zu »edler Freude und edlem Hass« aus Gewöhnung entsteht. Nach meiner Auffassung ist die Bedeutung, die der Lust in diesen Passagen zukommt, der Schlüssel zu unserem Problem, wie Praxis zu Wissen führen kann.

Es ist möglich, zu lernen, etwas zu genießen (Malen, Musik, Skifahren, Philosophie), und das ist nicht scharf davon zu trennen, zu lernen, dass die in Frage stehende Sache genussvoll ist. Wir müssen hier wieder den schwachen Sinn von *lernen* außer Acht lassen, den Sinn, in dem gelernt zu haben, dass Skifahren genussvoll ist, einfach bedeutet, dass man die Information erhalten hat, ohne persönliche Erfahrung gewonnen zu haben. Im starken Sinn lerne ich nur dann, dass Skifahren genussvoll ist, wenn ich es selbst ausprobiere und dazu komme, es zu genießen. Die Entwicklung meines Genusses geht Hand in Hand mit der Internalisierung des Wissens.

Es ist auch möglich, zu lernen, etwas angemessen zu genießen, im Unterschied dazu, einfach Lust daran zu empfinden. Das ist ein schwieriges Thema, aber ich kann vielleicht deutlicher machen, was ich meine, wenn ich einige Beispiele dafür nenne, dass etwas nicht angemessen genossen wird: An Philosophie Gefallen finden, weil es einem ein Machtgefühl verleiht, sich an einer Reise erfreuen, weil man auf dem Weg schöne Fotos machen kann, eine Party zu genießen, weil man dort wichtige Menschen trifft, sentimentale Gefühle beim Hören einer Sinfonie zu empfinden. Aristoteles' Tugend der Besonnenheit handelt vom angemessenen Genuss bestimmter körperlicher Vergnügen, die mit Stil und Geschmack zu tun haben. Das sind Dinge, an denen jeder Mensch und jedes Tier Lust empfinden kann, aber nicht notwendig auf die richtige Art und Weise. Nehmen wir das Beispiel des Vielfraßes, der betet, dass seine Kehle länger als die eines Kranichs werde, damit er den Genuss des Essens verlängern kann (III 13, 1118a26–b1). Dies illustriert die Perversion eines Menschen, der mehr Lust am einfachen Kontakt mit dem Essen empfindet, als mit den Geschmacksrichtungen, die der angemessene Gegenstand des Geschmackssinns sind. Die Besonnenheit ist bei Aristoteles auch auf sexuelle Beziehungen bezogen:

Denn alle freuen sich in gewisser Weise an Speisen, Wein und Geschlechtsverkehr, aber nicht alle, wie sie sollen. (VII 14, 1154a17–18)

Auch dies ist ein Gedanke, den wir verstehen können, wie schwierig es auch sein mag, ihn bis ins Einzelne auszuarbeiten.

Nun behauptet Aristoteles, zu lernen, was tugendhaft ist, es zu einer Gewohnheit oder zweiten Natur zu machen, bedeute unter anderem, zu lernen, es zu genießen, Vergnügen – angemessenes Vergnügen – daran zu empfinden. Im Licht der Frage, ob jemand Freude an tugendhaften Handlungen empfindet oder es versäumt, können wir entscheiden, ob er die richtige Disposition zu ihnen entwickelt hat. So steht es in II 2, 1104b3–13 (relevant ist allerdings das gesamte Kapitel):

Erkennbar sind die Eigenschaften an der Lust oder dem Schmerz, der die entsprechende Tätigkeit begleitet. Denn wer sich der körperlichen Lüste enthält und sich eben daran freut, der ist besonnen, wer es aber ungern tut, ist zügellos; und wer Furchtbares aushält und sich daran freut oder doch keinen Schmerz empfindet, der ist tapfer, wer es dagegen mit Schmerzen tut, ist feige.[10] So bezieht sich denn die ethische Tugend auf Lust und Schmerz. Denn um der Lust willen tun wir das Schlechte, und wegen des Schmerzes versäumen wir das Gute. Also müssen wir von Jugend an dazu angehalten werden, wie Platon sagt, dass wir Freude und Schmerz empfinden, wo wir sollen.[11] Denn darin besteht die rechte Erziehung.[12]

Solche Passagen müssen im Licht von Aristoteles' eigener Analyse der Lust in Buch VII und X (bes. X 2, 1173b28–31) gesehen werden: Die Freude des Besonnenen an der Enthaltsamkeit an übermäßigem Genuss oder des Tapferen, der einer schrecklichen Situation standhält, ist nicht dieselbe oder von derselben Art wie das zügellose Vergnügen oder die Erleichterung, die durch Sicherheit hergestellt wird. Der Charakter des Vergnügens hängt von seinem Gegenstand ab, und der Tugendhafte empfindet an ganz anderen Dingen Lust als die Nicht-Tugendhaften. Wie der zitierte Abschnitt deutlich macht, empfindet der Tugendhafte insbesondere daran Lust, seine Tugenden um ihrer selbst willen auszuüben. Und in Gefahrensituationen oder anderen Fällen *können* die Handlungen, die die Ausübung der Tugenden erfordern, nur dann lustvoll sein, wenn sie als edel und tugendhaft aufgefasst werden und der Akteur Lust daran empfindet, etwas Vornehmes und Edles zu leisten (vgl. III 12, 1117a33–b16). Deshalb ist sein Vergnügen oder das Fehlen dieses Vergnügens ein Test, ob er wirklich im Besitz der Tugenden ist.

Rufen wir uns noch einmal die Aussage aus II 3 in Erinnerung, dass Tugend die Entscheidung für die tugendhafte Handlung um ihrer selbst willen impliziert. Werden wir gefragt, was tugendhafte Handlungen sind, dann muss ein wichtiger Teil der Antwort sein, dass sie gerecht, mutig, maßvoll und so weiter, in allen Fällen jedoch edel sind. (Allen Tugenden ist gemeinsam, dass sie im Hinblick auf das Edle gewählt werden[13].) Wenn lernen, gerechte Handlungen auszuüben und (angemessenes) Vergnügen daran zu finden, bedeutet, sie um ihrer selbst willen zu tun und zu genießen, also deshalb, weil sie gerecht sind, und wenn dies nicht davon zu unterscheiden ist, zu lernen, dass sie an sich und aufgrund ihres intrinsischen Wertes, d.h. wegen der Gerechtigkeit und des edlen Charakters, genussvoll sind, dann können wir der These, dass Praxis zu Wissen führt, vielleicht wie folgt Sinn verleihen. Mir wurde vielleicht gesagt, dass diese und jene Handlungen gerecht und edel sind, aber ich habe nicht wirklich für mich selbst gelernt (mir zu Herzen genommen, zu meiner zweiten Natur gemacht), dass sie diesen intrinsi-

---

10 Wie Grant angemerkt hat, ist es streng genommen eher ein Zeichen von Selbstbeherrschtheit als von einem wirklichen Laster, wenn das Richtige mit Widerstreben und Unlust getan wird (vgl. III 4, 1111b14–15; *EE* 1223b13–14, 1224b16–18). Man sollte nicht zu stark darauf drängen, in diesem Fall Zügellosigkeit und Feigheit zuzuschreiben.

11 Dies bezieht sich auf Platons *Nomoi* 653a. Zur Idee, dass Gewohnheiten zur zweiten Natur werden, siehe auch *Politeia* 395d.

12 Vgl. I 9, 1099a17–21; II 9, 1109b1–5; III 6, 1113a31–33; IV 2, 1120a26–27; X 1, 1172a20–23.

13 III 10, 1115b12 f.; IV 1, 1120a23 f.; IV 4, 1122b6 f.; *EE* 1230a27–29. Im ersten und dritten der hier angeführten Abschnitte übersetzt Ross irreführend mit »um der Ehre willen« [»for honour's sake«; τοῦ καλοῦ ἕνεκα, Burnyeat: »because they are noble«, Anm. d. Übers.]

schen Wert haben, solange ich nicht gelernt habe, sie deshalb zu schätzen (zu lieben), mit der Konsequenz, dass ich Vergnügen an ihnen finde. Um den Wert, der sie an sich genussvoll macht, zu verstehen und anzuerkennen, muss ich für mich selbst lernen, sie zu genießen, und das braucht in der Tat Zeit und Übung – kurz gesagt, Gewöhnung.

Nun zurück zu X 10. Wir haben gesehen, dass der junge Mensch, der das Edle wahrhaft liebt, nicht einfach jemand mit einem allgemeinen Wunsch ist, das zu tun, was auch immer sich als edel herausstellt, sondern jemand, der einen Geschmack oder eine Fähigkeit entwickelt hat, Dinge, die tatsächlich edel und genussvoll um ihrer selbst willen sind, um ihrer selbst willen zu genießen. Er hat gelernt, wirklich gelernt, dass sie edel und genussvoll sind, aber er weiß noch nicht, warum sie es sind. Er hat noch nicht die uneingeschränkte praktische Weisheit des guten Menschen, auch wenn er im Besitz des »Dass« ist, das der notwendige Ausgangspunkt zum Erwerb der praktischen Weisheit und der vollkommenen Tugend ist. Er ist also erziehbar. Laut X 10 wird Argumentation und Diskussion den Erwerb der Tugend fördern, weil er einer Form von Scham (αἰδώς) im Gegensatz zu Angst gehorcht. Was bedeutet das?

Aristoteles diskutiert Scham in IV 15:

Von der Scham kann man nicht wie von einer Tugend reden. Sie ist eher ein Affekt als eine Haltung. Bestimmt wird sie als Furcht vor Schande. [...] Ferner passt dieser Affekt nicht zu jedem Alter, sondern zur Jugend. Wir meinen nämlich, dass der Jugendliche schamhaft sein müsse weil er aus der Leidenschaft lebt und viele Fehler begeht, die Scham aber hindere ihn daran. Also loben wir, wer in der Jugend schamhaft ist, von einem älteren Menschen wird man das aber nicht rühmen. Denn wir meinen, dass er nicht tun dürfe, worüber er sich schämen müsste. (1128b10–12, 15–21)

Scham ist die Halbtugend des Lernenden. Der Lernende wird als ein junger Mensch vorgestellt, der aus Affekten handelt und deshalb Fehler macht. Er möchte edle Dinge tun, manchmal jedoch tut er schändliche und unehrenhafte Dinge, und dann schämt er sich über sich selbst und sein Verhalten.[14] Nun meint Aristoteles, dass alle jungen Menschen (und viele ältere) ein Leben aus der Leidenschaft des Augenblicks heraus führen und das verfolgen, was zu einer gegebenen Zeit lustvoll erscheint. Ein Beispiel für eine solche Aussage ist das folgende aus VIII 3, 1156a31–33:

Die Freundschaft der jungen Leute scheint auf Lust begründet zu sein. Denn sie leben aus der Leidenschaft und suchen vor allem, was ihnen im Augenblick angenehm ist. (Vgl. I 1, 1095a4–8)

Die wohlerzogenen unter den jungen Menschen haben einen Geschmack für das Lustvolle entwickelt – das Lustvolle an edlen und gerechten Handlungen –, von

---

14 Die Verbindung zwischen Scham und dem Wunsch, Edles zu tun, ist im Griechischen sehr deutlich. Scham wird empfunden, wenn *aischra* (αἰσχρά: Schändliches, Unedles, Niedriges) getan wird, und *aischra* ist üblicherweise der Gegensatz zu *kala* (καλά: Edles, Vornehmes, Ehrenhaftes). Folglich ist es miteinander vereinbar, etwas aus Furcht vor der Schande und für das Edle der Handlung an sich zu tun. Dies geht aus III 11, 1116a27–29 hervor, wo es um die Tapferkeit des Staatsbürgers geht: Diese Form der Tapferkeit ist nur deshalb die »zweitbeste«, weil der Soldat im Staatsdienst seinen Begriff des Edlen aus den Gesetzen und den Erwartungen anderer gewinnt (1116a17–21) und den Sinn für das Edle und für das Schändliche nicht internalisiert hat (1116a11–12).

dem andere keine Ahnung haben. Die weniger glückverheißende Mehrheit lebt auch aus der Leidenschaft heraus (X 10, 1179b13, 27 f.), aber da sie an edlen und gerechten Handlungen kein Vergnügen findet, kann sie nur durch Angst vor Strafe zum richtigen Verhalten gebracht werden (X 10, 1179b11–13). Sie wird von Fehlverhalten nicht deshalb absehen, weil es schändlich ist, nicht weil die Handlungen ungerecht sind, sondern nur, um den Schmerz der Bestrafung zu vermeiden. Demgegenüber hat die wohlerzogene Person einen gänzlich anderen Grund, solche Handlungen zu vermeiden. Insofern sie erkennt, dass sie ungerecht oder unedel sind, erscheinen sie ihr nicht mehr angenehm oder lustvoll. Insofern sie dies nicht erkennt und solche Handlungen begehrt oder sogar ausführt, fühlt sie sich schlecht und schämt sich ihres Versäumnisses. Die Handlungen schmerzen sie intrinsisch, nicht aufgrund ihrer Folgen. Deshalb ist sie empfänglich für die Art moralischer Bildung, die ihre Urteile zurechtrücken und die intellektuellen Kapazitäten (praktische Weisheit) ausprägen wird, die sie befähigen werden, solche Fehler zu vermeiden.

Die wesentliche Einsicht dieses Gedanken stammt von Platon. Denn wenn wir die Entwicklung von Motiven in Bezug auf das Edle und Gerechte bei jungen Menschen diskutieren, befinden wir uns auf jenem Terrain, das Platon für den mittleren Part seiner dreigeteilten Seele vorgesehen hat. Der mittlere, so genannte eifrige Teil strebt nach dem Edlen und Gerechten (*Politeia* 440c–d) und entsteht beim jungen Menschen vor der Vernunft (441a; vgl. Aristoteles, *Pol.* VII 15, 1334b22–25). Er ist auch der Sitz der Scham: Implizit wird das in der Geschichte von Leontios deutlich, wenn er Empörung über sich selbst empfindet, weil er sich wünscht, die Leichen anzuschauen. Explizit wird es im *Phaidros* gesagt (253d, 254e). Der Zusammenhang zum Zorn, den wir ebenfalls bei Aristoteles finden werden, ist, dass Zorn kennzeichnenderweise dasselbe Anliegen bezüglich dem Edlen und Gerechten vertritt, welches jedoch auf andere Menschen gerichtet ist (vgl. *EN* V 10, 1135b28 f.). Wie er selbst in II 2 anerkennt, schuldet Aristoteles Platon die Idee, dass diese motivierenden evaluativen Einstellungen nicht von der Vernunft stammen – sie entstehen vor der Vernunft und liegen in diesem Stadium noch nicht in einem allgemeinen Verständnis über die Bedeutung von Tugenden für ein gutes Leben begründet. Und weil sie nicht von der Vernunft stammen, sind andere Arten des Trainings vonnöten, um sie auf die richtigen Gegenstände zu richten: im Wesentlichen Übung und Gewöhnung, wie wir gesehen haben. Aber Aristoteles teilt mit Platon ebenso den für die Griechen charakteristischen Glauben, dass musikalische Bildung richtiges Urteilen fördert und zur Freude an anständigem Charakter und edlen Handlungen, wie sie in der Musik repräsentiert werden, führt (*Pol.* VIII 5, 1340a14 ff.). Bei beiden liegt dem die Idee zugrunde, dass das kindliche Lustgefühl, von dem zuerst auszugehen ist und das lange Zeit das einzige Motiv ist, mit gerechten und edlen Dingen verknüpft werden sollte, damit sich die vorrationalen evaluativen Einstellungen auf die richtigen Gegenstände richten.

Diese Einstellungen vorrational zu nennen, heißt, etwas über ihre Quelle auszusagen. Sie unterscheiden sich von den rationalen Strebungen, die sich aus einem reflektierten Wertesystem ableiten, das vom Begriff des Guten organisiert wird. Wir werden in Kürze auf diese Strebungen zurückkommen. Strebungen und Empfindungen stehen jedoch in einem engen Verhältnis zur Natur und Quelle von Einstellungen. Es ist nicht so, dass die evaluativen Einstellungen keine gedankliche Komponente (keine Intentionalität) haben: Im Gegenteil wird etwas als Edles oder Gerechtes erstrebt, etwas ruft Scham hervor, weil es als schändlich aufgefasst wird. Die Einstellungen gründen in einer Evaluation ihres Gegenstandes, genauso wie die Begierden sich an der Vorstellung ihres Gegenstandes als etwas Lustvollem orientieren. In diesem Sinn haben beide ihre ›Gründe‹. Entscheidend ist, dass solche Gründe nicht zwangsläufig oder nicht unmittelbar angesichts entgegengesetzter Überlegungen weichen oder an Kraft verlieren müssen. Wir haben sozusagen Gedanken im Hinterkopf, die von unserer Gesamtbetrachtung der Dinge relativ unberührt bleiben. Für ein Verständnis dieses Phänomens ist das Jahrhundert der Psychoanalyse in einer guten Lage, aber die griechischen Philosophen haben bereits erkannt, dass es für jede plausible Erklärung von Willensschwäche zentral sein muss. Diese Einsicht ist der Grund für ihre Verflechtung der Themen Willensschwäche und moralische Entwicklung.[15]

Aus all dem folgt nicht nur, dass die moralische Entwicklung für lange Zeit kein völlig rationaler Prozess sein kann, sondern auch, wie oftmals übersehen wird, dass reife Moral zu einem großen Teil weiterhin das bleiben muss, was es ursprünglich einmal war: eine Sache von Reaktionen, die sich aus anderen Quellen als der reflektierenden Vernunft speisen. Sind diese Reaktionen die Fabrik des moralischen Charakters, so werden sie beim Menschen vollkommener Tugend und praktischer Weisheit in das reflektierte Wertesystem integriert, von diesem beeinflusst und korrigiert. Um zur Besonnenheit zurückzukehren:

Denn wie das Kind nach dem Befehl des Lehrers leben muss, so auch das Begehrende nach der Vernunft. Darum muss auch das Begehrende beim Besonnenen mit der Vernunft übereinstimmen. Denn für beide ist das Ziel das Edle, und der Besonnene begehrt die Dinge, die er soll und wie er soll und wann er soll. Und dies befiehlt auch gerade die Vernunft.[16]

Dies ist Aristoteles' Version der psychischen Harmonie, die Platon bei den Wächtern seiner idealen Polis zu etablieren suchte.

Aristoteles zieht jedoch, wie X 10 deutlich werden lässt, eine wichtige Schlussfolgerung aus dem Erfordernis vorrationaler Bedingungen, die bei Platon vielleicht nicht so offenkundig ist (wir werden auf Platon zurückkommen). Nach Aristoteles hat es keinen Zweck, mit jemandem zu argumentieren oder zu diskutieren, wenn ihm der entsprechende Ausgangspunkt (»das *Dass*«) fehlt und er keine Vorstellung davon hat, dass gerechte und edle Handlungen an sich wertvoll sind, unabhängig von der Belohnung oder Bestrafung, die sie kontingenterweise

15 Für eine philosophische Diskussion des zwanzigsten Jahrhundert, die interessanten Nutzen aus griechischen Ideen schlägt, um die Bedeutung verschiedener Quellen des Begehrens hervorzuheben, siehe Watson 1975. Watson geht so weit, zu behaupten, dass es Wünsche gibt, die absolut keine Befürwortung ihres Objektes mit sich bringen, nicht einmal die Vorstellung, dass es lustvoll ist (210–211). Die von ihm angeführten Beispiele (der plötzliche Drang einer Mutter, ihr plärrendes Kind im Bad zu ertränken, ein Mann, der seine sexuellen Neigungen als Werk des Teufels betrachtet) fordern jedoch geradewegs dazu heraus, sie in Begriffen von Lust zu untersuchen, die unbewusst gehalten werden muss.

16 III 15, 1119b13–18; vgl. I 13, 1102b28; IX 4, 1166a13–14.

erfahren. Einer solchen Person kann man die Tugenden nur insofern empfehlen, als sie in einer gegebenen sozialen Ordnung erforderlich sind, um die Schmerzen der Bestrafung zu vermeiden – d.h. für wesentlich externe, kontingente Gründe. Dadurch ist nicht einmal garantiert, dass sie zu einem persönlichen Ziel beitragen, das der Akteur bereits hat, sei es Macht, Geld, Lust oder was auch immer. Aber selbst wenn diese Verbindung zu einem vorgängigen persönlichen Ziel in gegebenen kontingenten Umständen zustandekommt, so wäre er noch nicht mit einem Grund ausgestattet, die Tugenden um ihrer selbst willen auszuüben, als *Bestandteil* des Glücks und nicht nur als ein Mittel zum Zweck.

Dies gibt Aufschluss darüber, welches Selbstverständnis Aristoteles in der *Nikomachischen Ethik* verfolgt und warum er gute Erziehung zur Bedingung für das vernünftige Studium dieses Gegenstands erklärt. Wenn er »das *Warum*« tugendhafter Handlungen darlegt, dann erklärt er, wodurch sie edel, gerecht, mutig und so weiter werden und wie sie zum Entwurf eines guten Lebens passen, nicht, warum sie überhaupt gewählt werden. Er richtet sich an jemanden, der tugendhafte Handlungen bereits wünscht, sich an ihnen erfreut und diesen Aspekt seines Lebens nun aus einer tiefergehenden Perspektive sehen möchte. Er unternimmt nicht den Versuch, den so viele Moralisten gemacht haben, die Tugenden selbst denen nahe zu bringen, die sie verschmähen. Seine Vorlesungen sind keine Predigten, nicht einmal protreptische Erörterungen, die die Boshaften zur Besserung nötigen sollen. Aus X 10 wird klar, dass er ein solches Unterfangen für nutzlos hielt. Das Begehren von einigen, vielleicht den meisten Menschen ist bereits so korrumpiert, dass kein Argument der Welt sie zu der Einsicht bringen kann, dass tugendhafte Handlungen an sich begehrenswert sind (vgl. III 7, 1114a19–21). Besser lassen sich seine Vorlesungen als Kurs im praktischen Denken verstehen, der jemanden, der bereits tugendhaft sein möchte, befähigt, besser zu verstehen, was er tun soll und warum.[17] Ein solches Verständnis ist nach Auffassung von Aristoteles mehr als nur kognitiv. Weil darin die Artikulation eines reifen Wertesystems unter dem Begriff des Guten zum Ausdruck kommt, wird es neue reflektierte Motivation für tugendhaftes Handeln liefern. Deshalb kann Aristoteles behaupten (I 1, 1095a5–6; II 2, 1103b26–29; II 3, 1105b2–5; X 10, 1179a35–b4), dass das Ziel des Ethikstudiums Praxis und nicht nur Wissen ist, vollkommen tugendhaft zu werden und nicht einfach nur zu wissen, was Tugend erfordert.[18] Jemand, der Scham empfindet, wird empfänglich dafür sein,

---

17 Ein Beispiel dafür ist das berühmte Argument in I 6, in dem Erwägungen über die dem Menschen eigentümliche Leistung *(ἔργον)* zu dem Nachweis führen, dass das Glück Tätigkeit in Übereinstimmung mit der Tugend ist: Dies ist kein Argument, das auf jemanden wirkt, der bezweifelt oder bestreitet, dass er die Tugenden ausüben sollte – so viel ist schon auf den letzten Seiten von Buch 1 von Platons *Politeia* klar, wo Thrasymachos von einer früheren Version desselben Arguments vollkommen unberührt bleibt. Dem reflektierenden Verstand desjenigen aber, der die grundlegenden moralischen Anliegen teilt, die Aristoteles bei seiner Zuhörerschaft voraussetzt, kann es etwas sagen. (Irwin, 1978, 260–262, scheint optimistischer zu sein.)

18 Aristoteles suggeriert keinesfalls, dass die Teilnahme an Vorlesungen wie seiner eigenen der einzige Weg ist, praktische Weisheit zu erlangen, noch, dass die Teilnahme allein hinreicht, die benötigten intellektuellen Tugenden auszubilden. Aber er bezweckt ernsthaft, seinen Studenten auf diesem Weg zu helfen. Dies ist die Lösung des traditionellen

weil er in bezug auf die richtige Art von Dingen besser werden will. Wer aber nur Angst vor Bestrafung empfindet, wird unempfänglich bleiben; ihm kann man nur sagen, für was er sich Ärger einhandeln wird.

Nach diesen eher allgemein gehaltenen Bemerkungen über den Charakter von Aristoteles' Unternehmen, können wir nun damit beginnen, uns in Richtung des Themas Willensschwäche zu bewegen. Zunächst müssen wir jedoch das Bild abrunden, das sich uns über die motivationalen Quellen der wohlerzogenen jungen Person darstellt. Denn die vorrationalen evaluativen Einstellungen, mit denen seine Erziehung ihn ausgestattet hat, sind nicht die einzigen Impulse, die ihn zum Handeln bewegen. Als menschliches Lebewesen hat er auch die physiologischen Begierden. Deren Gegenstand ist natürlich die Lust[19], aber sie können auch modifiziert und trainiert werden, um zu Strebungen zu werden, die sich auf den angemessenen Genuss körperlicher Lüste richten. Dies gehört, wie wir gesehen haben, zum Erwerb der Tugend der Besonnenheit. Auch instinktive Reaktionen wie Angst können zur Tugend, hier zur Tapferkeit, ausgebildet werden. In menschlichen Lebewesen können solche Empfindungen nicht eliminiert werden, deshalb brauchen sie ein Training. Auch wenn hier kein Raum zur Diskussion bleibt, darf das wichtige Faktum nicht ausgespart bleiben, dass Aristoteles sein Diktum, dass der Mensch von Natur aus ein soziales Lebewesen ist, in Buch VIII und IX sehr ernst nimmt: Freundschaft ist an sich etwas Edles (VIII 1, 1155a29) und zu den Aufgaben der Erziehung und Ausbildung wird es auch gehören, den Empfindungen und Handlungen, die mit einer Vielzahl von Beziehungen zu anderen Menschen verbunden sind, die richtige Vorform zu geben.[20]

Von dieser Einleitung ausgehend, können wir jetzt eine Passage betrachten, die uns von moralischer Bildung zu Willensschwäche führt (I 1, 1095a2–11):

Darum ist ein junger Mensch nicht ein geeigneter Hörer für die politische Wissenschaft. Denn er ist unerfahren in der Praxis des Lebens; die Untersuchung geht aber gerade von dieser aus und behandelt diese. Ferner ist er geneigt, den Leidenschaften zu folgen, und wird darum ohne Zweck und Nutzen zuhören, da ja das Ziel hier nicht die Erkenntnis, sondern das Handeln ist. Es macht aber keinen Unterschied, ob man an Jahren jung ist oder an Charakter unreif. Denn der Mangel hängt nicht von der Zeit ab, sondern davon, dass man den Leidenschaften lebt und auf sie hin jedes einzelne erstrebt. Für solche Menschen nämlich ist die Erkenntnis völlig fruchtlos, wie etwa für die Unbeherrschten. Wer aber seine Strebungen nach der Vernunft richtet und entsprechend handelt, für den dürfte das Wissen von diesen Dingen von außerordentlichem Nutzen sein.

Problems (in seiner schärfsten Formulierung bei Joachim 1951, 13–16), warum Aristoteles es anzuerkennen versäumt, dass *Ethik* nicht selbst praktisch ist, sondern eine theoretische Untersuchung *des* Praktischen. Das wirkliche Versäumnis liegt hier in einer verarmten Konzeption praktischer Vernunft begründet, der die praktische Orientierung in Aristoteles' Unternehmen ein Rätsel ist (siehe auch Irwin, 1978, 257–259).

19 III 2, 1111b17; III 13, 1118b8 ff.; III 15, 1119b5–8; VII 5, 1147a32–34; VII 7, 1149a34–36; *EE* 1247b20.

20 Diese Idee ist erneut Platons dreigeteilter Seele verpflichtet: In der *Politeia* (375a ff.) werden die Wächter mit edlen Hunden verglichen, mit besonderem Hinweis auf ihre sanftmütige und eifrige Natur, und in der *Politik* (1327b38–1328a1) bezieht sich Aristoteles ausdrücklich auf die *Politeia*, wenn er meint, das seelische Vermögen, kraft dessen wir zu Bekannten freundlich sind, sei der Eifer.

Vernunft wird von Wirkung und Nutzen für den wohlerzogenen Studenten sein, weil er seine Strebungen nach der Vernunft richten kann; dies hatten wir bereits herausgefunden. Andere, unreife Menschen egal welchen Alters, formen ihre Strebungen auf andere Weise, und das ist es, was bei der Willensschwäche passiert; oder besser, wie wir sehen werden, eine Hälfte von dem, was bei der Willensschwäche passiert. Wir haben also zwei Arten von Menschen, die durch zwei verschiedene Weisen unterschieden sind, ihre Strebungen zu formen. Was sind diese zwei Weisen, Strebungen zu formen, und wie unterscheiden sie sich?

Aristoteles beschreibt den Prozess, den er ›Überlegung‹ (βούλευσις) nennt (vgl. bes. III 4–5), folgendermaßen: Das praktische Denken artikuliert ein allgemeines Gut, das wir uns wünschen, und fokussiert es auf eine bestimmte Handlung, die in unserer Macht steht. Dabei wird ein Begehren erzeugt, das in Frage stehende zu tun. Ein Begehren wird also durch die Erkenntnis geformt, dass die Handlung eines der Ziele erfüllt, das von unserer vernünftigen Auffassung vom guten Leben befürwortet wird. Dieses spezifischere Begehren – spezifischer heißt hier: spezifischer als der allgemeine Wunsch, aus dem es sich ableitet – nennt Aristoteles Entscheidung:

> Da nun das Entschiedene ein Überlegtes und Erstrebtes ist, das in unserer Macht steht, so wird also die Entscheidung das überlegende Streben nach den Dingen sein, die in unserer Macht stehen. Denn aus der Überlegung entsteht unser Urteil, und dann streben wir gemäß der Überlegung.[21]

Oder, um seine Bemerkungen aus einem späteren Buch zu paraphrasieren (VI 1139a21–33), Entscheidung ist das Streben nach dem, was die Vernunft für gut erachtet.

Soviel zur Formung unserer Strebungen im Licht von Vernunftüberlegungen, die sich am Guten orientieren. Praktisches Denken, das sich nicht an einer Konzeption des Guten orientiert, nennt Aristoteles nicht Überlegung, und das Ergebnis ist dann auch keine Entscheidung. Damit ist jedoch nicht gemeint, dass in dem in I 1 genannten alternativen Prozess, in dem Strebungen geformt werden, Vernunft und Denken keine Rolle spielen. Ganz im Gegenteil beschreibt Aristoteles solches Denken in einigen Details, zu denen wir jetzt kommen werden, wenn wir die Diskussion von Willensschwäche in Buch VII aufgreifen.

Der akratische (willensschwache) Mensch handelt gegen seine Entscheidung und gegen sein Wissen (Urteil) über das Gute.[22] Er hat ein vernünftiges Streben

---

21 III 5, 1113a9–12. Hier könnte eingewandt werden, dass Aristoteles die Entscheidung nicht als ein neues und spezifischeres Begehren hätte bezeichnen müssen. Gegeben ein Wunsch nach X und die Erkenntnis, dass Y X realisiert, dann ist für die Erklärung kein zusätzlicher Wunsch nötig; es sollte genug sein, angeben zu können, dass ein Mensch X wünschte und Y als ein Weg sah, es zu realisieren (Andeutungen dieser Art von Argumentation finden sich in Nagel 1970, Kap. 5–6). Das neue und spezifischere Begehren ist jedoch nicht redundant in Aristoteles' Schema, wenn es die Lust an der tugendhaften Handlung zu erklären hilft, eine Lust, die spezifischer mit der konkreten Handlung zusammenhängen sollte als die Lust, einfach *irgendetwas* zu tun, das den Wunsch erfüllt, tugendhaft zu sein.

22 Gegen sein Wissen und Urteil: VII 2, 1145b12; VII 5, 1146b24 ff. Gegen seine Entscheidung: VII 4, 1146b22–24; VII 6, 1148a9–10; VII 9, 1151a5–7; VII 11, 1152a17.

nach einer Sache, handelt jedoch unter dem Einfluss entgegengesetzter Strebungen anders. Natürlich müssen wir auch die Entstehung dieses entgegengesetzten Strebens beachten, damit wir verstehen können, wie es sich auf einen bestimmten Gegenstand richtet und in eine adäquate Erklärung der willensschwachen Handlung passt. Ebenso klar ist, dass Aristoteles in VII 5 das Verhalten des Willensschwachen unter ein Standardmuster der Handlungserklärung zu bringen beabsichtigt: das Schema des praktischen Syllogismus. In seinem Modellfall steuern körperliche Begierden eine Hauptprämisse zu dem Syllogismus bei, die eher auf die Lust als auf das Gute gerichtet ist (»Alles Süße ist angenehm« oder »Süßigkeiten sind lecker«). Die Begierden eines Menschen setzen also ein Ziel, das nicht in seinen Lebensplan, seine wohlbedachten Ziele oder seine Gesamtbetrachtung des Guten integriert ist. Im Unterschied zum Maßlosen, dessen (pervertierte) Vernunft jede sinnliche Befriedigung als Gut an sich anerkennt, ist der Willensschwache versucht, ein Ziel zu verfolgen, das zu seiner vernünftigen Lebensauffassung im Widerspruch steht. Dennoch handelt er, wie Aristoteles betont (VII 5, 1147a35–b1), unter dem Einfluss einer Meinung und einer Art Denken. Seine Handlung kann von dem Standardmodell einer Kombination aus Wunsch und Gedanken erklärt werden, das durch den folgenden praktischen Syllogismus ausgedrückt wird: »Süßigkeiten sind lecker; dies ist eine Süßigkeit; also werde ich dies zu mir nehmen«. Für den Willensschwachen ist das nur die eine Hälfte der Geschichte – wir haben nur die wirklich ausgeführte Handlung, nicht jedoch den im Hintergrund stehenden Konflikt erklärt –, für die Menschen unreifen Charakters aus I 1 ist es vermutlich schon die ganze Geschichte. Deren Strebungen und Handlungen richten sich deshalb nicht nach der Vernunft, weil ihre Ziele einfach Dinge sind, die ihnen im Moment lustvoll erscheinen. Sie haben keine beständige Konzeption des Guten, von der ihre Vernunftüberlegungen ausgehen können.[23]

Es gibt jedoch neben den körperlichen Begierden noch andere Quellen der Unbeherrschtheit: Darunter fallen bemerkenswerterweise auch die vorrationalen evaluativen Einstellungen des wohlerzogenen Studenten, denen wir bereits begegnet sind. Eine parallele Prozedur zu der soeben verfolgten kann uns ein Bild über die Art von Fehler vermitteln, der den angehenden Studenten dazu bringt, sich zu schämen. Dieser Fehler ist wiederum die eine Hälfte der Erklärung von derjenigen Art von Willensschwäche, die nicht von körperlichen Begierden hervorgerufen wird.

Die Details finden sich in VII 7, 1149a25–b2:

Der Eifer scheint nämlich teilweise auf die Vernunft zu hören, aber verkehrt zu hören, wie ein hastiger Diener, der hinausläuft, ehe er den ganzen Befehl vernommen hat, und ihn dann auch falsch ausführt, und wie die Hunde, die bellen, wenn sie nur einen Ton hören, ohne sich zu vergewissern, ob es sich um einen Freund handelt. So hört auch der Eifer in seiner Hitze und Raschheit zwar hin, aber nicht auf das, was befohlen wird, und stürmt gleich zur Rache. Der Verstand oder die Vorstellung haben ihm mitgeteilt, dass eine Beleidigung oder Verachtung vorliege, und er ereifert sich sofort, wie wenn er den Schluss zöge, dass man etwas Derartiges bekämpfen müsse. Die Begierde wiederum stürmt zum Genuss,

---

23 Dass sie dennoch Anteil am praktischen Denken haben, wird aus X 10, 1179b13–14 klar ersichtlich: »Denn sie leben der Leidenschaft und suchen die ihnen gemäße Lust und *die Mittel, die ihnen diese verschafft.*« Vgl. VI 8, 1142b18–20; *EE* 1226b30.

sowie der Verstand und die Wahrnehmung bloß gesagt haben, dass etwas angenehm ist. So folgt der Eifer bis zu einem gewissen Grade dem Verstand, die Begierde dagegen nicht.

Diese Beschreibung, die Platon wieder viel verdankt (*Politeia* 440cd)[24], setzt das übliche Modell praktischen Denkens voraus: »Kränkungen und Ungerechtigkeiten müssen bekämpft werden; mir wurde Unrecht getan / ich wurde gekränkt; also sollte ich Rache nehmen.« Aristoteles spezifiziert hier nicht den besseren Syllogismus, der im Falle wirklicher Unbeherrschtheit ebenfalls vorhanden sein muss. Wir können jedoch die Anweisung ausformulieren, die der Eifer in seiner Hast nicht mehr zu hören bekommt: »Es ist besser, ein scheinbares Unrecht erst einmal zu untersuchen und mit der Rache abzuwarten; dies ist ein scheinbares Unrecht; also abwarten und untersuchen.« Wie bei Platon geht es dem übereifrigen Hund in uns[25] um das Edle und Gerechte, um Ehre und Selbstwert, ohne dabei mögliche Konsequenzen im Auge zu behalten.

Wenn aber diese evaluativen Einstellungen als Resultat unserer Erziehung in uns walten und die körperlichen Begierden zu unserer Natur als menschliche Lebewesen gehören, dann erhält die Saat der Willensschwäche mit uns gemeinsam Einlass in Aristoteles' Vorlesungssaal. Aristoteles wird uns dazu anregen, unser Leben als Ganzes zu betrachten und eine vernünftige Auffassung vom Guten für den Menschen zu gewinnen. Zunächst aber, bevor unser Verständnis des ›Warum‹ eine Chance bekommt, zu unserer zweiten Natur zu werden, wird dies aufgebaut auf wohletablierte, habitualisierte Motivations- und Reaktionsschemata, die in die breitere und reifere Perspektive einzubauen, die Aristoteles uns zu erreichen hilft, Zeit und Übung erfordert.

Dies scheint mir ein wichtiger Punkt zu sein. Ich denke, dass viele Leser den Eindruck haben, dass Aristoteles' Diskussion von Willensschwäche den Aspekt auslässt, der am dringendsten erklärt werden müsste. Sie wollen wissen, warum der bessere Syllogismus überwältigt wird. In Ermangelung einer Antwort suchen sie eine Antwort in dem, was Aristoteles in VII 5 über das Wissen des Akratikers sagt und über die Art, wie es nicht gebraucht, nicht besessen oder hin- und hergezerrt wird. Dadurch entsteht eine Unzufriedenheit, weil in *dieser* Diskussion keine Antwort gefunden wird, aus dem guten Grund, wie ich denke, dass keine beabsichtigt ist. Die Behandlung des Wissens ist eine genaue Bestimmung dessen, was erklärt werden muss, nicht selbst die Erklärung. Selbst in dem relativ einfachen Fall, in dem jemand es schlicht unterlässt, ein Wissen, das er hat, auf die Situation anzuwenden (es zu gebrauchen), verlangt diese Unterlassung nach einer Erklärung: durch Abgelenktheit, Überängstlichkeit, Eile oder was auch immer. Für die schwierigeren Fälle kündigt Aristoteles seine Erklärung in 1147a24 f. an:

Auch folgendermaßen kann man sich auf eine naturwissenschaftliche Weise die Ursache klarmachen.

---

24 Dies ist einer der Gründe, warum *thymos* hier vorzugsweise mit »Eifer« [im Englischen »spirit«, Anm. d. Übers.] statt mit »Zorn« [»anger«] (Ross) übersetzt werden sollte.
25 Das Bildnis des Hundes in 1149a28–29 bringt einige Anspielungen auf Platons *Politeia* mit sich, vgl. Anm. 20, oben.

Diesen Satz[26] verstehe ich so: Das Phänomen, das wir mit einigen Schwierigkeiten versucht haben zu beschreiben, können wir vielleicht auch erklären. Die darauf folgende Erklärung verfährt in Begriffen der zwei Syllogismen, die zusammen den Konflikt darstellen, und von denen einer die tatsächliche Handlung des Willensschwachen erklärt. Aber das Ergebnis des Konflikts hätte auch anders ausfallen können. Beim Beherrschten ist das der Fall; seine Handlung kann durch den besseren Syllogismus erklärt werden. Wodurch wird dann bestimmt, ob die Begierde oder die Vernunft siegt?

Ich gebe zu, dass diese Frage irreführend ist, zumindest insofern sie nach einer Antwort in der Konfliktsituation selbst sucht. Wenn es eine Antwort gibt, dann liegt sie in der Vorgeschichte des jeweiligen Menschen. Wir müssen seinem gegenwärtigen Konflikt näher kommen, indem wir Stufen seiner Charakterentwicklung betrachten, die er noch nicht vollständig hinter sich gelassen hat. Denn die Aristotelische Vorstellung moralischer Entwicklung, wie ich sie nachgezeichnet habe, betrachtet den besseren Syllogismus als Repräsentation einer späteren und seltener vorkommenden Entwicklungsstufe. Wir brauchen also gar nicht erklären, warum manche Menschen eher der Versuchung erliegen als andere. Was nach Erklärung verlangt ist, warum manche Menschen Beherrschung, oder noch besser vollkommene Tugend, erwerben, und nicht, warum die meisten von uns durch körperliche Begierden oder vorrationale evaluative Einstellungen auf Abwege geraten. Es ist kein Zufall, dass der Willensschwache als ein bestimmter Typ von Person von Aristoteles genauso ausgiebig behandelt wird wie einzelne willensschwache Handlungen, und es ist kennzeichnend, dass er die Anfälligkeit für Willensschwäche am normalen Menschen bemisst. So heißt es in VII 11, 1152a25–33:

Unbeherrschtheit und Beherrschtheit beziehen sich auf das, was über die Durchschnittshaltung hinausgeht, denn der Beherrschte zeigt größere, der Unbeherrschte geringere Beständigkeit, als sie in der Kraft der meisten liegt.
Von den Formen der Unbeherrschtheit ist die der Reizbaren leichter zu heilen als die derjenigen, die zwar Überlegungen anstellen, aber nicht bei diesen bleiben[27], und die aus Gewohnheit Unbeherrschten sind leichter zu heilen als diejenigen, die es von Natur aus sind. Denn es ist leichter, die Gewohnheit zu ändern als die Natur. Nur darum ist es auch bei der Gewohnheit schwer, weil sie der Natur gleicht, wie auch Euenos sagt:

> Ich glaube, dass eine lange dauernde Übung da sein muss, mein Lieber, und
> Dann wird sie den Menschen zum Schluss zur Natur.

---

26 [ἔτι καὶ ὧδε φυσικῶς ἄν τις ἐπιβλέψειε τὴν αἰτίαν, im englischen Text wird die Übersetzung von Ross zitiert: »Again, we may also view the cause as follows with reference to the facts of human nature«, und von Burnyeat kommentiert: »So die Übersetzung von Ross, ich glaube aber, dass der ganze Satz den Skopus von ›also‹, καί, bildet.« Anm. d. Übers.] Vgl. Verdenius 1976. Eine gute Parallele bei Aristoteles findet sich in *An. post.* I 2, 71b20–22, wo »auch« (καί) nicht das unmittelbar folgende »das bewiesene Wissen« (τὴν ἀποδεικτικὴν ἐπιστήμην) betont, das nur »das Wissen« (τὸ ἐπίστασθαι) und die Auffassung, dass es aus notwendigen Wahrheiten bestehen muss, wieder aufnimmt, sondern vielmehr die anschließende Charakterisierung der Prämissen, aus denen sich diese notwendigen Wahrheiten herleiten. Das ist der neue Aspekt, der durch »auch« καί angezeigt wird (hier bin ich Jacques Brunschwig zu Dank verpflichtet).

27 Zu diesen beiden Formen der Willensschwäche siehe VII 8, 1150b19–22.

Ich hoffe, dass die beiden letzten Verse in ihrer ganzen Relevanz schon jetzt einen Nachklang hinterlassen.

Aus Sicht dieser zeitlichen Perspektive stellt sich das wirkliche Problem so dar: Wie wachsen wir zu den vollkommen erwachsenen rationalen Lebewesen heran, die das Ziel darstellen, zu dem die Natur unserer Spezies tendiert? Wie setzt sich die Vernunft in uns so durch, dass die Motivations- und Reaktionsmuster, die das Kind in uns repräsentieren (III 15, 1119a33 ff.), in bestmöglicher Weise geformt und geprägt werden, jenes Produkt von Geburt und Erziehung, das fortbesteht, wenn es nicht durch die Bildung unserer Vernunft zur Reife gebracht wird? In gewisser Hinsicht ist die gesamte *Nikomachische Ethik* Aristoteles' Antwort auf diese Frage, so dass dieser Aufsatz nichts weiter als eine Einleitung in das Werk ist. Ich möchte jedoch zum Schluss einige kurze Kommentare über einen wichtigen Aspekt dieses Prozesses machen.

Betrachten wir II 2, 1104b30–35:

> Wenn es nämlich drei Ziele des Erstrebens[28] und des Meidens gibt, das Edle, Nützliche und Lustvolle, und ebenso die Gegensätze, das Unedle, Schädliche und Schmerzhafte, so wird der Tugendhafte in all diesem das Rechte finden, der Schlechte aber in allem das Rechte verfehlen, vor allem aber, was die Lust betrifft. Denn diese ist allen Lebewesen gemeinsam und begleitet auch alle Gegenstände des Erstrebens. Denn auch das Edle und das Nützliche erscheint lustvoll. Ferner ist uns allen das von unserer Säuglingszeit her anerzogen. Darum ist es auch schwierig, diese Empfindungen abzustreifen, da das ganze Leben davon eingefärbt ist.[29]

Es gibt drei irreduzibel verschiedene Wertekategorien, in denen der Tugendhafte das Rechte finden muss – wir haben sie bereits diskutiert. Das Luststreben ist angeborener Teil unserer Natur als Lebewesen; die Sorge um das Edle kommt aus der Erziehung; während das Gute, hier spezifiziert als das Nützliche[30], Gegenstand reifen Denkens ist. Wir haben gesehen, dass jede der drei Kategorien mit einer eigenen Gruppe von Strebungen und Empfindungen verbunden ist, die in verschiedenen Stadien der Entwicklung entsprechende Motivation generieren. Es

---

28 [αἱρέσεις, Burnyeat: »pursuit«, Anm. d. Übers.]. Ross' Übersetzung »Wahl« [»choice«] ist verfehlt, weil nicht jedes Streben *(αἵρεσις)* eine Wahl *(προαίρεσις)* in dem oben erläuterten formalen Sinn ist. [Die sonst im Text für προαίρεσις gewählte englische Übersetzung »choice« wird im Deutschen mit »Entscheidung« wiedergegeben, Anm. d. Übers.] Es ist beachtenswert, dass Aristoteles nicht in allen Punkten dem Gemeinplatz (ἔνδοξον) zustimmt, der im berühmten ersten Satz der Nikomachischen Ethik zum Ausdruck kommt: Er ist streng genommen nicht der Auffassung, dass jede Handlung auf ein Gut zielt – um nur ein Beispiel zu nennen, willensschwache Handlungen tun dies nicht.

29 Die Metaphapher des Einfärbens ist eine erneute Anlehnung an Platons Beschäftigung mit diesen Themen, siehe *Rep.* 429d–430b.

30 Vielleicht, weil Aristoteles hier argumentativen Gebrauch von einer anerkannten Meinung (ἔνδοξον) macht: vgl. *Top.* 105a27, 118b27. Für den Sinn, in dem das Nützliche = das Gute Gegenstand praktischer Weisheit ist, siehe VI 5, 1140a25–28, VI 7, 1141b4–8: Der Mensch praktischer Weisheit überlegt korrektermaßen, was für ihn gut und nützlich ist, mit Bezug auf das höchste Ziel, das gute Leben zu führen. Die Gleichsetzung kann aber natürlich auch dann erfolgen, wenn es in der Überlegung um ein konkreteres Ziel geht.

ist auch klar geworden, dass Aristoteles' Betonung dieser Unterscheidungen eine Schlüsseltaktik für seine Verteidigung der Willensschwäche gegen Sokratischen Intellektualismus ist.

Die historisch gesehen größte Herausforderung, das Phänomen der Willensschwäche verständlich zu machen, ist wohl Sokrates' Argument in Platons *Protagoras* (351 ff.). Dies sollte zeigen, dass Willensschwäche unverständlich ist, unter genau der Annahme, dass es nur einen »Gegenstand des Strebens« gibt – eine Wertkategorie, in der alle Güter kommensurabel sind, sozusagen in Begriffen einer einzigen gemeinsamen Währung. Lust war die Währung, die für das Argument gewählt wurde, die wichtige Überlegung bestand jedoch darin: Wenn letztlich nur ein Faktor zählt – nennen wir ihn F – und wir die Handlungen X und Y in Begriffen von F abwägen, und X hat mehr F als Y, dann ist nichts mehr übrig, das wir Y als Wert zuschreiben können, um es auszugleichen oder wegen seiner geringeren Quantität an F zu kompensieren. Der angenommene Willensschwache kann unmöglich einen Grund dafür finden, Y, die weniger wertvolle Handlung, statt der besseren Handlung X zu tun, weil ihm Y weniger von dem einzigen bietet, was er verfolgt: Lust, oder was auch immer F sein mag. Wenn Y weniger von dem einzigen bietet, was Menschen erstreben (Lust), dann kann die Tatsache, dass Y etwas davon bietet, nicht als verständlicher Handlungsgrund fungieren, Y anstelle der eingestandenermaßen attraktiveren Handlung X zu tun.[31] Die Moral der Geschichte ist schnell bei der Hand: Y muss irgendetwas von anderer Art bieten als X, wenn es verständlich sein soll, dass sie eine Versuchung darstellt, der jemand erliegt. Platon ist zu dieser Einsicht gekommen, und seine Unterscheidung von drei Objekten des Strebens für die drei Teile der Seele in der *Politeia* war zu einem Teil dem Interesse geschuldet, Willensschwäche und andere Formen psychologischen Konflikts verständlich zu machen. Die zitierte Passage ist Aristoteles' Version dieser Platonischen Einsicht.[32]

31 An dieser Stelle kann ich mein Verständnis des *Protagoras*-Arguments nur skizzieren, aber seit einiger Zeit haben verschiedene Autoren unabhängig voneinander ähnliche Erklärungen vorgelegt, und die Schlüsselidee beginnt im Druck zu erscheinen, siehe zum Beispiel Wiggins 1978/79.

32 In einem anderen Kontext bestreitet Aristoteles ausdrücklich, dass alle Güter kommensurabel (συμβλητόν) sind (*Pol.* III 12, 1283a3–10), siehe auch *EE* VII 10, 1243b22, *EN* IX 1, 1164b2–6. In früheren Lebensjahren mag er vielleicht versucht gewesen sein, anders zu denken. *An. pr.* II 22, 68a25–b7 ist der Entwurf in Richtung eines Präferenzenkalküls, wie es auch in *Top.* III 1–3 ins Auge gefasst wird, wo in 116b31–36 eine gemeinsame, absolute Maßeinheit angestrebt wird, nicht nur eine relative Anordnung. Dennoch ist schwer zu beurteilen, wie weit Aristoteles wirklich damit gehen wollte, weil *Top.* III 3, 118b27–37 deutlich auszusagen scheint, dass es keine Kommensurabilität zwischen den drei Kategorien des Edlen, Lustvollen und Nützlichen gibt. Wenn er in *De an.* III 11, 434a8 f. also sagt, dass die Überlegung erfordert, Alternativen anhand eines einzigen Standards abzuwägen, darf nicht unbeachtet bleiben, dass es ihm in dem Kontext darum geht, den Unterschied zwischen rationalen Akteuren und nichtrationalen Tieren zu markieren. Für diesen Zweck ist die einfachste Form deliberativer Kalkulation hinreichend. *Anankê heni metreín* muss dafür nicht auf alle Überlegungen bezogen werden.

Dass es drei irreduzibel verschiedene Wertekategorien gibt, heißt jedoch nicht, dass ein und dasselbe Ding nicht unter zwei oder drei dieser Kategorien gleichzeitig fallen kann. Um Willensschwäche zu verteidigen, reicht es, dass dies nicht notwendig immer der Fall ist. Der Beherrschte und der Unbeherrschte finden das Gute und das Lustvolle, oder im Fall des Zorns das Gute und das Edle, in inkompatiblen Handlungen vor. Darin liegt ihr Konflikt. Der Maßlose, auf der anderen Seite, kann mit dem Edlen gar nichts anfangen und identifiziert gegenwärtige Lust mit seinem langfristigen Gut (vgl. III 14, 1119a1–4; VII 4, 1146b22–23; VII 8, 1150a19–21; VII 9, 1150b29–30; VII 11, 1152a5–6). Es scheint zu folgen, dass wir diese drei Kategorien in Einklang bringen müssen, um vollkommen tugendhaft zu werden, statt nur beherrscht oder nicht einmal das. Wir haben bereits gesehen, wie gute Erziehung das Edle zu einem Teil, vielleicht dem Hauptteil, des Lustvollen macht. Aristoteles' Vorlesungen sollen nun den nächsten Schritt gehen und das Edle zu einem Teil, vielleicht dem Hauptteil, der eigenen Konzeption des Guten machen (vgl. *EE* 1249a11). Deshalb macht er es in II 2 zur Bedingung, dass tugendhafte Handlungen um ihrer selbst willen gewählt werden. Die Entscheidung, die durch eine von einer Konzeption des Guten ausgehenden Überlegung erreicht wird, enthält ein Streben nach ihnen als Gut an sich und als edel und lustvoll. Dann jedoch fügt er eine weitere Bedingung hinzu, und zwar zu Recht, weil die Entscheidung an sich mit Unbeherrschtheit und auch Beherrschtheit kompatibel ist. Die weitere Bedingung ist, dass all dies von einem festen und unveränderlichen Charakter ausgehen muss. Das heißt, dem Tugendhaften ist es zur zweiten Natur geworden, Dinge zu lieben und über Dinge die größte Freude zu empfinden, von denen er weiß, dass sie gut sind (vgl. VIII 4, 1156b22–23). In ihm befinden sich die drei Wertekategorien in Harmonie. Sie sind nun in Begriffen von Lust und Schmerz kommensurabel *geworden,* nicht jedoch auf die unzulässige Weise, die zum Sokratischen Intellektualismus geführt hat. Denn die Konzeption, die der Tugendhafte über das wahrhaft Lustvolle hat, wird jetzt von seiner unabhängigen, überlegten Konzeption des Guten geprägt, so wie sie früher von den Ratschlägen des Vaters oder des Lehrers über das Edle geprägt wurde. In der Tat besagt eine Definition in der *Rhetorik* (1366a34), dass das Edle dasjenige ist, was als ein Gutes lustvoll ist, weil es gut ist (vgl. *EE,* 1249a18–19). Mit allen drei Kategorien in Harmonie, und nur dann, kann den Tugendhaften nichts mehr reizen oder verlocken als die besonnene oder tapfere Handlung selbst. Nichts anderes wird ihm lustvoller erscheinen. Deshalb kann Aristoteles behaupten, dass der Mensch vollkommener Tugend und praktischer Weisheit nicht willensschwach sein kann (VII 11, 1152a6–8). Er hat ganz einfach keinen Grund mehr, es zu sein.[33]

Übersetzung: Benjamin Kiesewetter

33 Dieser Aufsatz ist eines der Resultate eines Radcliffe Forschungsstipendiums. Ich danke dem Radcliffe Trust für das Geschenk dieses Stipendiums und dem University College, London für die Erlaubnis, es in Anspruch zu nehmen. Der Aufsatz hat Verbesserung erfahren durch die Diskussionen an zahlreichen Universitäten (London, Cambridge, Reading, Sussex, Princeton, Berkeley und die University of Massachusetts in Amherst) sowie durch die Kommentare von David Charles, James Dybikowski, Martha Craven

Literatur

Aspasius: In Ethica Nicomachea quae supersunt commentaria. Hrsg. G. Heylbut, Berlin 1889.

Burnet, J. 1900: The Ethics of Aristotle, London.

Eustratius: Eustratii et Michaelis et Anonyma in Ethica Nicomachea commentaria, hrsg. von G. Heylbut, Berlin 1892.

Gauthier, R. A. / Jolif, J. Y. ²1970: L' Éthique à Nicomaque, Louvant und Paris (¹1958/59).

Gigon, O. 1960: Aristoteles. Die Nikomachische Ethik, übersetzt und erläutert (1960), Zürich 2001.

Grant, Sir A. ⁴1885: The Ethics of Aristotle, London (¹1857).

Hardie, W. F. R. 1968: Aristotle's Ethical Theory, Oxford.

Heliodorus: In Ethica Nicomachea paraphrasis, hrsg. von G. Heylbut, Berlin 1889.

Irwin, T. H. 1978: »First Principles in Aristotle's Ethics«, in: Midwest Studies in Philosophy 3, 252–272.

Joachim, H. H. 1951: Aristotle. The Nicomachean Ethics, Oxford.

Kranz, M. 1994: Platon. Menon. Griechisch/Deutsch, übersetzt und herausgegeben, Stuttgart.

Nagel, T. 1970: The Possibility of Altruism, Oxford; dt. 1998: Die Möglichkeit des Altruismus, Berlin.

Peters, F. H. ¹⁰1906: Translation of Nicomachean Ethics, London (¹1881).

Rassow, H. 1888: »Zu Aristoteles«, in: Rheinisches Museum N. F. 43, 583–596.

Rawls, J. 1972: A Theory of Justice, Oxford; dt. 1975: Eine Theorie der Gerechtigkeit, Frankfurt/M.

Ross, W. D. ⁹1925: Translation of Nicomachean Ethics, in: The Works of Aristotle Translated into English, Oxford.

Stewart, J. A. 1892: Notes on the Nicomachean Ethics, Oxford.

Verdenius, W. J. 1976: »*kai* Belonging to a Whole Clause«, in: Mnemosyne 29.4, 181.

Watson, G. 1975: »Free Agency«, in: Journal of Philosophy 72, 205–220.

Wiggins, D. 1978/79: »Weakness of Will, Commensurability, and the Objects of Deliberation and Desire«, in: Proceedings of the Aristotelian Society 79, 251–277.

Wollheim, R. 1975: »The Good Self and the Bad Self: The Moral Psychology of British Idealism and the English School of Psychoanalysis Compared«, in: Proceedings of the British Academy 61, 373–398.

Nussbaum, Amélie O. Rorty, Richard Sorabji und Susan Khin Zaw. Zu meinem Bedauern hätte die adäquate Behandlung aller Kritik erfordert, dass der Aufsatz noch länger geworden wäre, als er schon ist. Mein vielleicht größter Dank gilt den Mitgliedern meines Graduiertenseminars 1970 in Princeton (zwei von ihnen haben in dem Band veröffentlicht, in dem dieser Aufsatz zuerst erschienen ist), denen ich mein erstes Verständnis und meine erste Wertschätzung der Aristotelischen Ethik zu verdanken habe.

Erziehung durch den Staat

Beschränkung und Befreiung der Individualität in Aristoteles' bestem Staat*

Eckart Schütrumpf, Boulder

In seinem besten Staat von *Politik* VII/VIII schlägt Aristoteles vor, was in den meisten Staaten versäumt wird[1]: eine Erziehung, die vom Gesetzgeber entworfen und von der Polis durchgeführt wird, eine Erziehung, die ein und dieselbe für alle ist. Damit stellt sich die Frage, wie weit eine solche staatlich gelenkte und uniforme Erziehung eine Vielfalt individueller Entfaltung erlaubt, fördert – oder vereitelt. Die Erörterung dieser Frage werde ich hier in den weiteren Rahmen der Problemstellung bringen, ob oder in welchem Maße Aristoteles' politisches Denken überhaupt Individualität zulässt oder eine Unterordnung individueller Strebungen unter die Diktate der Gemeinschaft, der der Einzelne zu dienen habe, fordert.

Buch I der aristotelischen *Politik* ist zwei Aspekten der Verwaltung des Haushalts, der Ökonomik, gewidmet: einmal dem Haussklaven als einer Form von Besitz (Kapitel 4–7) und dann den Formen des Erwerbs (Kapitel 8–11). Zum Haushalt gehören aber in erster Hinsicht Menschen oder genauer: Personenverhältnisse (3, 1253b4–7), das sind die Beziehungen von Mann und Frau beziehungsweise Vater und Sohn (12, 1259a37 ff.). Im letzten Kapitel von *Politik* I verweist Aristoteles die Behandlung dieser Themen, die er um die Erziehung von Kindern und Frauen erweitert, in die Untersuchung über Verfassungen (13, 1260b8–20). Er begründet dies damit, dass der Haushalt »Teil des Staates« ist, die genannten Personen dagegen Teil des Haushalts, weshalb sie – letztlich – »Teil des Staates« sind (1260b13). Jedenfalls muss man sich bei ihrer Erziehung an der Verfassung orientieren.

Dass die Erziehung von Kindern und Frauen eine politische Angelegenheit ist, wird damit aus der Rolle, die Aristoteles Frauen und Kindern in *Politik* I zuschreibt, das heißt »Teil des Staates« zu sein, abgeleitet. Mit dieser Formulierung »Teil des Staates« greift er auf das frühere Kapitel 2 von *Politik* I zurück, wo er

---

* Meine Deutung zu diesem Thema deckt sich, wie zu erwarten, mit den Auffassungen, die ich in Bd. 4 des Kommentars zu Aristoteles' *Politik* entwickelt habe (Schütrumpf 2005); dort fand sich aber keine Gelegenheit, die hier im Schlussteil versuchte ›Versöhnung‹ des autoritären mit dem liberalen, privaten Ansatz vorzunehmen.

1 *EN* X 10, 1180a24 ff.

die Priorität von Staat beziehungsweise Haushalt vor dem Einzelnen postuliert hatte. Ohne das Ganze werde der Teil, das heißt der Einzelne, zerstört, so wie eine abgetrennte Hand nicht mehr lebt (1253a18–29). Diese Formulierung vom »Teil des Staates« nimmt auf die nur wenige Zeilen vorausgehende Bemerkung vom Menschen als *zôon politikon* (ζῷον πολιτικόν), als Lebewesen, das von Natur zur *polis* gehört, Bezug,[2] die damit Licht auf die Bedeutung des Konzepts vom »Teil des Staates« wirft.

Die Alternative, die Aristoteles zu der Rolle oder Funktion als *zôon politikon* und damit als Bestandteil des Staates angibt, ist nun nicht nur radikal, sondern scheint auch einseitig überzogen: derjenige, der sich der *polis* entzieht (ἄπολις), ist Rechtsbrecher.[3] Die alternative Möglichkeit, die eines Mannes, der sich – mit Goethe zu sprechen – »selig vor der Welt verschließt«, des friedfertigen Forschers,[4] der nun wirklich keiner Fliege etwas zu leide tun könnte,[5] ist hier nicht genannt. Warum? Ich kann dieser Frage hier nicht nachgehen.[6] Jedenfalls wird verständlich, dass Aristoteles angesichts dieser Möglichkeit, als Rechtsbrecher den Bestand des Gemeinwesens zu gefährden, die Erziehung auf die Verfassungen ausrichtet.

Dass Aristoteles in *Politik* Buch I eine Erziehung von Kindern und Frauen in Aussicht stellt, die sich an der Verfassung orientiert, scheint unbedenklich, es muss nicht mehr als unsere staatsbürgerliche Erziehung zu den Werten der Demokratie sein.[7] Was heißt es aber »Teil des Staates« zu sein? Was bedeutet dies für die Individualität seiner Mitglieder? Sind diese »Teile« gleich oder dürfen sie Ungleichheit, individuelle Besonderheiten entwickeln? Enthält die Rolle, »Teil des Staates« zu sein, eine Verpflichtung und wenn, welche?

Hier will ich mich mit diesem Aspekt der Erziehung in Aristoteles' bestem Staat der Bücher VII/VIII der *Politik* auseinandersetzen. Die Erörterung dieses Themas wird naturgemäß über Erziehung hinausgreifen und sich der Frage stellen, wieweit Aristoteles überhaupt ein Verständnis für individuelle Vielfalt besaß und diese unterstützte. Dagegenhalten muss man die Position, die in Aristoteles die Verpflichtung, die eigenen Neigungen zu unterdrücken, und ein Ideal der Aufopferung persönlicher Strebungen für das Gedeihen der Gemeinschaft finden will, also die These, Aristoteles sei ein »communitarian«. Ich werde zunächst destruktiv sein, indem ich zu zeigen versuche, dass Passagen bei Aristoteles, die zur Stützung der Auffassung, er befürworte individuelle Selbstverwirklichung, benutzt werden, nicht so verstanden werden können (1). Anderseits ist es aber doch

---

2 1253a29 nennt als Alternative zum ›Teil der *polis*‹ die Existenz als Tier oder Gott, vgl. a3 f. – die Alternative zum *zôon politikon* ist entsprechend der Mensch, der aufgrund seiner Natur außerhalb des staatlichen Verbandes steht und entweder minderwertig oder übermenschlich ist.

3 I 2, 1253a5: »ohne Familie, ohne Gesetz, ohne Herd« (ἀφρήτωρ ἀθέμιστος ἀνέστιος), Zitat aus Homer, *Ilias* 9, 69.

4 VII 2, 1324a27–29.

5 VII 2, 1324a35 ff.

6 S. dafür Schütrumpf 2005, 134–138.

7 Vgl. V 9, 1310a12 ff., und grundsätzlich VIII 1, 1337a14–18.

berechtigt, von der Befreiung der Individualität zu sprechen, und ich werde erörtern, in welchem Sinne dies gerechtfertigt werden kann (2).

1. Die Gebundenheit an die Gemeinschaft – totalitärer Zwang?

Wie gesehen, geht nach *Politik* I 13 die Erziehung davon aus, dass die zu Erziehenden »Teile des Staates« sind. Ich habe die Frage aufgeworfen, ob diese Teile gleich sind oder ungleich sein dürfen. Nach *Politik* II 2, 1261a21 ff. besteht der Staat nicht aus Gleichen. Diese Bemerkung ist nun in der Tat so verstanden worden, als beabsichtige Aristoteles, der in diesem Abschnitt Kritik am Einheitsstreben in Platons *Politeia* übt, so pluralistische Vielfalt und subjektive Freiheit des Einzelnen zu retten oder überhaupt erst zu etablieren.[8] Unbestritten will Aristoteles hier nachweisen, dass der Staat eine komplexere Gesellschaftsform mit stärker ausgeprägter Differenzierung ist, als Platon dies wahrhaben wollte, aber Aristoteles zielt nicht auf eine Lockerung der Bindung an den Staat, sondern die postulierte Ungleichheit ist auf die Funktionen im Staat bezogen. Dies sind Funktionen oder Leistungen wie die von Hausbauer und Schuster; deren Interaktion kommt nur zustande, da sie insofern verschieden sind, als sie Verschiedenes anzubieten haben, wofür sie beide als Geschäftspartner Bedarf haben. In diesem Zusammenwirken Ungleicher wird die staatliche Gemeinschaft erhalten.[9] Aristoteles spricht nicht von Ungleichheit der individuellen Lebensgestaltung, die ja als Möglichkeiten jeweils *isolierter Erscheinungen* einfach registriert werden könnten, sondern er spricht von einer *Wechselbeziehung* gleichsam vermarktbarer Fertigkeiten, für die es jeweils einen Bedarf gibt und die nur zwischen Ungleichen besteht. Diese Ungleichheit befreit nicht von der Gebundenheit an die Gesellschaft, sondern gerade umgekehrt: die Ungleichheit ist als die Voraussetzung eingeführt, unter der eine Interaktion der Mitglieder erst möglich wird, eine Ungleichheit wie die von Nut und Feder, die ohne einander als Formen keinen Sinn hätten. Aristoteles meint dagegen in *Politik* II 2 nicht, dass der Staat die wunderbare Vielfalt individueller Anlagen, Qualitäten oder Interessen voraussetzt oder gar begrüßt. Das wird schon daraus klar, dass er in *Politik* II 2 dann auch von der Verschiedenheit derjenigen spricht, die gleich, ja *ihrer Natur nach gleich* sind (1261a32; a39 f.) – er bezieht sich auf die verschiedenen Rollen im Herrschaftsgefüge.[10] Die ihrer Natur nach Gleichen nehmen im Wechsel unterschiedliche Herrschaftspositionen ein, in dieser äußerlichen Beziehung sind sie ungleich, nicht in ihrer Individualität.

Gleichheit beziehungsweise Ungleichheit von Qualitäten behandelt Aristoteles dann in *Politik* VII, der Erörterung des besten Staates: Nach VII 8, 1328a35 ff. besteht der Staat nicht aus Ungleichen, worauf er in II 2 zunächst abgehoben

---

8 Newman 1887, zu 1261a18; Aubonnet 1960, 135 Anm. 7; dagegen Schütrumpf 1980, 86; vgl. Schütrumpf 1991, zu II 3, 1261b20.

9 II 1, 1261a29–31. In *EN* V 8, 1132b32 f. verwendet Aristoteles die Formulierung »die Wiedervergeltung gemäß Proportionalität und nicht gemäß Gleichheit« (τὸ ἀντιπεπονθὸς κατ᾽ ἀναλογίαν καὶ μὴ κατ᾽ ἰσότητα).

10 Vgl. schon I 12, 1259b4–9.

hatte, sondern aus Gleichen. Sie sind insofern gleich, als sie *aretê* besitzen, die erforderlich ist, um Glück verwirklichen zu können. Die Charakterisierung ‚gleich‹ muss man ernst nehmen – gerade im vorliegenden Zusammenhang von Handeln, das ja bei Aristoteles Glück ausmacht. Nach der aristotelischen Ethik kann man nur auf *eine einzige Weise* richtig handeln (*EN* II 5, 1106b28ff); so ist der gute Mann der *eine* verbindliche Maßstab richtigen Verhaltens;[11] entsprechend gibt es auch in *Politik* III[12] nur eine *einzige aretê* des guten Mannes.[13] Man kann auch nicht etwa aus der Liste unterschiedlicher *aretê*, die in *EN* II 7 aufgezählt werden, sich die für das eigene Naturell passenden aussuchen, die Antakoluthie der Tugenden[14] gilt auch bei Aristoteles, Verschiedenheit individueller Eigenschaften ist nicht Teil seiner ethischen Theorie.

Das macht verständlich, dass Aristoteles in *Politik* VIII 1 erklärt, die Erziehung aller sei *ein und dieselbe*. Daraus folgt für ihn die Organisation der Erziehung: Sie muss öffentlich sein. Aristoteles will damit – entsprechend dem platonischen Hintergrund dieser Äußerung[15] in *Politik* VIII 1 – die Möglichkeit verhindern, dass die Sonderinteressen der Einzelnen sich bei der Erziehung ihrer Kinder durchsetzen könnten. Man kann fragen, wie nahe die geforderte Gleichheit einer Gleichschaltung kommt.

Jonathan Barnes wollte bei Aristoteles eine »tendency towards totalitarianism« finden.[16] Da bei Aristoteles der Gesetzgeber festlege, was das Glück der Bürger sei und *aretê* als seine Bedingung ansehe, sei der Gesetzgeber gezwungen, über die meisten Lebensbereiche Vorschriften zu erlassen.[17] Eine Position wie die von Barnes hatte D.J. Allan im Wesentlichen mit dem Argument zurückzuweisen versucht, dass die Gesetze nur ein äußeres Verhalten, nicht auch eine entsprechende innere Einstellung forderten.[18] Als Bürger empfindet man aber kaum mehr Freiheit, wenn man sich Gesetzen, die *alles regeln*, zu unterwerfen hat.

J. Barnes hat zu Recht die Diskussion um Freiheit beziehungsweise Totalitarismus mit dem aristotelischen Konzept von Glück in Verbindung gebracht. Un-

---

11 III 6, 1113a29, vgl. II 6, 1107a1; IX 4, 1166a12 f. Vgl. Boas 1943, 178: »The problem of the man who would be virtuous becomes the problem of realizing his human – not his personal – character.«

12 III 4, 1276b33, vgl. VII 9, 1328b33–39; 14, 1333a11.

13 Dies wäre »monism« nach der Definition von Miller 1995, 194 Anm. 10.

14 Platon, *Prot.* 361b.

15 *Leg.* VII 804d3–6 – im Sinne allgemeiner Schulpflicht auch gegen den Willen des Vaters, vgl. 810a2 ff.

16 Barnes 1990, 259; vgl. 261.

17 Robinson (1962, XXII) hatte gerade Aristoteles’ Angabe des Zieles des Staates, nämlich das beste Leben (*Pol.* I 1–2), und die darin implizierten staatlichen Bemühungen, durch Erziehung, Gesetzgebung und Kontrolle die Bürger zu entsprechendem Verhalten zu bringen oder zu zwingen, als »the most fundamental and most grave error in Aristotle’s politics« bezeichnet, s. a.a.O. XVII ff.

18 Allan 1956, 63 f.; 67 ff. Dabei ist auch nicht hinreichend berücksichtigt, dass bei Aristoteles die Gesetze auch die Handlungen und Gewohnheiten formen sollen, damit sicherlich auf die Motivation einwirken (vgl. *Pol.* II 7, 1266b29–31) und nicht nur äußerlichen Gesetzesgehorsam erzwingen. Die Trennung von Moralität und Legalität ist bei Aristoteles noch nicht sauber vollzogen, vgl. MacIntyre ²1984, 152.

bestritten ist es ja die Leistung des besten Staates, das Glück seiner Bürger zu ermöglichen, denn unter der besten Verfassung geht es ihnen am besten (VII 1, 1323a17 ff.). Bei Aristoteles ist das Glück der *polis* das aller ihrer Mitglieder. Damit findet sich bei ihm nicht, wie bei Platon, die – schwer bestimmbare – Vorstellung vom Glück des Staates, das von dem seiner Mitglieder verschieden ist, gegen die Aristoteles schon in *Politik* II 5, 1264b15 ff. gerade aus diesem Grunde Einwände erhoben hatte. Er entgeht dem platonischen Dilemma, das Glück einer Gesamtheit zu konstruieren, während einzelne Gruppen, wie Aristoteles sagt, »nicht glücklich sind« – eine Staatsvorstellung, die K. Popper als ›Holismus‹ bezeichnet hatte.[19] Bei Aristoteles muss daher niemand sein persönliches Glück dem der Gesamtheit unterordnen oder zugunsten eines Glücks der Gesamtheit opfern.

Schon Eduard Zeller hatte diesen Gegensatz zwischen Platon und Aristoteles erkannt. Kann man nicht hoffen, deswegen bei Aristoteles ein Verständnis für Individualität zu entdecken? Zeller wenigstens meinte, dass bei Aristoteles für die Staatseinrichtungen die »Glückseligkeit der Einzelnen als solcher« maßgebend sein müsse.[20]

Wie erklärt sich, dass Aristotelesforscher zu so unterschiedlichen Deutungen, zu denen viele hinzugefügt werden könnten, gelangen? Meines Erachtens sind dafür zwei Umstände verantwortlich, einmal: die uns interessierende Problematik gehört nicht zu den Themen, die Aristoteles je zusammenhängend behandelte; wir finden in verschiedenen Zusammenhängen unterschiedliche Äußerungen, die für sich genommen einseitige Deutungen wie die zitierten stützen können. Die unterschiedlichen Auffassungen erklären sich zweitens dann auch aus einer terminologischen Unklarheit, die man am englischen Gebrauch von ›individual‹ erläutern kann. Dieses Wort ist mehrdeutig, da es sowohl den Einzelnen – isoliert je für sich und nicht als Mitglied einer Gruppe – als auch den Einzelnen in seiner je persönlichen Besonderheit bezeichnet. Wenn *jeder einzelne* Bürger glücklich sein soll, dann heißt dies, wie gesagt, dass Aristoteles nicht an das Glück einer Gruppe denkt, deren Mitglieder sich aber unter Umständen nicht des Glücks erfreuen – bedeutet es aber auch, dass jeder sich dabei in seiner Individualität entfalten kann? F. Miller spricht bei der Bewertung von *Politik* II 5, 1264b15 ff. vom Glück der »individual members of the polis« (210) und: »the ultimate good can be separately and distinctly realized by each individual« (211), was korrekt ist. Aber Miller behauptet auch: der beste Staat müsse die Tatsache ernst nehmen, »that its members are distinct individuals and, therefore, must recognize the interests of each of them«; der beste Staat sei deswegen der beste, weil er die »realization of individual ends« ermögliche (199), eine Position, die er als »moderate-individualist« beschreibt (204 ff.), wie er auch die Deutung des aristotelischen besten Staates durch Zeller wertet (200 f.). Aber dieser Schritt von der

---

19 Popper 1957, I 117 ff.; 143 ff.
20 Zeller ²1921, 698 Anm. 2. Aber in der Kritik an Platons *Politeia* in *Politik* II 5, 1264b15 ff., auf die sich Zeller bezogen hatte, wendet Aristoteles gegen Platon ein, dass bei ihm Gruppen (μέρη, vgl. b21) – er nennt die Wächter – des Glücks beraubt werden. Er kennt dort keinen individuellen, sondern nur einen gruppenspezifischen Glücksbegriff, vgl. auch VII 2, 1325a7–10.

aristotelischen Äußerung, dass der beste Staat das Glück *jedes* einzelnen Bürgers, das heißt der »individual members of the polis«, verwirklichen soll, zu der Auffassung, Aristoteles wolle das Glück jedes Einzelnen in seiner Individualität fördern, ist nicht erlaubt. Die Gegenposition scheint sich gleichsam aufzuzwingen: da es nur eine einzige Form von Glück gibt, sollte man nicht eher – wie Barnes – von totalitären Tendenzen bei Aristoteles sprechen, da diese eine Form von Glück durch Erziehung nun wirklich auch *jedem Einzelnen* bis zum letzten Schulkind aufgepfropft wird?

Ungefähr die Hälfte der erhaltenen Abhandlung zum besten Staat von *Politik* VII/VIII gilt der Erziehung der zukünftigen Bürger. In seiner Einleitung zur Erörterung der Erziehung in *Politik* VIII 1 wiederholt Aristoteles den in *Politik* I 2 und 13 ausgedrückten Gedanken der Zugehörigkeit des Einzelnen zum Staat und formuliert jetzt das Verhältnis des Bürgers zur *polis* in einer bemerkenswerten Weise, nämlich so wie er die Stellung des Sklaven zu seinem Herrn bestimmt hatte.[21] Dies verheißt nichts Gutes für die Freiheit und die Möglichkeiten der Einzelnen.

Die für die Kinder der Bürger eingerichtete Erziehung, die ihnen ermöglichen soll, das höchste Lebensziel zu erreichen, fördert auch nicht die Individualität der Erzogenen. Die Erziehung der Kinder bis zum siebten Lebensjahr soll zwar im Hause stattfinden (VII 17, 1336a41 f.), aber Beamte sollen schon darüber wachen, was für Erzählungen und Geschichten Kinder hören dürfen, oder darüber wachen, wie die Kinder ihre Zeit verbringen (1336a30 ff.). Aristoteles empfiehlt somit eine Kontrolle, die es Beamten erlaubt, die Häuser zu betreten und die Einhaltung der angegebenen Richtlinien der Kindererziehung zu überwachen. Ein solcher Eingriff in die häuslichen Verhältnisse verletzt moderne Vorstellungen vom Schutz der Familie oder der Privatsphäre.[22] Im Falle der Erziehung der über Siebenjährigen haben die Eltern außerdem kein Recht, für sich die Ziele zu bestimmen oder zwischen Alternativen zu wählen, sondern müssen die des Staates akzeptieren[23] – es ist der *Gesetzgeber*, der die Seele formt (VII 14, 1333a37). Auch nach Ablauf des Jugendalters müssen sich die anderen Altersgruppen noch einer Erziehung stellen, wenn, wie Aristoteles sagt, die Notwendigkeit dafür besteht (VII 14, 1333b4) – wer stellt dies fest? Das Kurrikulum besteht neben elementaren Fertigkeiten aus Musik und Sport (VIII 3–7) – dass man Fächer abwählen konnte, wird nirgends zum Ausdruck gebracht. Unsere Vorstellung, bei der wir persönliche Vorlieben akzeptieren und es billigen, wenn zum Beispiel jemand musisch–literarische, aber nicht athletische Interessen verfolgt, wurde von Aristoteles nicht geteilt. Bei der Darstellung seines Erziehungsgangs kommt nicht der Gedanke auf, dass manche das eine wählen und von dem anderen dispensiert werden möchten und dürften. Jede Kennzeichnung des besten Staates und der in

---

21 1337a27–29, vgl. I 4, 1254a8 ff.
22 Vgl. Wilamowitz 1893, 357: »wir sehen die familie durch die regulirung der ehe und der kinderzeugung reglementirt, nur weit abstoßender als bei Platon [...]«
23 Wie Platon, *Leg.* VII 804d3–6 zeigt, wurde die Einrichtung einer öffentlichen Erziehung für alle als Eingriff in das Vorrecht der Väter, ihre Kinder selber auszubilden, empfunden.

ihm organisierten Erziehung, die den Begriff Individualismus[24] verwendet und damit die Vorstellung von Pluralismus, einer reichen Vielfalt verschiedener Lebensweisen oder unverwechselbarer persönlicher Züge aufgrund der Freiheit zu je eigener Entscheidung bei den Bürgern nahelegt, ist irreführend.

Dies gilt auch für andere Bereiche im besten Staat: die in *Politik* VII 16 vom Gesetzgeber erlassenen Vorschriften zur Ehe wie Altersbestimmungen für die Ehepartner (1335a28 ff.) oder die vorgeschriebene Aussetzung behinderter beziehungsweise die Abtreibung im Falle überzähliger Kinder (1335b19 ff.) und anderes mehr finden sich heutzutage nur in Staaten, die persönliche Freiheitsrechte nicht anerkennen. Dazu kommt wie gesagt, dass der Gesetzgeber den Inhalt von Glück bestimmt.[25] Dies alles ist so ziemlich das Gegenteil zur modernen liberalen Auffassung, die den Staat vom Einfluss auf die Festsetzung der Vorstellung vom persönlichen Glück ausschließt und ihn auf die Rolle beschränkt, Regelungen zur Vermeidung von Konflikten zu erlassen und durchzusetzen, beziehungsweise die Bedingungen zu schaffen, unter denen jedes Individuum in Sicherheit leben und sein eigenes Glück suchen kann. Individualwerte oder gar Individualrechte hat Aristoteles nicht formuliert[26] und darin unterschied er sich nicht vom klassischen Athen.[27]

Nach *Politik* VII 8, 1328a38 ff. suchen Menschen Glück auf unterschiedliche Weisen und diese Unterschiede prägen die Lebensformen und Verfassungen. Aristoteles spricht hier nicht von der Existenz *verschiedener* Glücksvorstellungen in *einer* Verfassung, sondern er erklärt die Vielzahl von Verfassungen damit, dass die Bevölkerung, die die Bürgerschaft ausmacht, sich darüber einig ist, gewisse Werte und Ziele zu verfolgen. Die Staatsverfassung ist nicht das »Haus, in dem es viele Wohnungen gibt«, die Männern aller möglichen Lebensweisen ein Zuhause bieten, sondern die Institutionalisierung der einen Lebensform,[28] die die Bürger sich *gewählt* haben. Die Verfassungsformen spiegeln die Wertvorstellungen der Bewohner, genauer: ihre kollektive Vorstellung vom besten Leben.[29] Diese Annahme von *Politik* VII/VIII, dass jede Bürgerschaft sich so einmütig zu bestimmten Werten bekennt, so als gäbe es keine Meinungsverschiedenheiten, ist sicherlich fragwürdig, sie entspricht der pauschalen Sicht der Unterschiede zwischen den Verfassungen aufgrund des vorherrschenden Charakters in Platons *Politeia* (*Rep.* IV 435e; 444 a; VIII 544d6 ff.) und ich halte es für denkbar, dass Aristoteles später in der Konzeption der Mischverfassung, die unterschiedliche Gruppie-

24 Miller (1995, 197) hat die Konzeption von Politik VII/VIII als »moderate individualism« beschrieben.
25 *Pol.* VII 14, 1333a15–39. S. Mulgan 1970, 99 f. mit Hinweis auf *EN* V 1, 1129b12 ff., die universale Form von Gerechtigkeit, die anordnet, alle Tugenden (ἀρεταί) zu befolgen; vgl. Hansen 1996, 94 f.; 98 f.
26 Vgl. Hegel, *Vorlesungen über die Geschichte der Philosophie* II, Werke Bd. 19, Frankfurt 1971, 228: »… bürgerliche Freiheit ist ein Moment, das die alten Staaten nicht kannten.«
27 Wallace 1996, 109 ff.
28 VII 8, 1328b1; 3, 1325b30–32, vgl. IV 1, 1289a17.
29 S. Schütrumpf 1991, 151 (zu II 1, 1260b29).

rungen mit ihren unterschiedlichen Werten voraussetzt, diese sehr simple Vorstellung überwunden hat.[30]

Die Verfassungsformen sollen, wie gesagt, die Wertvorstellungen der Bewohner, genauer: ihre kollektive Vorstellung vom besten Leben spiegeln.[31] Der von Aristoteles hergestellte Zusammenhang von vorherrschender Wertvorstellung und daraus resultierender politischer Ordnung bedeutet zweierlei: Zunächst schaffen sich die Menschen, die über das beste Leben die gleiche Vorstellung vertreten, eine diesen Werten entsprechende Verfassung. Danach wollen sie diese auch erhalten, und so schützen oder verteidigen die Verfassungen das, was sich die Bürgerschaft als den von ihr erstrebten Lebensstil wünschte. In diesem zweiten Schritt liegt eine Komponente, die man autoritär nennen könnte, da sie eine bestimmte Form von Glück zur einzigen Norm übernimmt und zum Beispiel durch Erziehung durchsetzt, aber er ist die natürliche Folge des ersten Schritts, der Einrichtung einer Verfassung, die die Werte aller, wie Aristoteles annimmt, auf ein einziges Prinzip zurückführt.

Aristoteles beschreibt in der *Politik* die Verfassung als »das Leben«, das heißt die bestimmte Lebensform des Staates, und er teilte diese Formulierung und Vorstellung mit Zeitgenossen.[32] Nicht die einzelnen Bürger, sondern die Verfassungen haben ihren individuellen, unverwechselbaren Charakter. Daran soll sich der Bürger bei der Ausrichtung seines Lebens orientieren,[33] von ihm wird er damit geprägt; mit diesem Charakter der Verfassung können sich die Bürger identifizieren, sie können dessen Besonderheit beschreiben und mit Stolz dem anderer Staaten entgegenhalten.

Aufs Ganze gesehen, bedeutet Glück bei Aristoteles nicht, dass der Einzelne aus einer Vielzahl von Möglichkeiten die ihm passende(n) auswählt, es ist nicht *individuelle* Verwirklichung dessen, was jedem Einzelnen für sich persönlich wertvoll erscheint. Das Glück des Einzelnen ist vielmehr identisch mit dem aller anderen Bürger, das heißt mit dem der staatlichen Gemeinschaft.[34] Die Vorstellung, dass

---

30   IV 8, 1294a15 ff.; 9, 1294b14 ff. Aristoteles hat in Politik IV–VI eine realistischere Vorstellung hinsichtlich der Verschiedenheit von Vorstellungen, die man in einem Staat findet und die in der Mischverfassung integriert werden, etwa diejenige von IV 7, 1293b16–18, die Tugend (ἀρετή) und Vorstellungen des *Demos* verbindet, vgl. ausführlicher V 8, 1308b38–1309a9 und VI 4, 1318b26–1319a4.

31   S. Schütrumpf 1991, 151 (zu II 1, 1260b29). Bei der Darstellung der Entwicklung von Verfassungen in *Pol.* III 15 benutzt Aristoteles das unbestimmte »sie«, um die Träger unterschiedlicher Wertvorstellungen, die den Wechsel zu einer neuen Staatsform herbeiführen, zu charakterisieren, vgl. den Übergang von einer aristokratischen Verfassung zur Oligarchie: »denn sie verhalfen Reichtum zu hohem Ansehen« (1286b15). Offensichtlich teilten alle – oder die große Mehrheit – die gleichen Werte. Entsprechend spricht Aristoteles in VIII 1, 1337a14–18 vom Charakter der Bürger, der jeder Verfassung eigentümlich ist: einem demokratischen und oligarchischen Charakter.

32   IV 11, 1295a40 f., s. Schütrumpf 1996.

33   VIII 1, 1337a29 f.; I 13, 1260b13–20.

34   VII 1, 1323b40 ff. u.ö. Aristoteles nimmt nur eine einzige Form von Glück, die sowohl für den Staat wie für alle Bürger gilt, an, s. Miller 1995, 213 f. Das heißt sicherlich, dass »the ultimate good can be separately and distinctly realized by each individual« (Miller 211), aber die Tatsache, dass jeder es verwirklicht, d.h. dass ›alle‹ in distributi-

jeder so leben soll oder kann, wie er will, kennt Aristoteles, aber nur als das eher bedenkliche Selbstverständnis der Demokratie.[35] Er ist sich dessen bewusst, dass es unterschiedliche Vorstellungen von Glück gab, aber er bejaht dies nicht aus der Perspektive individualistischer Selbstbestimmung. Für seinen besten Staat klärt er selber die richtige Vorstellung vom höchsten Ziel, der *einen* Form von Glück (VII 1, 1323a14 ff.), und darauf richtet sich jeder Bürger aus; in der Erziehung ist er vom Gesetzgeber dafür vorbereitet worden (VII 14, 1333a37 ff.). Unbestritten gibt es hier eine bestimmte Uniformität der Lebensweise der Bürger.

2. Freiräume – Muße jenseits gemeinschaftlicher Verpflichtungen

All dies mag totalitär erscheinen. Aber zunächst müssen bei Aristoteles die Bürger nicht ihr Glück dem der Gesamtheit unterordnen oder zugunsten eines Glücks der Gesamtheit opfern – die Vorstellung eines Glücks der Gesamtheit, das von dem der Bürger verschieden oder ihm gar übergeordnet ist, gibt es bei ihm nicht. Der Ausgangspunkt seiner Darlegungen zum besten Staat stellt dies klar: Gleich im Eingangskapitel von *Politik* VII will er bestimmen, welche Lebensform am erstrebenswertesten ist, denn denjenigen Menschen gehe es am besten, die unter der nach den gegebenen Möglichkeiten besten politischen Ordnung leben (1, 1323a17 ff.; vgl. 2, 1324a23). Die Bestimmung des besten Lebens der Menschen ist die Grundlage für die Festlegung der Form des besten Staates und nicht umgekehrt.

Gegenüber dem Vorwurf, Aristoteles zeige totalitäre Züge, sei auch betont, dass wir in *Politik* VII/VIII nichts davon lesen, dass die Zusammenkünfte der erwachsenen Bürger staatlich organisiert sind; diese entscheiden offensichtlich selber darüber, wie und mit wem sie ihre Zeit verbringen; wir lesen nichts von einer Sittenpolizei, die bei Erwachsenen die Einhaltung der Werte des besten Staates überwachte und verfolgte.[36] Platon bezeichnete in *Gesetze* V 730d2–5 den, der unrechtes Handeln bei den Behörden anzeigte, als doppelt so wertvoll wie den, der kein Unrecht beging – Ernest Barker[37] sah darin Elemente eines Polizeistaats, diese gibt es bei Aristoteles nicht. In der *Politik* wird Ehebruch geächtet, aber nicht kriminalisiert (VII 16, 1335b38–1336a2). Anders als Platon in *Gesetze* VI schreibt Aristoteles nicht vor, was für Partner die Ehe, die »für den

---

vem Sinne gebraucht ist (s. Schütrumpf 1991, zu II 3, 1261b20 ff.), darf nicht mit einer individualistischen Konzeption, d.h. der Freiheit des Individuums, selber seinen Lebensinhalt zu bestimmen, verwechselt werden (Miller 1995, 214; 231). Die Tapferkeit und Gerechtigkeit des Staates ist identisch mit der Form, die jeder einzelne ($\check{\epsilon}\kappa\alpha\sigma\tau\sigma\varsigma$) besitzen muss, der tapfer und gerecht genannt wird: VII 1, 1323b33 ff.

35 VI 2, 1317b11–17; in V 9, 1310a31–34 nennt er dies »verhängnisvoll« ($\phi\alpha\hat{\nu}\lambda\sigma\nu$); und in VI 4, 1319b30–32 nimmt Aristoteles »leben, wie man will« durch »ohne strikte Ordnung ($\dot{\alpha}\tau\dot{\alpha}\kappa\tau\omega\varsigma$) leben« auf. Kraut (2002, 476 f.) meint, dieses Verständnis von Freiheit sei schwer zu verteidigen, da es zu weit gehe; aber Aristoteles entwirft keine alternative Form von Freiheit, auf die die Einwände, die man gegen die von Aristoteles beschriebene zu Recht machen kann, nicht zutreffen, richtig Mulgan 1970, 99 ff.

36 Zum Zugang, den Aristoteles selbst zu an sich fragwürdigen künstlerischen Darstellungen schafft, s. *Pol.* VII 17, 1336b17.

37 Barker 1918, 398.

Staat nützlich ist«, schließen sollen. Man findet bei ihm auch nicht die Kontrolle, ob sich jung verheiratete Ehepartner völlig dem Hervorbringen von Nachwuchs widmen (VI 784a).

Man hat jedoch aus einer Bemerkung in *Politik* VII 16, 1335b28 schließen wollen, dass für Aristoteles das Zeugen von Kindern eine Verpflichtung der Ehepaare für die Gemeinschaft ist: er benutzt den Ausdruck »eine Liturgie zum Hervorbringen von Kindern übernehmen« (λειτουργεῖν ... πρὸς τεκνοποιίαν). Manche sehen in *leitourgein* eine Anspielung auf die bekannte athenische Institution,[38] das Zeugen von Kindern ist danach eine außerordentliche öffentliche Verpflichtung,[39] wie das bei Platon ausgedrückt war.[40] Aber eine Liturgie wurde nur den Begütertsten auferlegt – hätte Aristoteles daran als Modell für seine Geburtenregelungen gedacht, dann würde er mutatis mutandis eine Auswahl der genetisch Geeignetsten voraussetzen, wie sie Platon in der *Politeia* vornimmt. Und Aristoteles versteht sexuelle Vereinigung zum Kinderzeugen als einen naturgemäßen Trieb, den man mit den Tieren gemeinsam hat, *bevor* die Polis bestand (*Politik* I 2, 1252a26–30); entsprechend weist er die eheliche Verbindung mit dem Ziel des Kinderzeugens dem Haushalt (3, 1253b9 f.), nicht der *polis* zu.[41]

Außerdem sah schon Zeller (II 2, 699) in der Tatsache, dass bei Aristoteles staatliche Einigkeit »von innen heraus, durch Bildung und Erziehung, nicht durch Zwangseinrichtungen« hervorgebracht wird, den Vorzug der aristotelischen vor der platonischen Staatsauffassung. Bei Aristoteles ist die Erziehung innerhalb der zugegeben engen Grenzen der Ausrichtung auf die Werte und Ziele des Staates im besten Staat Erziehung zum selbstverantwortlichen, zum »mündigen« Bürger. In *Politik* II 5 hatte er Platon deswegen kritisiert, weil dieser mit der Aufhebung der Ehe in der *Politeia* auch die Bewährung von Selbstbeherrschung gegenüber den Frauen und mit dem Verbot von Privatbesitz die Bewährung von Freigebigkeit beseitige (II 5, 1263b8–14). Wo Platon von ihm befürchtete Folgen durch die Abschaffung der Institutionen Ehe und Privatbesitz zu vermeiden glaubte, gibt Aristoteles den Bürgern ihre persönliche Verantwortung für ihr Handeln zurück – durch Erziehung, der Platon misstraut habe.[42] Indem Aristoteles an die Stelle von Zwangsmaßnahmen platonischer Prägung die Bewährung ethischer Tugenden setzt und damit den Bürgern eine persönliche Wahl, die freiwillig ist (*EN* III 4, 1111b4 ff.), einräumt, stellt er bei dem Einzelnen die Möglichkeit, aus eigenen Stücken das Richtige zu tun – oder dabei zu scheitern –, wieder her. Dies wird deutlich in *Politik* VIII 4, wo er sich gegen die gewaltsame Ausbildung der spartanischen Krieger, die sie zu wilden Tieren mache, wendet. Bei den Kriegern des besten Staates solle »der Ehrgeiz, vollkommen zu handeln, aber nicht das tierisch Wilde, die wichtigste Rolle spielen. Denn nur ein guter Mann, aber kein Wolf

---

38 Bleicken [2]1994, 251 f.

39 »bear offspring for the state«, Jowett; »render public service«, Susemihl/Hicks zu VIII 1, 1337a27.

40 *Rep.* V 460e5: »für die *polis* gebären« (τίκτειν τῇ πόλει), vgl. *Leg.* VI 783d8–e1, vgl. über die Ehe 773b5 f., vgl. Barnes 1990, 260: »Breeding a child is like fitting out a trireme or paying for a tragic chorus ...«

41 So Platon, *Leg.* VI 781b4–6.

42 II 5, 1263b37 ff. Dies war von Zeller [5]1921, 699 richtig gesehen.

oder irgendein anderes Tier kämpft in einer Gefährdung, in der ethische Vollkommenheit auf dem Spiel steht« (1338b29 ff.). Er setzt damit ethisches Verhalten in seiner höchsten Vollendung voraus, wie er es in der *Nikomachischen Ethik*
gerade bei der Tapferkeit begründet hatte, die er dort von einer niederen, staatlich geforderten beziehungsweise durch schwere Strafen erzwungenen Tapferkeit
unterschieden hatte (III 10, 1116a17 ff.). Dies ist kein Zwangsstaat, der von
seinen Bürgern blindes Befolgen – willkürlicher – Anordnungen verlangt, sondern
damit rechnet, dass sie von sich aus das Richtige tun werden, weil sie die richtige
Erziehung erhielten, deren Grundsätzen sie dann auch intellektuell zustimmen
werden (*Politik* VII 13, 1332b5 ff.).

Diese Freiheit des Bürgers, selber ethisch entscheiden zu können,[43] darf aber,
wie gesagt, nicht missverstanden werden, als befürworte Aristoteles damit eine
pluralistische Vielfalt.[44] Der Bürger besitzt zwar Freiheit, aber das ist die *Freiheit,
aus eigenen Stücken die eine* und *einzige* richtige Form des Verhaltens *zu wählen.*[45] Zu dieser Vorstellung gelangte Aristoteles aber nicht, weil es sein Programm war, im Staat jede Vielfalt der Auffassungen zu ersticken – dies wäre
totalitär –, sondern, wie gesagt, geht er in *Politik* VII 1 von dem individuell besten Leben aus, das der beste Staat ermöglichen soll, wobei Aristoteles aber zugleich auch meinte, dass man nur auf eine einzige Weise richtig handeln kann
(*EN* II 5, 1106b28 ff.). Die Vorstellung, dass es nur eine Form – oder – wenn
man das Leben der Theorie mitberücksichtigt – zwei[46] Formen – von Glück gibt,
ist also nicht aus der Verabsolutierung des Staates und der Intention, seine mono-
lithische Geschlossenheit durchzusetzen, abgeleitet, sondern aus der Vorstellung
der Ethik, dass es eine Form – oder zwei Formen – von Glück gibt.

Auch in der *Politik* verrät Aristoteles, dass nicht alle Individuen in gleicher
Weise das Höchste erreichen können. Er fordert von den zu allem Befähigten, das
Beste zu tun, das wäre das Leben der Theorie, und er konzediert den weniger
Befähigten das ihnen Mögliche (VII 14, 1333a27–30). Wenn man von einer Vielfalt sprechen will, dann nicht von einer horizontalen, die eine Vielfältigkeit der
Ausprägung von Eigenschaften als gleichwertig anerkennt und als Bereicherung
persönlicher Möglichkeiten begrüßt, sondern in der vertikalen Dimension, die
zwischen höherstehend, das heißt vollkommen, und weniger befähigt unterscheidet[47] – hinsichtlich der Entscheidung, welche der beiden Möglichkeiten eines
aktiven Lebens (VII 3, 1325a14 ff.) man wählt, setzt Aristoteles voraus, dass
jeder das Bessere vorziehen wird.

---

43 Vgl. III 9, 1280a33 f. – in der Abgrenzung von Tieren und Sklaven, die dazu nicht fähig
    sind.
44 S. Schütrumpf 1991, Vorbem. zu II 2.
45 Mulgan (1970, 101 f.) hat dagegen das Argument, dass die Freiheit der Wahl eine
    Beschränkung der Kontrolle durch den Staat bedeute, zurückgewiesen; er macht ebd.
    106 f. klar, dass Aristoteles diese erzwungene Konformität nicht ›Freiheit‹ nannte.
46 *EN* X 7, vgl. 8, 1178a9.
47 Vgl. VII 2, 1325a5–7 die Unterscheidung von dem was edel (καλόν) ist (wie Kriegs-
    führung), und dem höchsten Ziel; vgl. die Unterscheidung von mehr oder weniger gut
    oder gerecht: *EN* X 2, 1173a18–22.

Insgesamt gibt es im Rahmen dieser einen für alle geltenden Glücksvorstellung aber doch Freiräume, die dem einzelnen Bürger die Entscheidung lassen, wie er seine Zeit verbringt, etwa ob er sich der Philosophie oder der musikalisch bereicherten Geselligkeit mit anderen widmen will. Indem Aristoteles Muße als die höchste Form der Lebensgestaltung einführt (VII 14, 1333a30), formuliert er das Ideal eines Lebens ohne Verpflichtungen gegenüber anderen, einschließlich den Verpflichtungen gegenüber der Gesellschaft. Muße als das Ziel des Lebens ist von Erholung unterschieden, die lediglich der Entspannung dienen und zukünftiges Handeln möglich machen soll (VIII 3, 1338a9–13). Muße ist aber keinesfalls Untätigkeit,[48] sie ist sinnerfüllte Lebensgestaltung, wie sie Freie pflegen sollten und auf die sie durch *Musik* vorbereitet werden und die sie mit Musik ausfüllen.

Muße erfordert auch ihre eigenen Tugenden (ἀρεταί), die man sich durch Erziehung aneignen muss (VII 15, 1334a23 ff.). Ethisches Handeln erschöpft sich also nicht in dem Beitrag zur Gemeinschaft, wie es die Deutung, Aristoteles sei ein *communitarian*, will.[49] Diese Auffassung ignoriert, dass Aristoteles Muße zum Lebensziel macht und eine Erziehung fordert und in Umrissen andeutet, die auf die Muße vorbereitet. Aristoteles zieht in *Politik* VII 14, 1333a30 eine Parallele zwischen der Hierarchie von Krieg zu Frieden und der von Betätigung zu Muße. Es ist bekannt, dass er das hierarchische Verhältnis von Krieg zu Frieden aus Platons *Gesetzen* übernahm. In einem wichtigen Beitrag hat F. Solmsen (1964) nachgewiesen, dass es erst Aristoteles war, der dieses hierarchische Verhältnis von Krieg zu Frieden um das von Betätigung zu Muße erweitert hat. Dies ist sein origineller Beitrag, womit er die platonische Rangunterscheidung, die sich auf das Leben des Staates, Krieg und Frieden, bezog, um eine inhaltlich verwandte erweiterte, die jetzt das Leben der Einzelnen betrifft. In seinem besten Staat ist Glück nur im Zustande der Muße möglich,[50] es ist damit ein eminent privates Glück.[51] Das Lebensziel ist somit nicht durch die Rolle des Einzelnen zum Gelingen des gemeinsamen Gutes bestimmt. Damit entfällt die Grundlage für die Hauptthesen, die MacIntyre für seine Deutung, die Aristoteles zu einem Kommunitaristen machen, vorgetragen hat.[52]

---

48 Vgl. VIII 3, 1337b34 f.: man muss bestimmen, womit man sich während der Muße beschäftigen soll (ζητητέον ὅ τι δεῖ ποιοῦντας σχολάζειν) – in gewisser Weise ein Paradox.

49 Die Vielzahl der Tugenden ergibt sich vielmehr aus der Pluralität menschlicher Affekt- und Handlungsbereiche: Rapp 1997, 71 f. Die Tugenden, die am ehesten der Gemeinschaft dienen, wie Tapferkeit (*Pol.* VII 15, 1334a18–23), stehen am niedrigsten.

50 Politik VIII 3, 1338a1–5. Muße ist die Voraussetzung für wissenschaftliche Studien: *Metaph.* I 1, 981b20 ff.

51 Vgl. Solmsen 1964, 217–220, der dies als »liberal« charakterisiert (217), vgl. 219: »we are left with the impression that he is genuinely interested in the private happiness of the citizens«; Solmsen meint, dass Aristoteles hiermit den Hellenismus vorbereite.

52 A. MacIntyre [2]1984, bes. Kap. 12, 146–164. S. die überzeugende Zurückweisung durch Ch. Rapp 1997. Rapp (62) führt MacIntyres Hauptthese auf drei Teilthesen zurück, von denen die 1. (»die These der Unmöglichkeit einer privaten Handlung«) und 3. (»die These der Unmöglichkeit des privaten Glücklich-Seins«) o. im Text angesprochen wurden.

Zweitens ist in *Politik* VIII der Hauptgegenstand der Erziehung zur Muße Musik. Damit, und nicht in einer Form politischer Bibelstunde, verbringen Bürger ihre Muße. Aber ist bei Musik nicht staatliche Zensur möglich? Hatte nicht Platon zustimmend den Musiktheoretiker Damon zitiert, dass die Einführung neuer musikalischer Weisen überall zum Umsturz staatlicher Gesetze führen müsste (*Rep.* IV 424c)? Platon hatte daher den Kriegern nur die Benutzung der dorischen und phrygischen Tonart gestattet. Aristoteles' Auffassung zur Musik ist – trotz allem, mit dem er Platon verpflichtet ist – sehr verschieden. Von einem Zusammenhang zwischen Tonarten und politischer Ordnung hören wir bei ihm nirgends – bei ihm ist die Musik entpolitisiert. Er zählt in *Politik* VIII 7, 1341b32 ff. die Typen von Melodien auf, die die Experten unterschieden, übernimmt sie und fügt hinzu, dass man Musik nicht nur für einen Zweck betreiben oder genießen solle, sondern für mehrere – dies sind: Erziehung, Katharsis und sinnerfüllte Zeitgestaltung. Er schließt diese Erörterung damit, dass man *alle* Harmonien, das heißt Tonfolgen, benutzen solle, jedoch jede für den entsprechenden Zweck. Es gibt bei Aristoteles überhaupt keine an sich schädlichen Harmonien – weder schädlich für das Staatswesen noch für die Seele; allenfalls sind sie unpassend, wenn sie für den falschen Zweck verwandt werden, etwa die ekstatischen für die Erziehung.

Bei der kontrovers diskutierten Frage über Aristoteles' individualistische beziehungsweise kommunitaristische oder gar totalitäre Tendenzen darf man auch nicht verkennen, dass Aristoteles eine beinahe hedonistische Komponente einführt, wenn er bei der Behandlung der Muße betont, dass sie Vergnügen einschließt.[53] Aristoteles sah zwar klar, dass Menschen auf sehr verschiedene Weise Vergnügen suchen, aber für ihn ist – wie bei Handeln – nur eine Form von Vergnügen die beste (VIII 3, 1338a7–9) und im besten Staat fördert die Erziehung nur diese (VIII 5, 1340a15 ff.). Aber in der Praxis kann ein Staat nicht kontrollieren, in welcher Weise man Freude empfindet, und Freude zu empfinden kann kein Staat oktroyieren. Vergnügen und Sich-wohl-Fühlen sind die persönlichsten Regungen (vgl. VIII 7, 1342a25–26) – und offensichtlich gibt es in dieser Staatsordnung nichts, was in die persönliche Gestaltung von Wohlbefinden der erwachsenen Bürger eingreift oder es beeinträchtigt[54] – zumindest solange nicht die guten Sitten (VII 17, 1336b4 ff.) oder die öffentliche Ordnung gefährdet werden. Ich sehe in Aristoteles' bestem Staat durchaus die Etablierung von Freiräumen, die der Uniformität staatlich kontrollierten Lebens eine Grenze setzen. Pauschale, plakative Charakterisierungen des besten Staates im Sinne von totalitär oder »moderate individualism« werden der Komplexität der aristotelischen Vorstellungen nicht gerecht. Es gibt beides, Beschränkung und Befreiung der Individualität, wobei die Befreiung der Individualität in dem Ideal von Muße Privates sichert.

Es wäre nun unbefriedigend, Beschränkung der Individualität einerseits und ihre Befreiung in Aristoteles' bestem Staat andererseits einfach als zwei konkurrie-

---

53 VIII 5, 1339b17 ff.; 3, 1338a21–30.
54 Aristoteles beschreibt das Vergnügen nicht wie Platon, *Leg.* II 659d5: sich im Einklang mit dem Gesetz freuen.

rende Konzeptionen nebeneinander stehen zu lassen. Wie soll man diese unterschiedliche Wertung deuten, etwa als den Streit von zwei Seelen in Aristoteles' Brust, einer von Platon geprägten mit einer eher autoritären Grundeinstellung und einer anderen, liberaleren, etwa im Sinne der Leichenrede des Perikles bei Thukydides (etwa II 37, 2)? Ich möchte hier einen anderen Vorschlag machen, dem die Entwicklung des Einzelnen nach Altersstufen zugrunde liegt.

Wenn Aristoteles in *Politik* VII 9 den Zugang der Krieger zu politischen Entscheidungen zu einem späteren Zeitpunkt – dies ist die Richtung des von mir vorgeschlagenen Lösungsversuchs – empfiehlt, so begründet er dies folgendermaßen: »diejenigen, die die Macht haben, Gewalt und Widerstand auszuüben, nehmen es unter keinen Umständen hin, ständig beherrscht zu werden« (1329a9–11). Aristoteles verstand den Einfluss der Jüngeren, die auch die Waffengewalt monopolisierten, auf die Stabilität des Gemeinwesens. Es versteht sich daher, dass er die Ausrichtung der Erziehung auf die Werte der Verfassung so stark betonte; denn wenn die Krieger mit ihrem Monopol an Waffengewalt nicht die Verfassung bejahten, hätte diese keinen Bestand. In *Politik* VIII 1 begründet Aristoteles, warum der Gesetzgeber die Erziehung der Jugendlichen zu seiner wichtigsten Aufgabe machen muss: er verweist auf Erfahrungen, wonach ein Versäumnis in der Erziehung den Verfassungen schade; der Charakter der Bürger, der jeder Verfassung eigentümlich ist, pflege die Verfassung zu erhalten und bringe sie am Anfang überhaupt erst hervor. Die Sorge für den Bestand der politischen Ordnung ist eine der Prioritäten aristotelischer politischer Theorie (vgl. *EN* X 10, 1181b18).

Auf der anderen Seite unterscheidet sich Aristoteles von Platon darin, dass er nicht alles diesem Ziel unterordnet. Das passt gut zu dem, was oben über die Musik beobachtet wurde, nämlich dass sie entpolitisiert wurde und dass es für Aristoteles politisch oder moralisch bedenkliche oder schädliche Musik per se nicht gibt. An einer Stelle der Erziehungsabhandlung in *Politik* VII 17, 1336b20 ff. äußert er sich zu Aufführungen von jambischen Versen und Komödie: Die Jüngeren dürfe man erst dann als Zuschauer zulassen, wenn sie das Alter erreicht haben, in dem die Erziehung sie völlig gegen den davon kommenden Schaden unempfindlich gemacht haben wird. Aristoteles sanktionierte hiermit seine Version dessen, was man in Amerika *adult entertainment* nennen würde. Zweierlei ist hier wichtig: einmal teilt Aristoteles nicht Platons grundsätzliche Ablehnung dramatischer und gar komödiantischer Aufführungen. Auf der anderen Seite: Für meinen Lösungsversuch spricht, dass Aristoteles dies hier vom Alter abhängig macht. Im Schlusskapitel von *Politik* VIII, dessen letzter Teil allerdings von manchen als Interpolation gedeutet wurde, spricht Aristoteles zunächst davon, dass Männer, deren Kräfte wegen ihres Alters schon nachgelassen haben, nicht leicht in den angespannten Tonarten singen können, die Natur weise vielmehr Männern dieses Alters die entspannten Tonarten zu. Für die Erziehung heißt dies, dass sich die Jüngeren auch für später, wenn sie älter sein werden, mit entsprechenden Tonarten und Melodien vertraut machen sollen (7, 1342b20 ff.). Auf die Bedingungen des Alters sind sie von Jugend an in der Erziehung vorbereitet. Die verschiedenen Ziele, nämlich das der eher uniformen politischen Existenz und das der Muße, sind nicht sich widersprechende Konzeptionen, sondern sich zeitlich ablösende Schwerpunkte im Leben der Bürger.

Die Disziplin der Krieger und die politische Verfassungstreue der Beamten sind für das Bestehen des Staates unerlässlich – und ein großer Teil der Erziehung trägt dem Rechnung. Aber Muße ist das Ziel des Lebens, wie Erwachsensein die Erfüllung der Natur ist (I 2, 1252b32–34). Die Verpflichtungen zum Waffendienst und die Übernahme politischer Ämter sind Durchgangsstadien, die jeder Bürger durchlaufen muss, bevor er sich später der Muße erfreuen kann. Die persönliche Lebensgestaltung in Muße steht nun nicht nur *außerhalb* politischen Einflusses, *außerhalb* politischer Kontrolle oder gesellschaftlicher Zwänge, sie steht auch hierarchisch *über* politischer Tätigkeit. Mit dem Ideal der Muße hat Aristoteles die Bindung an den Staat, die er mit der Kennzeichnung des Einzelnen als »Teil des Staates« zum Ausdruck brachte und durch die entsprechende Erziehung im besten Staat zu verwirklichen suchte, für dessen Bürger in fortgeschrittenerem Alter zurückgenommen. In der Muße, für die man schon von Jugend an durch Erziehung vorbereitet wird, hat Aristoteles einen Freiraum geschaffen, der dem Einzelnen die Entfaltung der höchsten in seiner Seele angelegten Möglichkeiten entsprechend seiner Wahl erlaubt.

Literatur

Allan, D. J. 196 5: »Individual and State in the Ethics and Politics«, in: La Politique d'Aristote, Entretiens sur l'antiquité classique XI, Vandœuvres–Genève, 63–85.

Aubonnet, J. 1960: Aristote Politique. Livres I et II, Paris.

Barker, E. 1918: Greek Political Theory: Plato and his Predecessors, London.

Barnes, J. 1990: »Aristotle and Political Liberty«, in: Patzig, G. (Hrsg.), Aristoteles' Politik. Akten des XI. Symposium Aristotelicum (1987), Göttingen, 249–263.

Bleicken, J. 21994: Die athenische Demokratie, Paderborn u.a.

Boas, G. 1943: A Basic Conflict in Aristotle's Philosophy, in: American Journal of Philology 64.

Hansen, M. H. 1996: »The Ancient Athenian and the Modern Liberal View of Liberty as a Democratical Ideal«, in: Ober/Hedrick, 91–104.

Jowett, B.: The Works of Aristotle Translated into English, ed. W.D. Ross, Vol. X, Oxford 1921; Neudr. in S. Everson, Aristotle, *The Politics* and *The Constitution of Athens*, Cambridge 1996.

Kraut, R. 2002: Aristotle Political Philosophy, Oxford.

MacIntyre, A. ²1984: After Virtue. A Study in moral theory, Notre Dame (¹1981).

Miller, F. D. Jr. 1995: Nature, justice and rights in Aristole's politics, Oxford.

Mulgan, R. G. 1970: »Aristotle and the Democratic Concept of Freedom«, in: Harris, B.F. (Hrsg.), Auckland Classical Studies, presented to E.M. Blaiklock, Auckland–Oxford, 95–111.

Newman, W. L. 1887: The Politics of Aristotle, with an Introduction, two prefatory essays and notes critical and explanatory, Bd. II, Oxford.

Ober, J./Hedrick, Ch. (Hrsg.) 1996, Demokratia: a conversation on democracies, ancient and modern, Princeton.

Popper, K. R. 1957: Die offene Gesellschaft und ihre Feinde, Bd. 1: Der Zauber Platons, übers. v. P. K. Feyerabend, Bern.

Rapp, Ch. 1997: War Aristoteles ein Kommunitarist? IntZPhilos 1, 57–75.

Robinson, R. 1962: Aristotle's Politics. Books III and IV. Translated with Introduction and Comments, Oxford.

Schütrumpf, E. 1980: Die Analyse der Polis durch Aristoteles, Studien zur Antiken Philosophie 10, Amsterdam.

Schütrumpf, E. 1991: Aristoteles, Politik. Bd. 2: Buch II und III, übersetzt und erläutert, Berlin (Aristoteles, Werke in deutscher Übersetzung; 9.2).

Schütrumpf, E. 1996: Aristoteles, Politik. Bd. 3: Buch IV bis VI, übersetzt und eingeleitet von E. Schütrumpf, erklärt von E. Schütrumpf und H.-J. Gehrke, Berlin (Aristoteles, Werke in deutscher Übersetzung; 9.3).

Schütrumpf, E. 2005: Aristoteles, Politik. Bd. 4: Buch VII / VIII. Über die beste Verfassung, übersetzt und erläutert, Berlin (Aristoteles, Werke in deutscher Übersetzung; 9.4).

Solmsen, F. 1964: »Leisure and Play in Aristotle's Ideal State«, in: Rheinisches Museum 107, 193–220.

Susemihl, F./Hicks, R. D. 1894: The Politics of Aristotle. A Revised Text with Introduction, Analysis and Commentary, Books I–V, London.

Wallace, R. 1996: »Law, Freedom, and the Concept of Citizen's Rights in Democratic Athens«, in: Ober/Hedrick, 105–119.

Wilamowitz-Moellendorff, U. v. 1893: Aristoteles und Athen, 2 Bde., Berlin.

Zeller, E. ⁵1921:Die Philosophie der Griechen in ihrer geschichtlichen Entwicklung, II 2, Aristoteles und die Peripatetiker, Leipzig, ND 1963.

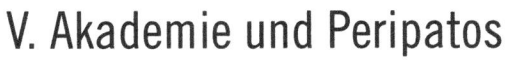

V. Akademie und Peripatos

Wissenschaft und Philosophie in der Akademie

István M. Bodnár, Budapest

Die folgenden Ausführungen befassen sich hauptsächlich mit der Wechselwirkung zwischen Philosophie und Wissenschaften in den beiden wichtigsten philosophischen Schulen Athens: in der Akademie und im Peripatos. Vielen Lesern wird das, was ich zu sagen habe, sicher als Darstellung eines offensichtlichen Zusammenhangs erscheinen. Dennoch muss ich auf einige Einzelheiten eingehen, die den Ort der mathematischen Wissenschaften im Curriculum der Schule Platons und später im Forschungsprogramm der Akademie und des Peripatos betreffen. Dies erscheint erforderlich, weil es seit dem berühmten Verdikt Otto Neugebauers, Platon habe nichts zum mathematischen Wissen beigetragen,[1] wachsende Zweifel daran gegeben hat, wie viel mathematisches Wissen wir Platon und und den anderen Mitgliedern der Akademie zuschreiben können.[2] Im Gegensatz zu dieser einflussreichen Auffassung, werde ich die Ansicht verteidigen, dass die Akademie nicht ausschließlich eine philosophische Schule war und dass die Zeugnisse, denen zufolge die dort durchgeführten wissenschaftlichen Untersuchungen unter philosophischer Leitung standen, wichtige Aspekte der Atmosphäre einer gemeinsamen intellektuellen Unternehmung einfangen. Es bedarf keiner Erwähnung, dass ich zu diesem Zweck die philologischen Argumente nur in ihren Grundzügen darstellen kann. Gegen Ende meiner Ausführungen werde ich, auch wenn es manchen Lesern als verfrüht erscheinen mag, zu einigen vorläufigen Schlussfolgerungen übergehen.

1.

Jede Erklärung des Wechselspiels zwischen Wissenschaft und Philosophie in der Akademie sollte zunächst das Inventar der Entwicklung von Philosophie und Wissenschaften in den vorangegangenen Jahrhunderten aufnehmen. Hier ist gewiss nicht der Ort, einen Gesamtüberblick zu bieten. Statt dessen möchte ich,

---

1 »His [Plato's] own direct contributions to mathematical knowledge were obviously nil. That, for a short while, mathematicians of the rank of Eudoxus belonged to his circle is no proof of Plato's influence on mathematical research« (Neugebauer 1969, 152).
2 S. z.B. Alan Bowen, der sich gegen frühere Versuche wendet, einen Einfluss der Eudoxischen Himmelstheorie auf den späten Platon zu sehen, (Bowen 2001, 806–839) und Zhmud 2006, Kap. 3: »Science in the Platonic Academy«, 82–116.

als Einleitung, lediglich einige Aspekte hervorheben, die die parallele Entwicklung, die Wechselwirkung und den sozialen und institutionellen Hintergrund von Wissenschaft und Philosophie betreffen.

Was an der frühen griechischen Philosophie am meisten hervorsticht, ist die fast kaleidoskopische Vielfalt von Zwecken, Zielsetzungen und Methoden, die dieses intellektuelle Unternehmen kennzeichnen – wenn wir überhaupt berechtigt sind, von *einem* solchen Unternehmen im Singular zu sprechen, statt die verschiedenen und miteinander konkurrierenden Philosophiebegriffe, die wir vorfinden, im Plural zu präsentieren. Besonders herauszuheben sind hier zwei *Schulen*: die Schule der Pythagoreer und die der Eleaten. Im Unterschied zu anderen Gestalten in der griechischen Philosophie haben sowohl die Pythagoreer als auch die Eleaten intellektuelle Gemeinschaften gebildet. Im Fall der Pythagoreer mit ihrer angeblich fast sprichwörtlichen Verschwiegenheit ist das offenkundig. Von Ähnlichem ist im Fall der Eleaten nichts zu hören, obwohl es doch, bedenkt man die Abweichung der Schüler von ihren Lehrern bei anderen intellektuellen Nachfolgeverhältnissen, bemerkenswert ist, wie sehr sich Zenon mit der Verteidigung der Ansichten des Parmenides zufriedengab und wie behutsam Melissos einige wenige – allerdings größere – Veränderungen an den Parmenideischen Lehren einführte, offenkundig eher, um ihre Kohärenz insgesamt zu erhöhen, als in der Absicht, einen unabhängigen Gedankengang zu entwickeln. Es ist ebenfalls bemerkenswert, dass diese beiden philosophischen Schulen sehr nah beieinander in der so genannten Magna Graecia tätig waren, in Süditalien und in Sizilien. Neben den, irgendeine Art von Wechselwirkung oder sogar Verwandtschaft nahelegenden Spuren des pythagoreischen Einflusses auf das eleatische Denken könnten sich, wie Hermann Diels vor über hundert Jahren betont hat, die institutionellen Ähnlichkeiten auch durch die örtliche Nähe erklären: Gegenüber der pythagoreischen Schule mussten die Eleaten ähnliche institutionelle Rahmenbedingungen übernehmen, um im Wettbewerb um begabte junge Studenten mithalten zu können, die später geeignete Kollegen sein würden (Diels 1887, 247 f.).

Obwohl Sokrates und die Sophisten auf jeweils unterschiedliche Weise ebenfalls Horden von heranwachsenden Athenern mehr oder weniger dauerhaft anzogen, können wir in ihrem Fall nicht von der Organisation einer echten Schule sprechen: Weder Sokratische Unwissenheit und wiederholte radikale Überprüfung von Lebensweisen noch die umherziehenden Sophisten mit ihren intellektuellen One-Man-Shows gestatteten systematische Forschung innerhalb eines institutionellen Rahmens. Pythagoreer und Eleaten, die beiden frühesten Schulen, sind aus der Sicht der Akademie auch deshalb besonders wichtig, weil Platon offenbar für die Form seiner Schule durch das inspiriert wurde, was er bei Besuchen der pythagoreischen Freunde in Sizilien sah und hörte. Das wenige, was wir über die Pythagoreer wissen, zeigt uns, dass sie mathematische Unterweisung und Forschung in die philosophischen Lebensweise integrierten.[3] Das war, auf etwas

---

3   Zu beachten ist die verschiedene Reihenfolge von Initiation und Unterweisung – Platon wird behaupten, dass die mathematischen Studien nach oben zur ihnen übergeordneten Dialektik führen, durch die man die tiefsten philosophischen Einsichten gewinnt.

andere Weise, ebenfalls für die Platonische Akademie kennzeichnend, wie ich weiter unten bei der Verteidigung der traditionellen Auffassung zeigen möchte.

2.

Im folgenden werde ich zunächst einen Zugang wählen, der eher indirekt wirken könnte. Vor einer Bewertung der Zeugnisse zur Akademie möchte ich diskutieren, was wir über die Aktivitäten der Akademie aus den Schriften des Aristoteles lernen können, der zwanzig Jahre lang, von seinem 17. bis zum 37. Lebensjahr, an der Akademie tätig war. Da die Werke des Aristoteles die unter denen der Schüler Platons am besten erhaltenen sind, dürfen wir hoffen, in ihnen einige Hinweise auf den Unterricht und die sich daraus ergebenden wissenschaftlichen Forschungsaufträge zu finden, die Aristoteles während der zwei Jahrzehnte an Platons Schule erhielt.

An erster Stelle sind hier die wiederholten und unerbittlichen Kritiken zu nennen, die Aristoteles an den Lehren Platons und seiner Anhänger übte, besonders an Speusipp, der Platons Neffe und Nachfolger als Leiter der Akademie war. Aristoteles bezichtigt Speusipp unentwegt, Mathematik (oder eine Theorie oder Ontologie der Mathematik) mit Philosophie zu verwechseln. Ähnliche Bemerkungen fallen auch über Platons andere Schüler. Dies zeigt, dass beide Fächer in der Akademie diskutiert worden sein müssen, anderenfalls hätte es keinen Anreiz gegeben, die eine für die andere zu halten (oder die Prinzipien der einen für die der anderen). Das allein könnte ausreichen, um manche zu überzeugen. Dennoch, seit kürzlich dafür argumentiert wurde, dass die Akademie unter Ausschluss der eigentlichen Mathematik nur an der Philosophie der Mathematik interessiert war, könnten wir einen Blick darauf werfen, über welches mathematische Wissen Aristoteles verfügte, wobei wir annehmen, dass er es zur Gänze oder zumindest zum größten Teil während der prägenden Jahre an der Akademie erworben hat.

Das wichtigste Lehrstück, das erwähnt wird, ist die neue Theorie der Proportionen, auf die sich Aristoteles in *Analytica posteriora* I 5 bezieht. Aristoteles sagt, dass die zuvor die verschiedenen Formen der Proportion – Proportionen zwischen Zahlen, Linien, Volumina und Zeiten – voneinander unabhängig parallel behandelt wurden und dass ein Theorem, das auf alle diese unterschiedlichen Formen der Proportion anwendbar sein sollte, für jeden Bereich einzeln bewiesen werden musste. Aristoteles fügt dann hinzu, dass die neue Theorie der Proportionen ein solches Vorgehen in mehreren Schritten überflüssig mache, da es durch einen allgemeinen Beweis ersetzt worden sei (vgl. auch An. post. I 24, 85a36–b1). Streng genommen könnte diese Aussage auf alle möglichen Theorien der Proportionen zutreffen und nicht nur auf die Theorie des Eudoxos, andererseits müsste man sich schon sehr zwingen, irgendeine andere geeignete Proportionstheorie als Kandidatin zu benennen, die Aristoteles hier vor Augen gehabt haben könnte. Im vorliegenden Zusammenhang ist es jedoch beinahe unerheblich, auf welche Theorie der Proportionen sich Aristoteles bezieht, da es weit wichtiger ist, dass Aristoteles ein Bewusstsein besitzt für die unterschiedlichen Beweisverfahren und für den allgemeinen Fortschritt von einer früheren Methodologie zu neuen Entdeckungen. Es ist sicher kein Fortschritt in der Philosophie oder Ontologie der Mathematik, von dem Aristoteles berichtet, sondern eher ein Fortschritt in den mathematischen Verfahren selbst.

Der andere größere Bereich mathematischer Forschung, auf den wir in Aristoteles' Werk stoßen, ist die Astronomie. Wie er in *Metaphysik* XII 8 ausdrücklich sagt, legt Aristoteles die astronomischen Systeme von Eudoxos und Kallippos zugrunde. Da Eudoxos mehr als einmal in dieser Diskussion auftaucht, sollten wir uns einen Überblick darüber verschaffen, welche Belege es für seine Verbindung zur Akademie gibt, bevor wir erschließen, welche Kenntnis Aristoteles von seinem Werk besaß.

Die Verbindung zwischen Eudoxos und der Akademie muss genau geprüft werden, weil inzwischen, im Unterschied zum früheren Verständnis der biographischen Berichte, häufig bezweifelt wird, dass Eudoxos überhaupt an der Akademie tätig war. Wir erfahren, dass er einige Zeit in Athen verbracht habe und dass seine Schüler für eine gewisse Zeit an der Akademie geblieben seien, nachdem er in seinen Geburtsort Knidos zurückgekehrt sei. Das legt nahe, dass er an den Debatten und Untersuchungen der Akademie nicht als gelegentlicher Gast teilgenommen hat, sondern in der Rolle von jemandem, der eine gewisse Form der regelmäßigen Verbindung pflegte – oder würden wir von einem gelegentlichen Gast erwarten, dass er ein ganzes Gefolge seiner eigenen Schüler mitbringt und dann abreist? Wir erfahren, dass er von Platon nach dessen Tod nur mit Ausdrücken der tiefsten Ehrfurcht gesprochen habe. Und wir erfahren auch von einer Debatte zwischen Menaichmos, einem Schüler des Eudoxos, und Speusipp und Amphinomos über den Status mathematischen Wissens. Wenn es nicht zutrifft, dass »die Debatte keine historische Tatsache, sondern das Produkt des (Proklos'schen) Verständnisses eines latenten Unterschieds in zwei akademischen Theorien des geometrischen Beweises« ist[4], dann ist diese Information äußerst wertvoll, weil sie zeigt, wie sehr die Schülerschaft oder, wenn man so will, die ›Schule‹ des Eudoxos in der Lage war, bei Begegnungen mit Mitgliedern der Akademie intellektuelle Integrität zu bewahren.

All dies legt nahe, dass nicht die besondere Form der Verbindung hier wichtig ist, sondern vielmehr hervorgehoben zu werden verdient, dass Eudoxos und seine Schüler sich offenbar, in welcher institutionellen Form auch immer, an einem kontinuierlichen Dialog mit Platon und seinen Schülern beteiligten. Das war nichts Ungewöhnliches. Athen war zu dieser Zeit das unbestrittene intellektuelle Zentrum Griechenlands – man erinnere sich an Platons fiktive Dialoge zwischen Parmenides und Zenon, die nach Athen reisen und hier, umgeben von einem sehr exklusiven, kleinen Zuhörerkreis, den jungen Sokrates treffen; oder an andere Dialoge, die verschiedene geistige Größen und ihre Anhänger darstellen. Es war nicht außergewöhnlich, weder von Aristoteles noch von Eudoxos noch auch von den Schülern des Eudoxos, nach Athen zu fahren und sich am intellektuellen Austausch hier zu beteiligen. Da es keinen Zweifel daran gibt, dass Eudoxos mehrmals nach Athen gereist ist, konnte eine Schule, die am

---

4   So formuliert Alan Bowen (1983, 15) die aus seiner Sicht weniger attraktive Deutungsmöglichkeit.

Fortschritt mathematischer Forschung interessiert war, ohne weiteres Zugriff auf seine wichtigen mathematischen und astronomischen Entdeckungen haben.

Nach diesen allgemeinen Erwägungen sollten wir uns dem zuwenden, was Aristoteles uns über Eudoxos mitteilt. Das erste, noch nicht mathematische oder astronomische Zeugnis findet sich in der *Nikomachischen Ethik*, im zweiten Kapitel des zehnten Buches. Dort wird von Eudoxos gesagt, dass er eine wichtige, metaphysisch aufgeladene Theorie des Wertes vertrete, die eine ethische Lehre untermauere. Auch wenn es nicht völlig auszuschließen ist, so erscheint es doch als ungerechtfertigt anzunehmen, dass Aristoteles von dieser Lehre nur durch indirekte Vermittlung nach dem Tod des Eudoxos erfahren haben sollte. Wenn Aristoteles jedoch Informationen zu ethischen Überlegungen des Eudoxos aus erster Hand gehabt haben konnte, dann haben wir keinen Anlass zu bezweifeln, dass ihm auch zu den mathematischen Forschungsergebnissen Informationen aus erster Hand zugänglich waren.[5]

Nach dem wir das Aristotelische Zeugnis zur Eudoxischen Theorie der Werte betrachtet haben, besteht der nächste Schritt darin, zu bestimmen, wann Aristoteles die von Eudoxos formulierte Theorie der Himmelsbewegungen kennengelernt haben kann. Da ich hier nicht ins Detail gehen kann, bleibt mir nur, dogmatisch zu behaupten, dass Versuche, in der Aristotelischen Schrift *De caelo* die eher technischen Bemerkungen in II 12 (als spätere Hinzufügungen) vom Rest dieses Werks abzutrennen, nicht überzeugend sind. Die dort vertretene Theorie liegt auf derselben Linie wie die vorangehenden Kapitel des zweiten Buchs von *De caelo*. Gleichzeitig gibt es einen auffälligen Unterschied zwischen dem System der homozentrischen Sphären, das hier vertreten wird, und dem System in *Metaphysik* XII 8. Das legt nahe, dass die *Metaphysik*-Passage tatsächlich eine spätere Hinzufügung zur allgemeinen Untersuchung der Prinzipien der Substanz ist. Diese beiden Kapitel, eines sehr früh und eines sehr spät verfasst, belegen mithin, dass Aristoteles sich sein ganzes Leben lang für die Entwicklung der theoretischen Astronomie interessiert hat.[6]

Aber es spricht noch mehr für Aristoteles' Interesse an Astronomie als nur diese beiden Kapitel mit ihren leicht unterschiedlichen Versionen der Theorien homozentrischer Sphären. Aristoteles berichtet von zwei astronomischen Beobachtungen, die er selbst gemacht hat. Die erste findet sich im gleichen Kapitel von *De*

---

5   Einwand: Platon kennt das Eudoxische System der homozentrischen Himmelssphären, das nicht einmal in den *Nomoi* auftaucht, anscheinend nicht. Und es gibt auch keinen Hinweis darauf in der späteren pseudo-platonischen Schrift *Epinomis* (einem Anhang zu den *Nomoi*). Dieser Einwand ist allerdings nicht überzeugend: Die Schrift *Epinomis* muss keinesfalls moderner sein als die Platonischen Dialoge, die sie imitiert, es sind. Und Platon, der Dialoge schrieb, musste nicht die neuesten Forschungsergebnisse zusammentragen, wenn er ein Gespräch zwischen Rednern wiederzugeben beanspruchte, die keine Experten in mathematischer Astronomie waren.

6   Auf Aristoteles' metaphysischem Gebrauch der theoretischen Astronomie kann man Theophrasts Bemerkung in seiner *Metaphysik* über die Grenzen des Beitrags der Astronomie zur Untersuchung der ersten Prinzipien beziehen (vgl. Theophr. *Metaph.* 9b24–10a21).

caelo, das die verschachtelten Sphären von Eudoxos beschreibt[7]. Aristoteles teilt mit, dass er selbst beobachtet hat, wie der Mars vom aufgehenden Mond im ersten Viertel bedeckt wurde. Für diese Beobachtung gibt es vier mögliche Zeitpunkte zwischen dem Jahr 380 und dem Jahr 320 v. Chr.: 20. März 361, 4. Mai 357 und 24. Juni 340 v. Chr.[8] Zur Zeit der ersten beiden Okkultationen war Aristoteles Student oder junges Mitglied der Akademie. Im Jahr 340 hielt er sich höchstwahrscheinlich am makedonischen Hof in Pella auf und im Jahr 336 in seiner Heimatstadt Stagira. Offenkundig sind die wahrscheinlicheren Daten für diese Beobachtungen die ersten beiden: Die Beobachtung, auf die Aristoteles sich bezieht, erforderte die Anleitung durch einen Experten.[9] Es ist am einfachsten anzunehmen, dass Aristoteles auf die bevorstehende Okkultation von jemandem hingewiesen wurde, der regelmäßig Beobachtungen durchführte und zumindest über ein Verfahren verfügte, das es erlaubte, die Planetenbewegungen für kürzere Zeiträume im Voraus zu bestimmen. Diese Folge von Beobachtungen erforderte keine Eudoxische Theorie. Wenn wir die pessimistischsten Einschätzungen der Reisen des Eudoxos nach Athen annehmen wollen, hielt er sich nicht einmal zwischen den Jahren 367 v. Chr. und 350 v. Chr. in Athen auf. Wenn die Okkultation, von der Aristoteles spricht, entweder diejenige des Jahres 361 oder die des Jahres 357 v. Chr. ist, dann muss Aristoteles von einer kontinuierlichen Sammlung der Ephemeriden, d.h. der Planetenpositionen, Gebrauch gemacht haben, die

---

7 Vgl. *De caelo* II 12, 292a3–6: »denn wir haben gesehen, dass der halbvolle Mond sich über den Planeten Mars schob, der auf dessen dunkler Seite verschwand und auf der hellen wieder herauskam (τὴν γὰρ σελήνην ἑωράκαμεν διχότομον μὲν οὖσαν, ὑπελθοῦσαν δὲ τῶν ἀστέρων τὸν τοῦ Ἄρεος, καὶ ἀποκρυφέντα μὲν κατὰ τὸ μέλαν αὐτῆς, ἐξελθόντα δὲ κατὰ τὸ φανὸν καὶ λαμπρόν)« und II 12, 293a3–10.

8 Die früheren Berechnungen dieser Okkultationen hat freundlicherweise Chris Peat von der Heavens Above GmbH (www.heavens-above.com) für mich durchgeführt. Für die Berechnungen wurden die neuen langzeitigen Planeten- und Mond-Ephemeriden (DE–406/LE–406) des Jet Propulsion Laboratoriums (Pasadena, Kalifornien) genutzt, für den Uhrfehler der Erdrotation der Wert ΔT angesetzt, wie er bei Stephenson (1997) angegeben ist. Das Ergebnis des Horizons ephemeris system (HES) des Jet Propulsion Laboratoriums der NASA, erreichbar unter http://ssd.jpl.nasa.gov/?horizons (sic), zeigt, dass am 8. September 336 v. Chr. die Okkultation von Griechenland aus nicht sichtbar war. Ferner fand die Okkultation am 24. und 25. Juni 340 v. Chr. nach dem HES sehr nah am Horizont statt, der Mars – wie er von Pella aus zu sehen ist – taucht nach dieser Anzeige dreißig Minuten vor dem Monduntergang hinter dem Mond wieder auf. Wenn wir in Betracht ziehen, dass der Uhrfehler der Erdrotation mit Bezug auf Aristoteles' Zeit einen vergleichbaren Rahmen der Genauigkeit hat, gibt es eine sehr geringe Wahrscheinlichkeit dafür, dass die zweite Phase der Okkultation im Jahr 340 v. Chr. nicht oberhalb des Horizonts von Pella stattfand. Aber diese Überlegung gefährdet nicht die These, dass Aristoteles' Beobachtungsberichte mit der Akademie verknüpft waren. (Ich danke Henry Mendell für den Hinweis auf die Okkultationen und das Horizons-System.)

9 Okkultationen von Planeten gibt es häufig, es sind aber keine alltäglichen Phänomene. Seit der ersten Veröffentlichung dieses Aufsatzes habe ich geprüft, wie oft der Mond zu Lebzeiten des Aristoteles Planeten vollständig bedeckt hat: Es waren – vorausgesetzt, dass der Himmel in keiner dieser Nächte bedeckt war – höchstens achtzehn derartige Okkultationen sichtbar.

es ihm erlaubte, die spektakulärsten Beobachtungen mitzuverfolgen, wenn sie sichtbar waren. Ähnlich kann man argumentieren, dass Aristoteles, wenn er die in *De caelo* beschriebene Beobachtung nur später in Pella gemacht hat oder als er schon in Stagira war, höchstwahrscheinlich selbst das Forschungsprojekt, das auch beobachtende Astronomie enthielt, an diese (zumindest intellektuell) provinzielleren Orte aus Athen mitbrachte, und zwar höchstwahrscheinlich aus der Akademie.[10]

Die andere Beobachtung, von der Aristoteles berichtet, ist weit schwerer auf ein bestimmtes Datum festzulegen: Aristoteles sagt in der Schrift *Meteorologie* (I 6, 343b30), dass er die Konjunktion eines der Sterne aus dem Sternbild der Zwillinge mit dem Planeten Jupiter beobachtet habe. Da wir nicht wissen, auf welchen der vielen Sterne in dieser Konstellation er sich bezieht, können wir nur Jahre angeben, in denen Jupiter sich mehrere Monate lang in dieser Konstellation befand.[11] Da diese Zeiten einander im Abstand von zwölf Jahren folgen, kommen nur drei Beobachtungszeiträume in Frage: 360 v. Chr. (als Aristoteles in der Akademie war), 348 v. Chr. (als er noch immer in der Akademie oder bereits auf Assos war) und 337 bis 336 v. Chr. (als er in Stagira war).[12] Wiederum können wir schließen, dass Aristoteles entweder zumindest gelegentlich an einer kontinuierlichen Folge von Beobachtungen in Athen teilgenommen hat, vermutlich in der Akademie, oder dass er etwas Ähnliches ins Leben gerufen hat, als er sich nicht mehr in Athen, sondern auf Assos oder in Stagira aufhielt. In jedem Fall schloss die Forschung höchstwahrscheinlich an das Muster an, das er in Athen während seiner Jahre in der Akademie kennengelernt hat.

3.

Nun können wir uns den traditionellen Zeugnissen späterer Autoren über die Akademie zuwenden. Bemerkenswert ist, dass diejenigen, die eine internalistische Erklärung der Entwicklung der Mathematik verteidigen, mit ihrem skeptischen Arsenal lediglich behaupten konnten, dass die Vorstellung einer Zusammenarbeit oder eines philosophischen Forschungsgebiets innerhalb der Mathematik und Astronomie sich in die akademischen Zirkel des späten vierten Jahrhunderts v. Chr. zurückverfolgen ließe. Angesichts dieses Ausweichmanövers sind zwei Punkte hervorzuheben: Erstens liegt dieses Datum auffällig nah an Platons Lebenszeit (er starb im Jahr 347 v. Chr.) und eine Schultradition über eine oder eineinhalb Generationen könnte

---

10 In einer neueren Veröffentlichung berichtet F. Richard Stephenson, dass seine Berechnungen den 4. Mai 357 v. Chr. als einzigen möglichen Zeitpunkt zwischen 370 v. Chr. (als Aristoteles 14 Jahre alt war) und Aristoteles' Tod im Jahr 322 v. Chr. für die Okkultation ergeben. Es ist zu beachten, dass die Zurückweisung der anderen beiden Daten den Status der mathematischen und astronomischen Forschung in der Akademie nicht berührt, da sie die Beobachtung direkt in den Zeitraum seiner Akademiezugehörigkeit setzt.

11 Auch diese Berechnungen hat mir Chris Peat freundlicherweise zur Verfügung gestellt.

12 Sheldon M. Cohen (1992, 676 f.) führt die folgenden Konjunktionen auf: 24. April 360, 6. April 348, 22. Juli 337, 5. Dezember 337, 14. März 336, 2. Juli 325 und die von ihm als wahrscheinlichste Kandidatin angesehene Okkultation am 5. Dezember 337.

durchaus ein wichtiges Stück Wahrheit enthalten. Zweitens, obwohl diese Geschichten aus der Alten Akademie stammen, wurden sie doch von Mittelsmännern weitergegeben, denen man keine große Liebe zu Platon und seiner Schule nachsagen kann. Eratosthenes, der Leiter der Bibliothek von Alexandria und eine Zeitlang ein Schüler von Arkesilaos aus der Mittleren Akademie war, hatte keine besondere Vorliebe für orthodoxen Platonismus. Die von ihm gewählte Dialogform und eine Handlungskonstellation, bei der das Delische Problem der Würfelverdopplung einer (zweifellos fiktiven) Versammlung von Platon, Archytas, Eudoxos und Menaichmos vorgelegt wird, diente dazu, alternative Lösungen dieses Problems zu präsentieren[13]. Mit der Rolle, die Eratosthenes Platon in diesem Dialog zuschreibt, zollt er der Einsicht, die man Platon in das Wesen geometrischer Forschung zuschreibt, seinen Tribut. Ein derartiger Tribut muss, wie sogar skeptische Mathematikhistoriker zugeben, auf irgendeiner Quelle aus der Alten Akademie beruht haben. Der epikureische (!) Philosoph Philodem (erstes Jhdt. v. Chr.) zitiert in seinen *Academica* (die auf einem Papyrus aus Herkulaneum erhalten sind[14]) einen Autor, der Platon als den Organisator und Architekten von wissenschaftlichen Unternehmen beschreibt. Vermutungen über die Identität des Autors reichen von Dikaiarch (einem Schüler des Aristoteles) bis zu Philipp aus Opus (einem Schüler und *de facto* auch Sekretär Platons, von dem man annimmt, dass er die *Nomoi* herausgegeben und die *Epinomis* verfasst habe). Mit beiden Optionen erreichen wir die Generation nach Platon, da es sehr unwahrscheinlich ist, dass der Peripatetiker Dikaiarch, ohne frühere Zeugnisse in diese Richtung zu besitzen, Platon eine derartige architektonische Aktivität zuschreiben würde. Von geringerem Gewicht ist das Zeugnis zu dieser angeblichen Organisationsleistung Platons, das von Sosigenes stammt, einem peripatetischen (!) Kommentator des ersten nachchristlichen Jahrhunderts und Lehrer Alexanders von Aphrodisias. Er schreibt Platon das Programm ›die Phänomene zu retten‹ ($\sigma\omega\zeta\epsilon\iota\nu$ $\tau\grave{\alpha}$ $\phi\alpha\iota\nu\acute{o}\mu\epsilon\nu\alpha$) zu, das heißt: eine Erklärung für die offenkundig unregelmäßigen Planetenbewegungen durch Kombination von Kreisbewegungen zu finden. Dies allerdings war nicht nur eine reine Vermutung von Sosigenes; vielmehr dürfte er an eine Schultradition angeknüpft haben. Zu beachten ist, dass einige wesentliche Elemente dieser Schultradition vorlagen, als Theon aus Smyrna, ein Zeitgenosse des Sosigenes, die Erklärung von Adrastos zitierte, der die Aufgaben und Bestrebungen der antiken Astronomen ebenfalls mit diesem Ausdruck beschrieb.[15] Ausdrücklich wird Platon weder zugeschrieben, den Astrono-

---

13 Die Fragmente dieses Dialogs hat E. Hiller (1870) zusammengestellt. Die Lösungen von Archytas, Eudoxos und Menaichmos finden sich auch im sogenannten pseudoeratosthenischen Brief an König Ptolemaios III. und dem (echten) Widmungsepigramm (in: Heiberg 1915: 88–97), in dem Eratosthenes die Durchführbarkeit seiner eigenen Lösung betont, bei der ein ›Mesolabium‹ ($\mu\epsilon\sigma\omega\lambda\alpha\beta\acute{\eta}$) genanntes mechanisches Hilfsmittel eingesetzt wird, das Mittelgrößen zwischen gegebenen Größen konstruieren kann.

14 Vgl. Gaiser 1988.

15 Der Ausdruck ›die Phänomene retten‹ ($\sigma\omega\zeta\epsilon\iota\nu$ $\tau\grave{\alpha}$ $\phi\alpha\iota\nu\acute{o}\mu\epsilon\nu\alpha$) findet sich nicht bei Aristoteles, statt dessen beschreibt er das Ziel, die zusätzlichen Sphären des Kallippos in das System des Eudoxos zu integrieren (*Metaph.* XII 8, 1073b36 f.) und dem System des Kallippos die eigenen entgegenwirkenden Sphären hinzuzufügen, (1073b39–1074a1) als ein ›Wiedergeben der Phänomene‹ ($\dot{\alpha}\pi o\delta\iota\delta\acute{o}\nu\alpha\iota$ $\tau\grave{\alpha}$ $\phi\alpha\iota\nu\acute{o}\mu\epsilon\nu\alpha$). Vor Sosigenes finden wir die Formulierung ›die Phänomene retten‹ für die Anpassung einer Theo-

men diese Aufgabe gestellt, noch auch die Einschränkungen in den Blick genommen zu haben, die sich aus ihr für die astronomische Theoriebildung ergeben,[16] aber Adrastos schreibt Platon sehr viel mehr zu als Sosigenes, wenn er die weit fragwürdigere, *de facto* unmögliche Behauptung aufstellt, dass Platon eine Theorie der Epizyklen einer Theorie der exzentrischen Zyklen vorgezogen habe.[17] Der Unterschied zwischen Sosigenes und Adrastos läuft darauf hinaus, dass Adrastos nicht behauptet, dass das Programm im eigentlichen Sinn von Platon selbst formuliert und den Astronomen als Aufgabe gestellt wurde, sondern dass er selbst die (im

---

rie an die Beobachtungsdaten, die sie erklären soll, im zweiten Jahrhundert v. Chr. bei Attalos (zitiert und kritisiert von Hipparchos) und bei Hipparchos selbst. Dann wurde der Ausdruck (wie Simplikios berichtet, s.u.) von Geminos verwendet und von Adrastos (erzerpiert von Theon) – der sogar das Aristotelische ›Wiedergeben der Phänomene‹ (ἀποδιδόναι τὰ φαινόμενα) zu einem ›Retten‹ (σώζειν) umgestaltet (vgl. 180.9 Hiller) –, und unter den Zeitgenossen des Sosigenes bei Plutarch (im Zusammenhang mit Aristarch). Zu beachten ist, dass die Stellen, an denen die Formulierung ›die Phänomene retten‹ in der astronomischen Literatur des zweiten Jahrhunderts v. Chr. auftaucht, die Möglichkeit offen lassen, dass, wenn der Bericht des Simplikios über den Bericht des Eudemos über Kallippos' Gründe, zusätzliche Sphären einzuführen (vgl. Simpl. *In De caelo* 497.17–22 = Eudemos Fragm. 149 Wehrli) dies als ›die Phänomene retten‹ beschreibt, diese Formulierung nicht notwendigerweise von Simplikios eingeführt wurde, sondern ebensogut auch bereits im Bericht des Eudemos vorgelegen haben kann. – Vgl. auch den in der Begrifflichkeit des ›Rettens der Phänomene‹ gehaltenen Bericht des Simplikios über die Himmelstheorie von Herakleides Pontikos in Herakleides' Fragm. 106–108 und 110 Wehrli (die letztgenannte Stelle ist ein Zitat des Alexander aus Geminos' *Abriss der ›Meteorologie‹ des Poseidonios*).

16 Vgl. jedoch 160.8 Hiller, wo in einer Passage, die beschreibt, wie eine Theorie der Epizyklen zur Rettung der Phänomene beiträgt, Platons Zustimmung erwähnt wird – allerdings nur zur jährlichen Bewegung der Sonne entlang der Ekliptik. In der Passage weist nichts darauf hin, dass Platons Zustimmung nur auf diese Bewegung begrenzt wäre und dass er die übergeordneten methodologischen Überlegungen, die hier erwähnt wurden, nicht unterschrieben hätte.

17 Vgl. 188 f. Hiller. Zu beachten ist, dass obwohl die Behauptung offenkundig sachlich falsch und in anachronistisch technischer Sprache formuliert ist, in ihr ein wichtiger Zug der Platonischen Erklärung des Planetensystems erfasst wird. Wie von Wilbur Knorr (1990) rekonstruiert wurde, kann die Platonische Erklärung nicht an eine Eudoxische Theorie der homozentrischen Sphären angenähert werden, weil sie von drei Komponenten der Planetenbewegung ausgeht: die täglich wiederkehrende, rechtläufige Bewegung, die rückläufige Bewegung, die für den Planeten selbst charakteristisch ist (seine mittlere Periode) und als dritter Faktor eine Bewegung, die sich in beide Richtungen vollziehen kann und auf diese Weise die Vor- und Rückbewegungen des Planeten erklärt. Wenn diese dritte Komponente ebenfalls durch eine regelmäßige Kreisbewegung hervorgebracht werden soll, ist eine rudimentäre Theorie der Epizyklen das einfachste Muster. Das legt es nahe, dass es, sobald eine Theorie der Epizyklen vorlag, am natürlichsten war zu behaupten, dass schon Platon eine derartige Theorie im Sinn hatte. Adrastos' Behauptung sollte verglichen werden mit der ähnlichen Bemerkung (202.6 f. Hiller) in dem Derkyllides-Abschnitt der Schrift Theons, wo behauptet wird, dass Platon astronomische Hypothesen vertreten hat, die die Einführung exzentrischer Himmelsbahnen ausschließen. Derkyllides kontrastiert eine Theorie der exzentrischen Bahnen allerdings nicht mit einer Theorie der Epizyklen, sondern eher mit der Theorie der homozentrischen Sphären von (Eudoxos,) Menaichmos, Kallippos und Aristoteles.

Sinne der methodologischen Standards seiner Zeit) schlüssige und in ihren wesentlichen Einsichten gültige Lösung fand. Angesichts dieser sogar noch stärkeren Behauptungen können wir daher den Ursprung der Geschichte, dass Platon die wesentlichen Aufgaben für Astronomen formuliert habe, nicht Sosigenes zuschreiben: In einem intellektuellen Klima, in dem Adrastos' Erklärung als glaubwürdig gelten konnte, angesichts der Passage im siebenten Buch der *Politeia*, in der Platon nach einer radikalen Reform des astronomischen Unternehmens ruft und fordert, dass Astronomen, statt ihre Aufmerksamkeit beinahe ungeteilt auf die wirklichen Bahnen der Planeten zu richten, sich eher darauf einstellen sollten, diese Fragen in Form von Problemen (προβλήμασιν, 530b6) zu behandeln, war die Schlussfolgerung unvermeidlich, dass Platon nicht nur die neueste Methodologie des ›Rettens der Phänomene‹ anwandte, sondern auch verantwortlich war für deren Einführung als Forschungsprogramm. Hinter der Aussage eines peripatetischen Interpreten begegnet uns aufs Neue eine Schultradition, die zumindest bis zur Zeit von Adrastos zurückreicht.

Unter den drei Zeugnissen sind offenkundig die ersten beiden wichtiger. Nicht weil sie in höherem Maße vertrauenswürdige Berichte von historischen Fakten zum wirklichen Verlauf der Wechselwirkung zwischen Metaphysik und Mathematik wären, sondern weil sie bis zur ersten Generation nach Platon zurückverfolgt werden können. Sie stehen für die Art und Weise, in der die Alte Akademie sich selbst unter den zeitgenössischen Institutionen als den Mittelpunkt der Forschung gesehen wissen wollte. Die Bedeutung des Berichts von Sosigenes liegt nicht so sehr darin, dass er diesem Portrait weitere Details hinzugefügt hat, sondern eher darin, dass er belegt, wie spätere Historiographen der griechischen Philosophie und Wissenschaft, seien sie Epikureer oder Peripatetiker, die Frühgeschichte der mathematischen Disziplinen nur in der von der Akademie geprägten Sprache beschreiben konnten. Andere Konstruktionen standen nicht zur Verfügung. Wenn moderne Wissenschaftshistoriker internalistische Erklärungen verteidigen, bleibt ihnen nur, alles, was aus der Akademie eingedrungen ist, wieder herauszulösen. Auch wenn moderne Historiker mit der Behauptung recht haben, dass Eudemos' Darstellungen der Geschichte der Mathematik und der Astronomie keine Geschichten über Platon enthielten, hat Eudemos doch auch keine in sich geschlossenen Geschichtsdarstellungen von Einzeldisziplinen in der Weise vorgelegt, dass eine derartige Wechselwirkung völlig unwahrscheinlich würde.

4.

Abschließend sollten zwei Punkte gestattet sein. Erstens, dass der Unterricht in der Akademie ein gewisses Maß der Vermittlung von neueren Entwicklungen in der Mathematik und der Astronomie enthalten haben muss. Die Tradition, der wir in so vielen und in so vielen unterschiedlichen Quellen begegnet sind und die Platon die Autorität zuschreibt, Forschung anzuleiten, die zu diesen Entwicklungen führte, dürfte das Ergebnis der philosophischen Reflexion über diese Tatsache verdeutlichen.

Der zweite Punkt hängt mit dem ersten zusammen und am besten eingeführt werden, indem der Grund angegeben wird, aus dem ich mich mit Wissenschaft und

Philosophie in dieser Ausführlichkeit beschäftigt habe. Wenn man sich fragt, auf welche Weise Intellektuelle durch die Muster beeinflusst werden, die in den Wissenschaften ihrer Zeit vorherrschen, wird deutlich, dass es auch im Fall der Akademie und des Peripatos viele Beispiele für eine derartige Beeinflussung gibt. Sie dürften jedoch nicht notwendigerweise etwas aufdecken, das für das in diesen Schulen verfolgte philosophische Unternehmen von grundsätzlicher Bedeutung wäre. Während in der vorsokratischen Philosophie wissenschaftliche und philosophische Fragestellungen oft verschmolzen, befanden sich diese beiden Schulen an der Kreuzung, als die Wege dieser Traditionen sich institutionell und intellektuell trennten. Es ist eine Tatsache, dass beide auf ihren jeweiligen Wegen große Reintegrationsprojekte verfolgten: die Akademie in Form einer eher imaginären als metaphysischen Bevormundung der mathematischen Wissenschaften, der Peripatos durch Anerkennung der Autonomie dieser Disziplinen,[18] und dadurch, dass er eine enzyklopädische Sammlung ihrer rational rekonstruierten jeweiligen Geschichte hervorgebracht hat. Diese Geschichtsdarstellungen, gemeinsam mit den riesigen Faktensammlungen (z.B. zur Institutions- und Sozialgeschichte Griechenlands) und den Kompendien von Theorien und Lehrinhalten (z.B. zu verschiedenen philosophischen Themen und Schulen) bilden ein Corpus von hypomnematischen Schriften unter den Werken der peripatetischen Philosophen. Aber die Tatsache, dass diese Schriften zur Gruppe der hypomnematischen Schriften gehören, kann nicht verbergen, dass die Beziehung zwischen den Geschichten der verschiedenen Wissenschaften und diesen Wissenschaften selbst sich grundlegend unterscheidet von der Beziehung zwischen den anderen Sammlungen und Kompendien zu den Forschungsbereichen, für die sie bestimmt waren. Die Geschichte der mathematischen Wissenschaften oder sogar die der Medizin zu schreiben war daher ein Unternehmen von größerer philosophischer Bedeutung; diese Geschichtsdarstellungen stellten kein Rohmaterial für die aktuelle Forschung in diesen Bereichen zusammen, noch konnte vorausgesetzt werden, dass mathematische Forschung philosophischen Überlegungen entsprechen sollte.

Platons Vorschriften darüber, wie Dichter und Musiker im Idealstaat behandelt und kontrolliert werden sollten, müssen an dieser Stelle nicht aufgeführt werden. Es reicht aus hervorzuheben, dass zwar das, was heutzutage in die Zuständigkeit der Geisteswissenschaften fiele, für Philosophen wie Platon ein echtes Problem darstellen konnte, das behandelt oder sogar geheilt werden musste, um einen gesunden sozialen Organismus zu erhalten, dass sie aber keine Veranlassung dafür sahen, über die Trennlinie zwischen den Geisteswissenschaften und der Philosophie zu streiten. Eine derartige Trennlinie zwischen Philosophie und den mathematischen Wissenschaften konstituierte sich schrittweise in den fortwährenden Diskussionen, die im Kreis Platons und seiner Schüler über die Natur mathematischer Gegenstände und den Status des mathematischen Wissens geführt wurden. Indem sie die Geschichten der verschiedenen Wissenschaften auf

---

18 Vgl. dazu Aristoteles' Bemerkungen über das Verhältnis von Astronomie und Metaphysik. Die Ergebnisse der Astronomie mussten von jemandem, der Theologie / Metaphysik studierte, zunächst akzeptiert werden, um dann einer weiteren theologischen Analyse unterzogen werden zu können.

eine, deren methodologische und ontologische Unabhängigkeit anerkennende Weise darstellten, stellten wiederum Aristoteles und seine Schüler einen neuen und sehr erfolgreichen Rahmen für diese Trennlinie bereit. Damit waren Aristoteles und seine Schüler in der Lage, definitiv mit der pythagoreischen, philosophische Einsicht und mathematische Forschung miteinander verschmelzenden Tradition zu brechen, die in der Platonischen Akademie transformiert und weitergeführt worden war.[19]

Übersetzung: Tim Wagner

Literatur

Bowen, A. C. 1983: »Menaechmus Versus the Platonists: Two Theories of Science in the Early Academy«, in: Ancient Philosophy 3.

Bowen, A. C. 2001: »La scienza del cielo nel periodo pretolemaico«, in: Istituto della Enciclopedia Italiana (Hrsg.), Storia della scienza. Bd. 1: La scienza antica, 806–839.

Cohen, S. M. 1992: »Aristotle and a Star Hidden by Jupiter«, in: Sky and Telescope, Juni.

Diels, H. 1887: »Über die ältesten Philosophenschulen der Griechen«, in: Ders., Philosophische Aufsätze. Eduard Zeller zu seinem fünfzigjährigen Doctor-Jubiläum gewidmet, Leipzig, 241–260.

Gaiser, K. 1988: Philodems Academica. Die Berichte über Platon und die Alte Akademie in zwei herkulanensischen Papyri, Stuttgart-Bad Cannstatt.

Heiberg, J. L. (Hrsg.) 1915: Archimedis Opera omnia cum commentariis Eutocii, Bd. III, Leipzig.

Hiller, E. 1870: »Der ›Platonikos‹ des Eratosthenes«, in: Philologus 30, 60–72.

Knorr, W. 1990: »Plato and Eudoxus on Planetary Motions«, in: Journal for the History of Astronomy 21, 113–123.

Neugebauer, O. ²1969: The Exact Sciences in Antiquity, New York (leicht gekürzter photomechanischer Nachdruck der Ausgabe: New York 1957; ¹1951).

Stephenson, F. R. 1997: »Historical Eclipses and Earth's Rotation«, Cambridge.

Zhmud, L. 2006: The Origin of the History of Science in Classical Antiquity, Berlin.

19 Das Lykeion war nicht nur das, was man den Urheber einer internalistischen Geschichtsschreibung der mathematischen Wissenschaften nennen könnte, sondern bereitete auch den Aktivitäten der Bibliothek von Alexandria den Weg. Es ist interessant festzustellen, dass die Alexandrinische Bibliothek durch die Arbeit an der Klassifikation, Katalogisierung und Organisation eine neue Form der Integration von unterschiedlichen Wissenszweigen hervorgebracht hat. Ohne allzu sehr ins Detail zu gehen, sollte man daran erinnern, dass Eratosthenes, einer der Autoren, die den Gedanken der philosophisch angeleiteten mathematischen Forschung wieder in die Alten Akademie eingeführt haben, der Chefbibliothekar in Alexandria war.

Dieser Aufsatz beruht auf einem Vortrag, der bei der Tagung »The Humanities and the Social Role of the Intellectual« am Collegium Budapest – Institute for Advanced Study (11. bis 13. Februar 2000, Budapest) gehalten wurde. Die Übersetzung folgt weitgehend der Veröffentlichung: »Science and Philosophy in the Academy« (in: Acta Antiqua 42, 2002, 67–76) mit freundlicher Genehmigung des Verlags Akadémiai Kiadó, Budapest.

Vom Nutzen der Pflanzen für den Menschen

Anthropozentrische Perspektiven in Theophrasts botanischen Schriften[*]

Georg Wöhrle, Trier

Der folgende Beitrag soll mit einem kurzen Überblick über Aufbau, Inhalt und Funktion der botanischen Schriften Theophrasts beginnen. Danach werde ich fragen, inwieweit in ihnen von anthropozentrischen Perspektiven zu sprechen wäre, und diese Frage zunächst mit einem Blick auf Aristoteles verbinden, um in einem dritten Abschnitt einige Stellen aus Theophrast genauer zu untersuchen. Eine kurze Zusammenfassung soll die Ergebnisse noch einmal verdeutlichen.

Es sei also zunächst erlaubt, einen Überblick über die Schriften *Historia plantarum* und *De causis plantarum* zu verschaffen. Theophrast steht ja immer ein wenig im Schatten seines bedeutenden Lehrers. Und auch wenn mittlerweile sein Werk zu großen Teilen neuesten Ansprüchen genügend und mustergültig ediert ist[1] und ebenso die zahlreichen Fragmente jetzt in einer vorzüglichen Sammlung mit fortschreitender Kommentierung vorliegen (Fortenbaugh u.a. 1992), so wird die Zahl der Leser gerade seiner beiden botanischen Werke doch wohl weiterhin gering sein, so dass sich ein solcher Überblick wohl lohnen mag. Ist doch Theophrast mit Fug und Recht wie Aristoteles der ›Vater der Zoologie‹ – und überhaupt der Biologie – der ›Vater der Botanik‹ zu nennen. Denn er hat in den beiden Pflanzenschriften unter Aufführung von etwa 550 Pflanzen – sicher ohne damit allerdings Vollständigkeit erreichen zu wollen – die Grundlagen der Pflanzensystematik und Pflanzenphysiologie gelegt, die auch heute noch – um im Bild zu bleiben – die ›Wurzeln‹ der modernen Wissenschaft bilden. Einer der wichtigsten Gesichtspunkte ist dabei gewiss der Vorrang der funktionellen Morphologie, also der Erklärung der Gestalt aus der Funktion und umgekehrt, den Theophrast bei der Untersuchung und Darstellung seines Pflanzenmaterials – und dabei auf aristotelische Einsichten und Methoden zurückgreifend – einräumt. Ich selbst

---

[*] Dieser Beitrag wurde zum ersten Mal in der Reihe »Antike Naturwissenschaft und ihre Rezeption« (AKAN), Bd. XV, 2005, 73–89, publiziert.

1 Besonders hervorzuheben ist die jetzt vollständig vorliegende kommentierte Edition und Übersetzung der *Historia plantarum* aus der Hand von S. Amigues (1988–2006). Wünschenswert wäre eine entsprechende Ausgabe für die Schrift *De causis plantarum*. Gute Dienste leistet einstweilen die zweisprachige Edition von B. Einarson und G. K. K. Link (1976–1990). Für die in diesem Themenkreis noch gehörende Schrift *De odoribus* sei verwiesen auf: Eigler/Wöhrle 1993.

habe mich vor nun gut zwanzig Jahren darum bemüht, Theophrasts Werk in
seiner methodischen Anlage soweit es mir möglich war zu erschließen, und habe
dabei vor allem zu zeigen gesucht, wie sehr er dabei seinem Lehrer verpflichtet
war.[2] Natürlich ist es irgendwie das Schicksal der Schüler herausragender Wissenschaftler, zumindest zunächst auf den von diesen vorgegebenen Bahnen wei-
terzugehen und aufgezeigte Forschungsdesiderate zu erfüllen. Das kann dann
auch zu einer gewissen Geringschätzung führen, von der ich ja schon gesprochen
habe; denn mag auch tatsächlich das methodische Werkzeug für Theophrast
weitgehend schon zur Verfügung gestanden haben, so ist doch seine eigene Leistung bei der ersten systematischen Ordnung des Pflanzenreiches, die allein schon
aufgrund der immensen empirischen Weite Bewunderung verdient, überhaupt
nicht zu überschätzen. Dies mag jedem botanischen Laien einleuchten, wenn er
sich selbst einmal etwa daraufhin prüft, wieviel beziehungsweise wie wenig er
über Verwandtschaftsverhältnisse innerhalb der Pflanzenwelt weiß. Anthony
Preus hat auf diesen Zusammenhang vor einiger Zeit aufmerksam gemacht.
(Preus 1988, 76 f.) Alle beginnen wir mit einem beträchtlichen Interesse an der
Struktur und Funktion unserer eigenen Körper und übertragen dann das Gelernte
auf andere Lebewesen entsprechend ihrer Ähnlichkeit zu uns. Das ist natürlich
auch schon ein Anthropozentrismus, der eine wichtige (methodische) Leitlinie in
Aristoteles' zoologischen Schriften bildet. Der Mensch ist gewissermaßen die
Mustermünze, an der man die anderen Münzen, sprich Tiere, misst. Nicht so in
der Botanik Theophrasts. Auch er hat ein Modell, von dem ausgegangen wird.
Aber das ist der Baum. Und Pflanzen, um Preus zu zitieren, scheinen auch ganz
anders zu sein als wir selbst. »Sie sind in der Welt als Wesen präsent, ebenso
fremd für unser Verständnis wie sie auf intimste Weise und dauerhaft mit unserem Leben verbunden sind. Aristoteles mag gewisse Schwierigkeiten gehabt haben, mit den Pflanzen zurecht zu kommen, denn er beschreibt sie als eine merk-
würdige Art von Lebewesen, deren Mund in der Erde steckt während die repro-
duktiven und exkretorischen Organe in die Luft ragen. Die Pflanzen haben an
menschlichen Funktionen nur im Blick auf die Ernährung und Verbreitung der
Art teil.« Soweit zu den Gründen, weshalb den meisten Menschen das Pflanzenreich gegenüber dem Tierreich eher verschlossen bleibt. Und zu den Gründen,
weshalb man Theophrasts Leistung nicht genug bewundern kann. Denn nicht
mehr folgen kann ich Preus in der Meinung, dass wir aus Aristoteles' verstreuten
Bemerkungen über Pflanzen schließen müssten, die Pflanze sei »a relatively unin-
teresting sort of entity for a philosopher to be examining«. Tatsächlich hat Aristoteles ein eigenes Werk über Pflanzen geschrieben, das nicht mehr erhalten ist
(aber doch wohl zu großen Teilen in einem überlieferungsgeschichtlich komplizierten Auszug des Nikolaos von Damaskus steckt).[3] Und er hat eben seinem
Meisterschüler die Aufgabe überlassen, die Komplementärstudie zu seinen eigenen zoologischen Schriften zu verfassen.

---

2 Wöhrle 1985. Die folgenden Ausführungen bauen wesentlich auf diese Arbeit auf bzw.
   heben einige ihrer Grundgedanken schärfend hervor.
3 Siehe dazu: Wöhrle 1997.

Theophrast hat nun wie Aristoteles im Bereich der Zoologie zunächst – und ich spreche hier von methodischen, nicht von chronologischen Verhältnissen – eine Sammlung der Fakten, eben die neun Bücher umfassende *Historia plantarum* (*HP*), unternommen. Buch 1 gibt eine grundsätzliche Einführung in die Probleme der Klassifikation der Pflanzen – Theophrast unterscheidet dabei vier große Pflanzengattungen, nämlich Baum, Strauch, Halbstrauch und Kraut – und behandelt unter allgemeinsten Gesichtspunkten vor allem morphologische Differenzen. Die ersten vier Kapitel des zweiten Buches beschäftigen sich grundsätzlich mit der Reproduktion von Pflanzen. Neben der Fortpflanzung im engeren Sinne kommen insbesondere auch noch positive und negative Veränderungen von Pflanzenteilen oder ganzen Pflanzen etwa aufgrund des Einflusses von Klima und Bodenbeschaffenheit zur Sprache. Nach dieser allgemeinen Einführung folgen nun Einzelbehandlungen der bereits erwähnten vier großen Pflanzengattungen. Buch 2, Kapitel 5 bis 8, gibt einen wohl nur verkürzt erhaltenen Auszug der Kultur, das heißt der Pflanzung und Pflege der Nutzbäume. Besondere Aufmerksamkeit erhält die Dattelpalme. Das dritte Buch befasst sich mit den wilden Bäumen und in seinem letzten Kapitel mit den Sträuchern. Die Besprechung der großen Gattungen wird dann zunächst unterbrochen. Die ersten zwölf Kapitel des vierten Buches haben offensichtlich die Aufgabe, den von Theophrast oft betonten Grundsatz zu veranschaulichen, dass man den Einfluss von Standort und Klima auf die unterschiedlichen Erscheinungsformen der Pflanzen beachten müsse. Unterschieden wird zwischen Land- und Wasserpflanzen. Im dritten Teil dieses Buches geht es um die Lebensdauer, Krankheiten, Ungeziefer, schädigende Witterungseinflüsse und Schädigungen durch Wegnahme von Teilen, etwa der Rinde, und durch Allelopathie. In seiner Disposition steht das vierte Buch der *Historia plantarum* dem achten Buch der *Historia animalium* des Aristoteles nahe, in dem es um die Lebensbedingungen und Lebensweisen der Tiere einschließlich ihrer Krankheiten geht. Den Inhalt des fünften Buches beschreibt Theophrast gleich zu Beginn (*HP* 5.1.1): Es geht um das Holz vor allem wilder, aber auch kultivierter Bäume, »welcher Art ein jedes ist, wann es am besten geschnitten wird, zu welchem Gebrauch es nützlich, welches schwer und welches leicht zu bearbeiten ist und was noch in den Bereich einer solchen Untersuchung gehört«. Die Bücher 6 bis 8 setzen dann die Erörterung der großen Gattungen mit der Behandlung der Halbsträucher und Kräuter unter Einschluss von Gemüsepflanzen und Cerealien fort. Insbesondere wird im achten Buch ausführlich auf die Kultur der Cerealien von der Aufbewahrung der Samen über die Aussaat bis zu spezifischen Krankheiten eingegangen. Eine gewisse Sonderstellung bietet das abschließende neunte Buch, das von Pflanzensäften, pflanzlichen Riechstoffen (Weihrauch, Myrrhe, Zimt), medizinischen Eigenschaften und Wirkungen von Pflanzen und Pflanzenteilen, insbesondere der Wurzeln, handelt.

Die Schrift *De causis plantarum* (*CP*) mit ihrer Behandlung von Entstehungsursachen für Fortpflanzung, Entwicklung und Wachstum der Pflanzen entspricht in ihrer Intention der aristotelischen Schrift *De generatione animalium*. Ich werde nachher noch ein paar Bemerkungen zu der Frage machen, worin das Fehlen einer der Schrift *De partibus animalium* vergleichbaren Abhandlung über die Finalursachen der Teile der Pflanzen begründet sein mag. Doch zunächst noch ein kurzer Überblick über die sechs beziehungsweise acht Bücher von Theophrasts pflanzenphysiologischer Schrift. Das erste Buch behandelt zunächst ganz allgemein, dann mit zunehmender Spezialisierung die verschiedenen Fortpflanzungsarten: diejenige durch die Frucht beziehungsweise den Samen einer Pflanze, wir sprechen hier von sexueller Fortpflanzung, die, modern gesprochen, vegetative Fortpflanzung aus bestimmten Teilen und eine dritte von ihm angenommene Art der Vermehrung, die sogenannte Spontangenese, auf die ich nachher auch noch einmal zurückkommen werde. Das zweite Buch beschäftigt sich wesentlich mit den Einflüssen der natürlichen Umwelt, der Jahreszeiten, von Regen, Luft, Boden und Wasser, überhaupt der lokalen Bedingungen auf die Entstehungs- und Wachstumsvorgänge bei den Pflanzen. Im dritten Buch werden die Maßnahmen der Landwirtschaft und zwar hauptsächlich an Hand der Bäume erörtert. Eine eigene Behandlung findet dabei die Pflege und Kultur des Weinstocks. Es geht um Pflanz- und Saatzeiten, Bodenbearbeitung, Düngung, Bewässerung, Baumpflege und so weiter. Diese Generalthematik wird dann im vierten Buch auf die Saat- und Getreidepflanzen übertragen. Das fünfte Buch geht zunächst auf ›nicht natürliche‹, das heißt nicht in der Natur der Pflanzen liegende Erscheinungen ein, die nicht auf menschlichen Einfluss zurückzuführen sind. Theophrast führt beispielshalber an (*CP* 5.1.1): Wenn eine Pflanze nicht den ihr eigenen Spross, die ihr eigene Frucht trägt, wenn sie ihn nicht zur bestimmten Jahreszeit oder an den üblichen Teilen trägt. Dann werden durch menschliches Einwirken hervorgerufene Änderungen erörtert: Angesprochen werden besonders Vorkehrungen zur Erzielung großer und saftiger Früchte oder von Früchten ohne Kerne. Der Rest des fünften Buches erörtert Pflanzenkrankheiten und das Eingehen von Pflanzen. Unterschieden wird ein ›natürliches‹ Eingehen infolge von Alter oder Fruchtüberproduktion und ein Eingehen infolge äußerer, etwa witterungsbedingter oder ›menschengemachter‹ Einflüsse. Das sechste Buch schließlich behandelt Geruch und Geschmack von Pflanzensäften. Theophrast setzt sich zunächst kritisch mit den Theorien seiner Vorgänger (Demokrit, Platon) über Geruch und Geschmack auseinander und geht dann auf die Entstehung und Umwandlung von Pflanzensäften und deren Geschmack und Geruch auch in bezug auf die unterschiedlichen Pflanzenteile und den Einfluss der Standorte auf die Qualität der Säfte ein. Ich sprach bereits von einem achten Buch der Schrift *De causis plantarum*. Wie die Forschung mittlerweile erwiesen hat, bestand das gesamte Werk aus ursprünglich acht Büchern. Offensichtlich wurde in einem heute verlorenen siebten Buch über künstlich, das heißt mit menschlichem Vorsatz hergestellte Geschmäcke gehandelt. Dieses Buch ist wahrscheinlich mit dem im Schriftenverzeichnis Theophrasts erwähnten Werk *Über Wein und Öl* zu identifizieren. Im achten Buch wurden abschließend künstlich hergestellte Gerüche oder Geruchsstoffe erörtert. Die früher gesondert überlieferte Schrift *De odoribus* kann daher mit ziemlicher Sicherheit mit dem achten Buch der Schrift *De causis plantarum* gleichgesetzt werden. Es geht hier, wie gesagt, um kunstvoll hergestellte Geruchsstoffe, Salben, Öle, Puder – auch medizinischer Bestimmung –, deren Grundstoffe und Mischungen sowie Wirkungen genauer erörtert werden.

Ich erwähnte bereits, dass die Schrift *De causis plantarum* in ihrer Intention mit der Schrift *De generatione animalium* verglichen werden kann. In beiden

Schriften geht es um Entstehung, Wachstum und Vergehen (Krankheiten, Schädigungen) von Lebewesen, hier von Tieren, dort von Pflanzen. Man kann sich daher fragen, woher die anscheinende Beschränkung des gesamten botanischen Werkes auf einen allgemeinen, faktischen und einen entwicklungsphysiologischen Teil (im Sinne einer Kausalanalyse der Entwicklungsvorgänge) herrührt. Oder anders gewendet: Warum hat Theophrast nicht auch eine der Schrift *De partibus animalium* vergleichbare Abhandlung über die Pflanzenteile und ihre Funktionen verfasst? Hängt das mit einer Debatte über die Grenzen der Teleologie innerhalb des Peripatos zusammen, von der sich möglicherweise Spuren in dem sogenannten metaphysischen Bruchstück Theophrasts finden, und die dazu geführt hat, dass »Theophrastus' *De causis plantarum*, a book one might expect to be filled with teleological reasoning, is remarkably devoid of it«, wie James Lennox gemeint hat? (Lennox 1985, 159) Unabhängig von der Frage, ob es eine solche Debatte gab und welche Stellung Theophrast darin bezogen hat, hat sie meines Erachtens für die botanischen Schriften keine prinzipielle Bedeutung. Es kann vielmehr gezeigt werden, dass Aristoteles und Theophrast im Wesentlichen die gleichen Anschauungen über die Natur der Pflanzen besitzen. Nach der Meinung beider Autoren besitzen Pflanzen gegenüber Tieren nur einen sehr geringen, auf wenige vegetative Funktionen beschränkten Differenzierungsgrad. Bedingt ist diese Anschauung auch dadurch, dass man weit über Theophrasts Zeiten hinaus über die Funktionen pflanzlicher Organe erheblich weniger Angaben machen konnte als über die Funktionen tierischer Organe, mit denen sich Aristoteles in *De partibus animalium* beschäftigt. Das Fehlen einer der Schrift *Über die Teile der Tiere* vergleichbaren Abhandlung über die Finalursachen der Teile der Pflanzen lässt sich ohne Zweifel in dieser Weise deuten. Auf der anderen Seite bedeutet das aber nicht, dass Theophrast in seiner Entwicklungsphysiologie nicht soweit möglich für bestimmte Teile von Pflanzen eine Finalursache angibt. Die gegebenen Funktionen haben alle im weitesten Sinne mit der Entstehung und Erhaltung der Pflanzen zu tun. Sie leiten sich, aristotelisch gesprochen, aus ihrem definitorischen Merkmal, ›sich ernährend‹ (θρεπτικόν) zu sein, her. Ähnlich wie in den zoologischen Schriften des Aristoteles, wenngleich nicht in so ausgeprägtem Maße, lassen sich auch bei Theophrast Funktionen von Teilen, die im Dienste eines anderen Teils stehen, und Funktionen, die sich unmittelbar aus dem Wesen, das heißt hier der Pflanze, ergeben, unterscheiden. Zu der ersten Gruppe von Teilen gehören im Großen und Ganzen die annuellen Teile, die insbesondere zum Fruchtansetzen dienen. Zu den allgemeinen Verrichtungen der Teile gehört besonders die Ernährung der Pflanze; dabei dient die Wurzel zur Aufnahme der Nahrung, der Stengel zur Weiterleitung. Bemerkenswert ist dabei Theophrasts richtige Deutung der sprossbürtigen (aus den Sprossachsen hervortretenden) Wurzeln im Sinne der Nahrungsaufnahme; diese Entdeckung entspringt der Einsicht, dass man einen Teil nach seiner organischen Funktion und nicht nach seinem Standort (seiner Plazierung) beurteilen müsse. Weiter wird auf die Schutzfunktion von Teilen (und anderes mehr) und natürlich auf Frucht und Samen im Dienste der Fortpflanzung eingegangen. Ganz scharf ist Theophrast übrigens an die Entdeckung der sexuellen Fortpflanzung der Pflanzen herangekommen. Jedenfalls hat er die Geschlechtlichkeit und Diözie der Dattelpalme gesehen, ohne daraus allerdings weitergehende Schlüsse zu ziehen.

Doch kommen wir jetzt zu unserer eigentlichen Frage nach den anthropozentrischen Perspektiven. Wie sicher schon der sehr geraffte Überblick über Theophrasts botanische Schriften deutlich gemacht hat, spielt die Bedeutung der Pflanzen für die menschliche Nutzung und die entsprechenden Bemühungen des Menschen um diese Nutzung eine erhebliche Rolle. Das sind Aspekte, die auch Aristoteles mit Bezug auf die Tiere in seinen Schriften gelegentlich berücksichtigt, wenn er etwa bemerkt (*HA* 5.21), dass Milchtiere unterschiedliche Milchmengen je nach Körpergröße und Futter geben, oder im Zusammenhang mit der Erörterung der Krankheiten der Tiere (*HA* 8). Bei Theophrast kommt aber der ›angewandten Botanik‹ eine durchaus systematische Bedeutung zu. So heißt es zu Beginn des dritten Buches der Schrift *De causis plantarum*, nachdem die Einflüsse der Natur bei der Entstehung der Pflanzen behandelt sind (*CP* 1 und 2), dass jetzt über die Vorgänge, die sich auf menschliche Absicht und Planung gründeten, gesprochen werden müsse: »Die Untersuchung über die Pflanzen hat einen doppelten Aspekt und besteht aus zwei Teilen: Einmal geht es um die von selbst vor sich gehenden Prozesse, womit die Natur ja immer beginnt, zum andern um die Prozesse, die auf Absicht und Planung des Menschen beruhen, wo wir also sagen, dass der Natur mitgeholfen werde zur Erreichung des Zieles«. Auch die Disposition des fünften Buches von *De causis plantarum*, in dem zum einen gegen die Natur verlaufende unbeeinflusste Vorgänge behandelt werden, zum anderen kultivierende Maßnahmen, die das von der Natur gesteckte Ziel überschreiten lassen, findet eine Begründung (*CP* 5.1.1) in dem Verhältnis von *Physis* und *Techne*: Wie bei den Pflanzen in dem, was ohne menschlichen Einfluss von selbst (αὐτόματος) geschehe, das eine naturgemäß (φύσει) und das andere gegen die Natur (παρὰ φύσιν) sei, so hülfen auch Kunst (τέχνη) und Pflege (θεραπεία) zum einen der Natur, das ihr gesetzte Ziel zu erfüllen, zum anderen sie auf gewisse, nicht mehr im Plan der Natur liegende Besonderheiten und auf die Erreichung eines Überflusses hin, wie auf die Erzeugung kernloser Weintrauben, besonderer Qualitäten und Arten von Früchten und so weiter. Schließlich findet auch für die Geruchs- und Geschmacksstoffe eine Unterscheidung statt (*CP* 6.3.3): Sie können sowohl in Pflanzen und Tieren entstehen als auch auf artifizielle Weise hergestellt werden. Die große Bedeutung, die der menschlichen Nutzung von Pflanzen und Pflanzenprodukten beigemessen wird, zeigt sich in *De causis plantarum* somit deutlich in der thematischen Gliederung. Außerdem sahen wir schon, dass auch die *Historia plantarum* weite Abschnitte einer ›angewandten Botanik‹ widmet. Besonders deutlich ist das in den beiden Büchern 5 und 6, die von der Holzverwertung beziehungsweise der Verwendung von Pflanzensäften und Pflanzenteilen zur Geruchsstoff- und Arzneiherstellung handeln. Man kann sich fragen, woher diese Betonung im Gegensatz zu Aristoteles' Tierschriften herrührt, und mag dabei an die besondere Bedeutung des Ackerbaus (inklusive des Rebbaus) in der Antike denken, die im Blick auf die Ernährung der Bevölkerung sicherlich diejenige der Viehzucht übertraf. Allerdings waren Theophrasts Interessen offensichtlich insgesamt von entsprechenden ›praktischen‹ Gesichtspunkten wenigstens mitbestimmt, wie außer den botanischen Schriften auch noch die Titel einiger nicht erhaltener Schriften wie *Über Salz, Soda und Alaun* oder *Über Honig* belegen sowie die Schrift *De lapidibus*, in der es unter anderem um Steinbearbeitung und Erzverwertung geht.

Wenn man nun versucht, dieser ohne Zweifel anthropozentrischen Perspektive auf die pflanzliche Natur, ihre Entstehungs- und Wachstumsbedingungen, näher zu kommen, so empfiehlt es sich, etwa mit Gottfried Heinemann zwischen *weltanschaulichem* und *praktischem* Anthropozentrismus zu unterscheiden. Was ist gut für uns Menschen? Diese Frage lässt sich

als eine ausschließlich praktische Frage verstehen, die sich für niemanden stellt als für uns Menschen selber. Der *praktische* Anthropozentrismus ist daher mit einer Einstellung vereinbar, derzufolge der Bestand der Menschheit und das menschliche Wohlergehen ausschließlich durch menschliches Tun zu gewährleisten ist. Demgegenüber glaubt der *weltanschauliche* Anthropozentrismus, eine Ordnung der Welt, in der auch ohne menschliches Zutun für den Bestand der Menschheit und das menschliche Wohlergehen gesorgt ist, postulieren zu können. (Heinemann 2001, 269)

Ich glaube, bereits die wenigen Stellen, die ich zu Theophrasts systematischer Differenzierung zwischen dem natürlichen Ziel der pflanzlichen Entwicklung und den Zielen menschlicher Kultivierungsarbeit zitiert habe, legen es nahe, in diesem Fall von einem *praktischen* Anthropozentrismus auszugehen. Doch ist es an dieser Stelle sinnvoll, zunächst auf Aristoteles zu blicken, bei dem die Sache nicht so einfach zu entscheiden ist, teilweise jedenfalls kontrovers diskutiert wird. Das führt dann gelegentlich auch dazu, dass eine »différence essentielle« zwischen Aristoteles und Theophrast konstruiert wird (Amigues 1999, 149), wonach eben jener von einer grundsätzlichen Gerichtetheit der Welt auf den Menschen ausgegangen sei, während dieser etwa gesehen habe, dass die Entwicklung der Pflanzen allein auf die Erhaltung der jeweiligen Art ziele. Insofern markiere Theophrasts Ansicht auch einen besonderen wissenschaftlichen Fortschritt. Es ist im Übrigen klar, dass diese Behauptung stark von der grundsätzlichen Beurteilung der Bedeutung der Teleologie in Theophrasts Werk getragen wird, worauf ich vorhin bereits kurz eingegangen war.

Doch jetzt zu Aristoteles, bei dem zunächst sicher nicht von einem *weltanschaulichen* Anthropozentrismus zu reden wäre. Ich beziehe mich in dieser Frage wesentlich auf die Ergebnisse der Arbeiten Wolfgang Kullmanns, der hierzu mehrfach, zuletzt ausführlich in *Aristoteles und die moderne Wissenschaft*, Stellung genommen hat. Es kann danach mit Sicherheit festgestellt werden, dass bei Aristoteles in den biologischen Schriften überhaupt jede Angabe eines Gesamtzweckes eines Lebewesens innerhalb des Kosmos fehlt:

Das vollkommene (erwachsene) Lebewesen ist selbst das Telos, das in der Entwicklung des Lebewesens verwirklicht wird. Dieses Telos ist immanent, nicht von außen gesetzt. Die Existenz der einzelnen Arten wird nicht einer außer ihnen liegenden Zielsetzung der Gottheit oder der universalen ›Natur‹ verdankt. Denn die Arten sind für Aristoteles nicht irgendwann entstanden, sondern bestehen immer (Beobachtungen hinsichtlich ihrer Entstehung lagen ihm nicht vor). Das schließt eine übergreifende durchgehende Finalität von vornherein aus. (Kullmann 1998, 266)

Dem widerspricht auch etwa nicht, dass Aristoteles eine spontane Entstehung bestimmter Lebewesen (zum Beispiel Insekten), die sogenannte ›Urzeugung‹, aus anorganischem Stoff annimmt. Es wird hierdurch jedoch keine kontinuierliche, zielgerichtete Fortpflanzung begründet, da die betreffenden Lebewesen immer wieder in derselben Weise aus Anorganischem entstehen. Auf eine ganz entsprechende Anschauung Theophrasts werde ich später noch verweisen. Auch die berühmte *scala naturae* lässt sich nicht im Sinne eines durchgängigen teleologischen Weltbildes des Aristoteles in den biologischen Schriften interpretieren. Nach ihr werden zwar Tierarten nach dem Grad ihrer Organisationshöhe gruppiert, es besteht aber keine teleologische Beziehung zwischen ihnen sondern allenfalls eine Analogie verschiedener Merkmale. Schließlich betrachtet Aristoteles nicht den gesamten tierischen Organismus als eine zweckbestimmte Konstruktion aus einem Guss, sondern hat auch erkannt, dass bestimmte Ergebnisse des Organbildungsprozesses nicht primär auf den Zweck hin angelegt sein können, den sie erfüllen. Dann verwendet Aristoteles gerne eine Ausdrucksweise, wonach »die Natur einen bestimmten ›Überschuss‹ bei einem anderen Prozess zu einem neuen Ziel ›benutzt‹ oder eine bestimmte zweckhafte Organisation im Körper zu einem weiteren Ziel zusätzlich benutzt«. Diese Ausdrucksweise könnte auf den ersten Blick implizieren, dass Aristoteles der Natur doch ›Motive‹ oder ›Absichten‹ unterstellt. Tatsächlich lässt sie sich aber problemlos metaphorisch verstehen – ebenso wie auch an anderen Stellen, an denen er etwa davon spricht, dass die Natur »wie ein vernünftiger Mensch« die einzelnen Organe nach der Nützlichkeit unter den Lebewesen verteilt, oder überhaupt in der bekannten Rede von der Natur, die nichts Überflüssiges beziehungsweise nichts umsonst tut. Eine Wirksamkeit der ›Natur‹ wird nicht näher geschildert. Aristoteles benutzt, so Kullmann, »diese Redewendung offenbar als Surrogat für die plastischeren platonischen Vorstellungen von der Weltseele und vom Demiurgen, wobei die größere Blässe des Gedankens von ihm beabsichtigt ist«. (Kullmann 1998, 271)

Dem scheint freilich eine vielbehandelte Stelle in der aristotelischen *Politik* (1.8) zu widersprechen. Es heißt dort, dass auch nach ihrer Geburt für die Tiere Vorsorge getroffen sei, und die Pflanzen um der Tiere willen da seien, die übrigen Tiere um der Menschen willen – zu Nutzen und Nahrung oder zur Herstellung von Kleidung und Werkzeugen: »Wenn nun gilt«, schreibt Aristoteles, »dass die Natur nichts unvollendet und nichts umsonst tut, dann folgt daraus zwingend, dass die Natur dieses alles um der Menschen willen geschaffen hat«. Will man sich angesichts dieser mit der Haltung der biologischen Schriften nur schwer zu vereinbarenden Feststellung nicht nur mit dem Argument begnügen, dass es sich um eine von Aristoteles herbeigerufene und im Rahmen der praktischen Philosophie akzeptable populäre – vor allem dann in der Stoa prominente – Auffassung handle, ist, wie Kullmann klar gezeigt hat, von der zweifachen Bedeutung des Zweckbegriffes auszugehen, wie sie unter anderem an einer Stelle in der *Physik* (2.2) expliziert wird. Hier ist von der Verwendung des Materials, etwa des Erzes, in den Künsten die Rede, das wir Menschen gebrauchten, wie wenn es um unseretwillen vorhanden sei. Der Mensch sei für die Materialien der Technik irgendwie Ziel; zweifach sei nämlich das Worumwillen. Es liegt hier und noch an einigen anderen Stellen die Unterscheidung zwischen »Zweck von« (οὗ ἕνεκά τινος) im Sinne des Ziels zweckgerichteter Dinge und »Zweck für« (οὗ ἕνεκά τινι) im

Sinne des Subjektes, für das etwas zweckmäßig sein soll, zugrunde. Wie Hans Wagner in seinem Kommentar zur *Physik* formuliert:

Einmal heißt Zweck dasjenige, was erstrebt und beabsichtigt ist, sodann auch das, *zugunsten dessen* jenes erstrebt und beabsichtigt wird. In letzterem Sinne sind wir Menschen ein Zweck für das Zuhandene: wir gebrauchen es zu unseren Gunsten. (Wagner 1983, 457)

Und im Blick auf die diskutierte Politikstelle bedeutete das:

Für die Tiere ist irgendwie der Mensch das Telos; freilich nicht so, dass dies in ihnen so angelegt ist, sondern nur subjektiv vom Menschen her gesehen. Es fehlt jedes *primäre* Ausgerichtetsein der Tiere auf den Menschen.[4]

In den biologischen Schriften wird nun eine Unterscheidung zwischen den beiden Arten von ›Zweck‹ oder ›Ziel‹ nicht getroffen, offensichtlich, weil sie gewissermaßen miteinander verbunden sind:

Im Organismus haben wir zum Beispiel eine Ausrichtung der Organe auf die Lebensfunktionen des Lebewesens (beziehungsweise auf das Lebewesen selbst, seine Seele). Die Lebensfunktionen des Lebewesens sind insofern Ziel der Organe (τινός). Zugleich profitiert das Lebewesen davon (beziehungsweise ist darauf angewiesen), dass die Organe zu seinen Gunsten wirksam sind. Das Lebewesen und seine Funktionen sind somit auch ein Ziel, zu dessen Gunsten (τινί) etwas geschieht. (Kullmann 1998, 280)

Kommen wir jetzt wieder zu Theophrast zurück und damit zu der Frage, ob und inwieweit er eine Zweckbestimmung der Pflanzen für den Menschen annimmt. Die Sache ist tatsächlich sehr unterschiedlich beurteilt worden. Brigitte Hoppe weist etwa darauf hin, dass der Humanist und Verfasser von auf Theophrast fußenden botanischen Schriften Giovanni Costeo der verbreiteten aristotelischen Lehrmeinung folgend gelehrt habe, dass die Pflanzen um der Tiere willen existierten, und da als das vollkommenste derselben der Mensch betrachtet wurde, eigentlich um des Menschen willen. Hoppe selber meint allerdings, dass Costeo Theophrasts Meinung an dieser Stelle gewissermaßen ignoriert habe:

denn er [Theophrast] zählte wohl verschiedenartige Wirkungen, Nutzen und Schaden von Pflanzen für den Menschen auf, aber er fällte über die Ursache oder die Ursachen keine Entscheidung. Überdies kritisierte er insgesamt die teleologische Naturauffassung des Aristoteles unter Anführung von Erfahrungen über nicht zweckmäßige Erscheinungen an Lebewesen. (Hoppe 1976, 116)

Ähnlicher Meinung war auch schon der Verfasser einer vierbändigen Geschichte der Botanik in der Mitte des 19. Jahrhunderts, E. H. F. Meyer, der schrieb, Theophrast versuche, »sich zu befreien von jener falschen Teleologie, die alles in der Natur auf den Menschen und selbst auf die thörigsten Zwecke desselben bezieht«. (Meyer 1854–57, I 116) George R. Thompson mit seinem Kommentar zum sechsten Buch der Schrift *De causis plantarum* gehört ebenso wie die bereits zitierte Suzanne Amigues zu dieser Partei. Er meint: »Theophrastus then, in his study of plants, avoids the anthropocentric teleology which we find in the biological works of Aristotle«. (Thompson 1941, 90) Auch J. Donald Hughes glaubt, dass die Arterhaltung das Ziel der Pflanze sei: »Aristotle would not have

---

4   Kullmann 1998, 273. Die Frage der ökologischen »Passungsverhältnisse« bleibt freilich weiterhin prekär. Siehe dazu auch Heinemann 2003.

denied this, of course, but would have made it a subsidiary cause in his hierarchical organization of nature. For Theophrastus it is the whole point.« (Hughes 1988, 68) Es mutet schließlich fast ein wenig kurios an, dass einer der Hauptvertreter derjenigen Richtung, die eine angebliche Abkehr Theophrasts von der aristotelischen Teleologie postuliert, Gustav Senn, formuliert:

> Während er also bei seinen botanischen Studien der Teleologie eigentlich nie gehuldigt hat, vertritt er eine um so auffallendere anthropozentrische Auffassung der Pflanze, der man bei Aristoteles nicht begegnet. Theophrast äußert nämlich in seinen Frühwerken wiederholt die Ansicht, dass die Pflanzen, speziell das Fleisch ihrer Früchte, für den Menschen da seien [...]. Er hat diese Anschauung offenbar von Platon übernommen. (Senn 1933, 97)

Eine genauere Durchmusterung derjenigen Stellen, an denen Theophrast von einer Nutzen-Zweckbeziehung zwischen Menschen und Pflanzen spricht, zeigt nun, dass hier kein *weltanschaulicher* Anthropozentrismus impliziert ist. Auszugehen ist besonders von einer Passage im ersten Buch von *De causis plantarum* (1.16.1 ff.), wo es um die zwei ›Kochungen‹ oder Reifungen ($\pi\acute{\epsilon}\psi\epsilon\iota\varsigma$) – des eigentlichen Samens und der Fruchthülle, des *Perikarpion* – geht. Ich zitiere diese aufschlussreiche Stelle zur Gänze: »Die Reifung geschieht aber in der Fruchthülle; dies muss aber eintreten und dabei einen Geschmack annehmen, der unserer Natur angemessen ist. Vielleicht ist es aber gut, eben dies vorher zu unterscheiden, dass es nämlich eine Reifung der Fruchthüllen gibt und eine andere der eigentlichen Früchte. Die eine dient unserer Ernährung, die andere aber der Erzeugung und dem Bestand der Bäume; denn die Früchte und die Samen sind um deren willen. Jede der beiden Reifungen steht aber zu der anderen in einem gewissen Gegensatz: Ist die Fruchthülle saftiger und größer, dann ist die eigentliche Frucht kleiner, und umgekehrt, ist diese größer, dann ist die Fruchthülle kleiner, härter und weniger saftig. Dagegen hat die Landwirtschaft Mittel ersonnen, indem sie das Wachstum und die Ernährung der eigentlichen Früchte hindert. Denn sozusagen jeder zahme Baum hat kleinere Steine als der wilde, jeder kultivierte kleinere als der unkultivierte, jeder besser gepflegte kleinere als der schlechter gepflegte, indem er mehr Feuchtigkeit aufnimmt und die Nahrung zur Fruchthülle zieht, außerdem aber die Säfte nach dem Maße unseres Bedarfs zur Reife bringt. So unterscheiden sich die Reifungen, wenn man auch die eine, die sonst nicht so genannt wird, Reifung nennen darf.« Wenig später (*CP* 1.16.6) sagt Theophrast, dass von den Reifungen diejenige des Samens für die *Genesis* wichtiger sei, für unseren Gebrauch aber diejenige der Fruchthüllen; eine andere Frage sei es aber, welche der beiden Reifungen dem Ziel näher komme. Daran schließt sich der Gedanke an, dass bei denjenigen Pflanzen, von denen die Menschen nur die Blätter oder die Wurzeln verwendeten, wie bei den Gemüsepflanzen, die Reifung dieser Teile wichtiger ($\kappa\upsilon\rho\iota\omega\tau\acute{\epsilon}\rho\alpha$) – nämlich für unsere Zwecke – sei; dennoch liege das Telos in den Samen dieser Pflanzen, ohne dass wir zum Zweck der Nahrung einen Gebrauch von diesen machten. Schließlich ist zu dieser Thematik auch noch besonders *De causis plantarum* 1.21.1–2 heranzuziehen, wo es heißt, dass in allen Früchten das Perikarpion früher entstehe als die eigentliche Frucht und der Same; das liege jedoch nicht nur daran, dass viele Samen holz- oder steinartig seien – und daher längere Zeit benötigten, um gebildet zu werden –, sondern weil das Telos der Same sei; es müsse aber notwendig das, was wegen eines anderen sei, vorher sein als jenes. Deshalb seien auch nicht alle Perikarpia samentragend, wie bei den kleinen Weinbeeren, weil die Natur nicht mehr diese zu vollenden in der Lage sei. Doch seien die kleinen Beeren nicht weniger süß als die großen. Dies zeige auch, dass das Perikarpion leichter zur Reife zu bringen sei, was anscheinend unter der Mitwirkung der Sonne und der Luft und der jahreszeitlichen Bedingungen geschehe, während die Reifung des Samens ein Werk der Natur (der Pflanze) selbst sei. Während die Natur sich aber offensichtlich um eine gleichmäßige Entwicklung von Same und Perikarpion bemühe, versuche der Mensch durch seine kultivierenden Maßnahmen, gerade weil die Samen für ihn meist von keinem oder nur geringem Nutzen seien, Früchte mit weichen Kernen oder gar kernlose Früchte zu erzielen.

An keiner dieser und noch etlicher anderer Stellen ist davon die Rede, dass die Menschen das Ziel der Pflanzen im Sinne einer erweiterten Finalität oder naturgegeben Gerichtetheit seien; Ziel der Pflanzen sei vielmehr die eigene Reproduktion, die durch die eigentliche Frucht (den Kern oder Samen) erreicht werde. Die Menschen machten sich jedoch bestimmte Pflanzenteile, die aber auch wieder im Dienst dieser Reproduktion stehen, wie besonders Fruchthülle und Fruchtfleisch, zu Nutzen. Dabei könne die Landwirtschaft eine einseitige Entwicklung der letztgenannten Teile im Interesse des Menschen beeinflussen. Nur in diesem Sinne ist es auch zu verstehen, wenn Theophrast gelegentlich (*CP* 4.4.1) zwischen einer Vollendung im Blick auf uns ($\tau\epsilon\lambda\epsilon\iota\acute{o}\tau\eta\varsigma\ \pi\rho\grave{o}\varsigma\ \mathring{\eta}\mu\hat{a}\varsigma$) und im Blick auf die Erzeugung ($\pi\rho\grave{o}\varsigma\ \gamma\acute{e}\nu\epsilon\sigma\iota\nu$) unterscheidet. Der für den menschlichen Zweck unvollkommene Reifegrad (nämliche der Fruchthülle, des Fruchtfleisches und so weiter – hier blickt man auf Farben, Säfte und andere Qualitätskennzeichen –) kann von dem Reifegrad der eigentlichen, zur Fortpflanzung dienenden Frucht (oder des Samen) unterschieden sein. Es fehlt also bei Theophrast wie wohl auch bei Aristoteles jeder Hinweis auf ein ›primäres Ausgerichtetsein‹ von Tieren und Pflanzen auf den Menschen (aristotelisch gesprochen im Sinne eines $o\mathring{v}\ \mathring{e}\nu\epsilon\kappa\acute{a}\ \tau\iota\nu o\varsigma$); jedoch können diese für das subjektive menschliche Interesse irgendwie Ziel sein.

Bevor ich die Ergebnisse meiner Überlegungen zusammenfasse, möchte ich noch kurz auf zwei Gesichtspunkte am Rande eingehen. Es war ja bislang vom Nutzen beziehungsweise der Nutzbarmachung der Pflanzen für die Menschen die Rede. Theophrast geht allerdings auch gelegentlich auf bestimmte reziproke Nutzverhältnisse innerhalb des Tier- beziehungsweise Pflanzenreiches ein. Damit ist nicht gemeint, dass sich viele Tiere auch von Pflanzen ernähren. Gäbe es eine primäre Zweckbestimmung der Pflanzen und Tiere auf den Menschen hin, so wäre eine entsprechende Bestimmung der Pflanzen für die Tiere natürlich impliziert. Doch davon ist nicht die Rede. Im siebzehnten und achtzehnten Kapitel des zweiten Buches der Schrift *De causis plantarum* geht Theophrast jedoch auf den Fall von Pflanzen und insbesondere der Mistel ein, die (seiner und der Meinung seiner Gewährsleute nach) nur auf anderen Pflanzen wachsen können. Theophrast verweist hierzu auf scheinbar ähnliche, bereits von Aristoteles in der *Historia animalium* behandelte, symbiotische Verhältnisse im Tierreich (tatsächlich handelt es sich im Fall der Mistel um ein Schmarotzerverhältnis). Gemeint sind Krabben, die nur in bestimmten Muscheln gefunden würden, oder Schwämme, die in sich kleine Tiere nährten. Aber Theophrast sagt nicht, dass die einen Pflan-

280 Georg Wöhrle

zen um der anderen willen seien, sondern dass es die Natur dieser Pflanzen sei nur auf anderen Pflanzen zu wachsen (2.17.8: πέφυκεν ἐν ἑτέρωι μόνον ταῦτα γίνεσθαι). Schließlich komme hier noch eine weitere Instanz ins Spiel, indem Vögel durch ihren Kot (auch dies eine richtige Beobachtung) für die Verbreitung der Samen sorgten. Man könnte also argumentieren, dass das Wachstum der Misteln auf anderen Pflanzen überhaupt nur akzidentiell sei – wie etwa Eichelhäher durch das Eingraben von Eicheln für deren Fortkommen sorgen. Aber es gäbe eben im Tierreich zahlreiche Fälle, bei denen die eine Art für die Bewahrung und das Fortkommen der anderen nutzbar sei (2.17.9: ἕτερον ἑτέρωι χρήσιμον πρὸς σωτηρίαν καὶ γένεσιν) – er erwähnt hier unter anderem den Fall des Kuckucks, der seine Eier in die Nester anderer Vögel legt. Wie also bei den Tieren bestimmte Arten hinsichtlich ihrer Lebensweise und hinsichtlich ihrer Vermehrung einander entweder zum Schaden oder zum Vorteil wären, so hindere nichts, dass das auch bei den Pflanzen der Fall sei. Als weitere Beispiele aus dem Pflanzenreich wird dann unter anderem noch aufgeführt, wie etwa bei den unkultivierten Pflanzen die immergrünen von den blattabwerfenden profitierten, indem die abgeworfenen und kompostierten Blätter gewissermaßen für die Düngung des Bodens sorgten. In anderen Fällen fänden die einen Pflanzen durch ihre Ranken an anderen Halt. Wenn sich im übrigen die Landwirtschaft derartige Beobachtungen zu Nutze mache, indem etwa bestimmte Pflanzen zwischen andere gesät würden, um diese von Ungeziefer frei zu halten, so belege das nur, dass es auch in der unkultivierten Natur derartige Zweck-Nutzen-Beziehungen gebe, wenn denn die Kunst, die τέχνη, die Natur nachahme. Am Schluss der Passage betont Theophrast freilich, dass es wie in der Tierwelt so auch in der Pflanzenwelt weit mehr Schadens- als Nutzverhältnisse gebe.

Auf einen weiteren Gesichtspunkt habe ich bereits oben kurz verwiesen. Es geht um das Problem der sogenannten Spontanentstehung oder Urzeugung, also im botanischen Bereich, der Entstehung von Pflanzen weder aus Samen noch durch die bekannten Arten vegetativer Fortpflanzung, sondern infolge eines spezifischen Fäulnisvorgangs der Materie. Dass Theophrast eine solche spontane Art der Entstehung grundsätzlich postuliert hat, steht außer Frage, wenn man das gelegentlich auch bezweifelt hat. Allerdings bewahrt er sich hier – wie in vielen anderen Fällen – eine gewisse Skepsis. Nicht überall, wo eine spontane Entstehung vorzuliegen scheint, gilt ihm das auch als bewiesen. Dabei ergibt sich die Frage, ob Theophrast für bestimmte Pflanzen die Möglichkeit sowohl einer spontanen Entstehung als auch einer Entstehung von Samen angenommen hat. Aristoteles hat jedenfalls, wie schon hingewiesen, nicht eine »Urzeugung« *fortpflanzungsfähiger* Lebewesen aus organischem Stoff vertreten.

Denn gesetzt, er hätte diesen Standpunkt gehabt, hätte er damit eine partielle Zielgerichtetheit vom Anorganischen zum Organischen hin anerkannt (die dann möglicherweise den Absichten eines höheren Wesens zu verdanken wäre). (Kullmann 1998, 267)

Wie aus zwei Stellen in den zoologischen Schriften hervorgeht, gesteht Aristoteles auch für Pflanzen jeweils nur eine der beiden Fortpflanzungsarten zu. Theophrast wurde nun gelegentlich ein davon abweichender Standpunkt zugeschrieben sowohl hinsichtlich der Tiere wie der Pflanzen. Was die Tiere betrifft, so handelt es sich hier um die Interpretation einer problematischen Textstelle, auf die ich hier nicht weiter eingehen will. Ich glaube aber nicht, dass sie zum Beleg für eine von aristotelischer Lehre abweichende Auffassung herangezogen werden kann. Allerdings ist es richtig, dass Theophrast eine beiderseitige Entstehungsmöglichkeit für Pflanzen an einigen Stellen jedenfalls mindestens impliziert. Nur vermutungsweise lässt sich hier erschließen, dass er eine Fortpflanzung vom Samen bei spontan entstandenen Pflanzen deshalb als möglich ansah, weil er sonst mit dem aristotelischen (und seinem eigenen) Grundsatz, dass die Natur nichts umsonst mache, in Konflikt geraten wäre.

Wir haben somit gesehen, welche große Bedeutung eine angewandte, anthropozentrisch bestimmte Botanik bei Theophrast hat. Ein Großteil seines Werkes hat den Nutzen der Pflanzen für den Menschen im Blick und beschäftigt sich demgemäß auch mit den Fragen danach, wie man diesen Nutzen noch erhöhen oder wie man umgekehrt Schaden von den Pflanzen und damit von den Menschen abwenden kann. Warum das so sein könnte, weshalb also dieser Aspekt des Nutzens so betont ist, darüber habe ich eingangs bereits ein wenig spekuliert. Das mag schon mit persönlichen Interessen des Autors zusammenhängen, vor allem aber wohl mit der allgemeinen Bedeutung der Pflanzen als die Grundquelle all unserer Nahrung und darüber hinaus als Quelle eines großen Teils unserer Kleidung, unserer Behausungen, der beweglichen Energie: »And this is the road toward the common understanding of plants – their utility«.[5] Aber wir haben auch gesehen, dass es sich hierbei durchaus um einen *praktischen* Anthropozentrismus handelt. Der Mensch nutzt bestimmte Pflanzen, deren Teile und Eigenschaften, für seine Zwecke, aber nirgendwo ist erkennbar, dass nach Theophrasts Ansicht die Pflanzen auch um der Menschen willen geschaffen wären. Ihr eigentliches Telos ist die Reproduktion der Art und das heißt zunächst einmal die Bildung von Frucht und Samen, die somit sekundär auch zum Ziel des Menschen werden können, aber nicht müssen, was man besonders in den Fällen sieht, wo technisch-landwirtschaftliches Handeln sich einseitig um die Qualität der Fruchthüllen bemüht. Theophrast hat hier aber auch keine von Aristoteles abweichende Sichtweise. Auch dieser beschränkt die Finalität der Tiere auf eine interne Finalität im Blick auf die Fortpflanzung der Art. Dem widerspricht auch eine oft herangezogene Stelle in der *Politik* nicht, die unter Heranziehung der Dichotomie des »Zweck von« und »Zweck für« verstanden werden kann. Und es ist daher auch abwegig, Theophrasts Auffassung mit einer grundsätzlichen Teleologiekritik in Verbindung zu bringen.

Bemerkt sei zum Schluss noch, dass Theophrasts klare Unterscheidung zwischen primärem Ziel der Pflanzen und deren ohne Zweifel bedeutungsvollen sekundären Nutzung durch den Menschen im Verein mit einer gar nicht zu überschätzenden empirischen Grundhaltung seine botanischen Schriften auch zu einem Grundlagenwerk der Ökologie gemacht hat. Es ist die Beobachtung, dass Pflanzen eben dann am besten gedeihen,[6] wenn sie »entsprechend ihrer Natur« (κατὰ φύσιν) wachsen können, in entsprechenden auch mikroklimatischen Bedingungen, auf den entsprechenden Böden, in der Nachbarschaft von bestimmten

5   Preus 1988, 76 f.
6   Hughes 1988, 72.

anderen Pflanzen und so weiter. Andernfalls, das heißt wenn man sie »gegen ihre Natur« (παρὰ φύσιν) zu kultivieren sucht, gehen sie ein oder kümmern sie. Der Boden, heißt es etwa in *Historia plantarum* 2.2.8, ist allemal bedeutsamer als Kultivierung und Pflege. So unterstreicht eben gerade auch die doppelte Perspektive der Botanik, dass die Kultivierungsmaßnahmen und der damit verbundene menschliche Vorteil da ihre Grenze haben, wo das eigentliche Ziel der Pflanzen berührt wird.

Literatur

Amigues, S. 1988–2006: Théophraste. Recherches sur les plantes, texte établi et traduit par S. A., I–V (Buch I–IX), Paris.

Amigues, S. 1999: »Les traités botaniques de Théophraste«, in : Wöhrle, G. (Hrsg.), Biologie (Geschichte der Mathematik und Naturwissenschaften in der Antike, Bd. 1), Stuttgart, 124–154.

Eigler, U., Wöhrle, G. (Hrsg.) 1993: Theophrast. De odoribus, Edition, Übersetzung, Kommentar, mit einem botanischen Anhang von B. Herzhoff, Stuttgart.

Einarson, B., Link, G. K. K. 1976–1990: Theophrastus. De causis plantarum, 3 Bde., Cambridge.

Fortenbaugh, W. W. u.a. (Hrsg.) 1992: Theophrastus of Eresus. Sources for his life, writings, thought and influence. Ed. and transl. by W. W. Fortenbaugh, P. M. Huby, R. W. Sharples, D. Gutas, I–II, Leiden.

Heinemann, G. 2003: »Das ›Ordnen‹ der ›Naturen‹ (PROT. 320D–321C)«, in: Havlícek, A., Karfík, F. (Hrsg.), Plato's Protagoras (Proceedings of the Third Symposium Platonicum Pragense), Prag, 71–95.

Heinemann, G. 2001: Studien zum griechischen Naturbegriff. Teil I, Philosophische Grundlegung: Der Naturbegriff und die »Natur« (AKAN-Einzelschriften, Bd. 2), Trier.

Hoppe, B. 1976: Biologie. Wissenschaft von der belebten Materie von der Antike zur Neuzeit (Sudhoffs Archiv, Beiheft 17), Wiesbaden.

Hughes, J. D. 1988: »Theophrastus as Ecologist«, in: Fortenbaugh, W.W. u.a. (1988), Sharples, R.W. (Hrsg.): Theophrastean Studies. On Natural Science, Physics and Metaphysics, Ethics, Religion, and Rhetoric (Rutgers University Studies in Classical Humanities, Vol. III), New Brunswick/Oxford, 67–75.

Kullmann, W. 1998: Aristoteles und die moderne Wissenschaft (Philosophie der Antike, Bd. 5) Stuttgart.

Lennox, J. P. 1985: »Theophrastus on the Limits of Teleology«, in: Fortenbaugh, W.W. u.a. (Hrsg.), Theophrastus of Eresus. On his Life and Work (Rutgers University Studies in Classical Humanities, Vol. II), New Brunswick/Oxford, 143–163.

Meyer, E. H. F. 1854–7: Geschichte der Botanik. Studien von E. H. F. Meyer, 4 Bde., Königsberg.

Preus, A. 1988: »Drugs and Psychic States in Theophrastus' *Historia plantarum* 9.8–20«, in: Fortenbaugh, W.W., Sharples, R.W. (Hrsg.), Theophrastean Studies. On Natural Science, Physics and Metaphysics, Ethics, Religion, and Rhetoric (Rutgers University Studies in Classical Humanities, Vol. III), New Brunswick/Oxford, 76–99.

Senn, G. 1933: Die Entwicklung der biologischen Forschungsmethode in der Antike und ihre grundsätzliche Förderung durch Theophrast von Eresos, Aarau.

Thompson, G. R. 1941: Theophrastus on Plant Flavors and Odors. Studies on the Philosophical and Scientific Significance of De Causis Plantarum VI, Accompanied by Translation and Notes, Princeton Diss. (Typescript), Princeton.

Wagner, H. ⁴1983: Aristoteles. Physikvorlesung, in: Aristoteles. Werke in deutscher Übersetzung, Bd. 11, Darmstadt (¹1967).

Wöhrle, G. 1985: »Theophrasts Methode in seinen botanischen Schriften«, in: Studien zur antiken Philosophie 13, Amsterdam.

Wöhrle, G. 1997: »Aristoteles als Botaniker«, in: Kullmann, W., Föllinger, S. (Hrsg.), Aristotelische Biologie. Intentionen, Methoden, Ergebnisse (Akten des Symposions über Aristoteles' Biologie vom 24.-28. Juli 1995 in der Werner-Reimers-Stiftungf in Bad Homburg), Stuttgart (Philosophie der Antike 6), 387–396.

VI. Platonismus und Aristotelismus

Konkretes Denken

Zur emotionalen und praktischen Bedeutung des Wissens im Platonismus und Aristotelismus

Arbogast Schmitt, Marburg

1.

Wenn man bei den großen Philologen des letzten Jahrhunderts in die Schule ging, bei Snell, Reinhardt, Hölscher, Fränkel, Schadewaldt, Lesky, Gundert usw., wurde man mit einem ausgeprägten hermeneutischen Bewusstsein über den Unterschied zwischen *der* Antike und *der* Moderne konfrontiert. Man lernte, bevor man sich den historischen Einzelheiten zuwenden konnte, erst einmal, was ›die Griechen‹ waren. Sie waren, so lehrte es etwa Wolfgang Schadewaldt, »ungewöhnlich offene Naturen, sie besaßen die wunderbare Fähigkeit, das Sinnliche sehr unmittelbar und das Geistige wieder auf eine sehr sinnliche Weise zu erfahren […] und wie sie ein abgesondertes geistiges Vermögen im Menschen gar nicht kannten, […] so schieden sie auch […] nicht zwischen Sinnlichem und Geistigem, sondern kannten nur Seiendes.«[1]

Was Schadewaldt für die Frühzeit des ›griechischen Denkens‹ sagt, sagt zum Beispiel Stenzel noch von Platon, ja sogar für Platons Verständnis von Mathematik. Um zu erklären, warum Platon der Mathematik über ein bloßes Vermitteln von Wissen hinaus für die Bildung des ganzen Menschen eine so große Bedeutung zumaß, verweist er darauf, dass das, was Platon sein ganzes Leben lang gesucht habe, »Einsicht im vorzüglichen Sinne« gewesen sei; »ein Sehen des gedanklich zueinander Stimmenden an anschaulicher Wirklichkeit«[2]. Auf dieser Einheit von Anschauung und Denken beruhe der platonische Erziehungsbegriff. Platons Triebkraft sei »ein aus der Überfülle innerster Erlebniskraft geborenes Streben nach Bändigung und Bindung des Einzelnen durch den Gebrauch seiner vollen menschlichen Kräfte bis hinauf zur zielsetzenden Vernunft…«[3]. Eben in dieser Einheit des ganzen Menschen, die die Konkretheit des anschaulich-einsichtigen Denkens noch möglich gemacht habe, sieht Stenzel die Aktualität Platons: »Die Gegenwart will kein bloßes Verstandeswissen, keinen Intellektualismus.« Sie

---

1 Schadewaldt 1959, 85.
2 Stenzel 1928, 3.
3 Stenzel 1928, 8.

suche vielmehr eben das, was Platons Erziehungsbegriff schon biete: die Verbindung des »Irrationalen, Überpersönlichen mit dem Logos.«[4]

Man braucht nur ›das Überpersönliche‹ durch ›Wirkungsgeschichte‹ oder ›Diskurs‹ zu ersetzen, das ›Irrationale‹ durch ›das Andere der Vernunft‹ und die ›Verbindung mit dem Logos‹ durch Foucaults Formel »der griechische Logos besaß nichts Gegenteiliges« oder durch ›emotionale Intelligenz‹, und man sieht, dass wir uns so weit nicht von diesen Positionen entfernt haben, wie es der bloße Sprachgebrauch erscheinen lassen mag.

Im Unterschied aber zu vielen neueren Arbeiten zeigen die Arbeiten der älteren Philologen ein konkretes Bewusstsein über die geistesgeschichtliche Herkunft ihres Antikebildes[5]. Es sind die großen Epochenkonstruktionen, in denen sich die Zeit zwischen 1750 und 1830, zwischen Winckelmann und Goethes Tod, als Moderne gegenüber der als Einheit und als unmittelbares Gegenüber verstandenen Antike legitimierte, in denen man das Begriffsarsenal fand, aus dem man schöpfte, wenn es um die Bestimmung der Grundkoordinaten ging, in die die Befunde aus der Antike einzuordnen waren.

Nun ist das Antikebild dieser Zeit keine eigenständige Neuentwicklung, sondern hat, wie unter anderem Hans Robert Jauß gezeigt hat, seine wesentlichen Inhalte aus dem großen Streit zwischen den Freunden der Antike und den Freunden der Moderne, der im 17. Jahrhundert in ganz Europa, mit der größten Publizität aber an der königlichen Akademie in Frankreich ausgetragen wurde[6].

Anlass dieses Streits war das gesteigerte Selbstbewusstsein, das sich auf die Erfolge der Naturwissenschaften und der Technik einerseits und auf die durch das Christentum errungene höhere Stufe der Sittlichkeit andererseits gründete. Im Bewusstsein dieser Überlegenheit weigerten sich viele, die Vorbildlichkeit der Antike noch länger anzuerkennen und die eigene Leistung nur daran zu messen, wie weit die antiken Vorbilder erreicht oder vielleicht übertroffen waren. Insbesondere die Überzeugung, seit dem Cartesianismus und erst durch ihn die Fähigkeit gewonnen zu haben, den eigenen Verstand selbständig, weil methodisch kontrolliert gebrauchen zu können, riss eine Kluft zur Antike auf. Sie erschien aus dieser Perspektive als eine naiv der Anschauung verpflichtete Zeit, die die Welt zwar mit dem Verstand zu ordnen versuchte, die es aber versäumt hatte, zuvor das Werkzeug, den Verstand selbst, und seinen Gebrauch zu untersuchen, mit dessen Hilfe diese Ordnung zustande kam. Sie musste eben deshalb auch als eine Zeit ohne eigentliche Moralität gedeutet werden, da es Moralität nur bei einem Bewusstsein der Eigenverantwortlichkeit und dieses nur dort geben konnte, wo das Denken sich reflexiv seiner selbst vergewissert hatte und souverän über sich verfügen konnte.

Der Streit endete bekanntlich mit einem Kompromiss: In den Bereichen, in denen die auf Klarheit und Deutlichkeit des Denkens gegründete Methode für die

4   Stenzel 1928, 7.
5   Das gilt natürlich genauso, wenn man sich an dem Grundverständnis von Modernität in der Philosophie, etwa bei Hans-Georg Gadamer, Walter Schulz, Gerhard Krüger, Hans Blumenberg, Dieter Henrich u.v.a. orientiert.
6   S. vor allem Jauß 1970, 11–66; 67–106; s. dazu auch Friedrich Schlegel, *Über das Studium der griechischen Poesie* (1795–1797), 13–128: »Einleitung«; Scholz 2002.

Ergebnisse verantwortlich war, das heißt, dort wo es um die methodische Ermittlung der Gesetze der Natur und die Anwendung dieser Gesetze in der Technik ging, dort sollte es einen klar messbaren Fortschritt gegenüber der Antike geben, die für diesen Bereich keine Vorbildlichkeit mehr beanspruchen konnte. Dort aber, wo es um die Vollkommenheit der Anschauung, die Finesse von Gefühl und Geschmack, die Schönheit der Darstellung usw. ging, dort lasse sich ein vergleichbarer Fortschritt der Entwicklung nicht feststellen, im Gegenteil, die von den abstrakten Verstandesregeln noch nicht überformte Anschaulichkeit der antiken Kunst konnte weiterhin in ihrer Großartigkeit anerkannt werden. Anders als für die Wissenschaften konnte es für die Kunst keinen objektiven Maßstab des Fortschritts, nur einen immer relativen Schönheitsbegriff geben. Die historischen Wurzeln der Kunst in Anschauung und Geschmack gaben der Antike aber eine bevorzugte Affinität zur Schönheit.

So führte die Rechtfertigung der Schönheit der antiken Kunst genauso wie der Streit um die höhere Sittlichkeit des christlichen Abendlandes gegenüber der heidnischen Antike zu einer Radikalisierung des Geschichtlichkeitsbewusstseins: Die Antike wurde nun nicht mehr verstanden als eine von der Gegenwart zwar verschiedene, aber wegen ihrer Beispielhaftigkeit immer noch relevante und vergleichbare Zeit, sondern als eine Zeit, die allein aus ihren eigenen Bedingungen begriffen – und aus ihnen auch gerechtfertigt – werden musste, und die in keiner Weise mehr *kommensurabel*, vergleichbar war mit der eigenen christlichen Gegenwart des kultivierten Frankreich.

Dass die Entstehung dieses radikalisierten Geschichtlichkeitsbewusstseins – und vielen gilt erst das Bewusstsein, dass jedes geschichtliche Phänomen nur aus sich selbst verstanden werden könne, überhaupt als ein Geschichtlichkeitsbewusstsein – eine wesentliche Wurzel in dem Überlegenheitsgefühl der Moderne gegenüber der Antike in Wissenschaft und Moral hat, wird von vielen übersehen.

Denn das bedeutet, dass das moderne geschichtliche Denken seine Entstehung nicht zuerst einer Reflexion auf die Geschichtlichkeit und Zeitlichkeit menschlicher Lebensvollzüge verdankt, sondern einer Reflexion auf zwei kategorial voneinander geschiedene Lebenshaltungen: eine naive, anschauliche, von äußeren Eindrücken abhängige und eine reflexive, um sich selbst wissende und sich selbst bestimmende Lebenshaltung.

Die historische Lokalisierung dieser beiden Grundhaltungen in Antike und Moderne ist auch ihrerseits kein originäres Produkt der querelle, sondern lässt sich vielfältig schon im 17. und 16. Jahrhundert belegen und ist auch dort mit Ansätzen zur Entwicklung eines historischen Denkens verbunden. Am bekanntesten ist sicher die Position Bacons. Die Unterscheidung zwischen einer *experientia ordinata*, einer Erfahrung, die von einem über sich selbst verfügenden Verstand methodisch kontrolliert wird, von einer *experientia vaga*, die nur unmittelbaren Intuitionen *ex occursu rerum tantum* folgt, liefert ihm den wichtigsten Grund, der Antike eine an die Anschauung gebundene, vorwissenschaftliche Geisteshaltung zuzuschreiben. Er kehrt deshalb das traditionelle mittelalterliche Bild von der Antike um: Die Antike ist nicht das weise, erfahrene Altertum, sondern sie ist die Kindheit der Menschheit[7].

Er spricht damit, wenn auch nicht gerade differenziert und philosophisch adäquat, aber mit dem deutlichsten Überlegenheitsbewusstsein aus, was in vieler Hinsicht bis heute die Kehrseite unserer Bewunderung der antiken Einheit von Anschauung und Verstand bildet: Diese Einheit von Denken, Wahrnehmen, Fühlen, Wollen ist einem seiner selbst bewusst gewordenen Denken nicht mehr möglich, sie ist auch als Ideal nur noch historisch verstehbar, und historisch meint: als Eigentümlichkeit eines frühen, noch nicht zu sich selbst gekommenen Denkens.

Obwohl es allgemeine Zustimmung findet, wenn man sagt, dass diese unmittelbare Konfrontation *des* antiken mit *dem* modernen Denken eine Konstruktion ist, deren Motiv in der Regel die Selbstlegitimation ist, sozusagen ›die Geburt der Antike aus dem Geist der Moderne‹ wie Dietrich Harth das plakativ formuliert hat[8], und obwohl man mit gutem Recht sagen kann, dass die meisten einzelnen Bestandteile dieser Konstruktion durch Einzelforschungen widerlegt sind, sind die vielfältigen Wirkungen, die über Jahrhunderte von dieser Konstruktion ausgegangen sind, keineswegs aufgearbeitet, der grundsätzliche Ordnungsrahmen, den diese Konstruktion vorgibt, bildet für viele bis heute eine äußerste Grenze, die als nicht überschreitbar gilt. Klaus Oehler etwa, der in Nachfolge Gerhard Krügers einen energischen Versuch gemacht hatte, wenigstens für Platon und Aristoteles die Verfehltheit des Vorurteils, sie seien noch erkenntnistheoretisch naiv, aufzuweisen, kommt am Ende zu dem Urteil, eine systematische Reflexion auf die Modi des Bewusstseins und deren Welt konstituierende Leistung sei von beiden noch nicht als die Grundaufgabe einer Erkenntnistheorie erfasst worden[9].

Wenn man das *Historische Wörterbuch der Philosophie* aufschlägt, liest man unter dem Stichwort ›Reflexion‹: »Die eigentliche Geschichte des Reflexionsbegriffs beginnt erst in der Neuzeit im Zuge der zweifelnden Selbstvergewisserung des Subjekts…«[10], und wenn sich eine große Forschergruppe zusammentut, um die Geschichte der Subjektivität zu diskutieren, und dabei auch die Antike und das Mittelalter einbezieht, dann lautet der Titel des Tagungsbandes: ›Geschichte und Vorgeschichte der modernen Subjektivität‹[11].

Die Erinnerung an die frühneuzeitlichen Wurzeln dieser Grenzziehung gegenüber *der* Antike ist zugleich eine Erinnerung daran, dass die These, es gebe in der Antike nur eine Vorgeschichte von Subjektivität, Reflexivität und freier Selbstbestimmung, auf nicht wirklich gesichertem Grund steht. Zumindest kann die Überzeugung, die Antike habe es noch nicht zu einer kontrollierten Verfügung des Denkens über sich selbst gebracht, nicht einfach als historisches Faktum genommen werden. Schon von der Quantität her kann man dagegen halten, dass trotz der Tatsache, dass die Zeit zwischen dem 16. und 18. Jahrhundert eine beträchtliche Zahl von ›Untersuchungen über die Natur des menschlichen Verstandes‹ hervorge

---

7 S. Krohn 1999, 84; 179. S. dazu Scholz 1991.
8 Harth 1994.
9 S. Oehler 1985, 253–67; Oehler 1997, 12; 20; 28 f.; 33 und passim.
10 Zahn 1992, 396.
11 S. Fetz u.a. 1998.

bracht hat, die Zahl der Spezialschriften über das, was Geist, Erkenntnis und Seele sind, in Antike und Mittelalter um ein Vielfaches höher ist.

Und was die Sache selbst, die Reflexion des Denkens auf seinen eigenen Akt, betrifft und damit zugleich die Unterscheidung eines Denkens, das seine Akte einfach in einer Ausrichtung auf die Gegenstände ausführt, von einem Denken, das seine Akte methodisch kontrolliert, so ist das genau das Anliegen, das Aristoteles mit seiner Wissenschaftstheorie in den Zweiten Analytiken verfolgt. Noch Thomas von Aquin beginnt – in belegbarer Übereinstimmung mit der antiken Aristoteleserklärung – seinen Analytik-Kommentar mit der Feststellung, diese Analytik sei »eine rationale Wissenschaft, die nicht nur deshalb rational ist, weil sie der Ratio gemäß verfährt, [...] sondern deshalb, weil sie sich auf den Akt der Vernunft als auf ihren eigenen Gegenstand zurückwendet.«[12]

Ich habe hier auf die Übersetzung von Ruedi Imbach zurückgegriffen, Thomas selbst drückt sich noch etwas präziser aus, er spricht nämlich von einer »rationalis scientia«, die deshalb rational sei, »quod est circa ipsum actum rationis sicut propriam materiam«, also weil in ihr die Ratio sich ihren Akt selbst zur Materie mache.

Diese Präzisierung ist nicht belanglos, denn natürlich haben auch viele neuzeitliche Denker und Interpreten gesehen, dass in antiken philosophischen Texten oft und ausdrücklich von einer Reflexion des Denkens auf sich selbst die Rede ist. Die verfeinerte Erklärung aber, die etwa von Heidegger, Gadamer, Gerhard Krüger, Walter Schulz, Dieter Henrich dafür gegeben wird, dass es in der Antike zwar eine Reflexion, aber keine *eigentliche* Reflexion des Denkens auf sich selbst gegeben habe, beruft sich auf die Unterscheidung zwischen den Gegenständen, die das Denken denken kann, darunter auch sich selbst, und dem Denken als dem Grund aller Gegenständlichkeit[13]. In Nachfolge und Verfeinerung der Unterscheidung Berkeley's zwischen dem Sein des Denkens als *percipere*, als dem reinen Akt des Denkens selbst, und seinem Sein als *percipi*, als dem, was im Akt des Denkens zu seinem Gegenstand wird, glaubt man vom Denken in der Antike insgesamt sagen zu können, es habe in der Reflexion auf sich selbst auch sich selbst immer noch wie einen, wenn auch ausgezeichneten, Gegenstand gesehen. Dass das Denken als Grund aller Gegenständlichkeit nicht selbst ein Gegenstand sein kann, der immer nur wieder ein Produkt des Denkens, nicht das Denken selbst sein könne, dafür habe die Antike noch kein Problembewusstsein gezeigt.

Ich kann diese These hier nicht sachadäquat widerlegen, das erforderte eine eigene, ausführliche Behandlung, immerhin wird man an der Aussage von Thomas, dass es Aufgabe einer Wissenschaftstheorie sei, dass sich in ihr das Denken auf seinen Akt selbst und nicht auf irgendwelche von ihm gedachten Inhalte zurückwenden müsse, nicht ganz vorübergehen können. Denn sie steht in Einklang mit der zentralen Aussage, mit der Aristoteles seine Ausführungen über das, was das Denken als das eigentliche Erkenntnisvermögen des Menschen ist, einleitet. Er sagt ja, dass das Denken *unvermischt*, frei von allen Inhalten, die es erkennen

---

12 S. Thomas von Aquin, *Prologe zu den Aristoteles-Kommentaren* (Chevenal/Imbach 1992, 14).
13 Paradigmatisch ist der Aufsatz von Krüger 1958.

kann, sein müsse, damit es souverän sein, das heißt erkennen könne. Denn wenn es selbst schon inhaltlich bestimmt wäre, würde seine eigene Gegenständlichkeit beim Erkennen der anderen Gegenstände deren eigenes Sein überformen[14].

Eine gewisse Einsicht, dass das Denken sich selbst nicht auch zu einem, wenn auch idealen Gegenstand machen könne, wie es das mit allen von ihm gedachten Gegenständen tut, wird man Aristoteles also nicht absprechen können.

Wenn Aristoteles am Ende zu einem ganz anderen Ergebnis als heutige Reflexionen, auf den ›Grund im Bewusstsein‹[15] kommt, so liegt ein Erklärungsgrund auf der Hand, auch wenn seine Bedeutung erstaunlicherweise kaum je konsequent ermittelt wurde: Es gibt bei Aristoteles – ähnlich wie bei Platon – überhaupt kein Äquivalent für den modernen Begriff des Bewusstseins. Nimmt man ergänzend hinzu, dass sich der Begriff des Bewusstseins in der Aufklärungsphilosophie als Äquivalent zu den klaren und deutlichen Vorstellungen entwickelt hat[16], kommt man dennoch zu einem ähnlichen Befund: es gibt keine Stellen bei Platon und Aristoteles, wo einer bestimmten ausgezeichneten Weise von Vorstellungen eine erkenntnistheoretisch zentrale Funktion eingeräumt würde.

Und auch dann, wenn man zur Erschließung dessen, was Denken bei Platon und Aristoteles heißen könnte, ganz auf den Begriff des Bewusstseins verzichtet und den auch in empiristisch – analytischen Philosophien benutzten Begriff der mentalen Repräsentation zum Vergleich nimmt, kommt man zu demselben negativen Ergebnis. *Repraesentare* bedeutet in der römisch-lateinischen Tradition einfach: sich etwas lebhaft, bildlich vorstellen. Bei diesem Sprachgebrauch setzt man voraus, dass man etwas schon irgendwie erkannt hat und nun daran geht, sich das Erkannte deutlicher vor Augen zu stellen. Diese indirekte, vermittelnde Bedeutung, dass eine Repräsentation immer nur ein Bild oder auch nur eine Spur, ein Zeichen für eine andere Erkenntnis ist, erhält sich auch in der philosophischen Tradition des mittelalterlichen Aristotelismus[17]. Erst Ockham und ihm verwandte Denker benutzen den Begriff der *repraesentatio* für den direkten Akt des Erkennens selbst (»repraesentare...accipitur...pro illo quo aliquid cognoscitur«[18], »die Repräsentation steht für den Erkenntnisakt, durch den etwas erkannt wird«). Erich Hochstetter hat meiner Meinung nach zu Recht (und durch Boehner und andere keineswegs widerlegt) schon 1927 betont, dass Ockham damit der Repräsentation eine Aufgabe zuweist, die ihr in der Scholastik zuvor nicht zuerkannt war[19]. Diese Aufwertung der Repräsentation zum eigentlichen Akt der Erkenntnis hat nicht etwa zur Folge – und auf dieses Missverständnis geht vor allem der Streit in der Forschung zurück –, dass Ockham nicht an der symbolischen, signifikativen Bedeutung von *repraesentatio* festgehalten hätte, daran hält

---

14 S. Aristoteles, *De an.* III 4, 429a18–21

15 S. dazu vor allem den wichtigen Aufsatz von Dieter Henrich (1970).

16 S. zum Beispiel Grau 1916.

17 S. zum Beispiel Thomas von Aquin, *Summa Theologica* I, 45, 7; ders., *Quaestiones disputatae de veritate*, qu. 7, a 1.

18 S. Wilhelm von Ockham, *Quodl.* IV, 3: *Utrum deus repraesentat creaturas* (Wey 1980, 310); s. dazu Hofmann 2003.

19 S. Hochstetter 1927, v.a. 32; die Gegenposition, die Ockham als Vollender der Scholastik sieht, bei Boehner 1958.

er sogar nachdrücklich fest, es folgt daraus aber, dass er diesen symbolischen oder signifikativen Akt in einer mentalen Repräsentation für das hält, was Denken im eigentlichen Sinn ist.

Wenn man davon ausgeht, dass dieser symbolische Zeichencharakter mentaler Repräsentationen auch heute von kaum einer philosophischen Position in Frage gestellt wird, müsste man, wenn man belegen wollte, dass Platon und Aristoteles *schon* ein Wissen von einem nachnominalistischen Begriff des Denkens gehabt hätten, nicht nur nachweisen können, dass sie den Symbol- oder Zeichencharakter der Vorstellung bedacht haben, das haben sie ausdrücklich, sondern auch, dass sie in dieser besonderen symbolischen Leistung der Vorstellung den Grundakt des Erkennens gesehen haben (id, quo aliquid cognoscitur), und das haben sie eindeutig nicht getan. Vergleichbares, zumindest unter bestimmten Hinsichten Vergleichbares gibt es, wie etwa Benson Mates und Michael Frede[20] gezeigt haben, in der Stoa, nicht aber im Platonismus oder Aristotelismus.

Man kommt also auf verschiedenen Wegen immer wieder zu dem Befund, dass bei Platon und Aristoteles das, wonach wir suchen, wenn wir wissen wollen, ob es in bestimmten Texten schon eine erkenntnistheoretische Reflexion des Denkens auf sich selbst gibt, grundsätzlich nicht gefunden werden kann. Unter diesem Gesichtspunkt kann man verstehen, weshalb viele Denker der Neuzeit zu der Überzeugung gekommen sind, das, was Denken im eigentlichen Sinn ist, überhaupt erst entdeckt zu haben. Zwingend ist dieser Schluss freilich nicht. Als ein vermeintlich historischer Befund erscheint er nur, wenn man den eigenen Begriff absolut setzt und davon ausgeht, dass alles, was ihm nicht gemäß ist, grundsätzlich nicht unter diesen Begriff fallen kann.

Im Sinn des Gebots historischer Gerechtigkeit sollte man aber auch die Möglichkeit in Rechnung stellen, dass Platon und Aristoteles vielleicht Gründe hatten, einen anderen als den uns geläufigen Begriff von Denken auszubilden, und dass es ein Gebot historischer Forschung ist, diesen Gründen nachzugehen.

Auch wenn viele es für illegitim halten, von einer späteren auf eine frühere Zeit, von einer entwickelteren Position auf ihre Ausgangsphase zurückzuschließen, so scheint mir zumindest ein berücksichtigenswerter Sachhinweis darin zu liegen, dass in der spätantiken Aristoteles-Kommentierung ebenso wie im Neuplatonismus Begriffe und ausdrückliche Erklärungen für Bewusstsein und Selbstbewusstsein ausgebildet werden,[21] dass aber dort, wo deren Leistung beurteilt wird, diese Leistung als irrelevant für das, was das Denken eigentlich ist, erklärt wird. Philoponos bestreitet selbst bei den Formen eines Bewusstsein des rationalen Denkens von sich selbst (er nennt das: τὸ προσεκτικόν, das, was auf sich aufmerksam ist), dass dieses Bewusstsein ein eigenes, aus sich heraus selbständiges Erkenntnisvermögen sei.[22] Er beschreibt es vielmehr als ein Epiphänomen des Denkens. Was man mit der Vernunft (νοῦς) oder dem Verstand (διάνοια) genau erkannt habe, davon habe man auch ein Bewusstsein, nicht das Bewusstsein sei aber für die Erkenntnis, sondern die Erkenntnis für das Bewusst-

---

20 S. Mates 1961; Frede 1974.
21 S. Schwyzer 1960; Warren 1964; Schmitt 1994, 59–85.
22 S. dazu Bernard 1987, 154–163.

sein die Ursache.²³ Analog zu dieser Auffassung unterscheidet Plotin zwischen Erkenntnis (γνῶσις) und Bewusstsein (συναίσθησις, παρακολούθησις). Ein klares Bewusstsein von etwas garantiere keineswegs auch eine klare und richtige Sacherkenntnis, im Gegenteil, auch von den abstrusesten Einbildungen gibt es ein klares Bewusstsein. Nicht die Klarheit des Bewusstseins, nur die Distinktheit einer Erkenntnis könne also als Sachkriterium für den Wert einer Erkenntnis gelten²⁴.

Dieses Argument ist, wie die lange Diskussion über die Überwindung des Zweifels durch Descartes deutlich gemacht hat, nicht ganz leicht von der Hand zu weisen. Descartes geht in der ersten Meditation von der Erfahrung aus, dass man auch von Traumbildern, Einbildungen, ja von Wahnvorstellungen ein ebenso klares und deutliches Bewusstsein haben könne wie von wirklich wahrgenommenen Objekten. Derrida hat in seiner Auseinandersetzung mit Foucaults Kritik am klassischen Rationalismus der Moderne diese Passage ausführlich kommentiert und auf die innere Verwandtschaft der modernen Rationalität mit dem Wahnsinn hingewiesen²⁵. In der Tat hat Descartes den Widerspruch zwischen diesem Ausgangspunkt und seiner späteren Entdeckung, alles das, wovon man ein klares und deutliches Bewusstsein habe, sei auch wahr, niemals aufgelöst. Auch wenn die spätere transzendentale Reflexion auf die Evidenzkriterien des Bewusstseins erhebliche Verfeinerungen mit sich gebracht hat, vom Grundsätzlichen her konnte sie am Ende einer skeptischen Infragestellung der Erkennbarkeit von Wahrheit nicht effektiver entgegentreten als die antike Stoa mit ihrer Berufung auf die kataleptischen Vorstellungen.

Dass man in einer Reflexion auf die Modi des Bewusstseins nicht die zentrale Aufgabe einer Erkenntnistheorie sieht, kann nicht von vorneherein als ein bloßes ›Noch-Nicht‹ des in der Neuzeit Erreichten gelten, es ist zumindest einer Prüfung wert, ob es Gründe gab, einen davon verschiedenen Ansatz zu suchen.

Zu diesen Gründen gehört auch die Problematik, die sich aus dem Bruch ergab, den Ockham mit dem traditionellen Aristotelismus vollzog, indem er die *repraesentatio*, die Vergegenwärtigung in der Vorstellung, zum primären Erkenntnisakt erklärte. Die konservativen Gegner des Nominalismus konnten sich für ihre Ablehnung zu Recht auf Aristoteles berufen, und zwar aus vielen Gründen.

Aristoteles behandelt in einem eigenen Kapitel²⁶ die Frage, ob die Vorstellung von ihr selbst her zu dem gehört, was den Menschen befähigt, zu unterscheiden und Wahres und Falsches zu erkennen, und kommt nach sorgfältiger Abgrenzung gegen die anderen Erkenntnisweisen – Wahrnehmung (αἴσθησις), Meinung (δόξα oder ὑπόληψις), rational diskursives Denken (διάνοια), unmittelbares Einsehen mit dem Intellekt (νοῦς) – zu dem Schluss, dass die Vorstellung nicht zu den selbständig erkennenden Vermögen des Menschen gerechnet werden kann. Von sich her ist die Vorstellung lediglich die Fähigkeit, etwas bereits aktiv Wahrgenommenes in selbstmächtiger Zusammensetzung zu vergegenwärtigen,

23 S. Johannes Philoponos, *In Aristotelis De anima* (Hayduck 1897), 464–67.
24 S. die Stellen bei Schwyzer 1960.
25 Derrida 1967, 53–101. Dass man die Kriterien für die Schlüssigkeit einer Erkenntnis nicht auf die Evidenz stützen kann, weil auch dem Wahnsinnigen vieles evident erscheint, betont Aristoteles in der *Rhetorik* I 2, 1356b35 f.
26 *De an.* III 3.

oder etwas Gedachtes mit Wahrnehmungselementen zu verbinden und dadurch zu veranschaulichen. Diese Mittelstellung der Vorstellung zwischen der Wahrnehmung, die Farben, Töne usw. unterscheidet, und dem begreifenden Denken im eigentlichen Sinn, das das Werk, die Funktion (ἔργον) von etwas begreift, ist der Anlass, weshalb sie auch selbst als Erkenntnisvermögen, ja als das eigentliche Erkenntnisvermögen gilt. Es ist ja ein und derselbe Erkennende, der sich etwas Wahrgenommenes oder Gedachtes vorstellt. Die Vorstellung kann also alle anderen Erkenntnisakte begleiten und scheint deshalb selbst das grundlegende Erkenntnisvermögen zu sein. Wir können uns von allem, was wir erkennen, ob wir etwas wahrnehmen, etwas meinen oder in rationaler Schlussfolgerung durchdenken, eine Vorstellung machen. Die Vorstellung ist überall dabei und drängt sich so gleichsam nach vorne, als ob sie das Wesentliche und Eigentliche sei. Man stellt sich die schlanke, hohe, grün und braun gefärbte Gestalt vor, wenn man an einen Baum denkt, und man orientiert sich an dem inneren Bild von glänzenden, stechenden Augen, wenn man meint, von jemandem bedroht zu werden.

Aristoteles betont dagegen, dass das Erkennen zwar nicht ohne die Begleitung von Vorstellungen auskomme, so dass der Anschein entstehe, es sei Vorstellung, sie sei aber etwas davon Verschiedenes[27]. Plotin und Syrian verschärfen diese Aussage in sachgemäßer Konsequenz und erklären es für eine Schwäche des menschlichen Denkens, dass es ohne eine Veranschaulichung seiner Inhalte in der Vorstellung nicht auskomme. Ganz anders urteilen etwa Pomponazzi in seinem *De anima*-Kommentar[28] im 16. Jahrhundert oder Pseudo-Mayne in seiner Abhandlung über das Bewusstsein im 18. Jahrhundert[29]. Beide kommen in der Auslegung des Befundes, dass das Denken nie ohne Vorstellung sei, zu dem Schluss, dass das Denken eben deshalb wesentlich Vorstellung oder Bewusstsein sei.

Obwohl es seit der Renaissance viele ähnliche Aussagen gibt[30], verweise ich gerade auf diese beiden Texte, weil sie sich genau auf das aristotelische Argument, dass das Denken nicht ohne Vorstellung sei, beziehen. Dadurch wird besonders deutlich, dass die Wende zu dem neuen Begriff des Denkens nicht eine originäre Entdeckung ist, sondern in vielfachem Bezug zu dem überwundenen alten Begriff steht. Rein von der logischen Form her, enthält dieses Argument einen offenkundigen Fehler, denn es verwechselt notwendige mit zureichenden Bedingungen. Auch wenn eine Kathedrale ohne Steine nicht möglich ist, ja vollständig aus Steinen besteht, sind die Steine nicht das, was eine Kathedrale ausmacht[31].

Einen guten Teil seiner Überzeugungskraft erhält das Argument daher nicht von der Logik, sondern von seiner antimetaphysischen Tendenz. Denn es beruht auf der Ausschaltung der Überzeugung, man benötige zur Erkenntnis der Einzeldinge irgendwelche a priori gegebenen Ideen (die sogenannten *species intelligibiles*). Man brauche, so Ockham, keine Idee der Pferdheit, um an ihr wie an einem

27 S. vor allem *De an.* III 3, 427b14.

28 S. Pietro Pomponazzi, *Abhandlung über die Unsterblichkeit der Seele/De immortalitate animae*, hrsg. und übers. v. Burkhard Mojsisch, Hamburg 1990, 90–110.

29 S. Pseudo-Mayne, *Über das Bewusstsein* (1728; Brandt 1983).

30 Zur Bedeutung der Aufwertung der Vorstellung für die Ausbildung eines neuen ›modernen‹ Literaturbegriffs s. Lobsien 1999a und Lobsien 2003; Lobsien 1999b.

31 S. Platon, *Phdn.* 99a4–b4; s. Schmitt 1974, 208 ff.

inneren Bild zu überprüfen, welche Dinge ihm ähnlich sind und daher unter den Begriff Pferd gerechnet (supponiert) werden dürfen. An die Stelle dieser Vermittlung durch ein ähnliches Erkenntnisbild setzt Ockham den direkten und unmittelbaren Kontakt mit den wahrnehmbaren Dingen selbst. Das, was man in einer unmittelbaren sinnlichen *intuitio* geschaut habe, das bilde die Grundlage für unsere möglichen geistigen Handlungen. Auf diese Weise wird das Denken von selbst zur *repraesentatio*, zur Vergegenwärtigung der der Wahrnehmung gegebenen Dinge.

Den Verfall der Lehre von den sogenannten *species intelligibiles*, die noch bei Avicenna, Albertus Magnus oder Thomas von Aquin gut aristotelisch erhalten war, die diese Deutung voraussetzt, hat schon Anneliese Maier sorgfältig dokumentiert[32]. Die ältere Tradition stützt sich auf einen zentralen Satz von Aristoteles, der mit Metaphysik nichts zu tun hat, wohl aber etwas mit einer erkenntnistheoretischen Reflexion, die durch die neue, direkte Konfrontation von Anschauung und Verstand außer Acht geraten ist. Aristoteles sagt nämlich: Wir haben – wenn wir uns erkennend den Dingen zuwenden – nicht den Stein in der Seele, sondern das *Eidos* (*species*)[33]. Mit *Eidos* meint Aristoteles hier nicht die platonische Idee, sondern das, was man von einem äußeren Ding erkannt hat, das heißt er zielt auf das, was man heute den Unterschied zwischen der ontologischen und der logischen Dimension nennen würde. Wer vor einer Kathedrale steht oder das Thema einer Fuge hört, kann sich ja nicht einfach ›die Kathedrale‹ oder ›das Fugenthema‹ vergegenwärtigen, sondern nur das, was er davon auf irgendeine Weise erkannt hat.

Nur so ist es möglich, dass man auf einen Baum hinsieht und sich eines Feindes bewusst wird. Man kann sich niemals eines äußeren Dinges oder auch einer Situation bewusst werden, man kann sich immer nur das vergegenwärtigen, ›repräsentieren‹, was man durch Wahrnehmung, Meinen oder auch durch wissenschaftliche Analyse von ihnen weiß. Das gilt auch für die Abstraktion. Eine Abstraktion von Einzeldingen gibt es nicht[34].

Aristoteles hat also gute Gründe, die Vorstellung – und damit auch deren spätere ›Kinder‹: die mentale Repräsentation und das Bewusstsein – nicht für ein primäres Erkenntnisvermögen zu halten. Die eigentliche Erkenntnisleistung schreibt er vielmehr der Wahrnehmung, dem Meinen sowie dem rationalen und intellektiven Denken zu und erklärt deren Leistung als ein *krinein* (κρίνειν: unterscheiden) und ein *alêtheuein* (ἀληθεύειν: etwas als wahr oder falsch erkennen)[35].

Dass alle diese zum Teil komplexen und hochkomplexen Denkakte zwar von Bewusstsein begleitet sein können, aber nicht selbst Bewusstsein sind, heißt, dass sie von sich selbst her unbewusst sind. Dass das weder eine unglaubwürdige Behauptung ist, noch gar bedeutet, dass diese Akte automatisch, nicht von uns selbst gesteuert in uns ablaufen, das erklärt Plotin[36], indem er an eine jedem zugängliche

32 S. die Zusammenfassung in: Maier 1964.
33 S. *De an.* III 9, 432a28 f.
34 S. dazu ausführlicher Schmitt 2003, 309–338.
35 S. zum Beispiel *De an.* II 11, 424a5 f.; III 2, 426b10 und14, 427a19–21; III 3, 428a3–5; III 4, 429b13 und 17.
36 S. Plotin, *Enneade* I, 4, 10, 19–33; s. auch IV, 4, 2–4; s. dazu Schmitt 1994.

eigene Erfahrung erinnert: je mehr man sich mit konzentrierter Aktivität einem Erkenntnisproblem widmet, – beim Lösen einer Mathematikaufgabe, beim Lesen eines Buches, beim Verfolgen eines Arguments – desto weniger Bewusstsein hat man von der Tätigkeit, die man gerade vollzieht. Dennoch kann man sich gerade diese Tätigkeiten und ihre Ergebnisse besonders klar ins Bewusstein heben. Sie gehören nicht zu einem dem Denken unzugänglichen Vorraum des Bewusstseins, sondern verschaffen dem Bewusstsein genau umgrenzte, konkret bestimmte Inhalte, die es sich deshalb mit besonderer Klarheit vergegenwärtigen kann. Evidenz der Vorstellung oder des Bewusstseins kann allerdings, um daran noch einmal zu erinnern, von der aristotelischen Position her kein Erkenntniskriterium sein. Man kann sich ja auch mit völliger innerer Evidenz sicher sein, etwas, zum Beispiel einen Feind gesehen zu haben, obwohl, ja weil man gerade nicht genau unterschieden hat, was man vor sich hatte.

Sicherheit des Erkennens kann nur aus einer Reflexion auf den wirklich primären Grundakt des Erkennens kommen[37]. Dieser Grundakt kann nicht bereits die Vergegenwärtigung von etwas sein, das heißt die Beziehung, Intention des Bewusstseins auf einen Inhalt, sondern die Herstellung dieses Inhalts. Diese primäre Erkenntnisproduktion geschieht nach Aristoteles durch einen Akt des *krinein*, des Unterscheidens. Damit ist nicht eine unendliche Aufgabe im Sinn des Poststrukturalismus gemeint, so als ob etwas mit der Abgrenzung gegen immer wieder anderes auch selbst immer wieder anders würde, sondern das, was auch diese unendliche *Differánce* voraussetzt: dass etwas als es selbst von anderem unterschieden ist. Man kann kein Rot gegen ein Grün und ein Blau abgrenzen, wenn man rot, grün und blau nicht zuvor für sich selbst unterschieden hat.

Vorstellen kann man sich, wie Aristoteles sagt, was man will, unterscheiden, zum Beispiel wahrnehmen, meinen, wissen, kann man nicht was man will. Das Unterscheiden hat vielmehr Kriterien. Denn man kann etwas nur unterscheiden, wenn es sich in irgendeinem Sinn als etwas, das für sich selbst etwas ist, bestimmen und festhalten lässt. Eine reflektierte und eine naive Erkenntnis unterscheiden sich in diesem Sinn dadurch, dass die eine Unterscheidungsakte jeweils vollzieht, die andere auf die Kriterien des Unterscheidens reflektiert und daher ihre Erkenntnisakte an ihnen kontrollieren kann.

2.

Sucht man bei Platon und Aristoteles nicht nach einer Reflexion auf die Modi des Bewusstseins, sondern nach einer Reflexion auf die Kriterien des Unterscheidens, dann findet man nicht nur Ansätze oder Vorstufen eines *eigentlichen* Begriffs des Denkens, sondern viele ausdrückliche Analysen, die Platon vor allem in der Entwicklung der von ihm sogenannten ›allgemeinen mathematischen Wissenschaft‹ (κοινὴ μαθηματικὴ ἐπιστήμη), Aristoteles in der Behandlung des primären Allgemeinen in den zweiten Analytiken durchführt[38].

---

37 S. zum Folgenden Schmitt 2003, 270 ff.
38 S. Schmitt 2003, 215–238.

Das können wir hier nicht weiter verfolgen[39], man kann aber bereits daraus, dass man die Unterschiede zwischen den direkten Erkenntnisformen und ihrer (bloßen) Vergegenwärtigung beachtet, eine Reihe von Erklärungsmöglichkeiten für die praktische und emotionale Bedeutung des Wissens bei Platon und Aristoteles gewinnen, die viele Besonderheiten ihrer Lehre überhaupt erst verständlich machen. Auf dieses Erklärungspotential beschränke ich mich im Folgenden (und halte mich vor allem an Aristoteles.)

Zunächst einmal ergibt sich eine völlig andere Kartographie der mentalen und nichtmentalen psychischen Bereiche[40]. Es gibt dann nicht einen kleinen Bereich bewusster Intelligenz, dem der riesige Bereich einer vorbewussten, automatisierten, eigenen Intelligenz entgegensteht, sondern es gibt eine Intelligenz in verschiedenen Aktivitätsformen. Auch dort, wo Erfahrungsformen der Wahrnehmung und der Gefühle noch nicht vom Bewusstsein gesteuert erscheinen, gelten sie als aktive Formen des Unterscheidens. Sie sind deshalb auch Formen, wenn auch mehr oder weniger kontrollierte Formen, des Denkens. Auch wer die Töne einer Laute, die Geschmacks- und Geruchsnuancen eines Weins, die Farben eines Bildes wahrnehmen will, bekommt nicht einfach Eindrücke, sondern muss eine aktive Unterscheidungsleistung tätigen[41]. Diese Art des Erkennens hat aber einen gänzlich anderen Charakter als die Vergegenwärtigung dieser Erkenntnis in der Vorstellung. Man kann sich vorstellen, dass ein Dreieck spitzig ist, die Vorstellung davon tut aber nicht weh, es tut aber sehr wohl weh, wenn man das Spitze direkt fühlt, oder analog, wenn man den schrillen Ton hört, die bittere Olive schmeckt. Die direkte Wahrnehmung hat also zugleich eine emotionale Wirkung, die Vorstellung nur in dem Maß, in dem die Wahrnehmung in ihr präsent ist.

Analog steht es nach Aristoteles mit dem Verhältnis von Meinung und Vorstellung. Die Vorstellung ist ja wie ein Bild, und man kann sich, darauf verweist er in der *Poetik*, selbst die hässlichsten und Abscheu erregenden Dinge mit großem Vergnügen auf einem Gemälde ansehen[42]. Man kann aber nicht meinen, dass einen etwas Abscheuliches jetzt und hier bedroht, ohne davon emotional bewegt zu werden, je nachdem natürlich, wie groß einem die Bedrohung zu sein scheint.

Das Verhältnis von Meinung und Vorstellung bei Aristoteles ist auch in der neueren Forschung noch immer ungenügend geklärt. So ist auch unbeachtet geblieben, dass Aristoteles in genau diesem Verhältnis die Erklärung für die willentliche Zustimmung zu etwas nur ›Gedachtem‹ findet.

Eine Vorstellung ist für Aristoteles nichts als die Vergegenwärtigung von Unterschieden, die die Wahrnehmung gemacht hat[43]. Deshalb rechnet er sie unter die Vermögen, die selbst nichts zu erkennen geben[44]. Aus einer bloßen Sammlung von Daten wie schwarz, länglich, rund, glatt, schwer, kann niemand erschließen, womit er es zu tun hat. Deshalb fürchtet sich ein Kind trotz gesunder Sinne nicht

---

39 S. dazu grundlegend Radke 2003.
40 S. Schmitt 2003, 270–293.
41 Wie differenziert Aristoteles Aspekte der Passivität und Aktivität in der Wahrnehmung analysiert, zeigt überzeugend Bernard 1988, v. a. 49–68; 87–107.
42 S. Aristoteles, *Poetik* 4, 1448b9–15.
43 S. Aristoteles, *De an.* III 3, 428b10–18.
44 S. *De an.* III 3, 427b27 ff.

vor einer Pistole. Es begreift nicht, was dieses Ding kann und leistet. Das genau aber ist das, was das Meinen zum Wahrnehmen und Vorstellen nach Aristoteles hinzubringt: es erfasst das *ergon*, das Werk oder die Funktion, und die *dynamis*, das Vermögen, von etwas[45].

Tritt dies beides aber zusammen: eine Wahrnehmung oder Vorstellung, die die Präsenz von etwas kundgibt, und eine Meinung darüber, was dieses Präsente leistet, dann begreift man, womit man es zu tun hat und reagiert auch mit Gefühl und Wille auf diese begriffene Leistungspotenz. In unserem Beispiel: wenn das Kind begreift, dass dieses wahrgenommene Ding es augenblicklich töten kann, dann fürchtet es sich und will der Gefahr entgehen.

Philoponos, der die nacharistotelische Schule der Stoa natürlich schon gekannt hat, bemerkt bei der Erklärung dieses aristotelischen Lehrstücks, dass der Moment, in dem eine Vorstellung mit einer Meinung zusammenwächst, die Systemstelle ist, an der in einem aristotelischen System die ›Zustimmung‹ (συνκατάθεσις) anzusiedeln ist: wenn man sich etwas Dunkles, Hohes, Sich-Bewegendes nicht nur vorstellt, sondern meint, dieses Gebilde sei bedrohlich, in eben diesem Augenblick denkt man nicht nur ›Bedrohliches soll man fliehen‹, sondern man empfindet konkret die Bedrohung und wird von der damit verbundenen Unlust zu dem Willen, sie zu meiden, bewegt[46].

Nun hat Aristoteles bekanntlich von der Sokratischen These, dass man das, was man als gut erkannt hat, auch tut, behauptet, sie befinde sich in Widerspruch zu den Phänomenen[47]. Wie kann er dann zugleich lehren, die Meinung, also ein Erkenntnisakt, sei der psychische Ort, an dem aus einer bloßen Vorstellung ein Wille wird?

Die Lösung dieses in vielen Kontroversen abgehandelten Problems liegt darin, dass Aristoteles Sokrates lediglich deshalb kritisiert, weil seine These zu pauschal sei, nicht aber weil er sie grundsätzlich für falsch hält. Es fehle, so sagt er ausdrücklich, lediglich eine Differenzierung, welches Wissen handlungsleitend ist und welches nicht.

Um diese Differenzierung herauszufinden, geht Aristoteles fast alle diejenigen Probleme durch, die im 18. Jahrhundert (ähnlich wie in der Antike schon einmal in der sogenannten mittleren Stoa) zu der Annahme geführt haben, man müsse neben dem Erkenntnisvermögen noch zwei weitere, davon unabhängige, eigenständige psychische Vermögen, das Gefühl der Lust und Unlust und den Willen, annehmen[48].

Die Argumente, die schon Poseidonios benutzt hat, um die altstoische ›intellektualistische‹ Einheitsvorstellung von der Seele zu kritisieren und die das 18. Jahrhundert in Auseinandersetzung mit einer neostoischen, jetzt am Bewusstsein orientierten Einheitsvorstellung neu diskutiert, beziehen sich vor allem auf die

---

45 Zur Relevanz der ›Funktion‹ für die Wesenserkenntnis bei Aristoteles s. Shields 1990, 19–34 (mit Diskussion der wichtigsten Stellen); s. auch Schmitt 2003, 309– 338.

46 S. Johannes Philoponos, *In Aristotelis De anima* (Hayduck 1897), 488, 31–489, 6.

47 S. Aristoteles, *EN* VII 3, 1145b25–29.

48 S. ebda 1146b12–1147b19; S. Schmitt 2006, Komm. zu Kap. 13.

Erfahrung, dass das, was der Verstand für richtig und gut hält, keineswegs immer auch als lustvoll empfunden und als erstrebenswert gewollt wird.

Es gibt ja millionenfache Erfahrungen, dass man genau weiß, zum Beispiel dass etwas nicht bedrohend oder nicht beschämend ist, und dennoch die gegenteilige Empfindung hat, genauso wie man genau wissen kann, dass es nicht gut ist, etwas zu tun, aber man will und tut es trotzdem.

Man kann Aristoteles allerdings nicht den Vorwurf machen, er habe aus einem falsch verstandenen Intellektualismus heraus diese Phänomene nicht beachtet. Er kennt und diskutiert sie, aber er löst diese Probleme nicht durch die Annahme von Steuerungssystemen, die neben dem Denken als eigene psychische Akteure in uns wirken, sondern durch eine Analyse der verschiedenen Tätigkeitsformen, die zusammenwirken müssen, damit man etwas Erkanntes nicht nur erkennt, sondern auch mit Lust oder Unlust begleitet und es erstrebt oder meidet.

Besonders markant unterscheidet sich sein Begriff der Lust von den Begriffen, die aus dem 18. Jahrhundert kommen[49]. Er ist zugleich weiter und enger. Er ist enger, weil er der Lust überhaupt keinen eigenständigen Ursprung zuweist, sie gilt ihm vielmehr als ein inneres Moment jeder Tätigkeit selbst. Dabei stützt er sich auf die schon von Platon formulierte Erfahrung, dass die Lust mit dem Gelingen einer Tätigkeit zusammenhängt. Je ungehinderter und vollkommener man eine Tätigkeit vollzieht, desto lustvoller ist sie[50]. Wer beim Singen es schafft, den Atemstrom immer besser zu steuern und den Ton voller und voller klingen zu lassen, empfindet eben in dem Maß, in dem ihm dies gelingt, unmittelbar auch eine sich steigernde Lust an dieser Tätigkeit.

Aristoteles' Begriff der Lust ist, eben weil sie für ihn ein inneres Moment der Tätigkeit ist, so weit wie der Bereich möglicher Tätigkeiten. Er kritisiert deshalb die auch zu seiner Zeit schon verbreitete Auffassung, die Lust und Verstand oder Pflicht in einen Gegensatz bringt. Es gibt nicht nur die Sinneslust, auch der Verstand hat seine ihm eigene Lust, ja die höchste Form des Erkennens, die *Theoria*, ist für Aristoteles die lustvollste Tätigkeit überhaupt.

In der Vielfalt möglicher Lustformen liegt aber zugleich ein Grund, weshalb die eine mit der anderen Lust in einen Konflikt geraten kann. Lust erfährt man, wie Aristoteles betont, im Hier und Jetzt. So hat die gegenwärtige Lust oder Unlust immer ein Übergewicht über das, was noch nicht gegenwärtig ist.

Allerdings hat die Lust, wie Aristoteles wohl zu Recht feststellt, von sich her grundsätzlich keinen Zukunftsaspekt, so dass mit der Lust noch kein Streben oder Wille verbunden ist. Ein Streben kann es nur geben, wenn die gegenwärtige Lust oder Unlust durch die Vorstellung in die Zukunft verlängert wird[51].

Die Vorstellung ist daher eine notwendige, noch nicht aber eine zureichende Bedingung der Entstehung eines Strebens oder Willens. Da es für Aristoteles einen leeren Willen, der nicht wenigstens irgendwie etwas will, wenn dieses Etwas auch

---

49 S. dazu Franke/Oesterle 1974, 82–89.
50 S. dazu vor allem *EN* X 4–7.
51 S. dazu vor allem Aristoteles, *De motu animalium* 8, 702a17–19; *De an.* III 9–11; S. dazu Cessi 1987, 127–183.

manchmal sehr unbestimmt und abstrakt sein kann, nicht geben kann, muss die Vorstellung auf jeden Fall durch eine sachhaltige Erkenntnisform ergänzt werden.

Nimmt man nur die beiden Grundformen, über die wir schon gesprochen haben, die Wahrnehmung und das Meinen, ergeben sich zwei ebenso grundverschiedene Formen des Strebens und Willens, die sehr gut erklärbar machen, wie man in die besprochenen Widerstrebungen, dass man das eine weiß und das andere fühlt oder will, geraten kann.

Bei der Wahrnehmung, etwa von etwas Süßem, genügt das Hinzutreten der Vorstellung, und sie wird, je nachdem, zu einem Streben oder Meiden von diesem Süßen führen.

Auch bei einer Meinung, etwa ›Süßes macht dick‹, muss eine Vorstellung dazukommen, damit aus der bloßen Meinung ein im gegenwärtigen Augenblick aktiver Wille, das Süße zu meiden wird. Da Lust und Unlust immer nur in der Gegenwart erfahren werden, und da sich das Handeln grundsätzlich auf einen Einzelfall bezieht, hat die Vorstellung in diesem Fall die Aufgabe, der allgemeinen Meinung aktuale Präsenz zu verschaffen. Wenige Tage vor einem wichtigen Fototermin zum Beispiel wird die Vorstellung dieser Situation und die unangenehme Vorstellung, dort dick zu erscheinen, so präsent sein, dass die Lust am Süßen schwächer als die am schönen Äußeren sein wird.

Den Sieg trägt, wie Aristoteles sagt, immer die stärkere und gegenwärtigere Lust davon. Ist der Fototermin weit entfernt oder fast unerreichbar, wird die Meinung, dass Süßes dick macht, ohne Präsenz und daher gefühls- und handlungsirrelevant sein, die gerade präsente Wahrnehmung des Süßen dagegen stark. Es ist dies die Situation, in der man sagt: ›Ich weiß ganz genau, aber ich kann mich nicht beherrschen‹. Nach Aristoteles weiß man in dieser Situation das, was für das Fühlen und Handeln relevant ist, gerade nicht genau, sondern nur in unbestimmter Abstraktheit, während das Wahrnehmungswissen um die Lust des Süßen konkret und bestimmt ist.

Deshalb schließt er seine Auseinandersetzung mit Sokrates ab mit der Feststellung, dass irgendein Wissen tatsächlich oft von Neigungen oder Abneigungen außer Kraft gesetzt wird, dass aber dasjenige Wissen, das für die jeweils aktuelle Lust oder Unlust und für deren Stärke relevant ist, außer Kraft gesetzt werde, das sei absurd.

Da Aristoteles seine Auffassung, dass die unterschiedliche Aktualisierung unterschiedlicher Erkenntnisformen für den Konflikt, den man gewöhnlich als den Konflikt von Einsicht und Leidenschaft bezeichnet, an sehr einfachen Beispielen erläutert, wird sein Hinweis, dass es sich bei dem Zusammenwachsen der verschiedenen Formen von Wahrnehmung, Vorstellung, Meinung, Urteilen um einen komplizierten, Erfahrung, Zeit und Übung erfordernden Prozess handelt, der sozusagen durchgearbeitet sein muss, bevor ein Wissen gefühls-, willens- und handlungsrelevant werden kann, oft nicht genug beachtet[52].

Mit einem kurzen Hinweis auf die Bedeutung dieses Hinweises möchte ich zum Schluss kommen.

52 S. *EN* VII 3, 1147a22.

Im *Hippolytos* des Euripides sagt Phaidra in einer Situation, in der sie sich gerade vom Gedanken an ihren Geliebten hatte bezaubern lassen: ›*ta chrest' epistamestha kai gignôskomen, ouk ekponoumen de*‹[53] . Fast alle Philologen übersetzen diesen Satz: ›das Richtige wissen und erkennen wir, aber wir setzen es nicht um‹ – und sie deuten ihn auch im Sinn dieser Übersetzung. Im Griechischen heißt es aber: *ouk ekponoumen*, und das bedeutet nicht, ›wir setzen es nicht um‹, sondern: ›wir arbeiten es nicht aus‹. In der späteren hellenistischen Dichtungstheorie ist der *ponos* der Begriff für die feine, genaue Durcharbeitung von Sprache und Vers[54], das, was bei den Römern dann *limae labor*, die Arbeit der Feile heißt[55].

Dass Phaidra an dieser Stelle an eine ähnliche Aufgabe denkt, die ihr trotz der allgemein richtigen Einsicht noch gestellt ist, damit sie ihr Handeln auch festigen kann, macht der Kontext völlig klar. So wie man den Plan etwa eines Tempelbezirks nicht einfach umsetzen kann, sondern seine Konturen durch die Erkenntnis der konkreten Lage, der Bauformen usw. erst ergänzen muss, damit man sich erfolgreich im Bezirk orientieren kann, so verfährt Phaidra mit ihren allgemeinen Handlungsprinzipien: sie denkt sie bis in die letzten Einzelheiten, wie sie sich in ihrer Situation auswirken, durch, und sie endet mit der Feststellung: seit ich das erkannt habe, lasse ich mein gesundes Denken nicht mehr verderben[56], und sie verhält sich auch so.

Weit entfernt davon, dass Euripides, wie viele Philologen meinen, Sokrates' These, wer das Gute wisse, der tue es auch, widerspricht, unterstützt er sie, indem er sie präzisiert: Der Übergang in die Praxis ist kein Akt einer bloßen Energieäußerung, sondern er ist selbst ein Erkenntnisvorgang.

Dieses Beispiel aus der Tragödie ist nicht ohne Bedeutung für das Verständnis der aristotelischen Ethik und Psychologie selbst. Denn es belegt, was die neuere Forschung von verschiedenen Seiten her hat nachweisen können, dass nämlich Aristoteles nicht einfach ein System spekulativ erfindet, sondern zu einem guten Teil lange bewährte Erfahrungen, die oft bis auf Homer zurückgehen, auf den Begriff bringt. Das können wir leider nicht weiter verfolgen, obwohl gerade die Art, wie Aristoteles als Interpret der Kunst deren Aufgabe in einer Kultivierung der Gefühle erkennt, viel über die emotionale Bedeutung des Wissens und Erkennens in seiner Lehre zeigen könnte. Nicht behandeln kann ich auch die wichtigen Analysen über den Übergang der Theorie in die Praxis auch im Bereich des technischen Machens oder in dem für Aristoteles so wichtigen Bereich der Politik.

Ich hoffe aber, dass ich wenigstens von Einem plausibel machen konnte, dass es einer neuen Überprüfung würdig ist: Die alte, romantische Vorstellung von der ursprünglichen Einheit von Sinn und Verstand bei den Griechen hat zwar einen Grund in der Sache. Es gibt ein Konzept von der Einheit des Menschen in der

---

53 τὰ χρήστ' ἐπιστάμεσθα καὶ γιγνώσκομεν, οὐκ ἐκπονοῦμεν δ', Euripides, *Hippolytos* 380 f.; S. dazu und zum Folgenden Schmitt 1977.
54 S. zum Beispiel Theokrit, *Thalysien* V. 51; S. dazu Furusawa 1980, 23–34.
55 S. Horaz, *Ars Poetica* 291.
56 S. Euripides, *Hipplolytos* 388–390.

Verschiedenheit seiner seelischen Vermögen. Aber diese Einheit ist nicht Resultat eines ursprünglichen oder zumindest erkenntnistheoretisch naiven Denkens.

Wenn Wolfgang Schadewaldt davon spricht, die Griechen hätten das Sinnliche sehr unmittelbar erfahren, und damit meint, sie seien noch zu einem von keiner Reflexion überformten Erleben fähig gewesen, und davon, dass sie das Geistige wieder sehr sinnlich erfahren hätten, und damit meint, sie seien noch nicht in der Lage gewesen, Denken, Fühlen und Anschauen voneinander gesondert zu denken, dann sind die tatsächlichen Verhältnisse auf den Kopf gestellt.[57] Grund dafür, dass für Platon und Aristoteles und die von ihnen geprägte Tradition das, was in der von Schadewaldt vorausgesetzten Psychologie eigenursprünglich nebeneinander steht, eine in sich differenzierte Einheit bilden kann, ist, dass sie mit Gründen, die man verfolgen und verstehen kann, einen Begriff von Denken entwickelt hatten, der in der romantischen Tradition, in der Schadewaldt steht, lange schon verschüttet war. Dafür zu werben, dass es sich lohnt, eine Archäologie dieses verschütteten Wissens zu betreiben, war das Ziel dieses Beitrags.

Literatur

Behler, E. (Hrsg.) 1981: Friedrich Schlegel, Über das Studium der griechischen Poesie. 1795–1797. Mit einer Einleitung versehen und herausgegeben, Paderborn.

Bernard, W. 1987: »Philoponus on Self-Awareness«, in: Sorabji, R. (Hrsg.), Philoponus and the Rejection of Aristotelian Science, London, 154–163.

Bernard, W. 1988: Rezeptivität und Spontaneität der Wahrnehmung bei Aristoteles, Baden-Baden.

Boehner, P. 1958: Collected Papers on Ockham, St. Bonaventure, N.Y.

Brandt, R. (Hrsg.) 1983: Pseudo-Mayne [Zachary Mayne], Über das Bewusstsein, übersetzt und mit Einleitung und Anmerkungen versehen, Hamburg.

Cessi, V. 1987: Erkennen und Handeln in der Theorie des Tragischen bei Aristoteles, Frankfurt/Main.

Derrida, J. 1967: »Cogito und die Geschichte des Wahnsinns« (frz.: 1967), in: Ders., Die Schrift und die Differenz, Frankfurt/M. [6]1994, 53–101.

Fetz, R. L. u. a. (Hrsg.) 1994: Geschichte und Vorgeschichte der modernen Subjektivität, Berlin, New York.

Franke, U./Oesterle, G. 1974: Art. »Gefühl«, in: Historisches Wörterbuch der Philosophie, hrsg. von J. Ritter u. a., Bd. 3: G–H, Basel, 82–89.

Frede, M. 1974: Die Stoische Logik, Göttingen.

Furusawa, Y. 1980: Eros und Seelenruhe in den Thalysien Theokrits, Würzburg.

Grau, K. J. 1916: Die Entwicklung des Bewusstseinsbegriffs im 17. und 18. Jahrhundert, Berlin.

Harth, D. 1994: »Über die Geburt der Antike aus dem Geist der Moderne«, in: Journal for the Classical Tradition 1, 81–98.

Henrich, D. 1970: »Selbstbewusstsein. Kritische Einleitung in eine Theorie«, in: Bubner, R. u.a. (Hrsg.), Hermeneutik und Dialektik, Festschrift für Hans Georg Gadamer, Tübingen, 257–284.

Hochstetter, E. 1927: Studien zu Metaphysik und Erkenntnislehre Wilhelm von Ockhams, Berlin.

---

57 Das gilt auch schon für Homer, von dem wir inzwischen immer genauer wissen, dass er kein ›archaischer‹ Anfang, sondern Endprodukt einer langen kulturellen und literarischen Entwicklung war. S. Schmitt 2001.

Hofmann, H. 2003: Repräsentation. Studien zur Wort- und Begriffsgeschichte von der Antike bis ins 19. Jahrhundert, Berlin.

Jauß, H. R. 1970: Literaturgeschichte als Provokation, Frankfurt/Main.

Krohn, W. (Hrsg.) 1999: Francis Bacon, Novum Organum, Hamburg.

Krüger, G. 1958: »Die Herkunft des philosophischen Selbstbewusstseins«, in: Freiheit und Weltverwaltung, Freiburg/München,11–69.

Lobsien, V. 1999a: Skeptische Phantasie. Eine andere Geschichte der frühneuzeitlichen Literatur, München.

Lobsien, V. u. E. 1999b: Kunst der Assoziation. Phänomenologie eines ästhetischen Grundbegriffs vor und nach der Romantik, München.

Lobsien, V. u. E. 2003: Die unsichtbare Imagination. Literarisches Denken im 16. Jahrhundert, München.

Maier, A. 1964: »Ergebnisse der spätscholastischen Naturphilosophie«, in: Dies., Ausgehendes Mittelalter. Gesammelte Aufsätze zur Geistesgeschichte des 14. Jahrhunderts, Bd. I, Rom, 425–457.

Mates, B. 1961: Stoic Logic, Berkeley.

Oehler, K. ²1985: Die Lehre vom Noetischen und Dianoetischen Denken bei Platon und Aristoteles. Ein Beitrag zur Erforschung des Bewusstseinsproblems in der Antike, Hamburg (¹1962).

Oehler, K. 1997: Subjektivität und Selbstbewusstsein in der Antike, Würzburg.

Radke, G. 2003: Die Theorie der Zahl im Platonismus. Ein systematisches Lehrbuch, Tübingen/Basel.

Schadewaldt, W. ³1959: Von Homers Welt und Werk, Stuttgart.

Schmitt, A. 1977: »Zur Charakterdarstellung des Hippolytos im ›Hippolytos‹ des Euripides«, Würzburger Jahrbücher für die Klassische Altertumswissenschaft N.F. 3, 17–42.

Schmitt, A. 1974: Die Bedeutung der sophistischen Logik für die mittlere Dialektik Platons, Würzburg.

Schmitt, A. 1991: »Kritische Anmerkungen zum neuzeitlichen Wissenschaftsbegriff aus der Sicht des Altphilologen«, in: Gymnasium 98, 221–237.

Schmitt, A. 1994: »Das Bewusste und das Unbewusste in der Deutung durch die antike Philosophie (Platon, Aristoteles, Plotin)«, in: Antike und Abendland 40, 59–85.

Schmitt, A. 2001: »Homer, Ilias- ein Meisterwerk der Literatur?«, in: Brandt, R. (Hrsg.), Meisterwerke der Literatur. Von Homer bis Musil, Leipzig, 9–52.

Schmitt A. 2002: »Querelle des anciens et des modernes«, in: Cancik, H. u.a. (Hrsg.), Der Neue Pauly, Bd. 15, 2, Stuttgart, 607–622.

Schmitt A. 2003: Die Moderne und Platon, Stuttgart.

Schmitt A. [im Erscheinen]: Die Aristotelische Poetik, Übers. und Kommentar, Berlin.

Schwyzer, H.-R. 1960: »›Bewusst‹ und ›Unbewusst‹ bei Plotin«, in: Les sources de Plotin, Genf, 341–348.

Shields, Ch. 1990: »The First Functionalist«, in: Smith, J.-Ch. (Hrsg.), Historical Foundations of Cognitive Science, Dordrecht u.a., 19–34.

Stenzel, J. 1928: Platon, der Erzieher, Leipzig.

Warren, W. E. 1964: »Consciousness in Plotinus«, in: Phronesis 9, 83–97.

Zahn, L. 1992: Art. »Reflexion«, in: Historisches Wörterbuch der Philosophie, hrsg. von J. Ritter u. a., Bd. 8: R–Sc, Basel.

Wissenskultur bei Platon und Aristoteles

Wolfgang Detel, Frankfurt am Main

1.

Zu einer *Kultur* im weitesten Sinn werden gewöhnlich alle sozial weitergegebenen Elemente menschlicher Geschichte gerechnet, beispielsweise Sitten, Sprachen, Typen von Technologie und Ökonomie, Kunstformen, Rechts- und Erziehungssysteme.[1] Diese Explikation ist freilich recht vage formuliert und zu stark an Bestandteilen menschlicher Geschichte orientiert. Wir können die verbreitete Idee von Kultur verschärfen und klären, indem wir sagen: *Kulturen* im allgemeinsten Sinne sollten als *Praktiken* verstanden werden, die auf einigen *Hintergrundüberzeugungen* beruhen und mit *Mechanismen der Tradierung* verknüpft sind (die Tradierungsmechanismen schließen meist bestimmte Typen von *Machtrelationen* ein). Dann gehören genau diejenigen Personen einer Kultur an, die den Praktiken dieser Kultur folgen, ihre leitenden Hintergrundannahmen teilen und sich an der Tradierung der Kultur beteiligen. Einer vegetarischen Esskultur beispielsweise gehören genau diejenigen Personen an, die bestimmte Überzeugungen zum Fleischkonsum teilen, die ferner gewissen Praktiken der Essenszubereitung folgen und sich schließlich darum bemühen, diese Überzeugungen und Praktiken innerhalb und außerhalb von Familie und Freunden zu verbreiten und zu tradieren. Kunststile sind Kulturen, denn sie bestehen aus künstlerischen Techniken (zum Beispiel Maltechniken oder Kompositionstechniken), aus geteilten Hintergrundüberzeugungen (zum Beispiel im Rahmen des Naturalismus in der Malerei oder der Zwölf-Ton-Technik in der Musik) und aus typischen Tradierungs- und Vermittlungsprozeduren (die zum Beispiel bei den Expressionisten andere waren als in den Malwerkstätten der frühen flämischen Malerei).

Die Verschärfung und Klärung des Kulturbegriffs hat zwei interessante Konsequenzen. Die erste Konsequenz ist, dass es keine nationalen Kulturen gibt. Denn es gibt keine Praktiken, Hintergrundüberzeugungen und Tradierungsmechanismen, an denen beispielsweise alle und nur die Franzosen oder alle und nur die Deutschen teilhaben. Die zweite Konsequenz ist, dass beispielsweise auch die antike Geometrie als Kultur angesehen werden kann: sie beruht auf der Überzeugung, dass Wissen typischerweise in einer Analyse von Gegenstandsbereichen in

---

1 Vgl. Eliot 1948. Diese Idee findet sich implizit auch schon bei Vico und Herder, vgl. Berlin 1976.

seine einfachsten Elemente sowie in geeigneten Synthesen dieser Elemente besteht (das analytisch-synthetische Verfahren), und dass Kreis und Gerade die einfachsten Elemente des geometrischen Kontinuums sind. Daraus resultiert die Praktik des euklidische Beweisverfahrens mit Zirkel (Kreis) und Lineal (Gerade). In Schulen und Universitäten wird diese Methode bis heute gelehrt. Die Kultur der antiken Geometrie ist, im Gegensatz zu einer Esskultur oder einem Kunststil, eine *epistemische Kultur* – das heißt eine Kultur, deren Hintergrundüberzeugungen sich zum Teil auf Vorstellungen von Wissen beziehen, deren Praktiken der Herstellung von propositional gehaltvollem Wissen dienen sollen und die typischerweise in Bildungseinrichtungen tradiert werden. Eine epistemische Kultur in diesem Sinne nenne ich auch *Wissenskultur*.

Meine zentrale These ist, dass sich die platonische und aristotelische Epistemologie als artikulierte Wissenskulturen beschreiben lassen, die eine Reihe interessanter Merkmale aufweisen. Diese Merkmale treten schärfer hervor, wenn man die Wissenskulturen bei Platon und Aristoteles mit der rhetorischen Wissenskultur vergleicht, von der sich Platon und Aristoteles so engagiert abgegrenzt haben.

2.

Ich kann die rhetorische Wissenskultur, wie sie zum Beispiel bei Isokrates deutlich wird, von den römischen Rhetoren weiter ausgearbeitet wurde und dann bis weit in das 17. Jahrhundert hinein das dominante Leitbild der höheren Bildung blieb, hier nur in groben Umrissen skizzieren.[2] Der Kern ihrer Hintergrundannahmen ist die These, dass ohne rhetorische Kenntnisse und Schulung niemand die wichtigsten politischen Pflichten und Aufgaben erfüllen kann und dass rationale Argumente allein sich selten durchsetzen; um Adressaten zu vernünftigen Entscheidungen zu bewegen, bedarf es vielmehr des vollen Arsenals der Rhetorik. Die Übernahme politischer Pflichten galt der Rhetorik zugleich als Zentrum von Tugend und gutem Leben. Die rhetorische Schulung sollte ferner nicht nur die Beredsamkeit fördern, sondern auch die für politische Tätigkeiten entscheidenden Kenntnisse vermitteln. Diese Kenntnisse stammen vor allem aus der Staatsphilosophie, aus der Dichtung und aus historischer Erfahrung in Gestalt historischer Beispiele (bei Aristoteles tritt unter anderem die Theorie der Emotionen hinzu). Endlich sollte die klassische rhetorische Schulung die Persönlichkeit des Redners auf Milde, Großzügigkeit, Empathie und Gerechtigkeit ausrichten. Auf der Grundlage dieser rhetorischen Bildung soll der Redner als Politiker seine Fähigkeiten in den Dienst des Guten und der Gerechtigkeit stellen – vor Gericht und Volksversammlung oder als politischer Berater. Die meisten Theoretiker der Redekunst waren sich darüber hinaus einig in der Auffassung, dass in politischen und moralischen Fragen, anders als zum Beispiel in Mathematik oder Astronomie, epistemische Sicherheit selten zu haben ist.

Die klassische griechische Rhetorik gilt gewöhnlich als Kunst, mittels bestimmter stilistischer und argumentativer Mittel auf Stimmungen und Meinungen der

---

2   Vgl. dazu Skinner 1996. Diese glänzende Studie befasst sich auch allgemein mit der römischen Rhetorik und ihrer Rezeption im 16. und 17. Jahrhundert.

Adressaten einzuwirken – also als eine Art politischer Psychologie. Dabei sollte, der Empfehlung des Gorgias zufolge, aufgrund des Wahrscheinlichen argumentiert werden. Der Ausbildung dieser Kunst soll die Organisation rhetorischer Übungen gegolten haben.[3]

Kürzlich konnte jedoch gezeigt werden, dass viele klassische griechische Rhetoren auch einen dezidierten Anspruch auf korrekte und systematisierte Argumentation und auf ernsthafte Auseinandersetzung mit einigen der wichtigsten intellektuellen und philosophischen Probleme der Zeit erhoben haben. Die *Dissoi Logoi* nehmen in diesem Beweisgang eine zentrale Stellung ein. Die Forschung vertritt die Meinung, dass der Autor eine harte anti-relativistische Position verteidigt, dass seine Argumentation aber vielfach formal fehlerhaft ist. Diese Lesart fördert den Eindruck, dass es sich hier um ein »strange document« (Barnes[4]) handelt. Andere Interpreten sehen die Argumentation als eine formale Übung, Thesen und Gegenthesen zugleich zu verteidigen und beide möglichst stark zu machen.

Beide Interpretationen erweisen sich bei genauerer Analyse als falsch. Die Position des Autors ist vielmehr eine Vereinbarkeitsthese, die recht raffiniert ist: er unterscheidet zwischen einem weichen und einem harten Relativismus und verteidigt in dem einen der »doppelten Argumente« den weichen Relativismus, attackiert dagegen im anderen zugleich den harten Relativismus. Unter dieser Lesart lässt sich zeigen, dass der Autor überwiegend korrekt argumentiert, dass er sich im Spektrum der zeitgenössischen Debatte um verschiedene Spielarten des Relativismus und Anti-Relativismus gut auskennt und eine respektable eigene Position entwickelt. In einigen Abschnitten des Textes wird eine These widerlegt, indem gezeigt wird, dass einige Folgerungen aus dieser These falsch sind. Damit werden Widerspruchssatz und indirekter Beweis anerkannt. Die Attacken des Textes auf den harten Relativismus sind zum Teil eine Entlarvung eristischer Argumentationstricks, wie sie aus Platons *Euthydemos* bekannt sind. Im übrigen formuliert der Autor ausdrücklich den Anspruch des gebildeten Redners auf umfassende Stellungnahmen zu wichtigen Themen der Zeit.[5]

Die Untersuchung der überlieferten Schriften von Gorgias ergeben ein ähnliches Bild. Das kann ich hier nur ganz knapp andeuten. So präsentiert die *Helena*-Rede eine Theorie über Handlungsursachen, die zeigen soll, dass jede dieser Ursachen einen so starken Effekt auf menschliche Entscheidungen hat, dass die Akteure sich ihnen nicht entziehen können. Die Person Helena spielt nur die Rolle eines Platzhalters; primär geht es um die Möglichkeit freier oder freiwilliger Handlungen, also um ein philosophisches Problem ersten Ranges. Die *Helena* ist der erste bekannte Text, in dem diese Problematik thematisiert wird. Bemerkenswert ist dabei, dass Gorgias mit sicherem Instinkt für die Relevanz der Problematik dem kritischen Punkt seiner Argumentation – der These, dass auch die Macht der

---

3 Vgl. dazu die Übersicht bei Platon, *Phdr.* 266d–267d. Eine sehr informative Übersicht wird neuerdings präsentiert in Rapp 2002, 194–223. Rapp betont auch die Besonderheit der aristotelischen Sicht, 169–193.

4 Vgl. Barnes 1979, Bd. II, 215.

5 Vgl. die neuen ausführlichen Analysen in Becker/Scholz 2004.

Überredung, also der Rede, ein unwiderstehliches Handlungsmotiv ist – die größte Aufmerksamkeit schenkt.[6]

Die Schrift *Über das Nicht-Seiende*[7] weist, wenn man die beiden überlieferten Exzerpte miteinander vergleicht, erstaunlicherweise fast durchgängig aussagenlogisch korrekte Argumentationen auf. Beispielsweise wird das Prinzip des indirekten Beweises und damit der Widerspruchssatz durchgängig und wiederholt angewendet. Gorgias kann also nicht ein Ultraskeptizist gewesen sein, der einen Satz und seine Negation zugleich für wahr hält. Zu diesem Kern von Rationalismus passt seine explizite Attacke auf die verbreitete zeitgenössische Position, dass es keine falschen Sätze gibt. An vielen Stellen, an denen die Forschung fehlerhafte argumentative Schachzüge wittert, findet man eine Benutzung eleatischer Prämissen. Gorgias ist extrem gut in der Entdeckung von logischen Konsequenzen eleatischer

---

6   Vor dem Hintergrund dieser Lesart ist auch der letzte Satz der Rede zu qualifizieren: Der griechische Ausdruck *paignion*, den Gorgias hier verwendet (παίγνιον, *Frgm.* 11, 132), kann nämlich nicht nur mit »Spiel«, sondern auch mit »leichtes Spiel« übersetzt werden. Demnach bemerkt Gorgias hier, dass die Abfassung der Rede für ihn ein Leichtes war. Das ist durchaus damit vereinbar, dass er nicht nur eine provozierende These über die völlige Unschuld der Helena verteidigen wollte, sondern dass diese Verteidigung die Form einer Erörterung eines ernsthaften philosophischen Problems hat, in der die Person der Helena durch jede andere Person ersetzt werden könnte und insofern nur kontingenterweise auftaucht. Diese hintersinnige Redestruktur ist durchaus typisch für Gorgias.

7   Gorgias' Schrift *Über das Nicht-Seiende* ist nicht überliefert. Wir kennen ihren Inhalt nur durch zwei verschiedene ausführliche antike Exzerpte, die aus unterschiedlichen philosophischen Traditionen und Zeiten stammen (ein Exzerpt eines anonymen Peripatetikers und ein Exzerpt des Skeptikers Sextus Empiricus). Aussagen über den tatsächlichen Inhalt und die Argumentation der Schrift selbst müssen also durch Vergleich beider Exzerpte abgesichert werden. In der Forschung wurde lange dem Sextus-Exzerpt der Vorzug gegeben, vor allem weil es logisch klar und stringent aufgebaut ist. In letzter Zeit mehren sich allerdings die Stimmen, die behaupten, dass der Anonymus in Diktion und Stil der Urschrift näher ist. Unsere zentrale These dazu ist, dass diese Alternative eine Simplifikation darstellt. Zunächst ist nämlich die Form und Gattung der Exzerpte zu bestimmen. Der Text des Anonymus ist – dafür sprechen viele Indizien – ein Vorlesungsmanuskript, das die Gorgias-Schrift aus philosophiehistorischer Perspektive diskutiert und zum Teil auch kritisiert. Darum muss hier mit terminologischer Nähe, aber zugleich auch zuweilen mit argumentativer Verkürzung gerechnet werden. Der spätere Sextus-Text kann dagegen auf eine längere logische Tradition zurückgreifen. Sextus muss an den skeptischen Implikationen der Urschrift großes Interesse haben – und damit auch an einer möglichst guten und logisch überzeugenden Wiedergabe der Argumentation. Hier besteht die Gefahr einer logischen Schematisierung des ursprünglichen Textes. Daher ist gegenüber beiden Exzerpten Vorsicht geboten, wenn auch aus unterschiedlichen Gründen. Es muss darauf ankommen, die unterschiedlichen Stärken der Exzerpte auszubeuten und ihre unterschiedlichen Schwächen nicht wirksam werden zu lassen. Die Einschätzung der Schrift geht in der Forschung weit auseinander. In der älteren Literatur überwiegt der Eindruck, dass es sich um ein rhetorisches Argumentationsspiel mit vielen Trugschlüssen handelt. Neuerdings tendiert man eher dazu, den Inhalt des Textes philosophisch ernst zu nehmen: die Argumentation gilt als Versuch, die eleatische Metaphysik ad absurdum zu führen oder einen Ultraskeptizismus zu begründen oder als beides zugleich. Die Form der Argumentation wird aber weiterhin als verdächtig angesehen.

Prämissen, die offensichtlich inakzeptabel sind. Und er kennt sich mit der eleatischen Position hervorragend aus. Aus dieser Lesart folgt, dass dieser Text nicht das Ziel hat, einen Ultra-Skeptizismus zu begründen. Vielmehr wird gezeigt, dass *wenn* die eleatische Metaphysik wahr ist, eine ultra-skeptizistische Position folgt. Dieser Nachweis wird aber als Einwand gegen die eleatische Metaphysik dargestellt. Und daraus folgt, dass Gorgias den Ultra-Skeptizismus gerade als inakzeptabel angesehen haben muss.

Bereits lange Zeit bevor Sokrates, Platon und Aristoteles auf den Plan traten, wurden also im Umfeld der Rhetorik argumentative Übungen organisiert, die nicht nur rhetorische Stilmittel anwenden sollten (obgleich dies zweifellos auch der Fall war), sondern die auch deutlich den Anspruch erkennen lassen, sich auf eine solide Kenntnis der aktuellen zeitgenössischen intellektuellen Debatte zu stützen (die zum großen Teil von Autoren getragen wurde, die wir Späteren *Philosophen* nennen) und eine formal korrekte Argumentation zu präsentieren. Wenn wir bedenken, dass die diskutierten Texte zudem erkennen lassen, dass diese Fertigkeiten und Kenntnisse als Grundlage für die angemessene Ausführung der Tätigkeit eines Redners auch im öffentlichen politischen Leben und somit als Standards politischer demokratischer Auseinandersetzung angesehen wurden, und dass diese Fertigkeiten und Kenntnisse in Redner-Schulen sowie in öffentlichen Kursen gelehrt und tradiert wurden, dann sind in diesem Kontext die wesentlichen Merkmale von Wissenskulturen bereits erfüllt. Es gab also bereits vor Platon und Aristoteles im Umfeld der Rhetorik eine ausdifferenzierte Wissenskultur.

Aus der Perspektive dieser Interpretation hat Platon die Rhetorik einseitig als reine Technik psychologischer Seelenführung stilisiert und ihre Nähe zu einer argumentativen philosophischen Wissenskultur heruntergespielt. Zumindest einige der klassischen Rhetoren argumentierten formal überwiegend korrekt, waren interessiert an allgemeinen philosophischen Problemen und griffen in die laufenden Debatten dieser Probleme auf raffinierte Weise ein. Sie erzeugten das intellektuelle Milieu, in dem die platonische und aristotelische Wissenskultur erst entstehen konnten. Damit entsteht die Frage, wodurch die Wissenskulturen bei Platon und Aristoteles spezifisch charakterisiert sind.

3.

Eines der wichtigsten Merkmale dieser beiden Wissenskulturen ist, dass ihre Hintergrundannahmen einen expliziten Begriff des *perfekten Wissens* und einer *perfekten wissenschaftlichen Theorie* enthalten – also ein *Wissensideal,* das ausdrücklich von der fragilen epistemischen Situation endlicher Wesen unterschieden wird, die sich im Rahmen *fixierter epistemischer Praktiken* um die bestmögliche Begründung von Wissensansprüchen bemühen. Diese These ist in der gegenwärtigen Forschungslandschaft alles andere als trivial. Sie ist meines Erachtens ganz im Gegenteil Teil einer neuen Lesart, die sich gegen eine Jahrtausende alte Deutungstradition durchsetzen muss.

In meinen Kommentar zur *Zweiten Analytik* habe ich zu zeigen versucht, dass die traditionelle Interpretation der aristotelischen Wissenschaftsauffassung falsch ist. Der traditionellen Interpretation zufolge zielt eine aristotelische Wissenschaft auf die Entdeckung von Prinzipen, die

– erstens unabhängig von den übrigen Theoremen der Theorie aufgefunden werden können und die epistemische Basis für die Entdeckung der Theoreme mittels logischer Implikation bilden,
– zweitens weder innerhalb noch außerhalb der Wissenschaft argumentativ begründet werden können,
– drittens durch Induktion und Einsicht mit epistemischer Sicherheit erfasst werden,
– viertens immer wahr sind und niemals falsch sein können,
– fünftens sich auf notwendige Essenzen beziehen und
– sechstens auf kausale, naturgesetzliche Relationen verweisen.

Ich habe dafür argumentiert, dass sämtliche dieser sechs Thesen falsch sind, wenn sie – wie in der traditionellen Lesart – auf die epistemische Situation des menschlichen Forschers bezogen werden. Einige dieser Thesen (zum Beispiel die vierte und fünfte) kennzeichnen ein Wissenschaftsideal, andere müssen abgeändert werden (zum Beispiel die erste), wieder andere sind in jeder Hinsicht falsch (die zweite und sechste These). Zentral ist die Einsicht, dass nach Aristoteles eine wissenschaftliche Theorie im Idealfall zwar logisch axiomatisiert werden sollte, so dass ihre Theoreme syllogistisch aus ihren Prinzipien folgen, dass die Prinzipien jedoch erst am Ende der Theorie-Entwicklung (gleichsam bottom-up von den Theoremen aus) entdeckt werden können. Denn alle Prinzipien müssen auf bestimmte weiche (nicht-deduktive) Weise begründet werden – die Definitionen durch ihre Stellung innerhalb einer ausgearbeiteten erklärungskräftigen Theorie, die Hypothesen und Axiome durch dialektische Argumente der Philosophie. Die Induktion führt nur zur hypothetischen Annahme von Allsätzen und die Einsicht nur zur hypothetischen Etablierung einer empirischen Analyse, also noch nicht zu explanatorischem demonstrativem Wissen. Und die Prinzipien sind *immer wahr* nur im analytischen Sinne der Bedeutung des Wissensbegriffes, ferner im Sinne des Prinzips der Fülle und schließlich in dem Sinne, dass sie, wenn sie wahr sind, notwendigerweise wahr sind. Daraus folgt jedoch kein epistemologischer Fundamentalismus[8], denn Aristoteles verbindet diese Thesen durchaus konsistent mit der Behauptung, dass die Prinzipien *nur hypothetisch wahr* sind, insofern sie (a) als Allsätze induktiv falsifizierbar sind, (b) als einfachste unvermittelte Elemente der Analyse stets nur vorläufig postulierbar sind, (c) falsifizierbare Allsätze logisch implizieren und (d) unangemessene ätiologische Klassifizierungen repräsentieren können. Endlich sind Eigenschaften von Individuen essentiell, falls sie notwendig und sortal sind; Definitionen von allgemeinen Strukturen sind essentiell, falls sie erklärungskräftig für andere Eigenschaften dieser Strukturen sind. Daher ist der aristotelische Essentialismus metaphysisch weich und beruht nicht auf der Idee von Naturgesetzen.

---

8   Diese Position behauptet, (a) dass es Fundamente für all unser Wissen gibt, (b) dass diese Fundamente mit epistemischer Sicherheit erfasst werden können, und dass (c) alle weiteren Behauptungen aus den epistemischen Fundamenten abgeleitet werden müssen.

Allerdings habe ich in der ersten Präsentation dieser Interpretationslinie den aristotelischen Fallibilisimus zu einseitig betont und den von der traditionellen Lesart angeführten Passagen zu wenig Gerechtigkeit widerfahren lassen. Die wichtigsten Rezensenten haben mit Recht darauf aufmerksam gemacht, dass viele dieser Passagen das aristotelische Wissen*ideal* artikulieren und nicht nur die Bedeutung des Ausdrucks »Wissen«, und dass dieses Wissensideal ein zentraler Bestandteil der aristotelischen Epistemologie ist.[9] Tatsächlich ist es sogar gerade dieses Wissensideal, vor dessen Hintergrund die fragile epistemische Situation endlicher Wesen erst hervortreten und scharf artikuliert werden kann. Aristoteles hat demnach selbst deutlich zwischen Wissensideal und epistemischen Praktiken unterschieden. Diese erweiterte Deutung vermag nicht nur der traditionellen Interpretation einen systematischen Sitz zuzuweisen, sie kann auch die pädagogische Lesart von Barnes integrieren, weil die epistemischen Praktiken einer Wissenskultur intim mit Tradierungsmechanismen, also mit Lehr- und Lernkontexten, verknüpft sind.[10]

4.

Eine analoge Lesart zeichnet sich mittlerweile auch für Platon ab. Die Auffassung, Platon habe Meinung und Wissen unter anderem mit Hilfe des Kriteriums der epistemischen Sicherheit unterschieden, entspricht einer weit verbreiteten Lesart der platonischen Epistemologie.[11] Einige Interpreten haben allerdings in jüngster Zeit ein anderes Bild ins Spiel gebracht. Erste Hinweise finden sich bei Vlastos, der annimmt, dass der platonische Sokrates implizit zwei Arten von Erkenntnis unterscheidet, nämlich die infallible Erkenntnis, wie sie etwa die Mathematik liefert, und die elenktische Erkenntnis in weiten Bereichen der Philosophie, die voller unbeantworteter Fragen bleibt und deshalb eine »Sicherheitslücke« enthält.[12] Roochnik und Benson betonen in ihren jüngsten Arbeiten, dass nach Platon der philosophische Diskurs ein reines Erkenntnisobjekt nicht mit epistemischer Sicherheit sichtbar machen kann[13] und dass Sokrates ein gemäßigter Skeptiker ist, der lediglich ein Kohärenzkriterium der Wahrheit anerkennt. Und Michael Frede hat gezeigt, dass eine Reihe von formalen Eigenschaften platonischer Dialoge den intendierten Zweck und Effekt haben, zu verschleiern, welche Thesen und Argumente Platon selbst unterstützt. Den entscheidenden Grund dafür sieht Frede darin, dass Platon zwar zu vielen der von ihm angeschnittenen Fragen dezidierte Meinungen hatte, dass er aber zugleich diese Fragen für extrem schwierig hielt, weil angemessene Antworten stets in logischen Beziehungen zu einer großen Anzahl weiterer Thesen stehen, die nicht sämtlich mit epistemischer Sicherheit vertreten werden können. Auch Platon selbst war daher

---

9 Vgl. Brunschwig 1996; Rapp 1997; McKirahan 1999.
10 Vgl. Detel 1993, besonders 1. Halbband, 263–334. Eine verbesserte kurze Version meiner Lesart wird präsentiert in Detel 2005.
11 Vgl. dazu etwa die Einleitung zu Detel u.a. 2003 oder die einführenden Bemerkungen von Rowe 2003.
12 Vgl. Vlastos 1985 und Vlastos 1991.
13 Roochnik 1987. Diese Interpretation wird verallgemeinert in Roochnik 1996.

nach Frede der Meinung, dass selbst für gut ausgebildete Philosophen in vielen philosophischen Fragen epistemische Sicherheit nicht zu haben ist. Vor diesem Hintergrund einer eher weichen Epistemologie ist nach Frede der Dialog für Platon die einzig angemessene literarische Form philosophischer Schriften.

Im Kontext dieser Überlegungen rückt unter anderem das *Symposion* in den Mittelpunkt des Interesses. Die weitreichende Analogisierung zwischen erotischen und epistemischen Zuständen in diesem Dialog erlaubt es, aus der Struktur erotischer Zustände epistemologische Folgerungen zu ziehen. Eine dieser Folgerungen ist, dass die epistemische Perfektion ein göttlicher Zustand ist. Unter endlichen Wesen wie uns Menschen operiert das epistemische Bemühen im Raum zwischen gänzlichem Verfehlen und Perfektion. Daran knüpft sich die bemerkenswerte Einsicht, dass die Verbesserung unseres epistemischen Status an genau diese explizite Einsicht geknüpft ist. Das ist meines Erachtens ein klarer Beleg dafür, dass Platon die ausdrückliche Unterscheidung zwischen Wissensideal und epistemischen Praktiken, und damit den Entwurf einer Wissenskultur mit einem Wissensideal, nicht nur eingeführt und artikuliert, sondern zugleich als Motor der Wissensdynamik verstanden hat. So behauptet beispielsweise Rowe in seinem neuen *Symposion*-Kommentar von 1998 mit Recht, dass Platon im *Symposion* »eine Konzeption von Philosophie als einer Suche nach Wahrheit vertritt, die vielleicht niemals endgültig erfasst werden kann, auch wenn wir manchmal einigen ihrer Teile näherkommen können.« Im Platon-Kapitel meines Buches über Foucaults zweiten Band von *Sexualität und Wahrheit*, das ebenfalls 1998 erschien, gibt es ähnliche Bemerkungen.[14]

Das Liniengleichnis der *Politeia* enthält eine ähnliche Botschaft. Denn nicht nur entwirft es eine epistemische Stufenleiter, die mit der erotisch-epistemischen Stufenleiter des *Symposion* vergleichbar ist; der Umstand, dass der platonische Text weniger ein Gleichnis als eine Selbstillustration präsentiert (wie Theo Ebert schon vor drei Jahrzehnten geltend gemacht hat[15]), bringt auch den reflexiven Aspekt der Leiter perfekt zum Ausdruck: das Liniendiagramm illustriert im sichtbaren Bereich, was wir anhand des Diagramms epistemologisch explizit einsehen sollen: nämlich dass wir uns faktisch auf einer epistemischen Stufenleiter bewegen *und* dass diese Einsicht eine Bedingung für Erkenntnisfortschritt ist.

In einem neueren Konferenzband zu Platon wird diese Interpretationslinie weiter verfolgt.[16] In seinem Beitrag zu diesem Band untersucht zum Beispiel Rowe alle wichtigen epistemologischen Passagen der *Politeia* und kommt zu dem Ergebnis, dass Platon zwar notwendige und hinreichende Bedingungen für Wissen skizziert, aber die Bedingungen zugleich für so steil hält, dass sie für Menschen unerreichbar sind. Genauer verwendet er einen starken und einen weichen Begriff

---

14 Benson 2000; Frede 1992; Rowe 1998, bes. 3, 176, 187, vgl. auch die Anmerkung zu 210d4–6 auf S. 197; Detel 1998, vgl. auch die verbesserte Fassung Detel 2004. Auch Gernot Böhme tendiert zu einer ähnlichen Lesart, denn er wendet sich entschieden gegen eine Dogmatisierung Platons und betont, dass »Platon selbst in seinen Texten immer wieder den vorläufigen Charakter seiner Gedankenentwicklung angemerkt« hat (Böhme 2000, 2). Vgl. auch Detel 2003.
15 Ebert 1974.
16 Vgl. Detel u.a. 2003.

von Wissen – Wissen im Sinne des göttlichen perfekten Wissensideals und menschliches Wissen, das sich zwischen Nicht-Wissen und perfektem Wissen bewegt, aber zugleich Fortschritt erzielen kann, gerade weil es die reflexive Einsicht in die fragile epistemische Situation endlicher Wesen enthält, die in *Symposion* und im Liniengleichnis beschrieben wird. Genau in dieser Hinsicht kann Platon nach Rowe auch noch zwischen Meinung und schwachem menschlichen Wissen unterscheiden – der bloßen Meinung fehlt die angemessene explizite Epistemologie und daher die Möglichkeit der Verbesserung.[17] Eine aufschlussreiche Illustration der platonischen Idee vom perfekten Wissen ist im übrigen die Darstellung der Formengemeinschaft im *Sophistes* und das entsprechende Wissen des Dialektikers. Dem Holismus der Formen zufolge ist nämlich jede Form metaphysisch durch ihre Beziehung zu allen anderen Formen individuiert. Perfektes Wissen von einer Form ist daher nur dann erreicht, wenn wir ihre Beziehung zu *jeder* anderen Form erkennen – kurz, wenn wir *alles* wissen. Platon ist jedoch mit hoher Wahrscheinlichkeit nicht davon ausgegangen, dass es Menschen geben kann, die alles wissen.[18]

17 Rowe 2003.
18 Platon, *Soph.* 253b–e. Ein wichtiger Teil dieses Platon-Bildes ist eine Neubestimmung der Rolle der Wahrnehmung bei Platon. Im *Theaitetos* scheitert die These, dass Wissen Wahrnehmung sei – aber erst nach dem Versuch, diese These durch die Theorien des Protagoras und Heraklit zu erläutern und zu präzisieren. Die zentrale Interpretationsfrage ist bekanntlich, wie Platon zu diesen Wahrnehmungstheorien steht. Zwei Lesarten werden diskutiert: Erstens, Platon akzeptiert diese Theorien als korrekte Analysen der Wahrnehmung, folgert aber gerade daraus, dass Wahrnehmung kein Wissen ist. Zweitens, Platon zeigt, dass die Theorien von Protagoras und Heraklit unannehmbare Konsequenzen haben, also als Wahrnehmungstheorie philosophisch unangemessen sind, und folgert daraus, dass die These des jungen Theaitetos ins Leere läuft, solange Wahrnehmung nicht korrekt bestimmt ist. Beide traditionelle Lesarten enthalten erhebliche Probleme. Es gibt aber eine dritte, bessere Lesart, die auf einer komplexeren Analyse der Wahrnehmung beruht. Diese Analyse geht von einer moderaten Flusslehre aus: Wir können auch veränderliche Dinge beschreiben: Auch in veränderlichen Dingen gibt es ein gewisses Maß von Stabilität – sie haben an Formen Anteil. Vor allem aber ist die Formel »Eine Person nimmt etwas wahr« zu einfach; wir müssen vielmehr sagen: Personen nehmen etwas durch die Seele vermittels der Sinnesorgane wahr. Das heißt: Es gibt eine kausale Interaktion zwischen Personen und externen Sachverhalten über die Sinnesorgane; die Seele klassifiziert das Wahrgenommene und zieht daraus Schlüsse, indem sie (propositional gehaltvolle) Wahrnehmungsurteile formuliert. Wahrnehmungen in diesem Sinne sind wahrheitswertdefiniert, und sie sind, wenn sie wahr sind, eine Form von Wissen. Protagoras und Heraklit liefern der dritten Lesart zufolge eine korrekte Analyse von Wahrnehmung im Sinne rein physikalischer Interaktionen zwischen Organismus und externen Prozessen; Wahrnehmung in diesem Sinne ist allerdings nicht beschreibbar und nicht gehaltvoll, also nicht eine Form des Wissens. Es ist jedoch falsch, Wahrnehmung mit Wahrnehmung in diesem rein physikalischen Sinne zu identifizieren. Es gibt auch propositionale Wahrnehmung, also Wahrnehmungsurteile, produziert durch die Seele, die durchaus eine Form des Wissens darstellen. Insofern ist die These des jungen Theätet korrekt. Aber es gibt natürlich auch Wissen, das keine Wahrnehmung ist: das ist unvereinbar mit Theätets Definition. Zu verschiedenen detaillierten Aspekten dieser Deutung vgl. Osborne 2003, Gill 2003, Crivelli 2003.

Wenn wir von diesem Bild der platonischen und aristotelischen Wissenskultur ausgehen, dann besteht ihr Unterschied zur rhetorischen Wissenskultur nicht darin, dass sie logisch korrektes Argumentieren pflegten, auf Wahrheit orientiert waren und philosophisch interessante Themen zur Sprache brachten. Denn all das gilt zumindest zum Teil auch für rhetorische Traktate. Der entscheidende Unterschied besteht vielmehr darin, dass die Philosophen die wesentlichen Elemente der von ihnen entwickelten Wissenskulturen *explizit artikuliert* und dabei insbesondere ausdrücklich zwischen ihrem Wissensideal und der durch epistemische Praktiken bestimmten Situation der Forscher unterschieden haben. Erst damit wurde eine *ausdrückliche Reflexion* auf Begründungsstrategien möglich, die Raum machte für eine Differenzierung zwischen dem Raum der Begründungen und den Einflüssen der Natur und für die Idee eines methodisch angeleiteten Fortschrittes in den Wissenschaften. Diese Differenzierung legte ihrerseits die Ausarbeitung von Logik und Wissenschaftstheorie nahe, wie sie dann von Aristoteles vollzogen wurde. Und sie ermöglichte es, Bildung im allgemeinsten Sinne als Übergang vom Reich der Natur in den Raum der Begründungen aufzufassen.[19] All das findet sich bei den Rhetoren nicht und macht zugleich einen bedeutenden Teil der *Modernität* der Wissenskulturen bei Platon und Aristoteles aus.

Diese Modernität besteht unter anderem in einem moderaten epistemologischen und wissenschaftstheoretischen Fallibilismus, der auf einen methodologisch angeleiteten Wissensfortschritt ausgerichtet ist. Eine explizit artikulierte Wissenskultur muss daher Teil dieser Position sein. Der interpretatorische Sündenfall der traditionellen Lesart der platonischen und aristotelischen Epistemologie lässt sich nach den bisherigen Überlegungen so beschreiben, dass diese Lesart bei Platon und Aristoteles nicht zwischen den Thesen zum Wissensideal und den Thesen zur konkreten epistemischen Situation endlicher menschlicher Wesen unterschieden und die Thesen zum Wissensideal fälschlich auf die Beschreibung der konkreten epistemischen Situation endlicher menschlicher Wesen übertragen hat.

Die falsche traditionelle Deutung der platonischen und aristotelischen Epistemologie hat vor allem in der klassischen modernen Wissenschaftstheorie zu geradezu grotesken historischen Großthesen geführt. So haben beispielsweise Popper und seine Schüler Karl Raimund Popper als Erfinder des wissenschaftstheoretischen Fallibilismus (oder Falsifikationismus) gefeiert.[20] Tatsächlich sind Versionen moderater Epistemologien mit fallibilistischen Elementen aber nicht nur in der Antike, sondern beispielsweise auch in der frühen Neuzeit vertreten worden. Ein aufschlussreiches Beispiel ist die Epistemologie und Physik Pierre Gassendis, eines der härtesten Kritiker der Erkenntnistheorie und Metaphysik von Descartes.[21] Es war in der Tat vor allem Descartes, der – neben Hobbes – von allen historisch wirkungsmächtigen Autoren den epistemologischen anti-fallibilistischen Fundamentalismus am deutlichsten vertreten hat.[22] Es ist jedoch mehr als problematisch, Descartes und Hobbes als Zeugen der Auffassung zu betrachten,

---

19 Vgl. zum Beispiel Aristoteles, *De partibus animalium* I 1, 639a.
20 Vgl. zum Beispiel Popper 1980, Bd. II, 368, Anm. 47 zu Kap. 1; Lakatos 1970, 90.
21 Vgl. Detel 1978, Detel 2002.
22 Vgl. dazu Detel 2000.

dass der epistemologische und wissenschaftstheoretische Fundamentalismus vor Popper und der klassischen modernen Wissenschaftstheorie seit der Antike (außerhalb des radikalen pyrrhonischen Skeptizismus) allgemein verbreitet gewesen ist.

5.

Es gibt noch ein weiteres interessantes Merkmal der Wissenskultur bei Platon und Aristoteles, das aus der Perspektive der modernen Philosophie interessant ist und vor allem im Rahmen der jüngsten post-analytischen Philosophie neu gewürdigt werden kann. Es handelt sich um die bekannte Tatsache, dass weder Platon noch Aristoteles eine scharfe Unterscheidung zwischen theoretischer Wissenschaft und sprachlichem Alltagswissen vertreten haben. Dafür gibt es eine große Anzahl von Indizien.

So ist die platonische »Was-ist-X«-Frage häufig als Frage nach dem *Begriff* »X« oder nach der *Bedeutung des Ausdrucks* »X« verstanden worden. Denn für Platon scheinen kompetente Sprecher natürlicher Sprachen im Prinzip in der Lage zu sein, diese Fragen angemessen zu diskutieren und zu beantworten, ohne dass diese Sprecher hierfür mehr als ihr sprachliches Wissen mobilisieren müssen. Zudem scheint Platon davon auszugehen, dass das sprachliche Wissen, als Wissen von den Formen, ein Wissen a priori ist, das nicht auf Erfahrung beruht. Diese beiden Umstände sind aus moderner Sicht, vor allem aus der Perspektive der analytischen Philosophie, charakteristisch für Bedeutungswissen, wie es in analytischen Sätzen formuliert wird. Die kritische philosophische Diskussion von Antworten auf »Was-ist-X«-Fragen vermag zwar nach Platon das Alltagswissen zu präzisieren, von latenten Widersprüchen zu befreien und auf diese Weise zu »theoretischem« Wissen beispielsweise in Gestalt ausgefeilter Dihairesen zu führen, scheint aber nicht aus dem Bereich des apriorischen sprachlichen Wissens herauszuführen. Wenn Platon die »Was-ist-X«-Fragen als Fragen nach nicht-empirischen Strukturen auffasst, dann aus der Sicht dieser Lesart nur deshalb, weil er noch nicht über eine Unterscheidung zwischen Referenz und Bedeutung verfügte.

Aristoteles scheint diese metaphilosophische Einstellung zu teilen. Auch er beginnt oft mit Überlegungen, die sich leicht als sprachliche Analysen lesen lassen, beispielsweise in der *Physik*. Wenn Hegel bemerkt, dass die Philosophie das untersucht, »was man für bekannt hält«, dann trifft er sich in diesem Punkt mit Aristoteles.[23] Diejenigen analytischen Philosophen, die sich überhaupt für die Geschichte der Philosophie und insbesondere für Aristoteles interessierten, neigten dazu, die wichtigste Art der aristotelischen Prinzipien, die »Definitionen«, als analytische Sätze zu verstehen. Wer erinnerte sich in diesem Kontext nicht an Wolfgang Wielands großartiges Buch über die aristotelische *Physik*, das er vor gut vier Jahrzehnten zur Blütezeit der analytischen Philosophie und des *linguistic*

---

23 Hegel, G. W. F.: *Sämtliche Werke*, Jubiläumsausgabe ed. Glockner, Neudruck Stuttgart 1959, XVII, 49.

turn der Philosophie veröffentlichte.[24] Dieses Buch hatte das Ziel »zu zeigen, wie es Aristoteles in seiner Philosophie wesentlich darum geht, den Inhalt jenes vorreflexiven und vorprädikativen Bewußtseins, das vor allem in der Sprache greifbar wird, unter Begriffe zu bringen«.[25] In eine ähnliche Richtung zielten beispielsweise Owens Arbeiten zur dialektischen Methode bei Aristoteles.[26]

Eines der aufschlussreichsten Beispiele dafür, wie Aristoteles den Zusammenhang zwischen Dialektik und Wissenschaft, zwischen Alltagswissen und Theorie sieht, findet sich in *Analytica posteriora* II 8. Wenn wir etwa wissenschaftlich bestimmen wollen, was der Donner ist, müssen wir mit gewissen Fakten beginnen, über deren Kenntnis wir schon verfügen – wir müssen »bereits etwas von der Sache besitzen«, wie Aristoteles formuliert, etwa dass der Donner ein gewisses Geräusch in den Wolken ist. Nach II 10 ist diese These eine Art von Definition, allerdings nicht eine Definition im Sinne eines erklärungskräftigen Prinzips, sondern im Sinne einer Konklusion – eine Definition, die angibt, »was der Name bezeichnet«, wie Aristoteles ausdrücklich sagt. Für jemanden, der wie Aristoteles noch nicht über einen klaren Bedeutungsbegriff verfügte, ist das eine Beschreibung, die einer Kennzeichnung von Definitionen als Bedeutungsangaben so nahe zu kommen scheint wie nur möglich. Eine wissenschaftliche Demonstration dieser »semantischen« Definition besteht dann nach Aristoteles nicht nur einfach in der Angabe des nächsten Mittelbegriffs, etwa »Erlöschen des Feuers«, sondern unter anderem auch in einer Vertiefung dieser Erklärung durch eine Demonstration einer Prämisse der ersten Demonstration. In der *Meteorologie* deutet Aristoteles ein solches Manöver an. Hier kritisiert er die empedokleische Erklärung des Donners durch das Erlöschen von Feuer und schlägt stattdessen einen anderen Mittelbegriff vor, nämlich »geschlagen von trockenem Dunst, der in dichten Wolkenschichten eingeschlossen ist«; endlich weist er darauf hin, dass dieser Mittelbegriff seinerseits tiefer erklärt werden kann durch Verweis auf die Abkühlungs- und Verdichtungsprozesse in Wolken, die trockenen Dunst einschließen. Darüber hinaus haben wir deutliche Hinweise darauf, dass für Aristoteles zu einer wissenschaftlichen Erklärung der semantischen Definition »Donner ist ein gewisses Geräusch in den Wolken« auch die theoretische Einbettung des Oberbegriffs »Geräusch« gehört, nämlich in eine ausgefeilte Geräusch-Theorie, deren Elemente in Passagen verschiedener seiner Werke sichtbar werden, etwa in *De anima, De sensu* und *De caelo* (dieselbe Theorie findet sich auch in den *Problemata physica*). Diese Geräuschtheorie ist dann eine theoretische Restriktion für jeden wissenschaftlich akzeptablen Mittelbegriff der vorgeschlagenen Erklärungen von Donner. Damit wird ein recht umfassendes theoretisches Netz sichtbar, das die sprachliche Definition von Donner präzisieren, deduktiv erklären und somit in präzisierter Form auch bestätigen kann.[27]

Wie sollen wir diese und ähnliche Befunde theoretisch deuten? Diese Frage wird dadurch erschwert, dass Platon und Aristoteles das, was wir gern als Artiku-

---

24 Wieland 1962.
25 Wieland 1962, 8.
26 Vgl. zum Beispiel Owen/Nussbaum 1986.
27 Zu den Details und Belegen dieser Lesart vgl. Detel 1993, 2. Halbband, 635–663.

lation sprachlichen Wissens verstehen würden, meist unbefangen und direkt als Beschreibung von Fakten in der Welt kennzeichnen. Selbst wenn etwa Aristoteles die Definitionen, die als demonstrative Konklusionen auftreten, als Beschreibungen dessen, was Namen bezeichnen, charakterisiert, sagt er im gleichen Atemzug, dass wir damit etwas *von der Sache selbst* besitzen. Gelegentlich liest man den Hinweis, dass Platon und Aristoteles einfach noch nicht klar zwischen sprachlicher und sachlicher Ebene unterschieden haben, zuweilen mit der zusätzlichen Bemerkung, dass auch in der heutigen Philosophie die Schwierigkeit artikuliert wird, zwischen Propositionen und Sachverhalten klar zu unterscheiden, weil uns Sachverhalte nicht unabhängig von wahren Sätzen gegeben sind. Ich glaube allerdings nicht, dass diese Hinweise übermäßig hilfreich sind; sie vermitteln uns kein wirklich gutes Verständnis der Art und Weise, wie Platon und Aristoteles auf die Verbindung von sprachlichem und theoretischem Wissen geschaut haben.

6.

Ich möchte zum Abschluss meiner Überlegungen eine Diagnose und eine Lösung dieses Interpretationsproblems vorschlagen, die zugleich das Bild von der Wissenskultur bei Platon und Aristoteles abrunden sollen.

Der Kern der Diagnose ist, dass der lange intellektuelle Arm der analytischen Philosophie für das skizzierte Verständnisproblem verantwortlich ist. Freges bahnbrechende Unterscheidung zwischen Referenz und Bedeutung ist gewiss irreversibel. Aber die analytische Philosophie hat diese Unterscheidung in eine radikale Differenz zwischen analytischen und synthetischen Sätzen, und damit zwischen dem Reich der Fakten und dem Reich der semantisch gehaltvollen Symbole überführt. Damit war eine neue Abgrenzung und Standortbestimmung der Philosophie und der formalen Wissenschaften wie Logik und Mathematik möglich: diese Wissenschaften beschäftigen sich mit semantischen Verhältnissen und produzieren analytische Sätze, während andere Wissenschaften, typischerweise die Naturwissenschaften, mit den Fakten der Welt befasst sind und synthetische Sätze produzieren.[28] Solange wir explizit oder implizit von dieser Perspektive geleitet sind, ist uns – das ist meine Diagnose – ein gutes Verständnis wichtiger Aspekte der platonischen und aristotelischen Analysen und Epistemologie verbaut. Wir bleiben dem unruhigen Oszillieren zwischen einer semantischen und einer faktischen Lesart ihrer Analysen verhaftet.

In der post-analytischen Philosophie zeichnet sich jedoch eine vielversprechende neue philosophische Perspektive für die Aufarbeitung dieses Problembereiches ab. Die analytische Philosophie war der letzte einflussreiche Ausläufer der Subjektphilosophie, die vor allem die Repräsentationalität des Geistes in das Innere geistiger Wesen verlagert hat. Aber die Ägide der Subjektphilosophie scheint zu Ende zu gehen; die analytische Philosophie im alten strengen Sinne ist tot. Quines Angriff auf die Dogmen des Empirismus war zweifellos ein wichtiger erster Schritt, dem sich die Ideen des späten Wittgenstein und die Arbeiten von Wilfrid

---

28 Vgl. dazu stellvertretend für viele weitere Analysen die »Bibel des logischen Empirismus«: Ayer 1936.

Sellars zur Seite stellen lassen. Aber erst die Schüler dieses Trios in Harvard, Cambridge und Pittsburgh, vor allem Davidson, Putnam, von Wright, Dummett, McDowell und Brandom haben den Angriff auf die analytische Philosophie zu Ende geführt. Es sind vor allem die extensionalistischen Bedeutungstheorien in der Folge des semantischen Durchbruchs, den Davidson erzielt hat, die uns die Augen dafür geöffnet haben, dass sich das Reich der Fakten und der Raum der Bedeutungen nicht strikt voneinander trennen lassen.[29] Der repräsentationale Geist erstreckt sich hinaus auf die Welt, und eine der Folgerungen aus dieser Sicht der Dinge ist, dass Sprachen als eine Art von Theoriepaketen aufzufassen sind – dass also sprachliches Wissen eine Form des Weltwissens ist. Es handelt sich genauer um *klassifikatorisches Weltwissen,* das sowohl (in einer Vorform) unter Tieren als auch für andere Formen menschlichen Wissens grundlegend ist. Das ist offensichtlich eine Auffassung, die der Sicht von Platon und Aristoteles recht nahe kommt.

Diese Beschreibung ist allerdings noch recht oberflächlich. Die tiefere Frage ist, ob sich nach Quine und Davidson eine Möglichkeit finden lässt, begriffliche (klassifikatorische) Analysen auszuzeichnen, ohne die postanalytische Einsicht aufzugeben, dass Sprachen eine Form von Theoriepaketen sind, die sich auf Fakten in der Welt beziehen. Diese Möglichkeit kann nur so ausbuchstabiert werden, dass sich begriffliche Analysen auf eine *spezifische Art von Fakten* beziehen. An dieser Stelle wird heute gewöhnlich die Mögliche-Welten-Terminologie mobilisiert. Die allgemeine Idee ist zu sagen, dass eine Beschreibung B* aus einer Beschreibung B von Teilen der Welt *folgen* kann. Und dass B* aus B folgt, heißt genauer, dass in unserer Welt jedes Phänomen, das B wahr macht, auch B* wahr macht, und dass in jeder möglichen Welt, die mit unserer Welt darin übereinstimmt, dass B wahr ist, auch B* wahr ist. In jeder möglichen Welt, die mit unserer Welt beispielsweise darin übereinstimmt, dass die Beschreibung »Dieses Tier ist eine Katze« wahr ist, ist auch die Beschreibung »Dieses Tier ist ein Lebewesen« wahr. Damit wird gesagt, dass Katzen *notwendigerweise* Lebewesen sind.[30]

Diese Idee lässt sich theoretisch weiter anreichern, zum Beispiel durch die Unterscheidung von Stereotypen und Mikrostrukturen als verschiedenen Aspekten von Extensionen, wie sie in der neuen essentialistischen Metaphysik von Kripke und Putnam vorgeschlagen wird.[31] Das empirische Merkmalsbündel ⟨ flüssig, durchsichtig, trinkbar, geschmacklos etc. ⟩ ist zum Beispiel das Stereotyp von Wasser (die A-Extension von Wasser), während H_2O die Mikrostruktur (die C-Extension) von Wasser ist – so dass Wasser identisch mit H_2O und somit notwendigerweise H_2O ist. Eine alte Idee der klassischen Semantik zum Beispiel bei Carnap war, den Begriff der Bedeutung oder Intension durch die These einzuführen, dass zwei Ausdrücke intensionsgleich sind, falls sie in allen möglichen Welten extensionsgleich sind (das heißt wenn ihre materiale Äquivalenz logisch wahr

---

29 Vgl. vor allem Wittgenstein 1984; Sellars 1997; Quine 1972; Davidson 1990; Brandom 1994. Wichtige weitere Werke zur extensionalistischen Semantik sind beispielsweise Dretske 1988 und Millikan 1984.
30 Ausführlicher wird diese Idee entwickelt in Jackson 2000.
31 Vgl. Kripke 1980; Putnam 1975; Putnam 1990.

ist). Diese Idee enthält die Vorstellung, dass die Intension eines Ausdrucks A jeder möglichen Welt die Extension von A zuordnet – die Intension von A legt für jede mögliche Welt die Klasse derjenigen Individuen fest, auf die A in dieser möglichen Welt zutrifft. Kurz, Intensionen sind darstellbar als mathematische Funktionen von der Menge aller möglichen Welten in die Menge aller Teilmengen von Individuen (= Extensionen) in möglichen Welten. Wenn wir diese Idee anwenden, können wir sagen, dass die A-Intension von Wasser eine Funktion ist, die jeder möglichen Welt die A-Extension (das Stereotyp) von Wasser zuordnet, und entsprechend, dass die C-Intension von Wasser eine Funktion ist, die jeder möglichen Welt die C-Extension von Wasser (also H_2O) zuordnet.

Aber die entscheidende theoretische Anreicherung dieser Überlegungen besteht darin, die entsprechenden *ontologischen* Verhältnisse genauer zu analysieren. Einer der wichtigsten Aspekte dieser Ontologie ist, dass wenn zum Beispiel die Beschreibung »X ist ein Lebewesen« aus der Beschreibung »X ist eine Katze« folgt, das Faktum, dass X ein Lebewesen ist, im Faktum, dass X eine Katze ist, *realisiert* ist: Katzen sind Realisierer von Lebewesen. Aber diese Realisierung ist nicht eine naturgesetzliche (sogenannte nomologische) Realisierung, sondern eine *strukturelle Realisierung*. Wir können an dieser Stelle eine etablierte ontologische Terminologie mobilisieren: die Lebewesen-Eigenschaft verhält sich zur Katzen-Eigenschaft oder zur Hunde-Eigenschaft usw. wie eine *bestimmbare (determinable)* zu einer *bestimmten (determinierten)* Eigenschaft.[32] Wichtig ist dabei, dass bestimmte Eigenschaften *notwendigerweise* die korrespondierenden bestimmbaren Eigenschaften realisieren, dass aber zugleich die bestimmbaren Eigenschaften *multipel* in bestimmten Eigenschaften realisierbar sind.

Diese Elemente der postanalytischen Philosophie können uns meines Erachtens als hilfreicher Hintergrund für ein besseres Verständnis der Art und Weise dienen, wie Platon und vor allem natürlich Aristoteles den Zusammenhang zwischen sprachlichem und theoretischem Wissen gesehen haben. Tatsächlich glaube ich sogar, dass diese postanalytischen Theorie-Elemente eine Rehabilitierung der Ansichten Platons und Aristoteles' auf einem reflektierteren Niveau darstellen. Denn nicht nur verstehen wir vor diesem Hintergrund besser, inwiefern sprachliches Wissen eine Art von Weltwissen ist; die Unterscheidung von A-Intensionen und C-Intensionen vermittelt uns auch eine Interpretation des Übergangs von alltäglichen zu wissenschaftlichen identifizierenden Definitionen mit Erklärungskraft. Vor allem aber sehen wir, dass die antike Formentheorie bereits das ontologische Muster einer strukturellen Realisierung bereitstellte, vor allem natürlich in der essentialistischen Version bei Aristoteles, die explizit das modale Vokabular mobilisiert. Was früher begriffliches Verhältnis genannt wurde, kann heute als ein Verhältnis von Fakten beschrieben werden, das darin besteht, dass bestimmte Fakten notwendigerweise in anderen Fakten multipel strukturell realisiert sind. Und diese Verhältnisse lassen sich auf unterschiedlich tiefen Ebenen ansiedeln. Es ist vor allem dieser Gegenstandsbereich der Welt, auf dessen Erkenntnis und Erklärung sich Platon und Aristoteles konzentriert haben. Dieser Fokus ist ein zentraler Bestandteil der Wissenskulturen, die sie entwickelt haben.

---

32 Vgl. dazu zum Beispiel Johansson 2000.

320 Wolfgang Detel

Literatur

Ayer, A.J. 1936: Language, Truth and Logic, London.
Barnes, J. 1979: The Presocratic Philosophers, London.
Becker, A./Scholz, P. 2004: Dissoi Logoi – Zweierlei Ansichten. Ein sophistischer Traktat. Text – Übersetzung – Kommentar, Berlin.
Benson, H. 2000: Socratic Wisdom, Oxford.
Berlin, I. 1976: Vico and Herder, London.
Böhme, G. 2000: Platons theoretische Philosophie, Berlin.
Brandom, R. 1994: Making It Explicit; Cambridge/Mass.
Brunschwig, J. 1996: Rezension von [Detel 1993], in: Phronesis 41, 205–216.
Crivelli, P. 2003: »Plato's Waxen Block«, in: Detel u.a. 2003, 175 – 200.
Davidson, D. 1990: Wahrheit und Interpretation, Frankfurt (¹1974).
Detel, W. 1978: Scientia Rerum Natura Occultarum. Methodologische Studien zur Physik Pierre Gassendis, Berlin (Quellen und Studien zur Philosophie 14).
Detel, W. 1993: Aristoteles. Analytica Posteriora. Einleitung, Übersetzung und Kommentar, 2 Halbbde., Berlin.
Detel, W. 1998: Macht, Moral, Wissen. Foucault und die klassische Antike, Frankfurt/M.
Detel, W. 2000:»Descartes und der wissenschaftstheoretische Fundamentalismus«, in: Niebel, W./Horn, A./Schnädelbach, H. (Hrsg.), Descartes im Diskurs der Neuzeit, Frankfurt/M., 230–258.
Detel, W. 2002: »Scepticism and Scientific Knowledge: The Case of Gassendi«, in: Detel, W./Zittel, C. (Hrsg.), Wissensideale und Wissenskulturen in der frühen Neuzeit, Berlin, 259–275.
Detel, W. 2003: »Eros and Knowledge in Plato's Symposium«, in: Detel u. a. 2003, 79–98.
Detel, W. 2005: »Logic and Philosophy of Science in Aristotle«, in: Gill, M. L./Pellegrin, P. (Hrsg.), The Blackwell Companion to Ancient Philosophy, Cambridge.
Detel, W. u. a. 2003: Ideal and Culture of Knowledge in Plato, Stuttgart.
Dretske, F. 1988: Explaining Behavior, Cambridge/Mass.
Ebert, Th. 1974: Meinung und Wissen in der Philosophie Platons, Berlin.
Eliot, T. S. 1948: Notes Towards the Definition of Culture, London.
Frede, M. 1992: »Plato's Arguments and the Dialogue Form«, in: Oxford Studies in Ancient Philosophy, Suppl. Vol., 201–220 .
Gill, M. L. 2003: »Why Does Theatetus' Final Definition of Knowledge Fail?« in: Detel u.a. 2003, 159 – 174 .
Jackson, F. 2000: From Metaphysics to Ethics, Oxford.
Johansson, I. 2000: »Determinables as Universals« in: Monist 1, 101–121.
Kripke, S. 1980: Naming and Necessity, Oxford.
Lakatos, I. 1970: »Falsifikation und die Methodologie wissenschaftlicher Forschungsprogramme«, in: Lakatos, I./Musgrave, A. (Hrsg.), Kritik und Erkenntnisfortschritt, Braunschweig .
McKirahan, R. 1999: Rezension von [Detel 1993], in: Gnomon 71, 97–101.
Millikan, R. G. 1984: Language, Thought, and Other Biological Categories, Cambridge/Mass.
Osborne, C. 2003: »Knowledge is Perception. A Defence of Theatetus«, in: Detel u. a. 2003, 133–158 .
Owen, G. E. L./Nussbaum, M. (Hrsg.) 1986: Logic, Science, and Dialectic. Collected Papers in Greek Philosphy, Ithaca.
Popper, K. R. 1980: Die offene Gesellschaft und ihre Feinde, Tübingen.
Putnam, H. 1975: »The Meaning of ›Meaning‹«, in: Ders., Mind, Language and Reality, Cambridge.
Putnam, H. 1990: Realism with a Human Face, Cambridge/Mass.

Quine, W. 1972: »Zwei Dogmen des Empirismus«, in: Ders., Von einem logischen Standpunkt, Frankfurt (¹1951).

Rapp, Ch. 1997: Rezension von [Detel 1993], in: Allgemeine Zeitschrift für Philosophie 22, 89–97.

Rapp, Ch. 2002: Aristoteles. Rhetorik, übers. u. erl., 2 Bde., Berlin.

Roochnik, D. 1987: »The Erotics of Philosophical Discourse«, in: History of Philosophy Quarterly 4, 117–129.

Roochnik, D. 1996: Of Art and Wisdom. Plato's Understanding of Techne, University Park.

Rowe, Ch. J. (Hrsg.) 1998: Plato. Symposium, Warminster .

Sellars, W. 1997: Empiricism and the Philosophy of Mind. Introduction by R. Rorty, Study Guide by R. Brandom, Cambridge, Mass. (¹1956) .

Skinner, Q. 1996: Reason and Rhetoric in the Philosophy of Thomas Hobbes, Cambridge.

Vlastos, G. 1985: »Socrates' Disavowal of Knowledge«, in: Philosophical Quarterly 35, 1–31.

Vlastos, G. 1991: Socrates, Ironist and Moral Philosopher, Ithaca.

Wieland, W. 1962: Die aristotelische Physik, Göttingen.

Wittgenstein, L. 1984: Philosophische Untersuchungen. Werkausgabe Bd. 1, Frankfurt (¹1953).

VII. Hellenismus

Skeptische Suche und das Verstehen von Begriffen

Katja Maria Vogt, New York

Denen, die eine Sache untersuchen, passiert es entweder, dass sie sie finden, oder sie leugnen, dass die Sache gefunden werden kann und erklären sie für unerfassbar, oder sie verharren in der Suche – so beginnt Sextus den *Grundriss der pyrrhonischen Skepsis* (*PH* I 1) und fährt fort, indem er die Skeptiker als diejenigen identifiziert, die ›weitersuchen‹. Die Skepsis, so Sextus, ist die Fähigkeit, Erscheinungen (φαινόμενα) und Gedanken (νοούμενα) einander gegenüberzustellen (*PH* I 8 f. und 131 f.). Das Gleichgewicht (ἰσοσθένεια), das der Skeptiker zwischen verschiedenen Thesen und Erscheinungen herstellt, führt ihn in die Urteilsenthaltung (ἐποχή) und damit in die Seelenruhe (ἀταραξία) (*PH* I 8–10 und 25–28).

Sextus unterscheidet zwischen den allgemeinen und den speziellen Argumenten des Skeptikers (*PH* I 5–6). Die allgemeinen Argumente dienen der skeptischen Selbstdarstellung, der Abgrenzung von anderen philosophischen Schulen, der Auflistung der Tropen sowie Nennung und Kommentierung der sogenannten »Schlagworte«. Das gesamte erste Buch des *Grundrisses* [*PH*] ist diesen allgemeinen Argumenten (λόγοι) gewidmet. Buch II und III des *Grundrisses* sowie alle Bücher des elfbändigen Werks *Adversus Mathematicos* [M] befassen sich mit speziellen Argumenten: Hier wird unter Anwendung der skeptischen Tropen gegen einzelne Thesen und Theorien der Dogmatiker argumentiert. *PH* II–III und *M* führen damit die skeptische Tätigkeit des Untersuchens vor. Sie bieten ein Abbild des skeptischen Tuns: Der Skeptiker widmet sich beständig der einen oder anderen Frage, indem er die verfügbaren Antworten prüft.

Wie im Begriff des ›Weitersuchens‹ anklingt, ist der Skeptiker jemand, der schon vor seiner Entdeckung der Urteilsenthaltung untersucht hat. Der Skeptiker, so heißt es in *PH* I. 26, hat sich zunächst der Philosophie zugewandt, um herauszufinden, was wahr und was falsch ist, und auf diesem Weg die innere Ruhe zu erreichen. Das heißt, er widmet sich zunächst in typisch dogmatischer Einstellung der Philosophie. Er entdeckt die Verbindung von Untersuchung, Urteilsenthaltung und Seelenruhe als jemand, der in der dogmatischen Einstellung sucht; *nach* dieser Entdeckung fährt er fort zu suchen – als Skeptiker.

Wie aber können wir uns die skeptische Suche genau vorstellen? Mit dieser Frage ziele ich nicht auf die Form der verschiedenen skeptischen Argumentationsweisen. Es geht mir vielmehr um die – von antiken Skepsis-Kritikern aufgeworfene – Frage, wie der Skeptiker untersuchen kann, ohne durch diese Tätigkeit die Konsistenz seiner Philosophie zu gefährden. Wer verschiedene Theorien z. B. des Beweises untersuche, müsse, so der anti-skeptische Einwand, mindestens einen ungefähren Begriff davon haben, was ein Beweis sei. Allgemeiner ausgedrückt: Die skeptische Suche setzt, aus Sicht der Kritik, das Verstehen von Begriffen voraus. Aus dogmatischer Perspektive geht das Verstehen von Begriffen mit inhaltlichen Annahmen darüber einher, dass und wie etwas ist, und diese Annahmen erscheinen unvereinbar mit der skeptischen Urteilsenthaltung. Diesen Einwand werde ich als Begriffs-Einwand bezeichnen.

Im Folgenden werde ich dafür argumentieren, dass dieser Einwand erstens eine für die antike Diskussion wesentliche anti-skeptische Kritik darstellt, dass er zweitens in direktem Zusammenhang mit dem sogenannten Apraxia-Einwand steht, drittens vom Skeptiker als Infragestellung seiner Fähigkeit zu denken interpretiert und viertens, zumindest in dieser Interpretation, entkräftet werden kann.

Diese Thesen seien kurz etwas ausführlicher erläutert: In Buch I des Grundrisses sowie in der Rezeption der pyrrhonischen Skepsis nimmt nicht der Begriffs-, sondern der Apraxia-Einwand – also der Vorwurf, der Skeptiker könne, da er sich des Urteils enthalte, nicht handeln und leben – eine zentrale Rolle ein. Den Begriffs-Einwand erwähnt Sextus explizit erst im zweiten Buch. Seine Entkräftung scheint nicht in die programmatische Darstellung im ersten Buch einzugehen. Im Folgenden werde ich zu zeigen versuchen, dass wir Sextus' Repliken auf diesen Einwand trotzdem nur verstehen können, wenn wir zu einer schwierig zu interpretierende Stelle in PH I zurückgehen. In PH I.23–24 beantwortet Sextus den Apraxia-Einwand: Der Skeptiker kann leben und tätig sein, indem er den Erscheinungen folgt. Der erste Aspekt dieser Orientierung an den Phänomenen (φαινόμενα) bestehe darin, dass der Skeptiker durch die Führung der Natur fähig sei, wahrzunehmen und zu denken. Das skeptische Verstehen von Begriffen kann, so werde ich argumentieren, nach dogmatischen Prämissen als Teil der skeptischen Fähigkeit zu denken interpretiert werden. Der Skeptiker kann gegen den Dogmatiker argumentieren, dass er die inhaltlichen Annahmen, die mit dem Verstehen und untersuchenden Verwenden von Begriffen einhergehen, nicht durch aktive Zustimmung zu den betreffenden Inhalten, sondern durch die Führung der Natur erworben hat. Wenn diese Interpretation überzeugt, ist der Begriffs-Einwand in der Replik auf den Apraxia-Einwand mitbedacht; die skeptische Tätigkeit des Untersuchens ist, als eine wesentliche skeptische Betätigung, innerhalb der Erklärung, wie der Skeptiker trotz Urteilsenthaltung tätig sein kann, erfasst.

1. Der Begriffs-Einwand

Zunächst kurz zu drei Hinsichten, in denen die skeptische Verwendung von Begriffen unproblematisch ist. In vielen Kontexten reicht es, wenn der dogmatische Adressat einen Begriff davon hat, was die untersuchte Sache ist. Der Skeptiker kann eine Theorie des Beweises daran messen, ob sie dem dogmatisch vorausgesetzten Begriff davon, was ein Beweis ist, gerecht wird. Eine zweite unproblematische Art des Bezugs auf dogmatische Begriffe wird oft als dialektisch gekennzeichnet: Wenn die Skeptiker sagen, dass sie nicht zustimmen, sondern sich des

Urteils enthalten, so verwenden sie den stoischen Terminus der Zustimmung. Sie setzen dabei das Grundgerüst der stoischen Erkenntnistheorie voraus: Menschen haben rationale Eindrücke bzw. Vorstellungen ($\phi\alpha\nu\tau\alpha\sigma\iota\alpha\iota$)[1], denen sie zustimmen oder nicht. Ohne diese Annahme, derzufolge eine Zustimmung als Urteil, und der Verzicht auf sie als Enthaltung beschrieben werden kann, ist der Begriff der Urteilsenthaltung unverständlich.[2] Derartige Anleihen bei dogmatischen Begriffen sind ohne Frage tiefgreifend; die Beschreibung der eigenen Haltung setzt den begrifflichen Rahmen voraus, den die Dogmatiker vorgeben. Diese Abhängigkeit macht den Skeptiker jedoch nicht zum Dogmatiker. Er erklärt seine Philosophie dem Dogmatiker, und kann so in einer *ad-hominem*-Argumentation mit dessen Annahmen arbeiten. Drittens kann der Skeptiker Begriffe, die in dogmatischen Theorien terminologisch verwendet werden, in einer losen und untechnischen Weise gebrauchen. So kommentiert Sextus etwa seine Erklärung, die Skepsis sei eine Fähigkeit ($\delta\acute{v}\nu\alpha\mu\iota\varsigma$) des Gegenüberstellens, indem er betont, dass der Skeptiker den Ausdruck ›Fähigkeit‹ nicht in irgendeinem ausgefeilten Sinn ($\pi\epsilon\rho\acute{\iota}\epsilon\rho\gamma\sigma\nu$) verwende, sondern »einfach ($\acute{a}\pi\lambda\hat{\omega}\varsigma$) im Sinne von Können« (*PH* I 9). Die Fähigkeit des Gegenüberstellens bestehe darin, dass Erscheinungen und Gedanken miteinander auf ›jede mögliche Weise‹ konfrontiert würden. Der Zusatz ›auf jede mögliche Weise‹ wird mehrfach erläutert – unter anderem mache er darauf aufmerksam, dass der Skeptiker ›Erscheinungen‹ und ›Gedanken‹ in einem einfachen Sinne ($\acute{a}\pi\lambda\hat{\omega}\varsigma$) verwende. Damit vermeide er, etwas darüber zu sagen, wie Erscheinungen erscheinen und wie Gedanken gedacht werden (*PH* I 9–10).[3] Ein solch untechnischer Gebrauch kann als unproblematisch ›durchgehen‹, solange der vage umrissene Begriff nicht als Ausgangspunkt der Untersuchung dient. Sobald der Skeptiker selbst untersuchen würde, was z. B. Phänomene ($\phi\alpha\iota\nu\acute{o}\mu\epsilon\nu\alpha$) sind, müsste er das – wenn auch vage – inhaltliche Verständnis der jeweiligen Sache zum Einsatz bringen. Entsprechend beruft sich Sextus nur im Rahmen der allgemeinen Darstellung des Pyrrhonismus auf diese untechnische Verwendung, nicht in seiner Replik auf den Begriffs-Einwand.

Problematisch wird die skeptische Verwendung von Begriffen allein in der oben skizzierten Weise: Mit Bezug auf die speziellen Argumente, also die skeptischen Einzeluntersuchungen zu verschiedenen philosophischen Fragen, scheint es, dass der Skeptiker Annahmen darüber, was etwa unter ›Beweis‹ oder ›Kriterium‹ oder ›Tugend‹ zu verstehen ist, heranziehen muss, um die entsprechenden dogmati-

---

1   Der stoische Begriff der *phantasia* ($\phi\alpha\nu\tau\alpha\sigma\acute{\iota}\alpha$) wird auf Deutsch gewöhnlich durch ›Vorstellung‹ wiedergegeben. Obwohl ich dieser Übersetzung folgen werde, sei darauf hingewiesen, dass die Stoiker *phantasiai* als ›Eindrücke‹ bzw. ›Abdrücke‹ oder ›Veränderungen‹ in der Seele beschreiben (vgl. DL 7. 49–51).

2   Vgl. Couissin 1929; Ioppolo 1986, 57 f.; Vogt 1998, 36 f.

3   Diese Stellen sind zu unterscheiden von Passagen, in denen Sextus auf die eigentümliche Sprachverwendung des Skeptikers hinweist. Vgl. z. B. *PH* I 195, wo Sextus ausführt, wie der Skeptiker die Ausdrücke für »vielleicht« in einer Weise verwendet, die den Unterschied zwischen »vielleicht« und »vielleicht ist es und vielleicht nicht« unterschlägt. Hier geht es nicht um einen losen Gebrauch eines Begriffs, der auf verschiedene technische Verständnisse hin offen ist, sondern um eine lose Verwendung von Ausdrücken, die sich von einem *exakten* Sprachgebrauch abgrenzt.

schen Theorien prüfend zu diskutieren. Aus dogmatischer Sicht ist es naheliegend, diesen Einwand anhand der Konzeption der Vorbegriffe zu formulieren: Der Skeptiker braucht, so die entsprechende Version des Einwands, erste Ausgangsbegriffe, um überhaupt untersuchen zu können; diese ersten Begriffe gehen mit inhaltlichen Annahmen über die untersuchte Sache einher.

2. Vorbegriffe

Epikureer und Stoiker vertreten unterschiedliche Theorien der Vorbegriffe; aus der skeptischen Perspektive haben diese jedoch Wesentliches miteinander gemein. Epikur zufolge gehören die Vorbegriffe zu den Wahrheitskriterien[4]: Vorbegriffe sind ein ›Speichern‹ dessen, was uns wiederholt mit Evidenz von außen begegnet.[5] Vorbegriffe entstehen ohne unser aktives Zutun, weshalb nichts Falsches in ihnen enthalten sein kann; theoretische Annahmen sind daher daran zu messen, ob sie mit unseren Vorbegriffen vereinbar sind.[6] Den Stoikern zufolge kommen Menschen nicht vernünftig auf die Welt; sie erwerben Vernunft – und als wesentliche Komponente von Vernunft die Vorbegriffe – durch Erfahrung und den Umgang mit der Wirklichkeit. Gleichartige Erinnerungen werden in einem natürlichen Prozess in Vorbegriffen zusammengefasst und werden zum inhaltlichen Bestandteil des zunächst ›unbeschriebenen‹ führenden Seelenteils.[7] Obwohl die Stoiker die Vorbegriffe nicht, wie Epikur, als Kriterium bezeichnen, haben die Vorbegriffe auch dieser Theorie zufolge eine Funktion, die wir im weiteren Sinn als kriterial bezeichnen können: Vorbegriffe sind insofern Ausgangspunkt der Untersuchung, als sie *inhaltliche* Vorgaben liefern, an denen Antworten auf Fragen zu messen sind.[8]

Es ist deutlich, dass die Konzeption der Vorbegriffe als eine Lösung des Problems (beziehungsweise einer Version des Problems) angesehen werden kann, das Platon im *Menon* als eristisches Argument bezeichnet: Dass Untersuchen unmöglich sei, weil wir das, was wir schon wissen, nicht zu suchen brauchen, und das, was wir nicht wissen, nicht suchen können, da wir weder wissen, was wir suchen sollen, noch dieses erkennen könnten, wenn wir ihm begegneten (80d–e). Die Konzeption der Vorbegriffe schafft einen Ausgangspunkt der Untersuchung: Wer

---

4 Diogenes Laertius, *Vitae* 10. 31 (LS 17 A). Jacques Brunschwig (1994, 230–243) charakterisiert die epikureische Konzeption des Kriteriums als ›adelic‹, die stoische als ›prodelic‹. Die Pointe dieser Beschreibung ist, dass die Epikureer Kriterien (und damit auch die Vorbegriffe) als etwas verstehen, was in der Untersuchung von Nicht-Offenkundigem zum Einsatz kommt. Die Stoiker bezeichnen die erfassende Vorstellung als Wahrheitskriterium; diese weist sich selbst als erfassend aus und kennzeichnet so das Vorgestellte als wahr. Zur stoischen Theorie des Kriteriums vgl. Striker 1974.
5 Diogenes Laertius, *Vitae* 10. 33 (LS 17 E), Epikur, *Ep. Hdt.* 37–8 (LS 17 C), Cicero, *De nat. deorum* 1.43. (vgl. Brunschwig 1994, 226).
6 Vgl. die Texte in Kap. 18 bei LS.
7 Aetios 4. 11. 1–4; LS 39 E.
8 Dies wird z.B. deutlich, wenn die Stoiker gegen die epikureische Theologie argumentieren, sie würde den Vorbegriff der Götter zerschlagen, demzufolge Gott nicht nur unsterblich und selig, sondern auch wohlwollend, sorgend und wohltätig sei. Vgl. Plutarch, *On common conceptions* 1075 E (SVF 2. 1126; LS 54 K).

einen vagen Begriff davon hat, was ein Beweis ist, kann die Frage stellen, welche Merkmale eine Abfolge von Sätzen haben muss, um ein Beweis zu sein. Gleichzeitig haben Vorbegriffe eine kriteriale Funktion: Die mit dem Vorbegriff einhergehenden Annahmen zeigen an, ob das, was unsere Untersuchung zeigt, das sein kann, wonach wir suchen.[9]

3. PH II 1–12: Kann der Skeptiker denken?

Sextus diskutiert den Begriffs-Einwand zweimal, am Anfang von *PH* II und in *M* VIII 337 f. Zu Beginn von *PH* II, also direkt im Anschluss an die allgemeinen Argumente (λόγοι) von *PH* I und als Einleitung der speziellen Argumente, die in *PH* II und III folgen, weist Sextus den Begriffs-Einwand als eine Standardkritik am Pyrrhonismus aus:

Da wir nun zur Untersuchung gegen die Dogmatiker gelangt sind, wollen wir jeden der Teile der sogenannten Philosophie kurz und im Grundriss durchgehen, nachdem wir vorher denen entgegnet haben, die *ewig davon reden* [Hervorhebung K.V.], der Skeptiker könne das, worüber sie dogmatisieren, weder untersuchen (ζητεῖν) noch überhaupt irgendwie gedanklich fassen (νοεῖν ὅλως). Sie sagen nämlich, der Skeptiker erfasse (καταλαμβάνει) die Lehren der Dogmatiker entweder, oder er erfasse sie nicht; und wenn er sie erfasse, wie wolle er dann über das, was er erfasst zu haben behauptet, in eine Aporie geraten (ἀπορίη)? Wenn er es aber nicht erfasse, dann wisse er auch nicht über die Dinge zu reden, die er nicht erfasst habe. (*PH* II 1–2)[10]

Sextus' Entgegnung auf den Einwand (*PH* II. 4–11) beginnt mit dem Hinweis, alles hänge davon ab, ob man ›Erfassen‹ einfach nur als ein gedankliches Erfassen

---

9 Sextus spricht in der Darstellung des Pyrrhonismus in *PH* I nicht von Vorbegriffen. In *M* VIII 58–60 fasst Sextus einige Annahmen darüber zusammen, wie Gedanken und Vorstellungen durch die Sinneswahrnehmung entstehen. Benson Mates (1996, 23–24) bezeichnet diese Stelle als Sextus' Darstellung der Entstehung von Begriffen, die er allerdings nicht als wahr präsentiere, sondern als das, was er von den Dogmatikern höre oder was ihm scheine. Die Passage ist schwer einzuschätzen – es könnte beinahe scheinen, dass Sextus an dieser Stelle dogmatisch wird.

10 Sextus verwendet das erkenntnistheoretische Vokabular der Stoiker. Etwas zu erfassen bedeutet der dogmatischen Theorie zufolge, einer erfassenden Vorstellung zuzustimmen. Eine Vorstellung ist erfassend, wenn sie von etwas Bestehendem her stammt und in Übereinstimmung mit diesem gebildet ist; die erfassende Vorstellung ist präzise; sie identifiziert sich selbst als erfassende Vorstellung (DL 7. 46 (SVF 2. 53; LS 40 C; FDS 33); SE, M 7. 251 (SVF 2. 65; LS 40 E; FDS 333). – Es ist zu beachten, dass die Dogmatiker dem Skeptiker nicht vorwerfen, er könne nicht in die Untersuchung über Gegenstände der Philosophie geraten, sondern vielmehr, er könne die Aussagen der Dogmatiker nicht untersuchen. Dies ist, nach der Selbstdarstellung der Skepsis, jedoch erst ein zweiter Schritt. Entscheidend ist, wie der Skeptiker überhaupt die Frage stellen kann, was z.B. unter einem Beweis zu verstehen sei, um *dann* die verschiedenen Beweistheorien der Dogmatiker zu überprüfen. Brunschwig (1994, 225) argumentiert, Sextus müsse voraussetzen, dass die Dogmatiker alle *über dasselbe reden*, wenn sie sich widersprechen. Diese Annahme ist jedoch nicht stärker als die Annahmen, die mit einem Vorbegriff der untersuchten Sache einhergehen: Der Skeptiker muss voraussetzen, dass die Dogmatiker von *einem* vagen Vorbegriff ausgehen, diesen aber unterschiedlich entwickeln (zu unterschiedlichen wissenschaftlichen Begriffen).

(τὸ νοεῖν ἁπλῶς) verstehe, was nicht impliziere, dass das, was zur Diskussion stehe, auch wirklich existiere, oder im technischen Sinn der Stoiker. Diesem technischen Sinn zufolge hat derjenige, der etwas erfasst, eine erfassende Vorstellung, und diese zeigt die Dinge exakt so wie sie sind. Das heißt, etwas zu erfassen bedeutet hier nicht nur, etwas zu verstehen, sondern zusätzlich zu begreifen, dass es *wirklich* so ist, und es genau so zu erfassen, wie es ist. Wer etwas auf diese Art erfasst, kann sich nicht zugleich des Urteils enthalten.[11] Für Sextus gilt es zu zeigen, dass der dogmatische Einwand sowohl unter Voraussetzung des einfachen, wie des technischen Verständnisses von ›Erfassen‹ widerlegt werden kann.

Betrachten wir zunächst die Entgegnung, die davon ausgeht, dass ›Erfassen‹ im technischen Sinn verwendet wird. Nach diesem Verständnis kann Sextus gleich zweifach zeigen, dass nicht das skeptische, sondern das dogmatische Untersuchen unmöglich ist. (1) Wenn die Dogmatiker tatsächlich annehmen würden, dass man etwas entweder im technischen Sinne erfasst, oder nicht einmal verstehen kann, was andere über diese Sache sagen, so könnte nie ein Stoiker einen Epikureer kritisieren – er würde ja entweder, wenn er den Epikureer versteht, gleich zugeben, dass dieser recht hat, oder, wenn er ihn nicht versteht, nicht in der Lage sein, mit ihm in eine Diskussion einzutreten. (2) Die dogmatische Untersuchung betrifft, und damit nimmt Sextus wiederum eine dogmatische Unterscheidung auf, Gegenstände, die verborgen (ἄδηλον) sind – das, was offenkundig ist, brauche nicht untersucht zu werden. Wie aber kann ein Dogmatiker die Untersuchung über etwas Verborgenes beginnen? Sicher nicht, indem er es erfasst; etwas, wovon man ohne Untersuchung eine erfassende Vorstellung haben kann, ist offenkundig, nicht verborgen. Wenn er es aber ausgehend von einer Untersuchung zu erfassen behauptet, dann verwickelt er sich in einen Widerspruch mit dem antiskeptischen Argument, demzufolge man nicht beginnen kann, etwas zu untersuchen, bevor man es erfasst hat. Wie aus dem ersten Argument folge die Zerstörung der dogmatischen Philosophie; allein die skeptische Philosophie werde bestätigt (*PH* II.6 und 9).

Kommen wir nun zu der zweiten, nicht-terminologischen Lesart von ›Erfassen‹: Wenn es beim Erfassen als Voraussetzung der Untersuchung schlicht um ein einfaches gedankliches Erfassen oder Verstehen (νόησις δὲ ἁπλῶς) gehe, so Sextus, dann sei es dem Skeptiker keineswegs unmöglich, zu untersuchen.

Denn von Gedanken (νοήσεως) ist der Skeptiker, glaube ich, nicht ausgeschlossen, wenn diese durch die Vernunft (λόγῳ) selbst entstehen, ausgehend von Dingen, die ihm passiv begegnen und ihm mit Evidenz erscheinen, und die in keiner Weise die Wirklichkeit des Gedachten (τῶν νοουμένων) implizieren. Denn wie sie sagen, denken (νοοῦμεν) wir nicht nur das, was es wirklich gibt, sondern auch das, was es nicht wirklich gibt. Daher bleibt der sich Zurückhaltende [das heißt derjenige, der sich des Urteils enthält; K.V.] in einem skeptischen Zustand, sowohl wenn er untersucht, als auch wenn er denkt. Denn dass er den Dingen, die ihm in einer passiven Vorstellung begegnen, insofern ihm diese erscheint, zustimmt, ist gezeigt worden. (*PH* II 10)

---

11 Das skeptische *aporein* (ἀπορεῖν) bezeichnet (neben anderen Ausdrücken) den Zustand der Urteilsenthaltung.

Der hier zitierte Text ist nicht nur deshalb schwierig, weil die Übersetzung von *noêsis* und den verwandten Worten Probleme bereitet. Gemeint ist, so scheint mir, dass der Skeptiker Inhalte denkend erfassen kann. Hinzu kommt, dass anstelle von λόγῳ in einigen griechischen Manuskripten λόγων zu finden ist. Entsprechend dieser Variante übersetzt Hossenfelder, der Skeptiker würde nicht ausgeschlossen von einem Denken, das von den *Reden* ausgeht, die ihm erlebnismäßig begegnen und mit Evidenz erscheinen. Mates spricht in ähnlicher Weise von den *Diskussionen*, während derer dem Skeptiker Dinge mit Evidenz erschienen. Diese Lesart ist jedoch höchst unplausibel – wie Sextus im *Grundriss* nicht müde wird zu betonen, erscheinen dem Skeptiker Reden nicht mit Evidenz (κατ᾽ ἐνάργειαν). Annas und Barnes übersetzen die Stelle im Wesentlichen ähnlich wie ich es vorschlage, emendieren aber das Wort, das entweder λόγῳ oder λόγων lautet. Allein Bury behält λόγῳ bei.[12] Zudem stellt sich die Frage, wie der Rückverweis am Ende der zitierten Stelle zu deuten ist, demgemäß ein Aspekt, der für die Widerlegung des Begriffs-Einwand wesentlich ist, bereits an früherer Stelle geklärt worden sei. Auf diese Schwierigkeiten komme ich zurück.

Halten wir zunächst fest, was laut *PH* II 1–12 der Kern des anti-skeptischen Arguments ist: Der Dogmatiker wirft dem Skeptiker vor, er könne weder untersuchen *noch überhaupt etwas gedanklich fassen*. In *PH* II 1–12 fällt es Sextus leicht, den Einwand mehrfach zu entkräften. Doch hat er seinen Lesern die stärkste Version des Einwands präsentiert, die er kennt? Der Einwand, der laut Sextus ständig vorgebracht wird, steht *nicht* im Einklang mit den Theorien seiner dogmatischen Adressaten. Stoikern und Epikureern zufolge gibt es Vorbegriffe, die den Ausgangspunkt der Untersuchung darstellen, ohne dass die Sache damit erfasst würde. Es ist kaum vorstellbar, dass die dogmatische Kritik nicht an anderer Stelle anders formuliert wurde: In der von Sextus zitierten Version unterschlägt sie gar zu offenkundig die von allen Seiten angenommene Konzeption vorwissenschaftlicher Begriffe.[13]

4. M VIII 337–336a: Verfügt der Skeptiker über Begriffe?

Betrachten wir die zweite Stelle, an der Sextus sich mit dem Begriffs-Einwand beschäftigt. In *M* VIII 337 f. weist Sextus den typischen Vertreter der Kritik als Epikureer aus; der Begriff des Erfassens kommt nicht vor.[14] Dafür geht es, anders

12 Hossenfelder 1985; Mates 1996; Annas/Barnes 1994; Bury 1933. Solange wir keine Erklärung dafür haben, weshalb und in welchem Sinn Sextus davon sprechen könnte, dass gedankliche Inhalte durch die Vernunft selbst entstehen, erscheint Barnes' und Annas' Vorschlag am plausibelsten; er vermeidet immerhin die problematische Annahme, Sextus würde an dieser Stelle sagen, dass dem Skeptiker Aussagen in philosophischen Diskussionen mit Evidenz erscheinen.

13 Die Annahme, hier hätten wir es mit einer ›stoischen Version‹ des Arguments (verglichen mit der ›epikureischen Version‹ in *M* VIII 337 f.) zu tun, kann nicht überzeugen. Auch aus stoischer Perspektive lässt sich der Einwand formulieren, dass das Verstehen von Begriffen mit inhaltlichen Annahmen darüber einhergeht, wie eine Sache ist.

14 Die Passage bildet den Anfang eines neuen Kapitels mit der Überschrift ›Ob es den Beweis gibt‹. Der Einwand wird nicht, wie in *PH* II, als ein Argument eingeführt, das

als in *PH* II, explizit um das Verfügen über Begriffe. Der Einwand stellt hier in Frage, ob nicht bereits die ersten, vorwissenschaftlichen Ausgangsbegriffe der Untersuchung stärkere Implikationen haben als der Skeptiker dies zulassen kann:

Entweder ihr versteht (νοεῖτε), was der Beweis ist, oder ihr versteht es nicht. Und wenn ihr es versteht und einen Begriff (ἔννοιαν) davon habt, dann gibt es den Beweis. Wenn ihr es aber nicht versteht, wie untersucht ihr dann das, was euch ganz unverständlich ist? (*M* VIII 337)

Der so formulierte Einwand zwingt Sextus zu Zugeständnissen und Differenzierungen:

[...] denn es herrscht Übereinstimmung darüber, dass jedem Untersuchungsgegenstand ein Vorbegriff und ein Begriff vorausgehen muss. Denn wie kann jemand überhaupt untersuchen, ohne irgendeinen Begriff der untersuchten Sache zu haben? Denn weder, wenn er sie getroffen hat, wird er wissen, dass er sie getroffen hat, noch, wenn er sie verfehlt hat, dass er sie verfehlt hat. Dies geben wir also zu, und tatsächlich sind wir so weit davon entfernt, zu sagen, dass wir keinen Begriff von der ganzen untersuchten Sache hätten, dass wir im Gegenteil sogar behaupten, viele Begriffe und Vorbegriffe von ihr zu haben, und dass es an unserer Unfähigkeit liegt, uns zwischen diesen zu entscheiden, und den gewichtigsten unter ihnen herauszufinden, dass wir zur Urteilsenthaltung und Unentschiedenheit kommen. (*M* VIII 331a–332a)

Sextus verweist zunächst auf den allgemeinen Konsens, demzufolge jeder Untersuchung ein Begriff oder Vorbegriff vorangehen muss, und zwar aus dem Grund, der aus dem *Menon* bekannt ist: Weil der Untersuchende ansonsten nie wissen könnte, ob er das Gesuchte gefunden hat oder nicht. Sobald er diese kriteriale Rolle der Vorbegriffe anerkannt hat, muss Sextus gewissermassen die Flucht nach vorn antreten: Der Skeptiker verfüge über Vorbegriffe, aber nicht über jeweils *einen* Vorbegriff, sondern über mehrere. Sextus gesteht im weiteren Text zu, was er im *Grundriss* nicht anerkannt hat: Dass das Verfügen über einen vagen Begriff Annahmen darüber mit sich bringt, *dass* die Sache existiert und *wie* sie ist. Hätte der Skeptiker nur einen Vorbegriff, so würde er, geführt von diesem Vorbegriff, glauben, dass tatsächlich eine Sache existiert, und zwar so, wie sie ihm in diesem einheitlichen Begriff gegeben ist (333a). *Mehrere* Vorbegriffe lösen die Verbindung zwischen Begriff und Wirklichkeit auf, die die skeptische Konsistenz gefährdet: Wer mehrere vage Begriffe von etwas hat, kann nicht darauf festgelegt werden, dass er die eine oder andere inhaltliche Annahme, die mit diesen Begriffen einhergeht, tatsächlich vertritt. Sextus schlägt etwas vor, was wir aus seinen sonstigen Darstellungen des Pyrrhonismus nicht kennen: Der Skeptiker gerate angesichts der Mehrzahl der Vorbegriffe – nicht etwa angesichts der konfligierenden Erscheinungen und Theorien – in die Urteilsenthaltung. Dieses Argument ist Brunschwig zufolge so schwach, dass es nur als ironisch verstanden werden könne. [15] Der Rückzug auf die Behauptung, tatsächlich habe der Skeptiker meh-

---

vor dem eigentlichen Beginn skeptischer Untersuchungen (also den sog. ›speziellen Argumenten‹) entkräftet werden müsste. Vielmehr führt Sextus den Einwand in der Diskussion der Frage an, ob aus dem Begriff und Vorbegriff folge, dass es den Beweis wirklich gebe (*M* VIII 337).

15 Brunschwig 1994, 226. Diese Einschätzung scheint mir die argumentative Situation zu unterschätzen: Wenngleich der Rückzug auf die Vielzahl der Vorbegriffe letztlich nicht

rere Vorbegriffe, bringt Sextus in eine unhaltbare Position: Am Anfang seiner Replik gibt er zu, dass jeder Untersuchung *ein* Begriff beziehungsweise Vorbegriff vorangehen muss. Dieser Vorgabe zufolge *könnte* man gar nicht ausgehend von mehreren Vorbegriffen untersuchen: Der Untersuchende wüsste nicht, wonach er sucht. Er könnte nicht erkennen, dass er das gefunden hat, was er gesucht hat, weil er nicht etwas Bestimmtes gesucht hätte. Schlimmer noch (aus Sicht des Skeptikers), er würde nicht merken, dass er das *verfehlt* hat, was er sucht, da er eben nichts Bestimmtes gesucht hat.

Selbst wenn sich erläutern ließe, wie auch *mehrere* Vorbegriffe eine Untersuchung leiten können, ist deutlich, dass Sextus an keiner Stelle im *Grundriss* oder in *M* demonstriert, wie der Skeptiker angesichts mehrerer Vorbegriffe in die Urteilsenthaltung gerät – seine Urteilsenthaltung basiert nirgends auf dem Gleichgewicht zwischen konfligierenden Vorbegriffen.[16] Sextus' Position wird umso verwirrender, wenn wir einige Zeilen weiterlesen. In 334a–336a erklärt Sextus, dass ein Vorbegriff nichts darüber besage, ob die betreffende Sache existiere. Entsprechend behauptet er nun, es sei gar kein Problem für den Skeptiker, einzuräumen, dass er einen Vorbegriff dessen habe, was er untersuche; damit lege er sich nicht auf die Existenz der betreffenden Sache fest.[17] Wenn dies tatsächlich so unproblematisch ist, so ist nicht klar, warum Sextus sich zunächst zu dem verzweifelten Ausweg verleiten lässt, dem Skeptiker jeweils mehrere Vorbegriffe zuzuschreiben.

5. Denken, Begriffe und Vernunft

Traditionell gilt der *Grundriss* verglichen mit *M* als das frühere Werk.[18] In den letzten Jahren haben jedoch verschiedene Interpreten einzelne Argumente analysiert, die in beiden Schriften unterschiedlich ausgeführt werden, und den Passagen aus dem *Grundriss* die größere Scharfsinnigkeit zugeschrieben. Diese Einschätzung legt die Vermutung nahe, der *Grundriss* könne das spätere und theoretisch überlegene Werk sein.[19] Für den Vergleich zwischen korrespondierenden Stellen im *Grundriss* und in *M* stellen *PH* II 1–12 und *M* VIII 337–336a einen interessanten Fall dar: Sextus trägt in *PH* II den klareren argumentativen Sieg davon;

überzeugt, scheint er sehr spezifisch die Frage anzugehen, was das Verfügen über Ausgangsbegriffe mit Annahmen über die Wirklichkeit zu tun hat.

16 Sextus argumentiert teilweise, indem er betont, die Dogmatiker würden unter einem bestimmten Begriff Unterschiedliches verstehen. Derartige Argumentationen führen jedoch nicht ausgehend von mehreren *Vorbegriffen* in die Urteilsenthaltung, sondern durch die Gegenüberstellung verschiedener technischer Begriffe. Vgl. z.B. Sextus' Aufzählung, in welcher Weise sich die Dogmatiker Gott unterschiedlich vorstellen: körperlich, unkörperlich, mit menschlicher Gestalt etc. (*PH* III 2 f.; vgl. *PH* III 13 zum Begriff der Ursache).

17 Diese Passage verlässt offenbar den Kontext der Argumentation gegen die Epikureer. Sextus verwendet den stoischen Begriff des Erfassens (κατάλεψις): Er sagt, einen Vorbegriff zu haben, sei nicht dasselbe, wie eine Sache zu erfassen, da ein Vorbegriff nichts über die Wirklichkeit der betreffenden Sache besage.

18 Vgl. Karl Janáček 1949; 1970.

19 Vgl. Bett 2000, xxiv und Appendix A und C.

allerdings unterschlägt die Version des Begriffs-Einwands, die Sextus dort präsentiert, in verblüffender Weise die Konzeption der Vorbegriffe. Der in *M* VIII formulierte Einwand, der den Annahmen des dogmatischen Kontrahenten besser gerecht zu werden scheint, bringt den Skeptiker in größere Probleme – der Rückzug auf mehrere Vorbegriffe erscheint als ein hilfloser Versuch, der dogmatischen Kritik zu entkommen. Finden wir also in *PH* II die ausgefeiltere Strategie, die auf diesen Rückzug verzichten kann? Bietet *M* VIII die Diskussion des ernstzunehmenderen Arguments und damit auch die seriösere Auseinandersetzung mit dem Problem? Oder finden sich in *PH* II und *M* VIII einfach zwei verschiedene Versionen eines Einwands, die unterschiedlich beantwortet werden? Betrachten wir zunächst, ausgehend von der Feststellung, dass der Rückzug auf mehrere Vorbegriffe keine überzeugende Strategie darstellt, die argumentativen Möglichkeiten, die Sextus hat, wenn er auf diese Entgegnung verzichtet.

Der dogmatische Einwand lässt sich einerseits, wie in *PH* II, so formulieren, dass er danach fragt, wie der Skeptiker das gedanklich erfassen und verstehen kann, worum es in philosophischen Untersuchungen geht. Zweitens lässt er sich, wie in *M* VIII, so interpretieren, dass er fragt, wie der Skeptiker ausgehend von Begriffen untersuchen kann, ohne dass diese Begriffe ihn auf Annahmen darüber, dass und wie etwas ist, festlegen. Die beiden Varianten des Einwands können jedoch ineinander übersetzt werden. Der Skeptiker kann darauf verweisen, dass Ausgangsbegriffe der Untersuchung gemäß den dogmatischen Theorien des Vorbegriffs letztlich nicht mehr involvieren als die Fähigkeit zu denken und Inhalte gedanklich zu erfassen. Den Dogmatikern zufolge machen Vorbegriffe die inhaltlich verstandene Vernunft wesentlich aus und sind damit zentral für die Erklärung der menschlichen Fähigkeit zu denken. Vorbegriffe werden *passiv* erworben. Es ist genau diese Passivität, die aus dogmatischer Perspektive sicherstellt, dass die Vorbegriffe die ihnen zugedachte kriteriale Rolle spielen können. Gleichzeitig sorgt sie dafür, dass der Erwerb der Vorbegriffe keine Zustimmung in dem Sinn involviert, in dem der Skeptiker auf Zustimmungen verzichten muss. Vorbegriffe besagen etwas über die Wirklichkeit, aber derjenige, der über Vorbegriffe verfügt, hat im Rahmen des Erwerbs dieser Vorbegriffe keinen Vorstellungen darüber, dass und wie etwas ist, zugestimmt. Wenn Sextus den anti-skeptischen Einwand in *PH* II auf die skeptische Fähigkeit zu denken zuspitzt und diese in *PH* II 10 als passiv erworben und vereinbar mit der Urteilsenthaltung beschreibt, so scheint er genau diese Strategie zu verfolgen. Er kann berechtigt sagen, dass die Gedanken des Skeptikers in keiner Weise die Wirklichkeit des Gedachten implizieren (*PH* II 10).

PH II 10 ist allein aufgrund des direkten Kontexts kaum verständlich: Dort heißt es, wenn es beim Erfassen als Voraussetzung der Untersuchung schlicht um ein einfaches gedankliches Erfassen oder Verstehen (νόησις δὲ ἁπλῶς) gehe, dann sei es dem Skeptiker keineswegs unmöglich, zu untersuchen. Bloße Gedanken entstünden einfach durch das Denken beziehungsweise durch die Vernunft (λόγῳ) selbst, indem diese passiv Eindrücke erleide und Erscheinungen aufnehme. Diese Stelle, und vor allem die Rede davon, dass die Gedanken durch die Vernunft entstünden, ist nicht plausibel, wenn wir annehmen, Sextus spreche von Gedanken im Sinne aller Überlegungen, die der Skeptiker anstellt, und wolle behaupten, dass jegliches spezielle Argument, das er in der Untersuchung vorbringt, als ein passiv erlittener Eindruck entstehe. Die Tropen erscheinen als eine *aktiv* angewandte Technik des Untersuchens. Wenn Sextus sich jedoch darauf beziehen würde, dass diejenigen gedanklichen Inhalte, die für die Bildung von ersten, untechnischen Begriffen relevant sind, passiv entstehen, so wäre die schwierig zu verstehende Bemerkung höchst plausibel: Sie würde dialektisch auf ein Kernstück dogmatischer Erkenntnistheorie Bezug nehmen, und argumentieren, gemäß den Dogmatikern entstünden diejenigen Inhalte passiv, um die es in der Frage geht, ob der Skeptiker Dinge erfassen und erste Begriffe von ihnen haben könne. Auch die Rede von der Vernunft (und damit das von Annas und Barnes emendierte *logô*) wäre verständlich, geht es doch in der dogmatischen Theorie genau um die Ausbildung der inhaltlich verfassten Vernunft.

Sextus fährt fort, indem er hinzufügt, der Skeptiker könne nicht nur das gedanklich erfassen, was es gibt, sondern auch das, was es nicht gibt (*PH* II 10). Er kann sich dialektisch darauf beziehen, dass den Dogmatikern zufolge erste Ausgangsbegriffe durch passive Eindrücke entstehen; diese entstehen aber nur von Dingen, die es gibt. Sextus unterstellt hier, dass bezogen auf die individuelle Entwicklung der Übergang zwischen dem Erwerb von Vorbegriffen und Begriffen gleitend ist (ein Punkt, in dem die Dogmatiker nicht widersprechen könnten): Wer erst einmal Vorbegriffe passiv erworben hat, wird auch – insofern diese ihn zum Denken befähigen – zu komplizierteren Begriffen gelangen. Vorbegriffe entstehen durch den Umgang mit der Wirklichkeit und haben so eine ontologische Dimension; mit Bezug auf *sie* muss der Skeptiker auf den passiven Erwerb insistieren. Begriffe dagegen haben nicht die entsprechende ontologische Dimension; wer erst einmal über die ersten Schritte des Erwerbs der Vernunft hinaus ist, wird auch in einer Weise über Dinge nachdenken, die nicht impliziert, dass es diese Dinge gibt.[20]

Dieser Interpretation zufolge kann der Skeptiker untersuchen, weil ihm bestimmte, erste Inhalte der Vernunft passiv entstanden sind. Diese Aussage verweist uns zurück auf *PH* I und eine berühmte, aber unabhängig von der skeptischen Auseinandersetzung mit dem Begriffs-Einwand schwer verständliche Stelle: In *PH* I 23–24 erklärt Sextus, inwiefern die Skeptiker Denkende (νοητικοί) sind.

6. Die Führung durch die Natur

Der Skeptiker lässt sich, so Sextus, in vier verschiedenen Weisen von den Erscheinungen leiten:

Wir halten uns also an die Erscheinungen und leben undogmatisch nach der alltäglichen Lebenserfahrung, da wir nicht gänzlich untätig sein können. Diese alltägliche Lebenserfahrung scheint vierteilig zu sein, und einmal in der Führung durch die Natur zu bestehen, einmal in der Notwendigkeit der Erlebnisse, dann in der Überlieferung von Gesetzen und

---

20 Sextus bezieht sich damit auf die dogmatische Theorie der Vorbegriffe, ohne selbst von Begriffen oder Vorbegriffen zu sprechen. Dies würde ihm freilich an dieser Stelle nicht gelegen kommen – der erste Teil seiner Argumentation unterschlägt ja die dogmatische Konzeption der Vorbegriffe.

Sitten, und schließlich in der Unterweisung in den Künsten; in natürlicher Führung, sofern wir von Natur aus Wahrnehmende und Denkende sind... (*PH* I.23–24)

Während die drei weiteren Punkte der vierteiligen Lebenserfahrung – die Notwendigkeit der Erlebnisse, die Überlieferung von Sitten und Gesetzen sowie die Unterweisung in den Künsten – in der Skepsisforschung nur im Detail kontrovers diskutiert, im Ansatz aber relativ gut verstanden werden, gilt es als höchst schwierig, den ersten Punkt, die Führung durch die Natur, zu deuten.[21] Solange wir den Begriffs-Einwand nicht als zentralen anti-skeptischen Einwand anerkennen, ist gar nicht klar, warum Sextus überhaupt meint erklären zu müssen, dass die skeptischen Fähigkeiten des Denkens und Wahrnehmens mit der Urteilsenthaltung vereinbar sind. Und solange wir nicht bedenken, dass das skeptische Untersuchen ganz wesentlich eine *Tätigkeit* ist, ist nicht klar, warum Fähigkeiten, die zum Untersuchen notwendig sind, überhaupt zu Sextus' Erläuterung der skeptischen Lebensweise gehören.

Die Stelle wird verständlich, wenn wir uns vor Augen führen, dass die Fähigkeit zu denken der stoischen Theorie zufolge auf das engste mit den Vorbegriffen verbunden ist. Erst *mit diesen Begriffen*, das heißt mit der ausgebildeten und mit Inhalten ausgestatteten Vernunft, kann gedacht werden. Der Skeptiker muss, wenn er sein tätiges Leben erläutert, nicht nur die verschiedenen Bereiche seines Lebens erläutern, die Gegenstand der drei weiteren Punkte sind. Er muss auch erklären, wie er untersuchend tätig sein kann – schließlich ist die Untersuchung seine wesentliche Beschäftigung. Da die Dogmatiker die Fähigkeiten des Denkens und Wahrnehmens für erklärungsbedürftig halten, muss er ihnen gegenüber zeigen, inwiefern das bloße Denken nicht gegen die skeptische Urteilsenthaltung verstößt. Denken und Wahrnehmen kann der Skeptiker, genau wie der Dogmatiker, weil er diese Fähigkeiten durch die Leitung der Natur erworben hat – zumindest ist das die Theorie des Dogmatikers, so dass gegen ihn in dieser Weise argumentiert werden kann.

Sextus' Erklärung der skeptischen Fähigkeit zu denken kann als Vorstufe einer Erklärung der Fähigkeit zu untersuchen gelesen werden: Denken und Untersuchen sind zwar insofern verschieden, als ›untersuchen‹ sich als technischer Begriff auf die philosophische Suche bezieht. Trotzdem ist deutlich, dass dem Vernunftbegriff zufolge, der mit der Theorie der Vorbegriffe einhergeht, nur *eine* Erklärung dafür gegeben werden muss, wie der Skeptiker denken und untersuchen kann: Er verfügt, wie der Dogmatiker, über passiv erworbene Vorbegriffe und

---

21 Jonathan Barnes und Martha Nussbaum beziehen die Stelle auf die skeptische Akzeptanz kommemorativer Zeichen (Barnes 1982, 16–17; Nussbaum 1994, 293 f.). Julia Annas zufolge ist es unlogisch, dass die Natur nur als einer der vier Aspekte der vierteiligen Lebenserfahrung genannt wird; ihrer Interpretation zufolge verhält sich der Skeptiker insgesamt *natürlich*, weshalb der Natur eine umfassende Rolle zugeschrieben werden müsste (1993, 207–213). Zu einer Kritik der Interpretationen von Barnes, Nussbaum und Annas vgl. die Diskussion in: Vogt 1998, 157–165. Der Interpretationsvorschlag, den ich dort vorlege, geht nicht auf den Zusammenhang zwischen der Orientierung an den Erscheinungen und dem Begriffs-Einwand ein, sondern argumentiert unabhängig von diesem für die These, dass der Verweis auf die Führung der Natur sich auf stoische Annahmen über die Rolle der Natur im Erwerb der Vernunft bezieht.

damit die inhaltliche Ausstattung der Vernunft, die ihn zur Betätigung der Vernunft und zum Untersuchen befähigt. Die Deutung des Begriffs-Einwands, die Sextus in *PH* II vornimmt, wenn er behauptet die Dogmatiker würden dauernd davon reden, der Skeptiker könne weder untersuchen noch überhaupt *etwas gedanklich fassen*, erscheint – nach den Annahmen der Dogmatiker – berechtigt.

Diese Interpretation zeigt auch, wie wir Sextus' abschließende Bemerkung in *PH* II 10 verstehen können. Wenn Sextus in *PH* II 10 behauptet, es sei bereits gezeigt worden, dass der Skeptiker den Dingen, die ihm als passive Vorstellung begegnen, als seinen Erscheinungen zustimmt, so kann er sich nur auf *PH* I beziehen; in *PH* II war hiervon noch nicht die Rede. In *PH* I wurde die Konzeption einer derartigen Zustimmung genau diskutiert: In gewisser Weise sind *alle* Vorstellungen passiv, und Sextus meint *nicht*, dass der Skeptiker letztlich einfach allem zustimmt, was ihm erscheint, weil die Vorstellung ja passiv sei. Er verweist vielmehr darauf, dass es bestimmte Vorstellungen gibt, die der Skeptiker in einer solchen Weise passiv erleidet, dass ihre Akzeptanz nicht mit einer aktiven Zustimmung einhergeht. So stimmt er etwa erzwungenermaßen den Vorstellungen von Hunger und Durst zu, und bleibt damit am Leben. Ähnlich lässt sich durch Bezug auf die dogmatische Theorie erläutern, dass er diejenigen inhaltlichen Annahmen, die mit dem Erwerb von Vernunft und dem Verfügen über erste Begriffe einhergehen, erwirbt, ohne jemals aktiv zugestimmt zu haben: Die Dogmatiker selbst sagen, dass dies ein passiver Prozess ist, der der voll ausgebildeten Vernunft vorausgeht und unter der Leitung der Natur geschieht. Auf der Basis dieser Argumentation kann der Skeptiker zugeben, dass er – wie die Dogmatiker glauben – ausgehend von vagen Begriffen untersucht, und dass diese Begriffe mit Annahmen darüber einhergehen, wie die Dinge wirklich sind. Der Skeptiker verfügt damit nicht nur über Ausgangspunkte der Untersuchung, sondern kann diese auch – ohne seine Konsistenz zu gefährden – als Kriterien der Untersuchung verwenden.

7. Untersuchung als Tätigkeit

Diese Interpretation der skeptischen Antwort auf den Begriffs-Einwand rehabilitiert die Version des Einwands, die Sextus in *PH* II diskutiert: Während es auf den ersten Blick scheint, dass Sextus eine zu schwache Version des Begriffs-Einwands präsentiert, zeigt sich, dass er letztlich mit Recht annimmt, allein die skeptische Fähigkeit zu denken erklären zu müssen. Sobald der Einwand so interpretiert ist, ist der zweite Teil von Sextus' Replik in *PH* II überzeugend, insofern er mit dogmatischen Annahmen arbeitet: Das Denken selbst entsteht dadurch, dass man passiv Eindrücke erleidet. Zugleich nimmt die vorgeschlagene Interpretation jedoch an, dass Sextus an dem Zugeständnis, das er in *M* VIII macht, zunächst nicht vorbeikommt: Wenn er nicht wie in *PH* II so tut, als ob der Dogmatiker seine eigene Theorie der Vorbegriffe vergessen hätte, muss Sextus, da er im Kontext der Grundannahmen seiner hellenistischen Diskussionspartner argumentiert, zugeben, dass der Skeptiker zumindest vage Begriffe von den Gegenständen der Untersuchung hat. Doch die Frage, wie er vage Ausgangsbegriffe der Untersuchung haben kann, lässt sich – im Rahmen der dogmatischen Annahmen – als

Frage nach der Fähigkeit zu denken interpretieren. Ein wesentliches Moment der skeptischen Replik auf den Begriffs-Einwand wäre demzufolge dort zu suchen, wo Sextus genau diese Fähigkeit einführt – in *PH* I 23–24. Wenn dieser Gedankengang überzeugt, so wird zudem deutlich, warum die Erläuterung der Fähigkeit zu denken etwas mit der Frage nach der skeptischen Tätigkeit zu tun hat. Letztlich fragt der Begriffs-Einwand nach einem Bereich des skeptischen Lebens – er stellt die skeptische Tätigkeit des Untersuchens in Frage. Insofern die Skeptiker als beständig Untersuchende vorgestellt werden müssen (die Urteilsenthaltung kann schließlich nicht ein für allemal eingenommen werden, sondern muss beständig neu entstehen), zeigt sich der Begriffs-Einwand als eng verwandt mit dem *Apraxia*-Einwand; könnte der Skeptiker nicht untersuchen, so wäre er mit Bezug auf die Tätigkeit, die ihm zum Skeptiker macht, untätig.

Wenn zwei sich entsprechende Passagen in *PH* und *M* im Detail diskutiert werden, so steht diese Diskussion beinahe zwangsläufig im Kontext der oben skizzierten Frage nach der relativen Chronologie von Sextus' Werken. Die vorgetragene Interpretation zielte primär darauf, zu untersuchen, welche argumentativen Ressourcen Sextus zur Entgegnung auf den Begriffs-Einwand zur Verfügung stehen und wie sich dieser zu dem bekannteren *Apraxia*-Einwand verhält. Trotzdem sei abschließend kurz bemerkt, dass sie zumindest vereinbar ist mit der These, derzufolge Sextus im *Grundriss* eine scharfsinnigere und ausgefeiltere Version des Pyrrhonismus präsentiert: Die Passage in *PH* II scheint nicht einfach auf einen *anderen* Einwand zu reagieren als die Passage in *M* VIII. Sie muss als eine gezielte Interpretation der dogmatischen Kritik gedeutet werden, und zwar als Interpretation, die dem Dogmatiker gegenüber berechtigt ist *und* den Skeptiker zu einer überzeugenden Replik befähigt. So drängt sich der Gedanke auf, dass Sextus uns in *PH* II 1–12 eine Diskussion präsentiert, die er ausgesprochen genau durchdacht hat und in der er den Ansatzpunkt gefunden hat, welcher es dem Skeptiker möglich macht, seine Tätigkeit des Untersuchens zu erläutern – die Frage nach der skeptischen Fähigkeit zu denken.

Literatur

Fragmentausgaben und Textausgaben

Arnim, Johannes v.: Stoicorum Veterum Fragmenta Vol. 1–4. Leipzig 1903–1924 [abgekürzt: SVF].
Diogenes Laertius: Lives of the Eminent Philosophers, translated by R. D. Hicks, Vol 1 und 2, Cambridge Mass., London 1991 [abgekürzt: DL].
Long A. A./Sedley D. N. (Hrsg.): The Hellenistic Philosophers. Vol. 1 Translations of the principal sources, with a philosophical commentary, Vol. 2 Greek and Latin texts with notes and bibliography, Cambridge 1992⁵ [abgekürzt: LS].
Long A. A./Sedley D. N. (Hrsg.): Die hellenistischen Philosophen. Texte und Kommentare, übersetzt von Karlheinz Hülser, Stuttgart, Weimar 2000.
Sextus Empiricus with an English translation by R.G. Bury, London: I [*PH* I-III] 1933; II [*M* VII, VIII] 1935, III [*M* IX-XI] 1936, IV [*M* I-VI] 1949.
Sextus Empiricus, Grundriss der pyrrhonischen Skepsis. Einleitung und Übersetzung von M. Hossenfelder, Frankfurt/M. ²1985.
Sextus Empiricus, Outlines of Scepticism, translated by Julia Annas and Jonathan Barnes, Cambridge 1994.

The Sceptic Way. Sextus' Empiricus's Outlines of Pyrrhonism. Translated, with Introduction and Commentary, by Benson Mates, New York, Oxford 1996.

Sextus Empiricus, Against the Ethicists, translated with an Introduction by Richard Bett, Oxford Clarendon Press, 2000, zuerst 1997.

Forschungsliteratur

Annas, J. 1993: The Morality of Happiness, New York, Oxford.

Barnes, J. 1982: »The beliefs of a Pyrrhonist«, in: Proceedings of the Cambridge Philological Society 208, 1–29.

Brunschwig, J. 1994: »Sextus Empiricus on the *kritêrion*: the Sceptic as conceptual legatee«, in: Ders., Papers in Hellenistic Philosophy, tr. by Janet Lloyd, Cambridge, 230–243.

Couissin, P. 1929: »Le stoicisme de la nouvelle Académie«, in: Revue d'histoire de la Philosophie 3, 241–276. Übersetzt und nachgedruckt in: Burnyeat, M. (Hrsg.) 1983, The Sceptical Tradition, Berkeley, New York, London, 31–63.

Ioppolo, A. M. 1986: Opinione e Scienza. Il dibattito tra Stoizi e Academici nel III e nel II a. C., Bibliopolis.

Janáček, K. 1949: Prolegomena to Sextus Empiricus, Olomouc.

Janáček, K. 1970: »Skeptische Zweitropenlehre und Sextus Empiricus«, in: Eirene 8, 47–55.

Nussbaum, M. 1994: The Therapy of Desire. Theory and Practice in Hellenistic Ethics, Princeton.

Striker, G. 1974: »*kritêrion tês alêtheias*«. in: Nachrichten der Akademie der Wissenschaften in Göttingen, Phil.-hist. Kl. 2, 47–110.

Vogt, K. M. 1998: Skepsis und Lebenspraxis. Das pyrrhonische Leben ohne Meinungen, Freiburg/München.

Was weiß der stoische Weise?

Zur Epistemologie der stoischen Ethik

Christoph Horn, Bonn

Bei der moralphilosophischen Epistemologie der älteren Stoiker scheint es sich um ein Nest von Absurditäten zu handeln. In ihrem personalen Vollkommenheitsideal zeichnen Zenon, Kleanthes und besonders Chrysipp das Bild eines Menschen, der über ein perfektes Wissen verfügt und der folglich konstant tugendhaft ist, der als einziger Glück erlangt (SVF III 582–588), der im Einklang mit der Natur und der Vernunft lebt, der keinerlei Affekte aufweist, autonom ist, den Wohlfluss des Lebens (εὔροια βίου) genießt und niemals Fehlhandlungen begeht. Und diese kognitive Souveränität des Weisen, der als kundig, klug, edel und gut (σοφός, φρόνιμος, καλὸς καὶ ἀγαθός) bezeichnet wird, bleibt keineswegs auf praktisches Wissen beschränkt, wie wenn beispielsweise eine gegebene Situation nach umfassender moralischer Deliberation verlangt. Zwar meinen die Stoiker tatsächlich, dass der Weise in jedem gegebenen Handlungskontext angemessen über Gut und Schlecht, Richtig und Falsch zu urteilen vermag. Situationsangemessenheit (εὐκαιρία) bildet ein wichtiges Merkmal desjenigen Handlungswissens, über das der Weise verfügen soll. Aber er weiß noch weit mehr. Dem Weisen kommt nach stoischer Auffassung zudem ein infallibles und umfassendes Fachwissen zu, und es gibt Stellen, an denen er als perfekter Mantiker, Dichter, Redner, Dialektiker, Gelehrter, Feldherr, Priester, Richter und König bezeichnet wird (u. a. SVF III 355 – LS 67M; SVF III 654 f.).

Ein solches Ideal wirkt extrem wirklichkeitsfremd. Man fragt sich, wozu es nützen mag, einen derart utopischen Maximalismus zu formulieren. Umso befremdlicher wirkt daher der Umstand, dass die älteren Stoiker explizit einräumen, es gebe unter Realitätsbedingungen möglicherweise keinen einzigen Weisen, und es habe vielleicht auch in der Vergangenheit nie einen gegeben; selbst Figuren wie Sokrates, Diogenes und Antisthenes sollen nicht als Weise, sondern nur als »Fortschreitende« (προκόπτοντες) anzusehen sein.[1] Man wird daher vielleicht nicht behaupten können, dass wir es mit einer Diskriminierung zu tun hätten, wenn die Stoiker alle Menschen in weise und exzellente Personen und in Toren oder Narren aufteilen. Denn immerhin befinden wir Toren uns in der guten Gesellschaft

---

1 Möglicherweise gab es nie einen Weisen; zumindest sind es aber wenige. Nach Chrysipp sind alle Menschen Toren oder Narren (SVF II 668) mit Ausnahme von einem oder zwei; alle Toren sind unglücklich.

des Sokrates. Doch zumindest besteht die problematische Kehrseite der Aufwertung dieser Ausnahmegruppe in der Abwertung aller anderen Lebensformen, in der Missachtung des gewöhnlichen menschlichen Lebens. Denn den älteren Stoikern zufolge ist die Antithese zwischen den beiden Gruppen von Menschen in einem strikten Sinn zu verstehen. Jeder Mensch muss genau einer der beiden Gruppen angehören. Alle Toren sind moralisch schlecht, unglücklich, unfrei und unwissend. Die Möglichkeit, einen schrittweisen Übergang zu vollziehen, wird verworfen; es führt kein linearer Weg vom Minderwertigen oder Narren zum Weisen.

Befremdlich wirken auch die Aussagen zu den Interaktionsbeziehungen, die weise Personen unterhalten. Sämtliche Weisen sind miteinander verbunden und profitieren voneinander in allem, was sie tun, sogar bei Bagatellhandlungen (wie einer Fingerbewegung) und auch wenn sie einander nie begegnen mögen. (SVF III 626 f.) Außerhalb ihresgleichen treten die Weisen als Herrscher in den Idealstaatsmodellen Zenons und Chrysipps in Erscheinung, jedenfalls sofern man diese Modelle, wie D. Obbink (1999) zu zeigen versuchte, tatsächlich als Gemeinschaften von Weisen und Nichtweisen verstehen darf. Zwar legen die Quellen eher den Schluss nahe, dass Zenon und Chrysipp ausschließlich an Gemeinschaften von Weisen oder an solche von Weisen und Göttern denken, aber da diese ja einfach Formulierungen deskriptiver, nicht normativer Idealgemeinschaften wären, scheint es natürlich besonders interessant anzunehmen, hier werde an eine Regierungsform mit den Weisen als Herrschern gedacht. Es ist allerdings keineswegs klar, ob etwa die stoische Utopie eines Weltstaats so konzipiert war, dass sie eine konkrete institutionelle Ausformung erhielt (vgl. zu dieser Frage M. Schofield 1991). Wie dem auch sei, anstößig wirkt auf jeden Fall, dass die Weisen eine bedenklich manipulative Beziehung zu ihren törichten Mitmenschen unterhalten. Denn sie erwecken nach Chrysipp bei Nichtweisen mitunter absichtlich falsche Vorstellungen, auch wenn sie nicht geradezu erwarten, dass die Toren diesen zustimmen. Ihr Ziel ist lediglich, die kognitiv Beschränkten in eine gewünschte, allerdings für die Nichtweisen nicht selbständig einsehbare Richtung zu lenken. Ferner ist der stoische Weise nach unseren Quellen ohne Erbarmen und vergibt nicht. Ein grundsätzliches Problem der Interaktion zwischen Weisen und Toren besteht zusätzlich darin, dass der Weise streng genommen keinem Nichtweisen nützen oder schaden kann – zumindest nicht im Sinn der Güterauffassung des Nichtweisen.[2]

Soweit eine grobe Umrissskizze zur Figur des stoischen Weisen. Naheliegende Einwände gegen ein solches personales Kognitionsideal betreffen vor allem (i) die einseitig intellektualistische Anthropologie und die Unterschätzung oder Bagatellisierung der begehrlichen und der emotionalen Seite des Menschen und (ii) den mit dem Ideal verbundenen Gütermonismus und die Herabsetzung aller gewöhnlich als Güter eingeschätzten Inhalte als indifferent ($\dot{\alpha}\delta\iota\dot{\alpha}\phi o\rho\alpha$). Daraus erwächst (iii) eine Schwierigkeit von erheblicher Tragweite: Wenn der Weise die Gütervorstellung des Nichtweisen gar nicht teilt, wie kann er sich dann diesen gegenüber

---

2   Chrysipps Bild vom Ballspiel: Ein Nutzen erfordert einen guten Fänger ebenso sehr wie einen guten Werfer (SVF III 725; das Bild überzeugt natürlich nicht).

moralisch adäquat verhalten? Anders ausgedrückt: Wenn Leben, Gesundheit, Sozialprestige, Freiheit, ökonomische Prosperität und persönliche Bindungen keine Güter sind, wie können dann intersubjektiv verbindliche Ansprüche darauf formuliert werden? Was wäre dann noch Moral? Hieße dies nicht, dass ausgerechnet der moralisch vollkommene Weise eine so stark revisionäre Güterauffassung vertritt, dass wir ihn dem *common sense* nach als unmoralisch kennzeichnen würden?[3] Erhebliche Schwierigkeiten ergeben sich ferner (iv) aus der Nichtdifferenzierung zwischen Graden moralisch guten beziehungsweise schlechten Handelns: nämlich etwa die Entwertung von bloß moralkonformem, nicht aus einem moralischen Habitus entspringendem Handeln (also die Geringschätzung von Kants »pflichtmäßigem Handeln«) oder auch die drohende Unsinnigkeit jeder moralischen und juridischen Strafpraxis. Weiterhin droht (v) die Entwertung jeglicher Moralpädagogik, wenn nämlich die Möglichkeit eines linearen Übergangs von der Torheit zur Weisheit negiert wird. Störend wirken sodann (vi) die problematische Annahme einer Immunität des Weisen gegen äußere Übel und (vii) die soziale Kälte und Isolierung des Weisen. Ein weiteres Bedenken betrifft (viii) die skurrile implizite Konsequenz, dass die stoische Philosophie selbst, wenn denn ihre Gründungs- und Führungsfiguren keine Weisen gewesen sein sollten, folgerichtig auch nicht auf Wissen beruhen kann. Anders gewendet: Wie können die Stoiker auf der Basis bloßer Meinungen etwas über das Wissen des Weisen behaupten? Einen weiteren wichtigen Einwand (ix) kann man schließlich daran festmachen, dass eine unauflösbare Spannung in der moralischen Epistemologie der Stoiker zu bestehen scheint: Einerseits entstammt das Wissen des Weisen dem Umgang mit der empirisch-sinnlichen Realität. Andererseits grenzt es sich von der empirischen Welt pointiert ab. Wie ergibt sich ein solches Wissen? Auf welche Weise gelangt man vom stoischen Materialismus und Sensualismus zu einer solchen Position? Wie kann man als Monist ein normatives *a priori*-Wissen verteidigen, das es dem Weisen erlaubt, alle Einzelfälle der empirischen Realität zu beurteilen? Und was macht dabei die Infallibilität seiner Einsichten aus? Auf welchem Weg kann der Weise im extensionalen Sinn allwissend werden? Im Folgenden geht es mir primär um die mit dem Weisheitsideal verbundene Epistemologie, was ich mit der Reminiszenz an G. B. Kerferds schönem Titel *What Does the Wise Man Know?* (1978) zum Ausdruck bringen möchte.

Infallibilität ist eine Eigenschaft, mit der auch Platon das Wissen seines Philosophen in *Politeia*, Buch V, ausstatten will (explizit in 477e). Doch Platons Erkenntnistheorie kann für diese starke Forderung – zumindest solange man den älteren Standardinterpretationen zu folgen bereit ist – auf eine wesentlich anspruchsvollere Basis zurückgreifen: eine Zwei-Welten-Ontologie, die die Grundlage für eine Zwei-Welten-Epistemologie hergibt. In Platons Modell wird Wissen ($\dot{\epsilon}\pi\iota\sigma\tau\dot{\eta}\mu\eta$) als eine kognitive Bezugnahme auf solche Objekte gerechtfertigt, welche ontologisch primär und zudem invariant existieren sollen. Platon kann der philosophischen Erkenntnis also deswegen die Eigenschaften Adäquatheit und Stabilität zuerkennen, weil für ihn Wissen durch den Objektbe-

---

3 Chrysipp konstatiert, in konventionellen Gesellschaften handelten die Weisen so, als ob Wohlstand und Gesundheit Güter wären.

zug auf intelligible Entitäten zustande kommt, während er Meinung (δόξα) im Gegensatz dazu durch den Objektbezug zur sinnlichen Welt erklären will. Es liegt auf der Hand, dass die Stoiker über keine vergleichbare Lösung verfügen. In ontologischer Hinsicht sind sie, wie gesagt, Materialisten oder Physikalisten, und in wahrnehmungstheoretischer Hinsicht vertreten sie eine sensualistische Position. Von einer solchen Sichtweise führt aber kein Weg zu einer starken Epistemologie des *Politeia*-Typs. Diese Differenz ist umso hervorhebenswerter, als der stoische Weise dem Platonischen Philosophen in epistemischer Hinsicht weitgehend gleicht: Beide Idealfiguren verfügen ausschließlich über Wissen und brauchen sich in keiner Hinsicht auf Meinungen zu verlassen; beide besitzen ein kohärentes und umfassendes Bild der Realität.[4] Sodann verfügen beide philosophischen Idealfiguren über eine praktische Anwendungskompetenz für ihr Wissen, die sie für politische Führungsaufgaben qualifiziert. Ferner verbinden beide, der Platonische Philosoph und der stoische Weise, in ihren Persönlichkeiten kognitive und moralische Vorzüglichkeit miteinander. Und schließlich werden beide als extrem selten in Erscheinung tretende, quasi göttliche Ausnahmepersönlichkeiten geschildert.

Soweit könnte man vermuten, dass die älteren Stoiker ihr Weisheitsideal einfach als kompetitives Äquivalent zum Platonischen Philosophen der *Politeia* konstruiert haben – ohne sich der Tatsache hinreichend bewusst gewesen zu sein, dass ihre Epistemologie ein solches Ideal nicht wirklich stützen kann. Doch das wäre eine allzu simple Erklärung. Die beiden Ideale unterscheiden sich immerhin darin voneinander, dass die Stoiker ihren Weisen anders als Platon nicht direkt aus der Idee eines vollkommen gerechten Staates entwickeln. Sie üben daher auch keinerlei Zwang auf ihren Weisen aus, um ihn zu politischem Engagement zu nötigen; im Platonischen Modell ist Zwang erforderlich, damit sich der Philosoph vom Genuss intellektueller Tätigkeit überhaupt abhalten lässt und in die Höhle der politischen Alltagsgeschäfte zurückkehrt. Und schließlich kennen die Stoiker keine kognitive (oder nonkognitive) Pädagogik, die einen vergleichbaren Weg vom begabten jungen Menschen zum Weisen bahnen würde, wie dies für die Ausbildung des Philosophen in *Politeia* VII gilt.

Natürlich kann man auf die Abschwächungsstrategien verweisen, auf die spätere Stoiker zurückgegriffen haben. So wissen wir, dass Panaitios, Seneca und insbesondere Epiktet die starke Vorstellung vom Weisen preisgegeben haben. Für Epiktet gilt Sokrates als Inbegriff des stoischen Weisen, und er verwirft die Vorstellung, dass derjenige, der weise und klug (σοφός, φρόνιμος) oder edel und gut (καλὸς καὶ ἀγαθός) sei, irrtumsfrei sein könne (vgl. Long 2002, 32–37). Diese und ähnliche Rückzugstrategien leuchten uns sofort ein, aber sie stellen bereits Reaktionen auf die Unhaltbarkeit des Weisheitsideals unter den Bedingungen spätantiker Schulkontroversen dar. Sie bestätigen damit *e contrario*, dass es zuvor ein starkes Ideal gab, helfen jedoch nicht, seine sachlichen Hintergründe aufzuklären und seine Motive nachvollziehbar zu machen.

4   LS 41 G ist wichtiges Zeugnis dafür, dass der Weise von Meinungen vollständig frei ist.

Trotz dieser schwierigen interpretatorischen Ausgangslage sollten wir versuchen, der Figur des stoischen Weisen soviel Sinn abzugewinnen wie irgend möglich und dazu mehrere mögliche Deutungen durchzuspielen. Eine erste Interpretationsstrategie könnte extrem deflationär ausfallen, indem man das Wissen des stoischen Weisen im Sinn eines »hypothetischen Erfolgsbegriffs« aufzufassen versucht. Man könnte einfach darauf verweisen, dass Wissen immer infallibel ist, nämlich nach dem schlichten Grundsatz: »*Wenn* es sich in einem gegebenen Fall um ein Wissen von x handelt, *dann* ist epistemische Bezugnahme auf x auch irrtumsfrei«.[5] Ein Wissen von x ist wahr (genau dann, wenn es sich tatsächlich um Wissen handelt), weswegen jemand irrtumsfrei ist, sooft er über Wissen verfügt. Wer die Infallibilität von Wissen im Sinn eines hypothetischen Erfolgsbegriffs versteht, braucht nicht zu behaupten, er selbst habe Wissen, ja nicht einmal, dass es Wissen wirklich gibt. Vielleicht ist dies eine mögliche Interpretation für Aristoteles' Behauptung, Einsicht ($\nu o\hat{v}\varsigma$) in die Prinzipien könne nicht wahr oder falsch, sondern nur wahr sein (*An. post.* II 19; *Metaph.* IX 10; *De an.* III 6). Aber auch für Aristoteles mag man dies bezweifeln; denn die Irrtumsfreiheit des Wissens um erste Prinzipien liegt nach Aristoteles in einem bestimmten Merkmal, nämlich ihrer Einfachheit und das heißt Unteilbarkeit begründet (und bezieht sich nicht einfach auf Wissen als solches). Für die Stoiker ist die These von einer bloß hypothetischen Infallibilität ebenfalls mit Sicherheit auszuschließen. Denn die stoische Infallibilitätsthese beschreibt nicht einfach Merkmale von Wissen überhaupt, also von einem Wissen, über welches jeder verfügen kann, sondern gehört in den Kontext einer Theorie des Wissens bestimmter Ausnahmepersönlichkeiten. Bei einer solchen Interpretation bliebe daher gerade unerklärt, was die Gruppe der Weisen gegenüber der der Toren auszeichnet.[6]

Noch eine weitere Strategie, mit den geschilderten Provokationen der stoischen Position zurecht zu kommen, lässt sich wohl von vornherein ausschließen. Man könnte zu einer Lösung greifen wollen, bei der das Ideal des Weisen zwar einen schmalen sinnvollen Kern besitzt, aber darüber hinaus auf rhetorischen Überpointierungen und falschen Zuspitzungen beruht. Hierzu mag man sich vielleicht sinngemäß auf Aristoteles' Formulierung aus *Metaphysik* I 2 berufen, wo es heißt: »Wir nehmen [...] an, dass der Weise alles weiß, soweit dies möglich ist, ohne doch ein Wissen über dies alles im Einzelnen zu haben« (982a8–10). So betrachtet besäße der stoische Weise irgendein respektables Grundlagen- oder Prinzipienwissen, verfügte aber nicht über Allwissenheit *sensu stricto*. Gewarnt durch die diffizilen einschlägigen Debatten aus der Geschichte von Theologie und Religionsphilosophie, könnte man die Stoiker von so abstrusen Forderungen freisprechen, wie dass ihr Weiser sämtliche Primzahlen kennen müsste oder imstande sein sollte, die Anzahl der Sandkörner am Strand von Westerland vor und nach jedem Badetag anzugeben. Eine der bekannten Schwierigkeiten des theologischen Gottesprädikats der Omniszienz ist

---

5 Beispielsweise betont Platon in *Gorgias* 454d, dass es zwar wahre und falsche Meinung ($\delta\acute{o}\xi\alpha$) gibt, nicht aber wahres und falsches Wissen ($\acute{\epsilon}\pi\iota\sigma\acute{\eta}\mu\eta$).
6 Eine angemessene Interpretation muss erklären können, warum die eine Gruppe immer nur Wissen besitzt, während die andere über keinerlei Wissen verfügt.

bekanntermaßen, dass Gott, sollte er aufgrund seiner perfekten Natur im atemporalen und invarianten Sinn alles wissen, unmöglich zugleich wissen könnte, welches Datum wir heute haben und wie sich das Wetter in Berlin augenblicklich entwickelt. Wenn jedoch zum Umfang seiner Kenntnisse kein temporalsukzessives Wissen gehört, scheint man nicht länger von Omniszienz sprechen zu können. Mit Blick auf dieses Dilemma würde man die Stoiker gerne von der fatalen Doppelforderung befreien, dass ihr Weiser sowohl alles im atemporalen Sinn Wissbare erfassen muss als auch alles im temporalen Sinn Wissbare. Es wäre mit Sicherheit eine uneinlösbare Forderung, von ihm gleichzeitig einen aperspektivischen wie einen perspektivengebundenen Wissenszustand zu verlangen.

Doch was diese Lesart einer möglichen Abschwächung von infallibler Allwissenheit fragwürdig macht, ist, dass wir nach unseren Quellen nicht angeben können, worin jener Wissenskern bestehen mag, mit dem verglichen der Rest als bloße Übertreibung erscheint. Betrachten wir drei Varianten einer solchen Interpretation. Erstens könnte man bei dem gesuchten Kernwissen an logisch-dialektische Basiskenntnisse denken. Immerhin erfahren wir aus den überlieferten Texten, dass der stoische Weise stets korrekt diskutieren, argumentieren und Begriffe differenzieren kann (SVF II 130 – LS 31B), da er ein perfekter Dialektiker sein soll. Niemand kann ein Weiser sein, wenn er nicht in Sachen Dialektik trainiert ist. Dies klingt danach, als könnte man ihn auf einen Kern an methodologischem oder wissenschaftstheoretischem Wissen festlegen – und alles Weitere für Übertreibungen erklären. Näher betrachtet ließe sich annehmen, der stoische Weise bildete einfach per kluger Zurückhaltung eine Art von uneinnehmbarer epistemischer Festung, nämlich nach dem Grundsatz: Wer mittels einer Defensivstrategie nichts affirmiert, woran der geringste Zweifel möglich ist, täuscht sich auch nicht und bleibt insofern irrtumsfrei. In der Tat definieren die Stoiker Wissen als das Freisein von einer verfehlten Übereilung bei der Zustimmung, welche man einer Erscheinung geben oder verweigern kann (SVF II 130 – LS 31B/C).

Zweitens könnte man annehmen, der gesuchte Kern liege im Wissen des moralischen Intellektualismus, also im Wissen um das Glück als Ziel ($\tau \acute{\epsilon} \lambda o \varsigma$) und die Tugend als einziges Gut.[7] Aus diesem Wissen oder richtiger dieser Haltung oder Einstellung würde sich dann eine Immunität gegenüber den Kontingenzen des alltäglichen Lebens ergeben. Alles andere wären hingegen übertriebene Zutaten (zum Beispiel das mantische Zukunftswissen). Für diese Sichtweise kann man sich etwa darauf berufen, dass die stoische Gütertheorie (wenigstens seit Antipater) auf der Unterscheidung zwischen zwei Zielbegriffen beruht. Die stoische Gütertheorie unterscheidet zwischen dem unmittelbaren Ziel ($\tau \acute{\epsilon} \lambda o \varsigma$, finis), das durch die angemessene Ausübung einer Kompetenz ($\tau \acute{\epsilon} \chi \nu \eta$) erreichbar ist, und der ferneren Absicht ($\sigma \kappa o \pi \acute{o} \varsigma$, propositum), die

---

7   Dass die Infallibilität des Weisen ausschließlich moralisch und prudentiell gemeint sein könnte, wird durch SVF III 567 nahegelegt, wo es heißt, der Weise täusche nicht und werde nicht getäuscht ($\dot{\epsilon} \xi \alpha \pi \alpha \tau \tilde{\alpha} \nu$), weil er weder Unrecht tue noch erleide.

selbst bei richtiger Praxis verfehlt werden kann.[8] Anders ausgedrückt, selbst
der kunstgerecht agierende Weise ist – im Gegensatz zum kompetent vorgehen-
den Arithmetiker – nicht Herr über den äußeren Handlungserfolg; der Handlungserfolg in Bezug auf vorziehenswerte Naturgüter bleibt auch für ihn unver-
fügbar.[9] Man könnte diese Doktrin so verstehen, als ob der stoische Weise
gerade kein Kontext- oder Anwendungswissen besäße, sondern auf seine
Glückskompetenz beschränkt wäre. In dieselbe Richtung weist auch der Begriff
des Vorbehalts ($\dot{\upsilon}\pi\epsilon\xi\alpha\acute{\iota}\rho\epsilon\sigma\iota\varsigma$). Dem Weisen, so erfahren wir, geschieht nichts
gegen sein Streben, weil er alles unter Vorbehalt tut (SVF III 564 – LS 65W;
vgl. Forschner 1981, 208). Auch das scheint zu bedeuten, dass er kein umfassendes Wissen besitzt. Diese Deutung scheint also grundsätzlich in Betracht zu
kommen.

Drittens könnte man annehmen, dass das Wissen des Weisen nicht allein ein
Moralwissen ist, sondern zudem substantiell ein praktisches Handlungs- und
Anwendungswissen einschließt. Tugendbesitz meint ja den unfehlbar richtigen
Gebrauch aller Dinge. Man könnte daher meinen, dass der Weise im Handeln
unfehlbar im Sinne von erfolgreich ist. Seine praktische Deliberation würde immer
ans richtige Ziel führen. Dieser dritte Vorschlag steht nun allerdings in einer
unüberwindlichen Spannung zum zweiten Punkt. Die Quellen bestätigen durch-
weg, dass der Weise sich nicht nur defensiv auf sein Moralwissen zurückzuziehen
pflegt, sondern auch eine adäquate Situationseinschätzung zu leisten vermag.
Allerdings verrät uns die Überlieferung wenig darüber, wie die Stoiker mit den
Problemen der praktischen Deliberation zurecht kommen: Basiert das Wissen des
Weisen eher auf Urteilskraft, also auf einer kontextsensitiven Fähigkeit zu situa-
tionsgerechtem Vorgehen? Zumindest finden wir bei den Stoikern niemals moralische Normen des Dekalogtyps »Du sollst nicht töten«. Dann wäre ihr Modell
personalistisch und partikularistisch orientiert. Oder beruht die richtige Vernunft
($\dot{o}\rho\theta\dot{o}\varsigma$ $\lambda\dot{o}\gamma o\varsigma$) des Weisen auf der Kenntnis des universellen Weltgesetzes (SVF III
317)? Auch im zweiten, abstrakt-generalistischen Fall wäre ein Anwendungswis-
sen oder Abschätzungswissen verlangt (zum Beispiel mit Blick auf die Bestimmung des richtigen Zeitpunkts und der angemessenen Mittel), von dem man
schwer sieht, wie es mit dem Wissen des Allgemeinen zusammenhängen sollte.
Weiß der Weise über sein Prinzipienwissen hinaus, dass ihn ein Händler auf dem
Markt betrügen will? Weiß er, ob es günstiger ist, eine im Krieg befindliche Stadt

---

8   Vgl. besonders Arius Didymus (bei Stobaeus, *Ekloge* II) 77, 1–5. In Zweifel gezogen
     wird die gewöhnliche Interpretation dieser Differenzierung bei Annas (1993, 400–402).
     Um diese Unterscheidung zu verstehen, muss man sich zunächst die von den Stoikern
     vorgenommene Gegenüberstellung von »nicht-stochastischen« und »stochastischen«
     Kompetenzen klarmachen: Beispielsweise handelt es sich bei der Arithmetik um eine
     nicht-stochastische, bei der Medizin dagegen um eine stochastische Fertigkeit: Vgl.
     Cicero, *De finibus* III 22. Das bedeutet: Während die korrekte Ausübung der Arithme-
     tik *eo ipso* die Zielerreichung einschließt (wer richtig rechnet, gelangt zwangsläufig zum
     richtigen Resultat), erreicht der Mediziner den Zweck seiner Kunst ($\tau\acute{\epsilon}\chi\nu\eta$), die Ge-
     sundheit des Patienten, nicht schon zwingend durch ihre kunstgerechte Ausübung. Es
     könnte ja sein, dass sich ein Patient nicht an die ärztlichen Vorschriften hält oder bei
     einem Rekonvaleszenzspaziergang vom Blitz erschlagen wird.
9   Dazu eingehend Striker 1996, 298 ff.

vor den heranrückenden Feinden zu evakuieren oder standzuhalten? Mit Blick auf die Theorie praktischer Deliberation hat T. Brennan (2003, 281 f.) herausgearbeitet, dass man nur schwer eine interpretatorische Entscheidung zwischen zwei Modellen herbeiführen kann: Einem *salva virtute*-Modell, bei dem der Weise die Deliberationsstrategie verfolgt, die natürlichen Vorteile zu maximieren, sofern die Maximierung nicht mit der Tugend in Konflikt gerät, und einem Nur-Adiaphora-Modell, demzufolge die Tugend deliberativ erst gar nicht ins Spiel kommt. In welchem Sinn also meint Tugendbesitz den unfehlbar richtigen Gebrauch aller Dinge? Worin genau besteht so gesehen die Unfehlbarkeit? Augenscheinlich führt dieser Weg nicht zu einer begründeten Lösung unserer Schwierigkeiten.

Versucht man also, die stoische Beschreibung der Figur des Weisen einfach auf einen Kern zu reduzieren, so scheitert man an der Mehrzahl der explizit genannten Wissensgebiete des Weisen und an der relativen Undeutlichkeit der uns verfügbaren Berichte. Dieser Lösungstyp ist somit auszuschließen; es steht meines Erachtens außer Zweifel, dass die Stoiker für den Weisen sowohl theoretisch-invariantes und kosmologisch-empirisches Wissen annehmen als auch moralisches Evaluations- und Anwendungswissen als auch das Wissen unserer praktischen Alltagserfahrung. Der Weise gilt als infallibel in Bezug auf die Kenntnis aller abstrakten und konkreten Kompetenzen (vgl. SVF II 131; dazu M. E. Reesor 1989, 114). Er besitzt ein umfassendes extensionales Wissen (SVF III 654 f.). Wie ich bereits eingangs zitierte, ist der Weise ein perfekter Mantiker, Dichter, Redner, Dialektiker, Gelehrter, Feldherr, Priester, Richter und König.

Soweit bietet sich kein besonders attraktiver Weg an, auf welchem man die stark überpointiert wirkende Erkenntnisfähigkeit des Weisen mit einem halbwegs akzeptablen Sinn erfüllen könnte. Wenden wir uns daher zunächst der stoischen Epistemologie zu, um zu sehen, ob sie irgendeinen Hinweis auf die Lösung unseres Problems bereithält.

Seit Zenon von Kition ist der Zentralbegriff der stoischen Epistemologie derjenige der ›*kataleptikê phantasia*‹ (καταληπτικὴ φαντασία). Ich schließe mich im Folgenden der Übersetzung »erkenntnistaugliche Vorstellung« an, obwohl die Stoiker dabei keinesfalls an die konstruktivistische Pointe denken, die wir allzu leicht mit dem Ausdruck »Vorstellung« zu verbinden geneigt sind. Das Wort *phantasia* steht im Ausdruck der *kataleptikê phantasia* vielmehr für die Repräsentation eines Objekts der Außenwelt; daneben existieren allerdings auch *phantasiai*, die keine Außenweltobjekte repräsentieren. Bei der erkenntnistauglichen Vorstellung handelt es sich um das ausschließliche oder doch hauptsächliche Wahrheitskriterium (κριτήριον τῆς ἀληθείας), das heißt um dasjenige, was die notwendige (und meist auch als hinreichend verstandene) Basis für die Unterscheidung von Wahrem und Falschem abgibt. Die entscheidende Frage ist nun, wie die Konzeption der erkenntnistauglichen Vorstellung infallibles Wissen begründen kann, sowie das Folgeproblem, woher derjenige, der eine erkenntnistaugliche Vorstellung besitzt, wissen kann, dass er über Wissen verfügt, welches nicht falsch sein kann.

Nun, mit der These von der Existenz erkenntnistauglicher Vorstellungen behaupten die Stoiker natürlich nicht, jede Wahrnehmung bilde die Wirklichkeit adäquat ab. Aber sie meinen doch, dass einige dies täten (zentral SVF II 53 – LS 40C und

SVF II 65 – LS 40E). Die erkenntnistauglichen Vorstellungen sollen nämlich so beschaffen sein, dass sie von Gegenständen der Außenwelt herrühren und diese vollkommen angemessen repräsentieren, und zwar indem sie in Form von ›Abdrük-ken‹ oder ›Eindrücken‹ in den Sinnesorganen des Rezipienten präsent sind. Doch wie kann man wissen, ob die Wahrnehmung eines Gegenstands diesem adäquat ist, welche Vorstellungen also kataleptisch, erkenntnistauglich sind? In gewisser Weise müsste man einen Gegenstand nicht nur aus der unmittelbaren Wahrnehmung kennen, sondern zudem auch noch imstande sein, in einem zweiten Blick (der gleichsam von einer höheren Ebene ausgehen müsste) auf die Korrelation von Wahrnehmung und Wahrnehmungsgegenstand zu schauen. Das ist natürlich eine absurde Vorstellung, und die Stoiker wählen klarerweise einen anderen Weg. Nach ihrer Überzeugung lässt sich auf die Adäquatheit eines Perzeptionsakts mittels inne-rer Merkmale dieses Aktes schließen. Es handelt sich also um eine Art von phäno-menologisch-introspektiver Theorie. Demnach sind Vorstellungen im Geist des Rezipienten genau dann erkenntnistauglich (und mithin wahrheitshaltig), wenn sie klar ($\tau\rho\alpha\nu\dot{\eta}$) und distinkt ($\ddot{\epsilon}\kappa\tau\upsilon\pi\sigma\nu$) sind. Wer über klare und distinkte Vorstellun-gen verfügt, besitzt adäquate Repräsentationen der Wirklichkeit.

Hier stößt man allerdings auf eine gravierende Schwierigkeit: Müssen die Stoi-ker nicht konsequentermaßen behaupten, dass Nichtweise (von denen uns ja mit-geteilt wird, sie besäßen kein Wissen, sondern nur Meinungen) über keinerlei erkenntnistaugliche Vorstellungen verfügen? Dies erschiene uns als unsinnige Behauptung, zumal es zu den stoischen Überzeugungen gehört, dass die erkennt-nistauglichen Vorstellungen in jedem Menschen die Grundlage dafür abgeben, dass sich im Geist der Neugeborenen und Kleinkinder, der zunächst eine kom-plette *tabula rasa* darstellt, sogenannte Vorbegriffe ($\pi\rho o\lambda\dot{\eta}\psi\epsilon\iota\varsigma$) herausbilden sollen. Andererseits, wenn alle Menschen erkenntnistaugliche Vorstellungen besitzen, warum bedeutet dann die Zustimmung ($\sigma\upsilon\nu\kappa\alpha\tau\dot{\alpha}\theta\epsilon\sigma\iota\varsigma$) zu diesen nicht in jedem Fall ein Wissen? Die stoische Lösung dieses Problems lautet, dass tat-sächlich jeder Mensch über erkenntnistaugliche Vorstellungen verfügt, dass sich jedoch aus der Erteilung einer Zustimmung zu einer erkenntnistauglichen Vor-stellung nur dann ein festes, invariantes Wissen ergibt, wenn jemand dieser im Vollsinn *als* einer erkenntnistauglichen Vorstellung zustimmt.[10] Wer hingegen einer kataleptischen Vorstellung seine Zustimmung erteilt, ohne sie als solche zu erfassen, erfasst zwar etwas Wahres, gelangt aber zu nicht mehr als einer wahren Meinung. Der Besitz einer wahren Meinung ist in den Augen der Stoiker so gese-hen kaum besser als der Fall, in dem jemand einer nicht-kataleptischen Vorstel-lung seine Zustimmung erteilt und damit bei einer falschen Meinung landet.

Gegen diese Konzeption erhob nun Arkesilaos (und insgesamt die akademische Skepsis) den bekannten Einwand, dass keine der Vorstellungen ($\phi\alpha\nu\tau\alpha\sigma\dot{\iota}\alpha\iota$), mit der wir es in unserem Geist zu tun haben, völlig zweifelsfrei über Eigenschaften verfügt, welche sie als eine erkenntnistaugliche Vorstellung identifizierbar ma-chen würde (SVF I 59 – LS 40D). Arkesilaos' Einwand wirkt durchaus überzeu-gend: Es scheint keinerlei Wahrnehmungsinhalte zu geben, über die wir uns nicht täuschen könnten, sei es in dem Sinn, dass wir von einem gegebenen Wahrneh-

---

10 Vgl. Zenons Bild von den unterschiedlichen Stellungen der Hand: SVF I 66 – LS 41A.

mungsinhalt fälschlich auf ein anderes Objekt der Außenwelt zurückschließen als das, von dem er herrührt, sei es in dem Sinn, dass wir überhaupt auf ein Objekt der Außenwelt zurückschließen, während in Wahrheit überhaupt keines vorliegt. Eine wichtige Antwortstrategie der Stoiker beruht demgegenüber auf der These, es gebe in der Erfahrung keine zwei Dinge, die einander exakt gleich seien; es existiere kein Haar und kein Sandkorn und kein Ei, das mit irgendeinem anderen in allen Eigenschaften (ἰδιώματα) identisch sei (LS 40J; vgl. LS 28O). Nichtidentische Dinge sind niemals hinsichtlich ihrer Eigenschaften indiszernibel. Mehr noch, von diesen individuellen Eigenschaften (ἰδιώματα) der Gegenstände behaupten die Stoiker, sie bildeten sich adäquat in den *phantasiai* der Weisen ab. Die Stoiker benötigen diese Behauptung, um damit ihre Überzeugung absichern zu können, dass es von zwei verschiedenen Außenweltobjekten unter keinen Umständen ein und dieselbe *phantasia* geben kann. Würden nämlich zwei verschiedene Objekte im erkennenden Subjekt dieselbe Vorstellung erzeugen, dann wäre es ausgeschlossen, dass die Weisen wissen könnten, ob sie es im vorliegenden Fall mit einer erkenntnistauglichen Vorstellung zu tun haben oder nicht. Dass müssen sie aber können, sollen sie irrtumsfrei sein. Ein einziger Fall einer solchen Identität würde fatalerweise bereits genügen, um die stoische Epistemologie zu widerlegen. Umgekehrt impliziert die stoische These von der Diszernibilität alles Nichtidentischen (sozusagen ein Gegenstück zu Leibniz' Prinzip der Identität der Indiszernibilien) auch die kuriose Konsequenz, dass der Weise jedes Ei von jedem anderen müsste unterscheiden können. Mehr noch, es träte natürlich eine ebenso bedrohliche Situation ein, wenn es Vorstellungsgehalte (φαντάσματα) gäbe, die mit erkenntnistauglichen Vorstellungen identisch wären, also pure Fiktionen, zum Beispiel Traumbilder, Wahnvorstellungen oder Halluzinationen. Daher benötigen die Stoiker zur Stützung ihrer Auffassung noch eine weitere These: Sie müssen behaupten, dass es keine Vorstellungsgehalte gibt, die so perfekt sind, dass sie einer kataleptischen Vorstellung in jeder Hinsicht gleichen. Diese zweite Annahme scheint intuitiv zwar plausibler zu sein als die erste, bleibt aber gleichwohl äußerst anspruchsvoll.

Von einer weiteren stoischen Konzession wissen wir durch Sextus Empiricus (Math. VII 153 f.). Nach der Zeit der Schulgründer ging man irgendwann zu dem Zugeständnis über, dass eine kataleptische Vorstellung dem Subjekt, in dem sie auftritt, unter bestimmten Bedingungen durchaus unglaubwürdig (ἄπιστος) erscheinen könne. So habe der mythische Admet der kataleptischen Vorstellung von Alkestis seine Zustimmung verweigert, als diese, wie der Mythos berichtet, von Herakles aus dem Hades zurück ins Leben geführt worden sei. Denn da Admet gewusst habe, dass Alkestis gestorben sei, glaubte er der erkenntnistauglichen Vorstellung seine Zustimmung verweigern zu müssen.[11] Aus Sicht dieser Theorie ist

---

11 Möglicherweise in dieselbe Kategorie fällt der Fehler des Herakles, wie er sich bei Euripides dargestellt findet: Herakles tötet seine eigenen Kinder, die er irrigerweise für fremde hält (Reesor 1989, 117 f.). Dennoch spielt Herakles eine herausragende, exemplarische Rolle bei den Stoikern. Vielleicht weil er nach seiner Tat ungebrochen bleibt (wenn er dies auch nur aus Beharrlichkeit bleibt, nicht aus Tugend). Vielleicht auch, weil es eine vorübergehende göttliche Verblendung gibt, die selbst beim Weisen zu Irrtümern führt.

eine kataleptische Vorstellung also nur dann Kriterium der Wahrheit, wenn ihr kein Hindernis (ἔνστημα) entgegensteht. Das ändert aber nichts Grundlegendes an der Lehre von den erkenntnistauglichen Vorstellungen (καταληπτικαὶ φαντασίαι).

Wie kann man nun verstehen, dass jemand auf der Basis von Wahrnehmungen, verstanden als kataleptische Vorstellungen, zu jenem perfekten Wissen gelangt, das für den Weisen kennzeichnend ist? Eine interessante Lösung für unser Problem könnte sich aus der bekannten Sphairos-Anekdote ergeben (SVF I 624 und 625 – LS 40F). König Ptolemaios von Alexandrien unterzieht den Stoiker Sphairos einem Wahrnehmungstest, indem er ihm aus Wachs verfertigte Vögel oder Granatäpfel (je nach Version) zum Verzehr anbietet. Als Sphairos zugreift, triumphiert der König, weil Sphairos einer falschen Vorstellung seine Zustimmung erteilt, sich also eine bloße Meinung über die ihm vorliegenden Objekte gebildet habe. Sphairos versucht die schwierige Lage dadurch zu lösen, dass er bestreitet, einer kataleptischen Vorstellung zugestimmt zu haben; er habe, so behauptet er, lediglich etwas Vernünftigem (τὸ εὔλογον) zugestimmt. Anders gesagt, Sphairos versucht seiner drohenden Widerlegung dadurch zu entgehen, dass er dem plausiblen Anschein, es handle sich um etwas Essbares, zugestimmt habe, und kein Tatsachenurteil gefällt habe. Doch lässt sich gegen die Lösung, die Sphairos raffinierterweise vorschlägt, geltend machen, dass der stoische Weise keine bloßen Wahrscheinlichkeitsurteile fällen darf (und zudem auch nicht überhastet nach Art der Toren urteilen darf). Fällt er ein Wahrscheinlichkeitsurteil, so konzediert er damit, dass in einem gegebenen Fall die sinnliche Evidenzbasis für ein eindeutiges Urteil ungenügend ist. Ist sie aber tatsächlich ungenügend, so muss er sich zurückhalten. Dagegen könnte man vielleicht wiederum einwenden, dass es sich bei der Zustimmung zu dem Satz »Dieser Eindruck ist zwar nicht kataleptisch, wohl aber plausibel« gar nicht um eine Meinung handle, sondern um ein Wissen. Eine solche Position wäre dann jedoch näher beim akademischen Probabilismus als beim stoischen Infallibilismus zu situieren. In Fragment SVF II 130 – LS 31B heißt es ausdrücklich, man dürfe nicht dem nur Plausiblen zustimmen. Sphairos hätte wohl nach korrekter stoischer Lehre behaupten müssen, er selbst sei kein Weiser – und nicht, er habe sich im vorliegenden Fall überhaupt nicht getäuscht.[12]

Als nächste denkbare Lösung kommt in Betracht, dass die Stoiker kein korrespondenztheoretisches, sondern ein kohärenztheoretisches Wahrheitsverständnis unterstellen. Das bedeutet: Sie nehmen möglicherweise an, die Nichtwidersprüchlichkeit und Übereinstimmung aller mentalen Gehalte sei wahrheitsverbürgend.

---

12 Der stoische Weise gibt nie seine Zustimmung (συγκατάθεσις) zu einer falschen Vorstellung (δόξα). Zum Thema Irrtum bei den Stoikern: Reesor 1989, 115. Denkbar wäre es allerdings auch, dass hier gar keine probabilistische Zustimmung gemeint ist, sondern – vergleichbar mit Augustinus' *Contra Academicos* – die These von der Unbezweifelbarkeit des Phänomenalen. Dort führt Augustinus in einer an Descartes erinnernden Weise subjektive Wahrheiten ins Feld: ein Ruder, das teilweise unter Wasser gehalten wird, erscheint als geknickt. Während die Akademiker hierin einen Beleg für den bloßen Anschein von Wahrheit sehen, betont der Kirchenvater, dass man unabhängig von der Frage, ob das Ruder gerade oder abgeknickt sei, sagen könne: ›Es erscheint mir als geknickt‹; eben diese Feststellung sei unwiderlegbar gewiss (*Acad.* III 11, 26).

Ich erwähne diese These von J. Annas (1990) nur, ohne sie ausführlich zu diskutieren, da sie recht deutliche Schwächen zeigt. Es dürfte sich klarerweise um eine anachronistische Rückprojektion handeln; vor allem aber stimmt diese Interpretation schlecht mit dem Textbefund zusammen, nach dem eine erkenntnistaugliche Vorstellung durch einen adäquaten Außenweltbezug charakterisiert ist.

Eine weitere Lösung ist in knapper Form von Michael Frede in dem Aufsatz *Stoics and Skeptics on Clear and Distinct Impressions* (1983, 84 f.) vorgeschlagen worden. Frede geht sinngemäß von folgender Schwierigkeit aus: Wenn die Stoiker annehmen, dass der Geist von Neugeborenen eine *tabula rasa* darstellt, wenn also Kinder nicht über angeborene Begriffe verfügen, dann gibt es im Menschen zunächst auch nichts, was darüber entscheiden könnte, ob eine gegebene Vorstellung kataleptisch ist oder nicht. Denn wir verfügen ja zunächst noch nicht über Wissen oder Meinungen in Bezug auf unsere Vorstellungen. Anders gesagt, am Beginn einer menschlichen Erkenntniskarriere liegen noch keine Deutungsmuster für Sinneseindrücke vor, da diese ja erst durch wiederholte Sinneserfahrungen gebildet werden sollen. Und doch gelangen wir nach stoischer Auffassung alle zu den gleichen Begriffen ($\pi\rho o\lambda\acute{\eta}\psi\epsilon\iota\varsigma$), nämlich zu angemessenen Vorbegriffen über die Welt. Wenn die Vorbegriffe jedoch nicht aus uns selbst stammen können, dann bleibt nur, dass sie durch kausale Einwirkung der Außenweltobjekte in uns hervorgerufen werden. Dann aber stellt sich auch die Frage nach der Identifizierbarkeit von erkenntnistauglichen Vorstellungen anders dar: Sie könnten durch kausale Einwirkung erklärt werden, zum Beispiel so, dass man annimmt, Vorstellungen seien in jedem Menschen erkenntnistauglich, der nicht organisch krank, verrückt oder betrunken sei. Frede macht nun einerseits auf Zeugnisse aufmerksam, die in diese Richtung gehen. Andererseits argumentiert er, seine Interpretation werde dadurch gestützt, dass die Stoiker auf unsere Praxis hinwiesen, nach der unklare Eindrücke durch das Sammeln neuer Sinneserfahrungen geklärt werden könnten. In diesem Fall seien es also keine introspektiv gewonnenen Zusatzinformationen, sondern kausal hinzuerworbene Eindrücke. Doch scheint mir die Kritik, die wiederum Annas an Fredes Interpretation geübt hat, treffend zu sein, dass nämlich eine kausale Interpretation der stoischen Epistemologie anstelle einer introspektiv-phänomenologischen unklar machen würde, worauf sich die anhaltende akademische Kritik überhaupt noch hätte richten können (Annas 1990, 195 f.).

Betrachten wir eine weitere mögliche Lösung. Man könnte die Adäquatheit bestimmter Wahrnehmungen an ein personales Kriterium binden, indem man behauptet, dass die vollkommene Persönlichkeit und nur sie im Vollsinn über adäquate Wahrnehmungen verfügt. Ein solches personales Kriterium (das nach dem Vorbild des Aristotelischen Weisen [$\phi\rho\acute{o}\nu\iota\mu o\varsigma$] konzipiert sein könnte, etwa mit Blick auf *Nikomachische Ethik* II 6) scheint grundsätzlich einwandfrei zu sein, solange man den Weisen nicht wiederum durch den Besitz adäquater Wahrnehmungen definiert, solange man also nicht zirkulär argumentiert. Die Stoiker könnten korrekt darauf hinweisen, dass ihre akademischen Kritiker einfach ignorierten, was mit der Figur des Weisen behauptet wird. Es ist der Weise und nur er, der erkenntnistaugliche Vorstellungen als solche identifiziert und ihnen als solchen zustimmt. Denn die stoische Unterscheidung ist ja eine dreifache, nämlich eine zwischen Wissen (ἐπιστήμη), Erkenntnis (κατάληψις) und Meinung (δόξα). Nach ihrer Überzeugung kann ein Nichtweiser zwar über Erkenntnis verfügen (indem er nämlich einer erkenntnistauglichen Vorstellung zustimmt), aber nicht über Wissen (da sein Zustimmungsakt nicht auf der Grundlage einer adäquaten Vorstellung erfolgt und nicht die Form einer festen, unbeirrbaren Zustimmung besitzt). Der Nichtweise verfügt also ausschließlich über Meinungen, auch wenn diese wahr sein sollten (vgl. Frede 1983, 85). So betrachtet unterstellen die verschiedenen Irrtumsformen, auf welche die akademischen Skeptiker aufmerksam machen, einfach von vornherein die Unsinnigkeit der stoischen Annahme. Doch es ist ja gerade die stoische These, dass Verwechslungen, Täuschungen, Halluzinationen und andere krankheitsbedingte Wahrnehmungen für die Figur des Weisen auszuschließen seien. Aber auch die Annahme von Verwechslungen und Fehleinschätzungen scheint nur sinnvoll zu sein, wenn man dabei an Nichtweise denkt. Die Stoiker können nun behaupten, dass der Weise sich mit keinem seiner Urteile einer Verwechslung oder Fehlzuordnung schuldig macht, weil es (wie wir schon sahen) nach ihrer Auffassung ja keinen sinnlichen Gegenstand gibt, der völlig identisch mit irgendeinem anderen Gegenstand wäre. Sie könnten wie folgt argumentieren: Wenn sich alle Gegenstände voneinander unterscheiden, so kann es keine Vorstellung (φαντασία) geben, die mit einer von einem anderen Gegenstand hervorgerufenen Vorstellung völlig identisch wäre. Wenn nun die akademischen Kritiker auf Verwechslungen verweisen, auf Fälle, bei denen man eine Person aus der Ferne irrtümlich für eine andere hält, so ist dies ein Problem, das nur für nicht-weise Personen eine Schwierigkeit darstellt.

Man könnte diese stoische Verteidigungsstrategie als den Versuch einer Immunisierung durch Verweis auf eine Idealvorstellung charakterisieren. Soweit wirkt daran nichts anstößig. Die These der Stoiker besteht ja ausschließlich darin, dass der kataleptische Charakter einer Vorstellung sich in jedem wahrnehmenden Subjekt von selbst zu erkennen gibt. Die stoische Pointe ist es vielmehr, dass Nichtweise zwar auch über erkenntnistaugliche Vorstellungen verfügen, diese aber nicht strikt von unklaren oder fiktiven Wahrnehmungsinhalten unterscheiden können. Die Tatsache, dass es ein Weiser ist, der sie hat, muss also eine theoriekonstitutive Rolle spielen. Es ist der Weise, der ihre Klarheit und Distinktheit zuverlässig erfasst, während sich der Tor nicht in letzter Konsequenz sicher ist, ob er es mit einer erkenntnistauglichen oder einer missleitenden Vorstellung zu tun hat.[13] Das Missliche an diesem Interpretationsvorschlag ist nur, dass eine solche Immunisierung das personale Kognitionsideal der Stoiker als beliebig erscheinen lassen würde. Wenn ich mir beispielsweise eine Idealfigur ersinne, die dazu fähig sein soll, Zeitreisen zu unternehmen oder sich an zwei Orten gleichzeitig aufzuhalten, so ist dies nur dann von Interesse, wenn ich angeben kann, welche physikalischen oder philosophischen Theorien (oder welche empirischen Beobachtungen) eine solche Annahme nahe legen. Ohne einen

13 Hankinson (2003, 71 f.) weist darauf hin, dass die Stoiker keineswegs behaupten müssen, der Weise wisse, wann er es mit einer nicht-kataleptischen Vorstellung zu tun hat; er muss nur wissen, wann eine kataleptische Vorstellung vorliegt und muss ihr zustimmen.

derartigen Plausibilisierungsversuch bliebe die Formulierung einer Idealfigur einfach ohne jedes Interesse.

Nur *en passant* erwähne ich eine weitere denkbare, aber wenig aussichtsreiche Lösung. Während alle Positionen, die einen Güterpluralismus einschließen, die Integration sämtlicher Güter in ein kognitives Gesamtbild erläutern müssen, weiß der Stoiker vielleicht einfach, dass zum Glücklichsein eine Änderung der Metaeinstellung gefordert ist. Der Weise dürfte ja hauptsächlich aus zwei Gründen nicht im extensionalen Sinn allwissend sein (vgl. Kerferd 1978, 128): Erstens wird der Übergang vom Zustand des Toren zu dem des Weisen nicht als gradueller Fortschritt, sondern als punktueller Umschlag aufgefasst. Zweitens betreffen richtige Handlungen (κατορθώματα) keineswegs das Was, sondern nur das Wie einer Handlung. Demgegenüber muss beispielsweise der Platonische Philosoph der *Politeia* ein politisches Expertenwissen oder der Staatsmann im *Politikos* eine königliche Webkunst besitzen. Ähnlich verhält es sich bei Aristoteles zum Beispiel in *Nikomachische Ethik* V 10 mit demjenigen, der über Epieikie (ἐπιείκεια), das Wissen zur Gesetzeskorrektur bzw. -anwendung verfügen soll. Bei der Platonisch-Aristotelischen Position wird augenscheinlich extensives Detailwissen vorausgesetzt. Demgegenüber scheint ein detailliertes Wirklichkeitswissen für die Stoiker gerade nicht erforderlich. Aber machen dann noch Äußerungen einen Sinn wie die des Chrysipp, der Weise verstehe sich darauf, einen rechten Gebrauch von der Gesundheit zu machen, die zwar kein Gut, wohl aber etwas Vorziehenswertes (προηγμένον) sein soll? In SVF III 119 (LS 58B) werden Reichtum und Ansehen als indifferent in dem Sinn charakterisiert, dass man zwar ganz ohne sie glücklich sein kann, dass aber die Art ihres Gebrauchs zu Glück und Unglück beitragen könne (τῆς ποιᾶς αὐτῶν χρήσεως εὐδαιμονικῆς οὔσης ἢ κακοδαιμονικῆς). Ausgeschlossen ist schließlich auch der Lösungsvorschlag, wonach die Allwissenheit des Weisen einfach bedeutet, dass er den richtigen sprachlichen Ausdruck, das *lekton* (λεκτόν), kennt. Aber das ist ausgeschlossen, weil die Stoiker damit kein invariantes Begriffswissen meinen. Einer solchen Deutung steht das Problem des inkonstanten Objektbezugs des *lekton* entgegen sowie das seiner zeitlich-vorübergehenden Existenz.

Die von mir favorisierte Lösung für unser Problem ist nun eine naturphilosophische oder kosmologische. Sie nimmt ihren Ausgangspunkt bei der Tatsache, dass die Stoiker den Kosmos als ein Lebewesen ansehen. Dazu nehmen sie eine göttliche Weltseele an (SVF I 532). Was im Fall der menschlichen Individualseele der führende Seelenteil (ἡγεμονικόν) sein soll, ist bei Weltseele der Äther: ihr herrschender Teil (SVF II 634). Der Kosmos wird auf diese Weise insgesamt zum intelligenten Lebewesen (SVF II 633). Es liegt auf der Hand, dass die Einsichtsfähigkeit des beseelten Kosmos keine temporal eng limitierte sein kann. Sie ist zeitübergreifend-umfassend – wenn auch nicht atemporal, da der Kosmos selbst eine Geschichte in der Zeit aufweisen soll.

Nun ist der Kosmos nach stoischer Auffassung von einem als *pneuma* (πνεῦμα: Hauch, Atem) bezeichneten Prinzip erfüllt, und dieses besteht jeweils in verschiedenen Graden von Spannung oder Verdichtung (τόνος). Das *pneuma* stellt dabei das Lebensprinzip bei Pflanzen, Tieren und Menschen dar. Aber nur Tiere und Menschen haben eine Seele; nur Tiere und Menschen verfügen über Wahrnehmungen und Impulse, und nur Menschen besitzen darüber hinaus noch Kognitionen. Es bedarf also eines bestimmten Verdichtungsgrades von *pneuma*, um über die vegetativen Aspekte des Lebens hinausgehende psychische Leistungen zu erbringen, nämlich perzeptive, volitive und kognitive Leistungen der Seele. Lebewesen, die zu Wahrnehmungen, Wünschen und Einsichten fähig sind, weisen mithin ein dichteres *pneuma* auf als solche, die nur vegetative Vorgänge kennen. Auf diese Weise wird selbst die Tugend der Seele in Begriffen der Spannungsgrade (τόνος) ausdrückbar.

Daraus wird nun aber deutlich, warum die stoische Konzeption einer *scala naturae* mit der Vorstellung unterschiedlicher Verdichtungsgrade korreliert ist. Entsprechend sind auch beim Menschen alle seelischen Aktivitäten mit bestimmten Spannungsgraden von *pneuma* korreliert. Der Umstand, dass unsere Vernunft verbesserungsfähig ist und dass unsere moralische Identität einen Wandel durchmachen kann, lässt sich auf der naturphilosophischen Seite präzise mit der Erhöhung desjenigen Spannungszustands beschreiben, in dem sich das *pneuma* im herrschenden Seelenteil (ἡγεμονικόν) eines Menschen befindet. Im Fall des Weisen scheint ein Maximum an Spannung oder Verdichtung erreicht zu sein. Der Weise erreicht (oder erreicht nahezu) den Spannungsgrad (τόνος) des Kosmos mit der Folge, dass er auch dessen souveräne Wissensform annimmt. Wenn man nun weiter beachtet, dass das *pneuma* das Organisationsprinzip und das Determinationsprinzip des Kosmos bildet, ist es durchaus konsequent, die Grundstruktur und den determinierten Ablauf des universellen Geschehens dem Wissen des Weisen zuzurechnen.

Nun kommt noch ein weiterer Punkt hinzu. Den Stoikern zufolge erzeugen die Grade der Spannung, je höher sie sind, auch kohärentere und homogenere Entitäten. Dies ist auch der Grund, weswegen die Seele des Weisen den Tod des Körpers temporär überdauern soll. Auf diesem Weg kann man ferner erklären, wie es zu jener transsubjektiven Identität kommt, die die Stoiker als kosmische Sympathie bezeichnen. Der Weise erreicht eine Art überindividueller Identität, die ihn mit allen Weisen, den Göttern und dem Kosmos verbindet. Betrachtet man die Figur des Weisen aus dieser naturphilosophischen Perspektive, dann wird klar, weshalb dieser einerseits über kognitive Perfektion verfügt und andererseits in einer engen Gemeinschaft mit Seinesgleichen leben soll. Es bleibt aber wenigstens ein zentrales Problem zu klären. Warum weiß der Weise alles über irgendeinen präsenten Erfahrungsgegenstand? Vielleicht liegt die Antwort in Folgendem: Nach Chrysipps Auffassung besitzen Tiere andere Vorstellungen (φαντασίαι) als Menschen, und Experten verfügen über andere Vorstellungen als Inkompetente. Als vernünftige Vorstellungen werden die von rationalen Lebewesen bezeichnet. Rationale Vorstellungen haben einen propositionalen Gehalt; sie sind Gedanken (M. Frede 1983, 67). Wenn aber Vorstellungen einer Gradation nach Adäquatheit unterliegen, erscheint mit einem Mal plausibler, weshalb aus der Sinneserfahrung entweder infallibles Wissen oder aber täuschungsanfällige Meinungen hervorgehen. Mit Annas (1992, 81) gesprochen: »Different people, then, will have different beliefs when faced by the same objects, because they have different degrees of understanding of what is given them in appearances. This explains why the Stoics put so much stress on our developing good habits in the way we deal with appearances.« Der Narr und der Weise haben also unterschiedliche Vorstellungen. Man könnte hier von einer ›Theorie kompetenzrelativer Vorstellungen‹ sprechen. Entscheidend dafür scheint folgendes Textstück zu sein: »Auch sind manche Vorstellungen kompetent (τεχνικαί), andere sind inkompetent (ἄτεχνοι). Ein Bild wird ja von einem Experten anders gesehen als von jemandem ohne Kompetenz« (SVF II 61 – LS 39A).

Ich schließe mit einigen wenigen Bemerkungen zu der in der Stoa-Forschung aktuell umstrittenen Frage, ob es überzeugender scheint, die stoische Moralphilosophie *kosmologisch* oder aber *kantisch* zu rekonstruieren. Während Julia Annas (1993) dafür plädiert hat, die heteronome Berufung auf die Struktur des Kosmos zugunsten einer Rekonstruktion preiszugeben, die auf die rationale Akteursidentität zurückgreift, hat besonders John Cooper (1996) die Vorstellung von einer kosmologischen Basis der stoischen Ethik verteidigt. In den letzten Jahren hat nun eine ganze Reihe weiterer Philosophiehistoriker den kosmologischen Charakter der stoischen Moralphilosophie, insbesondere am Fall der Konzeption der ›Zueignung‹ (οἰκείωσις) zu erweisen versucht. Ich denke, man sollte Annas tatsächlich nicht darin folgen, die systematische Abhängigkeit der Ethik von der Physik im Lehrgebäude der Stoiker zu bestreiten. Was wir in den Quellen finden, ist eine kosmologisch fundierte Ethik, nicht eine Übertragung einer autonom konzipierten Ethik auf die Kosmologie. Aber während es klar zu sein scheint, dass es sich bei der These vom systematischen Vorrang der Ethik um einen Fehlgriff handelt, bleibt es meines Erachtens doch erwägenswert, die kantische Vorstellung von der Bindung des rationalen Subjekts an das moralische Gesetz in jenem Aneignungsprozess, den die Zueignungs-Konzeption zum Thema macht, wiederzufinden. Wenn es richtig ist, was ich über die psychologische Beschaffenheit des Weisen gesagt habe: das heißt über seine Verbindung mit allen Weisen, den Göttern und dem Kosmos, dann kennzeichnet es ihn doch gerade, dass er einen überindividuell-universalistischen Standpunkt einnimmt. Die naturphilosophische Betrachtungsart beschreibt aus der Außenperspektive somit exakt jene Loslösung vom Standpunkt des eigeninteressierten Selbsterhalters und Nutzenmehrers, die wir Philosophiehistoriker, wenn sie aus der Innenperspektive der rationalen Autonomie thematisiert wird, als Kantisch zu bezeichnen pflegen. Allerdings werden neuerdings ganz grundlegende Bedenken dagegen vorgetragen, in der stoischen Gütertheorie etwas zu sehen, was dem kategorischen Vorrang des Moralischen bei Kant vergleichbar wäre (vgl. dazu Barney 2003 und Vogt 2004).

Literatur

Annas, J. 1990: »Stoic Epistemology«, in: Everson, S. (Hrsg.), Epistemology, Cambridge, 184–203.
Annas, J. 1993: The Morality of Happiness, New York/Oxford.
Barney, R. 2003: »A Puzzle in Stoic Ethics«, in: Oxford Studies in Ancient Philosophy 24, 303–340.
Betegh, G. 2003: »Cosmological Ethics in the Timaeus and Early Stoicism«, in: Oxford Studies in Ancient Philosophy 24, 273–302.

Brennan, T. 2003: »Stoic Moral Psychology«, in: Inwood, B. (Hrsg.), The Cambridge Companion to the Stoics, Cambridge, 257–294.

Engberg-Pedersen, T. 1986: »Discovering the Good: *oikeiôsis* and *kathêkonkta* in Stoic Ethics«, in: Schofield, M./Striker, G. (Hrsg.), The Norms of Nature. Studies in Hellenistic Ethics, Cambridge/Paris, 145–183.

Engberg-Pedersen, T. 1990: The Stoic Theory of Oikeiosis. Moral Development and Social Interaction in Early Stoic Philosophy, Aarhus.

Engberg-Pedersen, T. 1990a: »Stoic Philosophy and the Concept of a Person«, in: Gill, Ch. (Hrsg.), The Person and the Human Mind: Issues in Ancient and Modern Philosophy, Oxford, 109–135.

Forschner, M. 1981: Die stoische Ethik, Stuttgart.

Frede, M. 1983: »Stoics and Skeptics on Clear and Distinct Impressions«, in: Burnyeat, M. (Hrsg.), The Skeptical Tradition, Berkeley/Los Angeles/London, 65–93.

Frede, M. 1999: »On the Stoic Conception of the Good«, in: Ierodiakonou, K. (Hrsg.), Topics in Stoic Philosophy, Oxford, 71–94.

Gould, J. B. 1970: The Philosophy of Chrysippus, Leiden.

Hankinson, R. J. 2003: »Stoic Epistemology«, in: Inwood, B. (Hrsg.), The Cambridge Companion to the Stoics, Cambridge, 59–84.

Inwood, B. 1985: Ethics and Human Action in Early Stoicism, Oxford.

Irwin, T. H. 1998: »Socratic Paradox and Stoic Theory«, in: Everson, S. (Hrsg.), Companions to Ancient Thought, Bd. 4: Ethics, Cambridge, 151–192.

Kerferd, G. B. 1978: »What Does the Wise Man Know?«, in: Rist, J. M. (Hrsg.), The Stoics, Berkeley/Los Angeles, 125–136.

Long, A .A. 2002: Epictetus. A Stoic and Socratic Guide to Life, Oxford.

Lukoschus, J. 1999: Gesetz und Glück. Untersuchungen zum Naturalismus der stoischen Ethik, Frankfurt a.M. u.a.

Luschnat, O. 1958: »Das Problem des ethischen Fortschritts in der Alten Stoa«, in: Philologus 102, 178–214.

Nussbaum, M. 1994: The Therapy of Desire. Theory and Practice in Hellenistic Ethics, Princeton N.J.

Obbink, D. 1999: »The Stoic Sage in the Cosmic City«, in: Ierodiakonou, K. (Hrsg.), Topics in Stoic Philosophy, Oxford 178–195.

Reed, B. 2002: »The Stoics' Account of Cognitive Impression«, in: Oxford Studies in Ancient Philosophy 23, 147–180.

Reesor, M. E. 1989: »The Stoic Wise Man«, in: Proceedings of the Boston Area Colloquium in Ancient Philosophy V, 107–123.

Schofield, M. 1991: The Stoic Ideal of the City, Cambridge.

Striker, G. 1996: »The Role of *oikeiôsis* in Stoic Ethics«, in: dies., Essays on Hellenistic Epistemology and Ethics, Cambridge/New York, 281–297.

Vogt, K. 2004: »Die frühe stoische Theorie des Werts«, in: Bormann, F. J./Schröer, Ch. (Hrsg.), Abwägende Vernunft. Praktische Rationalität in historischer, systematischer und religionsphilosophischer Perspektive, Berlin/New York, 61–77.

White, N. P. 1985: »The Role of Physics in Stoic Ethics«, in: The Southern Journal of Philosophy 23, 57–74.

Anhang

Quellenverzeichnis

1. Textsammlungen

Arnim, J. v. (Hrsg.) 1903–1924: Stoicorum Veterum Fragmenta, 4 Bde., Leipzig [*SVF*].

Blümel, W. (Hrsg.) 1985: Die Inschriften von Iasos, 2 Bde., Bonn.

Diels, K./Kranz, W. (Hrsg.) ⁶1951: Die Fragmente der Vorsokratiker, 3 Bde., Berlin [*DK*].

Dittenberger, W. (Hrsg.) ³1915–1924: Sylloge Inscriptionum Graecarum, 4 Bde., Leipzig, ND Hildesheim 1960 [*Sylloge³*].

Frisch, P. (Hrsg.) 1978: Die Inschriften von Lampsakos, Bonn.

Giannantoni, G. (Hrsg.) 1990: Socratis et Socraticorum Reliquiae, 4 Bde., Neapel [*SSR*].

Dürrbach, F./Roussel, P. (Hrsg.) 1912/1914: Inscriptiones Graecae. Bd. XI.1/2: Inscriptiones Deli, Berlin [*IG XI*].

Hiller von Gaertringen, F. (Hrsg.) 1895: Inscriptiones Graecae. Bd. XII: Inscriptiones insularum maris Aegaei praeter Delum, Berlin [*IG XII*].

Hiller von Gaertringen, F. (Hrsg.) 1906: Die Inschriften von Priene, Berlin.

Hülser, K. (Hrsg.) 1986/87: Die Fragmente zur Dialektik der Stoiker, 4 Bde., Stuttgart/Bad Cannstatt [*FDS*].

Jacoby, F. (Hrsg.) 1923 ff.: Fragmente der griechischen Historiker, Berlin.

Kassel, R./Austin, C. (Hrsg.) 1983 ff.: Poetae Comici Graeci, Berlin/New York [*PCG*].

Kock, T. (Hrsg.) 1884: Comicorum Atticorum fragmenta, Leipzig [*CAF*].

Long A. A./Sedley D. N. (Hrsg.) 1987: The Hellenistic Philosophers. Vol. 1 Translations of the principal sources, with a philosophical commentary, Vol. 2 Greek and Latin texts with notes and bibliography, Cambridge [*LS*].

Long A. A./Sedley D. N. (Hrsg.) 2000: Die hellenistischen Philosophen. Texte und Kommentare, übersetzt von Karlheinz Hülser, Stuttgart, Weimar.

Moretti, L. (Hrsg.) 1967/1976: Iscrizioni storiche ellenistiche. Testo critico, traduzione e commento, 2 Bde., Florenz.

Müller, K. (Hrsg.) 1841–1870: Fragmenta historicorum Graecorum, Paris [*FHG*].

Mullach, F.W.A. (Hrsg.) 1860–81: Fragmenta philosophorum Graecorum, 3 Bde., Paris, ND Aalen 1968.

Nauck, A. (Hrsg.) 1889: Tragicorum Graecorum fragmenta, Leipzig, 2. Aufl.: 1926; supplementum ad »A. Nauck, Tragicorum Graecorum fragmenta«: continens nova fragmenta Euripidea et adespota apud scriptores veteres reperta adiecit B. Snell, Hildesheim 1964.

Pfuhl, E./Möbius, H. (Hrsg.) 1977/79: Die ostgriechischen Grabreliefs, Mainz.

2. Ausgaben und Übersetzungen

Aeneas Tacticus
   Hug, R. (Hrsg.) 1874: Aeneae Commentarius poliorceticus, Leipzig.
   Whitehead, D. ²2002: Aieneias [sic] the Tactician. How to survive under siege, a historical commentary, with translation and introduction, London.
Aischylos
   Murray, G. (Hrsg.) ²1960: Aeschyli tragoediae, Oxford.
   Droysen, J. G. ²1842: Des Aischylos Werke, Berlin.
   Zimmermann, B. (Hrsg.) ⁵1996: Tragödien. Aischylos. Übers. v. O. Werner, Zürich.

Alexander von Aphrodisias

   Hayduck, M. (Hrsg.) 1891: Alexandri Aphrodisiensis in Aristotelis metaphysica commentaria, Berlin.

Alkidamas

   Mariß, R. 2003: Alkidamas: Über diejenigen, die schriftliche Reden schreiben, oder über die Sophisten. Eine Sophistenrede aus dem 4. Jahrhundert v. Chr., eingeleitet und kommentiert, Münster.

Amphis

   Kassel, R./Austin, C. (Hrsg.) 1983 ff.: Poetae Comici Graeci, Berlin/New York, Bd.2.

   Kock, T. (Hrsg.) 1884: Comicorum Atticorum fragmenta, Leipzig, Bd.2, 236–250.

Antiphanes

   Kassel, R./Austin, C. (Hrsg.) 1983 ff.: Poetae Comici Graeci, Berlin/New York, Bd. 2.

   Kock, T. (Hrsg.) 1884: Comicorum Atticorum fragmenta, Leipzig, Bd.2, 12–20, 22–33, 35–135.

Antiphon

   Pendrick, G. (Hrsg.) 2002: Antiphon the Sophist. The Fragments. With Introd., Translation, and Commentary, Cambridge.

Antisthenes

   Decleva Caizzi, F. (Hrsg.) 1966: Antisthenis fragmenta, Mailand.

Aristophanes

   Dover, K.J. (Hrsg.) 1970: Aristophanes. Clouds, 7–88, Oxford.

Aristoteles

(a) Gesamtausgaben

   Bekker, I. (Hrsg.) 1831: Aristotelis opera, 2 Bde., Berlin.

   Barnes, J. (Hrsg.) [6]1995: The Complete Works of Aristotle. The Revised Oxford Translation, 2 Bde., Princeton.

(b) Werke (alphabetisch nach lateinischen Titeln geordnet)

   Analytica priora et posteriora

      Ross, W. D. (Hrsg.) 1964: Aristotelis analytica priora et posteriora, Oxford.

      Smith, R. 1989: Aristotle, Prior Analytics, Indianapolis.

      Barnes, J. 2002: Aristotle, Posterior Analytics, Oxford.

      Detel, W. 1993: Aristoteles, Analytica posteriora, Berlin.

   De anima

      Ross, W. D. (Hrsg.) 1961: Aristotle. De anima, Oxford, ND 1967.

      Siwek, P. 1965: Aristotelis Tractatus de anima Graece et Latine. Ed., versione latina auxit, commentario illustr., Rom.

      Hamlyn, D./Shields, Ch. 1993: Aristotle, De anima. Books II and III (with Passages from Book I), Oxford.

   De caelo / Über den Himmel

      Moraux, P.(Hrsg.) 1965: Aristote. Du ciel, Paris.

      Leggatt, S. 1995: Aristotle, On the Heavens I and II, Warminster.

   De generatione animalium

      Drossaart Lulofs, H.J. (Hrsg.) 1965: Aristotelis de generatione animalium, Oxford, ND 1972.

      Balme, D.M. [2]1992: Aristotle's De partibus animalium I and De generatione Animalium I, with passages from II.1–3, Oxford.

      Liatsi, M. 2000: Aristoteles, De Generatione Animalium, Buch V. Einleitung und Kommentar, Trier.

   De generatione et corruptione

      Joachim, H.H. (Hrsg.) 1999: Aristotle on coming-to-be and passing-away, Oxford.

      Mugler, C. (Hrsg.) 1966: Aristote. De la generation et de la corruption, Paris.

      William, C. J. F. 2002: Aristotle's de generatione et corruptione, Oxford.

Aristoteles (Forts.)

De motu animalium

Jaeger, W. (Hrsg.) 1913: Aristotelis de animalium motione et de animalium incessu. Ps.-Aristotelis de spiritu libellus, Leipzig, 3–18 (698a1–704b2).

Kollesch, J. 1985: Über die Bewegung der Lebewesen, Über die Fortbewegung der Lebewesen, Berlin.

Nussbaum, M.C. 1985: Aristotle's De motu animalium, text with translation, commentary, and interpretive essays, Princeton.

De partibus animalium

Louis, P.(Hrsg.) 1956: Aristote. Les parties des animaux, Paris.

Frantzius, A. v. 1953: Vier Bücher über die Teile der Tiere, griechisch und deutsch und mit sacherklärenden Anm., Leipzig, ND 1978.

Lennox, J. G. 2002: Aristotle, On the parts of animals, Oxford.

Ethica Eudemia

Susemihl, F. (Hrsg.) 1884: Aristotelis ethica Eudemia, Leipzig, ND Amsterdam 1967.

Dirlmeier, F. ³1984: Aristoteles, Eudemische Ethik, Berlin.

Ethica Nicomachea

Bywater, I.(Hrsg.) 1894: Aristotelis ethica Nicomachea, Oxford, ND 1962.

Dirlmeier, F. ⁹1991: Aristoteles, Nikomachische Ethik, Berlin.

Rowe, Chr./Broadie, S. 2002: Aristotle, Nicomachean ethics, Oxford.

Wolf, U. 2006: Aristoteles, Nikomachische Ethik, Reinbek.

Metaphysica

Ross, W.D. (Hrsg.) 1924: Aristotle's metaphysics, 2 Bde., Oxford, ND 1970.

Bonitz, H. ²1999: Aristoteles, Metaphysik, neu hrsg. von U. Wolf, Reinbek.

Parva Naturalia (De divinatione per somnum, De insomniis, De memoria et reminiscentia. De sensu et sensibilibus)

Ross, W.D. (Hrsg.) 1955: Aristotle. Parva naturalia, Oxford, ND 1970.

Dönt, E. 1997: Aristoteles, Kleine naturwissenschaftliche Schriften, Stuttgart.

Eijk, Ph. J. van der 1994: De insomniis, De divinatione per somnum, Berlin.

King, R. A. H. 2004: De memoria et reminiscentia, Berlin.

Physica

Ross, W. D. (Hrsg.) ²1966: Aristotelis physica, Oxford.

Wagner, H. ⁵1989: Aristoteles, Physikvorlesung, Berlin.

Politica

Newman, W. L. 1887: The Politics of Aristotle, with an introduction, two prefatory essays and notes critical and explanatory, 2 Bde., Oxford.

Susemihl, F./Hicks, R. D. 1894: The Politics of Aristotle. A Revised Text with Introduction, Analysis and Commentary, Books I–V, London.

Aubonnet, J. 1960: Aristote Politique. Livres I et II, Paris.

Jowett, B. 1921: The Works of Aristotle Translated into English, ed. W. D. Ross, Vol. X, Oxford 1921; ND: S. Everson, Aristotle, The Politics and The Constitution of Athens, Cambridge 1996.

Robinson, R. 1962: Aristotle's Politics. Books III and IV. Translated with Introduction and Comments, Oxford.

Schütrumpf, E. 1991: Aristoteles, Politik. Bd. 2: Buch II und III, übersetzt und erläutert, Berlin.

Schütrumpf, E. 1996: Aristoteles, Politik. Bd. 3: Buch IV bis VI, übersetzt und eingeleitet von E. Schütrumpf, erklärt von E. Schütrumpf und H.-J. Gehrke, Berlin.

Schütrumpf, E. 2005: Aristoteles, Politik. Bd. 4: Buch VII / VIII. Über die beste Verfassung, übersetzt und erläutert, Berlin.

Aristoteles (Forts.)
Rhetorica
  Kassel, R. (Hrsg.) 1976: Aristotelis ars rhetorica, Berlin.
  Rapp, Ch. 2002: Aristoteles, Rhetorik, 2 Bde., Berlin.
Topica
  Ross, W.D. (Hrsg.) ^{2}1970: Aristotelis topica et sophistici elenchi, Oxford.
  Brunschwig, J. 1967: Aristote, Topiques. Bd. 1: Livres I–IV. Texte établi et traduit, Paris.
  Wagner, T./Rapp, Ch. 2004: Aristoteles, Topik, Stuttgart.
Arius Didymus
  Mullach, F. W. A. (Hrsg.): Bd.2, 53–101.
Aspasius
  Heylbut, G. (Hrsg.) 1889: Aspasius. In Ethica Nicomachea quae supersunt commentaria, Berlin.
Athenaios
  Kaibel, G. (Hrsg.) 1887–1890: Athenaei Naucratitae deipnosophistarum libri xv, 3 Bde., Leipzig, ND Stuttgart 1965–1966.
Augustinus
  Migne, J.P. (Hrsg.) 1841–1849: Sancti Aurelii Augustini opera omnia, in: Patrologiae cursus completus, Series Latina, Bd. 32–47, Paris.
  Perl, C.J. (Hrsg.) 1940 ff.: Deutsche Augustinusausgabe: Aurelius Augustinus' Werke in deutscher Sprache, Paderborn.
  Schlapbach, K. 2003: Augustin contra Academicos: (vel De Academicis) Buch 1; Einleitung und Kommentar, Berlin.
Bion
  Kindstrand, J.F. (Hrsg.) 1976: Bion of Borysthenes, Uppsala.
Boethius
  Moreschini, C. (Hrsg.) 2005: Boethius, Anicius Manlius Severinus. De consolatione philosophiae, München/Leipzig.
  Friedlein, G. (Hrsg.) 1867: Anicii Manlii Torquati Boetii [sic], De institutione arithmetica libri duo; De institutione musica libri quinque. Accedit Geometria quae fertur Boetii, Leipzig, ND Frankfurt a.M. 1966.
  Paul, O. 1872: Boethius fünf Bücher über Musik, Leipzig, ND Hildesheim 1973.
Celsus
  Serbat, G. (Hrsg.) 1995: Celse. De la médicine, Paris.
Cicero
De finibus
  Reynolds, L.D. (Hrsg.) 1998: M. Tulli Ciceronis De finibus bonorum et malorum: libri quinque, Oxford.
  Annas, J./Woolf, R.(Hrsg.) 2001: M. Tullius Cicero. De finibus. On Moral Ends, Cambridge.
De natura deorum
  Plasberg, O./Ax, W. (Hrsg.) ^{2}1933: M. Tullius Cicero. De natura deorum, Leipzig.
  Blank-Sangmeister, U. 1995: M. Tullius Cicero: De natura deorum: Lateinisch – Deutsch, Stuttgart.
De oratore
  Merklin, H. (Hrsg.) ^{2}1986: Cicero. De oratore – Über den Redner, lateinisch/deutsch, Stuttgart.
  Wilkins, A.S. (Hrsg.) 1902: M. Tulli Ciceronis Rhetorica, tom. I libros de oratore tres continens, Oxford, ND 1969.
Clemens von Alexandrien
  Stählin, O. (Hrsg.) 1906/1909: Clemens Alexandrinus. Stromata, 2 Bde., Leipzig.

Demochares
  Müller, K. (Hrsg.) 1841–1870: Fragmenta historicorum Graecorum, Paris, 448–449.
  Marasco, G. 1984: Democare di Leuconoe, Florenz.
Dikaiarchos
  Wehrli, F. (Hrsg.) ²1967: Dikaiarchos, Basel.
Diodoros Siculus
  Vogel, F./Fischer, K. T. (Hrsg.) ³1888–1906: Diodori bibliotheca historica, 5 Bde.,
    Leipzig, ND Stuttgart 1964.
Diogenes Laertios
  Long, H.S. (Hrsg.) 1964: Diogenes Laertius. Vitae philosophorum, Oxford.
  Hicks, R.D. (Hrsg.) 1991: Diogenes Laertius. Lives of the Eminent Philosophers, 2
    Bde.,Cambridge (Mass.)/London.
  Jürß, F. 1998: Diogenes Laertios. Leben und Lehre der Philosophen, Stuttgart.
Ephippos
  Kassel, R./Austin, C. (Hrsg.) 1983 ff.: Poetae Comici Graeci, Berlin/New York, Bd. 2.
  Kock, T. (Hrsg.) 1884: Comicorum Atticorum fragmenta, Leipzig, Bd. 2, 250–264.
Epikrates
  Kassel, R./Austin, C. (Hrsg.) 1983 ff.: Poetae Comici Graeci, Berlin/New York, Bd. 2.
  Kock, T. (Hrsg.) 1884: Comicorum Atticorum fragmenta, Leipzig, Bd.2, 282–288.
Epiktet
  Schenkl, H. (Hrsg.) 1916: Epicteti dissertationes ab Arriano digestae, Leipzig.
  Dobbin, R.F. 1998: Epictetus. Dissertationes ab Arriano digestae. Discourses, book 1,
    Oxford.
Epikur
  Arrighetti, G. (Hrsg.) ²1973: Epicuro opere, Turin.
  Usener, H. (Hrsg.) 1887: Epicurea, Leipzig.
  Bollack, J./Laks, A. 1978: Epicure à Pythoclès: sur la cosmologie et les phénomènes
    météorologiques, Lille.
Eratosthenes
  Heiberg, J.L. (Hrsg.) 1915: Archimedis Opera omnia cum commentariis Eutocii, Bd.
    III, Leipzig, 88–97.
Eudemos
  Wehrli, F. (Hrsg.) ²1969: Eudemos von Rhodos, Basel.
Euripides
  Fragmente
    Nauck, A. (Hrsg.) 1889: Tragicorum Graecorum fragmenta, Leipzig, 2. Aufl.:
      1926; supplementum ad »A. Nauck, Tragicorum Graecorum fragmenta«: conti-
      nens nova fragmenta Euripidea et adespota apud scriptores veteres reperta adie-
      cit B. Snell, Hildesheim 1964.
    Nauck, A. (Hrsg.) 1892: Euripidis fragmenta, Leipzig.
  Hippolytos
    Diggle, J. (Hrsg.) 1984: Euripidis fabulae, Bd. 1, Oxford, 207–271
    Barrett, W.S. 1964: Euripides. Hippolytus, Oxford.
Eustratios
  Heylbut, G. (Hrsg.) 1892: Eustratii et Michaelis et Anonyma in Ethica Nicomachea
    commentaria, Berlin.
Galen
  Kühn, C. G. (Hrsg.) 1821–1833: Claudii Galeni opera omnia, Leipzig, ND Hildesheim
    1965.
Gorgias
  Diels, K./Kranz, W. (Hrsg.) ⁶1951: Die Fragmente der Vorsokratiker, Berlin, Bd. II (82 B).
  MacDowell, D. 1982: Gorgias. Encomium of Helen, Bristol.

Heliodorus
Heylbut, G. (Hrsg.) 1889: Heliodorus. In Ethica Nicomachea paraphrasis, Berlin.
Herakleides
Müller, K. (Hrsg.) 1855: Geographi Graeci minores, Bd. 1, Paris, ND Hildesheim 1965, 97–110.
Pfister, F. 1951: Die Reisebilder des Herakleides: Einleitung, Text, Übers. und Kommentar mit einer Übersicht über die Geschichte der griechischen Volkskunde, Wien.
Wehrli, F. (Hrsg.) ²1969: Herakleides Pontikos, Basel.
Hippokrates
Littré, E. (Hrsg.) 1839–1861: Œuvres complètes d'Hippocrate. Traduction nouvelle avec le texte Grec en regard, 10 Bde., Paris, ND Amsterdam 1973–1982.
Homer
Ilias
Allen, T.W. (Hrsg.) 1931: Homeri Ilias, Bd. 2–3, Oxford.
Schadewaldt, W. 1958: Homer. Ilias, deutsche Übersetzung, Frankfurt/M.
Odyssee
Von der Mühl, P. (Hrsg.) 1962: Homeri Odyssea, Basel.
Schadewaldt, W. 1958: Homer. Odyssee, deutsche Übersetzung, Reinbek.
Horaz
Shackleton Bailey, D.R. (Hrsg.) ⁴2001: Q. Horatius Flaccus. Opera, München.
Schäfer, E. ²1984: Quintus Horatius Flaccus: Ars Poetica. Die Dichtkunst, Lateinisch / Deutsch, Stuttgart.
Isokrates
Mathieu, G./Brémond, É (Hrsg.) 1929/1962: Isocrate. Discours, texte et traduction, 4 Bde., Paris.
Lukian
Harmon, A. M. (Hrsg.) 1915: Lucian, Cambridge (Mass.).
Marc Aurel
Farquharson, A. S. L. (Hrsg.) 1944: The Meditations of the Emperor Marcus Aurelius, Bd. 1, Oxford, ND 1968, 4–250.
Kiefer, O./Sallmann, K. 2003: Marcus Aurelius Antoninus. Ad se ipsum. Selbstbetrachtungen, Frankfurt/M.
Martianus Capella
Willis, J. (Hrsg.) 1983: Martianus Capella, Leipzig.
Musonius
Hense, O. (Hrsg.) 1905: G. Musonii Rufi Reliquiae, Leipzig.
Nikomachos
Hoche, R. (Hrsg.) 1866: Nicomachi Geraseni Pythagorei introductionis arithmeticae libri ii, Leipzig, 1–70, 73–147.
Numenios
Des Places, E. (Hrsg.) 1974, Numenius. Fragments, Paris.
Ockham, Wilhelm von
Wey, J. C. (Hrsg.) 1980: Guillelmi de Ockham opera philosophica et theologica. Quodlibeta septem, St. Bonaventure (N.Y.).
Pausanias
Spiro, F. (Hrsg.) 1903: Pausaniae Graeciae descriptio, 3 Bde., Leipzig, ND Stuttgart 1967.
Philodem
Gaiser, K. 1988: Philodems Academica. Die Berichte über Platon und die Alte Akademie in zwei herkulanensischen Papyri, Stuttgart/Bad Cannstatt.
Philoponos, Johannes
Hayduck, M. (Hrsg.) 1897: Ioannis Philoponi in Aristotelis de anima libros commentaria, Berlin.

Pindar
Maehler, H./Snell, B. (Hrsg.) ⁵1971: Pindari carmina cum fragmentis, Teil 1, Leipzig.
Platon
(a) Gesamtausgaben
Burnet, J. (Hrsg.) 1900–1905: Platonis opera, 5 Bde., Oxford.
Eigler, G. (Hrsg.) 1990: Platon. Werke in acht Bänden, griechisch/deutsch, übers. v.
F Schleiermacher (Bd. 1–4, 6); F. Schleiermacher/D. Kurz (Bd. 5); H. Müller/F.
Schleiermacher (Bd. 7); H. Müller/K.Schöpsdau (Bd. 8); bearbeitet v. H. Hof-
mann u.a., griech. Text v. L. Bodin u.a., Darmstadt.
(b) Werke (alphabetisch nach griechischen Titeln geordnet)
Apologia Sokratous / Verteidigungsrede des Sokrates
Heitsch, E. 2002: Platon, Apologie des Sokrates. Übersetzung und Kommentar,
Göttingen.
Brisson, L. 1997: Plato, Apologie de Socrate. Trad. inéd., introd. et notes, Paris.
Axiochos (pseudo-platonisch)
Burnet, J. (Hrsg.) 1905: Platonis opera. Bd. 5: Spuria, Oxford [364a–372a].
Soulhé, J. ²1962: Dialogues apocryphes: du Juste, de la Vertu, Démodocos, Sisyphe,
Eryxias, Axiochos, définitions, Paris.
Charmides
Martens, E. 2000: Plato, Charmides, griechisch und deutsch, Stuttgart.
Euthyphron
Merkelbach, R. 2003: Platons Euthyphron, München.
Gorgias
Dodds, E.R. 1959: Plato. Gorgias, a Revised Text with Introduction and Commen-
tary, Oxford.
Irwin, T. 1995: Plato, Gorgias. Transl. with notes, 3. ND, Oxford.
Menon
Kranz, M. 1994: Platon. Menon. Griechisch/Deutsch, Stuttgart.
Scott, D. 2006: Plato's Meno, Cambridge.
Nomoi / Leges / Die Gesetze
Schöpsdau, K. 1994: Platon, Nomoi I-III, Göttingen.
Schöpsdau, K. 2003: Platon, Nomoi IV-VII, Göttingen.
Steiner, P. M. 1992: Platon, Nomoi X, Berlin.
Philebos
Frede, D. 1997: Platon, Philebos, Göttingen.
Phaidon
Ebert, Th. 2004: Platon, Phaidon. Übersetzung und Kommentar, Göttingen.
Rowe, Ch.J. 1993: Plato, Phaedo. Text and Commentary, Cambridge.
Strachan, J. C. G. 1995: Phaidon, in: Platonis opera, hrsg. v. E.A. Duke u.a., Bd. 1,
Oxford.
Phaidros
Heitsch, E. 1993: Platon, Phaidros, Göttingen.
Robin, L. (Hrsg.) ⁴1954: Platon, Phaedre, Paris.
Politeia / De re publica / Der Staat
Cross, R. C./Woozley, A. D. 1964: Plato's Republic. A Philosophical Commentary,
London/New York.
Ferrari, G. R. F./ Griffith, T. (Hrsg.) ⁷2004: Plato, Res publica. The republic, Cam-
bridge.
Grube, G. M. A./Reeve, C. D. C. ²1992: Plato, Republic, Indianapolis.
Halliwell, S. 1993: Plato, Republic 5. With intr., transl. and comm., Warminster.
Szlezák Th. A./Rufener, R. 2000: Platon, Res publica. Der Staat, griechisch –
deutsch, Düsseldorf.

Platon (Forts.)
Protagoras
 Manuwald, B. 1998: Platon, Protagoras, Göttingen.
Sophistes
 Meinhardt, H. 1998: Platon, Der Sophist, Stuttgart.
Symposion / Das Gastmahl
 Boll, F./Buchwald, W. ⁸1989: Platon, Symposion, griechisch/deutsch, München.
 Zehnpfennig, B. 2000: Platon, Symposion, griechisch/deutsch, Hamburg.
Theaitetos
 Bostock, D. 2005: Plato's Theaetetus, Oxford.
 Martens, E. 1989: Platon, Theätet, Stuttgart.
 McDowell, J. 1973: Plato. Theaetetus, Oxford.
 Williams, B. (Hrsg.) ³1999: Plato, Theaetetus. Transl. by M. J. Levett. Rev. by M. Burnyeat, Indianapolis.
Timaios
 Paulsen, Th. 2003: Platon, Timaios, Stuttgart.
Plotin
 Henry, P./Schwyzer, H.-R. (Hrsg.) 1951–1973: Plotini opera, 3 Bde., Leiden.
 Porphyrios, Vita Plotini, in: Henry/Schwyzer, Bd. I, 1–41.
Plutarch
 Lindskog, C./Ziegler, K. (Hrsg.) 1914–1939: Vitae parallelae, Leipzig.
Poseidonios
 Edelstein, L./Kidd, I.G. (Hrsg.) 1972: Posidonios. The Fragments, Bde. I/III, Cambridge.
Pyrrhon
 Decleva Caizzi, F. (Hrsg.) 1981: Pirrone. Testimonianze, Neapel.
Seneca
Epistulae
 Reynolds, L. D. (Hrsg.) 1965: L. Annaei Senecae ad Lucilium epistulae morales, Oxford, ND 1972.
 Basore, J. W. 1928–1935: Epistulae morales. Moral essays, 3 Bde., London.
 Stückelberger, A. 1965: Senecas 88. Brief über Wert und Unwert der freien Künste. Text, Übersetzung, Kommentar, Heidelberg.
Naturales quaestiones
 Hine, H. M. (Hrsg.) 1996: L. Annaei Senecae Naturalium quaestionum libros, Stuttgart.
 Schönberger, O./Schönberger, E. 1998: L. Annaeus Seneca. Naturales quaestiones: Lateinisch – Deutsch, Stuttgart.
Sextus Empiricus
 Mutschmann, H./Mau, J. (Hrsg.) 1912–1958: Sexti Empirici opera, 3 Bde., Leipzig.
 Bury, R.G. 1933–1949: Sextus Empiricus with an English translation, 4 Bde., London.
 Hossenfelder, M. ²1985: Sextus Empiricus. Grundriss der pyrrhonischen Skepsis, Frankfurt/M.
 Annas, J./Barnes, J. 1994: Sextus Empiricus. Outlines of Scepticism, Cambridge.
 Mates, B. 1996: The Sceptic Way. Sextus Empiricus's Outlines of Pyrrhonism, New York/Oxford.
 Bett, R. ²2000: Sextus Empiricus. Against the Ethicists, Oxford.
Simplikios
 Heiberg, J.L. (Hrsg.) 1894: Simplicii in Aristotelis de caelo commentaria, Berlin.
Sophokles
 Pearson, A.C. (Hrsg.) 1924: Sophoclis fabulae, Oxford.
 Lloyd-Jones, H. (Hrsg.) 1992: Sophoclis fabulae, Oxford.
 Dain, A./Mazon, P. (Hrsg.) 1955: Sophocle, 3 Bde., Paris, ND 1967.

Sophokles (Forts.)
Zimmermann, B. (Hrsg.) 2002: Sophokles. Tragödien. Übers. von W. Schadewaldt, Düsseldorf.
Strabon
Meineke, A. (Hrsg.) 1877: Strabonis geographica, 3 Bde., Leipzig, ND Graz 1969.
Suidae lexicon
Adler, A. (Hrsg.) 1928–1935: Suidae lexicon, 4 Bde., Leipzig, ND Stuttgart 1967–1971.
Theokrit
Gow, A. S. F. (Hrsg.) ²1952: Theocritus, Bd. 1, Cambridge, ND 1965.
Theophrast
Amigues, S. (Hrsg.) 1988–2003: Théophraste. Recherches sur les plantes, texte établi et traduit par S. A., I–IV (Buch I–VIII), Paris.
Eigler, U./Wöhrle G. (Hrsg.) 1993: Theophrast. De odoribus, Edition, Übersetzung, Kommentar, mit einem botanischen Anhang von B. Herzhoff, Stuttgart.
Einarson, B./Link, G. K. K. (Hrsg.) 1976–1990: Theophrastus. De causis plantarum, 3 Bde., Cambridge.
Fortenbaugh, W. W./Huby, P. M./Sharples, R. W./Gutas, D. (Hrsg.) 1992: Theophrastus of Eresos. Sorces for his life, writings, thought and influence, 2 Bde., Leiden.
Ross, W.D./Fobes, F.H. (Hrsg.) 1929: Theophrastus. Metaphysics, Oxford, ND Hildesheim 1967.
Thomas von Aquin
Die deutsche Thomas-Ausgabe : Summa theologica. Übers. von Dominikanern u. Benediktinern Deutschlands u. Österreichs. Vollst., ungekürzte dt.–lat. Ausg., 34 Bde., Salzburg, Graz u.a., 1933 ff.
Cheveval, F./Imbach, R. (Hrsg.) 1993: Thomas von Aquin, Prologe zu den Aristoteles-Kommentaren, Frankfurt/M.
Thrasymachos
Diels, K./Kranz, W. (Hrsg.) ⁶1951: Die Fragmente der Vorsokratiker, Berlin, Bd. II, 85.
Thukydides
Jones, H.S./Powell, J.E. (Hrsg.) ²1942: Thucydidis historiae, 2 Bde., Oxford, ND 1967.
Vretska, H. 2000: Thukydides. Der Peloponnesische Krieg, Stuttgart.
Wilhelm von Ockham s. Ockham, Wilhelm von
Xenokrates
Heinze, R. (Hrsg.) 1892: Xenokrates. Darstellung der Lehre und Sammlung der Fragmente, Leipzig, ND Hildesheim 1965.
Parente, M.I. (Hrsg.) 1982: Senocrate-Ermodoro. Frammenti, Neapel.
Xenophon
Marchant, E.C. (Hrsg.) 1900: Opera omnia, 3 Bde., Oxford.
Preiswerk, R. 1985: Xenophon. Erinnerungen an Sokrates, Übersetzung, Stuttgart.

Namenregister

Verzeichnet sind alle Namen von Personen, Dialogfiguren und mythologischen Figuren, die in den Beiträgen oder in der Einleitung genannt werden. Wenn sich ein Name in einer Fußnote findet, erscheint die Nummer der Fußnote nach der Seitenzahl, so bedeutet zum Beispiel »46.37« : »Seite 46, Fußnote 37«.

Zeitfracht Medien GmbH
Ferdinand-Jühlke-Straße 7
99095 Erfurt, Deutschland
produktsicherheit@kolibri360.de